Le guide officiel du test TOEFL®

Groupe Eyrolles
61, bd Saint-Germain
75240 Paris Cedex 05
www.editions-eyrolles.com

ISBN : 978-2-212-56981-0

Le guide officiel du test TOEFL®

5e édition

Adapté par Elvis Buckwalter, Patricia Levanti,
sous la direction de Joselyne Studer-Laurens

EYROLLES

SOMMAIRE

UTILISATION DU DVD

Les questions du test sur ce DVD-ROM sont tirées de véritables tests *TOEFL iBT*®. Néanmoins, les formats d'écran et de restitution ne sont pas identiques au test réel. Lorsque vous passerez le véritable test *TOEFL iBT*, vous noterez parfois quelques différences dans la manière dont les questions vous sont présentées à l'écran.

Installation

Sur un PC, insérez le DVD dans votre ordinateur. Pour copier et enregistrer les pistes audio du test sur votre ordinateur, allez sur le lecteur du DVD et sélectionnez le dossier intitulé **Audio** pour travailler sur les tests du **livre**. Pour installer les tests d'entraînement numérisés sur un PC, sélectionnez le fichier intitulé «**Setup**» **(configuration)**. Vous serez alors guidé à travers une courte série d'écrans. À la fin du processus, les tests d'entraînement numérisés seront installés sur votre ordinateur. Sur un ordinateur Mac®, le DVD affiche automatiquement son contenu. Pour installer les tests d'entraînement, glissez l'icône du programme jusqu'au fichier **Applications**.

Menu principal

Lorsque vous lancez le programme, l'écran suivant s'affiche:

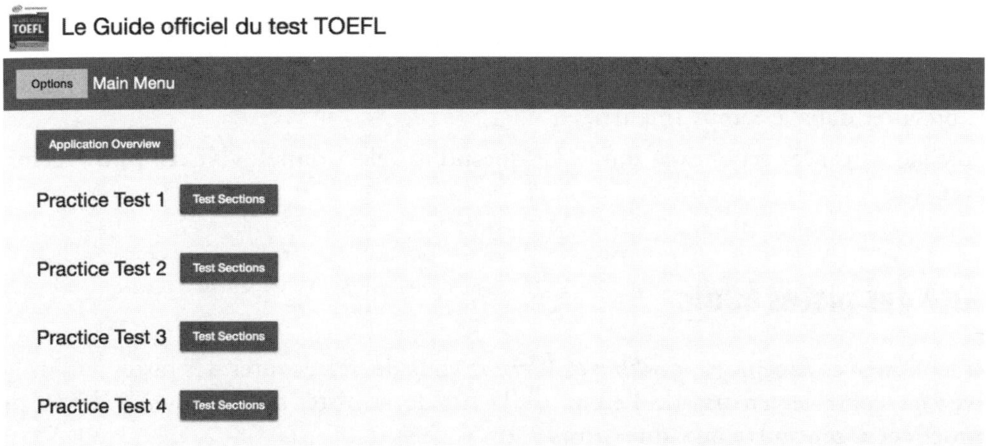

Comment passer les tests d'entraînement *TOEFL iBT*® sur votre ordinateur

À partir du menu principal, choisissez un test d'entraînement 1, 2, 3 ou 4. Puis sélectionnez la partie du test que vous souhaitez passer : ***Reading*, *Listening*, *Speaking*** ou ***Writing* (compréhension écrite, compréhension orale, expression orale, expression écrite). Veuillez noter que vous pouvez repasser les parties du test plus d'une fois.**

À l'ouverture d'une partie du test, vous trouvez les instructions concernant cette partie. Une horloge sur l'écran vous indique combien de minutes et de secondes il vous reste pour réaliser cette épreuve. Vous pouvez masquer l'horloge si cela vous dérange.

Si vous devez interrompre votre épreuve, sélectionnez « **Main Menu** » **(Menu Principal)** en haut de l'écran. Cela vous ramènera au menu principal. Lorsque vous êtes prêt à reprendre, ouvrez à nouveau la partie de test que vous voulez et cliquez sur le bouton « **Continue** » **(Continuer)**. Votre travail ne sera pas perdu, et vous reprendrez exactement là où vous vous êtes arrêté. L'horloge s'arrêtera pendant votre interruption et se remettra immédiatement en marche lorsque vous reprendrez votre test. Essayez de ne pas faire trop d'interruptions, car en situation réelle de test, l'horloge continue d'avancer lorsque vous interrompez le test.

Répondre aux questions

Pour répondre aux questions des épreuves de compréhension écrite et orale, sélectionnez le rond correspondant à votre réponse ou suivez les instructions qui vous sont données. Pour certaines questions, il vous faudra sélectionner plusieurs réponses. Une fois que vous avez choisi une ou plusieurs réponses, sélectionnez **Suivant** pour continuer. Pour l'épreuve de compréhension écrite (*Reading*), vous pouvez retourner en arrière pour revoir votre réponse en cliquant sur le bouton **Précédent**.

Pour l'épreuve d'expression orale, vous devez enregistrer votre réponse à chaque question sur votre appareil d'enregistrement après avoir entendu l'instruction vous demandant de commencer à parler. Arrêtez l'enregistrement après la fin du temps de réponse.

Pour l'épreuve d'expression écrite, inscrivez votre réponse à chaque question dans l'espace prévu et dans le temps imparti.

Lorsque vous avez répondu à toutes les questions, sélectionnez « **Next** » **pour terminer l'épreuve**.

Écoute des pistes audio

Pour les épreuves *Listening*, *Speaking* et *Writing* vous devrez écouter des pistes audio. Vous pouvez les contrôler en bas de l'écran. À la fin de la piste, sélectionnez « **Next** » **pour commencer à répondre aux questions**.

Vos résultats

Dans le menu principal, sélectionnez l'épreuve dès que vous l'avez passée. Vous y trouverez des informations sur le partage de réponses correctes, mais uniquement pour les épreuves de compréhension écrite et orale (*Reading* et *Listening*). Sélectionnez le bouton « **Review** » (Révision). Pour les épreuves de compréhension écrite et orale vous y trouverez pour chaque question la bonne réponse ainsi que son raisonnement. Pour l'épreuve d'expression orale, vous y trouverez les points importants de chaque question, des exemples de réponses ainsi que des commentaires de correcteurs sur ces réponses. Pour écouter les exemples de réponses, suivez les instructions qui vous sont données. Utilisez les points clés, les exemples de réponses ainsi que les commentaires des correcteurs pour évaluer votre performance à l'épreuve d'expression orale pour la partie « **Speaking** » (expression orale). Pour l'épreuve d'expression écrite, vous trouverez une rubrique sur les points importants de chaque sujet, des exemples de rédaction et des commentaires de correcteurs pour évaluer votre performance à l'épreuve.

Utilisation des jeux d'épreuves et des tests d'entraînement sur le livre

Vous pouvez travailler sur les tests imprimés dans le livre plutôt que sur ceux du DVD. Si c'est le cas, vous devrez écouter les pistes audio correspondantes. À partir du fichier audio copié et enregistré, vous pouvez sélectionner les pistes audio telles qu'elles sont numérotées dans le livre. Au cours de votre avancement dans les tests dans le livre, on vous indiquera à quel moment lancer la piste audio. Chaque fois que vous devrez lancer une piste audio, vous verrez le symbole suivant : Cliquez sur le numéro de la piste audio indiquée dans le livre.

1 À PROPOS DU TEST *TOEFL iBT®*

Ce chapitre vous permettra de prendre connaissance :

- des caractéristiques principales du test *TOEFL iBT®* ;
- du genre de questions posées lors du test ;
- du mode d'emploi pour mieux se préparer au test.

Ce guide officiel a été conçu pour aider les étudiants qui apprennent l'anglais à comprendre le déroulement du test TOEFL® et à s'y préparer. En vous préparant au test, vous renforcerez les compétences dont vous avez besoin pour réussir dans le milieu universitaire, pour évoluer dans votre carrière professionnelle et dans votre vie tout court.

Pour commencer…

Débutez votre préparation au test *TOEFL®* en lisant les informations suivantes, les modalités relatives au test, et les scores obtenus au *TOEFL®*.

Qu'il s'agisse des études *undergraduate*, *graduate* ou *post-graduate* (licence, master ou doctorat), les établissements à travers le monde exigent que les candidats à l'admission démontrent leur capacité à communiquer en anglais.

Le test TOEFL donne aux candidats la possibilité de prouver qu'ils peuvent communiquer leurs idées de manière efficace en milieu universitaire, en salle de classe et dans la vie estudiantine. Le test reflète des situations universitaires réelles où la langue anglaise s'utilise dans des conférences, et dans les laboratoires. Il s'agit du registre de langue employé par les professeurs lorsque ceux-ci donnent des consignes sur leurs cours ou communiquent des concepts à leurs étudiants. C'est la langue utilisée par les étudiants dans les groupes de travail et dans les situations universitaires au quotidien comme acheter un livre à la librairie. Tous les textes sont des extraits de manuels universitaires et de supports pédagogiques réels.

Passer le *TOEFL®* vous permettra de faire face à tout type de situation

Le test *TOEFL®* mesure la qualité des compétences des candidats en anglais, et pas seulement leur connaissance de la langue elle-même. Puisqu'il s'agit d'un test éprouvé et fiable, avec une notation impartiale et objective, le test TOEFL confirme que le candidat possède les compétences linguistiques nécessaires pour réussir en milieu universitaire.

Voilà pourquoi c'est le test le plus réputé et le plus utilisé au monde. Plus de 10 000 écoles et universités, sans parler des organismes dans 130 pays, reconnaissent les scores du TOEFL, ainsi les candidats ont la possibilité d'utiliser leurs résultats au test TOEFL dans le monde entier. Le test TOEFL est également le test d'anglais le plus accessible. Le TOEFL est administré dans des centres d'examen agréés ETS (Educational Testing Service) dans 180 pays. Plus de 30 millions de personnes ont passé le test depuis ses débuts en 1964.

Qui a conçu le *TOEFL*® ?

ETS (Educational Testing Service) est un organisme à but non lucratif qui développe et administre le test TOEFL.

Qui doit passer le test *TOEFL*® ?

Si votre première langue *n'est pas* l'anglais, il est probable que l'école ou l'université que vous souhaitez intégrer vous demandera de passer un examen de compétence en anglais. Cependant, il faudra vérifier les critères d'admission auprès de chaque établissement.

Comment le *TOEFL*® est-il utilisé dans la procédure d'admission ?

Votre score au *TOEFL*® sera pris en considération – avec d'autres éléments du dossier de demande d'admission envoyé à l'établissement – pour décider si vous avez les compétences nécessaires pour intégrer une filière universitaire. Le score qu'il faut obtenir au TOEFL dépend souvent de la spécialisation choisie et du cycle universitaire que vous voulez intégrer.

Y a-t-il un score minimal accepté ?

Les établissements qui utilisent le *TOEFL*® fixent leurs propres seuils par rapport au score minimal accepté. Ces minima peuvent varier d'un établissement à l'autre en fonction des facteurs tels que la spécialisation demandée par le candidat, son niveau universitaire (*undergraduate* ou *graduate*), si le candidat aura à dispenser des cours et si l'établissement propose des cours d'anglais à ses étudiants étrangers.

Comment utiliser ce livre/DVD

Ce livre vous donnera une méthodologie, de la pratique et des conseils sur des stratégies pour mieux réussir au TOEFL.

- **Le chapitre 1** présente le test, des informations sur l'évaluation, et une présentation des différentes parties du test *TOEFL iBT*® tel qu'il se présente sur ordinateur, ainsi que quelques conseils sur les stratégies à employer lors du passage du test.
- **Les chapitres 2, 3, 4 et 5** présentent des analyses approfondies des types de questions susceptibles d'apparaître dans chaque partie du test. Chaque chapitre inclut également des questions types et explique les bonnes réponses afin de comprendre les compétences de communication qui seront testées dans chaque partie.
- Vous trouverez dans **les chapitres 6-9** quatre tests TOEFL iBT blancs, dans leur intégralité, qui vous donneront une idée de votre performance sur le vrai test.
- **Le chapitre 10** est le « Guide du rédacteur » (*Writer's Guide*), qui vous aidera à rédiger en langue anglaise. Il porte sur la grammaire, l'usage, la syntaxe, le style, l'organisation et le développement. Vous y trouverez également une présentation des différents types de rédactions, des astuces pour les améliorer par la correction, la révision et la relecture, ainsi qu'un glossaire.
- **Le DVD** qui accompagne ce livre présente une version électronique du test blanc intégral des chapitres 6-9. Il comprend également des pistes audio numérotées correspondant à tous les supports qui accompagnent le test blanc dans ce livre. Pour plus d'informations sur l'utilisation de ce DVD, consultez le mode d'emploi au début du livre.

Vous pouvez utiliser ce livre pour vous familiariser avec la présentation, la durée et le format du test. Pour obtenir davantage d'aide, et pour vous faire une meilleure idée du déroulement du test, vous pouvez vous connecter au « TOEFL Practice Online » à l'adresse suivante : **www.ets.org/toeflpractice**. Cette aide en ligne vous propose :

- de passer un test *TOEFL iBT*® dans des conditions identiques à l'examen ;
- d'avoir accès à une sélection de tests blancs pour mieux vous préparer le jour de l'examen ;
- d'obtenir sous 24 heures une évaluation ainsi qu'un retour de performance sur les quatre compétences.

Le « *TOEFL*® Practice Online » vous aidera à vous familiariser avec la façon dont le test est administré, et comment passer le test dans de vraies conditions, tout en respectant les durées réglementaires. Ce « Guide officiel » vous aidera à mieux comprendre les compétences linguistiques dont vous aurez besoin pour réussir le test et ensuite dans la salle de classe.

Vous pouvez utiliser les tests blancs dans ce livre/DVD – et dans la rubrique « *TOEFL*® Practice Online » – pour un diagnostic des points que vous devez améliorer. Ensuite, suivez les conseils proposés dans les chapitres concernant la compétence linguistique sur laquelle vous devez progresser. Vous devez, bien sûr, utiliser d'autres supports afin de compléter la méthode présentée dans ce livre.

Puisque l'objectif du TOEFL est d'évaluer les compétences dont vous aurez besoin pour réussir dans vos études, la meilleure façon d'améliorer celles-ci est d'intégrer une formation dispensée en anglais, portant sur :

- la communication où les quatre compétences sont utilisées, et surtout l'expression orale ;
- les compétences transversales (par exemple, la compréhension orale et écrite/ l'expression orale, la compréhension écrite et orale/l'expression écrite).

Cependant, même les étudiants qui ne sont pas inscrits dans une formation dispensée en anglais doivent s'entraîner aux compétences évaluées au *TOEFL*®. En d'autres termes, la meilleure façon d'améliorer son score au *TOEFL*® est d'améliorer ses compétences. Chaque chapitre de ce livre vous fournit des conseils approfondis sur la manière dont vous pouvez faire le lien entre le contenu de vos cours et les différents types de questions qui seront posées pendant le test. Vous voulez par exemple améliorer votre score sur la partie *Reading* (compréhension écrite). La meilleure manière de progresser sur cette partie est de faire de nombreuses lectures de différents types de textes en anglais portant sur des sujets divers (les sciences dures, les sciences sociales, les beaux-arts, l'économie, etc.). Pour ce faire, Internet reste l'une des meilleures ressources, mais les livres, les magazines et les revues sont également très utiles. Vous pouvez faire des progrès dans ce domaine en lisant des textes écrits rédigés dans un registre plutôt académique, susceptibles d'être abordés dans des cours à l'université.

De plus, vous pouvez vous essayer aux activités suivantes :

- parcourir les passages pour identifier les informations les plus importantes (dates, chiffres, phrases) ;
- développer votre vocabulaire, peut-être à l'aide de fiches ;
- au lieu de lire chaque mot et chaque phrase attentivement, s'entraîner à parcourir des passages plus rapidement pour avoir une impression générale de l'idée principale ;
- choisir des mots inconnus dans le passage et essayer de deviner leur signification selon le contexte (les phrases environnantes) ;
- sélectionner tous les pronoms (*he*, *him*, *they*, *them* et autres) et identifier quels sont les noms auxquels ils font référence dans le passage ;
- s'entraîner à faire des déductions et à en tirer des conclusions en fonction de ce qui est sous-entendu dans l'ensemble du texte.

Tout savoir sur le *TOEFL iBT*®

Le *TOEFL iBT*® est composé de quatre parties : *Reading* (compréhension écrite), *Listening* (compréhension orale), *Speaking* (expression orale) et *Writing* (expression écrite). La durée du test est de quatre heures environ, et toutes les épreuves se déroulent le même jour.

Caractéristiques principales

• Le test *TOEFL iBT*® évalue les quatre compétences linguistiques nécessaires à une communication efficace : l'expression orale et écrite, la compréhension orale et écrite, compétences qui mettent en évidence la capacité du candidat à utiliser l'anglais efficacement dans un milieu universitaire.

• Il reflète la façon dont une langue est vraiment utilisée, incorporant des tâches qui nécessitent plus d'une seule compétence, comme c'est le cas dans un contexte universitaire. Les questions à compétences transversales demandent que les candidats :
- lisent, écoutent, puis parlent pour répondre à une question ;
- écoutent, puis parlent pour répondre à une question ;
- lisent, écoutent, puis écrivent pour répondre à une question.

• Il promeut les bonnes pratiques pour apprendre et enseigner une langue. Par le passé, l'enseignement de la langue anglaise s'est focalisé sur les détails de la langue elle-même (surtout la grammaire), et les élèves pouvaient obtenir de bons résultats aux examens sans savoir vraiment communiquer. À l'heure actuelle, professeurs et élèves comprennent l'importance de l'utilité de la langue anglaise pour la communication. Les activités qui intègrent ces compétences sont très populaires dans beaucoup de formations dispensées en anglais.

Format

• Le test *TOEFL iBT*® est administré en ligne via un réseau sécurisé dans plusieurs centres de test partout dans le monde.

• Les consignes pour répondre aux questions sont fournies pour chaque section. Il n'y a pas d'exemple de questions.

• L'ordinateur ne change pas les questions en fonction des réponses données par le candidat. Chaque candidat doit répondre aux questions qui portent sur de nombreux domaines.

• Les candidats sont autorisés à prendre des notes sur du papier brouillon pendant le test. Après le test, le papier brouillon sera ramassé pour garantir la sécurité du test.

• Pendant la partie *Speaking* (expression orale), les candidats portent un casque à suppression active de bruit et parlent dans un microphone. Les réponses sont enregistrées sous forme numérique, puis envoyées à ETS pour évaluation.

• Formés et certifiés par ETS, les correcteurs évaluent les réponses sur la partie *Speaking* (expression orale).

• Pendant la partie *Writing* (expression écrite), les candidats doivent saisir leurs réponses, qui sont ensuite envoyées à ETS pour évaluation.

- Formés et certifiés par ETS, les correcteurs évaluent les réponses sur la partie *Writing* (expression écrite). Un système d'évaluation automatique est également utilisé pour les exercices d'expression écrite.
- Les scores sont diffusés en ligne et envoyés par courrier.

Le tableau ci-après présente le nombre de questions et le temps imparti par section. La durée varie selon le nombre de questions. Tous les tests comprennent des questions supplémentaires dans les sections *Reading* (compréhension écrite) ou *Listening* (compréhension orale). Ces questions sont actuellement en cours d'évaluation par ETS et ne comptent pas dans le score final du candidat.

Format du test

Section du texte	Nombre de questions	Durée
Reading	3-4 textes, 12-14 questions chacun	60-80 minutes
Listening	4-6 monologues, 6 questions chacun 2-3 conversations, 5 questions chacune	60-90 minutes
PAUSE		10 minutes
Speaking	6 exercices : dont 2 exercices libres et 4 exercices dirigés	20 minutes
Writing	1 exercice dirigé 1 exercice libre	20 minutes 30 minutes

Barre d'outils

Dans chaque partie, la barre d'outils qui s'affiche à l'écran vous permet de naviguer dans les parties du test avec facilité. Vous trouverez ci-après des exemples d'outils d'évaluation utilisés sur les sections *Listening* et *Reading* du test. Le nom de la partie s'affiche toujours en haut à gauche de la barre d'outils.

Voici à quoi ressemble la barre d'outils dans la partie *Listening :*

- Vous serez toujours informé du numéro de la question et du temps qu'il vous reste dans chaque partie. Il est possible de cacher le minuteur à tout moment en cliquant sur « **Hide Time** ».
- Le bouton « **Volume** » vous permet d'ajuster le volume pendant que vous écoutez les extraits oraux.

- Le bouton « **Help** » vous permet d'obtenir de l'aide. Lorsque vous utilisez la fonction « **Help** », le minuteur ne s'arrête pas.
- Le bouton « **Next** » vous permet de passer à la question suivante.
- Une fois que vous cliquez sur « **Next** », vous pouvez confirmer vos réponses en cliquant sur « **OK** ». Dans la partie *Listening*, vous n'êtes pas autorisé à revoir une question une fois que vous avez déjà cliqué sur « **OK** ». N'oubliez pas que vous ne pouvez pas revenir sur ces questions-là.

La barre d'outils qui s'affiche pour la partie *Reading* possède certaines caractéristiques :

Vous pouvez visionner l'intégralité du texte en même temps que vous répondez aux questions. Pour ce faire, vous devez cliquer sur « **View Text** » pour voir l'ensemble du texte.

Vous pouvez voir également toutes vos réponses en cliquant sur la rubrique « **Review** ». Cela vous permettra de revenir sur n'importe quelle question afin d'en changer la réponse. Vous pouvez voir également les questions sans réponse, et le délai pour répondre.

Dans la partie *Reading*, vous pouvez aussi cliquer sur le bouton « **Back** » à n'importe quel moment pour revenir à la question précédente.

Partie Reading

Compréhension de textes académiques

La partie *Reading* (compréhension écrite) évalue votre capacité à comprendre des textes et des passages académiques. Partout dans le monde universitaire, les étudiants doivent lire et comprendre des informations tirées de textes académiques. Il y a trois objectifs lorsqu'on aborde un texte de ce type :

La lecture pour s'informer

- Parcourir un texte de manière efficace pour y trouver les informations les plus importantes.
- Accroître la vitesse et la fluidité de la lecture.

La lecture pour une compréhension de base

- Comprendre la thématique générale ou l'idée principale, les points principaux, les informations et les détails les plus importants, le vocabulaire utilisé dans le contexte et les références à des pronoms[1].
- Faire des déductions[2] par rapport à ce qui est sous-entendu dans un texte.

La lecture pour apprendre

- Reconnaître l'organisation et l'objectif d'un texte.
- Faire des liens entre idées différentes et divergentes.
- Organiser des informations et les classer dans un tableau, ou les résumer afin de rappeler les points principaux et les détails les plus importants.
- Déduire la façon dont les idées dans le texte interagissent les unes avec les autres.

Descriptif

Format de la partie *Reading*

Longueur de chaque texte	Nombre de textes/questions	Durée
Environ 700 mots	3-4 passages 12-14 questions par texte	60-80 minutes

Textes à lire pour la partie *Reading*

Le test *TOEFL iBT*® propose des textes extraits de manuels universitaires qui présentent une problématique ou un thème. Les extraits sont peu modifiés pour pouvoir mesurer la façon dont les candidats comprennent des supports universitaires.

Les textes traitent une grande variété de sujets. Il ne faut pas vous inquiéter si vous ne connaissez pas bien un sujet. Le texte contient toute l'information nécessaire pour répondre aux questions.

Tous les textes sont répartis en trois catégories de base :

- exposé[3] ;

1. Référence à des pronoms : les noms qui se réfèrent aux pronoms dans un passage.
2. Déduction : avis ou idée qui est sous-entendu mais qui n'est pas très explicite dans le passage.
3. Exposé : présentation d'informations qui exposent un thème particulier.

- argumentaire[1] ;
- historique.

Les textes présentent souvent des points de vue différents sur tel ou tel thème. Il faut le noter au fur et à mesure. Vous aurez en général au moins une question qui vous permet de montrer que vous avez bien compris l'organisation générale du texte. Voici quelques exemples d'organisation que vous devez reconnaître :

- classification ;
- comparaison/opposition ;
- cause/effet ;
- problème/résolution de problème.

Vous devez parcourir chaque texte avant de répondre aux questions correspondantes. Une fois que les questions s'afficheront, le texte apparaîtra du côté droit de l'écran. Les questions s'afficheront à gauche (voir exemple ci-dessous).

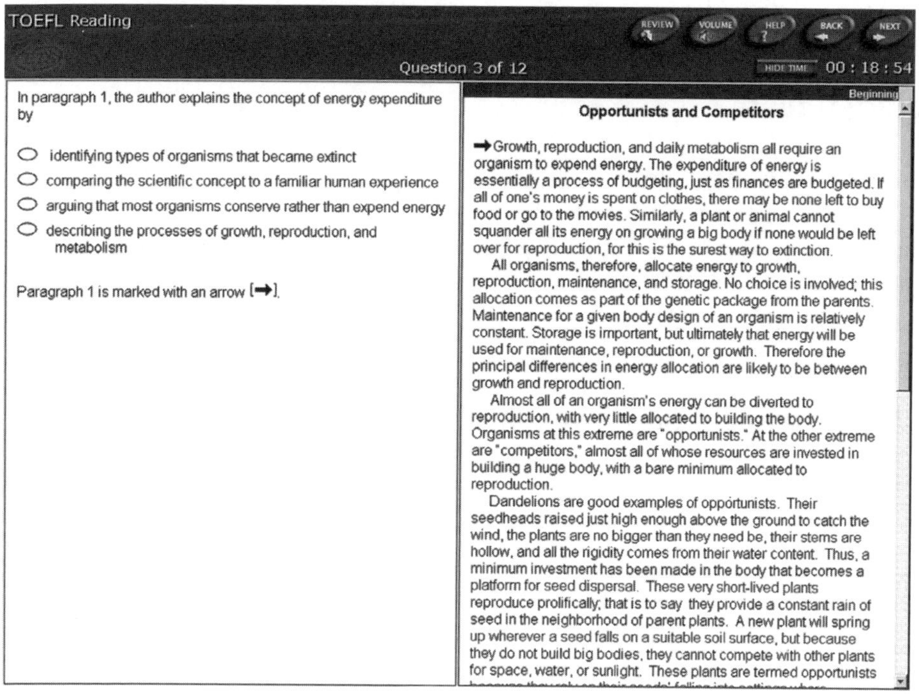

Vous n'avez besoin d'aucune connaissance particulière du sujet de la question pour répondre correctement aux questions dans la partie *Reading*, cependant la définition de mots ou de phrases difficiles dans le texte est parfois fournie. Si vous cliquez sur un mot dont l'hyperlien est actif, une définition s'affichera en bas à gauche de l'écran.

1. Argumentaire : des arguments qui présentent un point de vue sur un sujet, et des preuves concrètes pour l'étayer.

Les 60 à 80 minutes imparties pour cette partie comprennent le temps nécessaire pour lire les textes et pour répondre aux questions correspondantes.

Format des questions dans la partie *Reading*

Il existe quatre formats pour les questions dans la partie *Reading*:

- questions avec quatre choix de réponse parmi lesquels une seule réponse est correcte, un format QCM traditionnel ;
- questions à choix multiple avec plus d'une réponse (par exemple, deux réponses correctes sur quatre) ;
- questions avec quatre choix de réponse ; le candidat « insère une phrase » là où elle convient le mieux dans le texte ;
- questions « lire pour apprendre » avec plus de quatre choix dont plus d'une réponse correcte est obligatoire.

Caractéristiques

Questions « lire pour apprendre »

Ces questions évaluent votre capacité à reconnaître l'organisation du texte ainsi que les liens entre informations et idées.

Dans cette partie vous devez trier des informations et mettre les choix de réponse proposés dans un tableau ou dans un résumé (voir exemples à la page 25). Vous pouvez obtenir jusqu'à 2 points sur les questions « résumé », et jusqu'à 3 points sur les questions « tableau ». Ce type de question permet une notation partielle.

Fonction glossaire

Vous pouvez cliquer sur certains mots et phrases dans le texte pour obtenir une définition ou explication de ceux-ci. Dans l'exemple ci-dessous, le candidat a la possibilité de cliquer sur le mot « *shamans* » pour obtenir sa définition.

TOEFL Reading

REVIEW VOLUME HELP BACK NEXT

Question 3 of 12

HIDE TIME 00 : 18 : 54

According to paragraph 5, why do some scholars refer to a trance state to help understand the cave paintings?

- To explain the state of consciousness the artists were in when they painted their pictures
- To demonstrate the mythical significance of the strange geometric shapes
- To indicate that trance states were often associated with activities that took place inside caves
- To give a possible reason for the strange appearance of the men painted on the cave walls

Paragraph 5 is marked with an arrow [➡].

Glossary

shamans: holy people who act as healers and diviners

More Available

by arrows and spears. This opinion also attempts to solve the overpainting by explaining that an animal's picture had no further use after the hunt.

➡ A third opinion takes psychological motivation much further into the realm of tribal ceremonies and mystery: the belief that certain animals assumed mythical significance as ancient ancestors or protectors of a given tribe or clan. Two types of images substantiate this theory: the strange, indecipherable geometric shapes that appear near some animals, and the few drawings of men. Wherever men appear they are crudely drawn and their bodies are elongated and rigid. Some men are in a prone position and some have bird or animal heads. Advocates for this opinion point to reports from people who have experienced a trance state, a highly suggestive state of low consciousness between waking and sleeping. Uniformly, these people experienced weightlessness and the sensation that their bodies were being stretched lengthwise. Advocates also point to people who believe that the forces of nature are inhabited by spirits, particularly shamans who believe that an animal's spirit and energy is transferred to them while in a trance. One Lascaux narrative picture, which shows a man with a birdlike head and a wounded animal, would seem to lend credence to this third opinion, but there is still much that remains unexplained. For example, where is the proof that the man in the picture is a shaman? He could as easily be a hunter wearing a headmask. Many tribal hunters, including some Native Americans, camouflaged themselves by wearing animal heads and hides.

Perhaps so much time has passed that there will never be satisfactory answers to the cave images, but their mystique only adds to their importance. Certainly a great art exists, and by its existence reveals that ancient human beings were not without intelligence, skill, and sensitivity.

Lire pour apprendre – Exemple de question avec tableau

TOEFL Reading

VIEW TEXT REVIEW VOLUME HELP BACK NEXT

Question 12 of 12

HIDE TIME 00 : 17 : 20

Directions: Select the appropriate phrases from the answer choices and match them to the type of organism to which they relate. TWO of the answer choices will NOT be used. **This question is worth 3 points.**

Drag your answer choices to the spaces where they belong. To review the passage, click on **View Text**.

Answer Choices

Vary frequently the amount of energy they spend in body maintenance

Have mechanisms for protecting themselves from predation

Succeed in locations where other organisms have been removed

Have relatively short life spans

Invest energy in the growth of large, strong structures

Have populations that are unstable in response to climate conditions

Can rarely find suitable soil for reproduction

Opportunists

-
-
-

Competitors

-
-

Lire pour apprendre – Exemple de question de résumé

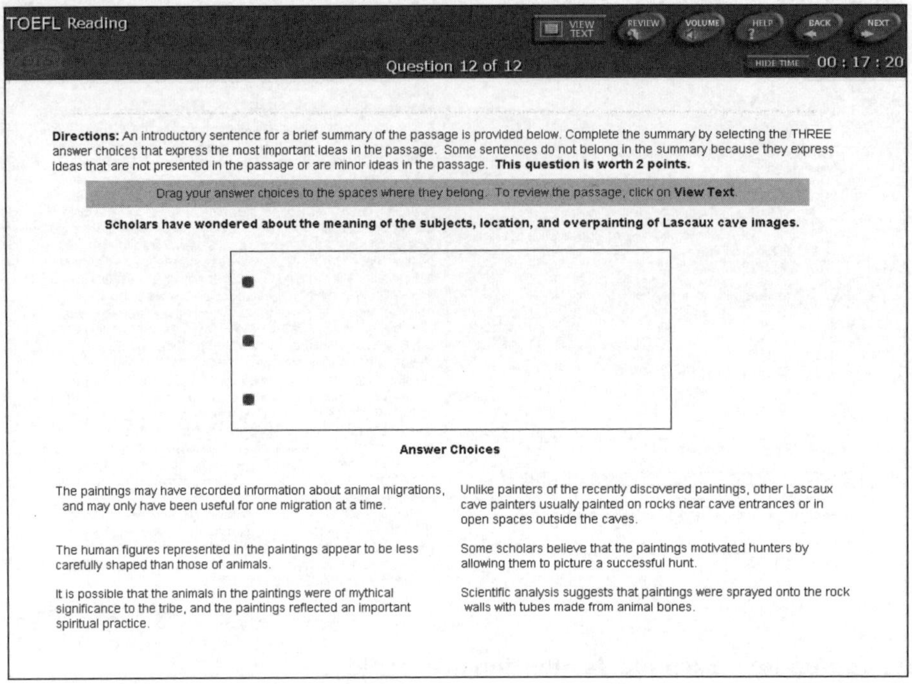

Partie Listening

Compréhension orale en milieu universitaire

La partie *Listening* (compréhension orale) évalue votre capacité à comprendre l'anglais parlé. En milieu universitaire, les étudiants doivent pouvoir écouter des cours et des conversations. Il existe trois objectifs principaux à la compréhension orale en milieu universitaire:

Écouter pour une compréhension globale

- Comprendre l'idée principale et les détails importants en relation avec celle-ci (il n'est pas nécessaire de comprendre toutes les informations).

Écouter pour une compréhension pragmatique[1]

- Reconnaître l'attitude et le degré d'assurance du locuteur.
- Identifier la fonction ou les objectifs de l'assertion du locuteur.

1. Compréhension pragmatique: comprendre l'objectif, l'attitude, le degré de certitude, etc. d'un interlocuteur.

Écouter pour analyser et pour synthétiser[1] des informations

- Reconnaître l'organisation des informations présentées.
- Comprendre les liens entre idées présentées (par exemple, une organisation comparaison/opposition, cause/effets, étapes dans un processus).
- Extrapoler[2] et tirer des conclusions en fonction de ce qui est sous-entendu dans l'extrait oral.
- Faire des liens logiques entre les informations dans une conversation ou un cours.
- Prendre conscience des changements thématiques (par exemple, digressions[3] et apartés[4]) entendus lors des cours ou pendant des conversations, et repérer l'introduction et la conclusion dans un extrait oral.

Descriptif

Les enregistrements dans le test proposent des conférences universitaires et des conversations de longue durée dans lesquelles le discours est naturel et fluide. Vous pouvez prendre des notes sur les extraits à n'importe quel moment pendant le test et vous pouvez utiliser des notes pour répondre aux questions.

Format des questions dans la partie *Listening*

Support audio	Nombre de questions	Durée
4-6 extraits, chacun dure de 3 à 5 minutes, environ 500-750 mots	6 questions par extrait	60-90 minutes
2-3 conversations, chacune dure environ 3 minutes, 12-25 échanges environ	5 questions par conversation	

Cours universitaires

Les cours que vous entendrez pendant le test *TOEFL®* reflètent le type de compétences orales (compréhension et expression orale) qu'il faut employer à l'université. Dans certains

1. Synthétiser: résumer des informations provenant de plus de deux parties d'un cours ou d'une conversation.
2. Extrapoler: comprendre un avis ou une idée qui est sous-entendu mais qui n'est pas très explicité dans le passage.
3. Digressions: remarques qui s'éloignent brièvement de l'idée principale d'une narration, et qui y reviennent par la suite.
4. Aparté: commentaires faits sur une narration qui sont pertinents pour illustrer le thème principal, mais qui interrompent la transmission des informations et des idées du locuteur (exemple: *«Pay attention now; this will be on the test»*).

cours, c'est le professeur qui parle le plus souvent, avec des interventions moins fréquentes de la part des étudiants. Dans d'autres cours, il se peut que le professeur invite les étudiants à participer à une discussion/débat en posant des questions aux étudiants qui doivent y répondre. Les images qui accompagnent l'extrait sonore vous aideront à savoir si une ou plusieurs personnes parlent.

Un cours où le professeur est le seul orateur

Un cours où le professeur et les élèves parlent

Conversations en milieu universitaire

Les conversations entendues pendant le test *TOEFL®* peuvent avoir lieu lors d'un rendez-vous avec un professeur/chargé de cours, ou pendant une rencontre avec d'autres personnels universitaires. Les conversations portent en général sur un sujet académique, ou sur les modalités d'évaluation d'un cours. D'autres conversations non académiques avec d'autres personnels de l'université portent, par exemple, sur le règlement des frais de logement, l'inscription pédagogique, un renseignement à la bibliothèque, etc.

Les images qui s'affichent à l'écran peuvent vous aider à imaginer le contexte et le rôle joué par les locuteurs.

Exemple de conversation

Format des questions dans la partie *Listening*

Après avoir écouté les extraits, la question ainsi que les choix de réponse s'afficheront à l'écran.

Il y a quatre formats de questions dans la partie *Listening* :

- des questions à choix multiples traditionnelles avec quatre réponses proposées, dont une seule correcte ;
- des questions à choix multiples dont plusieurs réponses sont possibles (par exemple, deux bonnes réponses sur quatre choix, ou trois bonnes réponses sur cinq choix) ;
- des questions qui vous demandent de mettre des informations dans le bon ordre, y compris les étapes d'un processus ;
- des questions qui vous demandent de mettre des informations dans la bonne catégorie dans un tableau ou de cocher des cases.

Exemple de tableau

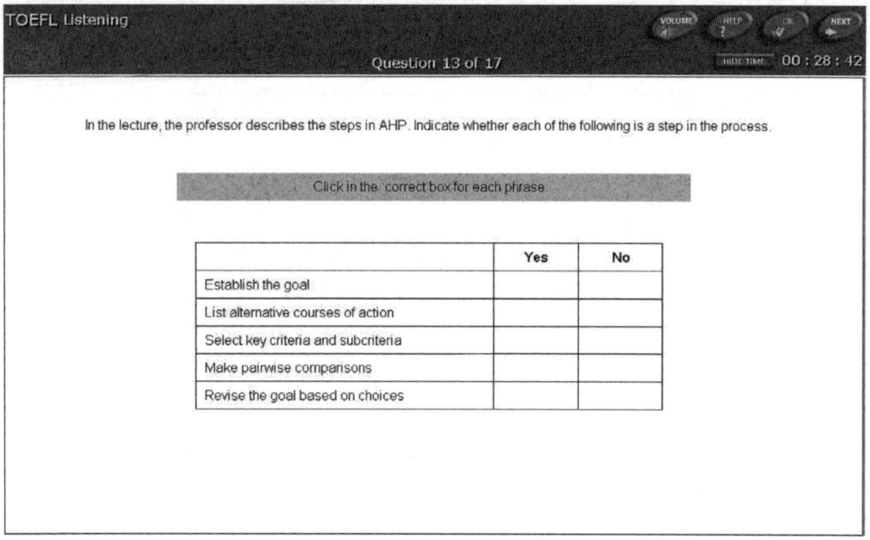
TOEFL Listening

VOLUME HELP OK NEXT

Question 13 of 17

HIDE TIME 00 : 28 : 42

In the lecture, the professor describes the steps in AHP. Indicate whether each of the following is a step in the process.

Click in the correct box for each phrase

	Yes	No
Establish the goal		
List alternative courses of action		
Select key criteria and subcriteria		
Make pairwise comparisons		
Revise the goal based on choices		

Caractéristiques

- La prise de notes est autorisée. À l'issue du test, le papier brouillon utilisé sera ramassé et détruit avant votre départ du centre d'examen pour des raisons de sécurité.
- Une question à choix multiples évalue le niveau de compréhension de l'attitude d'un locuteur, de son degré d'assurance ou de son objectif. Ces questions demandent que le candidat puisse identifier le ton de la voix mais aussi reconnaître certains indices pour prendre connaissance des sentiments des locuteurs à propos du sujet de la discussion.
- Dans certaines questions, une partie du cours ou de la conversation sera repassée une seconde fois. Dans ce cas, vous réentendrez une partie de la conversation ou du cours, puis vous répondrez à une question.

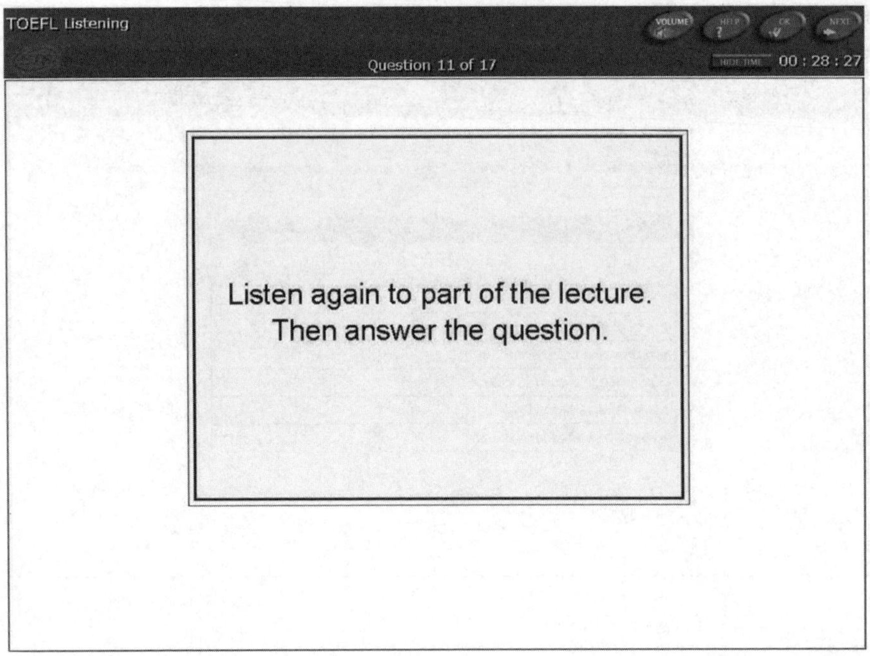

Voici un exemple du genre de question qui évalue la compréhension de l'objectif de ce que dit le locuteur :

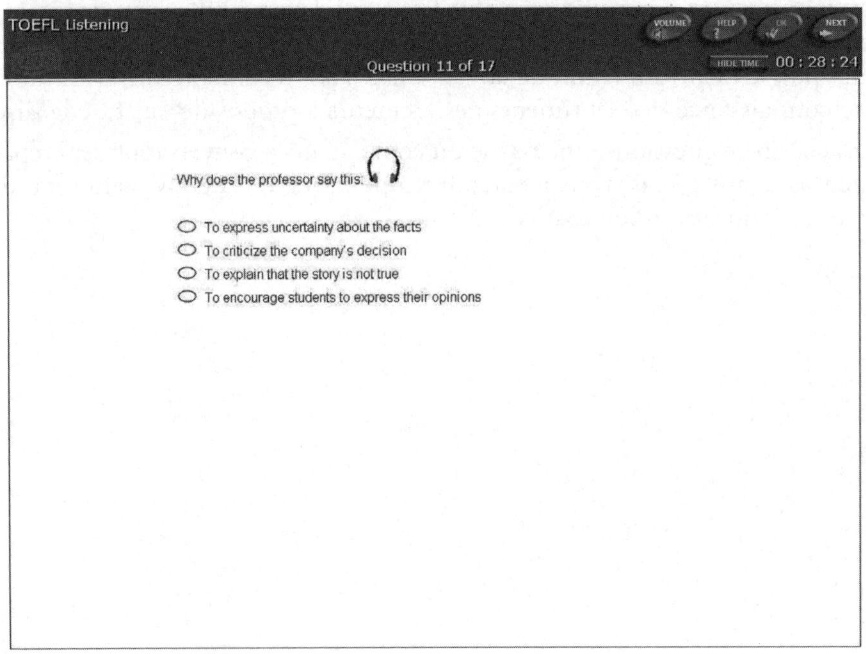

Partie Speaking

Expression orale en milieu universitaire

Les étudiants doivent pouvoir parler anglais correctement à l'université et ailleurs. La partie *Speaking* (expression orale) évalue votre capacité à parler correctement en milieu universitaire.

À l'université, l'étudiant doit :

- répondre aux questions ;
- participer aux discussions avec d'autres étudiants ;
- synthétiser et résumer ce qu'il a lu dans ses manuels et ce qu'il a entendu en cours ;
- exprimer son avis sur les thématiques abordées en cours.

En dehors de l'université, l'étudiant doit :

- participer aux conversations courantes ;
- exprimer ses opinions ;
- communiquer avec des personnes dans des lieux tels que la librairie, la bibliothèque et le service de logement pour étudiants.

Descriptif

La partie *Speaking* dure environ 20 minutes et comprend six exercices différents.

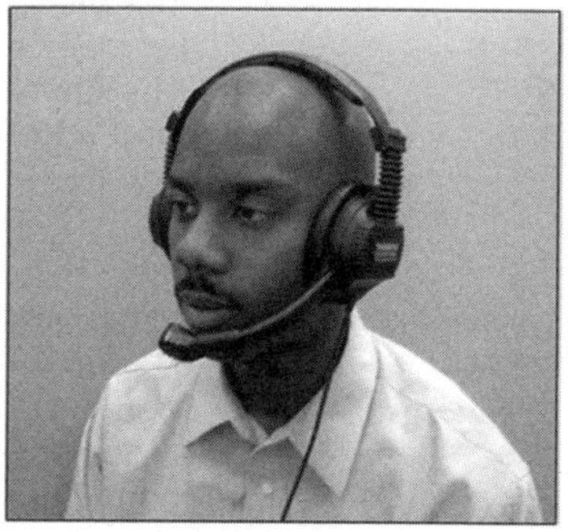

- Les deux premiers exercices portent sur un thème qui vous est familier, et évaluent **une seule compétence linguistique**. Vous devez exprimer vos propres idées, avis et expériences pour répondre aux exercices.
- Les quatre derniers exercices évaluent **plus d'une compétence linguistique**. Deux exercices vous demandent de lire, d'écouter puis de vous exprimer sur le rapport entre ce que vous avez lu et ce que vous avez écouté. Les deux autres exercices vous demandent d'écouter, puis de parler en réponse à la question. Vous êtes autorisé à prendre des notes pendant ces exercices.

Comme pour d'autres parties du test, la partie *Speaking* est dispensée sur Internet. Vous devez vous servir de votre casque (avec microphone) pour tous les exercices oraux. Parlez dans le microphone pour enregistrer vos réponses. Les réponses sont enregistrées dans un format numérique, puis envoyées à ETS où des correcteurs qualifiés les évalueront.

Types d'exercices d'expression orale

Type d'exercice	Description de l'exercice	Durée
Exercices libres		
1. Préférences personnelles	Il s'agit pour le candidat d'exprimer un avis personnel sur un thème donné. Par exemple, le candidat peut parler des personnes célèbres, des lieux, des événements ou des activités qu'il aime faire.	Temps de préparation : 15 secondes Temps de réponse : 45 secondes
2. Choix	Il s'agit d'une question qui demande au candidat de proposer et de soutenir un avis personnel entre deux points de vue opposés.	Temps de préparation : 15 secondes Temps de réponse : 45 secondes
Exercices dirigés		
	Expression orale et écrite, compréhension orale	
3. Vie étudiante Thème : prendre position et expliquer	– Un texte (80-110 mots) présente une problématique en rapport avec la vie étudiante. – Un exercice de compréhension orale (60-80 secondes) se rapporte à la problématique dans l'exercice précédent. – La question demande au candidat de résumer la position de la personne qui parle dans le contexte du passage écrit.	Temps de préparation : 30 secondes Temps de réponse : 60 secondes
4. Les cours à l'université Thème : général/particulier	– Un texte (80 à 110 mots) présente un terme, processus ou une idée d'un point de vue académique. – Un extrait de texte d'un cours universitaire (60-90 secondes) donne des exemples et des informations précises pour illustrer un terme, un processus ou une idée de l'extrait. – La question demande que le candidat résume et transmette les informations les plus importantes liées au texte et à l'extrait.	Temps de préparation : 30 secondes Temps de réponse : 60 secondes
	Compréhension orale	
5. Vie étudiante Thème : problème/résolution	– L'extrait oral (60 à 90 secondes) porte sur une conversation à propos d'un problème chez un étudiant. Il existe 2 solutions possibles. – La question demande que le candidat prouve qu'il comprend le problème et peut exprimer un avis vis-à-vis de la solution au problème.	Temps de préparation : 20 secondes Temps de réponse : 60 secondes
6. Les cours à l'université Thème : résumé	L'extrait oral est l'enregistrement d'un cours universitaire (90-120 secondes) qui explique un terme ou un concept, et donne des exemples concrets pour illustrer ceux-ci. La question demande au candidat de résumer le cours et de faire preuve d'une bonne compréhension du rapport entre les exemples donnés et la thématique principale.	Temps de préparation : 20 secondes Temps de réponse : 60 secondes
TOTAL		20 minutes

Partie Writing

Expression écrite en milieu universitaire

Dans un contexte universitaire où une réponse écrite en anglais est requise, tout étudiant doit pouvoir présenter ses idées de manière claire et organisée. La partie *Writing* évalue votre capacité à rédiger en anglais et en milieu universitaire.

- Les étudiants doivent souvent rédiger des dissertations ou d'autres rédactions sur ce qu'ils apprennent en cours. Cela requiert une capacité à synthétiser des informations acquises lors des séances de travaux dirigés. Ce genre d'exercice s'appelle « **la rédaction dirigée** ». Dans ce type de rédaction, les étudiants doivent :
  - prendre des notes sur ce qu'ils entendent et lisent afin de mieux organiser les informations avant de rédiger ;
  - résumer, paraphraser et citer des informations à partir de la source de manière précise ;
  - écrire sur la manière dont les informations entendues sont liées aux informations lues.

On pourrait, par exemple, demander à un étudiant de comparer ou d'opposer les points de vue exprimés en cours par le professeur et ceux exprimés par un auteur dans un texte. Pour expliquer le contraste, l'étudiant doit tirer des conclusions exprimées par les deux sources d'information.

- Tout étudiant doit rédiger des dissertations qui expriment et étayent son point de vue. Ce genre d'exercice s'appelle « **la rédaction libre** » dans laquelle l'étudiant doit exprimer un avis et l'étayer en fonction de ses propres connaissances et expériences.

On pourrait, par exemple, demander à un étudiant de rédiger une dissertation sur un sujet polémique. L'étudiant peut se servir de ses expériences personnelles pour étayer son argumentaire.

Pour tout type de rédaction, les étudiants doivent pouvoir :

- identifier une idée principale et quelques idées connexes pour la soutenir ;
- organiser et agencer les différentes parties de la rédaction à l'aide d'un plan ;
- développer la rédaction en incluant des justifications, des exemples et d'autres détails ;
- relater des informations de manière organisée ;
- utiliser des mots et des phrases de transition afin de relier des idées pour aider le lecteur à comprendre la logique du texte ;
- utiliser un éventail de constructions grammaticales et de vocabulaire pour s'exprimer efficacement ;
- utiliser correctement la grammaire et le vocabulaire ; se servir des expressions idiomatiques ;
- suivre les règles d'orthographe, de ponctuation et de mise en pages.

Descriptif

Le temps imparti pour la partie *Writing* est de 50 minutes. Les candidats doivent écrire sur ordinateur leurs réponses à deux des exercices (voir tableau ci-dessous), celles-ci sont ensuite envoyées à ETS où elles seront corrigées à la fois par des correcteurs certifiés et le système d'évaluation automatique.

Types d'exercices *Writing*

Type d'exercice	Description de l'exercice
Exercice 1 Rédaction dirigée : lire/écouter/écrire	– Les candidats doivent lire un texte court de 250-300 mots (temps de lecture : 3 minutes) sur un sujet académique. – Les candidats sont autorisés à prendre des notes sur le texte. – Le texte disparaît de l'écran pendant l'enregistrement qui suit. Il réapparaît quand le candidat commence à rédiger pour qu'il puisse s'y référer pendant l'exercice. – Les candidats doivent écouter deux personnes discuter d'un même sujet mais avec un point de vue différent. L'extrait contient de 250 à 320 mots (durée d'écoute : 2 minutes environ). – L'extrait audio donne d'autres informations par rapport aux points abordés dans le texte. Les candidats peuvent prendre des notes sur le passage. – Les candidats doivent écrire un résumé cohérent et fluide en anglais, portant sur les points les plus importants entendus dans l'enregistrement, puis expliquer la façon dont ceux-ci sont liés aux points abordés dans le texte. La longueur conseillée est de 150-225 mots ; cependant, il n'y a pas de pénalité si vous rédigez un texte plus long, à condition de répondre à l'énoncé. – Temps imparti pour répondre : 20 minutes.
Exercice 2 Rédaction libre : rédaction à partir d'expériences personnelles	– Tout candidat doit écrire un texte qui énonce, explique, et soutient son avis sur un sujet. Une bonne rédaction devrait contenir au moins 300 mots ; cependant, les candidats peuvent écrire plus s'ils le souhaitent. – Tout candidat doit étayer son avis ou ses choix et non pas faire un simple détail de ses préférences personnelles ou de ses choix. • En général les questions commencent par des énoncés comme suit : – Êtes-vous d'accord ou pas avec l'énoncé suivant ? Donnez vos raisons et des détails spécifiques pour étayer votre argument. – Certaines personnes croient X. D'autres personnes croient Y. Êtes-vous d'accord/préférez-vous X ou Y ? Donnez vos raisons et soutenez avec des détails. • Temps imparti pour répondre : 30 minutes.

À propos des scores au *TOEFL*®

Répartition des points

Les scores obtenus au test *TOEFL iBT*® se répartissent comme suit :

Reading	0-30
Listening	0-30
Speaking	0-30
Writing	0-30
Score global	0-120

Le score global se calcule en additionnant le score obtenu dans chaque partie du test.

Évaluation des réponses sur les parties *Speaking* et *Writing*

Speaking

Les réponses aux six exercices dans la partie *Speaking* sont enregistrées sous forme numérique et envoyées à ETS. Les réponses de chaque candidat sont analysées par trois à six correcteurs certifiés. La réponse à chaque exercice est évaluée sur une échelle de 0 à 4 selon les rubriques aux pages 210-211. Le total des points sur ces six exercices est converti pour obtenir un score entre 0 à 30.

Les correcteurs prennent en compte les critères suivants dans les réponses du candidat :

- **la forme :** la réponse est-elle claire ? Les meilleures réponses sont claires et fluides, avec une bonne prononciation, un rythme et une intonation naturels ;
- **les aspects linguistiques :** le candidat se sert-il à bon escient de la grammaire et du vocabulaire pour communiquer ses idées ? Les correcteurs évaluent la capacité du candidat à manipuler des structures linguistiques, à la fois basiques et complexes, ainsi qu'un champ lexical adapté au contexte ;
- **le fond/le développement des idées :** à quel point le candidat développe-t-il sa réponse à la question et quelle est la cohérence avec laquelle l'idée est présentée ? Le candidat a-t-il bien synthétisé et résumé les informations dans les exercices dirigés ? Les candidats qui donnent les meilleures réponses sont généralement ceux qui utilisent la totalité ou presque du temps imparti, et créent des liens entre les idées différentes ; la progression entre les idées est également claire et facile à suivre.

Il est important de noter que les correcteurs ne s'attendent pas à ce que les réponses des candidats soient parfaites. Les meilleures réponses sont même susceptibles de contenir des erreurs ou des problèmes mineurs par rapport aux trois critères expliqués ci-dessus.

Writing

Les réponses à tous les exercices sur la partie *Writing* sont envoyées à ETS et analysées par deux correcteurs certifiés ainsi que par le système de correction automatisé sur une échelle de 0 à 5 selon les rubriques se trouvant sur les pages 225-226 et 233-234. La moyenne des scores portant sur les deux exercices est convertie pour obtenir un score unique sur une échelle de 0 à 30.

- La réponse à l'exercice de rédaction dirigée s'évalue sur la base de la qualité (organisation, utilisation appropriée de la grammaire et du vocabulaire), de la rigueur et de la précision du texte.
- La réponse à l'exercice de rédaction autonome s'évalue sur sa qualité générale : le développement, l'organisation ainsi que l'utilisation appropriée de la grammaire et du vocabulaire.

Il est important de noter que les correcteurs savent que les réponses ne sont que des premiers brouillons. Ils ne s'attendent pas à ce que les candidats rédigent des textes recherchés et complets. C'est pour cette raison que le candidat peut obtenir un score élevé avec une réponse qui contient quelques erreurs.

Relevé de scores

Les relevés de scores au *TOEFL*® donnent des informations importantes sur le niveau de préparation du candidat quant à sa participation et sa réussite aux études universitaires dans un environnement anglophone. Les relevés de scores comprennent :

- le détail des scores sur les quatre parties (*Reading*, *Listening*, *Speaking*, *Writing*) ;
- un score global.

Les scores sont disponibles environ 10 jours après la date du test. Le candidat peut consulter son score en ligne sans frais supplémentaires. Si le candidat le précise au préalable, ce sont les universités, écoles et instituts qui reçoivent l'exemplaire papier du relevé de scores (un exemplaire papier est envoyé au candidat uniquement sur demande).

Les relevés de scores du candidat donnent également un retour sur la performance du candidat, indiquent si les résultats sont élevés, moyens ou faibles pour les parties *Reading* et *Listening*, bien, assez bien, passable pour les parties *Speaking* et *Reading*, et reflètent les compétences du candidat en langue anglaise.

Exigences de score

Chaque établissement a ses propres exigences pour les scores obtenus au *TOEFL*®. Tout candidat se doit de consulter l'établissement qu'il souhaite intégrer pour savoir quels sont les minima requis. Une liste des universités, écoles et instituts qui acceptent les scores au *TOEFL*® ainsi que le nombre de points exigés (selon les déclarations faites à ETS) peut être obtenue à **www.toeflgoanywhere.org**.

Exemple de relevé de scores

ETS TOEFL.

TOEFL® (Test of English as a Foreign Language™)
Internet-based Test (TOEFL iBT™)
Examinee Score Report

ETS® Security Guard
See back for details

Name: Mohit01, 20130312P01
Last (Family/Surname) Name, First (Given) Name Middle Name

Email: mnb@mnb.com

Gender: M | **Registration Number**: 0000 0000 0023 1625

Date of Birth: 08 Feb 1980 | **Test Date**: 12 Mar 2013

Mohit01, 20130312P01
House No 36
Princeton, NJ 08541
United States

TOEFL Scaled Scores

Reading	29
Listening	30
Speaking	30
Writing	25
Total Score	114

42

Country of Birth: India
Native Language: ENGLISH
Sponsor Code: 0000 **Test Center Code**: STN9905
Test Center Country: United States

Inst. Code	Dept. Code
2151	00
1740	13

Security Identification

ID Type: National ID **ID No.**: 11454 **Issuing Country**: ATA

SAMPLE

Reading Skills	Level	Your Performance
Reading	High	Test takers who receive a score at the **HIGH** level, as you did, typically understand academic texts in English that require a wide range of reading abilities regardless of the difficulty of the texts. Test takers who score at the **HIGH** level, typically • have a very good command of academic vocabulary and grammatical structure; • can understand and connect information, make appropriate inferences, and synthesize ideas, even when the text is conceptually dense and the language is complex; • can recognize the expository organization of a text and the role that specific information serves within the larger text, even when the text is conceptually dense; and • can abstract major ideas from a text, even when the text is conceptually dense and contains complex language.

Listening Skills	Level	Your Performance
Listening	High	Test takers who receive a score at the **HIGH** level, as you did, typically understand conversations and lectures in English that present a wide range of listening demands. These demands can include difficult vocabulary (uncommon terms, or colloquial or figurative language), complex grammatical structures, abstract or complex ideas, and/or making sense of unexpected or seemingly contradictory information. When listening to lectures and conversations like these, test takers at the **HIGH** level typically can • understand main ideas and important details, whether they are stated or implied; • distinguish more important ideas from less important ones; • understand how information is being used (for example, to provide evidence for a claim or describe a step in a complex process); • recognize how pieces of information are connected (for example, in a cause-and-effect relationship); • understand many different ways that speakers use language for purposes other than to give information (for example, to emphasize a point, express agreement or disagreement, or convey intentions indirectly); and • synthesize information, even when it is not presented in sequence, and make correct inferences on the basis of that information.

Speaking Skills	Level*	Your Performance
Speaking about Familiar Topics	Good	Your responses indicate an ability to communicate your personal experiences and opinions effectively in English. Overall, your speech is clear and fluent. Your use of vocabulary and grammar is effective with only minor errors. Your ideas are generally well developed and expressed coherently.
Speaking about Campus Situations	Good	Your responses indicate an ability to speak effectively in English about reading material and conversations typically encountered by university students. Overall, your responses are clear and coherent, with only occasional errors of pronunciation, grammar, or vocabulary.
Speaking about Academic Course Content	Good	Your responses demonstrate an ability to communicate effectively in English about academic topics typical of first-year university studies. Your speech is mostly clear and fluent. You are able to use appropriate vocabulary and grammar to explain concepts and ideas from reading or lecture material. You are able to talk about key information and relevant details with only minor inaccuracies.

Writing Skills	Level*	Your Performance
Writing based on Reading and Listening	Good	You responded well to the task, relating the lecture to the reading. Weaknesses, if you have any, might have to do with • slight imprecision in your summary of some of the main points and/or • use of English that is occasionally ungrammatical or unclear.
Writing based on Knowledge and Experience	Good	You responded with a well-organized and developed essay. Weaknesses, if you have any, might have to do with • use of English that is occasionally ungrammatical, unclear, or unidiomatic and/or • elaboration of ideas or connection of ideas that could have been stronger.

THIS IS THE ONLY PERSONAL RECORD YOU WILL RECEIVE. PLEASE RETAIN FOR YOUR RECORDS.

This score report provides four section scores and a total score. An analysis of your strengths and weaknesses in English is included. The level pertaining to each skill should not be generalized beyond the performance on this test. Skill levels and their associated descriptions are not intended for use by institutions as part of their admissions criteria and will not be shared unless you grant permission.

Information About Scores: The following scaled scores are reported for the TOEFL iBT test. A total score is not reported when one or more sections have not been administered. These scores have the following ranges:

Sections	Scaled Scores
Reading	0-30
Listening	0-30
Speaking	0-30
Writing	0-30
Total Score	0-120

Score Legends:

Reading Skills	
Level	**Total Scaled Score Range**
High	22 - 30
Intermediate	15 - 21
Low	0 - 14

Speaking Skills	
Level	**Total Scaled Score Range**
Good	26 - 30
Fair	18 - 25
Limited	10 - 17
Weak	0 - 9

Listening Skills	
Level	**Total Scaled Score Range**
High	22 - 30
Intermediate	14 - 21
Low	0 - 13

Writing Skills	
Level	**Total Scaled Score Range**
Good	24 - 30
Fair	17 - 23
Limited	1 - 16
Score of Zero	0

Institution Code Numbers: The code numbers on this score report are the ones you selected at the time you registered. If any of the numbers you indicated are not shown, they were incorrect and the TOEFL office was unable to send those score reports. To have additional official score reports sent, follow the directions on the attached Score Report Request Form.

DEPT.	WHERE THE REPORT WAS SENT
00	Admissions office for undergraduate study or an institution or agency that is not a college or university
01, 04-99	Admissions office for graduate study in a field other than management (business) or law according to the codes selected when you registered
02	Admissions office of a graduate school of management (business)
03	Admissions office of a graduate school of law

Additional information about TOEFL iBT scores can be found on the Test Takers section of the TOEFL website at **www.ets.org/toefl.**

*Skill levels for speaking and writing individual skills are estimates of performance at the *item* level. The total writing and speaking scaled scores and ranges are more accurate. Therefore it is not appropriate to combine the individual skill levels. Doing so may lead to apparent inconsistencies between the diagnostic feedback and reported writing and speaking scores.

ETS® Security Guard *text is printed with a special heat sensitive ink for security. To activate this security feature, apply heat to the text, either by rubbing it or blowing on it, and the* **ETS® Security Guard** *text will disappear.*

IMPORTANT NOTE TO INSTITUTIONS: ***Scores are valid ONLY if received directly from ETS. Photocopies should never be accepted.*** If you received this score report directly from an examinee, please provide your official TOEFL institution code to the examinee so he/she can request that an official score report be sent to you. If you need to contact ETS, use the toll-free number on the back of the official score report. Scores more than two years old cannot be reported or validated.

Conseils pour améliorer les compétences évaluées

Pour les étudiants qui apprennent l'anglais, la meilleure façon de perfectionner les compétences évaluées au *TOEFL®* est de s'inscrire dans une formation dispensée en anglais, qui propose :

- des activités de lecture, de rédaction, d'écoute et d'expression orale, avec un accent mis sur cette dernière activité ;
- une approche intégrée où toutes les compétences (compréhension orale/écrite, expression orale/écrite) sont employées.

En complément des conseils de perfectionnement détaillés dans l'annexe de ce manuel, ETS a également développé les astuces suivantes pour les candidats, mais qui peuvent être également utiles pour les enseignants.

Conseils de lecture

Les étudiants de langue anglaise peuvent perfectionner leur capacité de lecture en lisant régulièrement des manuels universitaires ou d'autres textes en anglais qui couvrent une variété de domaines différents (par exemple, les sciences, les sciences sociales, les beaux-arts, les affaires, etc.), et qui sont écrits dans un style académique. Un grand éventail de textes universitaires peut se trouver sur Internet ainsi que dans des magazines et revues.

Lire pour trouver une information

- Parcourez des textes pour trouver et souligner des faits (dates, chiffres, termes) et les informations les plus importantes.
- Entraînez-vous fréquemment pour augmenter la vitesse et la fluidité de la lecture.

Lire pour une compréhension de base

- Entraînez-vous à parcourir un texte rapidement pour avoir une impression générale de l'idée principale.
- Après avoir parcouru un texte, relisez-le bien, puis notez l'idée principale et les faits les plus importants.
- Choisissez quelques mots que vous ne connaissez pas dans le texte, puis consultez un dictionnaire pour obtenir la signification.

BON À SAVOIR

- Perfectionnez votre capacité à lire avec le « *TOEFL*® Practice Online » à l'adresse **toeflpractice.ets.org**. Vous recevrez des résultats officieux sous 24 heures qui confirmeront ou non votre aptitude à passer le test officiel.

Lire pour apprendre

- Identifiez le type de texte (par exemple, cause/effet, comparaison/opposition, catégorisation, problème/résolution, description, narration) ainsi que son organisation.
- Organisez les informations dans le texte :
  – faites un plan du texte afin de distinguer entre les points les plus/les moins importants ;
  – si l'objectif du texte est de classer des informations, créez un tableau dans lequel mettre celles-ci dans les catégories les plus adaptées.

BON À SAVOIR

- Les personnes qui passent le *TOEFL*® ne sont pas obligées de créer des tableaux de ce genre. En revanche, un tableau avec des propositions de choix peut leur être fourni ; les candidats doivent donc le compléter avec les réponses les plus appropriées. L'entraînement à cet exercice aidera les candidats à mieux organiser des informations.

Conseils pour perfectionner sa compréhension orale

Les étudiants en langue anglaise peuvent perfectionner leur compréhension orale en écoutant régulièrement l'anglais parlé. Regarder des films/la télévision/des vidéos et écouter des podcasts et des émissions de radio offre d'excellentes occasions de développer votre capacité à comprendre l'anglais oral. Écouter des conférences et des exposés académiques représente le meilleur moyen d'améliorer votre compréhension orale. Les cassettes audio, les CD, les DVD et les podcasts de conférences et d'exposés sont également d'une aide précieuse et sont disponibles dans les bibliothèques, librairies et sur des sites web ; ceux qui s'accompagnent de transcriptions sont particulièrement utiles. Voici quelques sites qui offrent de bonnes ressources pour améliorer sa compréhension orale : www.npr.org, www.bbc.co.uk/radio ou www.bbc.co.uk/learningenglish.

Écouter pour une compréhension de base

- Améliorez votre vocabulaire.
- Si vous rencontrez un mot que vous ne connaissez pas, essayez de deviner son sens en fonction du contexte dans lequel il est employé.
- Concentrez-vous sur le contenu et la fluidité de l'anglais parlé. Ne soyez pas préoccupé par le style et le registre du locuteur.
- Anticipez ce que va dire le locuteur afin de rester concentré.
- Restez actif en vous posant des questions (par exemple : « Quelle est l'idée principale que le professeur souhaite communiquer ? »).
- Écrivez les termes suivants sur une feuille de papier : *« main idea »*, *« major points »* et *« important details »*, puis écoutez attentivement pour renseigner ces rubriques jusqu'à ce que tous les points et détails importants soient notés. Enfin, relisez ce que vous avez noté.
- Écoutez un extrait d'une conférence, puis notez le plan de celle-ci en tenant compte des points les plus importants. Utilisez ce plan pour rédiger un résumé bref.
- Soyez attentif aux mots ou aux phrases qui indiquent un changement de sujet ou une digression.
- Écoutez un extrait d'une conférence ou d'une conversation, puis notez le plan de celle-ci en tenant compte des points les plus importants. N'essayez pas de noter chaque mot que vous entendez. Notez « *major points* » et « *important details* ». Quand vous avez terminé, écoutez à nouveau pour vérifier, modifier ou compléter ce que vous avez écrit. Augmentez petit à petit la taille des extraits de conférences et de conversations que vous écoutez, puis étudiez-les.
- Écoutez une conférence ou une conversation entière. Notez l'idée principale de ce que vous avez entendu. Écoutez à nouveau pour vérifier ce que vous avez noté, puis ajoutez des détails importants.

> ⚠ **ATTENTION**
>
> - La partie *Reading* évalue votre capacité à reconnaître des paraphrases, ce qui est également important pour les exercices dirigés des parties *Writing* et *Speaking* du test.
> - La partie *Listening* n'évalue pas votre capacité à résumer un texte ; en revanche, cela pourrait vous être utile pour les exercices dirigés des parties *Speaking* et *Writing*.

Écouter pour apprendre de manière pragmatique

- Pensez aux objectifs de chaque locuteur et ce qu'il souhaite accomplir en formulant une affirmation ou en posant une question. Le locuteur s'excuse-t-il ? Se plaint-il ? Fait-il une suggestion ? Par exemple, si un locuteur dit « Il fait froid ici », dit-il autre chose que seulement un commentaire sur la température de la pièce ? Le locuteur suggère-t-il que l'on ajuste la température de la pièce ? Si un locuteur formule une affirmation comme celle-ci : « Je suis sûr que vous avez des choses à dire à ce sujet », ne demande-t-il pas indirectement que l'on partage son point de vue ?

- Notez le degré de confiance du locuteur. Le ton de la voix est-il indicatif de son niveau de confiance ?
- Soyez vigilant en cas de changement de thème ou de digression.
- Regardez un épisode de série télévisée. Notez la façon dont l'intonation s'emploie pour communiquer une idée.

Écouter pour faire le lien entre les idées, puis les synthétiser

- Réfléchissez à la façon dont s'organise ce que vous écoutez. Repérez les mots clés qui signalent l'introduction, les parties principales, et enfin la conclusion ou le résumé.
- Identifiez le rapport entre idées, par exemple : cause/effet, comparaison/opposition, les étapes dans un processus.
- Soyez conscient des mots de transition qui signalent le rapport entre idées.
- Écoutez des extraits audio, puis arrêtez l'enregistrement à des moments différents pour deviner quelles informations seront présentées par la suite.
- Faites un plan des informations discutées pendant ou après les avoir écoutées.

BON À SAVOIR

- Perfectionnez votre compréhension orale avec « TOEFL® Practice Online » à l'adresse **toeflpractice.ets.org**. Vous recevrez des résultats officieux sous 24 heures qui confirmeront votre aptitude à passer le test officiel.

Conseils pour perfectionner son expression orale

La meilleure façon de perfectionner son expression orale est de parler avec des personnes de langue maternelle anglaise. Si vous ne vivez pas déjà dans un pays anglophone, il peut être parfois difficile de trouver des anglophones natifs. Dans certains pays, il existe des professeurs particuliers et des assistants qui aident les étudiants à apprendre à mieux communiquer et à acquérir de meilleures compétences de communication en anglais. Il est important d'engager la conversation avec les locuteurs natifs aussi régulièrement que possible. Un autre moyen d'améliorer son anglais oral est de devenir membre d'une association anglophone dans laquelle tout le monde parle en anglais sur divers sujets comme le cinéma, la musique et le voyage. Si aucune association de ce type n'existe à proximité, créez-en une nouvelle avec l'aide d'anglophones natifs pour bien démarrer.

Exercices d'expression libre

- Faites une liste de sujets de conversation, puis entraînez-vous à en discuter.
- Décrivez un endroit familier, ou racontez une expérience personnelle.
- Exprimez un avis ou une préférence, puis présentez les raisons de manière claire et détaillée.
- Faites une recommandation, puis expliquez pourquoi c'est la meilleure manière de procéder.
- Entraînez-vous à donner des réponses d'environ une minute aux énoncés.

Exercices d'expression dirigée

- Trouvez une méthode qui pose des questions de compréhension sur un texte, puis entraînez-vous à répondre oralement aux questions.
- Lisez un article bref (100-200 mots). Élaborez un plan qui détaille les points les plus pertinents. Ensuite, utilisez ce plan pour résumer les informations oralement.
- Trouvez des exercices de compréhension orale et écrite sur le même thème abordé dans l'article. Les exercices peuvent présenter des points de vue divergents (vous trouverez de bonnes informations sur Internet et à la bibliothèque). Prenez des notes ou faites un plan des textes et des exercices oraux :
  – résumez oralement les informations présentées à l'écrit et à l'oral. N'oubliez pas de paraphraser en utilisant des mots et des structures grammaticales différentes ;
  – résumez oralement les supports écrits et oraux en rapportant les informations du texte à l'enregistrement, puis faites la comparaison entre les deux ;
  – exprimez un avis à propos des idées et des informations présentées dans les supports écrits et oraux, puis expliquez le rapport entre les deux ;
  – si les supports écrits et/ou oraux décrivent un problème, proposez une solution et expliquez-la.

Exercices généraux d'expression orale

- Essayez d'utiliser un nouveau mot de vocabulaire ou une nouvelle expression tous les jours.
- Faites un enregistrement d'une minute d'un anglophone natif. (Cette personne pourrait être quelqu'un que vous connaissez ou un enregistrement provenant d'Internet, de

la télévision, de la radio, etc.) Repassez deux fois l'enregistrement pour vous familiariser avec le rythme et l'intonation du locuteur. Ensuite, écoutez l'enregistrement une troisième fois, puis essayez de répéter à haute voix ce que dit le locuteur. Même si vous ne prononcez pas tous les mots correctement, cela vous aidera à vous familiariser avec l'accentuation et l'intonation du locuteur natif.

• Lorsque vous vous entraînez au *TOEFL®* tout en suivant les conseils ci-dessus, prenez 15 secondes pour réfléchir à ce que vous allez dire avant de parler. Écrivez quelques mots ou phrases clés, mais n'essayez pas de noter exactement ce que vous allez dire (les correcteurs savent détecter les réponses toutes faites, qui recevront une moins bonne appréciation).

• En écoutant les anglophones, essayez de repérer les mots clés et les expressions, puis faites le lien entre les idées qu'ils expriment. Ensuite, utilisez ces mêmes expressions lorsque vous parlez pour introduire de nouvelles informations, pour relier des idées entre elles, et pour souligner des mots ou des idées importants. Cela aide vos interlocuteurs à suivre plus facilement ce que vous dites. (Par exemple, « *on the one hand* », « *what that means is* », « *one reason is* », « *another difference might be* ».)

• Surveillez vos progrès et demandez à un professeur d'anglais d'évaluer votre expression orale grâce aux rubriques *Speaking* appropriées (voir les rubriques aux pages 210-213).

BON À SAVOIR

- Entraînez-vous à parler en ligne avec « TOEFL® Practice Online » à l'adresse : **toeflpractice.ets.org** pour recevoir une évaluation sous 24 heures et confirmer que vous êtes suffisamment préparé au moment du test officiel.

Conseils pour perfectionner son expression écrite

Épreuve de rédaction dirigée

• Trouvez un manuel scolaire/universitaire qui pose des questions à la fin du chapitre, puis entraînez-vous à répondre aux questions.

• Lisez un article qui compte entre 300-400 mots. Élaborez un plan qui tienne compte des points principaux et des éléments les plus importants. Servez-vous du plan pour rédiger un résumé des informations et des concepts. Les résumés doivent être brefs. Ils doivent communiquer les points principaux et les éléments les plus importants. Pensez à paraphraser le texte en utilisant des tournures et structures grammaticales différentes.

• Trouvez des supports écrits et oraux sur un thème précis soit sur Internet, soit en bibliothèque. Les supports peuvent présenter des points de vue similaires ou différents. Prenez des notes sur ce que vous lisez ou ce que vous écoutez, puis procédez de la manière suivante :

– résumez les informations et les concepts dans les parties écrite et orale ;

– synthétisez les informations, et discutez du rapport entre le contenu du texte et celui de l'enregistrement. Expliquez les similitudes entre les idées et comment celles-ci s'enchaînent, ou encore, la façon dont les concepts s'opposent ou se contredisent.

La paraphrase

Faire des paraphrases signifie redire quelque chose avec ses propres mots. Lors du passage du test *TOEFL*®, vous recevrez un score de 0 si vous ne faites que copier des mots du texte. Entraînez-vous à paraphraser des mots, des phrases, voire des paragraphes entiers de manière régulière en tirant parti des conseils suivants :

- apprenez à trouver des synonymes aisément. Choisissez entre 10 et 15 mots ou phrases dans un extrait de texte, puis pensez rapidement aux synonymes sans les chercher dans un dictionnaire/dictionnaire de synonymes ;
- paraphrasez un extrait de texte en vous servant uniquement de vos notes. Si vous n'avez pas pris de notes, rédigez une paraphrase sans regarder le texte original. Puis, comparez la paraphrase que vous avez écrite à la phrase d'origine ; assurez-vous que cette première contient des informations factuelles et que vous avez utilisé des mots et des structures grammaticales variés.

Épreuve de rédaction libre

- Faites une liste de thèmes que vous connaissez, puis entraînez-vous à les articuler à l'écrit.
- Pour chaque thème, donnez un avis ou une préférence, puis soutenez-le avec des données factuelles.
- Entraînez-vous à composer au moins une rédaction par thème. Prenez 30 minutes pour la préparation, la rédaction et la relecture du texte.
- Pensez à d'autres concepts liées à un thème, et faites-en une liste avant de rédiger. Cela s'appelle la « pré-écriture » (*prewriting*).
- Identifiez une idée principale et quelques points pertinents pour étayer cette idée, puis préparez-vous à la communiquer (en créant, par exemple, un plan pour organiser les idées).
- Rédigez une problématique précise, puis utilisez-la pour développer les idées présentées dans la rédaction.
- Développez votre rédaction en utilisant autant d'explications et de détails que nécessaire.

Pour préparer toutes les épreuves d'expression écrite

- Améliorez votre vocabulaire, ainsi que votre connaissance d'expressions idiomatiques, pour pouvoir vous en servir par la suite.
- Apprenez les structures grammaticales suffisamment bien pour pouvoir les utiliser plus tard de manière automatique lorsque vous écrirez.
- Assimilez les règles d'orthographe, de ponctuation et d'organisation (par exemple, la composition des paragraphes).
- Exprimez les informations de manière organisée, en faisant preuve d'homogénéité et de cohérence.
- Utilisez les mots et les phrases clés tels que *« on the one hand »* ou *« in conclusion »* afin de créer une structure claire de votre réponse.
- Pendant votre entraînement, posez-vous les questions suivantes :
  - Est-ce que j'ai terminé l'exercice ?
  - Est-ce que je me suis exprimé clairement ?
  - Est-ce que j'ai commis des fautes grammaticales ?
  - Est-ce que j'ai employé les mots correctement ?
  - Est-ce que j'ai organisé mes idées de manière claire et cohérente ?
  - Est-ce que j'ai bien géré mon temps ?
- Suivez vos progrès et demandez à un professeur d'anglais de corriger la partie rédaction en se servant des rubriques appropriées dans la partie *Writing* (voir pages 225-226 et 233-234).

BON À SAVOIR

- Entraînez-vous à rédiger en ligne avec « TOEFL® Practice Online » à l'adresse : **toeflpractice.ets.org** pour recevoir une évaluation sous 24 heures et confirmer que vous êtes suffisamment préparé au moment du test officiel.

ATTENTION

- À l'intention des professeurs : pour créer un module d'entraînement au *TOEFL*®, il est conseillé de vous référer aux rubriques *Speaking* et *Writing* (pages 210-213, 225-226, et 233-234) pour mesurer et évaluer les capacités/progrès effectués par les étudiants. Cela aide les candidats à améliorer leurs chances de réussir le test TOEFL.

Conseils d'entraînement aux épreuves par ETS

Une fois que vous avez développé vos compétences et que vous vous êtes entraîné, vous serez suffisamment préparé au test *TOEFL®*. Voici quelques bonnes stratégies recommandées par ETS :

- lisez attentivement les consignes données pour chaque épreuve pour éviter de gaspiller votre temps ;
- cliquez sur « **Help** » pour un rappel des consignes, mais seulement **lorsque nécessaire**, car le minuteur ne s'arrêtera pas quand la fonction « **Help** » est active ;
- **ne paniquez pas.** Concentrez-vous seulement sur la question posée, non pas sur la façon dont vous avez répondu à d'autres questions. Il faut en prendre l'habitude en vous entraînant ;
- **évitez de passer trop de temps sur une seule question.** Si vous avez réfléchi à la question, et que vous ne connaissez toujours pas la réponse, éliminez autant de choix de réponses que possible, puis choisissez la meilleure réponse par déduction. Vous pouvez relire vos réponses dans la partie *Reading* en cliquant sur « **Review** ». Cependant, il est préconisé de répondre à toutes les questions avant de relire vos réponses afin de rester concentré et gagner du temps ;
- **adoptez un rythme** vous permettant de répondre à toutes les questions en temps et en heure. Faites attention au temps imparti pour chaque partie/épreuve pour éviter de vous précipiter à la fin. Vous pouvez cacher le minuteur si vous voulez, mais il est conseillé de le vérifier de temps en temps pour surveiller vos progrès. Le minuteur sonnera 5 minutes avant la fin des parties *Listening* et *Reading*, ainsi que pour les épreuves de rédaction libre et dirigée dans la partie *Writing*.

Les questions les plus fréquemment posées par les candidats

Les avantages du test

Pourquoi passer le TOEFL ?

Où que vous soyez pour poursuivre vos études, le *TOEFL*® peut vous aider à y réussir. Vous serez admissible à une grande majorité d'établissements dans le monde, y compris les meilleures universités aux États-Unis, au Canada, au Royaume-Uni, en Australie et en Nouvelle-Zélande. Consultez l'annuaire des établissements (*destinations directory*) à l'adresse suivante : **www.toeflgoanywhere.org**.

Le *TOEFL*® vous donne plus de flexibilité, d'outils, de retour vis-à-vis des modalités de passage du test que n'importe quel test linguistique au monde.

Les candidats qui sont bien préparés au *TOEFL*® peuvent se rassurer, ils sont également bien préparés pour la réussite universitaire.

Pourquoi le *TOEFL*® est-il meilleur que d'autres tests de langue ?

Le *TOEFL*® évalue les capacités du candidat à se servir de ses compétences en anglais pour rendre compte de ce qu'il lit ou de ce qu'il entend. Ce sont ces mêmes compétences qu'il utilisera dans un contexte universitaire.

Le test évalue également l'expression orale de manière plus juste que d'autres tests. Chaque réponse dans la partie *Speaking* est évaluée par environ 3 à 6 correcteurs, ce qui rend l'évaluation plus objective et fiable par rapport à d'autres tests qui ne sont sujets qu'à une appréciation d'un seul correcteur travaillant à proximité.

Qui profite également des résultats du test ?

Le personnel du service des inscriptions universitaires et des agences de certification/d'accréditation obtiennent de meilleures informations sur la capacité d'un candidat à communiquer en anglais.

Inscription

Comment et quand devrais-je m'inscrire pour passer le *TOEFL*® ?

Le plus facile, c'est l'inscription en ligne. Vous pouvez également vous inscrire par courrier ou par téléphone. Pour plus d'informations, connectez-vous à **www.ets.org/toefl**.

Les inscriptions sont ouvertes de trois à quatre mois avant la date de l'examen. Inscrivez-vous rapidement en raison du grand nombre de candidats.

Où et quand pourrais-je passer le TOEFL ?

On vous propose de passer le test en ligne ou dans les centres de test sécurisés, à des dates fixes 30 à 40 fois par an. Le réseau d'ETS est présent dans 180 pays, soit le plus grand réseau mondial. Pour obtenir une liste d'adresses des centres de test et les dates auxquelles le test aura lieu, connectez-vous à **www.ets.org/toefl**.

Combien coûte le *TOEFL*® ?

Le prix d'inscription au test varie selon le pays. Veuillez consulter les tarifs dans votre pays en vous connectant à **www.ets.org/toefl**.

L'entraînement au test

Existe-t-il des exemples de questions ?

Oui. Le *TOEFL iBT*® *Interactive Sampler* vous offre un accès gratuit et illimité aux annales avec les questions posées sur les quatre parties du test. Vous pouvez le télécharger sur le site du *TOEFL*® en vous connectant au **www.ets.org/toefl/ibt/prepare** pour vous entraîner autant que vous voulez. Le *Sampler* (« échantillon ») vous propose des questions interactives pour les parties *Reading* et *Listening*, ainsi que des exemples de réponses aux questions posées dans les parties *Speaking* et *Writing*. D'autres exemples de questions peuvent également être consultés sur le site du *TOEFL*®.

Puis-je passer un test blanc pour obtenir un score ?

Oui. Des tests blancs sont en vente sur le site *TOEFL*® Practice Online, à l'adresse **www.ets.org/toeflpractice**. Le site propose des tests blancs qui comprennent des questions portant sur les quatre compétences linguistiques : expression écrite et orale, compréhension écrite et orale (*Reading*, *Listening*, *Speaking*, *Writing*), ainsi qu'une évaluation faite par des correcteurs ETS certifiés.

L'évaluation et le relevé de score

Comment puis-je obtenir mes résultats ?

Les résultats s'affichent en ligne environ 10 jours après la date du test. Un exemplaire papier est ensuite envoyé aux établissements choisis par le candidat.

Sont compris dans les frais d'inscription :

- votre relevé de score consultable en ligne, et un exemplaire papier sur demande ;
- jusqu'à quatre relevés de score qu'ETS enverra directement aux établissements ou aux agences que vous avez indiqués avant de passer le test.

Est-il possible de commander des relevés de score supplémentaires ?

Oui. Pour une somme modique, vous avez la possibilité d'envoyer autant de relevés à autant d'établissements au choix. Pour plus d'informations, connectez-vous à **www.ets.org/toefl**.

Pendant combien de temps les scores sont-ils valables ?

Les scores sont validés par ETS et envoyés aux établissements pour une période de deux ans à partir de la date du test.

Les établissements accepteront-ils les résultats de tests passés précédemment ?

Demandez directement auprès de chaque établissement.

Passage du test

Quelles compétences sont testées au TOEFL ?

Le test se déroule en anglais, et comprend quatre parties : expression écrite et orale, compréhension écrite et orale (*Reading*, *Listening*, *Speaking*, *Writing*). Le test dure environ quatre heures.

Support audio	Temps de réponse	Nombre de questions
Reading	60-80 minutes	36-56
Listening	60-90 minutes	34-51
Pause	10 minutes	
Speaking	20 minutes	6 exercices

Est-il possible de passer seulement une partie du test ?

Non. Le test doit être passé dans son intégralité pour recevoir un score.

Quel genre de clavier doit être utilisé ?

Un clavier standard (QWERTY) configuré pour une utilisation en anglais sera employé au test *TOEFL iBT®*. L'origine du nom vient des six premières touches se trouvant à la première rangée des lettres sur le clavier. Si vous n'avez jamais auparavant utilisé ce type de clavier, entraînez-vous et familiarisez-vous avec celui-ci avant le jour du test. Dans certains centres de test, le clavier QWERTY sera accompagné d'une légende distribuée à chaque candidat pour l'aider à repérer les quelques touches qui se trouvent à un emplacement différent du clavier AZERTY que l'on utilise en français.

2 COMPRÉHENSION ÉCRITE

Dans ce chapitre vous allez :

- connaître les 10 types de questions de la partie compréhension écrite du *TOEFL®* ;
- apprendre à reconnaître chaque type de question de la partie compréhension écrite ;
- maîtriser les astuces utiles pour répondre à chaque type de question de la partie compréhension écrite ;
- utiliser les meilleures stratégies pour préparer la partie compréhension écrite.

La partie compréhension écrite du *TOEFL iBT®* comprend trois ou quatre passages écrits à lire, d'environ 700 mots chacun. Chaque passage donne lieu à 12 à 14 questions. Vous disposez de 60 à 80 minutes pour répondre à toutes les questions de cette partie. Dans la partie *Reading*, vous pouvez laisser des questions en suspens pour y revenir plus tard, tant que vous répondez à toutes les questions avant que le temps imparti ne soit écoulé.

Passages à lire

Les passages à lire de la partie écrite du *TOEFL iBT®* sont des extraits de manuels de niveau universitaire qui pourraient être utilisés pour introduire une discipline ou un sujet. Ces extraits sont très peu modifiés car l'objectif du test est d'évaluer la capacité des candidats à lire le type d'écrit utilisé dans un environnement universitaire.

Les passages couvrent des sujets variés. Ne vous inquiétez pas si vous ne connaissez pas bien le sujet du passage. Toutes les informations nécessaires pour répondre figurent dans le passage. Tous les passages à lire sont classés en trois catégories selon l'intention de l'auteur : (1) exposé, (2) argumentation et (3) histoire.

Les passages présentent souvent les informations selon plusieurs perspectives ou points de vue. Vous ne manquerez pas de le noter au fil de votre lecture car au moins une des questions vous demandera de montrer que vous avez compris la structure du passage. Les principaux types de structures que vous devrez reconnaître sont les suivants :

- classification ;
- comparaison/opposition ;
- cause/effet ;
- problème/solution.

Les passages de la partie écrite du *TOEFL®* comportent à peu près 700 mots, mais leur longueur peut varier selon le cas. Certains passages peuvent légèrement dépasser les 700 mots, et d'autres faire un peu moins.

Questions de compréhension écrite

Les questions de compréhension écrite couvrent des compétences informationnelles de base, de déduction et de lecture d'apprentissage. Il existe 10 types de questions. Le tableau suivant résume les catégories et types de questions de la partie compréhension écrite du test *TOEFL iBT®*.

Types de questions de compréhension écrite

Questions d'informations de base et de déduction (12 à 13 questions par jeu d'épreuves)

1. Questions d'information factuelle (3 à 5 questions par jeu).
2. Questions d'information factuelle négative (0 à 2 questions par jeu).
3. Questions de déduction (1 à 2 questions par jeu).
4. Questions à but rhétorique (1 à 2 questions par jeu).
5. Questions de vocabulaire (3 à 4 questions par jeu).
6. Questions de référence (0 à 2 questions par jeu).
7. Question de simplification de phrase (0 à 1 question par jeu).
8. Question à insertion de texte (1 question par jeu).

Lecture d'apprentissage (1 par jeu)

9. Résumé en écriture libre.
10. Tableau à remplir.

Les parties suivantes vous expliquent chacune des catégories de questions. Vous découvrirez comment reconnaître chaque type de questions et vous verrez des exemples assortis d'explications. Vous y trouverez également des astuces pour vous aider à répondre à chaque type de questions de la partie compréhension écrite.

Questions d'informations de base et de déduction

Type 1 : questions d'information factuelle

Ces questions vous demandent d'identifier des informations factuelles qui sont indiquées de manière explicite dans le passage. Les questions d'information factuelle couvrent des faits, des détails, des définitions ou tout autre renseignement présenté par l'auteur. Elles vous demandent d'identifier une information particulière qui n'est habituellement mentionnée que dans une partie du passage. En général, elles ne portent pas sur des thèmes généraux que le passage évoque dans son ensemble. L'information pertinente se trouve souvent dans une ou deux phrases.

Comment reconnaître les questions d'information factuelle

Les questions d'information factuelle sont souvent énoncées de l'une des façons suivantes :

- D'après le paragraphe, quelle affirmation est vraie concernant X?
- Que mentionne la description que l'auteur fait de X?
- D'après le paragraphe, X s'est produit parce que...
- D'après le paragraphe, X a fait Y parce que...
- D'après le paragraphe, pourquoi X a-t-il fait Y?
- Que mentionne la description que l'auteur fait de X?

ASTUCES POUR RÉPONDRE AUX QUESTIONS D'INFORMATION FACTUELLE

- Vous pouvez vous référer au passage afin de savoir exactement ce qui est dit à propos du sujet de la question. Puisque la question peut porter sur un détail, il se peut que vous ne vous souveniez pas de ce détail lors de votre première lecture du passage.
- Éliminez les choix qui présentent des informations en contradiction avec le passage.
- Ne sélectionnez pas une réponse juste parce qu'elle figure dans le passage. Vous devez choisir la réponse à la question précise qui est posée.

Exemple

PASSAGE EXCERPT : "… Sculptures must, for example, be stable, which requires an understanding of the properties of mass, weight distribution, and stress. Paintings must have rigid stretchers so that the canvas will be taut, and the paint must not deteriorate, crack, or discolor. These are problems that must be overcome by the artist because they tend to intrude upon his or her conception of the work. For example, in the early Italian Renaissance, bronze statues of horses with a raised foreleg usually had a cannonball under that hoof. This was done because the cannonball was needed to support the weight of the leg. In other words, the demands of the laws of physics, not the sculptor's aesthetic intentions, placed the ball there. That this device was a necessary structural compromise is clear from the fact that the cannonball quickly disappeared when sculptors learned how to strengthen the internal structure of a statue with iron braces (iron being much stronger than bronze)…"

According to paragraph 2, sculptors in the Italian Renaissance stopped using cannonballs in bronze statues of horses because

- ☐ they began using a material that made the statues weigh less
- ☐ they found a way to strengthen the statues internally
- ☐ the aesthetic tastes of the public had changed over time
- ☐ the cannonballs added too much weight to the statues

Explication

La question vous demande de rechercher la réponse dans le paragraphe de l'extrait, en l'occurrence le paragraphe 2. Vous n'avez pas besoin de parcourir la totalité du paragraphe pour trouver l'information qui correspond.

Le choix 1 indique que les sculpteurs ont arrêté de mettre des boulets de canon sous les pattes levées des chevaux parce qu'ils ont appris à alléger le poids de la statue et n'avaient plus besoin d'un support pour la patte. Le passage ne mentionne pas l'allègement du poids des statues, il indique que les sculpteurs ont appris à mieux soutenir le poids. Le choix 3 indique que cette modification est due à un changement de goût du public, ce qui voudrait dire que les boulets de canon n'ont jamais été structurellement nécessaires. Cela contredit directement le passage. Le choix 4 indique que les boulets de canon affaiblissaient la structure des statues. Ce choix contredit également le passage. Le choix 2 identifie correctement la raison indiquée dans le passage, à savoir que les sculpteurs ont développé un moyen de renforcer la statue de l'intérieur, rendant ainsi les boulets de canon physiquement inutiles.

Type 2 : questions d'information factuelle négative

Ces questions vous demandent de vérifier quelle information est vraie et quelle information ne l'est PAS ou bien ne figure pas dans le passage, sur la base d'un renseignement qui est indiqué explicitement dans le passage. Afin de répondre à ce type de questions, trouvez d'abord l'information pertinente dans le passage. Puis vérifiez que trois des quatre choix de réponse sont vrais et que le choix restant est faux. Rappelez-vous bien que dans ce type de question, la bonne réponse est le choix qui n'est pas vrai.

Comment reconnaître les questions d'information factuelle négative

Vous pouvez reconnaître ces questions car les mots « *NOT* » et « *EXCEPT* » apparaissent dans la question en lettres majuscules.

- According to the passage, which of the following is NOT true of X?
- The author's description of X mentions all of the following EXCEPT…

ASTUCES POUR RÉPONDRE AUX QUESTIONS D'INFORMATION FACTUELLE NÉGATIVE

- En général une question d'information factuelle négative vous demande de vérifier une plus grande partie du passage qu'une question d'information factuelle. Les trois choix indiqués dans le passage peuvent se trouver à l'intérieur d'un ou de plusieurs paragraphes.
- Dans les questions d'information factuelle négative, la bonne réponse peut soit contredire une ou plusieurs assertions du passage ou bien ne pas figurer du tout dans le passage.
- Après avoir terminé une question d'information factuelle négative, vérifiez votre réponse pour vous assurer que vous avez correctement compris la tâche à accomplir.

Exemple

PASSAGE EXCERPT: "The United States in the 1800s was full of practical, hardworking people who did not consider the arts—from theater to painting—useful occupations. In addition, the public's attitude that European art was better than American art both discouraged and infuriated American artists. In the early 1900s there was a strong feeling among artists that the United States was long overdue in developing art that did not reproduce European traditions. Everybody agreed that the heart and soul of the new country should be reflected in its art. But opinions differed about what this art would be like and how it would develop."

According to paragraph 1, all of the following were true of American art in the late 1800s and early 1900s EXCEPT:

- ▢ Most Americans thought art was unimportant.
- ▢ American art generally copied European styles and traditions.
- ▢ Most Americans considered American art inferior to European art.
- ▢ American art was very popular with European audiences.

Explication

Il est parfois nécessaire, pour les questions d'information factuelle négative, de vérifier entièrement le passage afin d'être certain que votre choix n'y figure pas. Néanmoins, dans notre exemple, la question est limitée à un seul paragraphe, donc votre réponse doit se baser sur les informations de ce seul paragraphe. Le choix 1 est une reformulation de la première phrase du paragraphe puisque la plupart des Américains ne considèrent pas l'art comme une occupation utile et pensent que cela n'est pas important. Le choix 2 illustre la même idée que la première phrase: «... *the United States was long overdue in developing art that did not reproduce European traditions*», ce qui veut dire que, jusqu'à cette période de l'histoire, l'art américain reproduisait les traditions européennes. Le choix 3 est une reformulation de la deuxième phrase du paragraphe, les artistes américains étaient frustrés à cause de «*the public's attitude that European art was better than American art...*». Le choix 4 ne figure nulle part dans le paragraphe. Dans la mesure où on vous demande d'identifier le choix qui ne figure PAS dans le passage ou qui le contredit, la bonne réponse est le choix 4.

Type 3 : questions de déduction

Ces questions mesurent votre capacité à comprendre un argument ou une idée fortement implicite mais pas explicitement indiquée dans le texte. Par exemple, si un effet est cité dans le passage, une question déductive pourra vous demander sa cause. Lors d'une comparaison, une question déductive pourra porter sur la base de cette comparaison. Vous ne devrez pas seulement penser au sens explicite des mots de l'auteur, mais aussi aux implications logiques de ses propos.

Comment reconnaître les questions de déduction

Les questions de déduction comprennent en général les mots « *infer* », « *suggest* » ou « *imply* ».

- Which of the following can be inferred about X?
- The author of the passage implies that X…
- Which of the following can be inferred from paragraph 1 about X?

ASTUCES POUR RÉPONDRE AUX QUESTIONS DE DÉDUCTION

- Assurez-vous que votre réponse ne contredit pas l'idée principale du passage.
- Ne choisissez pas une réponse uniquement parce qu'elle semble importante ou vraie. La bonne réponse doit se déduire du passage.
- Vous devrez être capable de défendre votre choix en indiquant les informations du passage qui mènent à la déduction que vous avez choisie.

Exemple

PASSAGE EXCERPT: "… The nineteenth century brought with it a burst of new discoveries and inventions that revolutionized the candle industry and made lighting available to all. In the early-to-mid-nineteenth century, a process was developed to refine tallow (fat from animals) with alkali and sulfuric acid. The result was a product called stearin. Stearin is harder and burns longer than unrefined tallow. This breakthrough meant that it was possible to make tallow candles that would not produce the usual smoke and rancid odor. Stearins were also derived from palm oils, so vegetable waxes as well as animal fats could be used to make candles… "

Which of the following can be inferred from paragraph 1 about candles before the nineteenth century?

- ☐ They did not smoke when they were burned.
- ☐ They produced a pleasant odor as they burned.
- ☐ They were not available to all.
- ☐ They contained sulfuric acid.

Explication

Dans la première phrase de l'extrait, l'auteur indique que « *new discoveries and inventions* » ont rendu « *lighting available to all* ». Les seuls types d'éclairage dont il est question dans le passage sont les bougies. Si les nouvelles découvertes étaient importantes parce qu'elles rendaient les bougies accessibles à tous, nous pouvons en déduire qu'avant ces découvertes, les bougies n'étaient pas accessibles à tous. Donc le choix 3 est une déduction sur l'usage des bougies que nous pouvons tirer du passage. Les choix 1 et 2 peuvent être éliminés car ils contredisent explicitement le passage (« *the usual smoke* » and « *rancid odor* »). Le choix 4 peut être éliminé car l'acide sulfurique a été utilisé la première fois pour faire de la stéarine au cours du XIXe siècle pas mais pas avant le XIXe siècle.

Type 4 : questions à but rhétorique

La rhétorique est l'art de parler ou d'écrire de manière efficace. Dans les questions d'information factuelle, on vous demande quelle information l'auteur a voulu présenter. Dans les questions à but rhétorique, on vous demande pourquoi l'auteur a voulu présenter une information à un endroit particulier ou d'une manière spéciale. Les questions à but rhétorique vous demandent de montrer que vous comprenez la fonction rhétorique d'une assertion ou d'un paragraphe en rapport avec le reste du passage.

On vous demandera parfois d'identifier comment un paragraphe est relié à un autre. Par exemple, le deuxième paragraphe peut donner des exemples pour soutenir une affirmation du premier. Les réponses proposées peuvent être exprimées de manière générale (par exemple, *« a theory is explained and then illustrated »*) ou en des termes qui sont particuliers au passage *(« The author explains the categories of adaptation to deserts by mammals and then gives an example »)*.

Une question à but rhétorique peut également vous demander pourquoi l'auteur cite une certaine personne ou pourquoi l'auteur mentionne une information particulière (exemple : *Why does the author mention « the ability to grasp a pencil »?* Bonne réponse : *It is an example of a motor skill developed by children at 10 to 11 months of age*).

Comment reconnaître les questions à but rhétorique

Voici des exemples de la manière dont les questions à but rhétorique sont généralement énoncées :

- The author discusses X in paragraph 2 in order to…
- Why does the author mention X?
- The author uses X as an example of…

ASTUCES POUR RÉPONDRE AUX QUESTIONS À BUT RHÉTORIQUE

- Connaître les définitions des mots et expressions suivants, qui sont souvent utilisés pour décrire différents types de buts rhétoriques : *« definition », « example », « to illustrate », « to explain », « to contrast », « to refute », « to note », « to criticize », « function of »*.
- En règle générale, les questions à but rhétorique ne portent pas sur l'organisation générale du passage à lire. Elles ont plutôt tendance à se centrer sur les liens logiques entre les phrases et les paragraphes.

Exemple

PASSAGE EXCERPT: "... Sensitivity to physical laws is thus an important consideration for the maker of applied-art objects. It is often taken for granted that this is also true for the maker of fine-art objects. This assumption misses a significant difference between the two disciplines. Fine-art objects are not constrained by the laws of physics in the same way that applied-art objects are. Because their primary purpose is not functional, they are only limited in terms of the materials used to make them. Sculptures must, for example, be stable, which requires an understanding of the properties of mass, weight distribution, and stress. Paintings must have rigid stretchers so that the canvas will be taut, and the paint must not deteriorate, crack, or discolor. These are problems that must be overcome by the artist because they tend to intrude upon his or her conception of the work. For example, in the early Italian Renaissance, bronze statues of horses with a raised foreleg usually had a cannonball under that hoof. This was done because the cannonball was needed to support the weight of the leg..."

Why does the author discuss the "bronze statues of horses" created by artists in the early Italian Renaissance?

- ☐ To provide an example of a problem related to the laws of physics that a fine artist must overcome.
- ☐ To argue that fine artists are unconcerned with the laws of physics.
- ☐ To contrast the relative sophistication of modern artists in solving problems related to the laws of physics.
- ☐ To note an exceptional piece of art constructed without the aid of technology.

Explication

Vous noterez que la phrase qui mentionne en premier lieu *« bronze statues of horses »* commence par *« For example... »*. L'auteur donne un exemple de quelque chose qui a déjà été introduit plus tôt dans le paragraphe. L'objet du paragraphe est de mettre en opposition la manière dont les lois physiques affectent les œuvres d'art par rapport aux arts appliqués ou à l'artisanat. L'artiste ne s'intéresse pas à l'utilité de l'objet qu'il crée, il subit donc moins de contraintes que l'artisan. Cependant, même une œuvre d'art est faite d'un certain matériau et l'artiste doit tenir compte des propriétés physiques de ce matériau. Dans le passage, l'auteur prend l'exemple des statues équestres en bronze pour discuter de la manière dont les artistes ont dû ajouter un soutien à la patte levée du cheval du fait des propriétés physiques du bronze. Donc la bonne réponse est le choix 1.

Type 5 : questions de vocabulaire

Ces questions vous demandent d'identifier le sens de mots ou d'expressions dans le contexte du passage à lire (un mot peut avoir plusieurs sens mais dans le passage à lire une seule de ses significations sera pertinente). Le vocabulaire qui est testé fait partie intégrante du passage; il n'existe pas de «liste de mots» à tester. En général, un mot ou une expression est choisi pour être testé dans une question parce que sa compréhension est essentielle pour comprendre une partie importante du passage. Au cours du test *TOEFL®* certains mots du passage qui sont inhabituels, techniques ou ont un sens particulier dans le contexte du sujet vous seront expliqués. Si vous cliquez sur le lien hypertexte du mot dans le passage, une définition apparaîtra dans une boîte. Dans ce livre, les mots de ce type sont définis à la fin du passage. Naturellement les mots qui font l'objet des questions de vocabulaire ne vous sont pas expliqués.

Comment reconnaître les questions de vocabulaire

En général, les questions de vocabulaire sont faciles à identifier. Vous verrez un mot ou une expression surlignée dans le passage. On vous posera ensuite une question ressemblant aux questions suivantes:

- The word "X" in the passage is closest in meaning to...
- The phrase "X" in the passage is closest in meaning to...
- In stating X, the author means that...

ASTUCES POUR RÉPONDRE AUX QUESTIONS DE VOCABULAIRE

- Souvenez-vous que la question ne porte pas seulement sur le sens du mot; elle porte sur le sens qui est utilisé dans le passage. Ne choisissez pas une réponse uniquement parce que c'est le sens correct du mot; essayez de comprendre quel sens l'auteur utilise dans le passage.
- Relisez la phrase du passage en remplaçant le mot ou l'expression que vous avez choisi. Confirmez que la phrase a toujours un sens dans le contexte du passage dans son ensemble.

Exemple

PASSAGE EXCERPT: "In the animal world the task of moving about is fulfilled in many ways. For some animals locomotion is accomplished by changes in body shape..."

The word "locomotion" in the passage is closest in meaning to

- ☐ evolution
- ☐ movement
- ☐ survival
- ☐ escape

Explication

«*Locomotion*» veut dire «*the ability to move from place to place*». Dans cet exemple, c'est une manière de reformuler l'expression «*the task of moving*» dans le paragraphe. Donc la bonne réponse est le choix 2.

PASSAGE EXCERPT: "Some poisonous snake bites need to be treated immediately or the victim will suffer paralysis…"

In stating that the victim will "suffer paralysis" the author means that the victim will

- ☐ lose the ability to move
- ☐ become unconscious
- ☐ undergo shock
- ☐ feel great pain

Explication

Dans cet exemple, les mots testés dans le passage ainsi que les réponses possibles sont des expressions. « *Paralysis* » veut dire « *the inability to move* », donc si le poison d'une morsure de serpent « *paralyse* » une personne, cette personne perdra « *the ability to move* ». La bonne réponse est le choix 1.

Type 6 : questions de référence

Ces questions vous demandent d'identifier les relations de référence entre les mots du passage. Ces relations sont souvent entre un pronom et son référent (le mot auquel le pronom se réfère). D'autres références grammaticales sont parfois testées (comme « *which* » ou « *this* »).

Comment reconnaître les questions de référence

Les questions de référence paraissent semblables aux questions de vocabulaire. Dans le passage, le mot ou l'expression est surligné. En général le mot est un pronom. Puis l'on vous demande :

- The word "X" in the passage refers to…

Les quatre possibilités de réponse seront des mots ou des expressions tirés du passage. Le mot ou l'expression surligné ne se réfère qu'à un seul de ces choix.

ASTUCES POUR RÉPONDRE AUX QUESTIONS DE RÉFÉRENCE

- Si la question de référence concerne un pronom, assurez-vous que votre réponse a le même nombre (singulier ou pluriel) et la même personne (première, deuxième, troisième personne) que le pronom surligné.
- Remplacez le mot ou les mots par votre choix dans la phrase. Les règles grammaticales sont-elles respectées ? Cela veut-il dire quelque chose ?

Exemple

PASSAGE EXCERPT: "… These laws are universal in their application, regardless of cultural beliefs, geography, or climate. If pots have no bottoms or have large openings in their sides, they could hardly be considered containers in any traditional sense. Since the laws of physics, not some arbitrary decision, have determined the general form of applied-art objects, they follow basic patterns, so much so that functional forms can vary only within certain limits…"

The word "they" in the passage refers to

- ▢ applied-art objects
- ▢ the laws of physics
- ▢ containers
- ▢ the sides of pots

Explication

C'est un exemple de question de référence portant sur un pronom simple. Le mot surligné « *they* » se réfère dans la phrase à « *applied-art objects* », qui le précède immédiatement, donc la bonne réponse est le choix 1.

Le référent grammatical d'un pronom sera souvent séparé de celui-ci. Il peut se situer dans une proposition ou même dans une phrase précédente.

PASSAGE EXCERPT: "… The first weekly newspaper in the colonies was the Boston Gazette, established in 1719, the same year that marked the appearance of Philadelphia's first newspaper, the American Mercury, where the young Benjamin Franklin worked. By 1760 Boston had 4 newspapers and 5 other printing establishments; Philadelphia, 2 newspapers and 3 other presses; and New York, 3 newspapers. The distribution, if not the sale, of newspapers was assisted by the establishment of a postal service in 1710, which had a network of some 65 offices by 1770, serving all 13 colonies…"

The word "which" in the passage refers to

- ▢ distribution
- ▢ sale
- ▢ newspaper
- ▢ postal service

Explication

Dans cet exemple, le mot surligné est un pronom relatif, sujet grammatical de la proposition relative « *which had a network of some 65 offices…* ». Étant donné que la proposition décrit le service postal, la bonne réponse est le choix 4.

PASSAGE EXCERPT: "… Roots anchor the plant in one of two ways or sometimes by a combination of the two. The first is by occupying a large volume of shallow soil around the plant's base with a fibrous root system, one consisting of many thin, profusely branched roots. Since these kinds of roots grow relatively close to the soil surface, they effectively control soil erosion. Grass roots are especially well suited to this purpose. Fibrous roots capture water as it begins to percolate into the ground and so must draw their mineral supplies from the surface soil before the nutrients are leached to lower levels…"

The phrase "this purpose" in the passage refers to

- ▢ combining two root systems
- ▢ feeding the plant
- ▢ preventing soil erosion
- ▢ leaching nutrients

Explication

Dans cet exemple, les mots surlignés constituent une expression qui contient un adjectif démonstratif (*this*) et un nom (*purpose*). Puisque le système de racine fibreuse garde le sol en place, on peut l'utiliser pour stopper l'érosion, et les racines d'herbe constituent un système fibreux. On pourrait reformuler la phrase comme suit : « *Grass roots are especially well suited to preventing soil erosion* », donc la bonne réponse est le choix 3.

Type 7 : questions de simplification de phrase

Dans ce type de questions, on vous demande de choisir une phrase qui a le même sens fondamental qu'une phrase du passage. Certains jeux d'épreuves ne comprennent pas de question de simplification de phrase. Il n'y en a jamais plus d'une par jeu d'épreuves.

Comment reconnaître les questions de simplification de phrase

Les questions de simplification de phrase se ressemblent toutes. Une seule phrase du passage est surlignée. On vous demande ensuite :

- Which of the following best expresses the essential information in the highlighted sentence? Les mauvaises réponses changent le sens de manière significative ou omettent une information essentielle.

ASTUCES POUR RÉPONDRE AUX QUESTIONS DE SIMPLIFICATION DE PHRASE

- Assurez-vous que vous comprenez de plusieurs manières pourquoi un choix est incorrect :
  - il contredit un élément de la phrase surlignée ;
  - il omet un élément important de la phrase surlignée.
- Assurez-vous que votre réponse ne contredit pas le principal argument du paragraphe dans lequel la phrase apparaît, ou le passage dans son ensemble.

Exemple

PASSAGE EXCERPT: "… Although we now tend to refer to the various crafts according to the materials used to construct them—clay, glass, wood, fiber, and metal—it was once common to think of crafts in terms of function, which led to their being known as the "applied arts." Approaching crafts from the point of view of function, we can divide them into simple categories: containers, shelters, and supports. There is no way around the fact that containers, shelters, and supports must be functional. The applied arts are thus bound by the laws of physics, which pertain to both the materials used in their making and the substances and things to be contained, supported, and sheltered. These laws are universal in their application, regardless of cultural beliefs, geography, or climate. If a pot has no bottom or has large openings in its sides, it could hardly be considered a container in any traditional sense. Since the laws of physics, not some arbitrary decision, have determined the general form of applied-art objects, they follow basic patterns, so much so that functional forms can vary only within certain limits. Buildings without roofs, for example, are unusual because they depart from the norm. However, not all functional objects are exactly alike; that is why we recognize a Shang Dynasty vase as being different from an Inca vase. What varies is not the basic form but the incidental details that do not obstruct the object's primary function…"

Which of the following best expresses the essential information in the highlighted sentence? Incorrect answer choices change the meaning in important ways or leave out essential information.

- ☐ Functional applied-art objects cannot vary much from the basic patterns determined by the laws of physics.
- ☐ The function of applied-art objects is determined by basic patterns in the laws of physics.
- ☐ Since functional applied-art objects vary only within certain limits, arbitrary decisions cannot have determined their general form.
- ☐ The general form of applied-art objects is limited by some arbitrary decision that is not determined by the laws of physics.

Explication

Il est important de noter que cette question spécifie bien que les réponses incorrectes modifient le sens initial de la phrase ou omettent une information essentielle. Dans cet exemple, le choix 4 apporte à la phrase un sens contraire ; il est dit que la forme des objets utilitaires est arbitraire alors que la phrase surlignée indique que la forme des objets utilitaires n'est jamais arbitraire. Le choix 2 change également le sens. Il est dit que la fonction des objets d'art est déterminée par les lois physiques. La phrase surlignée indique que la forme de l'objet est déterminée par des lois physiques mais que sa fonction est déterminée par les gens. Le choix 3 omet une idée importante de la phrase surlignée. Comme dans la phrase surlignée, il est dit que la forme des objets utilitaires n'est pas arbitraire mais il ne précise pas que ce sont les lois physiques qui en déterminent la forme de base. Seul le choix 1 souligne la même idée que la phrase surlignée et contient le sens principal.

Type 8 : questions à insertion de texte

Il est facile de reconnaître les questions à insertion de texte au test *TOEFL iBT*®. Dans ce type de questions, on vous propose une nouvelle phrase et on vous demande de trouver dans le passage l'endroit où elle se placerait le mieux. Vous devez comprendre la logique du passage ainsi que les connexions grammaticales entre les phrases (comme les références de pronoms). Chaque jeu d'épreuves comprend une question à insertion de texte. Il n'y en a jamais plus d'une par jeu d'épreuves.

Comment reconnaître les questions à insertion de texte

Il est facile de reconnaître les questions à insertion de texte au test *TOEFL iBT*®. Dans le passage, vous allez voir quatre carrés noirs. Les carrés noirs sont situés au début ou à la fin des phrases. Il arrive que quatre carrés apparaissent tous dans un seul paragraphe. Il se peut aussi qu'ils soient répartis entre la fin d'un paragraphe et le début d'un autre. On vous demande ensuite :

Look at the four squares [■] that indicate where the following sentence could be added to the passage.

[Vous verrez une phrase en gras.]

Where would the sentence best fit? Click on a square [■] to add the sentence to the passage.

Vous devez cliquer sur les carrés et insérer la phrase dans le texte.

Voici un exemple de la façon dont cette question s'affiche au test *TOEFL iBT*®.

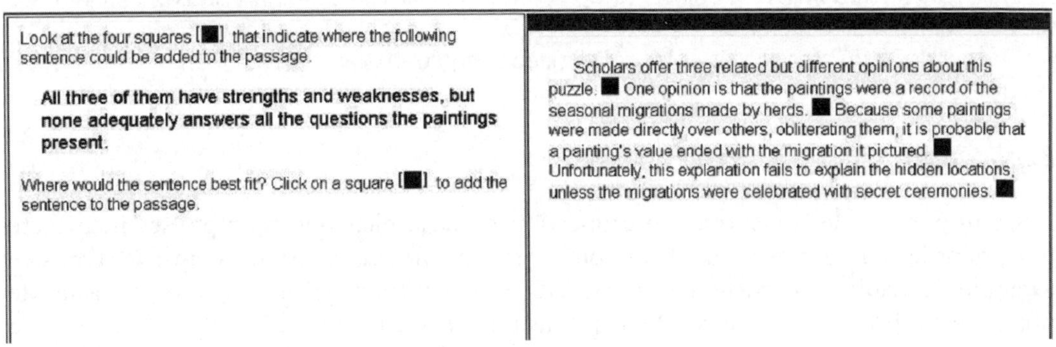

La question d'insertion de texte se présente différemment dans la version papier du test. À la page suivante, dans la rubrique « Exemple : Passage excerpt », vous verrez à quoi ressemble la question telle qu'elle apparaît dans les exercices et les tests d'entraînement dans le livre. Bien que la manière dont l'exercice se présente soit un peu différente, ce que vous devez faire reste inchangé : il faut indiquer l'endroit dans le passage où la phrase doit être insérée, de manière à rendre celle-ci la plus logique possible.

ASTUCES POUR RÉPONDRE AUX QUESTIONS À INSERTION DE TEXTE

- Essayez la phrase dans chacun des endroits indiqués par les carrés. Vous pouvez mettre et enlever la phrase autant de fois que vous le souhaitez.
- Regardez bien la structure de la phrase que vous voulez insérer. Faites attention aux mots de liaison, ils peuvent vous donner des informations importantes sur l'endroit où la phrase doit être placée.
- Mots de liaison les plus fréquemment utilisés :

On the other hand	*Further, or Furthermore*	*Similarly*
For example	*Therefore*	*In contrast*
On the contrary	*In other words*	*Finally*
As a result		

- Assurez-vous que la phrase insérée se relie logiquement avec la phrase qui suit, et que les pronoms sont compatibles avec les mots auxquels ils se réfèrent.

Exemple

PASSAGE EXCERPT: "Scholars offer three related but different opinions about this puzzle. **(1)** One opinion is that the paintings were a record of the seasonal migrations made by herds. **(2)** Because some paintings were made directly over others, obliterating them, it is probable that a painting's value ended with the migration it pictured. **(3)** Unfortunately, this explanation fails to explain the hidden locations, unless the migrations were celebrated with secret ceremonies. **(4)**"

Directions: Look at the part of the passage that is displayed above. The numbers **(1)**, **(2)**, **(3)**, and **(4)** indicate where the following sentence could be added.

> **All three of them have strengths and weaknesses, but none adequately answers all of the questions the paintings present.**

Where would the sentence best fit?

- ☐ Choice 1
- ☐ Choice 2
- ☐ Choice 3
- ☐ Choice 4

Explication

Dans cet exemple, le choix 1 est la bonne réponse. La nouvelle phrase n'a de sens que si elle apparaît en première position, après la première phrase. À cet endroit, *« All three of them »* se réfère aux *« three related but different opinions »*. L'information véhiculée par la phrase est un commentaire sur les trois *« opinions »* ; les opinions sont liées, mais aucune n'est une explication complète. Logiquement, l'évaluation des trois opinions devrait se placer soit en introduction des trois opinions, soit comme conclusion des trois opinions.

Seule la position d'introduction est possible car le paragraphe ne fait pas état de toutes les opinions.

Questions de lecture d'apprentissage

Il existe deux types de questions de lecture d'apprentissage : « le résumé en écriture libre » et « le tableau à remplir ». Les questions de lecture d'apprentissage sont plus exigeantes que les questions d'information de base. Comme nous l'avons vu, les questions d'information de base se concentrent sur votre capacité à comprendre et à situer des points particuliers dans le passage au niveau de la phrase. Les questions de lecture d'apprentissage contiennent également :

- la reconnaissance de l'organisation et de l'objet du passage ;
- l'organisation de l'information du passage dans un cadre mental ;
- la capacité à faire la distinction entre les idées majeures et les idées mineures et aussi entre les informations essentielles et celles qui ne le sont pas ;
- la compréhension des fonctions rhétoriques telles que les relations de cause à effet, la comparaison des relations d'opposition, les arguments et autres procédés.

En d'autres termes, ces questions vous demandent de comprendre le passage dans son ensemble et non pas simplement une information particulière à l'intérieur du passage.

On attend de vous, dans les questions de lecture d'apprentissage, que vous puissiez montrer votre capacité à comprendre des éléments individuels, mais également à placer les idées principales du passage et les informations qui les étayent dans un cadre organisationnel ou de les structurer dans un résumé en écriture libre ou dans un tableau. En répondant correctement, vous démontrerez que vous savez reconnaître les principaux éléments d'un texte, comment et pourquoi le texte a été organisé ainsi et la nature des relations à l'intérieur du texte. Avoir une représentation mentale structurée du texte est essentiel dans l'apprentissage car cela permet de se souvenir des informations importantes du texte et de les appliquer à de nouvelles situations. Si vous disposez d'un tel cadre mental, vous devriez être capable de reconstruire les idées principales et les informations qui les étayent dans le texte. Par ce biais vous démontrerez une compréhension globale du texte dans son ensemble. Dans le test *TOEFL*®, chaque passage à lire aura une question de lecture d'apprentissage. Ce sera soit une question avec résumé en écriture libre à faire, soit un tableau à remplir, jamais les deux.

Type 9 : questions de résumé en écriture libre

Ces questions mesurent votre capacité à comprendre et à reconnaître les idées principales et l'importance relative des informations dans le passage. On vous demandera de sélectionner les idées principales d'un passage en les distinguant des idées mineures ou qui n'existent pas dans le passage. La bonne réponse sera la synthèse des principales idées du passage.

Puisque la bonne réponse représente une synthèse des idées, elle ne correspondra pas à une phrase particulière du passage. Afin de choisir la bonne réponse, vous devrez créer un cadre mental pour organiser et mémoriser les idées principales et autres informations. Le fait de comprendre l'importance relative d'une information est crucial pour réussir.

Dans une question de résumé en écriture libre, vous trouverez six réponses possibles et on vous demandera d'en choisir trois qui expriment les idées les plus importantes du passage. À la différence des questions d'information de base, dans lesquelles chaque question vaut 1 point, une question de résumé en écriture libre vaut 2 points. Vous pouvez gagner entre 0 et 2 points en fonction du nombre de bonnes réponses que vous avez choisies. Si vous ne choisissez aucune bonne réponse ou seulement une, vous ne gagnerez aucun point. Si vous choisissez deux bonnes réponses, vous gagnerez 1 point. Si vous choisissez les trois bonnes réponses, vous gagnerez 2 points. L'ordre dans lequel vous choisissez vos réponses n'a pas d'impact sur le calcul des points.

Exemple

Dans la mesure où le résumé en écriture libre vous demande de montrer votre compréhension des différentes parties du passage, vous devez lire la totalité du passage. Certaines parties du passage suivant ont déjà été utilisées pour illustrer d'autres types de questions.

APPLIED ARTS AND FINE ARTS

Although we now tend to refer to the various crafts according to the materials used to construct them—clay, glass, wood, fiber, and metal—it was once common to think of crafts in terms of function, which led to their being known as the "applied arts." Approaching crafts from the point of view of function, we can divide them into simple categories: containers, shelters, and supports. There is no way around the fact that containers, shelters, and supports must be functional. The applied arts are thus bound by the laws of physics, which pertain to both the materials used in their making and the substances and things to be contained, supported, and sheltered. These laws are universal in their application, regardless of cultural beliefs, geography, or climate. If a pot has no bottom or has large openings in its sides, it could hardly be considered a container in any traditional sense. Since the laws of physics, not some arbitrary decision, have determined the general form of applied-art objects, they follow basic patterns, so much so that functional forms can vary only within certain limits. Buildings without roofs, for example, are unusual because they depart from the norm. However, not all functional objects are exactly alike; that is why we recognize a Shang Dynasty vase as being different from an Inca vase. What varies is not the basic form but the incidental details that do not obstruct the object's primary function.

Sensitivity to physical laws is thus an important consideration for the maker of applied-art objects. It is often taken for granted that this is also true for the maker of fine-art objects. This assumption misses a significant difference between the two disciplines. Fine-art objects are not constrained by the laws of physics in the same way that applied-art objects are. Because their primary purpose is not functional, they are only limited in terms of the materials used to make them. Sculptures must, for example, be stable, which requires an understanding of the properties of mass, weight distribution, and stress. Paintings must have rigid stretchers so that the canvas will be taut, and the paint must not deteriorate, crack, or discolor. These are problems that must be overcome by the artist because they tend to intrude upon his or her conception of the work. For example, in the early Italian Renaissance, bronze statues of horses with a raised foreleg usually had a cannonball under that hoof. This was done because the cannonball was needed to support the weight of the leg. In other words, the demands of the laws of physics, not the sculptor's aesthetic intentions, placed the ball there. That this device was a necessary structural compromise is clear from the fact that the cannonball quickly disappeared when sculptors learned how to strengthen the internal structure of a statue with iron braces (iron being much stronger than bronze).

Even though the fine arts in the twentieth century often treat materials in new ways, the basic difference in attitude of artists in relation to their materials in the fine arts and the applied arts remains relatively constant. It would therefore not be too great an exaggeration to say that practitioners of the fine arts work to overcome the limitations of their materials, whereas those engaged in the applied arts work in concert with their materials.

An introductory sentence for a brief summary of the passage is provided below. Complete the summary by selecting the THREE answer choices that express the most important ideas in the passage. Some sentences do not belong in the summary because they express ideas that are not presented in the passage or are minor ideas in the passage. This question is worth 2 points.

This passage discusses fundamental differences between applied-art objects and fine-art objects.

-
-
-

Answer Choices

1. Applied-art objects fulfill functions, such as containing or sheltering, and objects with the same function have similar characteristics because they are constrained by their purpose.
2. It is easy to recognize that Shang Dynasty vases are different from Inca vases.
3. Fine-art objects are not functional, so they are limited only by the properties of the materials used.
4. Renaissance sculptors learned to use iron braces to strengthen the internal structures of bronze statues.
5. In the twentieth century, fine artists and applied artists became more similar to one another in their attitudes toward their materials.
6. In all periods, fine artists tend to challenge the physical limitations of their materials while applied artists tend to cooperate with the physical properties of their materials.

Explication

Bonnes réponses

Le choix 1 : *Applied-art objects fulfill functions, such as containing or sheltering, and objects with the same function have similar characteristics because they are constrained by their purpose.*

Explication : comme l'indique la phrase d'introduction, le passage traite de l'opposition entre les objets utilitaires et les objets d'art. Le principal point d'opposition est l'utilité : les objets de décoration sont fonctionnels alors que les objets d'art n'ont aucune fonction. La première partie du passage explique les conséquences de l'utilité pour les matériaux et les formes de base des objets utilitaires. La seconde partie du passage explique les conséquences du manque de fonctionnalité et de la forme des objets d'art. Un bon résumé du passage doit comporter la définition des « objets utilitaires » et la principale conséquence (les objets qui ont la même fonction suivront des modèles similaires), donc la bonne réponse est le choix 1.

Le choix 3 : *Fine-art objects are not functional, so they are limited only by the properties of the materials used.*

Explication : puisque le passage met en opposition les objets utilitaires et les objets d'art, un bon résumé devrait indiquer leur différence essentielle. Choisir la réponse 3 dans le résumé apporte cette opposition fondamentale présentée dans le passage : les objets utilitaires sont utiles, les objets d'art ne le sont pas. Les objets d'art ne subissent pas les contraintes des objets de décoration car ils n'ont aucune fonction à remplir.

Le choix 6 : *In all periods, fine artists tend to challenge the physical limitations of their materials, while applied artists tend to cooperate with the physical properties of their materials.*

Explication : le dernier paragraphe présente une autre conséquence de l'opposition fondamentale entre les objets utilitaires et les objets d'art. Il s'agit de la différence d'attitude par rapport aux matériaux utilisés entre l'artisan et l'artiste. Un bon résumé devra comprendre cette dernière opposition.

Mauvaises réponses

Le choix 2 : *It is easy to recognize that Shang Dynasty vases are different from Inca vases.*

Explication : bien que cette affirmation soit vraie, ce n'est pas le point principal du premier paragraphe ou du passage. En fait, c'est en opposition avec le point principal du paragraphe : les objets qui ont la même fonction sont tous similaires. La dernière phrase du premier paragraphe indique que le vase de la dynastie Chang et le vase inca ne se différencient que par des détails secondaires (« *incidental details* »), mais que la forme de base reste la même. Introduire le choix 2 dans le résumé donne une image inexacte du passage.

Le choix 4 : *Renaissance sculptors learned to use iron braces to strengthen the internal structures of bronze statues.*

Explication : la réponse 4 résume les informations des phrases 9, 10 et 11 du paragraphe 2. Dans le contexte de ce passage, cette information nous aide à comprendre ce que l'on doit entendre par les limites que les matériaux peuvent imposer aux artistes. Rappelez-vous cependant que les instructions vous demandent de choisir les affirmations qui expriment les idées les plus importantes du passage. L'exemple est moins important que les affirmations générales concernant les différences. Si vous choisissez la réponse 4, alors les réponses 1, 3 ou 6 seraient laissées de côté et il manquerait dans le résumé un point essentiel d'opposition entre l'art et utilité.

Le choix 5 : *In the twentieth century, fine artists and applied artists became more similar to one another in their attitudes toward their materials.*

Explication : cette réponse devra être exclue car rien ne vient la soutenir dans le passage. C'est une erreur de lecture du paragraphe 3, qui indique que la différence d'attitude entre les artistes et les artisans n'a pas évolué. Une réponse qui contredit de façon évidente les informations ou l'argumentation du passage ne doit pas faire partie de votre résumé.

Type 10 : questions qui proposent un tableau à remplir

Dans ce type de questions, on vous donne un tableau partiellement rempli, basé sur les informations du passage. Vous devez finir de remplir le tableau en cliquant sur les bonnes réponses et les déplacer jusqu'à l'emplacement correct dans le tableau.

Les questions qui comportent un tableau à remplir mesurent votre capacité à conceptualiser et à organiser les principales idées et les autres informations importantes dans l'ensemble du passage, puis de les placer dans les catégories appropriées. Cela veut dire que vous devez tout d'abord reconnaître et identifier les principaux points du passage, puis placer ces éléments dans le contexte adéquat.

Comme pour les questions de résumé en écriture libre, le lecteur compétent pourra créer un cadre mental afin d'organiser et de se souvenir des idées principales et d'autres informations importantes.

Cela demande une capacité à comprendre les fonctions rhétoriques telles que les relations de cause à effet, les relations d'opposition, les arguments et autres procédés.

Lorsque vous construisez votre cadre mental, rappelez-vous que les idées principales du passage sont celles que vous devriez inclure si vous faisiez un compte rendu du passage d'un assez bon niveau. Les bonnes réponses sont en général celles que vous pourriez introduire dans un compte rendu un peu moins détaillé. Les éléments et exemples mineurs ne font en général pas partie de ce compte rendu car ils ne sont utilisés que pour venir étayer les thèmes les plus importants et d'un niveau supérieur. On peut également distinguer les idées principales et informations importantes des informations moins importantes en termes d'informations essentielles et non essentielles.

Les passages utilisés pour les questions comportant un tableau à remplir n'ont pas un sujet unique de développement car ils comprennent plus d'un point de vue ou de perspective. Les passages classiques ont les types de structure suivants : comparaison/opposition, problème/solution, cause/effet, autres arguments (comme des théories, hypothèses) et autres procédés.

Les bonnes réponses représentent les idées principales et les informations qui les illustrent dans le passage. En général, ces réponses ne correspondent pas à des expressions spécifiques du passage. Elles sont plus souvent des concepts abstraits basés sur les informations du passage ou bien elles paraphrasent les informations du passage. Les bonnes réponses seront faciles à confirmer par les lecteurs compétents qui se souviendront ou situeront facilement les informations pertinentes du texte.

Les mauvaises réponses peuvent contenir des informations sur le sujet qui ne figurent pas dans le passage ou qui ne sont pas directement pertinentes par rapport aux catégories du tableau. Elles peuvent aussi proposer des généralisations ou des conclusions incorrectes basées sur ce qui figure dans le passage. Sachez que les mauvaises réponses peuvent contenir des mots ou des expressions qui correspondent ou qui ressemblent à des mots ou à des expressions du passage.

Règles concernant les tableaux

Les tableaux peuvent avoir deux ou trois colonnes/rangées comprenant des puces, chacune représentant cinq possibilités de bonne réponse.

Il y aura toujours plus de possibilités de choix que de bonnes réponses. Certains choix ne seront pas utilisés.

On ne peut utiliser un choix qu'une seule fois dans le tableau. Si un choix de réponse s'applique à plus d'une catégorie de réponses, ou à aucune catégorie dans le tableau, une rangée ou une colonne nommée *« both »* ou *« neither »* sera visible dans le tableau afin d'y placer la réponse choisie.

Comptage des points

Pour gagner des points, vous devez non seulement choisir les bonnes réponses, mais également les classer correctement dans le tableau. Votre crédit de points peut être minoré en fonction du nombre de bonnes réponses choisies.

Vous pouvez gagner jusqu'à 3 points selon le nombre de bonnes réponses données et leur emplacement correct dans le tableau. Pour zéro, une ou deux bonnes réponses, vous ne recevrez aucun point. Pour trois bonnes réponses, vous recevrez un seul point, pour quatre bonnes réponses vous recevrez 2 points et pour cinq bonnes réponses, vous recevrez la totalité des 3 points.

Exemple

NOTE

- Le passage utilisé dans cet exemple est le même que celui utilisé précédemment pour l'exemple de question de résumé en écriture libre. Dans un véritable test le même passage ne sera pas utilisé pour une question de résumé en écriture libre et une question de tableau à remplir.

Directions: Complete the table below to summarize information about the two types of art discussed in the passage. Match the appropriate statements to the types of art with which they are associated. This question is worth 3 points.

TYPES OF ART	STATEMENTS
The Applied Arts	**Select 3**
The Fine Arts	**Select 2**

Statements

An object's purpose is primarily aesthetic.

Objects serve a functional purpose.

The incidental details of objects do not vary.

Artists work to overcome the limitations of their materials.

The basic form of objects varies little across cultures.

Artists work in concert with their materials.

An object's place of origin is difficult to determine.

Drag your answer choices to the spaces where they belong. (This question type fills the computer screen. To see the passage, click on **View Text**.)

Correctly Completed Table

Directions: Complete the table below to summarize information about the two types of art discussed in the passage. Match the appropriate statements to the types of art with which they are associated. **This question is worth 3 points.**

TYPES OF ART	STATEMENTS
The Applied Arts	**Select 3** Objects serve a functional purpose. The basic form of objects varies little across cultures. Artists work in concert with their materials.
The Fine Arts	**Select 2** An object's purpose is primarily aesthetic. Artists work to overcome the limitations of their materials.

Explication

Bonnes réponses

Le choix 1 : *An object's purpose is primarily aesthetic. (Fine Arts)*

Explication : c'est un exemple de bonne réponse qui vous demande d'identifier un concept abstrait sur la base d'informations du texte ou de la paraphrase de celles-ci. Dans le paragraphe 2, phrase 5, le passage affirme que l'objectif premier de l'art n'est pas d'être utile. Puis, dans le paragraphe 2, phrase 11, le passage présente une situation dans laquelle un sculpteur doit sacrifier son but esthétique à cause des lois de la physique. En mettant bout à bout ces deux affirmations, le lecteur peut en déduire que les artistes, comme les sculpteurs, sont d'abord concernés par l'esthétique.

Le choix 2 : *Objects serve a functional purpose. (Applied Arts)*

Explication : cette affirmation est plus directe que dans la précédente bonne réponse. Dans le paragraphe 1, les phrases 1, 2 et 3 insistent sur l'importance de la fonction dans les arts appliqués. Dans le même temps, le paragraphe 2 indique que les beaux-arts ne se préoccupent pas de la fonction, par conséquent la seule place correcte pour cette affirmation se situe dans la catégorie artistique.

Le choix 4 : *Artists work to overcome the limitations of their materials. (Fine Arts)*

Explication : cela est explicitement indiqué dans le dernier paragraphe du passage. Dans ce paragraphe, il est clairement indiqué que cela ne s'applique qu'aux praticiens des beaux-arts.

Le choix 5 : *The basic form of objects varies little across cultures. (Applied Arts)*

Explication : dans le paragraphe 1, phrase 5, le passage indique que certaines lois de la physique sont universelles. Puis, dans la phrase 7, cette idée se trouve renforcée par l'assertion selon laquelle les formes d'utilisation ne varient que dans certaines limites. Sur la base de ces deux affirmations, on peut conclure que, du fait des lois de la physique et du besoin utilitaire, les formes de base des objets utilitaires varient peu selon les cultures.

Le choix 6 : *Artists work in concert with their materials. (Applied Arts)*

Explication : cela est explicitement indiqué dans le dernier paragraphe du passage. Dans ce paragraphe, il est dit que cela ne s'applique qu'aux praticiens des arts appliqués.

Mauvaises réponses

Le choix 3 : *The incidental details of objects do not vary.*

Explication : cette idée est explicitement réfutée dans la dernière phrase du paragraphe 1 par rapport aux arts appliqués. Cette phrase (qui ne fait référence qu'aux arts appliqués) précise que les détails d'importance secondaire de ces objets varient, ainsi la réponse ne peut pas être placée dans la catégorie des arts appliqués. Ce sujet n'est absolument pas discuté par rapport aux objets d'art, il ne peut donc pas être placé dans cette catégorie non plus.

Le choix 7 : *An object's place of origin is difficult to determine.*

Explication : cette réponse est implicitement réfutée dans le domaine des arts appliqués dans la phrase suivante et jusqu'à la fin du paragraphe 1. Cette phrase note qu'aussi bien les vases de la dynastie Chang que les vases incas sont identifiables en tant que tels sur la base de détails différents. Alors, par déduction, il ne semble pas très difficile de déterminer le lieu d'origine d'un objet décoratif. Comme dans la mauvaise réponse précédente, l'idée n'est pas du tout abordée par rapport aux objets d'art, elle ne peut donc pas non plus être placée dans cette catégorie.

Stratégies pour préparer l'épreuve de compréhension écrite

Après vous être familiarisé avec les 10 types de questions utilisées dans la partie compréhension écrite du test *TOEFL*®, vous êtes prêt à affiner vos compétences en vous attaquant à des jeux d'épreuves grandeur nature. Au fil des pages suivantes, vous allez pouvoir vous entraîner sur six jeux d'épreuves de compréhension écrite créés par ETS pour le test *TOEFL iBT*®. Les types de questions ne sont pas désignés, mais vous devriez pouvoir les identifier et comprendre ce que vous devez faire pour y répondre correctement. Après chaque passage et question, vous trouverez les réponses et les explications de chaque question.

Outre l'entraînement sur les jeux d'épreuves, voici d'autres suggestions pour améliorer les compétences qui vous permettront de mieux réussir la partie de compréhension écrite.

La meilleure façon d'améliorer votre compréhension écrite est de lire souvent et de lire différents types de textes sur des sujets variés (les sciences, les sciences sociales, l'art, les affaires, et autres). Internet est l'une des meilleures ressources pour cela, ainsi que les manuels scolaires, les magazines et les journaux. Assurez-vous de lire régulièrement des textes de style académique, du type de ceux utilisés dans les cours universitaires.

Voici quelques suggestions pour vous aider à renforcer les compétences nécessaires aux trois objectifs couverts par le test *TOEFL iBT*®.

1. Lire pour trouver des informations

- Parcourez des passages pour trouver et mettre en évidence des faits importants (dates, chiffres, termes) et des renseignements.
- Pratiquez cela fréquemment pour augmenter votre vitesse et votre fluidité de lecture.

2. Lire pour comprendre les informations de base

- Augmentez vos mots de vocabulaire, par exemple en utilisant des fiches thématiques.
- Plutôt que de lire soigneusement chaque mot et chaque phrase, pratiquez la lecture rapide afin d'avoir rapidement une impression générale de l'idée principale du passage.
- Habituez-vous à lire rapidement et à identifier les points principaux.
- Après un premier passage en lecture rapide, relisez-le plus soigneusement et écrivez l'idée générale, les principaux points et les faits importants.
- Choisissez quelques mots qui vous sont inconnus et essayez de deviner leur sens d'après le contexte (phrases environnantes).

- Choisissez tous les pronoms (*he*, *him*, *they*, *them*, et autres) et identifiez à quels noms ils se réfèrent dans le passage.
- Habituez-vous à faire des déductions et à tirer des conclusions sur la base de ce qui est implicite au sein du passage dans son ensemble.

3. Lire pour apprendre

- Identifiez le type de passage (classification, cause/conséquence, comparaison/opposition, problème/solution, description, narration, et autres procédés).
- Afin d'organiser les informations du passage, procédez comme suit :
  – créez une synthèse du passage afin de différencier les points importants des points secondaires ;
  – si le passage structure l'information, créez un tableau et placez les différentes informations dans les catégories qui conviennent. (Rappelez-vous que, dans le test, vous n'avez pas besoin de créer un tel tableau. Au lieu de cela on vous propose un tableau avec des choix possibles de réponses et vous devez remplir le tableau avec les bonnes réponses.) Cet entraînement vous aidera à penser à structurer les informations et vous le ferez avec plus d'aisance ;
  – si le passage décrit les étapes d'un processus, créez un résumé des étapes dans le bon ordre.
- Créez un résumé du passage en utilisant des tableaux et des synthèses.
- Paraphrasez les phrases individuelles du passage, puis continuez en paraphrasant un paragraphe entier. À noter : la partie compréhension écrite du *TOEFL iBT*® mesure la capacité à reconnaître des paraphrases. La capacité à paraphraser est également importante pour les tâches dirigées dans les parties écrites et orales du test.

ENTRAÎNEMENT 1

COMPRÉHENSION ÉCRITE

THE ORIGINS OF CETACEANS

It should be obvious that cetaceans—whales, porpoises, and dolphins—are mammals. They breathe through lungs, not through gills, and give birth to live young. Their streamlined bodies, the absence of hind legs, and the presence of a fluke[1] and blowhole[2] cannot disguise their affinities with land-dwelling mammals. However, unlike the cases of sea otters and pinnipeds (seals, sea lions, and walruses, whose limbs are functional both on land and at sea), it is not easy to envision what the first whales looked like. Extinct but already fully marine cetaceans are known from the fossil record. How was the gap between a walking mammal and a swimming whale bridged? Missing until recently were fossils clearly intermediate, or transitional, between land mammals and cetaceans.

Very exciting discoveries have finally allowed scientists to reconstruct the most likely origins of cetaceans. In 1979, a team looking for fossils in northern Pakistan found what proved to be the oldest fossil whale. The fossil was officially named Paki-cetus in honor of the country where the discovery was made. *Pakicetus* was found embedded in rocks formed from river deposits that were 52 million years old. The river that formed these deposits was actually not far from an ancient ocean known as the Tethys Sea.

The fossil consists of a complete skull of an archaeocyte, an extinct group of ancestors of modern cetaceans. Although limited to a skull, the *Pakicetus* fossil provides precious details on the origins of cetaceans. The skull is cetacean-like but its jawbones lack the enlarged space that is filled with fat or oil and used for receiving underwater sound in modern whales. *Pakicetus* probably detected sound through the ear opening as in land mammals. The skull also lacks a blowhole, another cetacean adaptation for diving. Other features, however, show experts that *Pakicetus* is a transitional form between a group of extinct flesh-eating mammals, the mesonychids, and cetaceans. It has been suggested that *Pakicetus* fed on fish in shallow water and was not yet adapted for life in the open ocean. It probably bred and gave birth on land.

Another major discovery was made in Egypt in 1989. Several skeletons of another early whale, *Basilosaurus*, were found in sediments left by the Tethys Sea and now exposed in the Sahara desert. This whale lived around 40 million years ago, 12 million years after *Pakicetus*. Many incomplete skeletons were found but they included, for the first time in an archaeocyte, a complete hind leg that features a foot with three tiny toes. Such legs would have been far too small to have supported the 50-foot-long Basilosaurus on land. Basilosaurus was undoubtedly a fully marine whale with possibly nonfunctional, or vestigial, hind legs.

An even more exciting find was reported in 1994, also from Pakistan. The now extinct whale *Ambulocetus natans* ("the walking whale that swam") lived in the Tethys Sea 49 million years ago. It lived around 3 million years after *Pakicetus* but 9 million years before Basilosaurus. The fossil luckily includes a good portion of the hind legs. The legs were strong and ended in long feet very much like those of a modern pinniped. The legs were certainly functional both on land and at sea. The whale retained a tail and lacked a fluke, the major means of locomotion in modern cetaceans. The structure of the backbone shows, however, that *Ambulocetus* swam like modern whales by moving the rear portion of its body up and down, even though a fluke was missing. The large hind legs were used for propulsion in water. On land, where it probably bred and gave birth, *Ambulocetus* may have moved around very much like a modern sea lion. It was undoubtedly a whale that linked life on land with life at sea.

1. Fluke: The two parts that constitute the large triangular tail of a whale.
2. Blowhole: A hole in the top of the head used for breathing.

PARAGRAPH 1

It should be obvious that cetaceans—whales, porpoises, and dolphins—are mammals. They breathe through lungs, not through gills, and give birth to live young. Their streamlined bodies, the absence of hind legs, and the presence of a fluke[1] and blowhole[2] cannot disguise their affinities with land-dwelling mammals. However, unlike the cases of sea otters and pinnipeds (seals, sea lions, and walruses, whose limbs are functional both on land and at sea), it is not easy to envision what the first whales looked like. Extinct but already fully marine cetaceans are known from the fossil record. How was the gap between a walking mammal and a swimming whale bridged? Missing until recently were fossils clearly intermediate, or transitional, between land mammals and cetaceans.

1. Fluke: The two parts that constitute the large triangular tail of a whale.
2. Blowhole: A hole in the top of the head used for breathing.

Directions: Mark your answer by filling in the oval next to your choice.

1. In paragraph 1, what does the author say about the presence of a blowhole in cetaceans?

- ▢ It clearly indicates that cetaceans are mammals.
- ▢ It cannot conceal the fact that ceta-ceans are mammals.
- ▢ It is the main difference between cetaceans and land-dwelling mammals.
- ▢ It cannot yield clues about the origins of cetaceans.

2. Which of the following can be inferred from paragraph 1 about early sea otters?

- ▢ It is not difficult to imagine what they looked like.
- ▢ There were great numbers of them.
- ▢ They lived in the sea only.
- ▢ They did not leave many fossil remains.

PARAGRAPH 3

The fossil consists of a complete skull of an archaeocyte, an extinct group of ancestors of modern cetaceans. Although limited to a skull, the *Pakicetus* fossil provides precious details on the origins of cetaceans. The skull is cetacean-like but its jawbones lack the enlarged space that is filled with fat or oil and used for receiving underwater sound in modern whales. *Pakicetus* probably detected sound through the ear opening as in land mammals. The skull also lacks a blowhole, another cetacean adaptation for diving. Other features, however, show experts that *Pakicetus* is a transitional form between a group of extinct flesh-eating mammals, the mesonychids, and cetaceans. It has been suggested that *Pakicetus* fed on fish in shallow water and was not yet adapted for life in the open ocean. It probably bred and gave birth on land.

3. The word "precious" in the passage is closest in meaning to

- ▢ exact
- ▢ scarce
- ▢ valuable
- ▢ initial

4. *Pakicetus* and modern cetaceans have similar

- ▢ hearing structures
- ▢ adaptations for diving
- ▢ skull shapes
- ▢ breeding locations

5. The word "It" in the passage refers to

- ▢ *Pakicetus*
- ▢ fish
- ▢ life
- ▢ ocean

PARAGRAPH 4

Another major discovery was made in Egypt in 1989. Several skeletons of another early whale, *Basilosaurus*, were found in sediments left by the Tethys Sea and now exposed in the Sahara desert. This whale lived around 40 million years ago, 12 million years after *Pakicetus*. Many incomplete skeletons were found but they included, for the first time in an archaeocyte, a complete hind leg that features a foot with three tiny toes. Such legs would have been far too small to have supported the 50-foot-long *Basilosaurus* on land. *Basilosaurus* was undoubtedly a fully marine whale with possibly nonfunctional, or vestigial, hind legs.

6. The word "exposed" in the passage is closest in meaning to

- ▢ explained
- ▢ visible
- ▢ identified
- ▢ located

7. The hind leg of *Basilosaurus* was a significant find because it showed that *Basilosaurus*

- ▢ lived later than *Ambulocetus natans*
- ▢ lived at the same time as *Pakicetus*
- ▢ was able to swim well
- ▢ could not have walked on land

8. It can be inferred that *Basilosaurus* bred and gave birth in which of the following locations?

- ▢ On land.
- ▢ Both on land and at sea.
- ▢ In shallow water.
- ▢ In a marine environment.

PARAGRAPH 5

An even more exciting find was reported in 1994, also from Pakistan. The now extinct whale *Ambulocetus natans* ("the walking whale that swam") lived in the Tethys Sea 49 million years ago. It lived around 3 million years after Pakicetus but 9 million years before *Basilosaurus*. The fossil *luckily* includes a good portion of the hind legs. The legs were strong and ended in long feet very much like those of a modern pinniped. The legs were certainly functional both on land and at sea. The whale retained a tail and lacked a fluke, the major means of locomotion in modern cetaceans. The structure of the backbone shows, however, that *Ambulocetus* swam like modern whales by moving the rear portion of its body up and down, even though a fluke was missing. The large hind legs were used for propulsion in water. On land, where it probably bred and gave birth, *Ambulocetus* may have moved around very much like a modern sea lion. It was undoubtedly a whale that linked life on land with life at sea.

9. Why does the author use the word "*luckily*" in mentioning that the *Ambulocetus natans* fossil included hind legs?

- ▢ Fossil legs of early whales are a rare find.
- ▢ The legs provided important information about the evolution of cetaceans.
- ▢ The discovery allowed scientists to reconstruct a complete skeleton of the whale.
- ▢ Until that time, only the front legs of early whales had been discovered.

10. Which of the sentences below best expresses the essential information in the highlighted sentence in the passage? Incorrect choices change the meaning in important ways or leave out essential information.

- ▢ Even though *Ambulocetus* swam by moving its body up and down, it did not have a backbone.
- ▢ The backbone of *Ambulocetus*, which allowed it to swim, provides evidence of its missing fluke.
- ▢ Although *Ambulocetus* had no fluke, its backbone structure shows that it swam like modern whales.
- ▢ By moving the rear parts of their bodies up and down, modern whales swim in a different way from the way *Ambulocetus* swam.

11. The word "propulsion" in the passage is closest in meaning to

- ▢ staying afloat
- ▢ changing direction
- ▢ decreasing weight
- ▢ moving forward

PARAGRAPH 1 & 2

Extinct but already fully marine cetaceans are known from the fossil record. **(1)** How was the gap between a walking mammal and a swimming whale bridged? **(2)** Missing until recently were fossils clearly intermediate, or transitional, between land mammals and cetaceans.

(3) Very exciting discoveries have finally allowed scientists to reconstruct the most likely origins of cetaceans. **(4)** In 1979, a team looking for fossils in northern Pakistan found what proved to be the oldest fossil whale.

12. **Directions:** Look at the part of the passage that is displayed above. The numbers **(1)**, **(2)**, **(3)**, and **(4)** indicate where the following sentence could be added.

This is a question that has puzzled scientists for ages.

Where would the sentence best fit?

- ☐ Choice 1
- ☐ Choice 2
- ☐ Choice 3
- ☐ Choice 4

13. **Directions:** An introductory sentence for a brief summary of the passage is provided below. Complete the summary by selecting the THREE answer choices that express the most important ideas in the passage. Some answer choices do not belong in the summary because they express ideas that are not presented in the passage or are minor ideas in the passage. This question is worth 2 points.

This passage discusses fossils that help to explain the likely origins of cetaceans—whales, porpoises, and dolphins.

-
-
-

Answer Choices

1. Recent discoveries of fossils have helped to show the link between land mammals and cetaceans.
2. The discovery of *Ambulocetus natans* provided evidence for a whale that lived both on land and at sea.
3. The skeleton of *Basilosaurus* was found in what had been the Tethys Sea, an area rich in fossil evidence.
4. *Pakicetus* is the oldest fossil whale yet to be found.
5. Fossils thought to be transitional forms between walking mammals and swimming whales were found.
6. *Ambulocetus*'s hind legs were used for propulsion in the water.

RÉPONSES ET EXPLICATIONS DU JEU D'ENTRAÎNEMENT N° 1

1. ❷ C'est une question d'information factuelle qui nécessite des informations particulières figurant dans le paragraphe 1. Le choix 2 est la bonne réponse. Il s'agit essentiellement de la paraphrase d'une affirmation du paragraphe 1 qui indique que l'évent étaye la thèse selon laquelle les cétacés ont des ressemblances avec les mammifères. Les trois autres possibilités sont réfutées dans le paragraphe de manière directe ou indirecte.

2. ❶ C'est une question de déduction qui requiert des informations que l'on peut déduire du paragraphe 1. Le choix 1 est la bonne réponse car il est dit dans le paragraphe 1 que les loutres de mer se différencient des autres mammifères primaires, dont l'apparence n'est pas facile à imaginer. Donc, par déduction, l'apparence des premières loutres de mer doit être facile (et non pas difficile) à imaginer.

3. ❸ C'est une question de vocabulaire. Le mot évalué est «*precious*». Il est surligné dans le passage. La bonne réponse est le choix 3, «*valuable*». Tout ce qui est «*precious*» est très important, donc a de la valeur.

4. ❸ C'est une question d'information factuelle qui nécessite des informations particulières figurant dans le passage. Le choix 3 est la bonne réponse. Le paragraphe 3 décrit les différences et les similarités entre le *Pakicetus* et les cétacés modernes. La phrase 3 du paragraphe indique que leurs crânes sont semblables. Les trois autres possibilités ne décrivent que des différences, pas de similitudes.

5. ❶ C'est une question de référence. Le mot testé est «*It*». Ce mot est surligné dans le passage. Il s'agit d'un pronom à référent simple. Le choix 1, «*Pakicetus*», est la bonne réponse. L'élément «*It*» se réfère ici à une créature qui s'est probablement reproduite et a donné naissance à des petits sur terre. Le *Pakicetus* est le seul choix auquel ces caractéristiques s'appliquent.

6. ❷ C'est une question de vocabulaire. Le mot testé est «*exposed*». Ce mot est surligné dans le passage. Le choix 2 est la bonne réponse, «*visible*». «*Exposed*» veut dire «découvert». Un squelette qui est découvert peut être vu. «*Visible*» veut donc dire «qui peut être vu».

7. ❹ C'est une question d'information factuelle qui nécessite des informations particulières figurant dans le passage. Le choix 4 est la bonne réponse car c'est le seul détail concernant le squelette du *Basilosaurus* indiqué dans le paragraphe 4, ce qui implique qu'il est significatif. Le choix 1 est vrai, mais il n'est pas présenté avec autant de précisions que le choix 4, et n'est pas représentatif de la signification de la découverte. Le choix 3 ne figure pas et le choix 2 est faux.

8. ❹ C'est une question de déduction qui requiert des informations que l'on peut déduire de la totalité du passage. Le choix 4 est la bonne réponse sur la base de la dernière phrase du paragraphe 4, qui décrit le *Basilosaurus* comme une baleine totalement marine. Cela implique que tout ce qu'il a fait, y compris se

reproduire et donner naissance aux petits, a pu se faire exclusivement dans un environnement marin.

9. ❷ C'est une question déductive qui vous demande une conclusion tirée du passage. Le paragraphe 5 explique que cette découverte a fourni aux scientifiques des informations qu'ils n'auraient pas pu obtenir sans elle. On peut donc en déduire que cette découverte a été un « coup de chance ». Le passage n'offre pas d'autres options. Le choix 2 est donc la bonne réponse.

10. ❸ C'est une question de simplification de phrase. Comme pour toutes ces questions, une seule phrase du passage est surlignée :

> The structure of the backbone shows, however, that *Ambulocetus* swam like modern whales by moving the rear portion of its body up and down, even though a fluke was missing.

Le choix 3 est la bonne réponse car il contient toutes les informations essentielles de la phrase surlignée. Le choix 1 est faux car l'*Ambulocetus* n'avait pas de colonne vertébrale. Le choix 2 est faux car la phrase dit que la colonne vertébrale indiquait la façon dont l'*Ambulocetus* nageait, et non pas qu'il lui manquait une nageoire. Le choix 4 n'est pas vrai car la phrase indique que l'*Ambulocetus* et les baleines modernes nageaient de la même manière.

11. ❹ C'est une question de vocabulaire. Le mot testé est *« propulsion »*. Il est surligné dans le passage. Le choix 4, *« moving forward »*, est la bonne réponse car cela veut dire « l'action de mouvoir ». Dans la phrase, la baleine utilisait ses pattes arrière pour se propulser vers l'avant dans l'eau.

12. ❷ C'est une phrase d'insertion de texte. Vous pouvez voir les quatre choix possibles dans les paragraphes 1 et 2.

Extinct but already fully marine cetaceans are known from the fossil record. **(1)** How was the gap between a walking mammal and a swimming whale bridged? **(2)** Missing until recently were fossils clearly intermediate, or transitional, between land mammals and cetaceans. **(3)** Very exciting discoveries have finally allowed scientists to reconstruct the most likely origins of cetaceans. **(4)** In 1979, a team looking for fossils in northern Pakistan found what proved to be the oldest fossil whale.

La phrase proposée est *« This is a question that has puzzled scientists for ages »*. Le bon endroit pour l'insérer est le choix **(2)**.

La phrase qui précède le choix **(2)** a la forme d'une question rhétorique et la phrase insérée lui fournit une réponse explicite. Aucune des autres phrases qui précèdent les carrés n'est une question, donc la phrase insérée ne peut logiquement pas les suivre.

13. ❶ ❷ ❺ C'est une question de résumé en écriture libre. Elle est correctement complétée ci-dessous. Les bonnes réponses sont 1, 2 et 5, donc les choix 3, 4 et 6 sont faux.

Directions: An introductory sentence for a brief summary of the passage is provided below. Complete the summary by selecting the THREE answer choices that express the most important ideas in the passage. Some answer choices do not belong in the summary because they express ideas that are not presented in the passage or are minor ideas in the passage. **This question is worth 2 points.**

This passage discusses fossils that help to explain the likely origins of cetaceans—whales, porpoises, and dolphins.

- Recent discoveries of fossils have helped to show the link between land mammals and cetaceans.
- The discovery of *Ambulocetus natans* provided evidence for a whale that lived both on land and at sea.
- Fossils thought to be transitional forms between walking mammals and swimming whales were found.

Answer Choices

1. Recent discoveries of fossils have helped to show the link between land mammals and cetaceans.
2. The discovery of *Ambulocetus natans* provided evidence for a whale that lived both on land and at sea.
3. The skeleton of *Basilosaurus* was found in what had been the Tethys Sea, an area rich in fossil evidence.
4. *Pakicetus* is the oldest fossil whale yet to be found.
5. Fossils thought to be transitional forms between walking mammals and swimming whales were found.
6. *Ambulocetus*'s hind legs were used for propulsion in the water.

Bonnes réponses

Le choix 1, « *Recent discoveries of fossils have helped to show the link between land mammals and cetaceans* », est une bonne réponse car il représente la principale idée du passage dans son ensemble. La majorité du passage présente une discussion sur les principales découvertes (le *Pakicetus*, le *Basilosaurus* et l'*Ambulocetus*) qui démontrent ce lien.

Le choix 2, « *The discovery of* Ambulocetus natans *provided evidence for a whale that lived both on land and at sea* », est une bonne réponse car il s'agit de l'une des principales découvertes citées dans le passage pour étayer le principal point de celui-ci, à savoir que les mammifères terrestres et les cétacés sont liés.

Le choix 5, « *Fossils thought to be transitional forms between walking mammals and swimming whales were found* », est une bonne réponse car, comme pour le choix 1, c'est une affirmation de l'importance de ce thème, comme indiqué dans le paragraphe 1: ces fossiles étaient « *clearly intermediate, or transitional, between land mammals and cetaceans* ». Le reste du passage traite de ces découvertes.

Mauvaises réponses

Le choix 3, « *The skeleton of* Basilosaurus *was found in what had been the Tethys Sea, an area rich in fossil evidence* », est vrai, mais c'est un détail secondaire, donc non pertinent.

Le choix 4, « Pakicetus *is the oldest fossil whale yet to be found* », est vrai, mais c'est un détail secondaire, donc non pertinent.

Le choix 6, « Ambulocetus*'s hind legs were used for propulsion in the water* », est vrai, mais c'est un détail secondaire, donc non pertinent.

COMPRÉHENSION ÉCRITE

DESERT FORMATION

The deserts, which already occupy approximately a fourth of the Earth's land surface, have in recent decades been increasing at an alarming pace. The expansion of desertlike conditions into areas where they did not previously exist is called **desertification**. It has been estimated that an additional one-fourth of the Earth's land surface is threatened by this process.

Desertification is accomplished primarily through the loss of stabilizing natural vegetation and the subsequent accelerated erosion of the soil by wind and water. In some cases the loose soil is blown completely away, leaving a stony surface. In other cases, the finer particles may be removed, while the sand-sized particles are accumulated to form mobile hills or ridges of sand.

Even in the areas that retain a soil cover, the reduction of vegetation typically results in the loss of the soil's ability to absorb substantial quantities of water. The impact of raindrops on the loose soil tends to transfer fine clay particles into the tiniest soil spaces, sealing them and producing a surface that allows very little water penetration. Water absorption is greatly reduced, consequently runoff is increased, resulting in accelerated erosion rates. The gradual drying of the soil caused by its diminished ability to absorb water results in the further loss of vegetation, so that a cycle of progressive surface deterioration is established.

In some regions, the increase in desert areas is occurring largely as the result of a trend toward drier climatic conditions. Continued gradual global warming has produced an increase in aridity for some areas over the past few thousand years. The process may be accelerated in subsequent decades if global warming resulting from air pollution seriously increases.

There is little doubt, however, that desertification in most areas results primarily from human activities rather than natural processes. The semiarid lands bordering the deserts exist in a delicate ecological balance and are limited in their potential to adjust to increased environmental pressures. Expanding populations are subjecting the land to increasing pressures to provide them with food and fuel. In wet periods, the land may be able to respond to these stresses. During the dry periods that are common phenomena along the desert margins, though, the pressure on the land is often far in excess of its diminished capacity, and desertification results.

Four specific activities have been identified as major contributors to the desertification process: overcultivation, overgrazing, firewood gathering, and overirrigation. The cultivation of crops has expanded into progressively drier regions as population densities have grown. These regions are especially likely to have periods of severe dryness, so that crop failures are common. Since the raising of most crops necessitates the prior removal of the natural vegetation, crop failures leave extensive tracts of land devoid of a plant cover and susceptible to wind and water erosion.

The raising of livestock is a major economic activity in semiarid lands, where grasses are generally the dominant type of natural vegetation. The consequences of an excessive number of livestock grazing in an area are the reduction of the vegetation cover and the trampling and pulverization of the soil. This is usually followed by the drying of the soil and accelerated erosion.

Firewood is the chief fuel used for cooking and heating in many countries. The increased pressures of expanding populations have led to the removal of woody plants so that many cities and towns are surrounded by large areas completely lacking in trees and shrubs. The increasing use of dried animal waste as a substitute fuel has also hurt the soil because this valuable soil conditioner and source of plant nutrients is no longer being returned to the land.

The final major human cause of desertification is soil salinization resulting from overirrigation. Excess water from irrigation sinks down into the water table. If no drainage system exists, the water table rises, bringing dissolved salts to the surface. The water evaporates and the salts are left behind, creating a white crustal layer that prevents air and water from reaching the underlying soil.

The extreme seriousness of desertification results from the vast areas of land and the tremendous numbers of people affected, as well as from the great difficulty of reversing or even slowing the process. Once the soil has been removed by erosion, only the passage of centuries or millennia will enable new soil to form. In areas where considerable soil still remains, though, a rigorously enforced program of land protection and cover-crop planting may make it possible to reverse the present deterioration of the surface.

PARAGRAPH 1

The deserts, which already occupy approximately a fourth of the Earth's land surface, have in recent decades been increasing at an alarming pace. The expansion of desertlike conditions into areas where they did not previously exist is called **desertification**. It has been estimated that an additional one-fourth of the Earth's land surface is threatened by this process.

Directions: Mark your answer by filling in the oval next to your choice.

1. The word "threatened" in the passage is closest in meaning to

- ▢ restricted
- ▢ endangered
- ▢ prevented
- ▢ rejected

PARAGRAPH 3

Even in the areas that retain a soil cover, the reduction of vegetation typically results in the loss of the soil's ability to absorb substantial quantities of water. The impact of raindrops on the loose soil tends to transfer fine clay particles into the tiniest soil spaces, sealing them and producing a surface that allows very little water penetration. Water absorption is greatly reduced, consequently runoff is increased, resulting in accelerated erosion rates. The gradual drying of the soil caused by its diminished ability to absorb water results in the further loss of vegetation, so that a cycle of progressive surface deterioration is established.

2. According to paragraph 3, the loss of natural vegetation has which of the following consequences for soil?

- ▢ Increased stony content
- ▢ Reduced water absorption
- ▢ Increased numbers of spaces in the soil
- ▢ Reduced water runoff

PARAGRAPH 5

There is little doubt, however, that desertification in most areas results primarily from human activities rather than natural processes. The semiarid lands bordering the deserts exist in a delicate ecological balance and are limited in their potential to adjust to increased environmental pressures. Expanding populations are subjecting the land to increasing pressures to provide them with food and fuel. In wet periods, the land may be able to respond to these stresses. During the dry periods that are common phenomena along the desert margins, though, the pressure on the land is often far in excess of its diminished capacity, and desertification results.

3. The word "delicate" in the passage is closest in meaning to

- ▢ fragile
- ▢ predictable
- ▢ complex
- ▢ valuable

4. According to paragraph 5, in dry periods, border areas have difficulty

- ▢ adjusting to stresses created by settlement
- ▢ retaining their fertility after desertification
- ▢ providing water for irrigating crops
- ▢ attracting populations in search of food and fuel

PARAGRAPH 6

Four specific activities have been identified as major contributors to the desertification process: overcultivation, overgrazing, firewood gathering, and overirrigation. The cultivation of crops has expanded into progressively drier regions as population densities have grown. These regions are especially likely to have periods of severe dryness, so that crop failures are common. Since the raising of most crops necessitates the prior removal of the natural vegetation, crop failures leave extensive tracts of land devoid of a plant cover and susceptible to wind and water erosion.

5. The word "progressively" in the passage is closest in meaning to

- ▢ openly
- ▢ impressively
- ▢ objectively
- ▢ increasingly

6. According to paragraph 6, which of the following is often associated with raising crops?

- ▢ Lack of proper irrigation techniques.
- ▢ Failure to plant crops suited to the particular area.
- ▢ Removal of the original vegetation.
- ▢ Excessive use of dried animal waste.

7. The phrase "devoid of" in the passage is closest in meaning to

- ▢ consisting of
- ▢ hidden by
- ▢ except for
- ▢ lacking in

PARAGRAPH 9

The final major human cause of desertification is soil salinization resulting from overirrigation. Excess water from irrigation sinks down into the water table. If no drainage system exists, the water table rises, bringing dissolved salts to the surface. The water evaporates and the salts are left behind, creating a white crustal layer that prevents air and water from reaching the underlying soil.

8. According to paragraph 9, the ground's absorption of excess water is a factor in desertification because it can

- ▢ interfere with the irrigation of land
- ▢ limit the evaporation of water
- ▢ require more absorption of air by the soil
- ▢ bring salts to the surface

9. All of the following are mentioned in the passage as contributing to desertification EXCEPT

- ▢ soil erosion
- ▢ global warming
- ▢ insufficient irrigation
- ▢ the raising of livestock

PARAGRAPH 10

The extreme seriousness of desertification results from the vast areas of land and the tremendous numbers of people affected, as well as from the great difficulty of reversing or even slowing the process. Once the soil has been removed by erosion, only the passage of centuries or millennia will enable new soil to form. In areas where considerable soil still remains, though, a rigorously enforced program of land protection and cover-crop planting may make it possible to reverse the present deterioration of the surface.

10. Which of the sentences below best expresses the essential information in the highlighted sentence in the passage? Incorrect choices change the meaning in important ways or leave out essential information.

- ▢ Desertification is a significant problem because it is so hard to reverse and affects large areas of land and great numbers of people.
- ▢ Slowing down the process of desertification is difficult because of population growth that has spread over large areas of land.
- ▢ The spread of deserts is considered a very serious problem that can be solved only if large numbers of people in various countries are involved in the effort.
- ▢ Desertification is extremely hard to reverse unless the population is reduced in the vast areas affected.

11. It can be inferred from the passage that the author most likely believes which of the following about the future of desertification?

- ▢ Governments will act quickly to control further desertification.
- ▢ The factors influencing desertification occur in cycles and will change in the future.
- ▢ Desertification will continue to increase.
- ▢ Desertification will soon occur in all areas of the world.

PARAGRAPH 7

(1) The raising of livestock is a major economic activity in semiarid lands, where grasses are generally the dominant type of natural vegetation. **(2)** The consequences of an excessive number of livestock grazing in an area are the reduction of the vegetation cover and the trampling and pulverization of the soil. **(3)** This is usually followed by the drying of the soil and accelerated erosion. **(4)**

12. **Directions:** Look at the part of the passage that is displayed above. The numbers **(1)**, **(2)**, **(3)**, and **(4)** indicate where the following sentence could be added.

This economic reliance on livestock in certain regions makes large tracts of land susceptible to overgrazing.

Where would the sentence best fit?

- ▢ Choice 1
- ▢ Choice 2
- ▢ Choice 3
- ▢ Choice 4

13. **Directions:** An introductory sentence for a brief summary of the passage is provided below. Complete the summary by selecting the THREE answer choices that express the most important ideas in the passage. Some answer choices do not belong in the summary because they express ideas that are not presented in the passage or are minor ideas in the passage. **This question is worth 2 points.**

Many factors have contributed to the great increase in desertification in recent decades.

-
-
-

Answer Choices

1. Growing human populations and the agricultural demands that come with such growth have upset the ecological balance in some areas and led to the spread of deserts.

2 As periods of severe dryness have become more common, failures of a number of different crops have increased.

3. Excessive numbers of cattle and the need for firewood for fuel have reduced grasses and trees, leaving the land unprotected and vulnerable.

4. Extensive irrigation with poor drainage brings salt to the surface of the soil, a process that reduces water and air absorption.

5. Animal dung enriches the soil by providing nutrients for plant growth.

6. Grasses are generally the dominant type of natural vegetation in semiarid lands.

RÉPONSES ET EXPLICATIONS DE L'ENTRAÎNEMENT N° 2

1. ❷ C'est une question de vocabulaire. Le mot testé est « *threatened* ». Il est surligné dans le passage. « *To threaten* » veut dire parler ou agir afin de causer du mal à quelqu'un ou à quelque chose. L'objet de la menace est en danger et peut être blessé, donc la bonne réponse est le choix 2, « *endangered* ».

2. ❷ C'est une question d'information factuelle, qui porte sur des informations spécifiques que l'on peut trouver dans le paragraphe 3. La bonne réponse est le choix 2, « *reduced water absorption* ». Le paragraphe indique explicitement que la réduction de la végétation réduit considérablement l'absorption de l'eau. Le choix 4, « *reduced water runoff* », contredit explicitement le paragraphe, donc il est faux. Les « *spaces in the soil* » sont indiqués dans un autre contexte : le paragraphe ne dit pas qu'ils augmentent, donc le choix 3 est faux. Le paragraphe ne mentionne pas le choix 1.

3. ❶ C'est une question de vocabulaire. Le mot testé est « *delicate* ». Il est surligné dans le passage. La bonne réponse est le choix 1, « *fragile* », qui veut dire « facile à casser ». « *Delicate* » a le même sens que *fragile*.

4. ❶ C'est une question d'information factuelle, qui porte sur des informations spécifiques que l'on peut trouver dans le paragraphe 5. La bonne réponse est le choix 1 : les zones frontalières ont des difficultés pour « *adjusting to stresses created by settlement* ». Le paragraphe indique que les « *expanding populations* », ou les zones de peuplement, soumettent les zones frontalières à des « *pressures* », ou stress, auxquels la terre n'est peut-être pas « *able to respond to* ». Le choix 2 est faux car le paragraphe ne traite pas de la « *fertility* » après la désertification. Le choix 3 est également faux car l'« *irrigation* » n'y est pas mentionnée. Le paragraphe indique « *increasing populations* » mais pas la difficulté d'« *attracting populations* », donc le choix 4 est faux.

5. ❹ C'est une question de vocabulaire. Le mot testé est « *progressively* ». Il est surligné dans le passage. La bonne réponse est le choix 4, « *increasingly* ». « *Progressively* », comme il est utilisé ici, veut dire « de plus en plus », donc quelque chose qui augmente.

6. ❸ C'est une question d'information factuelle, qui porte sur des informations spécifiques que l'on peut trouver dans le paragraphe 6. La bonne réponse est le choix 3, « *removal of the original vegetation* ». La phrase 4 du paragraphe indique que « *the raising of most crops necessitates the prior removal of the natural vegetation* », une affirmation explicite de la réponse 3. La réponse 1, « *lack of proper irrigation techniques* », est fausse car le paragraphe ne mentionne qu'« *overirrigation* » comme cause de désertification. Aucune « technique » d'irrigation n'est traitée. Les réponses 2 et 4, l'impossibilité de planter des cultures adaptées et l'utilisation des déchets d'animaux, ne sont pas traitées.

7. ❹ C'est une question de vocabulaire. C'est une expression qui est testée ici, et toutes les réponses sont des expressions. L'expression est « *devoid of* ». Elle

est surlignée dans le passage. « *Devoid of* » veut dire « *without* », donc la bonne réponse est le choix 4, « *lacking in* ». Si vous manquez de quelque chose, cela veut dire que vous ne l'avez pas.

8. ❹ C'est une question d'information factuelle, qui porte sur des informations spécifiques que l'on peut trouver dans le paragraphe 9. La bonne réponse est le choix 4, « *bring salts to the surface* ». Le paragraphe indique que la dernière cause humaine de la désertification est la salinisation provenant de la surirrigation. Le paragraphe poursuit en expliquant que la surirrigation élève le niveau des nappes phréatiques, amenant les sels à la surface. Il n'est pas fait mention de processus d'obstacle, « *interfering* », ou de limitation, « *limiting* », de l'irrigation ou du volume d'air, « *amount of air* », que le sol a besoin d'absorber, donc les choix 1, 2 et 3 sont faux.

9. ❸ C'est une question d'information factuelle qui porte sur des informations spécifiques que l'on peut trouver dans le passage. Le choix 3, « *insufficient irrigation* », est la bonne réponse. La réponse 1, « *soil erosion* », est indiquée explicitement dans le paragraphe 2 comme l'une des principales causes de désertification, donc ce n'est pas la bonne réponse. La réponse 2, « *global warming* », est présentée comme une cause de désertification dans le paragraphe 4, donc ce n'est pas la bonne réponse. La réponse 4, « *the raising of livestock* », est présentée dans le paragraphe 7 comme une autre cause de désertification, elle est donc fausse. Le passage inclut l'irrigation excessive comme cause de désertification, mais pas son contraire, l'irrigation insuffisante, c'est donc la bonne réponse.

10. ❶ C'est une question de simplification de phrase. Comme pour toutes ces questions, une seule phrase est surlignée dans le passage :

> The extreme seriousness of desertification results from the vast areas of land and the tremendous numbers of people affected, as well as from the great difficulty of reversing or even slowing the process.

La bonne réponse est le choix 1. Cette réponse comprend toutes les informations essentielles de la phrase surlignée et ne modifie pas son sens. La seule différence substantielle entre la réponse 1 et la phrase testée est l'ordre de présentation des informations. Dans la réponse, deux propositions de la phrase surlignée, « *the great difficulty of reversing… the process* » et « *the tremendous numbers of people affected* », ont simplement été interverties, mais le sens n'est pas modifié et aucune information n'a été ôtée. Les réponses 2, 3 et 4 sont toutes fausses car elles modifient le sens de la phrase surlignée.

11. ❸ C'est une question déductive qui demande une déduction qui peut être étayée par le passage. La bonne réponse est le choix 3 ; le passage suggère que l'auteur pense que la « *Desertification will continue to increase* ». Le dernier paragraphe du passage indique que le ralentissement ou l'inversion du processus d'érosion sera très difficile, mais qu'il pourrait se produire dans des zones qui ne sont pas encore

trop affectées et si des mesures anti-érosion drastiques étaient mises en œuvre. Dans l'ensemble, cela suggère que l'auteur ne croit pas trop à cette hypothèse, on peut donc en déduire que l'auteur pense que l'érosion va se poursuivre. Le passage ne fournit aucune indication permettant des déduire les choix 1, 2 et 4.

12. ❷ C'est une question à insertion de texte. Vous pouvez voir les quatre choix possibles dans le paragraphe 7 :

(1) The raising of livestock is a major economic activity in semiarid lands, where grasses are generally the dominant type of natural vegetation. **(2)** The consequences of an excessive number of livestock grazing in an area are the reduction of the vegetation cover and the trampling and pulverization of the soil **(3)**. This is usually followed by the drying of the soil and accelerated erosion. **(4)**

La phrase qui stipule : « *This economic reliance on livestock in certain regions makes large tracts of land susceptible to overgrazing* » correspond au choix **(2)**. La phrase insérée fait explicitement référence au fait que l'homme dépend de « *livestock in certain regions* ». Ces régions sont celles décrites dans la phrase qui précède le choix **(2)**, qui indique que l'élevage est « *a major economic activity in semiarid lands* ». La phrase insérée explique ensuite que cette dépendance « *makes large tracts of land susceptible to overgrazing* ». La phrase qui suit le choix **(2)** poursuit : « *The consequences of an excessive number of livestock grazing in an area are…* » Ainsi, la phrase insérée comprend des références aussi bien à la phrase qui précède qu'à celle qui suit le choix **(2)**. Cela n'est pas le cas des autres points possibles à insérer, donc le choix **(2)** est la bonne réponse.

13. ❶ ❸ ❹ C'est une question de résumé en écriture libre. Elle est correctement complétée ci-dessous. Les bonnes réponses sont les choix 1, 3 et 4. Les réponses 2, 5 et 6 sont donc fausses.

Directions: An introductory sentence for a brief summary of the passage is provided below. Complete the summary by selecting the THREE answer choices that express the most important ideas in the passage. Some answer choices do not belong in the summary because they express ideas that are not presented in the passage or are minor ideas in the passage. **This question is worth 2 points.**

Many factors have contributed to the great increase in desertification in recent decades.

- Growing human populations and the agricultural demands that come with such growth have upset the ecological balance in some areas and led to the spread of deserts.
- Excessive numbers of cattle and the need for firewood for fuel have reduced grasses and trees, leaving the land unprotected and vulnerable.
- Extensive irrigation with poor drainage brings salt to the surface of the soil, a process that reduces water and air absorption.

Answer Choices

1. Growing human populations and the agricultural demands that come with such growth have upset the ecological balance in some areas and led to the spread of deserts.

2 As periods of severe dryness have become more common, failures of a number of different crops have increased.

3. Excessive numbers of cattle and the need for firewood for fuel have reduced grasses and trees, leaving the land unprotected and vulnerable.

4. Extensive irrigation with poor drainage brings salt to the surface of the soil, a process that reduces water and air absorption.

5. Animal dung enriches the soil by providing nutrients for plant growth.

6. Grasses are generally the dominant type of natural vegetation in semiarid lands.

Bonnes réponses

Le choix 1, « *Growing human populations and the agricultural demands that come with such growth have upset the ecological balance in some areas and led to the spread of deserts* », est une bonne réponse car c'est un thème récurrent dans le passage et l'une des idées principales. Les paragraphes 5, 6, 7 et 9 fournissent tous des précisions à l'appui de cette affirmation.

Le choix 3, « *Excessive numbers of cattle and the need for firewood for fuel have reduced grasses and trees, leaving the land unprotected and vulnerable* », est une bonne réponse car ces deux activités humaines sont les principales causes de la désertification. Les causes de la désertification constituent le thème principal du passage. Les paragraphes 6, 7 et 8 sont consacrés à la description de la manière dont ces activités contribuent à la désertification.

Le choix 4, « *Extensive irrigation with poor drainage brings salt to the surface of the soil, a process that reduces water and air absorption* », est une bonne réponse car il s'agit d'une autre des principales activités humaines qui provoquent la désertification, le thème principal du passage. Le paragraphe 6 est le premier à la mentionner, puis l'ensemble du paragraphe 9 est consacré à la description de la manière dont cette activité contribue à la désertification.

Mauvaises réponses

Le choix 2, « *As periods of severe dryness have become more common, failures of a number of different crops have increased* », n'est pas une bonne réponse car c'est un détail qui ne vient qu'à l'appui de l'idée principale du passage.

Le choix 5, « *Animal dung enriches the soil by providing nutrients for plant growth* », n'est pas une bonne réponse car il est contredit par le paragraphe 8 du passage.

Le choix 6, « *Grasses are generally the dominant type of natural vegetation in semiarid lands* », n'est pas une bonne réponse car c'est un détail secondaire qui n'est indiqué qu'une seule fois en passant dans le paragraphe 7.

ENTRAÎNEMENT 3

COMPRÉHENSION ÉCRITE

EARLY CINEMA

The cinema did not emerge as a form of mass consumption until its technology evolved from the initial "peepshow" format to the point where images were projected on a screen in a darkened theater. In the peepshow format, a film was viewed through a small opening in a machine that was created for that purpose. Thomas Edison's peepshow device, the Kinetoscope, was introduced to the public in 1894. It was designed for use in Kinetoscope parlors, or arcades, which contained only a few individual machines and permitted only one customer to view a short, 50-foot film at any one time. The first Kinetoscope parlors contained five machines. For the price of 25 cents (or 5 cents per machine), customers moved from machine to machine to watch five different films (or, in the case of famous prizefights, successive rounds of a single fight).

These Kinetoscope arcades were modeled on phonograph parlors, which had proven successful for Edison several years earlier. In the phonograph parlors, customers listened to recordings through individual ear tubes, moving from one machine to the next to hear different recorded speeches or pieces of music. The Kinetoscope parlors functioned in a similar way. Edison was more interested in the sale of Kinetoscopes (for roughly $1,000 apiece) to these parlors than in the films that would be run in them (which cost approximately $10 to $15 each). He refused to develop projection technology, reasoning that if he made and sold projectors, then exhibitors would purchase only one machine—a projector—from him instead of several.

Exhibitors, however, wanted to maximize their profits, which they could do more readily by projecting a handful of films to hundreds of customers at a time (rather than one at a time) and by charging 25 to 50 cents admission. About a year after the opening of the first Kinetoscope parlor in 1894, showmen such as Louis and Auguste Lumière, Thomas Armat and Charles Francis Jenkins, and Orville and Woodville Latham (with the assistance of Edison's former assistant, William Dickson) perfected projection devices. These early projection devices were used in vaudeville theaters, legitimate theaters, local town halls, makeshift storefront theaters, fairgrounds, and amusement parks to show films to a mass audience.

With the advent of projection in 1895–1896, motion pictures became the ultimate form of mass consumption. Previously, large audiences had viewed spectacles at the theater, where vaudeville, popular dramas, musical and minstrel shows, classical plays, lectures, and slide-and-lantern shows had been presented to several hundred spectators at a time. But the movies differed significantly from these other forms of entertainment, which depended on either live performance or (in the case of the slide-and-lantern shows) the active involvement of a master of ceremonies who assembled the final program.

Although early exhibitors regularly accompanied movies with live acts, the substance of the movies themselves is mass-produced, prerecorded material that can easily be reproduced by theaters with little or no active participation by the exhibitor. Even though early exhibitors shaped their film programs by mixing films and other entertainments together in whichever way they thought would be most attractive to audiences or by accompanying them with lectures, their creative control remained limited. What audiences came to see was the technological marvel of the movies; the lifelike reproduction of the commonplace motion of trains, of waves striking the shore, and of people walking in the street; and the magic made possible by trick photography and the manipulation of the camera.

With the advent of projection, the viewer's relationship with the image was no longer private, as it had been with earlier peepshow devices such as the Kinetoscope and the Mutoscope, which was a similar machine that reproduced motion by means of successive images on individual photographic cards instead of on strips of celluloid. It suddenly became public—an experience that the viewer shared with dozens, scores, and even hundreds of others. At the same time, the image that the spectator looked at expanded from the minuscule peepshow dimensions of 1 or 2 inches (in height) to the life-size proportions of 6 or 9 feet.

PARAGRAPH 1

The cinema did not emerge as a form of mass consumption until its technology evolved from the initial "peepshow" format to the point where images were projected on a screen in a darkened theater. In the peepshow format, a film was viewed through a small opening in a machine that was created for that purpose. Thomas Edison's peepshow device, the Kinetoscope, was introduced to the public in 1894. It was designed for use in Kinetoscope parlors, or arcades, which contained only a few individual machines and permitted only one customer to view a short, 50-foot film at any one time. The first Kinetoscope parlors contained five machines. For the price of 25 cents (or 5 cents per machine), customers moved from machine to machine to watch five different films (or, in the case of famous prizefights, successive rounds of a single fight).

Directions: Mark your answer by filling in the oval next to your choice.

1. According to paragraph 1, all of the following were true of viewing films in Kinetoscope parlors EXCEPT:

- ☐ One individual at a time viewed a film.
- ☐ Customers could view one film after another.
- ☐ Prizefights were the most popular subjects for films.
- ☐ Each film was short.

PARAGRAPH 2

These Kinetoscope arcades were modeled on phonograph parlors, which had proven successful for Edison several years earlier. In the phonograph parlors, customers listened to recordings through individual ear tubes, moving from one machine to the next to hear different recorded speeches or pieces of music. The Kinetoscope parlors functioned in a similar way. Edison was more interested in the sale of Kinetoscopes (for roughly $1,000 a piece) to these parlors than in the films that would be run in them (which cost approximately $10 to $15 each). He refused to develop projection technology, reasoning that if he made and sold projectors, then exhibitors would purchase only one machine—a projector—from him instead of several.

2. The author discusses phonograph parlors in paragraph 2 in order to

- ☐ explain Edison's financial success
- ☐ describe the model used to design Kinetoscope parlors

- ☐ contrast their popularity to that of Kinetoscope parlors
- ☐ illustrate how much more technologically advanced Kinetoscope parlors were

3. Which of the sentences below best expresses the essential information in the highlighted sentence in the passage? Incorrect answer choices change the meaning in important ways or leave out essential information.

- ☐ Edison was more interested in developing a variety of machines than in developing a technology based on only one.
- ☐ Edison refused to work on projection technology because he did not think exhibitors would replace their projectors with newer machines.
- ☐ Edison did not want to develop projection technology because it limited the number of machines he could sell.
- ☐ Edison would not develop projection technology unless exhibitors agreed to purchase more than one projector from him.

PARAGRAPH 3

Exhibitors, however, wanted to maximize their profits, which they could do more readily by projecting a handful of films to hundreds of customers at a time (rather than one at a time) and by charging 25 to 50 cents admission. About a year after the opening of the first Kinetoscope parlor in 1894, showmen such as Louis and Auguste Lumière, Thomas Armat and Charles Francis Jenkins, and Orville and Woodville Latham (with the assistance of Edison's former assistant, William Dickson) perfected projection devices. These early projection devices were used in vaudeville theaters, legitimate theaters, local town halls, makeshift storefront theaters, fairgrounds, and amusement parks to show films to a mass audience.

4. The word "readily" in the passage is closest in meaning to

- ☐ frequently
- ☐ easily
- ☐ intelligently
- ☐ obviously

5. The word "assistance" in the passage is closest in meaning to

- ☐ criticism
- ☐ leadership
- ☐ help
- ☐ approval

PARAGRAPH 4

With the advent of projection in 1895–1896, motion pictures became the ultimate form of mass consumption. Previously, large audiences had viewed spectacles at the theater, where vaudeville, popular dramas, musical and minstrel shows, classical plays, lectures, and slide-and-lantern shows had been presented to several hundred spectators at a time. But the movies differed significantly from these other forms of entertainment, which depended on either live performance or (in the case of the slide-and-lantern shows) the active involvement of a master of ceremonies who assembled the final program.

6. According to paragraph 4, how did the early movies differ from previous spectacles that were presented to large audiences?

- ▢ They were a more expensive form of entertainment.
- ▢ They were viewed by larger audiences.
- ▢ They were more educational.
- ▢ They did not require live entertainers.

PARAGRAPH 5

Although early exhibitors regularly accompanied movies with live acts, the substance of the movies themselves is mass-produced, prerecorded material that can easily be reproduced by theaters with little or no active participation by the exhibitor. Even though early exhibitors shaped their film programs by mixing films and other entertainments together in whichever way they thought would be most attractive to audiences or by accompanying them with lectures, their creative control remained limited. What audiences came to see was the technological marvel of the movies; the lifelike reproduction of the commonplace motion of trains, of waves striking the shore, and of people walking in the street; and the magic made possible by trick photography and the manipulation of the camera.

7. According to paragraph 5, what role did early exhibitors play in the presentation of movies in theaters?

- ▢ They decided how to combine various components of the film program.
- ▢ They advised filmmakers on appropriate movie content.
- ▢ They often took part in the live-action performances.
- ▢ They produced and prerecorded the material that was shown in the theaters.

PARAGRAPH 6

With the advent of projection, the viewer's relationship with the image was no longer private, as it had been with earlier peepshow devices such as the Kinetoscope and the Mutoscope, which was a similar machine that reproduced motion by means of successive images on individual photographic cards instead of on strips of celluloid. It suddenly became public—an experience that the viewer shared with dozens, scores, and even hundreds of others. At the same time, the image that the spectator looked at expanded from the minuscule peepshow dimensions of 1 or 2 inches (in height) to the life-size proportions of 6 or 9 feet.

8. Which of the following is mentioned in paragraph 6 as one of the ways the Mutoscope differed from the Kinetoscope?

- ▢ Sound and motion were simultaneously produced in the Mutoscope.
- ▢ More than one person could view the images at the same time with the Mutoscope.
- ▢ The Mutoscope was a less sophisticated earlier prototype of the Kinetoscope.
- ▢ A different type of material was used to produce the images used in the Mutoscope.

9. The word "It" in the passage refers to

- ▢ the advent of projection
- ▢ the viewer's relationship with the image
- ▢ a similar machine
- ▢ celluloid

10. According to paragraph 6, the images seen by viewers in the earlier peepshows, compared with the images projected on the screen, were relatively

- ▢ small in size
- ▢ inexpensive to create
- ▢ unfocused
- ▢ limited in subject matter

11. The word "expanded" in the passage is closest in meaning to

- ▢ was enlarged
- ▢ was improved
- ▢ was varied
- ▢ was rejected

PARAGRAPH 3

(1) Exhibitors, however, wanted to maximize their profits, which they could do more readily by projecting a handful of films to hundreds of customers at a time (rather than one at a time) and by charging 25 to 50 cents admission. **(2)** About a year after the opening of the first Kinetoscope parlor in 1894, showmen such as Louis and Auguste Lumière, Thomas Armat and Charles Francis Jenkins, and Orville and Woodville Latham (with the assistance of Edison's former assistant, William Dickson) perfected projection devices. **(3)** These early projection devices were used in vaudeville theaters, legitimate theaters, local town halls, makeshift storefront theaters, fairgrounds, and amusement parks to show films to a mass audience. **(4)**

12. **Directions:** Look at the part of the passage that is displayed above. The numbers **(1)**, **(2)**, **(3)**, and **(4)** indicate where the following sentence could be added.

When this widespread use of projection technology began to hurt his Kinetoscope business, Edison acquired a projector developed by Armat and introduced it as "Edison's latest marvel, the Vitascope."

Where would the sentence best fit?

- ▢ Choice 1
- ▢ Choice 2
- ▢ Choice 3
- ▢ Choice 4

13. **Directions:** An introductory sentence for a brief summary of the passage is provided below. Complete the summary by selecting the THREE answer choices that express the most important ideas in the passage. Some answer choices do not belong in the summary because they express ideas that are not presented in the passage or are minor ideas in the passage. **This question is worth 2 points.**

The technology for modern cinema evolved at the end of the nineteenth century.

-
-
-

Answer Choices

1. Kinetoscope parlors for viewing films were modeled on phonograph parlors.
2. Thomas Edison's design of the Kinetoscope inspired the development of large-screen projection.
3. Early cinema allowed individuals to use special machines to view films privately.
4. Slide-and-lantern shows had been presented to audiences of hundreds of spectators.
5. The development of projection technology made it possible to project images on a large screen.
6. Once film images could be projected, the cinema became a form of mass consumption.

RÉPONSES ET EXPLICATIONS DE L'ENTRAÎNEMENT N° 3

1. ❸ C'est une question d'information factuelle négative qui demande des informations spécifiques que l'on peut trouver dans le paragraphe 1. Le choix 3 est la bonne réponse. Le paragraphe mentionne en effet qu'un seul téléspectateur pouvait voir les films (choix 1), que les films pouvaient être vus l'un après l'autre (choix 2), et que les films étaient courts (choix 4). Les combats ne sont cités que comme un sujet de ces courts métrages mais pas forcément comme le plus populaire.

2. ❷ C'est une question à but rhétorique. Elle interroge sur les raisons pour lesquelles l'auteur mentionne les *« phonograph parlors »* dans le paragraphe 2. La bonne réponse est le choix 2. L'auteur y explique pourquoi Edison a conçu ses salles de projection comme des salons de phonographe, ce concept ayant connu beaucoup de succès dans le passé. Le paragraphe ne fait pas état des salons de phonographe pour expliquer le succès financier d'Edison, donc le choix 1 est faux. Le paragraphe ne traite pas directement des situations décrites dans les choix 3 et 4, donc ces réponses sont fausses.

3. ❸ C'est une question de simplification de phrase. Comme pour toutes ces questions, une seule phrase est surlignée dans le passage :

> He refused to develop projection technology, reasoning that if he made and sold projectors, then exhibitors would purchase only one machine—a projector—from him, instead of several.

La bonne réponse est le choix 3. Ce choix contient toutes les idées essentielles de la phrase surlignée. C'est également le seul choix qui ne modifie pas le sens de la phrase. Le choix 1 indique qu'Edison était plus intéressé par le développement de diverses machines, ce qui est faux. Le choix 2 indique que la raison pour laquelle Edison refusait de travailler sur la technologie de la projection venait du fait que les exploitants ne voudraient pas remplacer les projecteurs. Cela est également faux, la phrase surlignée implique qu'il a refusé de le faire parce qu'il voulait que les exploitants achètent plusieurs Kinetoscopes à la fois plutôt qu'un seul projecteur. Le choix 4 indique qu'Edison refusait de développer la technologie de projection à moins que les exploitants n'acceptent de lui acheter plus d'un projecteur. La phrase surlignée dit en fait qu'Edison en avait déjà conclu que les exploitants ne lui en achèteraient pas plus d'un, donc le choix 4 introduit une modification de sens essentielle.

4. ❷ C'est une question de vocabulaire. Le mot à tester est « *readily* ». Il est surligné dans le passage. « *Readily* » veut dire « *easily* », donc le choix 2 est la bonne réponse. Les autres choix ne correspondent pas au contexte de la phrase.

5. ❸ C'est une question de vocabulaire. Le mot à tester est « *assistance* ». Il est surligné dans le passage. Un assistant est une personne qui aide un chef, donc le choix 3, « *help* », est la bonne réponse.

6. ❹ C'est une question d'information factuelle qui porte sur des informations spécifiques que l'on peut trouver dans le paragraphe 4. La bonne réponse est le choix 4. Les premiers films étaient différents des spectacles de l'époque car ils ne nécessitaient pas d'acteurs vivants. Le paragraphe indique (italique ajouté) :

   "But the movies differed significantly from these other forms of entertainment, which depended on either *live performance* or (in the case of the slide-and-lantern shows) the active involvement of a master of ceremonies who assembled the final program."

   Donc, le fait que les spectacles précédents dépendaient de représentations vivantes est indiqué explicitement comme l'une des manières (mais pas la seule) dont ces spectacles différaient des films. Les autres réponses possibles ne figurent pas dans le paragraphe.

7. ❶ C'est une question d'information factuelle qui porte sur des informations spécifiques que l'on peut trouver dans le paragraphe 5. La bonne réponse est le choix 1, « *They decided how to combine various components of the film program* », car cette idée est indiquée explicitement dans le paragraphe :

   "Early exhibitors shaped their film programs by mixing films and other entertainments together."

   Les autres choix, quoique potentiellement vrais, ne sont pas mentionnés explicitement dans le paragraphe comme faisant partie des rôles des exploitants.

8. ❹ C'est une question d'information factuelle qui porte sur des informations spécifiques que l'on peut trouver dans le paragraphe 6. La bonne réponse est le choix 4, « *A different type of material was used to produce the images used in the Mutoscope* ». Ce paragraphe indique que ces nouvelles machines étaient très similaires mais qu'elles présentaient une différence particulière :

   "… the Mutoscope, which was a similar machine that reproduced motion by means of successive images on individual photographic cards instead of on strips of celluloid."

9. ❷ C'est une question de référence. Le mot testé est « *It* ». Ce mot est surligné dans le passage. Le choix 2, « *the viewer's relationship with the image* », est la bonne réponse. Il s'agit d'un pronom à référence simple. La phrase dit que « *It* » est soudain devenu « *public* », ce qui implique que, quel que soit « *It* », il était auparavant privé. Le paragraphe indique que « *the viewer's relationship with the image was no longer private* », donc c'est à cette relation que « *It* » se réfère.

10. ❶ C'est une question d'information factuelle qui porte sur des informations spécifiques que l'on peut trouver dans le paragraphe 6. La bonne réponse est le choix 1. Le paragraphe indique que les images s'agrandissaient d'un pouce ou deux jusqu'à des proportions grandeur nature, donc « *small in size* » est la bonne réponse. Le paragraphe ne mentionne pas les autres choix.

11. ❶ C'est une question de vocabulaire. Le mot à tester est « *expanded* ». Il est surligné dans le passage. Le choix 1, « *was enlarged* », est la bonne réponse. Si quelque chose « *expanded* », il croît ou devient de plus en plus gros. « *Enlarged* » veut également dire « *grew or got bigger* ».

12. ❹ C'est une question à insertion de texte. Vous pouvez voir quatre réponses possibles dans le paragraphe 3.

(1) Exhibitors, however, wanted to maximize their profits, which they could do more readily by projecting a handful of films to hundreds of customers at a time (rather than one at a time) and by charging 25 to 50 cents admission. **(2)** About a year after the opening of the first Kinetoscope parlor in 1894, showmen such as Louis and Auguste Lumière, Thomas Armat and Charles Francis Jenkins, and Orville and Woodville Latham (with the assistance of Edison's former assistant, William Dickson) perfected projection devices. **(3)** These early projection devices were used in vaudeville theaters, legitimate theaters, local town halls, makeshift storefront theaters, fairgrounds, and amusement parks to show films to a mass audience. **(4)**

La phrase à insérer correspond le mieux au choix **(4)** car elle représente le résultat final de la généralisation des projecteurs. Quand les projecteurs devinrent populaires, Edison commença à perdre de l'argent et, bien qu'il ait longtemps refusé de développer la technologie de la projection, il fut obligé de s'y résoudre. Si l'on place la phrase ailleurs, on interrompt la logique de la séquence narrative des événements décrits. Aucune des phrases de ce paragraphe ne peut suivre logiquement la phrase insérée, donc les choix **(1)**, **(2)** et **(3)** sont tous faux.

13. ❸ ❺ ❻ C'est une question de résumé en écriture libre. Elle est correctement complétée ci-dessous. Les bonnes réponses sont les choix 3, 5 et 6. Les choix 1, 2 et 4 sont donc faux.

Directions: An introductory sentence for a brief summary of the passage is provided below. Complete the summary by selecting the THREE answer choices that express the most important ideas in the passage. Some answer choices do not belong in the summary because they express ideas that are not presented in the passage or are minor ideas in the passage. **This question is worth 2 points.**

The technology for modern cinema evolved at the end of the nineteenth century.

- Early cinema allowed individuals to use special machines to view films privately.
- The development of projection technology made it possible to project images on a large screen.
- Once film images could be projected, the cinema became a form of mass consumption.

Answer Choices

1. Kinetoscope parlors for viewing films were modeled on phonograph parlors.
2. Thomas Edison's design of the Kinetoscope inspired the development of large-screen projection.
3. Early cinema allowed individuals to use special machines to view films privately.
4. Slide-and-lantern shows had been presented to audiences of hundreds of spectators.
5. The development of projection technology made it possible to project images on a large screen.
6. Once film images could be projected, the cinema became a form of mass consumption.

Bonnes réponses

Le choix 3, « *Early cinema allowed individuals to use special machines to view films privately* », est la bonne réponse car il précise l'une des différences majeures entre le Kinetoscope et la projection. Cette idée est traitée dans différents endroits du passage. Elle est mentionnée dans les paragraphes 1, 3, 4 et 6. Par conséquent, c'est un thème de base, récurrent du passage, et en tant que tel c'est une « *major idea* ».

Le choix 5, « *The development of projection technology made it possible to project images on a large screen* », est la bonne réponse car c'est une idée majeure qui est traitée dans les paragraphes 3, 4, 5 et 6. Ce développement est la principale raison pour laquelle le cinéma a effectivement « *emerge as a form of mass consumption* ».

Le choix 6, « *Once film images could be projected, the cinema became a form of mass consumption* », est la bonne réponse car il représente le thème primordial du passage. Il est explicitement indiqué dans la phrase d'introduction du passage ; puis le reste du passage décrit cette évolution.

Mauvaises réponses

Le choix 1, « *Kinetoscope parlors for viewing films were modeled on phonograph parlors* », n'est pas une bonne réponse car, bien que vrai, c'est un détail secondaire. Les salons de Kinetoscope sont décrits dans le paragraphe 2, mais le fait qu'ils aient été inspirés des salons de phonographe n'est pas un élément central concernant l'évolution du cinéma.

Le choix 2, « *Thomas Edison's design of the Kinetoscope inspired the development of large-screen projection* », est une mauvaise réponse car, d'après le passage, cela n'est pas clairement établi. Bien que l'on puisse déduire du paragraphe 3 que le

Kinetoscope a inspiré le développement d'écrans de projection de grande taille, il semble plus probable que ce soit la recherche de plus gros bénéfices qui l'a, en réalité, inspiré. Dans la mesure où cette réponse n'est pas étayée clairement dans le passage, on ne peut pas la considérer comme une « idée principale » et elle est donc fausse.

Le choix 4, *« Slide-and-lantern shows had been presented to audiences of hundreds of spectators »*, n'est pas une bonne réponse car il s'agit d'un détail secondaire, indiqué une seule fois dans le paragraphe 4, parmi une liste de spectacles de théâtre plus large.

ENTRAÎNEMENT 4 COMPRÉHENSION ÉCRITE

AGGRESSION

When one animal attacks another, it engages in the most obvious example of aggressive behavior. Psychologists have adopted several approaches to understanding aggressive behavior in people.

The Biological Approach. Numerous biological structures and chemicals appear to be involved in aggression. One is the hypothalamus, a region of the brain. In response to certain stimuli, many animals show instinctive aggressive reactions. The hypothalamus appears to be involved in this inborn reaction pattern: electrical stimulation of part of the hypothalamus triggers stereotypical aggressive behaviors in many animals. In people, however, whose brains are more complex, other brain structures apparently moderate possible instincts.

An offshoot of the biological approach called sociobiology suggests that aggression is natural and even desirable for people. Sociobiology views much social behavior, including aggressive behavior, as genetically determined. Consider Darwin's theory of evolution. Darwin held that many more individuals are produced than can find food and survive into adulthood. A struggle for survival follows. Those individuals who possess characteristics that provide them with an advantage in the struggle for existence are more likely to survive and contribute their genes to the next generation. In many species, such characteristics include aggressiveness. Because aggressive individuals are more likely to survive and reproduce, whatever genes are linked to aggressive behavior are more likely to be transmitted to subsequent generations.

The sociobiological view has been attacked on numerous grounds. One is that people's capacity to outwit other species, not their aggressiveness, appears to be the dominant factor in human survival. Another is that there is too much variation among people to believe that they are dominated by, or at the mercy of, aggressive impulses.

The Psychodynamic Approach. Theorists adopting the psychodynamic approach hold that inner conflicts are crucial for understanding human behavior, including aggression. Sigmund Freud, for example, believed that aggressive impulses are inevitable reactions to the frustrations of daily life. Children normally desire to vent aggressive impulses on other people, including their parents, because even the most attentive parents cannot gratify all of their demands immediately. Yet children, also fearing their parents' punishment and the loss of parental love, come to repress most aggressive impulses. The Freudian perspective, in a sense, sees us as "steam engines." By holding in rather than venting "steam," we set the stage for future explosions. Pent-up aggressive impulses demand outlets. They may be expressed toward parents in indirect ways such as destroying furniture, or they may be expressed toward strangers later in life.

According to psychodynamic theory, the best ways to prevent harmful aggression may be to encourage less harmful aggression. In the steam-engine analogy, verbal aggression may vent some of the aggressive steam. So might cheering on one's favorite sports team. Psychoanalysts, therapists adopting a psychodynamic approach, refer to the venting of aggressive impulses as "catharsis."[1] Catharsis is theorized to be a safety valve. But research findings on the usefulness of catharsis are mixed. Some studies suggest that catharsis leads to reductions in tension and a lowered likelihood of future aggression. Other studies, however, suggest that letting some steam escape actually encourages more aggression later on.

The Cognitive Approach. Cognitive psychologists assert that our behavior is influenced by our values, by the ways in which we interpret our situations, and by choice. For example, people who believe that aggression is necessary and justified—as during wartime—are likely to act aggressively, whereas people who believe that a particular war or act of aggression is unjust, or who think that aggression is never justified, are less likely to behave aggressively.

One cognitive theory suggests that aggravating and painful events trigger unpleasant feelings. These feelings, in turn, can lead to aggressive action, but not automatically. Cognitive factors intervene. People decide whether they will act aggressively or not on the basis of factors such as their experiences with aggression and their interpretation of other people's motives. Supporting evidence comes from research showing that aggressive people often distort other people's motives. For example, they assume that other people mean them harm when they do not.

1. Catharsis: In psychodynamic theory, the purging of strong emotions or the relieving of tensions.

PARAGRAPH 2

The Biological Approach. Numerous biological structures and chemicals appear to be involved in aggression. One is the hypothalamus, a region of the brain. In response to certain stimuli, many animals show instinctive aggressive reactions. The hypothalamus appears to be involved in this inborn reaction pattern: electrical stimulation of part of the hypothalamus triggers stereotypical aggressive behaviors in many animals. In people, however, whose brains are more complex, other brain structures apparently moderate possible instincts.

Directions: *Mark your answer by filling in the oval next to your choice.*

1. According to paragraph 2, what evidence indicates that aggression in animals is related to the hypothalamus?

- ▢ Some aggressive animal species have a highly developed hypothalamus.
- ▢ Electrical stimulation of the hypothalamus delays animals' inborn reaction patterns.
- ▢ Animals behaving aggressively show increased activity in the hypothalamus.
- ▢ Animals who lack a hypothalamus display few aggressive tendencies.

PARAGRAPH 3

An offshoot of the biological approach called sociobiology suggests that aggression is natural and even desirable for people. Sociobiology views much social behavior, including aggressive behavior, as genetically determined. Consider Darwin's theory of evolution. Darwin held that many more individuals are produced than can find food and survive into adulthood. A struggle for survival follows. Those individuals who possess characteristics that provide them with an advantage in the struggle for existence are more likely to survive and contribute their genes to the next generation. In many species, such characteristics include aggressiveness. Because aggressive individuals are more likely to survive and reproduce, whatever genes are linked to aggressive behavior are more likely to be transmitted to subsequent generations.

2. According to Darwin's theory of evolution, members of a species are forced to struggle for survival because

- ▢ not all individuals are skilled in finding food
- ▢ individuals try to defend their young against attackers
- ▢ many more individuals are born than can survive until the age of reproduction
- ▢ individuals with certain genes are more likely to reach adulthood

PARAGRAPH 5

The Psychodynamic Approach. Theorists adopting the psychodynamic approach hold that inner conflicts are crucial for understanding human behavior, including aggression. Sigmund Freud, for example, believed that aggressive impulses are inevitable reactions to the frustrations of daily life. Children normally desire to vent aggressive impulses on other people, including their parents, because even the most attentive parents cannot gratify all of their demands immediately. Yet children, also fearing their parents' punishment and the loss of parental love, come to repress most aggressive impulses. The Freudian perspective, in a sense, sees us as "steam engines." By holding in rather than venting "steam," we set the stage for future explosions. Pent-up aggressive impulses demand outlets. They may be expressed toward parents in indirect ways such as destroying furniture, or they may be expressed toward strangers later in life.

3. The word "inevitable" in the passage is closest in meaning to

- ▢ unavoidable
- ▢ regrettable
- ▢ controllable
- ▢ unsuitable

4. The word "gratify" in the passage is closest in meaning to

- ▢ identify
- ▢ modify
- ▢ satisfy
- ▢ simplify

5. The word "they" in the passage refers to

- ▢ future explosions
- ▢ pent-up aggressive impulses
- ▢ outlets
- ▢ indirect ways

6. According to paragraph 5, Freud believed that children experience conflict between a desire to vent aggression on their parents and

- ▢ a frustration that their parents do not give them everything they want
- ▢ a fear that their parents will punish them and stop loving them
- ▢ a desire to take care of their parents
- ▢ a desire to vent aggression on other family members

7. Freud describes people as "steam engines" in order to make the point that people

- ▢ deliberately build up their aggression to make themselves stronger
- ▢ usually release aggression in explosive ways

☐ must vent their aggression to prevent it from building up
☐ typically lose their aggression if they do not express it

PARAGRAPH 7

The Cognitive Approach. Cognitive psychologists assert that our behavior is influenced by our values, by the ways in which we interpret our situations, and by choice. For example, people who believe that aggression is necessary and justified—as during wartime—are likely to act aggressively, whereas people who believe that a particular war or act of aggression is unjust, or who think that aggression is never justified, are less likely to behave aggressively.

PARAGRAPH 8

One cognitive theory suggests that aggravating and painful events trigger unpleasant feelings. These feelings, in turn, can lead to aggressive action, but not automatically. Cognitive factors intervene. People decide whether they will act aggressively or not on the basis of factors such as their experiences with aggression and their interpretation of other people's motives. Supporting evidence comes from research showing that aggressive people often distort other people's motives. For example, they assume that other people mean them harm when they do not.

8. Which of the sentences below best expresses the essential information in the highlighted sentence in the passage? Incorrect answer choices change the meaning in important ways or leave out essential information.

☐ People who believe that they are fighting a just war act aggressively while those who believe that they are fighting an unjust war do not.
☐ People who believe that aggression is necessary and justified are more likely to act aggressively than those who believe differently.
☐ People who normally do not believe that aggression is necessary and justified may act aggressively during wartime.
☐ People who believe that aggression is necessary and justified do not necessarily act aggressively during wartime.

9. According to the cognitive approach described in paragraphs 7 and 8, all of the following may influence the decision whether to act aggressively EXCEPT a person's

☐ moral values
☐ previous experiences with aggression
☐ instinct to avoid aggression
☐ beliefs about other people's intentions

10. The word "distort" in the passage is closest in meaning to

☐ mistrust
☐ misinterpret
☐ criticize
☐ resent

PARAGRAPH 5

The Psychodynamic Approach. Theorists adopting the psychodynamic approach hold that inner conflicts are crucial for understanding human behavior, including aggression. Sigmund Freud, for example, believed that aggressive impulses are inevitable reactions to the frustrations of daily life. Children normally desire to vent aggressive impulses on other people, including their parents, because even the most attentive parents cannot gratify all of their demands immediately. **(1)** Yet children, also fearing their parents' punishment and the loss of parental love, come to repress most aggressive impulses. **(2)** The Freudian perspective, in a sense, sees us as "steam engines." **(3)** By holding in rather than venting "steam," we set the stage for future explosions. **(4)** Pent-up aggressive impulses demand outlets. They may be expressed toward parents in indirect ways such as destroying furniture, or they may be expressed toward strangers later in life.

11. **Directions:** Look at the part of the passage that is displayed above. The numbers **(1)**, **(2)**, **(3)**, and **(4)** indicate where the following sentence could be added.

According to Freud, however, impulses that have been repressed continue to exist and demand expression.

Where would the sentence best fit?

- ☐ Choice 1
- ☐ Choice 2
- ☐ Choice 3
- ☐ Choice 4

12. **Directions:** Complete the table below by matching five of the six answer choices with the approach to aggression that they exemplify. **This question is worth 3 points.**

Approach to Understanding Aggression	Associated Claims
Biological Approach	•
Psychodynamic Approach	• •
Cognitive Approach	•

Answer Choices

1. Aggressive impulses toward people are sometimes expressed in indirect ways.
2. Aggressiveness is often useful for individuals in the struggle for survival.
3. Aggressive behavior may involve a misunderstanding of other people's intentions.
4. The need to express aggressive impulses declines with age.
5. Acting aggressively is the result of a choice influenced by a person's values and beliefs.
6. Repressing aggressive impulses can result in aggressive behavior.

RÉPONSES ET EXPLICATIONS DE L'ENTRAÎNEMENT N° 4

1. ❸ C'est une question d'information factuelle qui demande des informations précises que l'on peut trouver dans le paragraphe 2. Le choix 3 est la bonne réponse. La question demande s'il existe des preuves qui *« indicates that aggression in animals is related to the hypothalymus »*. Le choix 1 n'est pas correct car il ne porte ni sur des espèces d'animaux, qui sont plus ou moins agressives, ni sur le développement relatif de l'hypothalamus. Le choix 2 est en contradiction avec le passage. La stimulation électrique de l'hypothalamus est la cause d'une réaction instinctive et innée ; cette stimulation ne la ralentit pas. Le choix 4 est incorrect car le passage ne fait aucune mention de l'enlèvement de l'hypothalamus.

2. ❸ C'est une question d'information factuelle qui demande des informations précises que l'on peut trouver dans le passage. Le choix 3, *« many more individuals are born than can survive until the age of reproduction »*, est la bonne réponse. Ce choix consiste essentiellement en une paraphrase du paragraphe 3, à la phrase 4 : *« Darwin held that many more individuals are produced than can find food and survive into adulthood. »* Aucune mention n'est faite des choix 1 et 2. Le choix 4 est peut-être vrai, mais ce n'est pas présenté dans le passage comme étant un fait ; une déduction serait nécessaire pour l'étayer.

3. ❶ C'est une question de vocabulaire. Le mot à tester est *« inevitable »*. Ce mot est surligné dans le passage. Le choix 1, *« unavoidable »*, est la bonne réponse. Si quelque chose est *« inevitable »*, cela veut dire que c'est inéluctable ; en d'autres termes, inévitable.

4. ❸ C'est une question de vocabulaire. Le mot à tester est *« gratify »*. Ce mot est surligné dans le passage. Le choix 3, *« satisfy »*, est la bonne réponse. Si les désirs de quelqu'un sont satisfaits, ils sont réalisés. Ainsi, la personne est satisfaite.

5. ❷ C'est une question de référence. Le mot à tester est *« they »*. Ce mot est surligné dans le passage. Le choix 2, *« pent-up aggressive impulses »*, est la bonne réponse. Il s'agit d'un pronom qui fait référence à un nom. Ici le mot *« they »* fait référence à quelque chose qui *« may be expressed toward strangers later in life »*. Ceci est le *« outlet »* (exutoire) qui permet l'évacuation des *« aggressive impulses »*.

6. ❷ C'est une question d'information factuelle qui demande des informations précises que l'on peut trouver dans le paragraphe 5. Le choix 2, *« a fear that their parents will punish them and stop loving them »*, est la bonne réponse. La question demande quelle est la source du conflit entre le désir d'évacuer son agression et les peurs des enfants. On trouve la réponse dans le paragraphe 5, dans la phrase suivante : *« Yet children, also fearing their parents' punishment and the loss of parental love, come to repress most aggressive impulses. »* Le choix 2 est le seul qui identifie la cause du conflit créé par l'agression passive chez les enfants.

7. ❸ C'est une question à but rhétorique. Elle interroge sur les raisons pour lesquelles l'auteur fait remarquer que Freud qualifie les gens de *« steam engines »* dans le

passage. La phrase à tester est surlignée dans le passage. Le choix 3, *« must vent their aggression to prevent it from building up »*, est la bonne réponse. Les machines à vapeur peuvent exploser si trop de vapeur s'accumule. Il en va de même chez les gens, comme l'indique le choix 3. Les autres choix ne sont pas forcément vrais tant chez les gens que chez les machines à vapeur, donc ces réponses sont fausses.

8. ❷ C'est une question de simplification de phrase. Comme pour toutes ces questions, une seule phrase est surlignée dans le passage :

For example, people who believe that aggression is necessary and justified—as during wartime—are likely to act aggressively, whereas people who believe that a particular war or act of aggression is unjust, or who think that aggression is never justified, are less likely to behave aggressively.

La bonne réponse est le choix 2. Ce choix contient toutes les informations importantes dans la phrase surlignée. Cette phrase a pour but de comparer les gens qui croient en la nécessité de certains actes d'agression avec ceux qui pensent le contraire par rapport à leur propension à agir de manière agressive dans certaines situations. C'est exactement ce qui est dit dans la phrase 2 : *« People who believe that aggression is necessary and justified are more likely to act aggressively than those who believe differently. »* Cette phrase compare le comportement de quelqu'un par rapport à quelqu'un d'autre. Aucune information essentielle n'est absente de cette phrase, donc la signification ne change pas.

Le choix 1, *« ...those [people] who believe that they are fighting an unjust war do not [act aggressively] »*, change la signification de la phrase. La phrase surlignée se borne à dire que de telles personnes sont moins « susceptibles » (« *less likely* ») de commettre un acte d'agression, et non qu'elles ne le feront jamais. Cela change la signification de la phrase.

Le choix 3, *« People who normally do not believe that aggression is necessary and justified may act aggressively during wartime »*, est faux car il omet certaines informations essentielles. Par exemple, la phrase ne fait aucune mention de ceux qui croient en l'utilité des actes d'agression. Ce choix ne fait pas la même comparaison que dans la phrase surlignée.

Le choix 4 change également la signification de la phrase en ôtant certaines informations importantes. Dans cette réponse, il n'est fait aucune mention de gens qui ne croient pas en la nécessité de l'agression. Ce choix ne fait pas la même comparaison que dans la phrase surlignée.

9. ❸ C'est une question d'information factuelle négative qui interroge sur des informations précises dans les paragraphes 7 et 8. Le choix 3 est donc la bonne réponse.

Le choix 1, *« moral values »*, est explicitement mentionné comme l'une des influences sur le comportement agressif, donc il est faux. Les choix 2 (*« previous experiences*») et 4 (*« beliefs about other people »*) sont tous les deux mentionnés explicitement dans ce contexte. La phrase du paragraphe 8 explique : *« People decide whether they will act aggressively or not on the basis of factors such as their experiences with aggression and their interpretation of other people's motives. »* Le choix 3, *« instinct to avoid aggression »*, n'est pas mentionné ici, donc c'est la bonne réponse.

10. ❷ C'est une question de vocabulaire. Le mot à tester est *« distort »*. Ce mot est surligné dans le passage. Le choix 2, *« misinterpret »*, est la bonne réponse. *« Distort other people's motives »* signifie « déformer les propos de quelqu'un » ou « mal interpréter les motivations de quelqu'un », ce qui occasionne des malentendus. Quelque chose qui n'est pas bien compris est *« misinterpreted »*.

11. C'est une question à insertion de texte. Vous pouvez voir quatre réponses possibles dans le paragraphe 5.

    The Psychodynamic Approach. Theorists adopting the psychodynamic approach hold that inner conflicts are crucial for understanding human behavior, including aggression. Sigmund Freud, for example, believed that aggressive impulses are inevitable reactions to the frustrations of daily life. Children normally desire to vent aggressive impulses on other people, including their parents, because even the most attentive parents cannot gratify all of their demands immediately. **(1)** Yet children, also fearing their parents' punishment and the loss of parental love, come to repress most aggressive impulses. **(2)** The Freudian perspective, in a sense, sees us as "steam engines." **(3)** By holding in rather than venting "steam," we set the stage for future explosions. **(4)** Pent-up aggressive impulses demand outlets. They may be expressed toward parents in indirect ways such as destroying furniture, or they may be expressed toward strangers later in life.

    La phrase à insérer, *« According to Freud, however, impulses that have been repressed continue to exist and demand expression »*, est la meilleure réponse, donc c'est le choix **(2)**.

    Le choix **(2)** est la bonne réponse car la phrase à insérer sert de transition entre l'idée du refoulement chez les enfants dans la phrase précédente, et la *« Freudian perspective »* qui se trouve dans la phrase suivante. L'utilisation du mot *« however »* dans cette phrase indique que l'idée déjà introduite (le refoulement des pulsions agressives chez les enfants) est modifiée. Dans cet exemple, la phrase à insérer démontre que Freud pensait que ces pulsions continuent à émerger, bien qu'elles soient refoulées. Il s'agit ici d'une transition à la phrase suivante ainsi qu'à la *« Freudian perspective »*. Insérer la phrase au premier choix mettrait la modification (*« however, impulses… continue to exist »*) avant l'idée qu'elle qualifie (le refoulement des pulsions). Cela n'a aucun sens. Insérer la phrase au choix **(3)** éloignerait la phrase modificatrice de sa position logique, après l'idée qu'elle qualifie (refoulement des pulsions). Insérer la phrase au choix **(4)** l'éloignerait encore plus de son antécédent logique sans rapport avec la phrase qui la suit.

12. C'est une question qui comporte un tableau à remplir. Le tableau ci-dessous est correctement rempli. Le choix 2 est la bonne réponse pour la ligne faisant référence à « *Biological Approach* ». Les choix 3 et 5 sont les bonnes réponses pour la ligne qui se réfère à « *Cognitive Approach* ». Le choix 4 ne doit pas être utilisé.

Directions: Complete the table below by matching five of the six answer choices with the approach to aggression that they exemplify. **This question is worth 3 points.**

Approach to Understanding Aggression	Associated Claims
Biological Approach	• Aggressiveness is often useful for individuals in the struggle for survival.
Psychodynamic Approach	• Aggressive impulses toward people are sometimes expressed in indirect ways. • Repressing aggressive impulses can result in aggressive behavior.
Cognitive Approach	• Aggressive behavior may involve a misunderstanding of other people's intentions. • Acting aggressively is the result of a choice influenced by a person's values and beliefs.

Answer Choices

1. Aggressive impulses toward people are sometimes expressed in indirect ways.
2. Aggressiveness is often useful for individuals in the struggle for survival.
3. Aggressive behavior may involve a misunderstanding of other people's intentions.
4. The need to express aggressive impulses declines with age.
5. Acting aggressively is the result of a choice influenced by a person's values and beliefs.
6. Repressing aggressive impulses can result in aggressive behavior.

Bonnes réponses

Le choix 1, « *Aggressive impulses toward people are sometimes expressed in indirect ways* », doit apparaître à la ligne qui fait référence à la « *Psychodynamic Approach* » dans le paragraphe 5. En expliquant l'approche psychodynamique, le paragraphe donne l'explication suivante : « *Pent-up aggressive impulses demand outlets. They may be expressed toward parents in indirect ways such as destroying furniture…* »

Le choix 2, « *Aggressiveness is often useful for individuals in the struggle for survival* », doit apparaître à la ligne se référant à « *Biological Approach* » car, comme c'est énoncé dans le paragraphe 3 : « *An offshoot of the biological approach called sociobiology suggests that aggression is natural and even desirable for people.* » Le reste du paragraphe explique pourquoi un comportement agressif peut être utile à la survie. Aucune des deux autres réponses ne traite de cet aspect, donc c'est la bonne réponse.

Le choix 3, « *Aggressive behavior may involve a misunderstanding of other people's intentions* », se base sur la ligne « *Cognitive Approach* » dans le paragraphe 8. Le thème de ce paragraphe porte sur la décision prise par certains de commettre des actes d'agression (ou pas) en fonction de leurs perceptions des intentions des autres. Ensuite, l'auteur explique dans le paragraphe que ces perceptions peuvent être parfois « *distorted* », ou mal comprises. Donc, cette réponse est bonne.

Le choix 5, « *Acting aggressively is the result of a choice influenced by a person's values and beliefs* », doit être inséré à la ligne « *Cognitive Approach* », qui porte sur le paragraphe 7. L'auteur de ce paragraphe écrit : « *Cognitive psychologists assert that our behavior is influenced by our values, by the ways in which we interpret our situations, and by choice.* » Il s'agit donc d'un aspect important dans l'approche cognitive.

Le choix 6, « *Repressing aggressive impulses can result in aggressive behavior* », doit être inséré à la ligne « *Psychodynamic Approach* », qui porte sur les paragraphes 5 et 6. Les deux paragraphes y font référence dans le passage sur l'approche psychodynamique.

Mauvaise réponse

Le choix 4, « *The need to express aggressive impulses declines with age* », n'a aucun rapport avec les théories sur le comportement agressif discutées dans ce passage, donc la réponse est fausse.

ENTRAÎNEMENT 5

COMPRÉHENSION ÉCRITE

ARTISANS AND INDUSTRIALIZATION

Before 1815 manufacturing in the United States had been done in homes or shops by skilled artisans. As master craftworkers, they imparted the knowledge of their trades to apprentices and journeymen. In addition, women often worked in their homes part-time, making finished articles from raw material supplied by merchant capitalists. After 1815 this older form of manufacturing began to give way to factories with machinery tended by unskilled or semiskilled laborers. Cheap transportation networks, the rise of cities, and the availability of capital and credit all stimulated the shift to factory production.

The creation of a labor force that was accustomed to working in factories did not occur easily. Before the rise of the factory, artisans had worked within the home. Apprentices were considered part of the family, and masters were responsible not only for teaching their apprentices a trade but also for providing them some education and for supervising their moral behavior. Journeymen knew that if they perfected their skill, they could become respected master artisans with their own shops. Also, skilled artisans did not work by the clock, at a steady pace, but rather in bursts of intense labor alternating with more leisurely time.

The factory changed that. Goods produced by factories were not as finished or elegant as those done by hand, and pride in craftsmanship gave way to the pressure to increase rates of productivity. The new methods of doing business involved a new and stricter sense of time. Factory life necessitated a more regimented schedule, where work began at the sound of a bell and workers kept machines going at a constant pace. At the same time, workers were required to discard old habits, for industrialism demanded a worker who was alert, dependable, and self-disciplined. Absenteeism and lateness hurt productivity and, since work was specialized, disrupted the regular factory routine. Industrialization not only produced a fundamental change in the way work was organized; it transformed the very nature of work.

The first generation to experience these changes did not adopt the new attitudes easily. The factory clock became the symbol of the new work rules. One mill worker who finally quit complained revealingly about "obedience to the ding-dong of the bell—just as though we are so many living machines." With the loss of personal freedom also came the loss of standing in the community. Unlike artisan workshops in which apprentices worked closely with the masters supervising them, factories sharply separated workers from management. Few workers rose through the ranks to supervisory positions, and even fewer could achieve the artisan's dream of setting up one's own business. Even well-paid workers sensed their decline in status.

In this newly emerging economic order, workers sometimes organized to protect their rights and traditional ways of life. Craftworkers such as carpenters, printers, and tailors formed unions, and in 1834 individual unions came together in the National Trades' Union. The labor movement gathered some momentum in the decade before the Panic of 1837, but in the depression that followed, labor's strength collapsed. During hard times, few workers were willing to strike[1] or engage in collective action. And skilled craftworkers, who spearheaded the union movement, did not feel a particularly strong bond with semiskilled factory workers and unskilled laborers. More than a decade of agitation did finally bring a workday shortened to 10 hours to most industries by the 1850s, and the courts also recognized workers' right to strike, but these gains had little immediate impact.

Workers were united in resenting the industrial system and their loss of status, but they were divided by ethnic and racial antagonisms, gender, conflicting religious perspectives, occupational differences, political party loyalties, and disagreements over tactics. For them, the factory and industrialism were not agents of opportunity but reminders of their loss of independence and a measure of control over their lives. As United States society became more specialized and differentiated, greater extremes of wealth began to appear. And as the new markets created fortunes for the few, the factory system lowered the wages of workers by dividing labor into smaller, less skilled tasks.

1. Strike: A stopping of work that is organized by workers

PARAGRAPH 1

Before 1815 manufacturing in the United States had been done in homes or shops by skilled artisans. As master craftworkers, they imparted the knowledge of their trades to apprentices and journeymen. In addition, women often worked in their homes part-time, making finished articles from raw material supplied by merchant capitalists. After 1815 this older form of manufacturing began to give way to factories with machinery tended by unskilled or semiskilled laborers. Cheap transportation networks, the rise of cities, and the availability of capital and credit all stimulated the shift to factory production.

Directions: Mark your answer by filling in the oval next to your choice.

1. Which of the following can be inferred from the passage about articles manufactured before 1815?

- ▢ They were primarily produced by women.
- ▢ They were generally produced in shops rather than in homes.
- ▢ They were produced with more concern for quality than for speed of production.
- ▢ They were produced mostly in large cities with extensive transportation networks.

PARAGRAPH 2

The creation of a labor force that was accustomed to working in factories did not occur easily. Before the rise of the factory, artisans had worked within the home. Apprentices were considered part of the family, and masters were responsible not only for teaching their apprentices a trade but also for providing them some education and for supervising their moral behavior. Journeymen knew that if they perfected their skill, they could become respected master artisans with their own shops. Also, skilled artisans did not work by the clock, at a steady pace, but rather in bursts of intense labor alternating with more leisurely time.

2. Which of the sentences below best expresses the essential information in the highlighted sentence in the passage? Incorrect answer choices change the meaning in important ways or leave out essential information.

- ▢ Masters demanded moral behavior from apprentices but often treated them irresponsibly.
- ▢ The responsibilities of the master to the apprentice went beyond the teaching of a trade.

- ▢ Masters preferred to maintain the trade within the family by supervising and educating the younger family members.
- ▢ Masters who trained members of their own family as apprentices demanded excellence from them.

PARAGRAPH 3

The factory changed that. Goods produced by factories were not as finished or elegant as those done by hand, and pride in craftsmanship gave way to the pressure to increase rates of productivity. The new methods of doing business involved a new and stricter sense of time. Factory life necessitated a more regimented schedule, where work began at the sound of a bell and workers kept machines going at a constant pace. At the same time, workers were required to discard old habits, for industrialism demanded a worker who was alert, dependable, and self-disciplined. Absenteeism and lateness hurt productivity and, since work was specialized, disrupted the regular factory routine. Industrialization not only produced a fundamental change in the way work was organized; it transformed the very nature of work.

3. The word "disrupted" in the passage is closest in meaning to

- ▢ prolonged
- ▢ established
- ▢ followed
- ▢ upset

PARAGRAPH 4

The first generation to experience these changes did not adopt the new attitudes easily. The factory clock became the symbol of the new work rules. One mill worker who finally quit complained revealingly about "obedience to the ding-dong of the bell—just as though we are so many living machines." With the loss of personal freedom also came the loss of standing in the community. Unlike artisan workshops in which apprentices worked closely with the masters supervising them, factories sharply separated workers from management. Few workers rose through the ranks to supervisory positions, and even fewer could achieve the artisan's dream of setting up one's own business. Even well-paid workers sensed their decline in status.

4. In paragraph 4, the author includes the quotation from a mill worker in order to

- ▢ support the idea that it was difficult for workers to adjust to working in factories
- ▢ show that workers sometimes quit because of the loud noise made by factory machinery
- ▢ argue that clocks did not have a useful function in factories
- ▢ emphasize that factories were most successful when workers revealed their complaints

5. All of the following are mentioned in paragraph 4 as consequences of the new system for workers EXCEPT a loss of

- ▢ freedom
- ▢ status in the community
- ▢ opportunities for advancement
- ▢ contact among workers who were not managers

PARAGRAPH 5

In this newly emerging economic order, workers sometimes organized to protect their rights and traditional ways of life. Craftworkers such as carpenters, printers, and tailors formed unions, and in 1834 individual unions came together in the National Trades' Union. The labor movement gathered some momentum in the decade before the Panic of 1837, but in the depression that followed, labor's strength collapsed. During hard times, few workers were willing to strike or engage in collective action. And skilled craftworkers, who spearheaded the union movement, did not feel a particularly strong bond with semiskilled factory workers and unskilled laborers. More than a decade of agitation did finally bring a workday shortened to 10 hours to most industries by the 1850s, and the courts also recognized workers' right to strike, but these gains had little immediate impact.

6. The phrase "gathered some momentum" in the passage is closest in meaning to

- ☐ made progress
- ☐ became active
- ☐ caused changes
- ☐ combined forces

7. The word "spearheaded" in the passage is closest in meaning to

- ☐ led
- ☐ accepted
- ☐ changed
- ☐ resisted

8. Which of the following statements about the labor movement of the 1800s is supported by paragraph 5?

- ☐ It was successful during times of economic crisis.
- ☐ Its primary purpose was to benefit unskilled laborers.
- ☐ It was slow to improve conditions for workers.
- ☐ It helped workers of all skill levels form a strong bond with each other.

PARAGRAPH 6

Workers were united in resenting the industrial system and their loss of status, but they were divided by ethnic and racial antagonisms, gender, conflicting religious perspectives, occupational differences, political party loyalties, and disagreements over tactics. For them, the factory and industrialism were not agents of opportunity but reminders of their loss of independence and a measure of control over their lives. As United States society became more specialized and differentiated, greater extremes of wealth began to appear. And as the new markets created fortunes for the few, the factory system lowered the wages of workers by dividing labor into smaller, less skilled tasks.

9. The author identifies "political party loyalties" and "disagreements over tactics" as two of several factors that

- ☐ encouraged workers to demand higher wages
- ☐ created divisions among workers
- ☐ caused work to become more specialized
- ☐ increased workers' resentment of the industrial system

10. The word "them" in the passage refers to

- ▢ workers
- ▢ political party loyalties
- ▢ disagreements over tactics
- ▢ agents of opportunity

PARAGRAPH 1

Before 1815 manufacturing in the United States had been done in homes or shops by skilled artisans. **(1)** As master craftworkers, they imparted the knowledge of their trades to apprentices and journeymen. **(2)** In addition, women often worked in their homes part-time, making finished articles from raw material supplied by merchant capitalists. **(3)** After 1815 this older form of manufacturing began to give way to factories with machinery tended by unskilled or semiskilled laborers. **(4)** Cheap transportation networks, the rise of cities, and the availability of capital and credit all stimulated the shift to factory production.

11. **Directions:** Look at the part of the passage that is displayed above. The numbers **(1)**, **(2)**, **(3)**, and **(4)** indicate where the following sentence could be added.

This new form of manufacturing depended on the movement of goods to distant locations and a centralized source of laborers.

Where would the sentence best fit?

- ▢ Choice 1
- ▢ Choice 2
- ▢ Choice 3
- ▢ Choice 4

12. **Directions:** Complete the table below by indicating which of the answer choices describe characteristics of the period before 1815 and which describe characteristics of the 1815–1850 period. **This question is worth 3 points.**

Before 1815	**1815–1850**
•	•
•	•
	•

Answer Choices

1. A united, highly successful labor movement took shape.
2. Workers took pride in their workmanship.
3. The income gap between the rich and the poor increased greatly.
4. Transportation networks began to decline.
5. Emphasis was placed on following schedules.
6. Workers went through an extensive period of training.
7. Few workers expected to own their own businesses.

RÉPONSES ET EXPLICATIONS DE L'ENTRAÎNEMENT N° 5

1. ❸ C'est une question de déduction qui interroge sur les conclusions à tirer du passage. Le choix 3, « *They were produced with more concern for quality than for speed of production* », est la bonne réponse.

   Le choix 3 est soutenu par plusieurs informations données dans le passage. Le premier paragraphe dit clairement : « *Before 1815 manufacturing in the United States had been done in homes or shops by skilled artisans… After 1815 this older form of manufacturing began to give way to factories with machinery tended by unskilled or semiskilled laborers.* »

   Le paragraphe 2 explique : « *Before the rise of the factory… skilled artisans did not work by the clock, at a steady pace, but rather in bursts of intense labor alternating with more leisurely time.* »

   Le paragraphe 3 dit : « *The factory changed that. Goods produced by factories were not as finished or elegant as those done by hand, and pride in craftsmanship gave way to the pressure to increase rates of productivity.* »

   Considérées dans leur ensemble, ces trois phrases portent sur : (1) le rythme de production, (2) la multiplication de nouvelles usines et (3) le déclin de l'artisanat à partir de 1815. Cela correspond à la conclusion qu'avant 1815, on accordait plus d'importance à la qualité qu'au rythme de production. Les choix 1, 2 et 4 sont tous faux car ils ne correspondent pas au passage.

2. ❷ C'est une question de simplification de phrase. Comme pour toutes ces questions, une seule phrase est surlignée dans ce passage :

> Apprentices were considered part of the family, and masters were responsible not only for teaching their apprentices a trade but also for providing them some education and for supervising their moral behavior.

   Le choix 2 est la bonne réponse. Ce choix contient toutes les informations importantes de la phrase surlignée. Cette phrase vise à expliquer pourquoi (« *part of the family* ») et comment (« *education… moral behavior* ») la responsabilité du maître d'apprentissage allait au-delà de la formation des apprentis à un métier. L'information la plus importante dans ce passage est le fait que le maître d'apprentissage formait ses apprentis à d'autres aspects de la vie, et pas seulement à un métier. Donc le choix 2 est la bonne réponse car il contient toutes les informations pertinentes sans changer la signification de la phrase surlignée.

   Le choix 1 modifie la signification de la phrase surlignée en expliquant que les maîtres d'apprentissage traitaient mal leurs apprentis.

   Le choix 3 ne correspond pas à la signification de la phrase surlignée car l'auteur dit dans le passage : « *Apprentices were considered part of the family.* »

Comme le choix 3, le choix 4 modifie la signification de la phrase surlignée en considérant les apprentis comme des membres d'une famille.

3. ❹ C'est une question de vocabulaire. Le mot à tester est *« disrupted »*. Ce mot est surligné dans le passage. Le choix 4, *« upset »*, est la bonne réponse. Le mot *« upset »* s'emploie dans le contexte de *« hurting productivity »*. *« Upset »* est un synonyme de *« hurt »*, qui signifie « défaillant ».

4. ❶ C'est une question d'information factuelle qui demande des informations précises situées dans le paragraphe 4. Le choix 1, *« support the idea that it was difficult for workers to adjust to working in factories »*, est donc la bonne réponse. Le paragraphe explique d'abord que les ouvriers n'adoptaient pas facilement les nouvelles méthodes de travail et que le temps représentait leur nouveau maître. L'auteur donne l'exemple de cette citation comme preuve de cette nouvelle difficulté. Il n'y a aucune indication dans le paragraphe que les ouvriers démissionnaient en raison de trop de bruit, donc le choix 2 n'est pas la bonne réponse.

   Le choix 3, *« usefulness of clocks »*, ne correspond pas au paragraphe. L'horloge était *« useful »* (utile), mais les ouvriers la détestaient. Le choix 4 (les plaintes des ouvriers ayant contribué à la réussite de l'usine) n'est pas mentionné dans ce paragraphe.

5. ❹ C'est une question d'information factuelle négative qui interroge sur certaines informations qui se trouvent au paragraphe 4. Le choix 4, *« contact among workers who were not managers »*, est la bonne réponse. Le paragraphe s'oppose à cette notion : *« Factories sharply separated workers from management. »* Ce paragraphe dit explicitement que les ouvriers ont perdu leur liberté (choix 1, *« freedom »*), leur place au sein de la communauté (choix 2, *« status in the community »*) et les possibilités d'évolution (choix 3, *« opportunities for advancement »*) dans le nouveau système, donc toutes ces réponses sont fausses.

6. ❶ C'est une question de vocabulaire. La phrase à tester est *« gathered some momentum »*. La phrase est surlignée dans le passage. Le choix 1, *« made progress »*, est la bonne réponse car *« gather momentum »* signifie « accélérer ».

7. ❶ C'est une question de vocabulaire. Le mot à tester est *« spearheaded »*. Ce mot est surligné dans le passage. Le choix 1, *« led »*, est la bonne réponse. La pointe (*head*) de la flèche (*spear*) se trouve à l'extrémité de la hampe et porte le projectile, donc les artisans qui ont *« spearheaded »* ce mouvement l'ont dirigé.

8. ❸ C'est une question d'information factuelle qui demande de fournir des informations précises qui se trouvent dans le paragraphe 5. Le choix 3, *« It was slow to improve conditions for workers »*, est la bonne réponse. L'auteur du paragraphe écrit : *« More than a decade of agitation did finally bring a workday shortened to 10 hours to most industries by the 1850s, and the courts also recognized workers' right to strike, but these gains had little immediate impact. »* Cette phrase correspond très exactement au choix 3. Les trois autres choix ne correspondent pas au paragraphe.

9. ❷ C'est une question d'information factuelle qui demande de fournir des informations précises dans le passage. Cette phrase est soulignée dans le passage. Le choix 2, « *created divisions among workers* », est la bonne réponse. L'auteur du paragraphe écrit : « *They (workers) were divided by ethnic and racial antagonisms, gender, conflicting religious perspectives, occupational differences, political party loyalties, and disagreements over tactics.* » Ainsi, deux raisons pour le manque de solidarité parmi les ouvriers émergent : la fidélité envers un parti politique (« *political party loyalties* ») et les désaccords sur la stratégie (« *disagreements over tactics* »). Les autres choix ne sont pas mentionnés et sont donc faux.

10. ❶ C'est une question de référence. Le mot à tester est « *them* ». Ce mot est surligné dans le passage. Il s'agit d'un pronom qui fait référence à un nom. Ici le mot « *them* » fait référence aux personnes pour qui l'industrialisation représentait non une opportunité mais une perte d'indépendance : « *The factory and industrialism were not agents of opportunity but reminders of their loss of independence and a measure of control over their lives.* » Le choix 1, « *workers* », est la bonne réponse car il est le seul qui mentionne ce type de personnes.

11. ❹ C'est une question à insertion de texte. Vous pouvez voir les quatre réponses possibles dans le paragraphe 1.

Before 1815 manufacturing in the United States had been done in homes or shops by skilled artisans. **(1)** As master craftworkers, they imparted the knowledge of their trades to apprentices and journeymen. **(2)** In addition, women often worked in their homes part-time, making finished articles from raw material supplied by merchant capitalists. **(3)** After 1815 this older form of manufacturing began to give way to factories with machinery tended by unskilled or semiskilled laborers. **(4)** Cheap transportation networks, the rise of cities, and the availability of capital and credit all stimulated the shift to factory production.

Le meilleur point d'insertion de la phrase : « *This new form of manufacturing depended on the movement of goods to distant locations and a centralized source of laborers* » est le choix **(4)**. Cette phrase fait explicitement référence aux nouveaux procédés de fabrication (« *new form of manufacturing* »). Ces nouveaux procédés sont mentionnés dans le choix **(4)**, « *factories with machinery tended by unskilled or semiskilled laboures* ». La phrase à insérer explique que ce nouveau système dépendait de la circulation des marchandises : « *depended on the movement of goods to distant locations and a centralized source of laboures* ». Ensuite, la phrase après le choix **(4)** explique les raisons de l'accélération du rythme de production dans les usines : « *Cheap transportation networks, the rise of cities, and the availability of capital and credit all stimulated the shift to factory production.* » Donc, la phrase à insérer correspond autant à la phrase précédente qu'à celle qui suit le choix **(4)**. Cela n'est pas le cas pour les autres points d'insertion, donc le choix **(4)** est la bonne réponse.

12. C'est une question qui comporte un tableau à remplir. Le tableau ci-après est correctement rempli. Les choix 2 et 6 sont les bonnes réponses pour la colonne

intitulée « *Before 1815* ». Les choix 3, 5 et 7 doivent être insérés dans la colonne intitulée « *1815-1850* ». Les choix 1 et 4 ne correspondent à aucune des deux colonnes.

Directions: Complete the table below by indicating which of the answer choices describe characteristics of the period before 1815 and which describe characteristics of the 1815–1850 period. **This question is worth 3 points.**

Before 1815	1815–1850
• Workers took pride in their workmanship. • Workers went through an extensive period of training.	• The income gap between the rich and the poor increased greatly. • Emphasis was placed on following schedules. • Few workers expected to own their own businesses.

Answer Choices

1. A united, highly successful labor movement took shape.
2. Workers took pride in their workmanship.
3. The income gap between the rich and the poor increased greatly.
4. Transportation networks began to decline.
5. Emphasis was placed on following schedules.
6. Workers went through an extensive period of training.
7. Few workers expected to own their own businesses.

Bonnes réponses

Le choix 2, « *Workers took pride in their workmanship* », doit figurer dans la colonne « *Before 1815* » car il est dit dans le passage que c'était l'une des caractéristiques de la main-d'œuvre avant 1815.

Le choix 3, « *The income gap between the rich and the poor increased greatly* », doit figurer dans la colonne « *1815–1850* » car l'auteur du passage en fait mention comme étant l'une des caractéristiques de la société qui a émergé entre 1815 et 1850.

Le choix 5, « *Emphasis was placed on following schedules* », doit figurer dans la colonne « *1815–1850* » car le passage le mentionne comme étant l'une des caractéristiques de la main-d'œuvre dans les usines ayant émergé entre 1815 et 1850.

Le choix 6, « *Workers went through an extensive period of training* », doit figurer dans la colonne « *Before 1815* » car il est cité dans le passage comme l'une des caractéristiques de la main-d'œuvre avant 1815.

Le choix 7, « *Few workers expected to own their own businesses* », doit figurer dans la colonne « *1815–1850* » car il est cité dans le passage comme l'une des caractéristiques de la société qui a émergé entre 1815 et 1850.

Mauvaises réponses

Le choix 1, « *A united, highly successful labor movement took shape* », ne doit pas figurer dans le tableau car il ne correspond pas au passage.

Le choix 4, « *Transportation networks began to decline* », ne doit pas figurer dans le tableau car il n'est mentionné nulle part un quelconque rapport avec la période avant 1815 ou entre 1815 et 1850.

ENTRAÎNEMENT

6 COMPRÉHENSION ÉCRITE

SWIMMING MACHINES

Tunas, mackerels, and billfishes (marlins, sailfishes, and swordfish) swim continuously. Feeding, courtship, reproduction, and even "rest" are carried out while in constant motion. As a result, practically every aspect of the body form and function of these swimming "machines" is adapted to enhance their ability to swim.

Many of the adaptations of these fishes serve to reduce water resistance (drag). Interestingly enough, several of these hydrodynamic adaptations resemble features designed to improve the aerodynamics of high-speed aircraft. Though human engineers are new to the game, tunas and their relatives evolved their "high-tech" designs long ago.

Tunas, mackerels, and billfishes have made streamlining into an art form. Their bodies are sleek and compact. The body shapes of tunas, in fact, are nearly ideal from an engineering point of view. Most species lack scales over most of the body, making it smooth and slippery. The eyes lie flush with the body and do not protrude at all. They are also covered with a slick, transparent lid that reduces drag. The fins are stiff, smooth, and narrow, qualities that also help cut drag. When not in use, the fins are tucked into special grooves or depressions so that they lie flush with the body and do not break up its smooth contours. Airplanes retract their landing gear while in flight for the same reason.

Tunas, mackerels, and billfishes have even more sophisticated adaptations than these to improve their hydrodynamics. The long bill of marlins, sailfishes, and swordfish probably helps them slip through the water. Many supersonic aircraft have a similar needle at the nose.

Most tunas and billfishes have a series of keels and finlets near the tail. Although most of their scales have been lost, tunas and mackerels retain a patch of coarse scales near the head called the corselet. The keels, finlets, and corselet help direct the flow of water over the body surface in such a way as to reduce resistance (see the figure). Again, supersonic jets have similar features.

Because they are always swimming, tunas simply have to open their mouths and water is forced in and over their gills. Accordingly, they have lost most of the muscles that other fishes use to suck in water and push it past the gills. In fact, tunas must swim to breathe. They must also keep swimming to keep from sinking, since most have largely or completely lost the swim bladder, the gas-filled sac that helps most other fish remain buoyant.

One potential problem is that opening the mouth to breathe detracts from the streamlining of these fishes and tends to slow them down. Some species of tuna have specialized grooves in their tongue. It is thought that these grooves help to channel water through the mouth and out the gill slits, thereby reducing water resistance.

There are adaptations that increase the amount of forward thrust as well as those that reduce drag. Again, these fishes are the envy of engineers. Their high, narrow tails with swept-back tips are almost perfectly adapted to provide propulsion with the least possible effort. Perhaps most important of all to these and other fast swimmers is their ability to sense and make use of swirls and eddies (circular currents) in the water. They can glide past eddies that would slow them down and then gain extra thrust by "pushing off" the eddies. Scientists and engineers are beginning to study this ability of fishes in the hope of designing more efficient propulsion systems for ships.

The muscles of these fishes and the mechanism that maintains a warm body temperature are also highly efficient. A bluefin tuna in water of 7°C (45°F) can maintain a core temperature of over 25°C (77°F). This warm body temperature may help not only the muscles to work better, but also the brain and the eyes. The billfishes have gone one step further. They have evolved special "heaters" of modified muscle tissue that warm the eyes and brain, maintaining peak performance of these critical organs.

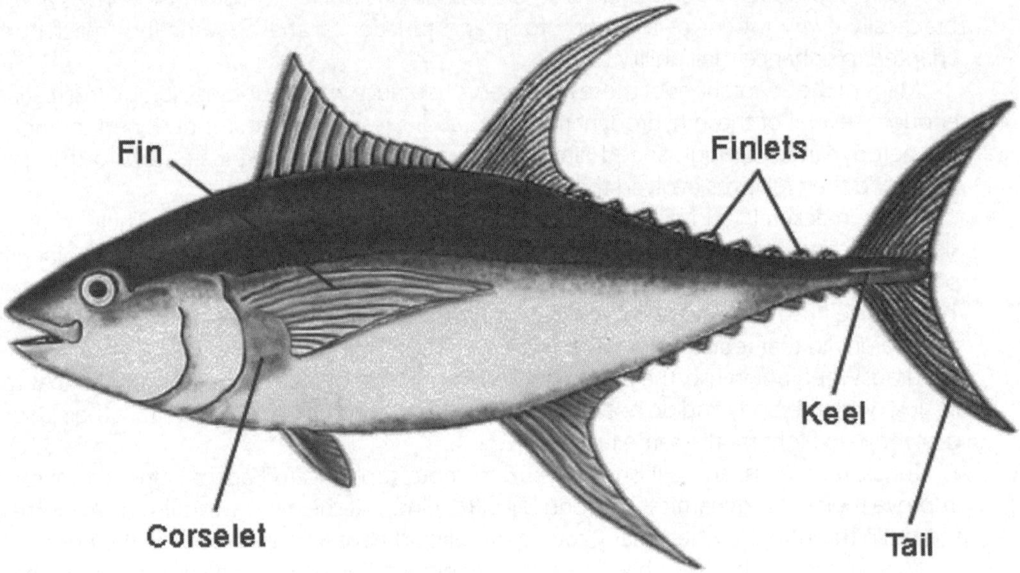

PARAGRAPH 1

Tunas, mackerels, and billfishes (marlins, sailfishes, and swordfish) swim continuously. Feeding, courtship, reproduction, and even "rest" are carried out while in constant motion. As a result, practically every aspect of the body form and function of these swimming "machines" is adapted to enhance their ability to swim.

Directions: Mark your answer by filling in the oval next to your choice.

1. The word "enhance" in the passage is closest in meaning to

- ▢ use
- ▢ improve
- ▢ counteract
- ▢ balance

PARAGRAPH 3

Tunas, mackerels, and billfishes have made streamlining into an art form. Their bodies are sleek and compact. The body shapes of tunas, in fact, are nearly ideal from an engineering point of view. Most species lack scales over most of the body, making it smooth and slippery. The eyes lie flush with the body and do not protrude at all. They are also covered with a slick, transparent lid that reduces drag. The fins are stiff, smooth, and narrow, qualities that also help cut drag. When not in use, the fins are tucked into special grooves or depressions so that they lie flush with the body and do not break up its smooth contours. Airplanes retract their landing gear while in flight for the same reason.

2. The word "they" in the passage refers to

- ▢ qualities
- ▢ fins
- ▢ grooves
- ▢ depressions

3. Why does the author mention that "Airplanes retract their landing gear while in flight"?

- ▢ To show that air resistance and water resistance work differently from each other.
- ▢ To argue that some fishes are better designed than airplanes are.
- ▢ To provide evidence that airplane engineers have studied the design of fish bodies.
- ▢ To demonstrate a similarity in design between certain fishes and airplanes.

PARAGRAPH 4

Tunas, mackerels, and billfishes have even more sophisticated adaptations than these to improve their hydrodynamics. The long bill of marlins, sailfishes, and swordfish probably helps them slip through the water. Many supersonic aircraft have a similar needle at the nose.

4. The word "sophisticated" in the passage is closest in meaning to

- ▢ complex
- ▢ amazing
- ▢ creative
- ▢ practical

5. According to paragraph 4, the long bills of marlins, sailfish, and swordfish probably help these fishes by

- ▢ increasing their ability to defend themselves
- ▢ allowing them to change direction easily
- ▢ increasing their ability to detect odors
- ▢ reducing water resistance as they swim

PARAGRAPH 6

Because they are always swimming, tunas simply have to open their mouths and water is forced in and over their gills. Accordingly, they have lost most of the muscles that other fishes use to suck in water and push it past the gills. In fact, tunas must swim to breathe. They must also keep swimming to keep from sinking, since most have largely or completely lost the swim bladder, the gas-filled sac that helps most other fish remain buoyant.

6. According to the passage, which of the following is one of the reasons that tunas are in constant motion?

- ▢ They lack a swim bladder.
- ▢ They need to suck in more water than other fishes do.

- ☐ They have large muscles for breathing.
- ☐ They cannot open their mouths unless they are in motion.

PARAGRAPH 7

One potential problem is that opening the mouth to breathe detracts from the streamlining of these fishes and tends to slow them down. Some species of tuna have specialized grooves in their tongue. It is thought that these grooves help to channel water through the mouth and out the gill slits, thereby reducing water resistance.

7. Which of the sentences below best expresses the essential information in the highlighted sentence in the passage? Incorrect answer choices change the meaning in important ways or leave out essential information.

- ☐ These fishes often have a problem opening their mouths while swimming.
- ☐ The streamlining of these fishes prevents them from slowing down.
- ☐ The streamlining of these fishes tends to slow down their breathing.
- ☐ Opening the mouth to breathe can reduce the speed of these fishes.

8. The word "channel" in the passage is closest in meaning to

- ☐ reduce
- ☐ remove
- ☐ direct
- ☐ provide

PARAGRAPH 8

There are adaptations that increase the amount of forward thrust as well as those that reduce drag. Again, these fishes are the envy of engineers. Their high, narrow tails with swept-back tips are almost perfectly adapted to provide propulsion with the least possible effort. Perhaps most important of all to these and other fast swimmers is their ability to sense and make use of swirls and eddies (circular currents) in the water. They can glide past eddies that would slow them down and then gain extra thrust by "pushing off" the eddies. Scientists and engineers are beginning to study this ability of fishes in the hope of designing more efficient propulsion systems for ships.

9. According to the passage, one of the adaptations of fast-swimming fishes that might be used to improve the performance of ships is these fishes' ability to

- ☐ swim directly through eddies
- ☐ make efficient use of water currents
- ☐ cover great distances without stopping
- ☐ gain speed by forcing water past their gills

PARAGRAPH 9

The muscles of these fishes and the mechanism that maintains a warm body temperature are also highly efficient. A bluefin tuna in water of 7°C (45°F) can maintain a core temperature of over 25°C (77°F). This warm body temperature may help not only the muscles to work better, but also the brain and the eyes. The billfishes have gone one step further. They have evolved special "heaters" of modified muscle tissue that warm the eyes and brain, maintaining peak performance of these critical organs.

10. According to paragraph 9, which of the following is true of bluefin tunas?

- ▢ Their eyes and brain are more efficient than those of any other fish.
- ▢ Their body temperature can change greatly depending on the water temperature.
- ▢ They can swim in waters that are much colder than their own bodies.
- ▢ They have special muscle tissue that warms their eyes and brain.

PARAGRAPH 5 & 6

Again, supersonic jets have similar features.

(1) Because they are always swimming, tunas simply have to open their mouths and water is forced in and over their gills. **(2)** Accordingly, they have lost most of the muscles that other fishes use to suck in water and push it past the gills. **(3)** In fact, tunas must swim to breathe. **(4)** They must also keep swimming to keep from sinking, since most have largely or completely lost the swim bladder, the gas-filled sac that helps most other fish remain buoyant.

11. **Directions:** Look at the part of the passage that is displayed above. The numbers **(1)**, **(2)**, **(3)**, and **(4)** indicate where the following sentence could be added.

Consequently, tunas do not need to suck in water.

Where would the sentence best fit?

- ▢ Choice 1
- ▢ Choice 2
- ▢ Choice 3
- ▢ Choice 4

12. **Directions:** Complete the table below by indicating which features of fishes are associated in the passage with reducing water resistance and which are associated with increasing thrust. **This question is worth 3 points.**

Reducing Water Resistance	Increasing Thrust
•	•
•	•
•	

Answer Choices

1. The absence of scales from most of the body
2. The ability to take advantage of eddies
3. The ability to feed and reproduce while swimming
4. Eyes that do not protrude
5. Fins that are stiff, narrow, and smooth
6. The habit of swimming with the mouth open
7. A high, narrow tail with swept-back tips

RÉPONSES ET EXPLICATIONS DE L'ENTRAÎNEMENT N° 6

1. ❷ C'est une question de vocabulaire. Le mot à tester est « *enhance* ». Ce mot est surligné dans le passage. Le choix 2, « *improve* », est la bonne réponse. « *To enhance* » est un synonyme qui veut dire « améliorer ». Si quelque chose a été amélioré (« *improved* »), c'est qu'il s'en trouve mieux.

2. ❷ C'est une question de référence. Le mot à tester est « *they* ». Ce mot est surligné dans le passage. Le choix 2, « *fins* », est la bonne réponse. Il s'agit d'un pronom qui fait référence à un nom. Le mot « *they* » se réfère à quelque chose qui reste le long du corps quand celui-ci est au repos. Cela ne correspond qu'aux nageoires « *fins* ».

3. ❹ C'est une question à but rhétorique. Elle interroge sur les raisons pour lesquelles l'auteur mentionne les trains d'atterrissage sur les avions : « *Airplanes retract their landing gear while in flight.* » La phrase à tester est surlignée dans le passage. Le choix 4, « *To demonstrate a similarity in design between certain fishes and airplanes* », est la bonne réponse. Le paragraphe avec la phrase surlignée décrit la façon dont certains poissons se servent de leurs nageoires. La phrase surlignée est utilisée pour donner un exemple plus familier (« *airplanes* ») pour que le lecteur puisse visualiser le fonctionnement des nageoires. Le paragraphe ne fait aucune mention d'avions dans d'autres contextes, donc les choix 2 et 3 sont incorrects. La traînée dans l'air et dans l'eau n'est pas mentionnée dans ce paragraphe, donc le choix 1 est incorrect.

4. ❶ C'est une question de vocabulaire. Le mot à tester est « *sophisticated* ». Ce mot est surligné dans le passage. Le choix 1, « *complex* », est la bonne réponse. Si quelque chose est « *sophisticated* » (sophistiqué), cela signifie que ce n'est pas simple, donc cela doit être « *complex* ».

5. ❹ C'est une question d'information factuelle qui porte sur certaines informations que l'on peut trouver dans le paragraphe 4. Le choix 4, « *reducing water resistance as they swim* », est la bonne réponse. Le thème général du passage s'interroge sur la raison pour laquelle certains poissons sont d'excellents nageurs. Les paragraphes 1 et 2 illustrent cette raison dans cette phrase : « *Practically every aspect of the body form and function of these swimming 'machines' is adapted to enhance their ability to swim. Many of the adaptations of these fishes serve to reduce water resistance (drag).* »

   Le paragraphe 4 explicite : « *Tunas, mackerels, and billfishes have even more sophisticated adaptations than these to improve their hydrodynamics. The long bill of marlins, sailfishes, and swordfish probably helps them slip through the water.* » C'est un exemple précis de la façon dont ces poissons se sont adaptés pour mieux nager. Aucun des autres choix n'est mentionné dans le paragraphe.

6. ❶ C'est une question d'information factuelle qui demande certaines informations dans le passage. Le choix 1, « *They lack a swim bladder* », est la bonne réponse. Le paragraphe 6 explique clairement : « *Tunas must swim to breathe. They must also keep swimming to keep from sinking, since most have largely or completely lost the swim bladder.* » Les autres choix ne correspondent pas au passage.

7. ❹ C'est une question de simplification de phrase. Comme pour toutes ces questions, une seule phrase est surlignée dans le passage :

> One potential problem is that opening the mouth to breathe detracts from the streamlining of these fishes and tends to slow them down.

Le choix 4 est la bonne réponse car il contient tous les éléments importants dans la phrase soulignée. C'est le seul choix qui ne modifie pas la signification de la phrase et ignore le fait que c'est un problème et qu'il nuit à l'aérodynamique (« *detracts from the streamlining* ») car cette information n'est pas essentielle pour comprendre le sens de la phrase.

Le choix 1 explique que ces poissons ont des problèmes pour ouvrir leurs mandibules lorsqu'ils nagent, ce qui n'est pas vrai. Le choix 2 est peut-être vrai dans la mesure où l'aérodynamique rend la tâche de ralentir plus difficile pour le poisson lorsque ses mandibules sont ouvertes, mais ce n'est pas mentionné dans la phrase. Les poissons nagent moins vite quand leurs mandibules sont ouvertes car l'aérodynamique est moins performante. Le choix 3, qui explique que l'aérodynamique ralentit la respiration des poissons, n'est pas mentionné non plus.

8. ❸ C'est une question de vocabulaire. Le mot à tester est « *channel* ». Ce mot est surligné dans le passage. Le choix 3, « *direct* », est la bonne réponse. Le mot « *channel* » s'emploie comme verbe dans cette phrase, et est synonyme de « *move* » (se déplacer) et « *push* » (pousser).

9. ❷ C'est une question d'information factuelle qui interroge sur certaines informations qui se trouvent dans le passage. Le choix 2, « *make efficient use of water currents* », est la bonne réponse. Le paragraphe 8 explique clairement : « *Perhaps most important of all to these and other fast swimmers is their ability to sense and make use of swirls and eddies (circular currents) in the water. They can glide past eddies that would slow them down and then gain extra thrust by 'pushing off' the eddies. Scientists and engineers are beginning to study this ability of fishes in the hope of designing more efficient propulsion systems for ships.* » Les autres choix sont mentionnés, mais sont sans rapport avec la performance des navires.

10. ❸ C'est une question d'information factuelle qui interroge sur certaines informations qui se trouvent dans le paragraphe 9. Le choix 3, « *They can swim in waters that are much colder than their own bodies* », est la bonne réponse. On explique dans le paragraphe : « *A bluefin tuna in water of 7°C (45°F) can maintain a core temperature of over 25°C (77°F).* » Il est donc évident que le choix 3 est correct. Le choix 1 ne figure pas dans le paragraphe. Le choix 2 est en contradiction avec le paragraphe. Le choix 4 est vrai chez les istiophoridae (« *billfish* »), mais pas chez les thons rouges.

11. ❷ C'est une question à insertion de texte. Vous pouvez voir quatre réponses possibles dans le paragraphe 6 :

Again, supersonic jets have similar features.

(1) Because they are always swimming, tunas simply have to open their mouths and water is forced in and over their gills. **(2)** Accordingly, they have lost most of the muscles that other fishes use to suck in water and push it past the gills. **(3)** In fact, tunas must swim to breathe. **(4)** They must also keep swimming to keep from sinking, since most have largely or completely lost the swim bladder, the gas-filled sac that helps most other fish remain buoyant.

La phrase à insérer, « *Consequently, tunas do not need to suck in water* », correspond le mieux au choix **(2)**. La phrase propose une explication de la perte musculaire décrite dans la phrase qui suit le deuxième choix, ce qui est la conséquence de ce qui est décrit dans la phrase précédente. Cette phrase explique que les poissons n'ont qu'à ouvrir leurs bouches pour prendre de l'eau car ils sont en perpétuel mouvement. Donc, si la phrase donnée est insérée au choix **(2)**, elle fait le lien logique entre cause et effet. La phrase n'est logique nulle part ailleurs.

12. C'est une question qui comporte un tableau à remplir. Le tableau ci-après est correctement rempli. Les choix 1, 4 et 5 sont corrects pour la colonne intitulée « *Reducing Water Resistance* ». Les choix 2 et 7 doivent figurer dans la colonne « *Increasing Thrust* ». Les choix 3 et 6 ne correspondent à aucune des deux colonnes.

Directions: Complete the table below by indicating which features of fishes are associated in the passage with reducing water resistance and which are associated with increasing thrust. **This question is worth 3 points.**

Reducing Water Resistance	Increasing Thrust
• The absence of scales from most of the body • Eyes that do not protrude • Fins that are stiff, narrow, and smooth	• The ability to take advantage of eddies • A high, narrow tail with swept-back tips

Answer Choices

1. The absence of scales from most of the body
2. The ability to take advantage of eddies
3. The ability to feed and reproduce while swimming
4. Eyes that do not protrude
5. Fins that are stiff, narrow, and smooth
6. The habit of swimming with the mouth open
7. A high, narrow tail with swept-back tips

Bonnes réponses

Le choix 1, « *The absence of scales from most of the body* », doit figurer dans la colonne « *Reducing Water Resistance* » car il est mentionné dans les paragraphes 3 et 5 comme facteur contribuant à réduire la résistance de l'eau.

Le choix 2, « *The ability to take advantage of eddies* », doit figurer dans la colonne « *Increasing Thrust* » car il est mentionné dans le paragraphe 8 comme facteur contribuant à l'optimisation de la poussée.

Le choix 4, « *Eyes that do not protrude* », doit figurer dans la colonne « *Reducing Water Resistance* » car il est mentionné dans le paragraphe 3 comme facteur contribuant à la réduction de la traînée dans l'eau.

Le choix 5, « *Fins that are stiff, narrow, and smooth* », doit figurer dans la colonne « *Reducing Water Resistance* » car il est mentionné dans le paragraphe 3 comme facteur contribuant à la réduction de la traînée dans l'eau.

Le choix 7, « *A high, narrow tail with swept-back tips* », doit figurer dans la colonne « *Increasing Thrust* » car il est mentionné dans le paragraphe 8 comme facteur contribuant à la poussée.

Mauvaises réponses

Le choix 3, « *The ability to feed and reproduce while swimming* », ne doit pas figurer dans le tableau car ni la réduction de la résistance de l'eau ni l'accélération de la poussée ne sont mentionnées dans le contexte du passage.

Le choix 6, « *The habit of swimming with the mouth open* », ne doit pas figurer dans le tableau car ni la réduction de la résistance ni l'accélération de la poussée ne sont mentionnées dans le contexte du passage.

3 COMPRÉHENSION ORALE

Dans ce chapitre vous allez :

- comprendre les 8 types de questions de la partie compréhension orale du *TOEFL®* ;
- apprendre à reconnaître chaque type de question de la partie compréhension orale ;
- maîtriser les astuces utiles pour répondre à chaque type de question de la partie compréhension orale ;
- utiliser les meilleures stratégies pour préparer la partie compréhension orale.

Dans la partie compréhension orale du *TOEFL iBT®*, vous allez écouter entre 4 et 6 extraits de cours, et 2 ou 3 conversations. Il y a 6 questions pour chaque extrait de cours et 5 questions par conversation. Vous disposez de 60 à 90 minutes pour répondre à toutes les questions de la partie compréhension orale.

Extraits à écouter

Il existe deux types d'exercices de compréhension orale au test *TOEFL iBT®* : les conversations et les cours. Ces deux exercices sont basés sur de vrais échanges oraux dans les milieux universitaires à l'anglais se parle.

Chaque cours ou conversation dure entre 3 et 6 minutes et représente, dans la mesure du possible, des échanges authentiques en milieu universitaire. Par exemple, un professeur peut s'éloigner du sujet du cours, certains échanges entre étudiants et le professeur peuvent également s'éloigner du sujet, et les explications du sujet du cours peuvent être complexes. Certaines caractéristiques de la langue orale, comme les faux départs, les lapsus/autocorrigés et les répétitions, sont reprises telles quelles. Vous devez prendre des notes pendant les cours et les conversations. Ces exercices n'ont pas pour but de tester votre capacité à retenir des informations mais plutôt votre capacité à comprendre une conversation ou un cours universitaire.

Conversations

Il y a deux types de conversations dans la partie compréhension orale :

- lors des permanences pédagogiques des professeurs au bureau ;
- lors de rendez-vous avec les personnels de l'université.

Ces conversations ressemblent à celles que l'on peut entendre sur les campus universitaires où l'anglais est la langue de travail. Les conversations portant sur les permanences pédagogiques se passent dans le bureau d'un professeur. Le sujet de conversation peut être académique ou administratif. Par exemple, dans une conversation ayant lieu aux permanences de bureau, un étudiant peut demander de reporter la date butoir d'un devoir (question non académique), ou des précisions sur un cours (question académique). Les rendez-vous avec les personnels de l'université ayant lieu sur les campus universitaires ne portent pas sur un sujet académique. Par exemple, on peut entendre des conversations qui interrogent sur le paiement d'un service proposé par l'université ou sur l'inscription aux cours. Cinq questions sont posées sur chaque conversation entendue.

Extraits de cours

Les extraits de cours que vous devez écouter dans la partie compréhension orale sont représentatifs du niveau de langue utilisé en cours. L'extrait de cours est un enregistrement d'un professeur qui parle d'interactions entre étudiants et professeurs, par exemple, d'un étudiant qui pose une question à un professeur, ou d'un professeur qui interroge un étudiant. Chaque extrait de cours dure environ 5 minutes et est suivi de six questions auxquelles on vous demande de répondre.

Le niveau du contenu des extraits de cours est typique d'un cours du premier cycle universitaire. Les sujets de cours sont vastes. Vous n'êtes pas obligé d'avoir suivi des cours préalablement pour répondre aux questions. Les informations qu'il vous faut se trouvent dans les extraits et dans les questions qui y sont posées. Vous trouverez une liste de sujets (voir ci-dessous) qui vous donnera une idée des thèmes abordés dans la partie compréhension orale :

- l'art ;
- les sciences de la vie ;
- les sciences de la Terre ;
- les sciences sociales.

Les extraits de cours d'**art** peuvent porter sur :

- l'architecture ;
- l'art industriel ;
- le génie civil ;
- l'artisanat (le tissage, le tricot, les tissus, le mobilier, la gravure, les mosaïques, la céramique, l'art tribal traditionnel/tribal) ;
- la gravure/la peinture rupestre ;
- la musique/l'histoire de la musique ;
- la photographie ;
- la littérature, les écrivains ;
- les livres, les journaux, les magazines, les revues.

Les extraits de cours de **sciences de la vie** peuvent porter sur :

- l'extinction ou la protection de la faune et de la flore ;
- les espèces aquatiques ;
- les bactéries et autres organismes monocellulaires ;
- les virus ;
- les techniques médicales ;
- la santé publique ;
- la physiologie des organes sensoriels ;
- la biochimie ;
- le comportement des animaux (la migration, l'alimentation, l'autodéfense) ;
- l'habitat des animaux et des plantes et leur adaptation à celui-ci ;
- la nutrition et ses effets sur le corps ;
- la zoosémiotique (communication entre les animaux).

Les extraits de cours de **sciences de la Terre** peuvent porter sur :

- la météorologie et les conditions atmosphériques ;
- l'océanographie ;
- les glaciers, la banquise, l'âge de glace ;
- les déserts et d'autres climats extrêmes ;
- la pollution, les énergies renouvelables, l'écologie ;
- les conditions atmosphériques sur d'autres planètes ;
- l'astronomie et la cosmologie ;
- les propriétés de la lumière et de la réfraction ;
- les propriétés du son ;
- le rayonnement électromagnétique ;
- la physique des particules ;
- les technologies télévisuelle, radiophonique et radar ;
- la chimie inorganique ;
- l'informatique ;
- la sismologie (les caractéristiques des plaques, les séismes, la tectonique des plaques, la dérive des continents, le fonctionnement des volcans).

Les extraits de cours de **sciences sociales** peuvent porter sur les thèmes suivants :

- l'anthropologie des civilisations non industrialisées ;
- les systèmes d'écriture primitive ;
- l'histoire de la linguistique ;
- les affaires, le management, le marketing, la comptabilité ;
- la diffusion télévisuelle/radiophonique, la communication de masse ;

- le comportement social des groupes, la dynamique des communautés, le comportement collectif;
- le développement de l'enfant;
- l'éducation;
- l'histoire moderne (y compris l'histoire de l'urbanisation/l'industrialisation et leurs conséquences économiques et sociales).

Questions de compréhension orale

La plupart des questions de compréhension orale portant sur les extraits de cours et sur les conversations sont des questions à choix multiples, avec quatre choix possibles et une seule bonne réponse. Cependant, il y a d'autres types de questions:

- des questions à choix multiples qui ont plus d'une bonne réponse (par exemple, deux bonnes réponses pour quatre choix possibles, ou trois bonnes réponses pour cinq choix possibles);
- des questions qui vous demandent de mettre des événements ou des étapes d'un processus dans la bonne séquence;
- des questions qui vous demandent d'insérer des objets ou des textes dans des catégories ou dans un tableau.

Certaines questions reprennent une partie de l'extrait de cours ou de la conversation. On vous posera ensuite une question à choix multiples sur ce que vous venez d'écouter.

Il y a huit types de questions dans la partie compréhension orale qui sont classés en trois catégories différentes:

Types de questions de compréhension orale

Les questions de compréhension de base

1. Identifier les informations factuelles.
2. Repérer l'intention de l'auteur.
3. Analyser les données détaillées.

Les questions de compréhension pragmatique

4. Comprendre la fonction de l'énoncé.
5. Comprendre l'attitude du locuteur.

Les questions analytiques

6. Comprendre l'organisation des informations.
7. Comprendre le contenu.
8. Faire des déductions.

Les sections suivantes vous expliquent chaque type de questions. Vous allez découvrir comment reconnaître chaque type de questions avec, pour chacune d'entre elles, des exemples commentés. Vous apprendrez également les astuces vous permettant de répondre à chaque type de questions de compréhension orale.

Les questions de compréhension de base

Une compréhension de base de l'extrait de cours ou de la conversation est testée de trois façons différentes : les questions d'information factuelle, les questions qui interrogent sur l'intention de l'auteur, et les questions qui vous demandent d'interpréter des informations détaillées.

Le type 1 : les questions d'information factuelle

Comprendre l'objectif des informations factuelles présentées dans un extrait de cours ou dans une conversation implique une compréhension générale du sujet ou de l'idée principale. L'objectif de l'extrait de cours ou de la conversation s'exprime de manière explicite ou implicite selon les cas. Les questions auxquelles vous répondrez testent votre compréhension d'un extrait de cours ou d'une conversation et vous demandent de résumer ou de synthétiser les informations que vous entendez.

Comment reconnaître les questions d'information factuelle

Les questions d'information factuelle sont généralement posées de manière suivante :

- Quelles difficultés l'homme a-t-il rencontrées ?
- Que disent les personnes qui parlent ?
- Quelle est l'idée principale de l'extrait du cours ?
- De quel aspect de X parle le professeur ?

ASTUCES POUR RÉPONDRE AUX QUESTIONS D'INFORMATION FACTUELLE

- Les questions d'information factuelle portent sur le contenu général de l'extrait de cours ou de la conversation. Éliminez les choix qui présentent seulement une petite partie des informations entendues dans l'extrait.
- Essayez de résumer l'idée principale du cours ou de la conversation en une phrase.

Exemple

Extrait d'un cours :

Professor

… So the Earth's surface is made up of these huge segments, these tectonic plates. And these plates move, right? But how can, uh, motion of plates, do you think, influence climate on the Earth? Again, all of you probably read this section in the book, I hope, but, uh, uh, how—how can just motion of the plates impact the climate?

… when a plate moves, if there's landmass on the plate, then the landmass moves too, okay? That's why continents shift their positions, because the plates they're on move. So as a landmass moves away from the equator, its climate would get colder. So, right now we have a continent—the landmass Antarctica—that's on a pole.

So that's dramatically influencing the climate in Antarctica. Um, there was a time when most of the landmasses were closer to a pole; they weren't so close to the equator. Uh, maybe 200 million years ago Antarctica was attached to the South American continent; oh, and Africa was attached too, and the three of them began moving away from the equator together.

… in the Himalayas. That was where two continental plates collided. Two continents on separate plates. Um, when this, uh, Indian, uh, uh, plate collided with the Asian plate, it wasn't until then that we created the Himalayas. When we did that, then we started creating the type of cold climate that we see there now. Wasn't there until this area was uplifted.

So again, that's something else that plate tectonics plays a critical role in. Now, these processes are relatively slow; the, uh, Himalayas are still rising, but on the order of millimeters per year. So they're not dramatically influencing climate on your—the time scale of your lifetime. But over the last few thousands of—tens of thousands of years, uh—hundreds of thousands of years—yes, they've dramatically influenced it.

Uh, another important thing—number three—on how plate tectonics have influenced climate is how they've influenced—we talked about how changing landmasses can affect atmospheric circulation patterns, but if you alter where the landmasses are connected, it can impact oceanic, uh, uh, uh, circulation patterns.

… Um, so, uh, these other processes, if, if we were to disconnect North and South America right through the middle—say, through Panama—that would dramatically influence climate in North and South America—probably the whole globe. So suddenly now as the two continents gradually move apart, you can have different circulation patterns in the ocean between the two. So, uh, that might cause a dramatic change in -climate if that were to happen, just as we've had happen here in Antarctica to separate, uh, from South America.

What is the main topic of the lecture?

- ☐ The differences in climate that occur in different countries.
- ☐ How movement of the Earth's plates can affect climate.
- ☐ Why the ocean has less effect on climate than previously thought.
- ☐ The history of the climate of the region where the university is located.

Explication

Le choix 2 est la réponse qui correspond le mieux au thème principal de l'extrait de cours. On entend dans l'extrait le professeur qui donne comme exemple l'Antarctique et l'Himalaya pour faire comprendre sa problématique générale, à savoir que la tectonique des plaques peut influer sur les conditions climatiques.

Notez que les bonnes et mauvaises réponses peuvent être posées de façon plus abstraite que celle de l'exemple.

La question d'information factuelle fait référence au même extrait de cours :

What is the main topic of the lecture?

- ☐ A climate experiment and its results.
- ☐ A geologic process and its effect.
- ☐ How a theory was disproved.
- ☐ How land movement is measured.

Explication

Encore une fois, le choix 2 est la bonne réponse. Bien que le texte soit très différent, il reprend le même sujet qui se trouve dans le choix 2 selon l'exemple précédent : un processus géologique (la dérive des plaques tectoniques) a des conséquences (changements climatiques).

Le type 2 : les questions d'intention

Certaines questions d'intention se focalisent sur l'objectif de la conversation ou de l'extrait de cours plutôt que sur le contenu. Ce genre de questions est plus susceptible d'accompagner les extraits de conversation, mais les questions d'intention seront aussi parfois posées sur les extraits de cours.

Comment reconnaître les questions d'intention

Les questions d'intention sont généralement posées de la manière suivante :

- Pourquoi l'étudiant souhaite-t-il rencontrer le professeur ?
- Pourquoi l'étudiant se présente-t-il au service des inscriptions ?
- Pourquoi le professeur demande-t-il un rendez-vous avec l'étudiant ?
- Pourquoi le professeur donne-t-il une explication de X ?

ASTUCES POUR RÉPONDRE AUX QUESTIONS D'INTENTION

- Les étudiants prennent rendez-vous avec leur professeur pour diverses raisons, y compris pour les situations où le professeur demande des explications sur leur réussite aux épreuves. Pour répondre à une question d'intention, utilisez vos notes pour trouver la raison pour laquelle l'étudiant a pris rendez-vous avec le professeur.
- L'objectif de la conversation n'est pas toujours en rapport avec le sujet de la conversation. Par exemple, l'étudiant peut prendre rendez-vous avec son professeur pour avoir des précisions sur ses critères de notation. Après avoir répondu à la question de l'étudiant, le professeur peut demander à l'étudiant s'il a fait des progrès sur un projet de recherche ; le reste de la conversation porte donc sur ce projet.
- Les conversations avec les personnels de l'université portent souvent sur la résolution des problèmes. Comprendre l'essentiel du problème de l'étudiant et la façon dont il sera résolu vous permettra de répondre aux questions d'intention.

Exemple

Narrator

Listen to a conversation between a professor and a student.

Student

I was hoping you could look over my note cards for my presentation… just to see what you think of it.

Professor

Okay, so refresh my memory: what's your presentation about?

Student

Two models of decision making…

Professor

Oh, yes—the classical and the administrative model.

Student

Yeah, that's it.

Professor

And what's the point of your talk?

Student

I'm gonna talk about the advantages and disadvantages of both models.

Professor

But what's the point of your talk? Are you going to say that one's better than the other?

Student

Well, I think the administrative model's definitely more realistic. But I don't think it's complete. It's kind of a tool… a tool to see what can go wrong.

Professor

Okay, so what's the point of your talk? What are you trying to convince me to believe?

Student

Well, uh, the classical model—you shouldn't use it by itself. A lot of companies just try to follow the classical model, but they should really use both models together.

Professor

Okay, good. So let me take a look at your notes here… Oh, typed notes,… Wow you've got a lot packed in here. Are you sure you're going to be able to follow this during your talk?

Student

Oh, sure; that's why I typed them, because otherwise… well, my handwriting's not very clear.

Why does the student visit the professor?

- ☐ To get some note cards for his presentation.
- ☐ To show her some examples of common errors in research.
- ☐ To review the notes for his presentation with her.
- ☐ To ask for help in finding a topic for his presentation.

Explication

Alors que l'essentiel de la conversation porte sur ce que l'étudiant dit dans sa présentation, le choix 3, « *To review the notes for his presentation with her* », est la bonne réponse à la question : « *Why does the student visit the professor?* »

Le type 3 : les questions d'analyse de détails

Les questions d'analyse de détails vous demandent de comprendre et de retenir certains détails ou faits communiqués via un extrait de cours ou de conversation. Ces détails sont généralement liés directement ou indirectement au sujet de l'extrait de cours ou de la conversation en donnant plus d'informations ou d'exemples. Dans les cas où il y a une digression qui n'a clairement aucun rapport avec le sujet principal, on vous demandera de fournir plus de détails à propos de la digression.

Comment reconnaître les questions d'analyse de détails

Les questions d'analyse de détails sont généralement posées de la manière suivante :

- Quelle conséquence X a-t-il sur Y selon le professeur ?
- Qu'est-ce que X ?
- Quelle conséquence l'invention de X a-t-elle eue ?
- Quel est le problème principal avec la théorie X selon le professeur ?

ASTUCES POUR RÉPONDRE AUX QUESTIONS D'ANALYSE DE DÉTAILS

- Vous pouvez utiliser vos notes pour répondre. On ne vous posera pas de questions sur des détails mineurs. Vos notes doivent tenir compte de tous les aspects majeurs de la conversation ou de l'extrait de cours.
- Il ne faut pas choisir une réponse seulement parce qu'elle contient des mots que vous avez entendus dans la conversation ou dans l'extrait de cours. Les mauvaises réponses contiennent souvent des mots et des phrases de la conversation ou de l'extrait de cours.
- Si vous n'êtes pas certain de la bonne réponse, choisissez celle qui correspond le mieux à l'idée principale de la conversation ou de l'extrait de cours.

Exemple

Professor

Uh, other things that glaciers can do is, uh, as they retreat, instead of depositing some till, uh, scraped-up soil, in the area, they might leave a big ice block, and it breaks off, and as the ice block melts, it leaves a depression, which can become a lake. These are called kettle lakes. These are very critical ecosystems in this region, um, because, uh, uh, they support some unique biological diversity, these kettle lakes do.

The Great Lakes are kettle lakes; they were left over from the Pleist—from the Pleistocene glaciers. Uh, now, as the glaciers were retreating, the Great Lakes underwent a change. Once the weight of the glacier ice decreased, and the pressure decreased, the land at the bottom of the lakes rose. In some places it rose by as much as one hundred feet. So I just wanted to tell you a little bit more about glaciers…

What are kettle lakes?

- ☐ Lakes that form in the center of a volcano.
- ☐ Lakes that have been damaged by the greenhouse effect.
- ☐ Lakes formed by unusually large amounts of precipitation.
- ☐ Lakes that form when pieces of glaciers melt.

How did the glaciers affect the Great Lakes?

- ☐ They made the Great Lakes less deep.
- ☐ They made the Great Lakes larger.
- ☐ They reduced the biodiversity of the Great Lakes.
- ☐ They deposited excess soil into the Great Lakes.

Explication

La réponse à la première question se trouve au début du cours où le professeur explique ce qu'est un «*kettle lake*». Rappelez-vous que toute nouvelle terminologie est souvent testée dans les questions d'analyse de détails. La réponse à la seconde question se trouve plus tard dans le cours, lorsque le professeur dit que la sédimentation qu'on trouve au fond des lacs s'accumule, ce qui les rend moins profonds. La bonne réponse est le choix 1.

Les questions de compréhension pragmatique

Les questions de compréhension pragmatique testent vos connaissances de certains aspects de l'anglais parlé qui vont au-delà d'une compréhension de base. En général, ces types de questions permettent de vérifier si vous comprenez bien la *fonction* d'un énoncé, ou bien la *position*/l'*attitude* exprimée par celui qui parle. En règle générale, les questions de compréhension pragmatique permettent de tester vos connaissances sur certaines parties de la conversation ou de l'extrait de cours dans lequel l'objectif ou l'attitude du locuteur ne sont pas exprimés explicitement. Dans ce cas, il s'agit de l'expression dite «de surface» qui ne correspond pas forcément à la fonction ni à l'objectif de l'énoncé.

Ce que disent les gens qui parlent est souvent destiné à être compris au second degré. Par exemple, la phrase « *It sure is cold in here* » peut être comprise littéralement comme un énoncé factuel qui donne une information sur la température de la pièce. Mais supposons que la personne qui parle est, disons, un invité chez vous, qui commence à frissonner, et qui montre du doigt la fenêtre entrouverte. Dans ce cas c'est clair : ce que veut votre invité, c'est que vous fermiez la fenêtre ! Dans cet exemple, la *fonction* de ce que dit l'invité (qu'il veut fermer la fenêtre) est sous-entendue. Voici quelques exemples de situations où la fonction peut être comprise au second degré : donner des renseignements, faire une recommandation, formuler une plainte, accepter des conditions, être d'accord, raconter une histoire, poser une question, etc.

Comprendre la signification d'un cours ou d'une conversation est particulièrement important dans les extraits où quelqu'un donne son avis. Une déclaration est-elle destinée à être comprise comme l'expression d'un fait ou d'une opinion ? La personne qui parle est-elle certaine des informations qu'elle rapporte ? Est-ce que la personne essaie de communiquer certains sentiments ou attitudes à propos de quelqu'un, quelque chose ou d'un événement ? Comme expliqué précédemment, ces sentiments ou attitudes peuvent se comprendre au second degré. Ainsi, l'intention de la personne peut être mal comprise par des locuteurs non natifs.

Certaines questions de compréhension pragmatique reprennent une partie du cours ou de la conversation pour attirer votre attention sur la partie importante. Il existe deux types de questions de compréhension pragmatique : les questions qui testent votre compréhension de la fonction de l'énoncé, et celles qui portent sur l'attitude du locuteur.

Le type 4 : les questions de compréhension fonctionnelle

Le premier type de questions de compréhension pragmatique porte sur vos connaissances de la *fonction* de l'énoncé. Ce type de questions reprend une partie d'un cours ou d'une conversation.

Comment reconnaître les questions de compréhension fonctionnelle

Ces questions sont généralement posées de la manière suivante :

- Que veut dire le professeur quand il dit cela ? (*écouter l'extrait audio*)
- Pourquoi l'étudiant dit-il cela ? (*écouter l'extrait audio*)

ASTUCES POUR RÉPONDRE AUX QUESTIONS DE COMPRÉHENSION FONCTIONNELLE

- Rappelez-vous que la fonction d'un énoncé ne correspond pas toujours à ce que dit la personne explicitement. Dans l'exemple suivant, une assistante administrative demande à un étudiant s'il sait où se trouve le service des logements de l'université. Cependant, elle ne pose pas la question pour obtenir des informations sur l'endroit où se trouve le service des logements.

Exemple

Extrait de conversation entre un étudiant et une assistante administrative. Ils parlent des frais de logement.

Narrator

Listen again to a part of the conversation. Then answer the question.

Student

Okay. I'll just pay with a credit card. And where do I do that at?

Administrative Assistant

At, um, the housing office.

Student

Housing office, all right.

Administrative Assistant

Do you know where they are?

Narrator

What is the woman trying to find out from the student?

- ▢ Where the housing office is.
- ▢ Approximately how far away the housing office is.
- ▢ Whether she needs to tell him where the housing office is.
- ▢ Whether he has been to the housing office already.

Explication

La fonction pragmatique de la question de l'assistante est de demander à l'étudiant si oui ou non il a besoin de savoir où se trouve le service des logements. Le choix 3 est donc la meilleure réponse à cette question.

Le type 5 : les questions de compréhension d'attitude

Le second type de questions de compréhension pragmatique vous interroge sur l'attitude ou l'avis de la personne qui parle. On peut vous poser une question sur les sentiments, sur les goûts ou sur l'humeur de quelqu'un. Sont également comprises dans cette catégorie les questions portant sur la véracité de ce que dit quelqu'un : la personne révèle-t-elle ses sources d'information ou donne-t-elle simplement son avis personnel ? Les informations « factuelles » présentées sont-elles généralement vraies ou fausses ? De temps en temps, vous tomberez sur une question qui permet de tester votre capacité à détecter et à comprendre l'ironie. Une personne est ironique lorsque le but recherché est le contraire de ce qui est dit. Par exemple, si vous entendez « *That's just great* », on peut comprendre, grâce à l'intonation, que le vrai sens de l'énoncé est « *That's not good at all* ». Les gens se servent de l'ironie pour diverses raisons : pour insister sur une information, pour faire une plaisanterie afin de gagner la sympathie de leurs interlocuteurs, ou pour exprimer leur désapprobation d'une manière indirecte. Les candidats au test TOEFL iBT doivent tirer des conclusions sur le sens réel d'une déclaration ironique, tant à partir des indices se trouvant dans le contexte que dans l'intonation de la voix du locuteur.

Comment reconnaître les questions de compréhension d'attitude

Ces questions sont généralement posées de la manière suivante :

- Que peut-on sous-entendre chez l'étudiant ?
- Quel est l'avis du professeur à propos de X ?
- Quelle est l'attitude du professeur lorsqu'il parle de X ?
- Que peut-on dire à propos de l'étudiant lorsqu'il dit la chose suivante ? (*écouter l'extrait audio*)
- Que veut dire l'assistante lorsqu'elle dit la chose suivante ? (*écouter l'extrait audio*)

ASTUCES POUR RÉPONDRE AUX QUESTIONS DE COMPRÉHENSION D'ATTITUDE

- Faites particulièrement attention au ton de la voix de la personne qui parle. Est-ce que la personne a l'air de s'excuser de quelque chose ? Est-elle confuse ? Enthousiaste ? Le ton de la voix peut vous aider à répondre à ce genre de questions.

Exemple

Exemple d'une conversation entre un étudiant et sa conseillère pédagogique. Dans cet extrait de conversation, la discussion porte sur le travail de l'étudiant.

Advisor

Well, good. So, bookstore isn't working out?

Student

Oh, bookstore's working out fine. I just, I—this pays almost double what the bookstore does.

Advisor

Oh, wow!

Student

Yeah. Plus credit.

Advisor

Plus credit.

Student

And it's more hours, which… The bookstore's—I mean it's a decent job 'n' all. Everybody I work with… that part's great; it's just… I mean I'm shelving books and kind of hanging out and not doing much else… if it weren't for the people, it'd be totally boring.

Narrator

What is the student's attitude toward the people he currently works with?

☐ He finds them boring.
☐ He likes them.
☐ He is annoyed by them.
☐ He does not have much in common with them.

Explication

Dans cet exemple, il est possible de confondre l'attitude de l'étudiant envers son travail en fonction de son attitude envers ses collègues. Le choix 2 est la bonne réponse. L'étudiant s'ennuie de son emploi, pas de ses collègues.

Les questions d'analyse de contenu

Les questions d'analyse de contenu vous obligent à analyser et à faire le lien entre les informations entendues lors d'un cours ou d'une conversation. On y teste votre capacité à faire le lien entre les informations provenant de différentes parties de l'extrait audio, à faire des déductions, à tirer les conclusions, à être synthétique et à faire une hypothèse. Pour sélectionner la bonne réponse, vous devez être en mesure d'identifier et d'expliquer le rapport entre idées et détails entendus dans un cours ou une conversation. Ces liens peuvent être explicites ou implicites.

Il existe trois types de questions d'analyse de contenu.

Le type 6 : les questions d'organisation

Dans les questions d'organisation, on peut vous poser une question sur l'organisation générale d'un cours, ou sur le rapport entre deux parties d'un extrait audio que vous avez entendu. En voici deux exemples, ainsi que les réponses correctes :

1. How does the professor organize the information that she presents to the class?

☐ In the order in which the events occurred.

2. How does the professor clarify the points he makes about Mexico?

☐ By comparing Mexico to a neighboring country.

La première de ces questions porte sur l'organisation générale. Elle teste votre capacité à faire des liens entre les parties d'un cours. La seconde porte sur une seule partie du cours, et a pour objectif de tester votre compréhension du rapport entre deux idées différentes.

Certaines questions d'organisation vous demandent d'identifier ou de reconnaître la façon dont une phrase peut se comprendre dans un contexte particulier. Ce type de questions vous interroge sur votre capacité à détecter un changement de thème, la connexion d'un thème principal à un sous-thème, une introduction/conclusion, un exemple, une digression, voire une plaisanterie.

Exemple

Narrator

Listen again to a statement made by the professor. Then answer the question.

Professor

There's this committee I'm on… Th-the name of the thing, and it's probably, well, you don't have to take notes about this, um, the name of the thing is academic standards.

Narrator

Why does the professor tell the students that they do not have to take notes?

- ▢ The information is in their books.
- ▢ The information may not be accurate.
- ▢ She is going to tell a personal story.
- ▢ They already know what she is going to talk about.

La déclaration qui précède ce que vous avez entendu dire porte sur les bureaucraties, et la suivante raconte une anecdote au sujet des bureaucraties. Ce qui est important, c'est de reconnaître que la partie du cours qui suit ce que vous avez entendu est une anecdote. Le choix 3 est la bonne réponse. Dans cet extrait, le professeur indique aux étudiants que ce qu'il est sur le point de dire n'a pas le même impact que ce dont il parlait précédemment.

Comment reconnaître les questions d'organisation

Les questions d'organisation sont généralement posées de la manière suivante :

- Comment le professeur organise-t-il les informations portant sur X ?
- Comment la discussion est-elle organisée ?
- Pourquoi le professeur discute-t-il X ?
- Pourquoi le professeur mentionne-t-il X ?

ASTUCES POUR RÉPONDRE AUX QUESTIONS D'ORGANISATION

- Les questions qui interrogent sur l'organisation générale d'un extrait sont plus susceptibles de se trouver après un cours plutôt qu'après une conversation. Consultez vos notes pour répondre à ces questions-là. Il n'est peut-être pas évident au départ que le professeur a organisé l'information par ordre chronologique, du plus simple vers le plus complexe, ou de quelque autre manière.
- Soyez attentif lorsque le professeur fait une comparaison. Dans l'exemple suivant, le professeur parle de la composition des plantes. Pour illustrer ses propos, il fait une analogie avec de l'acier et des poutres métalliques utilisés dans la construction d'un bâtiment neuf. Il se peut qu'un professeur parle de quelque chose qui semble hors sujet pour illustrer un concept. Le professeur parle de quelque chose qui semble familier pour introduire une nouvelle idée.

Exemple

Professor

So we have reproductive parts—the seeds, the fruit walls—we have leaf parts, but the great majority of plant fibers come from vasculature within the stem... fibers that occur in stem material. And what we do is consider these fibers—basically they're what are called *bast* fibers. Bast fibers. Now, basically bast fibers are parts of the plant that the plant uses to maintain vertical structure.

Think about it this way: what's the first thing you see when you see a building being built... uh, what's the first thing they put up? Besides the foundation, of course? The metalwork, right? They put all those steel girders up there, the framework. OK, well, think of—bast fibers basically constitute the structural framework to support the stem of the plant. OK? So as the plant grows, it basically builds a girder system within that plant, like steel, so to speak.

So suppose you cut across the stem of one of these plants... take a look at how the bast fibers are arranged, so you're looking at a cross section... you'll see that the fibers run vertically side by side. Up and down next to each other, forming a kind of tube, which is significant... 'cause, which is physically stronger: a solid rod or a tube? The tube—physics tells you that. What's essentially happening—well, the plant is forming a structural ring of these bast fibers all around the stem, and that shape allows for structural rigidity, but also allows for bending and motion.

Why does the professor talk about steel?

- ☐ To identify the substance that has replaced fiber products.
- ☐ To explain a method for separating fibers from a plant.
- ☐ To compare the chemical structure of fibers to metals.
- ☐ To illustrate the function of fibers in a plant's stem.

Why does the professor mention a tube?

- ☐ To explain how some fibers are arranged in a plant.
- ☐ To show how plants carry water to growing fibers.
- ☐ To describe an experiment involving plant fibers.
- ☐ To explain why some plant stems cannot bend.

Explication

Le cours porte sur les plantes et les fibres végétales, et non sur les poutres en acier. Le professeur ne fait qu'une simple analogie avec les poutres en acier pour les comparer à l'organisation des fibres dans une plante. La bonne réponse à la première question est le choix 4. De même, la seconde question concerne les tentatives du professeur pour aider les étudiants à visualiser la structure d'une plante. La bonne réponse à la seconde question est le choix 1.

Le type 7 : les questions d'analyse de contenu

Les questions d'analyse de contenu mesurent votre compréhension des liens entre les idées entendues lors d'un cours. Ces liens peuvent être formulés de manière explicite ou implicite. Les questions peuvent vous demander d'organiser d'une manière différente l'information qui a été présentée dans le cours. On peut vous demander d'identifier des comparaisons, des situations cause-effet, une contradiction ou un accord. On peut vous demander également de classer une séquence d'événements dans un ordre particulier, d'identifier les étapes d'un processus, ou de spécifier les relations entre objets d'une manière ou d'une autre.

Exemple

Narrator

What type of symmetry do these animals have? Place a check mark in the correct box.

	Asymmetry	Radial Symmetry	Bilateral Symmetry
Earthworm			✓
Human			✓
Sponge	✓		
Sea Anemone	✓	✓	

Dans cette question, on vous demande de présenter les informations d'une manière différente de celle que vous avez entendue dans le cours.

D'autres questions d'analyse de contenu vous obligent à faire des déductions sur le rapport entre les parties d'un cours. On vous demandera de poser une hypothèse, de tirer une conclusion logique, d'extrapoler des informations supplémentaires, de faire des suppositions sur des situations cause-effet, ou d'indiquer une séquence d'événements.

Comment reconnaître les questions d'analyse de contenu

Les questions d'analyse de contenu sont généralement posées de la manière suivante :

- Quelle est l'issue probable si la procédure X s'engage avant la procédure Y?
- Que peut-on déduire à propos de X?
- Qu'est-ce qu'indique le professeur à propos de X?

ASTUCE POUR RÉPONDRE AUX QUESTIONS D'ANALYSE DE CONTENU

- Les questions qui vous demandent de compléter un graphique/tableau, ou de mettre les événements dans un ordre particulier, se situent dans cette catégorie. Pendant que vous écoutez les cours dans cet ouvrage, soyez attentif à la façon dont vous prenez des notes. Identifier clairement les termes et leurs définitions ainsi que les étapes d'un processus vous aidera à répondre aux questions de ce type.

Exemple

Professor

OK, Neptune and its moons. Neptune has several moons, but there's only… we'll probably only worry about two of them, the two fairly interesting ones. The first one's Triton. So you have this little struggle with the word *Titan*, which is the big moon of Saturn, and the name *Triton*, which is the big moon of *Neptune*. Triton: it's, it's the only *large moon* in the solar system to go backwards, to go around its—what we call its parent planet—in this case Neptune, the wrong way. OK? Every other large moon orbits the *parent planet* in the same counterclockwise direction… same as most of the other bodies in the solar system. But this moon… the reverse direction, which is perfectly OK as far as the laws of gravity are concerned. But it indicates some sort of peculiar event in the early solar system that gave this moon a motion in contrast to the general spin of the raw material that it was formed from.

The other moon orbiting Neptune that I want to talk about is Nereid. Nereid is, Nereid has the most eccentric orbit, the most lopsided, elliptical-type orbit for a large moon in the solar system. The others tend more like circular orbits.

… Does it mean that Pluto and Neptune might have been related somehow in the past and then drifted slowly into their present orbits? If Pluto… did Pluto ever belong to the Neptune system? Do Neptune's moons represent Pluto-type bodies that have been captured by Neptune? Was some sort of… was Pluto the object that disrupted the Neptune system at some point in the past?

It's really hard to prove any of those things. But now we're starting to appreciate that there's quite a few junior Plutos out there: not big enough to really call a planet, but large enough that they're significant in history of the early solar system. So we'll come back to those when we talk about comets and other small bodies in the fringes of the outer solar system.

What does the professor imply about the orbits of Triton and Nereid?

- ☐ They used to be closer together.
- ☐ They might provide evidence of an undiscovered planet.
- ☐ They might reverse directions in the future.
- ☐ They might have been changed by some unusual event.

Explication

Pour les questions d'analyse de contenu, vous devrez utiliser plusieurs informations provenant de différents endroits du cours. Dans cet exemple, le professeur décrit les orbites de Triton et Néréide. Dans les deux cas, il se réfère à des événements dans le système solaire primitif qui auraient modifié ou perturbé leurs orbites. Le choix 4, *« They might have been changed by some unusual event »*, est la bonne réponse à cette question.

Le type 8 : les questions de déduction

Les questions de déduction sont le dernier type de questions analytiques. En règle générale, pour ce genre de questions, vous tirez une conclusion basée sur les faits présentés dans le cours ou dans la conversation.

Comment reconnaître les questions de déduction

Les questions de déduction sont généralement posées de la manière suivante :

- Que sous-entend le professeur à propos de X ?
- Que fera l'étudiant par la suite ?
- Que peut-on extrapoler à propos de X ?
- Que sous-entend le professeur lorsqu'il dit ceci : (*écouter l'extrait audio*)

ASTUCE POUR RÉPONDRE AUX QUESTIONS DE DÉDUCTION

- Dans certains cas, la bonne réponse à ce genre de questions consiste à être capable de comprendre plusieurs détails mentionnés dans un extrait audio, puis d'en tirer une conclusion. Dans d'autres cas, le professeur peut sous-entendre quelque chose sans le dire explicitement. Dans la plupart des cas, la réponse que vous choisissez ne contient pas les mêmes mots ou phrases entendus dans le cours ou la conversation.

Exemple

Professor

Dada is often considered under the broader category of Fantasy. It's one of the early directions in the Fantasy style. The term "Dada" itself is a nonsense word—it has no meaning… and where the word originated isn't known. The "philosophy" behind the "Dada" movement was to create works that conveyed the concept of *absurdity*— the artwork was meant to shock the public by presenting the ridiculous, absurd concepts. Dada artists rejected reason—or rational thought. They did not believe that rational thought would help solve social problems…

… When he turned to Dada, he quit painting and devoted himself to making a type of sculpture he referred to as a "ready-made"… probably because they were constructed of readily available objects… At the time, many people reacted to Dadaism by saying that the works were not art at all… and in fact, that's exactly how Duchamp and others conceived of it—as a form of "non-art"… or anti-art.

Duchamp also took a reproduction of da Vinci's famous painting the *Mona Lisa*, and he drew a mustache and goatee on the subject's face. Treating this masterpiece with such disrespect was another way Duchamp was challenging the established cultural standards of his day.

What does the professor imply about the philosophy of the Dada movement?

- ▢ It was not taken seriously by most artists.
- ▢ It varied from one country to another.
- ▢ It challenged people's concept of what art is.
- ▢ It was based on a realistic style of art.

Explication

Notez les parties surlignées du cours. Il est clair que le dadaïsme avait pour objectif de contester la conception que le grand public s'est fait de l'art. Le choix 3 est la bonne réponse.

Stratégies d'entraînement et de passage de l'épreuve de compréhension orale

Comment améliorer vos capacités d'écoute

Une bonne écoute est primordiale pour réussir au test *TOEFL*, et à l'université en général. Votre capacité à écouter et à comprendre est mise à l'épreuve dans trois des quatre parties du test *TOEFL iBT*®.

La meilleure façon d'améliorer votre compréhension orale, c'est à travers l'écoute régulière de différents types de supports audio dans divers domaines (sciences physiques, sciences sociales, arts, affaires, entre autres). Bien entendu, le cinéma, la télévision et la radio sont tous d'excellents entraînements. Des conférences enregistrées sur des cassettes audio et des CD sont disponibles dans les bibliothèques et les librairies. Les enregistrements accompagnés d'une transcription sont particulièrement utiles. Internet est également une excellente ressource pour s'entraîner à la compréhension orale.

Voici quelques astuces pour améliorer votre compréhension orale afin de réussir aux trois types d'exercice oral du test *TOEFL iBT*® :

1. Exercices d'écoute pour une compréhension de base

- Diversifiez votre vocabulaire à l'aide de fiches.
- Mettez l'accent sur le contenu et son organisation. Ne vous laissez pas distraire par le style du locuteur.
- Anticipez ce que va dire quelqu'un afin d'améliorer votre concentration, et pour modifier vos hypothèses en fonction des informations entendues.
- Écoutez attentivement en vous posant des questions (par exemple, quelle idée principale le professeur essaie-t-il de communiquer ?).
- Sur trois brouillons différents, écrivez les mots suivants : *« main idea »* (idée principale), *« main points »* (points principaux) et *« important details »* (précisions importantes). Écoutez attentivement et prenez des notes pendant l'écoute de l'extrait audio. Écoutez à nouveau autant de fois que nécessaire, jusqu'à ce que vous ayez noté toutes les informations pertinentes.
- Écoutez l'extrait d'un cours magistral ou d'une conférence, puis écrivez un bref résumé des points les plus importants. Augmentez progressivement le nombre de résumés que vous faites.

2. Exercices d'écoute pour une compréhension pragmatique

- Pensez à l'objectif de chaque locuteur lorsque vous écoutez les extraits. Est-ce que la personne s'excuse ? Se plaint ? Fait des recommandations ?
- Soyez attentif à la façon dont chacun parle. Le registre est-il familier ou formel ? Les locuteurs sont-ils confiants ? Le ton de la voix est-il calme ou chargé d'émotion ? Quelles conclusions tirez-vous sur le ton ?
- Notez le degré de certitude du locuteur. Présente-t-il les informations de manière convaincante ? Le ton de la voix indique-t-il quelque chose sur le degré de certitude du locuteur ?
- Regardez la télévision ou des films comiques. Soyez attentif à l'intonation et à l'accent tonique, qui vous permettent de mieux comprendre la signification.
- Regardez la télévision ou des films. Soyez attentif à la façon dont les personnages expriment leur désaccord, ou à la façon indirecte dont ils font des suggestions pour ne pas heurter les sensibilités d'un autre personnage.

3. Exercices d'écoute pour une compréhension analytique

- Pensez à la façon dont le cours est organisé. Soyez attentif aux mots clés qui marquent les transitions dans l'extrait : l'introduction, les idées principales, les exemples, la conclusion/la récapitulation.
- Identifiez le rapport entre les idées entendues dans l'extrait audio. Par exemple, l'accent est-il mis sur le rapport entre cause/effet, comparaison/contraste, ou les différentes étapes d'un processus ?
- Soyez attentif aux mots de transition. Ils démontrent des liens entre les idées.
- Lorsque vous écoutez des extraits audio, n'hésitez pas à mettre l'enregistrement en pause à différents endroits, puis essayez de deviner quelle information ou idée va suivre.
- Faites un plan des informations soit pendant, soit après avoir écouté l'extrait.

ASTUCE POUR LE JOUR DE L'EXAMEN

- Prenez des notes pendant que vous écoutez. Seule votre capacité à analyser certaines informations sera testée, donc il ne faut pas essayer de tout noter dans le moindre détail. Après l'examen, le brouillon où vous avez pris vos notes sera ramassé et détruit avant votre départ du centre d'examen.
- Lorsque vous écoutez un cours, soyez attentif aux nouveaux mots et concepts introduits par le professeur. Ces éléments peuvent être écrits sur le tableau et font partie du test.
- Soyez attentif à la façon dont le cours est organisé et comment les idées y sont liées les unes aux autres.
- Une fois que vous avez choisi la meilleure réponse, l'ordinateur vous demandera de confirmer ce choix. Après avoir cliqué sur **OK**, vous passerez automatiquement à la question suivante.
- Il faut répondre aux questions de compréhension orale dans l'ordre. Une fois que vous cliquez sur **OK**, vous ne pouvez plus revenir à la question précédente.

ENTRAÎNEMENT 1

COMPRÉHENSION ORALE

Now listen to Track 1 on the DVD.

QUESTIONS

Directions: *Mark your answer by filling in the oval next to your choice.*

1. Why does the man go to see his professor?

- ▢ To borrow some charts and graphs from her.
- ▢ To ask her to explain some statistical procedures.
- ▢ To talk about a report he is writing.
- ▢ To discuss a grade he got on a paper.

2. What information will the man include in his report?

For each phrase below, place a check mark in the "Include" column or the "Not Include" column.

	Include in Report	Not Include in Report
Climate charts		
Interviews with meteorologists		
Journal notes		
Statistical tests		

3. Why does the professor tell the man about the appointment at the doctor's office?

- ▢ To demonstrate a way of remembering things.
- ▢ To explain why she needs to leave soon.
- ▢ To illustrate a point that appears in his report.
- ▢ To emphasize the importance of good health.

4. What does the professor offer to do for the man?

- ▢ Help him collect more data in other areas of the state.
- ▢ Submit his research findings for publication.
- ▢ Give him the doctor's telephone number.
- ▢ Review the first version of his report.

5. *Listen again to part of the conversation by playing Track 2.*

   Then answer the question.

   Why does the professor say this?

- ▢ To question the length of the paper.
- ▢ To offer encouragement.
- ▢ To dispute the data sources.
- ▢ To explain a theory.

RÉPONSES ET EXPLICATIONS DE L'ENTRAÎNEMENT N° 1

Track 1 Listening Script

Narrator

Listen to a conversation between a student and a professor.

Student

Uh, excuse me, Professor Thompson. I know your office hours are tomorrow, but I was wondering if you had a few minutes free now to discuss something.

Professor

Sure, John. What did you wanna talk about?

Student

Well, I have some quick questions about how to write up the research project I did this semester—about climate variations.

Professor

Oh, yes. You were looking at variations in climate in the Grant City area, right? How far along have you gotten?

Student

I've got all my data, so I'm starting to summarize it now, preparing graphs and stuff. But I'm just… I'm looking at it and I'm afraid that it's not enough, but I'm not sure what else to put in the report.

Professor

I hear the same thing from every student. You know, you have to remember now that you're the expert on what you've done. So think about what you'd need to include if you were going to explain your research project to someone with general or casual knowledge about the subject, like... like your parents. That's usually my rule of thumb: would my parents understand this?

Student

OK. I get it.

Professor

I hope you can recognize by my saying that how much you do know about the subject.

Student

Right. I understand. I was wondering if I should also include the notes from the research journal you suggested I keep?

Professor

Yes, definitely. You should use them to indicate what your evolution in thought was through time. So just set up, you know, what was the purpose of what you were doing—to try to understand the climate variability of this area—and what you did, and what your approach was.

Student

OK. So, for example, I studied meteorological records; I looked at climate charts; I used different methods for analyzing the data, like certain statistical tests; and then I discuss the results. Is that what you mean?

Professor

Yes, that's right. You should include all of that. The statistical tests are especially important. And also be sure you include a good reference section where all your published and unpublished data came from, 'cause you have a lot of unpublished climate data.

Student

Hmm... something just came into my mind and went out the other side.

Professor

That happens to me a lot, so I've come up with a pretty good memory management tool. I carry a little pad with me all the time and jot down questions or ideas that I don't wanna forget. For example, I went to the doctor with my daughter and her baby son last week, and we knew we wouldn't remember everything we wanted to ask the doctor, so we actually made a list of five things we wanted answers to.

Student

A notepad is a good idea. Since I'm so busy now at the end of the semester, I'm getting pretty forgetful these days. OK. I just remembered what I was trying to say before.

Professor

Good. I was hoping you'd come up with it.

Student

Yes. It ends up that I have data on more than just the immediate Grant City area, so I also included some regional data in the report. With everything else it should be a pretty good indicator of the climate in this part of the state.

Professor

Sounds good. I'd be happy to look over a draft version before you hand in the final copy, if you wish.

Student

Great. I'll plan to get you a draft of the paper by next Friday. Thanks very much. Well, see ya.

Professor

OK.

Réponses et explications

1. ❸ C'est une question d'information factuelle. L'étudiant dit : *« I have some quick questions about how to write up the research project I did this semester. »* Il va rédiger un rapport sur son projet, mais il n'est pas sûr de ce qu'il va dire. Le choix 3 est la bonne réponse.
2. Cette question est facile à reconnaître, il s'agit d'une question d'analyse de contenu. L'étudiant et la professeur sont en train de discuter de plusieurs sources d'informations que l'étudiant a utilisées dans son étude sur les variations climatiques. Ils ne discutent pas d'entretiens avec un météorologue, même s'ils mentionnent, en effet, d'autres types de conversations, par exemple la discussion qu'a le professeur avec le médecin de son petit-fils. Voici le corrigé du tableau correctement rempli :

For each phrase below, place a check mark in the "Include" column or the "Not Include" column.

	Include in Report	Not Include in Report
Climate charts	✓	
Interviews with meteorologists		✓
Journal notes	✓	
Statistical tests	✓	

3. ❶ C'est une question de compréhension fonctionnelle. Le choix 1 est la bonne réponse. L'objectif de la professeur (quand elle fait mention du cabinet médical) est de montrer à l'étudiant que la prise de notes peut être utile. L'étudiant a oublié la question qu'il voulait poser à la professeur. Quand elle a parlé au médecin, la professeur a noté toutes ses questions à l'avance, de sorte qu'elle ne les a pas oubliées. Elle donne en exemple le cabinet médical afin de donner un exemple d'une stratégie pour mieux se souvenir des informations.
4. ❹ C'est une question d'analyse de détails. La discussion se termine lorsque le professeur propose de relire l'ébauche (*« look over a draft version »*) de l'étudiant.
5. ❷ C'est une question de compréhension fonctionnelle. La question vous demande de réécouter cette partie de la conversation :

Professor

You know, you have to remember now that you're the expert on what you've done. So think about what you'd need to include if you were going to explain your research project to someone with general or casual knowledge about the subject, like… like your parents. That's usually my rule of thumb: would my parents understand this?

Student

OK. I get it.

Professor

I hope you can recognize by my saying that how much you do know about the subject.

Ensuite, on vous demande des précisions sur la phrase suivante :

Narrator

Why does the professor say this:

Professor

I hope you can recognize by my saying that how much you do know about the subject.

L'étudiant n'est pas sûr de l'organisation des informations dans son rapport. La professeur essaie d'aider l'étudiant à être confiant lorsqu'il s'exprime. Donc le choix 2, *« To offer encouragement »*, est la bonne réponse.

ENTRAÎNEMENT 2 COMPRÉHENSION ORALE

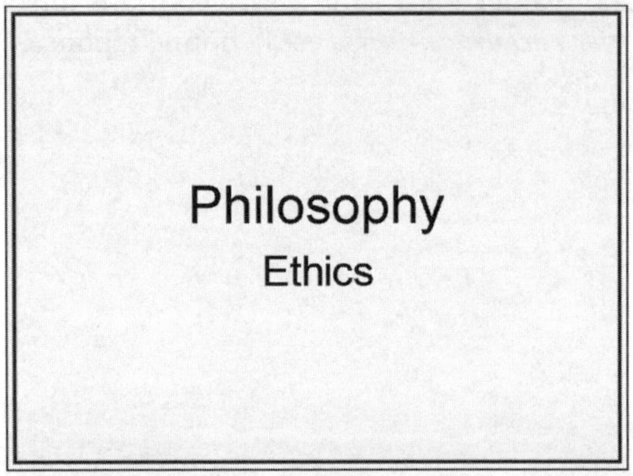

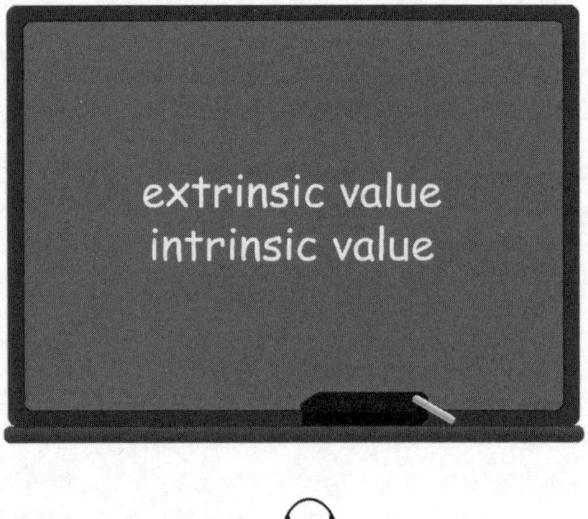

Now listen to Track 3 on the DVD.

QUESTIONS

Directions: *Mark your answer by filling in the oval next to your choice.*

1. What is the main purpose of the lecture?

☐ To illustrate the importance of extrinsic values.
☐ To explain Aristotle's views about the importance of teaching.
☐ To explain why people change what they value.
☐ To discuss Aristotle's views about human happiness.

2. The professor gives examples of things that have value for her. Indicate for each example what type of value it has for her.

Place a check mark in the correct box. **This question is worth 2 points.**

	Only Extrinsic Value	**Only Intrinsic Value**	**Both Extrinsic and Intrinsic Value**
Teaching			
Exercise			
Healt			
Playing a musical instrument			

3. Why is happiness central to Aristotle's theory?

☐ Because it is so difficult for people to attain.
☐ Because it is valued for its own sake by all people.
☐ Because it is a means to a productive life.
☐ Because most people agree about what happiness is.

4. According to the professor, why does Aristotle think that fame cannot provide true happiness?

☐ Fame cannot be obtained without help from other people.
☐ Fame cannot be obtained by all people.
☐ Fame does not last forever.
☐ People cannot share their fame with other people.

5. *Listen again to part of the lecture by playing Track 4.*

Then answer the question.

What does the professor mean when she says this?

☐ Teaching is not a highly valued profession in society.
☐ She may change professions in order to earn more money.
☐ The reason she is a teacher has little to do with her salary.
☐ More people would become teachers if the salary were higher.

RÉPONSES ET EXPLICATIONS DE L'ENTRAÎNEMENT N° 2

Track 3 Listening Script

Narrator

Listen to part of a lecture in a philosophy class.

Professor

OK. Another ancient Greek philosopher we need to discuss is Aristotle—Aristotle's ethical theory. What Aristotle's ethical theory is all about is this: he's trying to show you how to be happy—what true happiness is.

Now, why is he interested in human happiness? It's not just because it's something that all people want or aim for. It's more than that. But to get there, we need to first make a very important distinction. Let me introduce a couple of technical terms: extrinsic value and intrinsic value.

To understand Aristotle's interest in happiness, you need to understand this distinction.

Some things we aim for and value, not for themselves, but for what they bring about in addition to themselves. If I value something as a means to something else, then it has what we will call "extrinsic value." Other things we desire and hold to be valuable for themselves alone. If we value something not as a means to something else, but for its own sake, let us say that it has "intrinsic value."

Exercise. There may be some people who value exercise for itself, but I don't. I value exercise because if I exercise, I tend to stay healthier than I would if I didn't. So I desire to engage in exercise, and I value exercise extrinsically… not for its own sake, but as a means to something beyond it. It brings me good health.

Health. Why do I value good health? Well, here it gets a little more complicated for me. Um, health is important for me because I can't… do other things I wanna do—play music, teach philosophy—if I'm ill. So health is important to me—has value to me—as a means to a productive life. But health is also important to me because I just kind of like to be healthy—it feels good. It's pleasant to be healthy, unpleasant not to be. So to some degree I value health both for itself and as a means to something else: productivity. It's got extrinsic and intrinsic value for me.

Then there's some things that are just valued for themselves. I'm a musician, not a professional musician; I just play a musical instrument for fun. Why do I value playing music? Well, like most amateur musicians, I only play because, well, I just enjoy it. It's something that's an end in itself.

Now, something else I value is teaching. Why? Well, it brings in a modest income, but I could make more money doing other things. I'd do it even if they didn't pay me. I just enjoy teaching. In that sense it's an end to itself.

But teaching's not something that has intrinsic value for all people—and that's true generally. Most things that are enjoyed in and of themselves vary from person to person. Some people value teaching intrinsically, but others don't.

So how does all this relate to human happiness? Well, Aristotle asks: is there something that all human beings value… and value only intrinsically, for its own sake and only for its own sake? If you could find such a thing, that would be the universal final good, or truly the ultimate purpose or goal for all human beings. Aristotle thought the answer was yes. What is it? Happiness. Everyone will agree, he argues, that happiness is the ultimate end to be valued for itself and really only for itself. For what other purpose is there in being happy? What does it yield? The attainment of happiness becomes the ultimate or highest good for Aristotle.

The next question that Aristotle raises is: what is happiness? We all want it; we all desire it; we all seek it. It's the goal we have in life. But what is it? How do we find it? Here he notes, with some frustration, people disagree.

But he does give us a couple of criteria, or features, to keep in mind as we look for what true human happiness is. True human happiness should be, as he puts it, complete. Complete in that it's all we require. Well, true human happiness… if you had that, what else do you need? Nothing.

And, second, true happiness should be something that I can obtain on my own. I shouldn't have to rely on other people for it. Many people value fame and seek fame. Fame for them becomes the goal. But, according to Aristotle, this won't work either, because fame depends altogether too much on other people. I can't get it on my own, without help from other people.

In the end, Aristotle says that true happiness is the exercise of reason—a life of intellectual contemplation… of thinking. So let's see how he comes to that.

Réponses et explications

1. ❹ C'est une question d'intention. La professeur explique la différence entre la valeur intrinsèque et extrinsèque, mais quelle est son intention ? « *To understand Aristotle's interest in happiness, you need to understand this distinction* [extrinsèque et intrinsèque]. » Le choix 4, « *To discuss Aristotle's views about human happiness* », démontre l'intention de la professeur, donc c'est la bonne réponse.
2. Cette question est facile à reconnaître, il s'agit d'une question d'analyse de contenu. La professeur donne des exemples de certaines activités, et se demande si elles ont une valeur intrinsèque, une valeur extrinsèque, ou les deux. Les raisons qu'elle donne pour expliquer l'importance de l'exercice physique sont : la santé et la capacité à jouer d'un instrument de musique. Cela est clair et explicite. Il est évident que la professeur attache une valeur intrinsèque à l'enseignement, mais elle admet que d'autres peuvent avoir un point de vue différent. La question porte sur la nature de la valeur qu'elle attache à différentes activités. Le tableau correctement rempli ressemble à ceci :

	Only Extrinsic Value	Only Intrinsic Value	Both Extrinsic and Intrinsic Value
Teaching		✓	
Exercise	✓		
Healt			✓
Playing a musical instrument		✓	

3. ❷ C'est une question d'analyse de détails. La professeur répond à la question en disant : « *Everyone will agree, he [Aristotle] argues, that happiness is the ultimate end to be valued for itself and really only for itself.* » Le choix 2 est la bonne réponse à cette question. Remarquez que cette question d'analyse de détails est directement liée à l'idée principale du passage.

4. ❶ C'est une autre question d'analyse de détails qui n'est pas vraiment liée à l'idée principale de la question précédente. À la fin du passage, la professeur compare le bonheur et la célébrité. Elle dit : « *According to Aristotle, this won't work either, because fame depends altogether too much on other people. I can't get it on my own.* » Le choix 1 est la bonne réponse.

5. ❸ C'est une question de compréhension fonctionnelle. La professeur parle de l'enseignement pour souligner sa valeur intrinsèque. Par conséquent, le choix 3 est la bonne réponse. La raison pour laquelle elle est professeur n'a rien à voir avec l'argent. Le salaire est une valeur extrinsèque, mais elle n'attache pas de valeur à l'enseignement pour le salaire qu'elle perçoit.

ENTRAÎNEMENT 3

COMPRÉHENSION ORALE

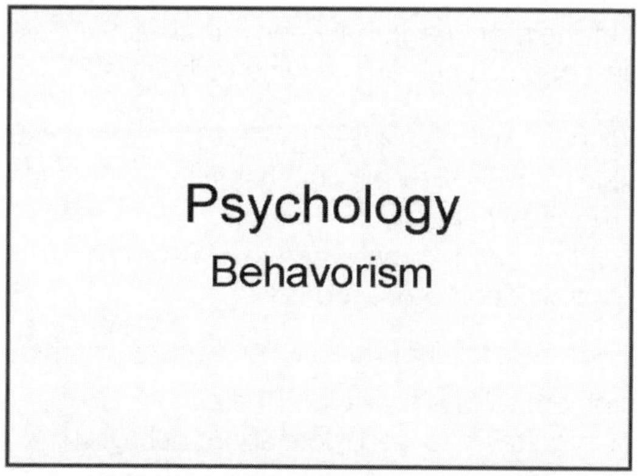

Now listen to Track 5 on the DVD.

QUESTIONS

Directions: *Mark your answer by filling in the oval next to your choice.*

1. What is the professor mainly discussing?

- ▢ The development of motor skills in children.
- ▢ How psychologists measure muscle activity in the throat.
- ▢ A theory about the relationship between muscle activity and thinking.
- ▢ A study on deaf people's problem-solving techniques.

2. What does the professor say about people who use sign language?

- ▢ It is not possible to study their thinking habits.
- ▢ They exhibit laryngeal habits.
- ▢ The muscles in their hands move when they solve problems.
- ▢ They do not exhibit ideomotor action.

3. What point does the professor make when he refers to the university library?

- ▢ A study on problem solving took place there.
- ▢ Students should go there to read more about behaviorism.
- ▢ Students' eyes will turn toward it if they think about it.
- ▢ He learned about William James's concept of thinking there.

4. The professor describes a magic trick to the class. What does the magic trick demonstrate?

- ▢ An action people make that they are not aware of.
- ▢ That behaviorists are not really scientists.
- ▢ How psychologists study children.
- ▢ A method for remembering locations.

5. What is the professor's opinion of the motor theory of thinking?

- ▢ Most of the evidence he has collected contradicts it.
- ▢ It explains adult behavior better than it explains child behavior.
- ▢ It is the most valid theory of thinking at the present time.
- ▢ It cannot be completely proved or disproved.

6. *Listen again to part of the lecture by playing Track 6.*
   Then answer the question.

   Why does the professor say this?

- ▢ To give an example of a laryngeal habit.
- ▢ To explain the meaning of a term.
- ▢ To explain why he is discussing laryngeal habits.
- ▢ To remind students of a point he had discussed previously.

RÉPONSES ET EXPLICATIONS DE L'ENTRAÎNEMENT N° 3

Track 5 Listening Script

Narrator

Listen to part of a psychology lecture. The professor is discussing behaviorism.

Professor

Now, many people consider John Watson to be the founder of behaviorism. And like other behaviorists, he believed that psychologists should study only the behaviors they can observe and measure. They're not interested in mental processes. While a person could describe his thoughts, no one else can see or hear them to verify the accuracy of his report. But one thing you can observe is muscular habits. What Watson did was to observe muscular habits because he viewed them as a manifestation of thinking. One kind of habit that he studied are laryngeal habits.

Watson thought laryngeal habits—you know, from larynx; in other words, related to the voice box—he thought those habits were an expression of thinking. He argued that for very young children, thinking is really talking out loud to oneself because they talk out loud even if they're not trying to communicate with someone in particular. As the individual matures, that overt talking to oneself becomes covert talking to oneself, but thinking still shows up as a laryngeal habit. One of the bits of evidence that supports this is that when people are trying to solve a problem, they, um, typically have increased muscular activity in the throat region. That is, if you put electrodes on the throat and measure muscle potential—muscle activity—you discover that when people are thinking, like if they're diligently trying to solve a problem, that there is muscular activity in the throat region.

So Watson made the argument that problem solving, or thinking, can be defined as a set of behaviors—a set of responses—and in this case the response he observed was the throat activity. That's what he means when he calls it a laryngeal habit. Now, as I am thinking about what I am going to be saying, my muscles in my throat are responding. So thinking can be measured as muscle activity. Now, the motor theory... yes?

Student

Professor Blake, um, did he happen to look at people who sign? I mean deaf people?

Professor

Uh, he did indeed, um, and to jump ahead, what one finds in deaf individuals who use sign language when they're given problems of various kinds, they have muscular changes in their hands when they are trying to solve a problem... muscle changes in the hand, just like the muscular changes going on in the throat region for speaking individuals.

So, for Watson, thinking is identical with the activity of muscles. A related concept of thinking was developed by William James. It's called ideomotor action.

Ideomotor action is an activity that occurs without our noticing it, without our being aware of it. I'll give you one simple example. If you think of locations, there tends to be eye movement that occurs with your thinking about that location. In particular, from where we're sitting, imagine that you're asked to think of our university library. Well, if you close your eyes and think of the library, and if you're sitting directly facing me, then according to this notion, your eyeballs will move slightly to the left, to your left, 'cause the library's in that general direction.

James and others said that this is an idea leading to a motor action, and that's why it's called "ideomotor action"—an idea leads to motor activity. If you wish to impress your friends and relatives, you can change this simple process into a magic trick. Ask people to do something such as I've just described: think of something on their left; think of something on their right. You get them to think about two things on either side with their eyes closed, and you watch their eyes very carefully. And if you do that, you'll discover that you can see rather clearly the eye movement—that is, you can see the movement of the eyeballs. Now, then you say, "Think of either one and I'll tell which you're thinking of."

OK. Well, Watson makes the assumption that muscular activity is equivalent to thinking. But given everything we've been talking about here, one has to ask: are there alternatives to this motor theory—this claim that muscular activities are equivalent to thinking? Is there anything else that might account for this change in muscular activity, other than saying that it is thinking? And the answer is clearly yes. Is there any way to answer the question definitively? I think the answer is no.

Réponses et explications

1. ❸ C'est une question d'information factuelle. Le professeur parle de deux activités musculaires : la contraction du larynx et l'activité idéomotrice, et la façon dont elles sont liées à la pensée. Le choix 3, « *A theory about the relationship between muscle activity and thinking* », est la bonne réponse. Les autres choix sont mentionnés par le professeur, mais ils ne correspondent pas au sujet principal de la discussion.

2. ❸ C'est une question d'analyse de détails. Le professeur répond à un étudiant qui pose une question sur les gens qui utilisent la langue des signes. Il dit : « *They have muscular changes in their hands… just like the muscular changes going on in the throat region for speaking individuals.* » Le choix 3 est la bonne réponse. Cette question d'analyse de détails est liée à l'idée principale du passage, car les deux portent sur le lien entre les contractions musculaires et la pensée.

3. ❸ C'est une question d'organisation. Le professeur parle de l'activité musculaire des yeux après avoir demandé aux étudiants de réfléchir au bâtiment où se trouve la bibliothèque. La question porte sur la conclusion qui en est tirée. Le choix 3, « *Students' eyes will turn toward it if they think about it* », est la bonne réponse.

4. ❶ C'est une question d'analyse de contenu. Pour répondre correctement à la question, il faut comprendre que le tour de magie que décrit le professeur est une « *ideomotor activity* » (activité idéomotrice) qui se produit sans que l'on s'en aperçoive, et à notre insu : « *Occurs without our noticing it, without our being aware of it.* » Le choix 1 est la bonne réponse.

5. ❹ C'est une question de compréhension d'attitude car elle interroge sur l'avis du professeur. Le professeur exprime son avis à la fin du cours. Il dit qu'il peut y avoir d'autres théories, mais qu'il n'est pas possible de répondre à la question de

façon définitive. Le choix 4, « *It cannot be completely proved or disproved* », est la bonne réponse.

6. ❷ C'est une question de compréhension fonctionnelle. Le professeur introduit un terme inhabituel : « *laryngeal habits* ». Ensuite, il dit : « *You know, from larynx; in other words, related to the voice box.* » Son explication brève vise à aider les étudiants à comprendre le terme « *laryngeal habits* ». Donc, le choix 2 est la bonne réponse.

ENTRAÎNEMENT

4 COMPRÉHENSION ORALE

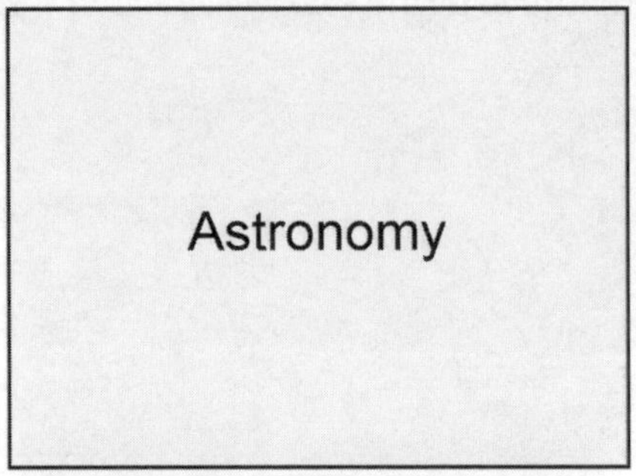

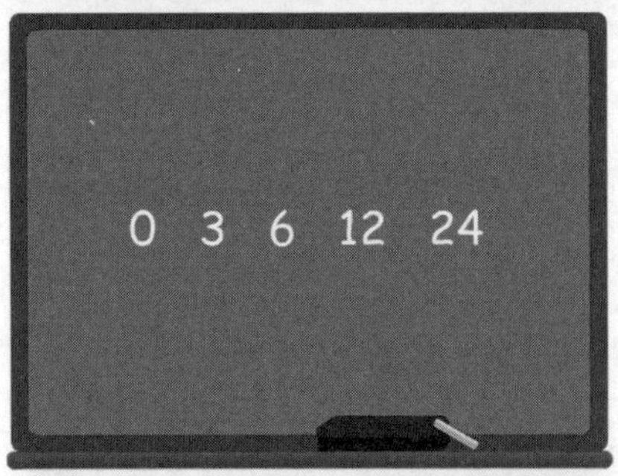

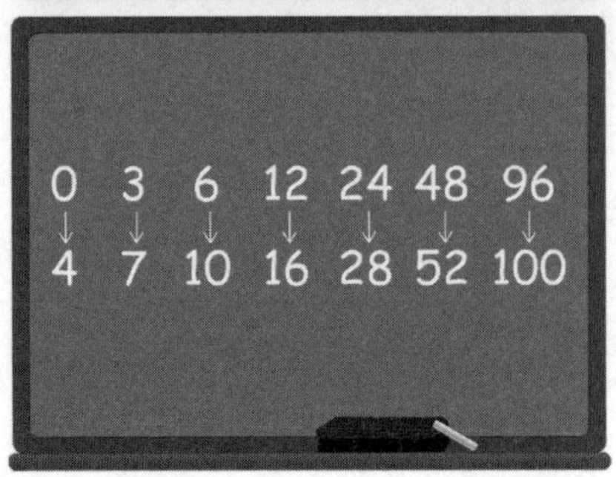

4 7 10 16 28 52 100
0.4 0.7 1.0 1.6 2.8 5.2 10.0

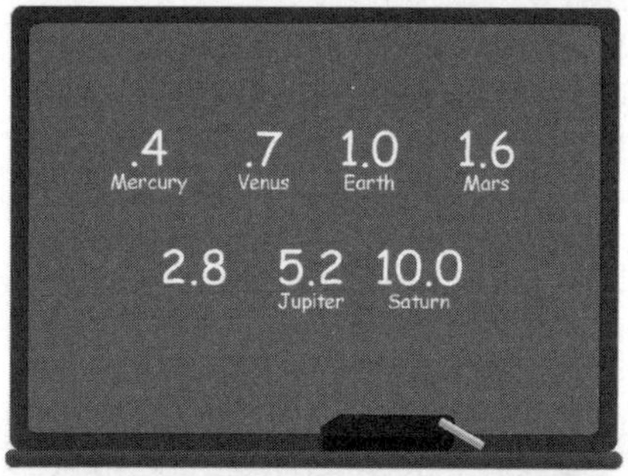
.4 Mercury
.7 Venus
1.0 Earth
1.6 Mars
2.8
5.2 Jupiter
10.0 Saturn

Bode's Law

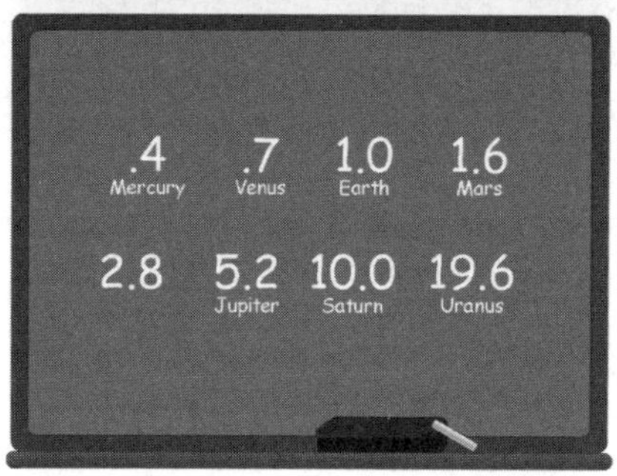
.4 Mercury
.7 Venus
1.0 Earth
1.6 Mars
2.8
5.2 Jupiter
10.0 Saturn
19.6 Uranus

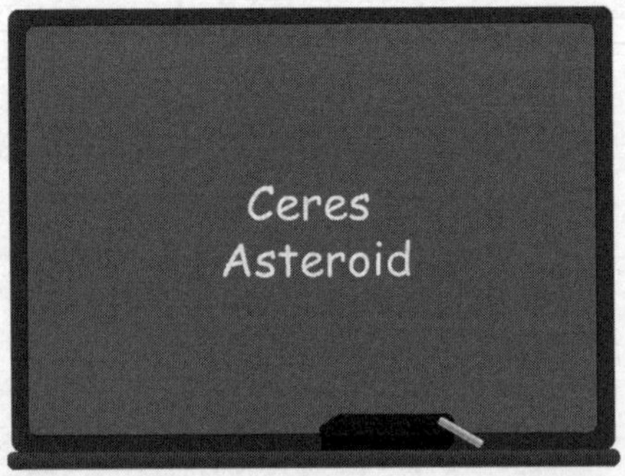

Now listen to Track 7 on the DVD.

QUESTIONS

Directions: *Mark your answer by filling in the oval or square next to your choice.*

1. What is Bode's Law?

- ▢ A law of gravitation.
- ▢ An estimate of the distance between Mars and Jupiter.
- ▢ A prediction of how many asteroids there are.
- ▢ A pattern in the spacing of planets.

2. Why does the professor explain Bode's Law to the class?

- ▢ To describe the size of the asteroids.
- ▢ To explain how the asteroid belt was discovered.
- ▢ To explain how gravitational forces influence the planets.
- ▢ To describe the impact of telescopes on astronomy.

3. How does the professor introduce Bode's Law?

- ▢ By demonstrating how it is derived mathematically.
- ▢ By describing the discovery of Uranus.
- ▢ By drawing attention to the inaccuracy of a certain pattern.
- ▢ By telling the names of several of the asteroids.

4. According to the professor, what two factors contributed to the discovery of the asteroid Ceres? *Choose 2 answers.*

- ▢ Improved telescopes.
- ▢ Advances in mathematics.
- ▢ The discovery of a new star.
- ▢ The position of Uranus in a pattern.

5. What does the professor imply about the asteroid belt?

- ▢ It is farther from the Sun than Uranus.
- ▢ Bode believed it was made up of small stars.
- ▢ It is located where people expected to find a planet.
- ▢ Ceres is the only one of the asteroids that can be seen without a telescope.

6. *Listen again to part of the lecture by playing Track 8. Then answer the question.*

   Why does the professor say this?

- ▢ To introduce an alternative application of Bode's Law.
- ▢ To give an example of what Bode's Law cannot explain.
- ▢ To describe the limitations of gravitational theory.
- ▢ To contrast Bode's Law with a real scientific law.

RÉPONSES ET EXPLICATIONS DE L'ENTRAÎNEMENT N° 4

Track 7 Listening Script

Narrator

Listen to part of a lecture in an astronomy class. You will not need to remember the numbers the professor mentions.

Professor

OK. Let's get going. Today I'm going to talk about how the asteroid belt was discovered. And… I'm going to start by writing some numbers on the board. Here they are: we'll start with zero, then 3,… 6,… 12. Uh, tell me what I'm doing.

Female Student

Multiplying by 2?

Professor

Right. I'm doubling the numbers, so 2 times 12 is 24, and the next one I'm going to write after 24 would be…

Female Student

48.

Professor

48. Then 96. We'll stop there for now. Uh, now I'll write another row of numbers under that. Tell me what I'm doing: 4, 7, 10… How am I getting this second row?

Male Student

Adding 4 to the numbers in the first row.

Professor

I'm adding 4 to each number in the first row to give you a second row. So the last two will be 52, 100, and now tell me what I'm doing.

Female Student

Putting in a decimal?

Professor

Yes, I divided all those numbers by 10 by putting in a decimal point. Now I'm going to write the names of the planets under the numbers. Mercury… Venus… Earth… Mars.

So, what do the numbers mean? Do you remember from the reading?

Male Student

Is it the distance of the planets from the Sun?

Professor

Right. In astronomical units—not perfect, but tantalizingly close. The value for Mars is off by… 6 or 7 percent or so. It's… but it's within 10 percent of the average distance to Mars from the Sun. But I kind of have to skip the one after Mars for now. Then Jupiter's right there at 5-point something, and then Saturn is about 10 astronomical units from the Sun. Um, well, this pattern is known as Bode's Law.

Um, it isn't really a scientific law, not in the sense of predicting gravitation mathematically or something, but it's attempting a pattern in the spacing of the planets, and it was noticed by Bode hundreds of years ago. Well, you can imagine that there was some interest in why the 2.8 spot in the pattern was skipped, and um… but there wasn't anything obvious there, in the early telescopes. Then what happened in the late 1700s? The discovery of…?

Female Student

Another planet?

Professor

The next planet out, Uranus—after Saturn.

And look, Uranus fits in the next spot in the pattern pretty nicely, um, not perfectly, but close. And so then people got really excited about the validity of this thing and finding the missing object between Mars and Jupiter. And telescopes, remember, were getting better. So people went to work on finding objects that would be at that missing distance from the Sun, and then in 1801, the object Ceres was discovered.

And Ceres was in the right place—the missing spot. Uh, but it was way too faint to be a planet. It looked like a little star. Uh, and because of its starlike appearance, um, it was called an "asteroid." OK? Aster is Greek for "star," as in astronomy. Um, and so, Ceres was the first and is the largest of what became many objects discovered at that same distance. Not just one thing, but all the objects found at that distance form the asteroid belt. So the asteroid belt is the most famous success of this Bode's Law. That's how the asteroid belt was discovered.

Réponses et explications

1. ❹ C'est une question d'analyse de détails. Bien que le passage entier porte sur la question *« What is Bode's Law? »*, le professeur y répond précisément quand il dit : *« It's attempting a pattern in the spacing of the planets. »* Donc la bonne réponse à cette question est le choix 4.

2. ❷ C'est une question d'intention. Généralement, les détails sur lesquels ce type de questions interrogent ne sont pas très explicites dans le passage. Mais dans le cas présent, le professeur parle de son intention à deux reprises. À un moment, il dit : *« Today I'm going to talk about how the asteroid belt was discovered »*, puis

il déclare : « *That's how the asteroid belt was discovered.* » Le choix 2 est donc la bonne réponse.

3. ❶ C'est une question d'organisation. D'abord, le professeur parle de la répétition de certains nombres avant d'expliquer la loi de Bode et ce que signifient les répétitions. Le choix 1 est donc la bonne réponse à cette question.

4. ❶ ❹ C'est une question d'analyse de détails. Notez qu'il y a deux bonnes réponses pour cette question. Le professeur explique : « *Uranus fits in the next spot in the pattern pretty nicely* », « *and telescopes were getting better… and then in 1801, the object Ceres was discovered* ». Les choix 1 et 4 sont de bonnes réponses. Les avancées dans le domaine des mathématiques ainsi que la découverte d'une nouvelle étoile ne sont pas mentionnées par le professeur.

5. ❸ C'est une question de déduction. On comprend bien que les astronomes étaient à la recherche d'une nouvelle planète dans le passage où le professeur dit : « *There was some interest in why the 2.8 spot in the pattern was skipped… there wasn't anything obvious tuer.* » Il dit plus tard : « *Ceres was in the right place… but it was way too faint to be a planet.* » Il en ressort clairement que les astronomes s'attendaient à trouver une nouvelle planète. Donc le choix 3 est la bonne réponse.

6. ❹ C'est une question de réécoute et de compréhension fonctionnelle. Le modèle que décrit le professeur s'appelle la loi de Bode. Le professeur souligne la façon dont la loi de Bode est différente d'autres lois scientifiques. Le choix 4 est la bonne réponse à cette question.

ENTRAÎNEMENT 5

COMPRÉHENSION ORALE

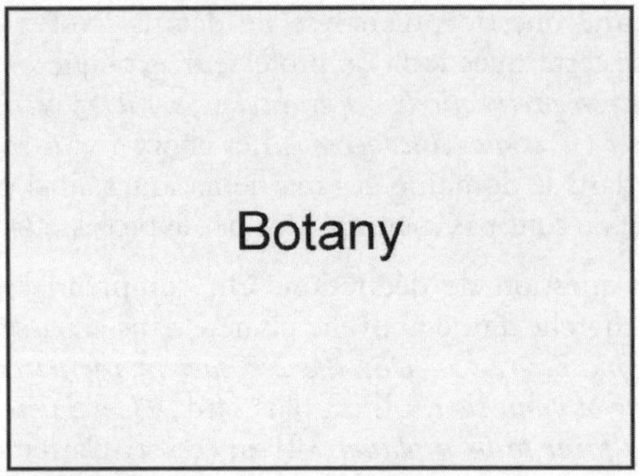

Now listen to Track 9 on the DVD.

QUESTIONS

Directions: *Mark your answer by filling in the oval or square next to your choice.*

1. What aspect of Manila hemp fibers does the professor mainly describe in the lecture?

- ☐ Similarities between cotton fibers and Manila hemp fibers.
- ☐ Various types of Manila hemp fibers.
- ☐ The economic importance of Manila hemp fibers.
- ☐ A use of Manila hemp fibers.

2. What does the professor imply about the name "Manila hemp"?

- ☐ It is a commercial brand name.
- ☐ Part of the name is inappropriate.
- ☐ The name has recently changed.
- ☐ The name was first used in the 1940s.

3. Why does the professor mention the Golden Gate Bridge?

- ☐ To demonstrate a disadvantage of steel cables.
- ☐ To give an example of the creative use of color.
- ☐ To show that steel cables are able to resist salt water.
- ☐ To give an example of a use of Manila hemp.

4. According to the professor, what was the main reason that many ships used Manila hemp ropes instead of steel cables?

- ☐ Manila hemp was cheaper.
- ☐ Manila hemp was easier to produce.
- ☐ Manila hemp is more resistant to salt water.
- ☐ Manila hemp is lighter in weight.

5. According to the lecture, what are two ways to increase the strength of rope made from Manila hemp fibers? *Choose 2 answers.*

- ☐ Coat the fibers with zinc-based paint.
- ☐ Combine the fibers into bundles.
- ☐ Soak bundles of fibers in salt water.
- ☐ Twist bundles of fibers.

6. *Listen again to part of the lecture by playing Track 10.*
Then answer the question.

Why does the professor mention going away for the weekend?

- ☐ To tell the class a joke.
- ☐ To apologize for not completing some work.
- ☐ To introduce the topic of the lecture.
- ☐ To encourage students to ask about her trip.

RÉPONSES ET EXPLICATIONS DE L'ENTRAÎNEMENT N° 5

Track 9 Listening Script

Narrator

Listen to part of a lecture from a botany class.

Professor

Hi, everyone. Good to see you all today. Actually, I expected the population to be a lot lower today. It typically runs between 50 and 60 percent on the day the research paper is due. Um, I was hoping to have your exams back today, but, uh, the situation was that I went away for the weekend, and I was supposed to get in yesterday at five, and I expected to fully complete all the exams by midnight or so, which is the time that I usually go to bed, but my flight was delayed, and I ended up not getting in until one o'clock in the morning. Anyway, I'll do my best to have them finished by the next time we meet.

OK. In the last class, we started talking about useful plant fibers. In particular, we talked about cotton fibers, which we said were very useful, not only in the textile industry, but also in the chemical industry, and in the production of many products, such as plastics, paper, explosives, and so on. Today we'll continue talking about useful fibers, and we'll begin with a fiber that's commonly known as "Manila hemp."

Now, for some strange reason, many people believe that Manila hemp is a hemp plant. But Manila hemp is not really hemp. It's actually a member of the banana family—it even bears little banana-shaped fruits. The "Manila" part of the name makes sense, because Manila hemp is produced chiefly in the Philippine Islands, and, of course, the capital city of the Philippines is Manila.

Now, as fibers go, Manila hemp fibers are very long. They can easily be several feet in length and they're also very strong, very flexible. They have one more characteristic that's very important, and that is that they are exceptionally resistant to salt water. And this combination of characteristics—long, strong, flexible, resistant to salt water—makes Manila hemp a great material for ropes, especially for ropes that are gonna be used on oceangoing ships. In fact, by the early 1940s, even though steel cables were available, most ships in the United States Navy were not moored with steel cables; they were moored with Manila hemp ropes.

Now, why was that? Well, the main reason was that steel cables degrade very, very quickly in contact with salt water. If you've ever been to San Francisco, you know that the Golden Gate Bridge is red. And it's red because of the zinc paint that goes on those stainless steel cables. That, if they start at one end of the bridge and they work to the other end, by the time they finish, it's already time to go back and start painting the beginning of the bridge again, because the bridge was built with steel cables, and steel cables can't take the salt air unless they're treated repeatedly with a zinc-based paint.

On the other hand, plant products like Manila hemp, you can drag through the ocean for weeks on end. If you wanna tie your anchor to it and drop it right into the ocean, that's no problem, because plant fibers can stand up for months, even years, in direct contact with salt water. OK. So how do you take plant fibers that individually you could break with your hands and turn them into a rope that's strong enough to moor a ship that weighs thousands of tons? Well, what you do is extract these long fibers from the Manila hemp plant, and then you take several of these fibers, and you group them into a bundle, because by grouping the fibers, you greatly increase their breaking strength—that bundle of fibers is much stronger than any of the individual fibers that compose it. And then you take that bundle of fibers and you twist it a little bit, because by twisting it, you increase its breaking strength even more. And then you take several of these little bundles, and you group and twist them into bigger bundles, which you then group and twist into even bigger bundles, and so on, until eventually, you end up with a very, very strong rope.

Réponses et explications

1. ❹ C'est une question d'information factuelle car l'on vous demande d'identifier le sujet de discussion de la professeur. Cette question interroge sur un point précis de la discussion sur les fibres de chanvre de Manille. Ainsi, il s'agit d'une question plus précise que d'autres. La professeur parle principalement des caractéristiques du chanvre de Manille et de la façon dont son utilisation est bénéfique dans le secteur du transport maritime. Le choix 4 est donc la bonne réponse.

2. ❷ C'est une question de réécoute et de déduction. La professeur explique que le chanvre de Manille est cultivé principalement à proximité de Manille, d'où son nom. Cependant, le chanvre de Manille n'est pas du chanvre, donc le mot « *hemp* » n'est pas correct. Le choix 2 est la bonne réponse.

3. ❶ C'est une question d'organisation. La professeur mentionne le Golden Gate Bridge afin de faire une comparaison entre les câbles en acier du pont et les cordes faites en chanvre de Manille. Le fait que les câbles en acier doivent être constamment repeints est un inconvénient. Donc le choix 1 est la bonne réponse.

4. ❸ C'est une question d'analyse de détails. Elle est liée au sujet principal de la professeur sur le chanvre de Manille. La professeur dit que le chanvre de Manille est « *exceptionally resistant to salt water* ». Le cours porte principalement sur l'illustration et la justification de ce point. Le choix 3 est la bonne réponse.

5. ❷ ❹ Vers la fin du cours, la professeur explique comment les cordes en chanvre de Manille sont fabriquées. C'est là que se trouve la réponse à cette question d'analyse de détails. La professeur parle du tissage des fibres à travers un processus de torsion pour les rendre plus fortes. Notez que cette question a deux bonnes réponses : les choix 2 et 4.

6. ❷ C'est une question de compréhension fonctionnelle. La professeur dit qu'elle est partie en week-end, et qu'en raison d'un vol retardé, elle est rentrée en retard. Elle raconte cette histoire dans le but de présenter ses excuses pour ne pas avoir terminé la correction des examens. Le choix 2 est la bonne réponse à cette question.

4 EXPRESSION ORALE

Dans ce chapitre vous allez :

- connaître les 8 types de questions de la partie expression orale du *TOEF iBT®* ;
- apprendre comment votre expression orale sera évaluée ;
- maîtriser les astuces utiles pour répondre à chaque type de questions de la partie expression orale ;
- utiliser les meilleures stratégies pour préparer la partie expression orale.

La partie expression orale

La partie expression orale du *TOEFL iBT®* a été conçue pour évaluer les compétences d'expression orale des personnes dont la langue maternelle n'est pas l'anglais, mais qui souhaitent poursuivre leurs études universitaires dans un milieu anglophone. Comme pour toutes les autres parties du test *TOEFL iBT®*, la partie expression orale est administrée sur Internet.

Dans la partie expression orale, il vous sera demandé de prendre la parole sur une variété de sujets académiques qui s'appuient sur vos expériences personnelles en milieu universitaire. Il y a six questions. Les deux premières sont appelées « exercices d'expression libre », car elles vous interrogent sur vos propres idées, opinions ou expériences au moment de répondre.

Les quatre autres questions sont des « exercices d'expression transversale ». Pour réaliser ces exercices, vous devez écouter une conversation/un cours (ou lire un passage) et ensuite écouter une autre brève discussion ou extrait de cours, avant que l'on vous pose une question dessus. Ces questions sont appelées « exercices d'expression transversale » car elles testent vos diverses compétences linguistiques, la compréhension/expression orale, **ou** la compréhension orale et écrite + l'expression orale. À travers ces questions, il vous sera demandé de baser votre réponse orale sur les informations entendues dans la discussion/le cours, **ou** dans la discussion/le cours + un texte.

ASTUCE

- Pour chaque question, vous aurez 45 ou 60 secondes pour répondre. Ainsi, soyez attentif au temps imparti lorsque vous vous entraînez.

La partie expression orale dure environ 20 minutes. Le temps de réponse autorisé pour chaque question est de 45 ou 60 secondes. Pour les questions de compréhension orale, vous entendrez dans le casque de brefs exposés ou conversations. Les questions d'expression orale vous demandent de lire un extrait de texte qui s'affichera sur l'écran de votre ordinateur. Vous pouvez prendre des notes tout au long de la partie expression orale et ensuite les utiliser pour répondre aux questions. Pour chacune des six questions, on vous donnera un peu de temps pour préparer une réponse. Vous devez répondre à chacune des questions dans un microphone. Vos réponses seront ensuite enregistrées et envoyées dans un centre d'évaluation où elles seront entendues par une équipe de correcteurs expérimentés.

ASTUCE

- Familiarisez-vous avec la grille d'évaluation. Elle vous aidera à comprendre comment les réponses seront évaluées.

Vos réponses seront évaluées de manière globale. Cela signifie que l'évaluateur va écouter les différentes caractéristiques de votre réponse, puis vous attribuer un score basé sur la qualité générale de celle-ci. Bien que les critères de notation varient quelque peu en fonction de la question, les correcteurs seront attentifs aux aspects suivants :

- la forme : votre élocution. Les bonnes réponses sont celles où le discours est fluide et clair, avec une bonne prononciation, un rythme et une intonation naturels ;
- le niveau de langue : votre capacité à utiliser la grammaire et le vocabulaire pour exprimer vos idées avec efficacité. Les correcteurs mesurent votre capacité à passer des structures linguistiques simples aux plus complexes + utiliser un vocabulaire approprié ;
- le développement du sujet : votre capacité à bien répondre à la question et la cohérence avec laquelle vous présentez vos idées. Dans la majorité de bonnes réponses, le candidat a utilisé la plupart du temps imparti, voire la totalité. D'autre part, le rapport entre les idées et la transition d'une idée à l'autre sont clairs et faciles à suivre.

Il est important de noter que les correcteurs ne s'attendent pas à ce que votre réponse soit parfaite. Il peut y avoir quelques erreurs occasionnelles ou défaillances mineures dans les meilleures réponses relevant de l'une des trois catégories mentionnées ci-dessus.

Utilisez les rubriques d'expression orale libre/transversale aux pages 210-213 pour voir comment les réponses seront notées.

Questions d'expression orale

Les questions libres (questions 1 et 2)

Question 1

Pour cet exercice, il vous est demandé de parler d'une personne, d'un lieu, d'un objet ou d'un événement qui vous est familier. Vous avez 45 secondes pour donner une réponse. Les sujets sont divers, mais vous serez toujours invité à parler de votre expérience personnelle ou d'un autre sujet familier. Vous pouvez, par exemple, être interrogé sur un endroit que vous désirez visiter, un événement important dans votre vie, une personne qui vous a influencé, ou toute activité que vous appréciez.

ASTUCE

- Faites une liste de sujets familiers, et entraînez-vous à en parler. Vous pouvez commencer par décrire un lieu familier ou raconter une expérience personnelle, par exemple.

Cette question vous demandera soit de décrire quelque chose (par exemple, un événement important, une activité favorite, une personne influente), soit d'expliquer pourquoi l'événement était important, pourquoi l'activité est l'une de vos favorites, comment quelqu'un vous a influencé, et ainsi de suite. Assurez-vous de répondre à tous les énoncés présentés dans chaque question. Votre réponse doit comporter des détails précis et/ou des exemples, car ils rendront votre description instructive et clarifieront vos motivations.

ASTUCE

- Quand vous décrivez quelque chose, essayez d'éviter de présenter une longue liste d'éléments, car cela ne fera que réduire le temps dont vous disposez par la suite pour donner des réponses plus détaillées.

Une fois la question présentée, vous aurez 15 secondes pour préparer une réponse. Il est conseillé de prendre quelques notes sur ce que vous allez dire, n'essayez pas de rédiger une réponse intégrale à la question. Premièrement, vous n'aurez pas assez de temps, d'autre part, les évaluateurs cherchent à évaluer la qualité de votre *expression orale*, et non votre capacité à lire à haute voix. Vous pouvez prendre des notes durant le temps de préparation imparti, mais attention à ne pas en être trop dépendant quand vous énoncerez votre réponse.

Un narrateur lira la question à haute voix. Cette question restera à l'écran pendant que vous donnez votre réponse.

Exemple

Voici comment une question libre s'affichera sur votre écran d'ordinateur :

> 1. Choose a teacher you admire and explain why you admire him or her. Please include specific examples and details in your explanation.
>
> **Preparation Time: 15 Seconds**
>
> **Reponse Time: 45 Seconds**

Après avoir écouté la question, on vous dira quand vous pouvez commencer à préparer votre réponse. Après avoir lu la question, une horloge s'affichera sur votre écran. Elle fera un compte à rebours pendant 15 secondes (00:00:15) (« *Preparation Time* »). Au bout de 15 secondes, vous entendrez un bip, après quoi l'horloge indiquera le temps imparti pour donner votre réponse, et fera un compte à rebours pendant 45 secondes (00:00:45) (« *Response Time* »). L'enregistrement s'arrête automatiquement, puis un nouvel écran s'affiche pour vous avertir que le temps de réponse est écoulé.

ASTUCE

- Ne mémorisez pas une réponse toute faite avant le test, et surtout évitez les exemples de réponse que vous pouvez obtenir sur Internet, ou par des personnes qui vous disent que c'est une bonne idée. Ce n'est pas une bonne idée, et cela fera baisser votre score. Les correcteurs savent reconnaître les réponses mémorisées car le rythme, l'intonation, et même le contenu seront très différents d'une réponse spontanée. Les réponses mémorisées sont faciles à identifier.

Pour répondre à la question dans l'exemple, vous pouvez commencer par identifier brièvement l'enseignant dont vous allez parler, pas forcément en donnant son nom, mais en donnant assez d'informations pertinentes pour que le correcteur qui évalue votre réponse puisse donner un sens à votre explication. Par exemple, vous pouvez parler de la matière dispensée par l'enseignant. Quel âge aviez-vous quand vous l'avez eu en tant qu'enseignant ? Après avoir brièvement décrit l'enseignant de la manière la plus appropriée, vous pouvez alors poursuivre en expliquant pourquoi le professeur vous a marqué. C'était peut-être quelque chose qu'il a fait, ou a dit. Dans ce cas-là, vous devez décrire ce que l'enseignant a fait, puis fournir des détails qui illustrent pourquoi c'était admirable. Peut-être que l'enseignant fait preuve d'une qualité personnelle particulière, ou a un trait de caractère particulier. Il faudra à ce moment-là décrire ces qualités et donner des illustrations – à quel moment vous vous en êtes aperçu, quel effet cela a eu sur vous, et ainsi de suite. Vous pouvez répondre à cette question de diverses façons, mais il n'y a pas de « bonnes » ou de « mauvaises » réponses. Ce qu'il faut retenir, c'est que si vous tombez sur ce genre de questions, il faut donner suffisamment d'informations sur la personne pour aider le correcteur à comprendre la raison pour laquelle vous trouvez cette personne admirable.

Question 2

Dans ce deuxième exercice d'expression orale, on vous présentera deux événements, situations ou points de vue. Ensuite, il vous sera demandé de dire lequel de ces événements/situations vous préférez, ou quel point de vue est le plus juste selon vous. Puis il faudra expliquer votre choix en donnant vos raisons avec des explications détaillées. Comme pour la question 1, vous aurez 45 secondes pour donner votre réponse.

Les sujets abordés dans ce type de questions concernent généralement les problèmes que rencontrent les étudiants au quotidien. On pourra vous demander, par exemple : si vous pensez qu'il faut réviser chez soi ou à la bibliothèque ; si vous pensez que les étudiants doivent suivre des cours dans beaucoup de différentes matières, ou s'il faut plutôt se concentrer sur un seul domaine ; s'il faut imposer aux étudiants en première année de vivre en résidence universitaire, ou s'ils devraient être autorisés à vivre hors campus. On pourra également vous présenter deux points de vue différents sur un sujet familier, par exemple, si la télévision est bénéfique ou nocive pour l'humanité. Il vous sera alors demandé avec lequel de ces points de vue vous êtes d'accord.

On vous demandera toujours dans cette question de donner votre avis, votre choix ou votre préférence sur un sujet, puis d'expliquer pourquoi. En d'autres termes, il faut soutenir votre réponse avec raisons, explications, détails et exemples à l'appui. Il est important que vous répondiez à toutes les parties de la question, que vous vous exprimiez clairement sur ce que vous pensez et que vous donniez les raisons qui expliquent pourquoi vous avez sélectionné telle ou telle proposition. La proposition que vous choisissez n'est pas importante, et comme pour la question 1, il n'y a pas de « bonne » ou de « mauvaise » réponse. Votre réponse sera jugée non sur l'efficacité des solutions ou le bien-fondé de l'alternative que vous avez choisie, mais plutôt sur la façon dont vous expliquez votre choix, si vous êtes rigoureux et précis.

ASTUCE

- Entraînez-vous à exprimer une opinion ou une préférence, puis présentez clairement vos justifications, avec des détails à l'appui.

Comme pour la question 1, la question 2 s'affichera sur votre écran d'ordinateur. Vous entendrez un narrateur qui lira la question à haute voix. Ensuite, vous aurez 15 secondes pour préparer votre réponse. Durant ce temps, il faut réfléchir à ce que vous allez dire, organiser vos pensées et prendre quelques notes, si nécessaire. Mais attention, il ne faut pas essayer de rédiger une réponse toute faite que vous allez lire par la suite. Notez seulement une ou deux phrases qui peuvent vous rappeler les points les plus importants de votre réponse.

ASTUCE

- Pour bien exprimer votre opinion, entraînez-vous à l'utilisation des mots et des expressions couramment utilisés :
  – *In my opinion…*
  – *I believe…*

Exemple

L'exemple ci-dessous montre la façon dont ce genre de questions s'affiche sur votre écran d'ordinateur.

2. Some students study for classes individually. Others study in groups. Which method of studying do you think is better for students and why?

Preparation Time: 15 Seconds

Reponse Time: 45 Seconds

Après avoir écouté la question, on vous dira quand vous pouvez commencer à préparer votre réponse, puis quand il faut parler. Une horloge (« *Preparation Time* ») s'affichera en dessous de la question, et fera un compte à rebours de 15 secondes (0:00:15). Au bout de 15 secondes, vous entendrez un bip court. Après le bip, l'horloge indiquera « *Response Time* ». Commence ensuite un autre compte à rebours de 45 secondes (00:00:45) pour répondre à la question. Au bout de 45 secondes, l'enregistrement s'arrêtera automatiquement, et un nouvel écran apparaîtra pour vous avertir que le temps de réponse est écoulé.

Lorsque vous répondez à une question comme celle-ci, il est important de commencer par indiquer clairement quelle est votre opinion. Pensez-vous qu'il est préférable pour les étudiants de réviser leurs cours individuellement, ou plutôt de réviser ensemble avec d'autres étudiants ? Si vous ne donnez pas votre avis dès le début, il peut être difficile pour quelqu'un qui écoute votre réponse de comprendre pourquoi vous soutenez tel avis. Les raisons que vous donnez peuvent varier sensiblement les unes par rapport aux autres, et sont basées sur vos propres expériences et observations. Par exemple, si vous soutenez que c'est mieux pour les étudiants de réviser seuls, vous pouvez dire que les étudiants qui révisent souvent en groupe perdent beaucoup de temps à discuter de sujets qui n'ont rien à voir avec leurs cours. Vous pouvez illustrer votre explication en comparant l'inefficacité de réviser avec d'autres étudiants avec la relative productivité d'un étudiant qui révise seul. Si vous avez des expériences personnelles qui permettent d'illustrer ce point, vous pouvez les inclure dans votre réponse. Dans ce cas-là, vous devez être clair sur la façon dont celles-ci soutiennent votre argument. Sinon, vous pouvez également prendre la position inverse, à savoir que les étudiants feraient mieux de réviser avec d'autres étudiants. Dans ce cas, vous pouvez expliquer les avantages des séances de révision collectives, ainsi que les inconvénients de réviser seul. Peut-être pensez-vous que les étudiants les plus performants pourraient aider ceux qui sont en difficulté si tout le monde révisait ensemble. Ou peut-être avez-vous constaté que les étudiants qui révisent avec d'autres partagent souvent leurs notes les uns avec les autres, et que c'est de cette façon qu'ils peuvent êtres sûrs que chacun comprend les notes et les supports de cours. Il y a beaucoup de bonnes raisons pour présenter l'un ou l'autre point de vue. De plus, vous pouvez très bien dire que c'est mieux de réviser avec d'autres étudiants dans certains cas, et que dans d'autres, cas il est préférable de réviser seul. Si c'est votre avis, il faut expliquer pourquoi en donnant des exemples et/ou des détails précis sur les avantages de réviser collectivement, comparés aux avantages de réviser individuellement. Là encore, il n'y a pas de « bonne » ou « mauvaise » réponse. Ce qui est important, c'est de penser au correcteur qui écoutera votre réponse. Vous devez lui communiquer votre réponse clairement en donnant votre opinion et les raisons pour lesquelles vous prenez telle position.

ASTUCE

- Entraînez-vous à faire des recommandations et expliquez pourquoi telle marche à suivre est la meilleure.

Exercices dirigés : les questions de compréhension écrite/orale + expression orale (questions 3 et 4)

Question 3

La question 3 est le premier des quatre exercices dirigés dans la partie expression orale. Pour répondre à cette question, vous devez lire un passage court sur votre écran d'ordinateur sur un sujet lié à la vie universitaire. Vous entendrez ensuite deux personnes qui parlent du même sujet, et qui donnent leur avis à ce sujet. Puis il faudra répondre à une question en rapport avec ce que vous avez lu et entendu. Vous aurez ensuite 60 secondes pour donner votre réponse. Généralement, les sujets portent sur des thèmes liés au fonctionnement de l'université : la politique, la réglementation, les procédures, les projets, les locaux, la qualité de vie sur le campus, etc. Ces thèmes sont censés être accessibles à tous les candidats au TOEFL, et ne nécessitent pas, au préalable, de connaissances ou d'expériences dans un milieu universitaire en Amérique du Nord.

Le passage à lire peut porter sur divers sujets. Par exemple, il pourra s'agir d'une nouvelle règle de stationnement votée par le conseil d'administration de l'université, d'une lettre adressée au rédacteur en chef du journal universitaire en réponse à la politique de l'université sur d'autres sujets, par exemple, l'interdiction d'utiliser des radios dans les résidences universitaires, ou un article qui traite d'un projet de construction d'un nouveau stade de football. En plus d'une description de la proposition, le texte présentera généralement deux points de vue pour ou contre la proposition. Le passage à lire est court, et comprend entre 80 et 110 mots environ. On vous donnera suffisamment de temps pour lire le passage.

Après avoir lu le texte, vous entendrez un extrait audio où deux étudiants discutent du texte (article, lettre, annonce, etc.) que vous venez de lire. L'un des locuteurs exprimera un avis très favorable (ou défavorable) d'une quelconque proposition + les raisons pour lesquelles il soutient cet avis. Il s'agit d'une discussion brève qui dure généralement entre 60 et 80 secondes.

Après avoir lu le passage et écouté l'extrait audio, il vous sera demandé de répondre à une question sur ce que vous venez de lire et d'écouter. Par exemple, il peut y avoir un texte à lire sur un projet concernant un nouveau règlement à l'université, puis un extrait audio dans lequel un professeur et un étudiant discutent du nouveau règlement. Si l'étudiant pense que ce nouveau règlement est une mauvaise idée, il vous sera demandé de donner des précisions sur son avis, puis d'expliquer pourquoi l'étudiant exprime cet avis-là tout en vous servant des éléments qui se trouvent à la fois dans le texte et dans l'extrait audio.

Cet exercice a pour objectif de tester votre capacité à assimiler des informations provenant de deux sources différentes – du texte et de l'extrait audio – puis de résumer certains aspects de celles-ci. Le passage à lire vous donne les détails nécessaires pour une bonne compréhension de ce dont parlent les locuteurs dans l'extrait. Ils se réfèrent généralement au texte de manière indirecte. Comme vous avez déjà lu ce texte, vous devez faire attention à un certain nombre de choses : la proposition (ce qui a été proposé, planifié ou modifié), ainsi que les raisons qui sont invoquées pour étayer cette proposition-là. Cela vous aidera à mieux comprendre leur raisonnement pendant que vous écoutez leur conversation.

Dans certains cas, un locuteur peut s'opposer à la position présentée dans le texte ; il donnera ensuite des éléments qui vont à l'encontre des motifs qui y sont invoqués. Dans d'autres cas, un locuteur peut être d'accord avec la position présentée dans le texte ; il donnera ensuite des éléments qui étayent ce point de vue. Il est donc important d'être attentif à ce que vous écoutez pour pouvoir comprendre l'avis du locuteur. Il est aussi important de comprendre le rapport entre ce que disent les locuteurs et ce que vous avez appris à la lecture du texte.

Pour répondre à la question 3, il est important de comprendre non seulement ce que la question vous demande de faire, mais aussi ce que la question ne vous demande pas de faire. Ce type d'exercice d'expression dirigée ne vous demande pas votre avis, mais plutôt d'indiquer l'avis exprimé par l'une des personnes qui parlent, puis de résumer les raisons qu'elle donne pour soutenir son avis.

Vous aurez de 45 à 50 secondes pour lire un passage (temps variable selon la longueur du texte), après quoi vous écouterez une discussion. Ensuite, vous aurez 30 secondes pour préparer une réponse, puis 60 secondes pour l'enregistrer. Comme pour toutes les autres questions, vous pouvez prendre des notes sur le texte et l'extrait audio. Vous pouvez consulter ces notes pendant que vous préparez votre réponse, ou lorsque vous la donnez.

ASTUCE

- Vous êtes autorisé à prendre des notes sur les textes et sur l'extrait audio dans la partie expression orale du test *TOEFL iBT®*.

Exemple

La question qui suit consiste à annoncer la décision d'une université d'augmenter ses frais de scolarité, et à présenter ensuite une discussion entre les étudiants sur le bien-fondé d'une telle augmentation. Cet exemple montre comment une question de ce type se présentera sur votre ordinateur.

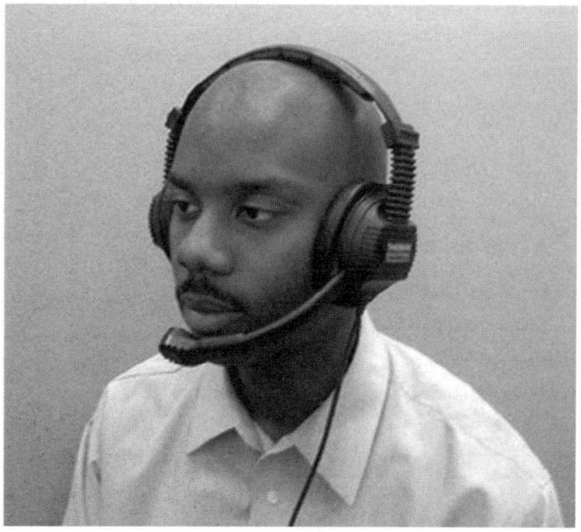

Vous entendrez :

Narrator

In this question, you will read a short passage about a campus situation and then listen to a conversation on the same topic. You will then answer a question using information from both the reading passage and the conversation. After you hear the question, you will have 30 seconds to prepare your response and 60 seconds to speak.

Puis, vous entendrez :

Narrator

City University is planning to increase tuition and fees. Read the announcement about the increase from the president of City University.

You will have 45 seconds to read the announcement. Begin reading now.

Announcement from the President

The university has decided to increase tuition and fees for all students by approximately 8% next semester. For the past 5 years, the tuition and fees have remained the same, but it is necessary to increase them now for several reasons. The university has many more students than we had 5 years ago, and we must hire additional professors to teach these students. We have also made a new commitment to research and technology and will be renovating and upgrading our laboratory facilities to better meet our students' needs.

Le passage que vous devez lire s'affiche sur l'écran.

Lorsque le passage apparaît, une horloge en haut de l'écran de votre ordinateur va indiquer le temps dont vous disposez pour le lire. Lorsque le temps sera écoulé, le passage disparaîtra de l'écran et sera remplacé par une image de deux étudiants engagés dans une conversation.

Puis, vous entendrez :

Narrator

Now listen to two students as they discuss the announcement.

Ensuite, le dialogue commence.

Man

Oh, great, now we have to come up with more money for next semester.

Woman

Yeah, I know, but I can see why. When I first started here, classes were so much smaller than they are now. With this many students, it's hard to get the personal attention you need…

Man

Yeah, I guess you're right. You know, in some classes I can't even get a seat. And I couldn't take the math course I wanted to because it was already full when I signed up.

Woman

And the other thing is, well, I am kind of worried about not being able to get a job after I graduate.

Man

Why? I mean you're doing really well in your classes, aren't you?

Woman

I'm doing OK, but the facilities here are so limited. There are some great new experiments in microbiology that we can't even do here... there isn't enough equipment in the laboratories, and the equipment they have is out of date. How am I going to compete for jobs with people who have practical research experience? I think the extra tuition will be a good investment.

Lorsque le dialogue sera terminé, l'image des étudiants sera remplacée par le texte suivant :

Now get ready to answer the question.

Ensuite, la question apparaîtra sur votre écran d'ordinateur et sera lue à haute voix par le narrateur.

3. The woman expresses her opinion of the announcement by the university president. State her opinion and explain the reasons she gives for holding that opinion.

Preparation Time: 30 Seconds

Reponse Time: 60 Seconds

Après avoir écouté la question, on vous indiquera à quel moment vous pouvez commencer à préparer votre réponse, puis quand il faudra parler. Une horloge (*« Preparation Time »*) s'affichera en dessous de la question. Se déclenchera ensuite un compte à rebours de 30 secondes (0:00:30). Au bout de 30 secondes, vous entendrez un bip court. Après le bip, l'horloge indiquera *« Response Time »*. Commencera ensuite le compte à rebours de 60 secondes (00:01:00) pour répondre à la question. Au bout de 60 secondes, l'enregistrement s'arrêtera automatiquement, et un nouvel écran apparaîtra pour vous avertir que le temps de réponse est écoulé.

ASTUCE

- Essayez de cerner l'attitude du locuteur en écoutant son intonation, son accentuation et le choix de ses mots. Cela vous aidera à comprendre son point de vue pour mieux répondre à la question.

Quand vous répondez à cette question, vous devez commenter l'opinion de la locutrice sur la hausse des frais de scolarité, et ensuite expliquer les raisons pour lesquelles elle soutient cet avis. Dans la conversation que vous écoutez, vous remarquerez probablement que les conclusions tirées par la locutrice sont essentiellement les mêmes que celles du président de l'université, mais sont tirées essentiellement de sa propre expérience en tant qu'étudiante. Or, dans votre réponse, vous devez commenter le rapport entre l'avis de l'étudiante et celui du président de l'université. Vous pourrez, par exemple, commencer par dire que la locutrice est d'accord avec cette hausse, et qu'elle pense que l'université a raison d'augmenter ses frais de scolarité. Lorsque vous décrivez ses raisons, vous pourriez dire, par exemple, qu'elle pense que cette hausse des frais de scolarité est nécessaire parce que l'université pourrait embaucher plus d'enseignants. Elle estime que les cours sont surchargés, et qu'il faudra recruter un nombre suffisant d'enseignants. Vous pourrez dire également qu'elle a du mal à échanger avec ses professeurs. D'autre part, elle comprend la nécessité d'investir financièrement dans les laboratoires pour améliorer les conditions de travail. En effet, les laboratoires sont obsolètes, et il sera donc difficile pour la locutrice d'obtenir de l'expérience pratique – dont elle a besoin pour sa vie professionnelle – dans des laboratoires insuffisamment équipés. Votre réponse doit être suffisamment bien construite pour qu'une personne qui n'a ni lu ni entendu l'extrait audio puisse comprendre de quoi il s'agit, c'est-à-dire quelle est la nouvelle politique de l'université, quelle est l'opinion de l'étudiante à ce sujet, et les raisons pour lesquelles elle soutient ce point de vue. Vous recevrez beaucoup d'informations dans les textes et dans les extraits audio, donc on ne s'attend pas à ce que vous fassiez un résumé intégral dans votre réponse à la question.

Question 4

La question 4 est le deuxième exercice d'expression orale dirigée. Pour cet exercice, vous allez lire un court passage sur un sujet académique, puis écouter un bref extrait de cours donné par un professeur sur le même sujet. On vous posera ensuite une question à laquelle vous devez répondre en fonction de ce que vous avez lu et entendu. Vous aurez 60 secondes pour donner votre réponse oralement.

ASTUCE

- Écoutez des extraits audio et lisez des documents sur un thème que vous appréciez. Les textes et les extraits audio peuvent présenter divers points de vue. Prenez des notes sur ce que vous écoutez et sur ce que vous lisez, puis faites un plan pour organiser ces informations. Servez-vous de vos notes et de votre plan pour résumer oralement les informations et les idées présentées dans ces supports. Essayez de paraphraser ce que vous avez entendu et/ou lu en utilisant un vocabulaire riche et de bonnes structures grammaticales.

Les sujets présentés pour cette question sont tirés d'une variété de domaines: les sciences de la vie et de la Terre, les sciences sociales, les sciences humaines... Bien que les sujets abordent des thèmes académiques, aucun des textes, des extraits de cours ou des questions n'exige de connaissances préalables d'un domaine particulier. Le niveau de langue et les concepts présentés ont été conçus pour être accessibles à tous, sans lien avec votre domaine de spécialisation.

Le texte à lire comprend entre 80 et 110 mots environ. Il vous donnera des informations générales qui vous permettront de comprendre l'extrait audio qui vous sera présenté par la suite. Le texte présentera un sujet de manière plutôt générale et abstraite, alors que l'extrait de cours traitera le même sujet mais de manière plus précise et concrète cette fois. Vous y écouterez des exemples détaillés, des contre-exemples ou des applications pratiques du concept présenté dans le texte. Pour répondre à la question qui fait suite à l'extrait audio, vous aurez besoin de vous appuyer à la fois sur le texte et l'extrait, puis d'assimiler et de communiquer toutes les informations pertinentes lorsque vous donnez votre réponse.

Par exemple, certains exercices vous proposent un texte qui donne une explication générale d'un concept ou d'un processus, puis un extrait audio qui traite d'un cas précis et/ou d'un contre-exemple du même concept ou processus. Puisque vous aurez affaire à ces deux types d'extrait – écrit et oral –, on vous invitera, par exemple, à fournir une explication des informations présentées dans l'extrait audio. Dans un autre cas de figure, on pourrait vous présenter un texte qui décrit un problème, puis un extrait de cours qui présente le même problème. Cependant, cette fois-ci vous devez considérer les conséquences des tentatives visant à résoudre le problème : la réussite, l'échec, d'autres imprévus... Ensuite, il vous sera demandé de parler de ces tentatives de résolution du problème, ainsi que de leurs conséquences.

La question 4 (voir précédemment) est un bon exemple. Elle commence par un texte qui traite d'un concept de manière générale (en l'occurrence, la domestication des espèces animales) en donnant deux caractéristiques qui font de ces espèces de bons candidats pour la domestication. Ce passage est accompagné d'un extrait audio dans lequel un professeur parle du comportement de deux espèces d'animaux : un animal domestique qui présente les deux caractéristiques, et une espèce non domestiquée chez qui ces caractéristiques ne sont pas présentes. La question vous demande d'appliquer l'information plus générale que vous avez apprise dans le texte aux exemples fournis dans l'extrait de cours. Il faudra ensuite expliquer pourquoi le comportement de ces deux espèces est lié à leur propension à la domestication.

Exemple

L'exemple suivant montre comment une question de ce type sera présentée sur votre ordinateur. Visuellement, la question 4 se présente de la même manière que la question 3.

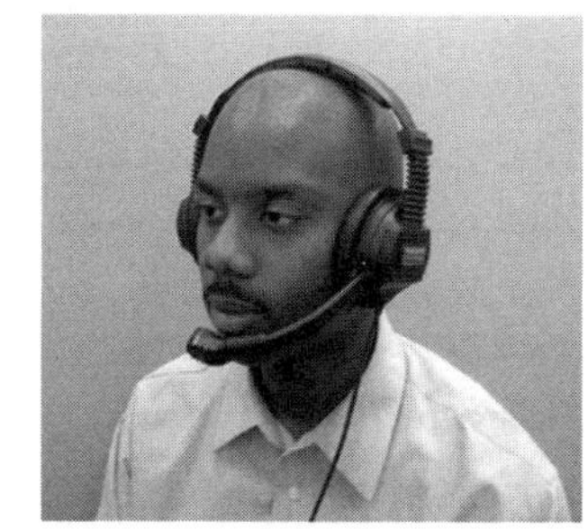

Tout d'abord, vous entendrez :

Narrator

In this question, you will read a short passage on an academic subject and then listen to a talk on the same topic. You will then answer a question using information from both the reading passage and the talk. After you hear the question, you will have 30 seconds to prepare your response and 60 seconds to speak.

Puis, vous entendrez :

Narrator

Now read the passage about animal domestication. You have 45 seconds to read the passage. Begin reading now.

Ensuite, le texte à lire s'affichera sur votre écran d'ordinateur :

Animal Domestication

For thousands of years, humans have been able to domesticate, or tame, many large mammals that in the wild live together in herds. Once tamed, these mammals are used for agricultural work and transportation. Yet some herd mammals are not easily domesticated.

A good indicator of an animal's suitability for domestication is how protective the animal is of its territory. Nonterritorial animals are more easily domesticated than territorial animals because they can live close together with animals from other herds. A second indicator is that animals with a hierarchical social structure, in which herd members follow a leader, are easy to domesticate, since a human can function as the "leader."

Une horloge en haut de votre écran d'ordinateur fera un compte à rebours du temps imparti pour la lecture du texte. Lorsque le temps sera écoulé, l'image d'un professeur apparaîtra à l'écran :

Vous entendrez :

Narrator

Now listen to a lecture on this topic in an ecology class.

Ensuite, vous entendrez l'extrait de cours :

Professor

So we've been discussing the suitability of animals for domestication... particularly animals that live together in herds. Now, if we take horses, for example... in the wild, horses live in herds that consist of one male and several females and their young. When a herd moves, the dominant male leads, with the dominant female and her young immediately behind him. The dominant female and her young are then followed immediately by the second most important female and her young, and so on. This is why domesticated horses can be harnessed one after the other in a row. They're "programmed" to follow the lead of another horse. On top of that, you often find different herds of horses in the wild occupying overlapping areas—they don't fight off other herds that enter the same territory.

But it's exactly the opposite with an animal like the, uh, the antelope... which... well, antelopes are herd animals too. But unlike horses, a male antelope will fight fiercely to prevent another male from entering its territory during the breeding season; OK—very different from the behavior of horses. Try keeping a couple of male antelopes together in a small space and see what happens. Also, antelopes don't have a social hierarchy—they don't instinctively follow any leader. That makes it harder for humans to control their behavior.

À la fin de l'extrait audio, l'image du professeur sera remplacée par un écran qui vous demandera de vous préparer à répondre à la question. Ensuite, la question s'affichera à l'écran, et sera lue à haute voix par un narrateur.

4. The professor describes the behavior of horses and antelope in herds. Explain how their behavior is related to their suitability for domestication.

Preparation Time: 30 Seconds

Reponse Time: 60 Seconds

Après avoir écouté la question, on vous indiquera à quel moment vous pouvez commencer à préparer votre réponse, puis quand il faudra parler. Une horloge (« *Preparation Time* ») s'affichera en dessous de la question. Se déclenchera ensuite un compte à rebours de 30 secondes (0:00:30). Au bout de 30 secondes, vous entendrez un bip court. Après le bip, l'horloge indiquera « *Response Time* ». Commencera ensuite le compte à rebours de 60 secondes (00:01:00) pour répondre à la question. Au bout de 60 secondes, l'enregistrement s'arrêtera automatiquement, et un nouvel écran apparaîtra pour vous avertir que le temps de réponse est écoulé.

ASTUCE

- Lisez un article court. Faites-en un plan qui ne comprend que les points principaux de l'article. Utilisez le plan pour résumer des informations oralement. Puis, ajoutez des détails au plan, avant de le résumer à nouveau.

Pour répondre à cette question, vous devez utiliser des informations à la fois dans le texte et dans l'extrait de cours. Il faut mettre en rapport les informations fournies par le professeur avec les concepts plus généraux présentés dans le texte. Par exemple, vous pouvez commencer votre réponse en disant que les animaux qui vivent en troupeau peuvent être facilement domestiqués s'ils ont une structure sociale hiérarchisée et n'ont pas l'instinct du territoire. Voilà pourquoi il est plus facile de domestiquer les chevaux que les antilopes. Vous pouvez donner quelques détails sur le comportement des chevaux en soulignant que leur structure sociale hiérarchisée les incite à se suivre, ce qui permet ainsi à un être humain d'agir comme leur chef. Vous pouvez aussi dire que les chevaux peuvent être attelés sans se battre car ils n'ont pas l'instinct du territoire. Vous pourriez ensuite comparer le comportement des chevaux à celui des antilopes, qui ont l'instinct du territoire. Vous pourriez expliquer que, contrairement aux chevaux, les antilopes mâles se battent lorsqu'elles sont ensemble, et ce parce qu'elles n'ont pas de hiérarchie sociale. Donc l'homme ne peut pas les domestiquer en s'imposant en tant que chef. Notez que l'on ne vous demande pas de résumer toutes les informations dans le texte/l'extrait audio. Mais vous devez fournir suffisamment d'informations pour que même un auditeur qui n'a ni lu le passage ni écouté l'extrait soit en mesure de comprendre votre réponse.

Ici, comme dans toutes les questions de la partie expression orale basées sur un savoir académique, aucune connaissance préalable n'est nécessaire pour répondre car tous les éléments nécessaires à la réponse figurent dans le texte.

Exercices dirigés : les questions de compréhension orale + expression orale (questions 5 et 6)

Question 5

Il n'y a pas de texte à lire pour les exercices dirigés (compréhension orale/expression orale) dans les questions 5 et 6. Pour répondre à la question 5, vous devez écouter une conversation brève qui porte sur le milieu universitaire, puis répondre à une question sur ce que vous venez d'entendre. Dans l'extrait de conversation que vous devez écouter, il y a généralement deux personnes qui discutent d'un problème et de la manière de le résoudre. Ce problème peut toucher directement l'un des locuteurs ou les deux à la fois. Après avoir écouté la conversation, il vous sera demandé de décrire brièvement la situation qui a été discutée dans l'extrait audio, puis de donner votre propre opinion sur la façon dont ce problème doit se résoudre. Vous aurez ensuite 60 secondes pour donner votre réponse oralement. Les sujets proposés pour cet exercice sont basés sur des situations courantes qui peuvent survenir au quotidien en milieu universitaire.

En règle générale, les conversations se passent entre deux étudiants, entre un étudiant et un professeur, ou entre un étudiant et un membre du personnel administratif de l'université (par exemple, un assistant, un bibliothécaire ou un doyen). Les problèmes discutés dans les conversations peuvent porter sur des conflits d'emploi du temps, des absences, un moyen de financer ses études, des élections étudiantes, des difficultés financières, etc. Dans certains cas, un problème se pose aux deux locuteurs, et ils doivent trouver une solution ensemble. Dans d'autres cas, le problème ne concerne qu'un seul locuteur. Dans ce cas-là, la personne présentera le problème qu'elle a rencontré, et son interlocuteur (ou les deux ensemble) va proposer deux solutions possibles. Généralement, les conversations durent entre 60 et 90 secondes.

À la fin de la conversation, une question composée de plusieurs parties vous sera posée : on vous demande en premier lieu de décrire le problème discuté par les locuteurs, puis de dire laquelle des deux solutions vous semble la mieux adaptée (on ne vous demande pas de parler des deux solutions présentées). Enfin, il faut expliquer pourquoi vous préférez cette solution-là plutôt que l'autre. Quand vous soutenez votre préférence pour l'une ou l'autre solution, vous pouvez reprendre les mêmes arguments que ceux entendus dans l'extrait audio, ou donner en exemple à partir de vos propres expériences. Par exemple, si vous avez déjà rencontré un problème similaire, et si vous pensez que raconter cette expérience-là serait utile pour étayer votre argument, vous pouvez tirer parti de cette expérience pour expliquer votre raisonnement. Comme dans d'autres exercices d'expression orale où il vous est demandé de choisir entre deux possibilités et de donner les raisons de votre choix, il n'y a pas de « bonne » ou de « mauvaise » solution. Votre réponse sera évaluée non pas sur la solution que vous choisissez, mais plutôt sur la façon dont vous décrivez les tenants et les aboutissants du problème, la solution que vous préférez, et les raisons de votre choix.

ASTUCE

- Il est très important de parler aussi souvent que possible pour vous entraîner à l'expression orale. Vous pouvez, par exemple, adhérer à une association où l'on parle anglais. S'il n'y a pas d'association de ce type dans votre région, vous pouvez en créer une vous-même, puis inviter des locuteurs natifs à y participer.

Les types de problèmes discutés dans l'extrait audio sont variables. Un problème qui pourrait se poser, par exemple, serait l'organisation par l'un des locuteurs du transport pour une sortie pédagogique, sachant qu'il ne sait pas à qui s'adresser. Un autre problème décrirait le cas où un étudiant a rendez-vous chez le médecin en même temps qu'un entretien d'embauche. Un autre problème pourrait porter sur un étudiant qui ne s'entend pas bien avec les membres de son groupe d'études. Dans l'exemple suivant, vous entendrez deux personnes discuter d'un problème que vous trouverez peut-être assez fréquent : trop de devoirs, et pas assez de temps pour les faire.

Exemple

L'exemple suivant montre comment une question de ce type sera présentée sur votre ordinateur :

Vous entendrez :

Narrator

In this question, you will listen to a conversation. You will then be asked to talk about the information in the conversation and to give your opinion about the ideas presented. After you hear the question, you will have 20 seconds to prepare your response and 60 seconds to speak.

Ensuite, une photo de deux étudiants apparaîtra sur votre écran d'ordinateur.

Puis, vous entendrez la conversation :

Man

Hey, Lisa, how's it going?

Woman

Hi, Mark. Uh, I'm OK, I guess, but my schoolwork is really stressing me out.

Man

Yeah? What's wrong?

Woman

Well, I've got a paper to write and two exams to study for. And a bunch of math problems to finish. It's just so much that I can't concentrate on any of it. I start concentrating on studying for one of my exams, and then I'm like, how long's it gonna take to finish that problem set?

Man

Wow. Sounds like you've got a lot more work than you can handle right now. Look, have you talked to some of your professors… I mean, you know, try to explain the problem. Look, you could probably get an extension on your paper, or on the math assignment…

Woman

You think? It would give me a little more time to prepare for my exams right now.

Man

Well, I mean another thing that you might do… I mean have you tried making yourself a schedule? I mean that's what I do when I'm feeling overwhelmed.

Woman

What does that do for you?

Man

Well, I mean it helps you to focus your energies. You know, you make yourself a chart that shows the next few days and the time till your stuff is due and…

Woman

Uh-huh…

Man

I mean think about what you need to do and when you have to do it by. You know, then start filling in your schedule—like, all right, 9:00 to 11:30 a.m., study for exam; 12:00 to 3:00, work on problem set. But I mean don't make the time periods too long. Like, don't put in eight hours of studying—you know, you'll get tired, or start worrying about your other work again. But if you keep to your schedule, you know, you'll just have to worry about one thing at a time.

Woman

Yeah, that might work.

À la fin de la conversation, la photo des deux étudiants sera remplacée par un autre écran où on vous demande de vous préparer à répondre à la question. Ensuite, la question s'affichera sur votre écran et sera enfin lue à haute voix par le narrateur.

5. The students discuss two possible solutions to the woman's problem. Describe the problem. Then state which of the two solutions you prefer and explain why.

Preparation Time: 20 Seconds

Reponse Time: 60 Seconds

Après avoir écouté la question, on vous indiquera à quel moment vous pouvez commencer à préparer votre réponse, puis quand il faudra parler. Une horloge (« *Preparation Time* ») s'affichera en dessous de la question. Se déclenchera ensuite un compte à rebours de 20 secondes (0:00:20). Au bout de 20 secondes, vous entendrez un bip court. Après le bip, l'horloge indiquera « *Response Time* ». Commencera ensuite le compte à rebours de 60 secondes (00:01:00) pour répondre à la question. Au bout de

60 secondes, l'enregistrement s'arrêtera automatiquement, et un nouvel écran apparaîtra pour vous avertir que le temps de réponse est écoulé.

Pour répondre à cette question, vous devez tout d'abord donner une description brève du problème présenté par l'interlocutrice, avec suffisamment de détails pour que quelqu'un qui écoute votre réponse sache de quoi vous parlez sans avoir écouté la conversation au préalable. Ensuite, vous devez dire quelle solution vous préférez et pourquoi. Si vous croyez que la seconde solution est préférable, vous pouvez d'abord dire qu'à votre avis l'interlocutrice devrait préparer un planning, puis vous devez expliquer pourquoi. Par exemple, vous pouvez donner plusieurs raisons pour lesquelles la surcharge de travail est un problème auquel la femme devra faire face à l'avenir, et préciser que si elle apprend à organiser son temps maintenant, cela l'aidera tout au long de ses études supérieures. Vous pouvez aussi parler des inconvénients de l'autre solution : par exemple, même si certains de ses professeurs sont prêts à lui accorder un délai pour rendre un devoir, ils peuvent aussi la pénaliser pour le retard en notant ses travaux plus sévèrement. Si vos propres expériences personnelles sont pertinentes pour justifier une solution plutôt qu'une autre, vous pouvez parler de ces expériences-là. Mais vous devez garder à l'esprit que l'essentiel de la question est le problème discuté dans l'extrait audio, et non pas votre situation. Rappelez-vous que vous pouvez répondre à ce type de question de différentes façons ; il n'y a pas de « bonne » ou de « mauvaise » réponse.

Question 6

Le dernier des six exercices d'expression orale dirigés porte sur un contenu académique. Pour cet exercice, vous devrez d'abord écouter un bref extrait d'un cours donné par un professeur sur un sujet académique, puis on vous posera une question sur ce que vous avez entendu. Vous aurez 60 secondes pour donner votre réponse orale.

Comme pour la question 4 (l'autre exercice ayant un contenu académique), les sujets portent sur une variété de domaines ; les sciences de la vie, les sciences sociales, les sciences de la Terre et les sciences humaines. Là encore, aucune connaissance préalable d'un domaine académique n'est nécessaire pour comprendre l'extrait de cours ou pour répondre à la question.

L'extrait de cours dure entre 60 et 90 secondes et se focalise sur un seul sujet. D'habitude, le professeur commence son cours par une définition d'un concept, par un problème qui se pose, ou par la présentation d'un phénomène. Il se met ensuite à discuter les tenants et les aboutissants de chacun de ces points. L'extrait de cours comprend des illustrations et des exemples qui permettent d'expliquer ou de clarifier l'idée principale. Après avoir écouté l'extrait audio, on vous demandera généralement d'expliquer l'idée principale du cours en reprenant les mêmes thèmes abordés dans l'extrait audio.

Les extraits de cours peuvent porter sur des processus, des méthodes, des théories, des idées, ou bien sûr des phénomènes naturels, sociaux ou psychologiques. Si le professeur parle de tel ou tel processus lors de son cours, il peut l'expliquer en décrivant ses fonctionnalités. Dans un cours sur la théorie, par exemple, le professeur expliquera celle-ci en détail, puis il parlera de ses applications pratiques. Dans un cours sur un phénomène, le professeur est susceptible de donner des exemples qui illustrent ses causes et ses effets.

ASTUCE

- Trouvez un manuel scolaire qui contient des questions de compréhension qui sont posées à la fin d'un passage que vous avez lu. Entraînez-vous à répondre oralement à ces questions.

Dans la question 6 ci-dessous, l'extrait de cours porte sur un phénomène social : l'émergence d'une culture nationale aux États-Unis au début du XXe siècle. Le professeur illustre ce phénomène en décrivant deux précurseurs de cette nouvelle culture : la radio et l'automobile, ainsi que la façon dont ceux-ci ont contribué au développement d'une culture nationale. Après avoir écouté l'extrait audio, on vous demande d'utiliser les éléments du cours pour expliquer pourquoi ces précurseurs ont contribué au développement d'une culture nationale.

Exemple

L'exemple suivant montre comment une question de ce type sera présentée sur votre ordinateur :

Tout d'abord, vous entendrez le narrateur :

Narrator

In this question, you will listen to part of a lecture. You will then be asked to summarize important information from the lecture. After you hear the question, you will have 20 seconds to prepare your response and 60 seconds to speak.

Puis vous verrez une photo d'un professeur debout devant ses étudiants qui s'affichera sur votre écran d'ordinateur :

Vous entendrez :

Narrator

Now listen to part of a talk in a United States history class.

Ensuite, le professeur commence à parler :

Professor

Because the United States is such a large country, it took time for a common national culture to emerge. One hundred years ago there was very little communication among the different regions of the United States. One result of this lack of communication was that people around the United States had very little in common with one another. People in different parts of the country spoke differently, dressed differently, and behaved differently. But connections among Americans began to increase thanks to two technological innovations: the automobile and the radio.

Automobiles began to be mass-produced in the 1920s, which meant they became less expensive and more widely available. Americans in small towns and rural communities now had the ability to travel with ease to nearby cities. They could even take vacations to other parts of the country. The increased mobility provided by automobiles changed people's attitudes and created links that had not existed before. For example, people in small towns began to adopt behaviors, clothes, and speech that were popular in big cities or in other parts of the country.

As more Americans were purchasing cars, radio ownership was also increasing dramatically. Americans in different regions of the country began to listen to the same popular radio programs and musical artists. People repeated things they heard on the radio—some phrases and speech patterns heard in songs and radio programs began to be used by people all over the United States. People also listened to news reports on the radio. They heard the same news throughout the country, whereas in newspapers much news tended to be local. Radio brought Americans together by offering them shared experiences and information about events around the country.

À la fin de la conversation, la photo du professeur sera remplacée par un autre écran où on vous demande de vous préparer à répondre à la question. Ensuite, la question s'affichera sur votre écran et sera enfin lue à haute voix par le narrateur.

6. Using points and examples from the talk, explain how the automobile and the radio contributed to a common culture in the United States.

Preparation Time: 20 Seconds

Reponse Time: 60 Seconds

Après avoir écouté la question, on vous indiquera à quel moment vous pouvez commencer à préparer votre réponse, puis quand il faudra parler. Une horloge (*« Preparation Time »*) s'affichera en dessous de la question. Se déclenchera ensuite un compte à rebours de 20 secondes (0:00:20). Au bout de 20 secondes, vous entendrez un bip court. Après le bip, l'horloge indiquera *« Response Time »*. Commencera ensuite le compte à rebours de 60 secondes (00:01:00) pour répondre à la question. Au bout de 60 secondes, l'enregistrement s'arrêtera automatiquement, et un nouvel écran apparaîtra pour vous avertir que le temps de réponse est écoulé.

Pour répondre à cette question, vous pouvez, par exemple, commencer par un petit retour en arrière et dire que les États-Unis n'avaient pas de culture nationale il y a 100 ans parce que les habitants des différentes régions du pays ne communiquaient pas beaucoup entre eux. Ensuite, vous pouvez dire que l'automobile et la radio ont changé cette situation, puis résumer l'extrait de cours où sont présentées les raisons de cette évolution. Par exemple, vous pouvez dire qu'au fur et à mesure que les automobiles sont devenues moins chères, les habitants de petites communes rurales ont pu se déplacer plus facilement vers les grandes villes ou vers d'autres parties du pays. À cette époque, les habitants des régions éloignées ont adopté un comportement typique des grandes villes et d'autres régions, comme la mode vestimentaire et la manière de parler. Concernant le rôle qu'a joué la radio dans l'émergence d'une culture nationale, vous pouvez dire que celle-ci s'est répandue partout, permettant aux habitants des différentes régions du pays d'écouter les mêmes programmes et les mêmes reportages, ce qui fait que les gens commençaient à parler de la même façon et avaient les mêmes repères et donc des idées similaires. Si vous avez le temps, vous pouvez conclure en disant que l'ensemble de ces nouveaux comportements a contribué à l'émergence de la culture américaine. Rappelez-vous que vous n'avez pas besoin de répéter tous les détails fournis dans l'extrait audio où il y a tout simplement trop d'informations. Cependant, vous devez utiliser suffisamment d'informations pour que quelqu'un qui n'a pas entendu l'extrait audio soit en mesure de se faire une idée claire de ce que le professeur expliquait à ses étudiants.

D'autres extraits de cours pourraient être proposés pour la question 6. Par exemple, on pourrait vous poser un sujet comme les techniques d'apprentissage, l'idée principale étant que l'apprentissage est optimisé lorsqu'il y a un lien créé dans le cerveau entre deux événements différents. Le professeur peut illustrer cette idée en décrivant deux façons différentes dont deux événements peuvent être associés l'un à l'autre dans le cerveau. Il vous sera ensuite demandé d'utiliser des détails et des exemples tirés de l'extrait de cours pour expliquer la façon dont l'association entre deux événements stimule l'apprentissage. Dans un autre cas de figure, par exemple lors d'un cours portant sur l'argent, le professeur pourrait donner deux définitions différentes d'un concept, puis les illustrer à l'aide d'exemples. On vous demandera ensuite de donner une explication détaillée des définitions. En règle générale, la question qui se posera après avoir écouté ce genre d'extrait audio portera sur d'autres détails que vous avez entendus, sur une explication de la façon dont les gens apprennent, ou sur les différentes définitions de l'argent.

Expression orale : grille d'évaluation

Exercices libres (questions 1 et 2)

SCORE	DESCRIPTION DE LA RÉPONSE
4	La réponse satisfait aux exigences de l'exercice, avec peu de défaillances mineures par rapport à l'exhaustivité. La réponse est très compréhensible et démontre un discours cohérent. Une réponse de ce niveau-là se caractérise par les éléments suivants : • un débit généralement bien rythmé (expression fluide). L'expression est claire, mais peut contenir quelques scories mineures concernant la prononciation ou l'intonation, bien qu'elles n'empêchent pas l'intelligibilité de la réponse ; • la réponse fait preuve d'une utilisation efficace de la grammaire et d'un vocabulaire varié. Elle présente un degré d'automaticité assez élevé, ainsi qu'une bonne maîtrise des structures simples et complexes, le cas échéant. Certaines erreurs mineures (ou systématiques) y existent, mais cela n'empêche pas son intelligibilité ; • la réponse est bien soutenue, et répond aux exigences. Elle est généralement bien développée et cohérente, les liens entre les idées sont clairs (on suit facilement le développement des idées).
3	La réponse satisfait aux exigences de l'exercice, mais la qualité peut être en deçà. Elle est généralement intelligible et cohérente, avec une fluidité d'expression satisfaisante, bien qu'elle présente quelques lacunes notables dans l'expression des idées. Une réponse de ce niveau se caractérise par au moins deux des éléments suivants : • des propos généralement clairs, une expression assez fluide, avec cependant quelques problèmes mineurs de prononciation, d'intonation ou de rythme qui sont perceptibles et qui peuvent exiger un effort d'écoute plus important (l'intelligibilité reste globalement intacte) ; • la réponse illustre l'utilisation relativement automatique et efficace de la grammaire et du vocabulaire par le candidat, qui s'exprime de manière cohérente avec des idées pertinentes. La réponse peut être parfois imprécise ou inexacte concernant le vocabulaire ou la grammaire employés, ce qui peut nuire à la fluidité globale, mais ne porte pas atteinte à l'intelligibilité ;
	• la réponse est globalement cohérente, complète et contient des idées/informations pertinentes. Le développement de la réponse est quelque peu limité, et manque des détails précis. Le rapport entre les idées peut parfois ne pas être immédiatement clair.

2	La réponse satisfait aux exigences de l'exercice, mais n'est pas assez développée. Elle est intelligible, bien qu'il y ait des problèmes de style et/ou de cohérence globale ; il peut être difficile de comprendre la réponse par moments. Une réponse de ce niveau se caractérise par au moins deux des éléments suivants : • le discours est essentiellement intelligible, bien que l'interlocuteur natif doive faire un effort d'écoute supplémentaire en raison de l'articulation peu claire, l'intonation maladroite, ou le rythme saccadé. Le message n'est pas clair par endroits ; • la réponse démontre une maîtrise limitée de la grammaire et du vocabulaire. Ce manque de maîtrise empêche souvent l'expression d'idées. En règle générale, seules les structures simples sont utilisées avec précision et fluidité. La grammaire et le vocabulaire utilisés par le candidat communiquent des idées essentiellement simples (et brèves) et/ou générales, avec des éléments incomplets ou peu clairs (liste d'éléments, conjonctions, juxtapositions) entre elles ; • la réponse correspond à l'exercice, bien que le nombre d'idées présentées ou le développement des idées soient limités. Généralement les idées de base y sont exprimées avec peu d'approfondissement (détails de l'argumentaire). La réponse est parfois vague ou répétitive, et le rapport entre les idées n'est pas toujours clair.
1	La réponse est très limitée en contenu et/ou la cohérence de celle-ci ne répond pas aux exigences ; les propos sont en grande partie inintelligibles. Une réponse de ce niveau est caractérisée par au moins deux des éléments suivants : • difficultés récurrentes de prononciation, d'accentuation tonique, qui peuvent nuire à la compréhension de l'auditeur ; la parole est saccadée, fragmentée ou télégraphique, et les pauses et les hésitations fréquentes ; • le manque de maîtrise de la grammaire et du vocabulaire empêche partiellement (ou complètement) l'expression des idées ainsi que le rapport entre celles-ci. Certaines réponses de bas niveau sont susceptibles de s'appuyer sur les expressions mémorisées. Le candidat communique peu d'idées pertinentes. La réponse manque généralement de substance au-delà de l'expression d'idées très simples. Il est également possible que le candidat soit incapable de parler suffisamment longtemps pour répondre à la question, et qu'il se contente de répéter l'énoncé.
0	Le candidat n'essaie pas de répondre OU la réponse est sans rapport avec le sujet.

Exercices dirigés (questions 3, 4, 5 et 6)

SCORE	DESCRIPTION DE LA RÉPONSE
4	La réponse satisfait aux exigences de l'exercice, avec peu de défaillances mineures par rapport à l'exhaustivité. La réponse est très compréhensible et démontre un discours cohérent et complet. Une réponse de ce niveau-là se caractérise par les éléments suivants : • la réponse est généralement claire, fluide et soutenue. Elle peut contenir quelques fautes mineures de prononciation ou d'intonation. Le rythme peut varier dans le temps lorsque le candidat tente de rappeler une information. L'intelligibilité globale reste élevée ; • la réponse démontre une bonne maîtrise des structures grammaticales simples et complexes, ce qui permet une expression cohérente, efficace (automatique) des idées pertinentes. La réponse contient généralement des mots bien choisis et efficaces. Bien que certaines erreurs mineures (ou systématiques) puissent être perceptibles, elles n'impliquent pas un effort d'écoute particulier, et ne rendent pas non plus les propos inintelligibles ; • la réponse présente une bonne organisation des idées et communique des informations pertinentes nécessaires pour l'exercice. Elle est suffisamment bien détaillée, bien qu'il puisse y avoir quelques erreurs ou omissions insignifiantes.
3	La réponse satisfait aux exigences de l'exercice de manière appropriée, mais peut ne pas être à la hauteur en termes de développement. Elle est généralement intelligible et cohérente, avec une certaine fluidité d'expression, même si elle présente quelques lacunes notables dans l'expression des idées. Une réponse de ce niveau se caractérise par au moins deux des éléments suivants : • la parole est généralement claire, avec une certaine fluidité d'expression, mais elle présente des difficultés mineures en termes de prononciation, d'intonation, de rythme et/ou peut demander que le correcteur fasse un certain effort d'écoute. L'intelligibilité de l'ensemble de la réponse reste bonne, cependant ; • la réponse illustre une maîtrise de la grammaire et du vocabulaire automatique et efficace avec une expression orale assez cohérente ainsi que des idées pertinentes. La réponse peut contenir quelques imprécisions ou inexactitudes sur le plan lexical ou grammatical ou être quelque peu limitée par des lacunes structurelles. Ces limites ne portent pas sérieusement atteinte à la communication du message ; • la réponse est soutenue et communique des informations pertinentes pour réussir l'exercice. Cependant, elle présente un certain manque de précision ou de rigueur par rapport au contenu, et peut parfois présenter une organisation maladroite.
2	La réponse satisfait aux exigences de l'exercice, mais certaines informations pertinentes y sont absentes, ou comportent des inexactitudes. Elle présente un discours intelligible, mais avec parfois des problèmes d'intelligibilité et/ou de cohérence, ce qui peut obscurcir le sens. Une réponse de ce niveau se caractérise par au moins deux des éléments suivants : • l'articulation est claire par moments, bien qu'il existe des problèmes de prononciation, d'intonation et de rythme ; un locuteur doit fournir un effort d'écoute significatif pour comprendre. L'aisance du discours n'est pas constante. Les problèmes d'intelligibilité peuvent nuire à la compréhension (mais pas partout). La réponse est limitée par le manque de maîtrise du vocabulaire

	et de la grammaire (certaines structures complexes peuvent être utilisées, mais en général, contiennent des erreurs) ; • il en résulte des limitations ou des inexactitudes. Le candidat répond de manière automatique, mais seulement au niveau de la phrase ; • la réponse communique des informations pertinentes, mais elle est clairement incomplète ou inexacte. Elle est incomplète puisqu'il y manque des idées claires, elle fait référence à des idées clés mais de manière vague, ou des idées importantes ne sont pas suffisamment développées. Cette réponse inexacte démontre une incompréhension des idées clés présentées dans l'énoncé. En règle générale, les idées exprimées peuvent être illogiques ou incohérentes. Un locuteur natif aurait besoin de faire référence à l'énoncé pour comprendre de quoi parle le candidat dans la réponse.
1	La réponse est très limitée en contenu et/ou sa cohérence ne répond pas aux exigences de l'épreuve ; les propos sont en grande partie inintelligibles. Une réponse de ce niveau est caractérisée par au moins deux des éléments suivants : • des problèmes récurrents de prononciation et d'intonation exigent un effort supplémentaire de la part du locuteur natif pour comprendre des propos souvent obscurs exprimés par le candidat. L'aisance du discours est irrégulière, saccadée ou télégraphique. Le discours contient des pauses et des hésitations fréquentes ; • la maîtrise de la grammaire et du vocabulaire empêche partiellement (ou complètement) l'expression des idées ainsi que le rapport entre celles-ci. Certaines réponses de bas niveau ne sont que des mots isolés ou de courts énoncés pour communiquer ses idées ; • il se peut que le candidat soit incapable de parler suffisamment longtemps pour répondre à la question, et qu'il se contente de répéter l'énoncé.
0	Le candidat n'essaie pas de répondre OU la réponse est sans rapport avec le sujet.

Stratégies de préparation et de passage de l'épreuve d'expression orale

- Lorsque vous vous entraînez pour la partie expression orale du TOEFL dans ce livre, vous devez écouter attentivement chacune de vos réponses enregistrées. Faites une liste de questions qui sert de grille d'évaluation. Voici quelques exemples de questions que vous pouvez vous poser :
  - Est-ce que j'ai satisfait aux exigences de l'exercice ?
  - Est-ce que j'ai parlé clairement ?
  - Est-ce que j'ai commis des fautes de grammaire ?
  - Est-ce que j'ai employé un vocabulaire varié ?
  - Est-ce que j'ai organisé mes idées de manière claire et concise ?
  - Est-ce que j'ai répondu complètement à la question ?
  - Est-ce que j'ai bien géré mon temps ?
- Une fois que vous avez fini de vous auto-évaluer, réfléchissez aux modifications que vous souhaitez apporter à votre réponse. Ensuite, essayez à nouveau. Faites un nouvel enregistrement. Comparez les deux enregistrements pour déterminer si des changements sont nécessaires.
- De temps en temps, faites un bilan de vos forces et de vos faiblesses. Essayez de comprendre pourquoi vous faites certaines choses bien, et d'autres choses moins bien.
- Lorsque vous surveillez votre entraînement oral, essayez d'évaluer le débit de votre discours. Après chaque séance d'entraînement, posez-vous les questions suivantes :
  - Est-ce que j'ai parlé trop rapidement ?
  - Est-ce que j'ai parlé trop lentement ?
  - Est-ce que j'ai trop souvent hésité ?
- Vous pouvez suivre votre progression en enregistrant tous les jours une entrée dans un journal audio, ce qui vous permet de garder une trace de vos séances d'entraînement. Vous pouvez également demander un retour auprès de vos amis, de tuteurs ou de vos enseignants.

ASTUCES POUR LE JOUR DE L'EXAMEN

- Rappelez-vous que la prise de notes sur le contenu des supports écrits et oraux dans les exercices dirigés est autorisée.
- Écoutez les consignes attentivement pour comprendre exactement ce qui vous est demandé.

- Utilisez votre temps de préparation le plus efficacement possible. Planifiez votre réponse en pensant aux idées importantes que vous voulez faire passer de façon simple et organisée.
- Ne commencez pas à parler avant qu'on ne vous le demande.
- Répondez à chaque question aussi complètement que possible dans le temps imparti.
- Ajustez votre microphone et le volume du son pour obtenir un enregistrement optimal.
- Parlez droit dans le microphone à un volume audible. Ne mettez pas votre bouche directement sur le microphone. Si votre bouche touche le microphone en même temps que vous parlez, les correcteurs peuvent trouver ce que vous dites difficile à comprendre.
- Évitez de chuchoter. Si vous chuchotez, les correcteurs peuvent trouver ce que vous dites difficile à comprendre.

Foire aux questions : partie expression orale du *TOEFL®*

1. Pourquoi y a-t-il une partie expression orale au *TOEFL iBT®* ?

L'objectif du test est d'évaluer vos compétences linguistiques ainsi que votre capacité à communiquer correctement en anglais en milieu universitaire. Votre capacité à vous exprimer oralement est nécessaire à la communication efficace, tout comme d'autres compétences linguistiques comme l'expression écrite et la compréhension écrite/orale.

2. Pourquoi certaines questions dans la partie expression orale sont-elles basées sur des passages à lire ou sur des extraits de conversation ou de cours ?

Les exercices d'expression orale – dans lesquels vous trouverez des textes à lire et/ou des extraits de conversation/de cours à écouter – s'appellent des exercices dirigés. Ce genre d'exercices existe dans le *TOEFL iBT®*, car pour réussir dans les universités anglophones, les étudiants doivent être en mesure de se servir de toutes leurs compétences linguistiques (expression écrite/orale, compréhension écrite/orale) en cours et ailleurs.

3. Est-ce que je dois beaucoup lire/écouter dans la partie expression orale ?

Les textes et les extraits audio dans les exercices dirigés varient en longueur, mais ils sont tous assez brefs. Les textes comprennent de 80 à 110 mots environ, et les extraits de conversation et de cours durent généralement entre 60 et 90 secondes. En plus d'être brefs, les passages à lire et les extraits audio à écouter n'ont pas été conçus pour être difficiles. Le but est de vous fournir des informations claires et accessibles que vous pouvez utiliser pour répondre aux questions.

4. Puis-je prendre des notes pendant la partie expression orale ?

Oui. Vous pouvez prendre des notes à n'importe quel moment durant la partie expression orale (pendant que vous lisez des passages écrits, pendant que vous écoutez des extraits audio) pour préparer votre réponse. Pendant que vous écoutez les extraits de conversation et de cours, vous pouvez prendre des notes, mais n'essayez pas d'écrire mot pour mot tout ce que vous entendez, car vous manquerez probablement les informations importantes. De même, quand vous préparez votre réponse orale, n'essayez pas d'écrire mot à mot ce que vous allez dire. Non seulement vous n'aurez pas assez de temps, mais les correcteurs évaluent votre capacité à parler, pas votre capacité à lire à haute voix un texte que vous avez écrit. Vous feriez mieux d'utiliser ce temps de préparation pour revoir les notes que vous avez prises pour mieux organiser vos idées.

5. Comment mes réponses seront-elles évaluées ?

Chacun des six exercices dans la partie expression orale est évalué par les correcteurs qui attribuent des notes allant de 0 à 4 pour chaque réponse. Les correcteurs baseront leur évaluation sur la forme et le fond de ce que vous dites. Ils attribueront une note globale pour chaque réponse, en fonction de sa qualité. Reportez-vous à la rubrique « Expression orale : grille d'évaluation » pages 210 à 213 pour plus d'informations sur l'évaluation de vos réponses.

6. Comment le score sur la partie expression orale sera-t-il calculé ?

Les scores obtenus dans les exercices d'expression orale seront additionnés les uns avec les autres ; il n'y a pas de pondération. La somme de ces scores est convertie en un score final allant de 0 à 30. Il s'agit du score *Speaking* qui sera communiqué aux établissements de votre choix.

7. Que se passe-t-il si je commets beaucoup d'erreurs ?

Les correcteurs ne se focalisent pas sur le nombre d'erreurs que vous commettez. Ils évaluent votre performance globale. Même une réponse qui contient quelques erreurs mineures peut recevoir le score maximal.

8. Que se passe-t-il si je n'ai pas assez de temps pour terminer ma réponse ?

Vous allez constater que, pour certains exercices, vous n'aurez pas le temps de dire tout ce que vous voulez. Le temps imparti pour chaque question est suffisant pour fournir une réponse complète, d'ailleurs vous devez essayer de répondre aussi complètement que possible. Toutefois, les correcteurs qui évaluent vos réponses savent qu'il n'est pas toujours possible de prévoir avec précision la durée de celles-ci dans le temps prévu. N'oubliez pas que répondre de façon claire et cohérente est aussi important que la quantité d'informations communiquées. Par conséquent, vous devez éviter de parler à un rythme anormalement rapide si vous voyez que le temps va manquer avant de dire tout ce que vous avez prévu de dire. Vous trouverez peut-être utile de vous chronométrer lorsque vous vous entraînez. Cela vous aidera à avoir une idée de ce que vous pouvez dire dans le temps imparti.

9. Que se passe-t-il si je termine ma réponse alors qu'il reste du temps ?

Si vous avez terminé votre réponse avant que le temps ne soit écoulé, vous devez peut-être réfléchir aux informations supplémentaires que vous pouvez y ajouter pour qu'elle soit plus complète. Si vous avez encore du temps, ce n'est peut-être pas une bonne idée de répéter bêtement ce que vous avez déjà dit. Au contraire, réfléchissez à ce que vous pouvez dire pour clarifier, préciser ou développer votre réponse. Gardez un œil sur le chronomètre lors de vos séances d'entraînement pour mieux vous familiariser avec la durée des exercices.

10. Puis-je revenir en arrière pour modifier une réponse déjà enregistrée ?

Non. Toutes les réponses orales sont enregistrées, et il n'est pas possible de revenir en arrière pour recommencer un enregistrement. Pour chaque question, on vous donnera un peu de temps pour préparer votre réponse ; cela devrait vous aider à prévoir ce que vous allez dire. Rappelez-vous aussi qu'on ne s'attend pas à ce que vos réponses soient parfaites. Si vous vous rendez compte pendant l'enregistrement que vous auriez dû dire autre chose que ce que vous avez dit, vous pouvez corriger votre erreur si vous le souhaitez, comme vous le feriez si vous aviez commis une erreur en parlant dans votre langue maternelle. Sinon, vous pouvez tout simplement ignorer l'erreur et continuer votre réponse, en vous assurant que le reste de ce que vous dites est aussi intelligible, cohérent et précis que possible.

11. Comment mon accent/ma prononciation influencent-ils mon score ?

Tous les candidats au *TOEFL iBT®* parlent avec un accent plus ou moins prononcé, mais votre accent n'influera pas sur votre score, à moins qu'il nuise à la compréhension de votre réponse. Les erreurs de prononciation mineures et/ou occasionnelles sont normales, même parmi les candidats les plus compétents, et, là encore, tant que des erreurs de prononciation ne nuisent pas à l'intelligibilité de votre réponse, le correcteur n'en tiendra pas compte.

5 EXPRESSION ÉCRITE

Dans ce chapitre vous allez :

- découvrir le format des questions d'expression écrite du *TOEFL iBT®* ;
- comprendre comment vos réponses écrites sont évaluées ;
- utiliser des astuces pour répondre à chaque type de question écrite ;
- maîtriser les stratégies pour préparer la partie expression écrite.

La partie expression écrite

Vous trouverez deux épreuves dans la partie expression écrite du test *TOEFL iBT®* : une épreuve écrite dirigée et une épreuve écrite libre.

L'épreuve écrite dirigée est la première car elle nécessite de l'écoute et, lorsque vous passerez le vrai test *TOEFL iBT®*, vous porterez des écouteurs. Lorsque vous aurez terminé l'épreuve écrite dirigée, qui prend à peu près 20 minutes, vous pourrez enlever les écouteurs pour travailler sur l'épreuve écrite libre. Vous disposerez ensuite de 30 minutes pour terminer l'épreuve d'écriture libre.

Ce chapitre traite en détail de chacune des épreuves écrites et des critères de notation que les correcteurs utiliseront pour évaluer votre expression écrite. Ce chapitre comprend des exemples de chacune des épreuves et vous donne des conseils précis sur la manière d'approcher la rédaction de votre propre réponse.

Les correcteurs qui évaluent votre expression écrite dans les deux épreuves tiennent compte du fait que votre réponse est une première version. On ne vous demande pas de produire une rédaction recherchée et exhaustive sur un sujet très particulier ou spécialisé. Vous pouvez obtenir un bon score avec une rédaction qui contient quelques erreurs.

L'épreuve écrite dirigée

Vous aurez trois minutes pour lire un passage sur un sujet universitaire puis vous entendrez l'extrait d'un cours sur ce sujet. On vous demandera ensuite de résumer les points du cours et d'expliquer en quoi ils ont un lien avec des points particuliers du passage que vous avez lu.

Cette épreuve vous donne l'occasion de montrer votre capacité à communiquer par écrit sur des sujets universitaires que vous avez lus et entendus.

Exemple

Un passage à lire comme celui qui suit apparaîtra sur l'écran de votre ordinateur. Vous aurez trois minutes pour lire le passage.

In many organizations, perhaps the best way to approach certain new projects is to assemble a group of people into a team. Having a team of people attack a project offers several advantages. First of all, a group of people has a wider range of knowledge, expertise, and skills than any single individual is likely to possess. Also, because of the number of people involved and the greater resources they possess, a group can work more quickly in response to the task assigned to it and can come up with highly creative solutions to problems and issues. Sometimes these creative solutions come about because a group is more likely to make risky decisions that an individual might not undertake. This is because the group spreads responsibility for a decision to all the members and thus no single individual can be held accountable if the decision turns out to be wrong.

Taking part in a group process can be very rewarding for members of the team. Team members who have a voice in making a decision will no doubt feel better about carrying out the work that is entailed by that decision than they might doing work that is imposed on them by others. Also, the individual team member has a much better chance to "shine," to get his or her contributions and ideas not only recognized but recognized as highly significant, because a team's overall results can be more far-reaching and have greater impact than what might have otherwise been possible for the person to accomplish or contribute working alone.

Puis vous entendrez :

Narrator

Maintenant écoutez une partie du cours sur le même sujet que le passage que vous avez lu.

Professor

Now I want to tell you about what one company found when it decided that it would turn over some of its new projects to teams of people and make the team responsible for planning the projects and getting the work done. After about six months, the company took a look at how well the teams performed.

On virtually every team, some members got almost a "free ride"... they didn't contribute much at all, but if their team did a good job, they nevertheless benefited from the recognition the team got. And what about group members who worked especially well and who provided a lot of insight on problems and issues? Well... the recognition for a job well done went to the group as a whole; no names were named. So it won't surprise you to learn that when the real contributors were asked how they felt about the group process, their attitude was just the opposite of what the reading predicts.

Another finding was that some projects just didn't move very quickly. Why? Because it took so long to reach consensus; it took many, many meetings to build the agreement among group members about how they would move the project along. On the other hand, there were other instances where one or two people managed to become very influential over what their group did. Sometimes when those influencers said, "That will never work" about an idea the group was developing, the idea was quickly dropped instead of being further discussed. And then there was another occasion when a couple influencers convinced the group that a plan of theirs was "highly creative." And even though some members tried to warn the rest of the group that the project was moving in directions that might not work, they were basically ignored by other group members. Can you guess the ending to this story? When the project failed, the blame was placed on all the members of the group.

Le passage à lire va alors réapparaître sur l'écran de votre ordinateur ainsi que les instructions et l'épreuve écrite suivantes :

> You have 20 minutes to plan and write your response. Your response will be judged on the basis of the quality of your writing and on how well your response presents the points in the lecture and their relationship to the reading passage. Typically, an effective response will be 150 to 225 words.

Résumez les points présentés dans le cours que vous venez d'écouter et expliquez de quelle manière ils jettent le doute sur les éléments présentés dans le passage écrit.

L'horloge de l'épreuve écrite va alors commencer le compte à rebours pour 20 minutes de temps de rédaction.

Comprendre la formulation de l'épreuve

Si le cours met en doute les informations du passage écrit, l'épreuve écrite pourra être rédigée de l'une des manières suivantes :

- résumez les points abordés dans le cours, sans oublier d'expliquer comment ils jettent le doute sur des points particuliers qui figurent dans le passage que vous avez lu ;

- résumez les points abordés dans le cours, sans oublier d'expliquer comment ils mettent en question les affirmations/arguments qui figurent dans le passage que vous avez lu ;
- résumez les points abordés dans le cours sans oublier d'expliquer de manière précise comment ils répondent aux problèmes soulevés dans le passage que vous avez lu.

Si le cours soutient ou renforce les informations du passage que vous avez lu, l'épreuve écrite pourra être rédigée de l'une des manières suivantes : résumez les points abordés dans le cours sans oublier d'expliquer de manière précise comment ils soutiennent ou renforcent les explications du passage que vous avez lu.

Stratégies pour passer l'épreuve d'expression écrite

Pendant que vous lisez

- Prenez des notes sur votre papier brouillon.
- Cherchez quelle est l'idée principale du passage. L'idée principale a souvent un rapport avec une politique, une pratique, une position ou un problème. Elle peut aussi être liée à la proposition d'une hypothèse globale sur la manière dont un processus ou une procédure fonctionne ou devrait fonctionner ou encore sur la manière dont on pense qu'un phénomène naturel fonctionne.
- Étudiez la manière dont l'idée principale est évaluée ou développée. En général elle sera développée de l'une des manières suivantes :

1. Les arguments ou les explications sont présentés pour soutenir le point de vue principal, par exemple quelles sont les bonnes raisons de croire qu'une certaine politique ou une pratique s'avère bénéfique, utile ou recommandée ou éventuellement pourquoi elle a été une bonne chose dans le passé.
2. Les arguments, les explications ou les problèmes sont discutés par rapport aux raisons pour lesquelles une politique, une pratique, une position ou une hypothèse ne fonctionne pas ou n'est pas utile/recommandée.

- Vous n'avez pas besoin de mémoriser le passage que vous avez lu. Il réapparaîtra sur l'écran de votre ordinateur lorsqu'il sera temps d'écrire.
- Notez les points du passage qui soit soutiennent ou remettent en question l'idée principale. En général, l'idée principale sera développée en trois points.

Pendant que vous écoutez

- Prenez des notes sur votre papier brouillon.
- Identifiez les informations, les exemples ou les explications qui rendent les éléments du passage que vous avez lu erronés ou moins convaincants, voire totalement faux. Par exemple, dans le passage proposé ici, il est dit que le travail d'équipe est une bonne chose parce qu'il donne aux individus une occasion de sortir du lot. Mais le cours indique que l'on donne le même mérite à tous les membres pour un travail d'équipe, même si certains n'ont rien fait du tout. Le texte indique que le travail se fait rapidement en équipe car plus de personnes s'y consacrent, et chaque personne apporte son expertise. Mais le cours contredit totalement cette assertion en affirmant qu'il est parfois plus long pour le groupe de trouver un consensus. Ce cours défend l'idée que toute l'équipe endosse la responsabilité d'un échec alors que seuls quelques membres de

l'équipe en sont responsables. Cela met en doute l'affirmation du texte selon laquelle l'équipe peut prendre des risques et se montrer créative car aucun membre n'est tenu individuellement pour responsable.

Lorsque vous rédigez votre réponse

- Vous pouvez, si vous le souhaitez, retirer votre casque. Vous n'aurez plus besoin de votre casque pour le reste du test.
- Avant de commencer à écrire, relisez rapidement le passage, consultez vos notes et faites un très court aperçu des points que vous voulez évoquer. Vous pouvez noter ce résumé sur votre papier brouillon ou bien tracer des lignes entre les notes que vous avez prises sur le passage écrit et celles prises pendant l'écoute du cours. Vous pouvez même taper votre aperçu dans la zone de réponse, puis le remplacer par vos phrases et vos paragraphes lorsque vous saisissez votre réponse.
- Rappelez-vous bien que l'on ne vous demande *pas* votre opinion. On *attend* que vous expliquiez comment les points soulevés dans le cours sont liés à ceux lus dans le passage écrit.
- Rédigez des phrases complètes en anglais. Vous pouvez rédiger soit un long paragraphe ou une série de paragraphes courts listant les points d'opposition entre le passage écrit et le cours. Des fautes d'anglais occasionnelles ne vous feront pas perdre de points dans la mesure où elles ne déforment pas le sens des points évoqués.
- Rappelez-vous que votre objectif est de sélectionner les informations importantes du cours et de les présenter de façon cohérente et précise en lien avec les informations pertinentes du passage que vous avez lu. Votre réponse devra indiquer les éléments suivants :
  – les idées, les explications et les arguments du cours qui opposent ou contredisent les points du passage que vous avez lu ;
  – une présentation cohérente et précise de chaque point que vous évoquez, c'est-à-dire que le langage que vous utilisez doit être clair et refléter précisément l'idée présentée dans le cours et dans le passage que vous avez lu ;
  – une structure claire et cohérente qui permet au lecteur de comprendre quels sont les points du cours qui sont mis en relation avec des points particuliers du passage que vous avez lu.
- La longueur proposée se situe entre 150 et 225 mots. Vous ne serez pas pénalisé sur la longueur de votre réponse, dans la mesure où vous répondez bien à la question.

ATTENTION : vous aurez 0 point si vous vous bornez à copier des mots du passage que vous avez lu. Vous aurez 1 point si vous ne faites référence *qu'au* passage que vous avez lu. *Pour obtenir un maximum de points, vous devez vous efforcer de faire référence aux différentes manières dont les points du cours sont liés à des points spécifiques du passage que vous avez lu.*

Règles de notation de l'épreuve de rédaction dirigée

Voici les règles de notation officielles utilisées par les correcteurs lorsqu'ils lisent les réponses à l'épreuve de rédaction dirigée.

SCORE	DESCRIPTION DE LA RÉPONSE
5	La réponse qui remporte 5 points a sélectionné judicieusement les informations importantes du cours et a su présenter ces informations de façon cohérente et précise par rapport à des informations pertinentes présentées dans le texte écrit. La réponse est bien structurée et les quelques fautes d'anglais présentes n'occasionnent pas une présentation inexacte ou imprécise du contenu ou des liens entre les deux supports.
4	La réponse qui remporte 4 points a, en général, réussi à sélectionner les informations importantes du cours, à les présenter de manière précise et cohérente par rapport aux informations pertinentes du texte écrit, avec cependant des omissions, des inexactitudes ou des imprécisions mineures sur le contenu du cours ou dans les liens avec le texte écrit. Cette réponse peut également contenir de petites fautes d'anglais qui sont plus fréquentes ou visibles mais dont l'usage ou les structures grammaticales ne génèrent qu'un manque occasionnel de clarté ou gênent peu la relation entre les idées.
3	La réponse qui remporte 3 points contient des informations importantes du cours et comporte des liens pertinents avec le texte écrit, mais est marquée, au minimum, par l'un des défauts suivants : • bien que la réponse, dans son ensemble, corresponde vraiment aux exigences de l'épreuve, elle ne fait que des liens vagues, généraux, peu clairs et imprécis avec des points clés abordés dans le texte écrit ; • elle peut omettre un point clé important abordé dans le cours ; • certains points clés abordés dans le cours ou le texte écrit, ainsi que des liens entre les deux, peuvent s'avérer incomplets, inexacts ou imprécis ; • des fautes d'anglais d'usage ou de grammaire peuvent être plus fréquentes ou générer des expressions très vagues ou des sens difficiles à comprendre dans la transmission des idées et des liens.
2	La réponse qui remporte 2 points comporte des informations pertinentes du cours mais se caractérise par des difficultés de langage significatives, l'omission ou l'inexactitude des idées importantes du cours ou des liens entre le cours et le texte écrit. Une réponse de ce niveau est marquée, au minimum, par les défauts suivants : • la réponse donne une image très inexacte ou omet totalement les liens généraux entre le cours et le texte écrit ; • la réponse omet totalement ou donne une image très inexacte des points importants du cours ; • la réponse comporte des fautes de langue ou d'expression qui rendent difficile la compréhension des liens, du sens à des moments clés, ou des idées clés pour un lecteur qui ne connaîtrait pas bien le texte écrit ou le contenu du cours.

1	La réponse qui remporte 1 point comporte, au minimum, l'un des défauts suivants : • la réponse ne fournit que peu ou pas de sens ou de contenu pertinent ou cohérent à partir du cours ; • le niveau d'anglais de la réponse est si bas qu'il est difficile d'en déterminer le sens.
0	La réponse qui remporte 0 point se borne à recopier des phrases du passage écrit, s'écarte du sujet ou encore n'est pas en rapport avec le sujet, est rédigée dans une langue étrangère, se limite à une saisie de caractères ou est vierge.

Exemples de réponses notées pour l'épreuve d'expression écrite dirigée

La réponse suivante a été rédigée en réponse à l'épreuve « Working in Teams » qui figure aux pages 220-221.

Réponse notée 5

The lecturer talks about research conducted by a firm that used the group system to handle their work. He says that the theory stated in the passage was very different and somewhat inaccurate when compared to what happened for real.

First, some members got free rides. That is, some didn't work hard but gotrecognition for the success nontheless. This also indicates that people who worked hard was not given recognition they should have got. In other words, they weren't given the opportunity to "shine." This derectly contradicts what the passage indicates.

Second, groups were slow in progress. The passage says that groups are nore responsive than individuals because of the number of people involved and their aggregated resources. However, the speaker talks about how the firm found out that groups were slower than individuals in dicision making. Groups needed more time for meetings, which are neccesary procceedures in decision making. This was another part where experience contradicted theory.

Third, influetial people might emerge, and lead the group towards glory or failure. If the influent people are going in the right direction there would be no problem. But in cases where they go in the wrong direction, there is nobody that has enough influence to counter the decision made. In other words, the group might turn into a dictatorship, with the influential party as the leader, and might be less flexible in thinking. They might become one-sided, and thus fail to succeed.

☛ ***Commentaires du correcteur***

On trouve dans cette réponse plusieurs fautes d'orthographe, de formation de mots et d'accords sujets-verbes, cependant la plupart de ces erreurs semblent provenir de fautes de frappe, courantes dans un brouillon. Le candidat qui a rédigé la réponse a très bien présenté les points mis en évidence par le professeur et qui contredisent les arguments abordés dans le passage écrit. Le rédacteur de la réponse est très précis et a organisé les points afin de les mettre en parallèle : dans chacun des paragraphes d'argumentation, il indique d'abord l'observation du professeur sur ce qui s'est réellement passé, puis il la relie explicitement à un point rhétorique du paragraphe écrit. Le dernier paragraphe contient une erreur visible (« *in-fluent* »), qui est ensuite utilisée correctement deux phrases plus tard (« *influential* »). Dans l'ensemble, c'est une bonne réponse qui mérite un score de 5.

Réponse notée 4

The lecture that followed the paragraph on the team work in organizations, gave some negative views of the team work itself. Firstly, though it was said in the paragraph that the whole team idea would probably be faster than the individual work, it was said in the lecture just the opposite: it could actually be a lot slower. That is because team members would sometimes take more time than needed just to reach the same conclussions, or just even to simply decide where to go from certain point to the next on.

Secondly, paragraph suggests that by doing work as a team might give you an "edge," the lecture suggests that that might also be a negative thing as well. The people who made themselves leaders in the group may just be wrong in certain decisions, or just simple thing something is so creative, when in reality it is not and it would not work, but the rest of the people would nevertheless still follow them, and end up not doing well at all.

And lastly, paragraph says that everyone feels responsible for their own part, and all together they are all more effective as a team. The lecture suggests quite the opposite in this case as well. It suggests that some team members are there only for the "free ride," and they don't do much of anything to contribute, but still get the credit as a whole.

☛ ***Commentaires du correcteur***

Le candidat qui a rédigé cette réponse essaie clairement de créer des liens entre le passage écrit et le cours ; il y réussit très bien en traitant de ce que dit le professeur à propos des décisions de groupe et du problème du peu d'implication de certains membres. Cependant, le deuxième point de la réponse n'est pas aussi clair que le premier et le troisième. La phrase clé du paragraphe (« *The people who made themselves leaders in the group may just be wrong in certain decisions, or just simple thing something is so creative, when in reality it is not and it would not work, but the rest of the people would nevertheless still follow them, and end up not doing well at all*») est difficile à suivre. C'est ce que le guide de correction appelle *« an occasional lapse of clarity »* (un écart occasionnel de clarté) dans une réponse qui est notée 4. Dans l'ensemble, c'est pourtant une très bonne réponse qui répond directement aux exigences de l'épreuve et présente en gros les informations pertinentes du cours.

Réponse notée 3

The lecturer provide the opposite opinion concerning what the article offered. The team work often bring negative effet. As we all know superficially, team work and team spirits are quite popular in today's business world and also the fashionable terms.

However, the lecturer find deeper and hiding results.

Firstly, the working results of team members can't be fully valued. For example, if a team member does nothing in the process of team discussion, decision making and final pratice, his or her work deliquency will not be recognized because we only emphasize team work. Also, the real excellent and creative member's work might be obliterated for the same reason.

Secondly, the team work might lose its value when team members are leading by several influential people in the group. One of the essential merits of team is to avoid the individule wrong. But one or two influential or persuasive people will make the team useless.

Thirdly, team work oftem become the excuse of taking responsibillity. All in charge, nobody care.

All in all, what we should do is the fully distinguish the advantages and disadvantages of a concept or widely used method. That is to keep the common sense.

☛ ***Commentaires du correcteur***

Cette réponse cible bien le sujet. Le premier point est indiqué clairement et transmet correctement les commentaires du professeur sur les membres de l'équipe qui contribuent peu et sur ceux qui s'impliquent beaucoup. Cependant, le rédacteur de la réponse traite du second point concernant les « infuenceurs » dans un langage quelque peu sujet à des erreurs, vague ou non idiomatique (*« hiding results »*, *« working results »* et *« when team members are leading by... influential people »*). Le point concernant les « influenceurs » s'arrête au moment où l'équipe est traitée d'inutile (*« useless »*) et n'explique pas pourquoi ces influenceurs créent des problèmes. Le dernier point, qui commence par le mot *« Thirdly »*, ne fait pas référence au passage écrit et au cours et sa signification n'est pas claire. Cette réponse illustre très bien les erreurs typiques qui peuvent entraîner une note de 3.

Réponse notée 2

In a company's experement, some new projects were planed and acomplished by different teams. Some teams got very good results while some teams didn't. That is to say it's not nessesary for teams to achieve more than individuals do because some team members may only contribute a little in a team for they may relying on the others to do the majority.

Another thing is the recognition for the achievement by the team is for the whole team, for everyone in the team. It's not only the dicision makers in the team feel good after successfully finishing the project, but also every member in the team.

It is also showed in the lecture that in a team with one or two leaders, sometimes good ideas from some team member are dropped and ignored while sometimes they may be highly creative. In some teams decisions were made without collecting ideas from all team members. Then it would be hard to achieve creative solutions.

For those failed projects, blames are always given to the whole team even though it's the leader or someone in the team who caught the unexpected result.

☛ ***Commentaires du correcteur***

Bien qu'elle semble à première vue meilleure, en la lisant bien, cette réponse souffre de problèmes significatifs en ce qui concerne les relations entre les idées et la déformation des points clés. Par exemple, la troisième phrase du paragraphe 1 semble concerner un point du cours (« *some team members may only contribute a little…* »). Cependant, elle est formulée d'une manière qui ne permet pas de savoir clairement en quoi elle est liée au point de l'épreuve (« *That is to say it's not necessary for teams to achieve more than individuals do because some team members may only contribute…* »). De plus, on ne comprend pas d'où vient l'information du paragraphe 2 et quel point le candidat veut aborder. Dans le paragraphe 3 le candidat essaie d'aborder la question des influenceurs, mais là encore, on ne voit pas à quoi correspond l'information. Pour toutes ces raisons, cette réponse mérite une note de 2.

Réponse notée 1

In this lecture, the example shows only one of the group succeed the project. Why the group will succeed on this project it is because of few factor.

First of all,a group of people has a wider range of knowledge,expertise,and skills than any single individual is like to prossess, and easier to gather the information and resources to make the work effectively and the group will willingly to trey sometihing is risky decision to make the project for interesting and suceessful it is because all the member of the group carries the differnt responsibility for a decision, so once the decision turn wrong, no a any individual one will be blame for the whole responsiblity.

On the other way, the groups which are fail the project is because they are lay on some more influence people in the group,so even the idea is come out. Once the infelenced people say that is no good, then the process of the idea will be drop down immediately instead taking more further discussion! So the idea will not be easy to settle down for a group.

The form of the group is very important, and each of the member should be respect another and try out all the idea others had suggested, then it will develop a huge idea and the cooperate work environment for each other for effectively work!

☛ ***Commentaires du correcteur***

Le niveau de langue utilisé dans cette réponse est assez bas et il l'est plus encore dans le deuxième paragraphe, qui est la seule référence au cours. Dans la mesure où le lecteur n'arrive pas à trouver le sens du paragraphe, la réponse apporte peu d'informations cohérentes et mérite donc une note de 1.

L'épreuve d'expression écrite libre

La seconde épreuve d'expression écrite est la rédaction libre. On vous présente une question et vous avez 30 minutes pour rédiger une rédaction en réponse à cette question. Vous devez donner votre opinion sur cette question. Voici de quelle manière la question est formulée, en général :

Do you agree or disagree with the following statement?

[Une ou plusieurs phrases présentant une problématique apparaîtront ici.]

Use specific reasons and examples to support your answer. Be sure to use your own words. Do **not** use memorized examples.

Une réponse efficace fait en général à peu près 300 mots. Si vous écrivez moins de 300 mots, vous pourrez tout de même recevoir la note maximum, mais l'expérience montre que les réponses plus courtes ne permettent pas en général de développer suffisamment d'idées pour obtenir une note de 5. Il n'y a pas de nombre de mots maximum. Vous pouvez écrire autant que vous voulez pendant le temps imparti. Mais n'écrivez pas seulement pour écrire, écrivez pour répondre au sujet. Le nombre d'idées que vous exprimez est important, mais c'est la qualité des idées et l'efficacité de votre expression écrite qui seront le plus valorisées par les correcteurs.

Exemple

Do you agree or disagree with the following statement?

Always telling the truth is the most important consideration in any relationship.

Use specific reasons and examples to support your answer.

ASTUCES POUR FACILITER VOTRE EXPRESSION ÉCRITE

- Réfléchissez avant d'écrire. Faites un bref résumé ou prenez quelques notes au brouillon afin de vous aider à organiser vos pensées. Vous pouvez même taper votre résumé ou vos notes directement dans la zone de réponse sur l'ordinateur, puis les remplacer par vos phrases et vos paragraphes.
- Surveillez l'heure. Essayez d'avoir terminé la rédaction 4 ou 5 minutes avant la fin du temps imparti. Utilisez le temps restant pour vérifier votre travail et apporter les dernières modifications. À la fin des 30 minutes, votre rédaction sera automatiquement sauvegardée.
- Lorsque vous développez votre réponse, n'utilisez pas d'exemples ou de justifications que vous avez mémorisés au préalable, mot pour mot (à l'école par exemple). Les correcteurs ne tiendront pas compte d'exemples ou d'arguments exprimés dans un langage appris totalement pas cœur et censé représenter votre propre expression écrite.

Comment les rédactions sont-elles notées ?

Les correcteurs vont juger la qualité de votre expression écrite. Ils vont étudier comment vous développez vos idées, de quelle manière vous avez structuré votre rédaction, et comment vous vous exprimez en anglais pour faire passer vos idées.

Le développement est constitué par tous les types d'arguments (exemples, précisions, raisons) qui soutiennent les idées que vous présentez dans la rédaction. Pour obtenir la note maximale, votre rédaction devra être, selon les instructions des correcteurs, « bien structurée, utilisant des explications claires et appropriées, des illustrations et/ou des précisions ». Les correcteurs évalueront votre capacité à aborder le sujet et la manière dont vos précisions, exemples et raisons viendront étayer vos idées.

Inutile de « mémoriser » de longs paragraphes d'introduction ou de conclusion, uniquement pour ajouter des mots à votre rédaction. Les correcteurs ne verront pas d'un bon œil des paragraphes d'introduction ou de conclusion verbeux comme ceux qui suivent :

> The importance of the issue raised by the posed statement, namely creating a new holiday for people, cannot be underestimated, as it concerns the very fabric of society. As it stands, the issue of creating a new holiday raises profound implications for the future. However, although the subject matter in general cannot be dismissed lightheartedly, the perspective of the issue as presented by the statement raises certain qualms regarding practical application.

> In conclusion, although I have to accept that it is imperative that something be done about creating a new holiday for people and find the underlying thrust of the implied proposal utterly convincing, I cannot help but feel wary of taking such irrevocable steps and personally feel that a more measured approach would be more rewarding.

De la même façon, les correcteurs ne verront pas d'un œil favorable des paragraphes comme ceux qui suivent, car ils utilisent beaucoup de mots mais ne développent aucune idée réelle :

> At the heart of any discussion regarding an issue pertaining to creating a new holiday, it has to be borne in mind that a delicate line has to be trod when dealing with such matters. The human resources involved in such matters cannot be guaranteed regardless of all the good intentions that may be lavished. While it is true that creating a new holiday might be a viable and laudable remedy, it is transparently clear that applied wrongly such a course of action could be calamitous and compound the problem rather than provide a solution.

Lorsque vous rédigez, assurez-vous que vous développez des idées judicieuses sur le sujet proposé. Évitez d'utiliser beaucoup de mots pour dire simplement qu'un problème existe. La longueur de votre rédaction peut être de 300 à 400 mots, mais si elle est constituée principalement de paragraphes sans réel contenu, vous n'obtiendrez alors pas plus de 1 ou 2 points.

La structure est un point important pour le correcteur, en particulier quand elle n'existe pas. Lorsqu'une rédaction est structurée, le lecteur pourra la lire du début à la fin sans se sentir perdu. La structure par paragraphes et les différentes transitions entre les idées aideront le lecteur à suivre votre raisonnement. Attention cependant à la simple utilisation de mots de transition comme «*first*» ou «*second*», car ils ne rendent pas forcément votre rédaction plus structurée. Les points que vous abordez doivent tous avoir un rapport avec le sujet de la rédaction et l'idée principale que vous présentez dans votre réponse. En d'autres termes, votre rédaction doit être homogène. Le guide de notation indique les termes «*unity*» (l'unité) ainsi que «*progression*» (la progression) et «*coherence*» (la cohérence) pour définir la façon adéquate de structurer la rédaction et de permettre au lecteur de suivre votre raisonnement. Pour obtenir une bonne note, vous devez éviter les redondances (répétition des mêmes idées), les digressions (des points qui sont sans rapport avec votre propos principal, qui éloignent le lecteur de l'unité de vos idées), ainsi que les liens peu clairs (des endroits où il est difficile pour le lecteur de comprendre comment deux idées ou deux parties de votre rédaction sont liées).

L'utilisation de la langue est le troisième critère sur lequel votre rédaction sera jugée. Pour obtenir une bonne note votre rédaction doit démontrer «*consistent facility in the use of langage*» (une aisance permanente dans l'utilisation de la langue). On doit y trouver une variété de structures de phrases et le choix des mots doit être approprié. Même si votre rédaction contient de petites fautes de lexique ou de grammaire, vous pourrez obtenir une bonne note. Cependant, si vous faites beaucoup de fautes de grammaire et si elles rendent la compréhension difficile, vous obtiendrez une note plus basse. Les correcteurs jugeront également votre rédaction sur la complexité des structures de phrase et sur la qualité et la complexité du vocabulaire. Si vous n'utilisez que des phrases très simples et un vocabulaire de base, vous ne parviendrez probablement pas à exprimer des idées très complexes. Si votre expression en anglais est difficile à suivre, vos phrases ultrasimples et votre vocabulaire limité, vous ne pourrez pas obtenir plus de 3 points, quel que soit par ailleurs l'intérêt de vos idées.

Règles de notation de l'épreuve de rédaction libre

SCORE	DESCRIPTION DE LA RÉPONSE
5	Une rédaction notée 5 répond en grande partie aux qualités suivantes : • aborde le sujet et l'épreuve avec efficacité ; • est bien structurée et développée, utilise des expressions, des illustrations et/ou des précisions tout à fait adaptées ; • fait preuve d'unité, de progression et de cohérence ; • démontre une facilité constante dans l'utilisation de la langue, une variété dans les structures syntaxiques, des choix de mots appropriés et l'utilisation d'idiomes, avec cependant quelques petites fautes de lexique ou de grammaire.
4	Une rédaction notée 4 répond en grande partie aux qualités suivantes : • aborde correctement le sujet et l'épreuve, avec cependant un manque de recherche dans certains points ; • est en général bien structurée et développée, utilise des expressions, des illustrations et/ou des précisions relativement adaptées ; • fait preuve d'unité, de progression et de cohérence, avec cependant certaines répétitions, digressions ou manque de clarté dans les liens entre les idées ; • démontre une facilité dans l'utilisation de la langue, une variété dans les structures syntaxiques et le choix de mots, avec cependant quelques petites fautes de structure, de forme des mots ou dans l'utilisation des formes idiomatiques qui ne déforment pas le sens.
3	Une rédaction notée 3 répond à une ou plusieurs des qualités suivantes : • aborde correctement le sujet et l'épreuve en utilisant des explications, illustrations et/ou précisions relativement développées ; • fait preuve d'unité, de progression et de cohérence, bien que les rapports entre les idées manquent parfois de clarté ; • utilise parfois des formes de phrases ou des termes qui contribuent à rendre le sens peu clair, voire parfois obscur ; • peut utiliser une gamme précise mais limitée de structures syntaxiques et de vocabulaire.

2	Une rédaction notée 2 révèle au minimum l'un des points faibles suivants : • raisonnement limité en réponse au sujet et à l'épreuve ; • structure ou rapport entre les idées inadéquat ; • les illustrations, explications ou précisions ne sont pas adaptées ou sont insuffisantes pour étayer ou illustrer un propos peu recherché par rapport aux exigences de l'épreuve ; • un choix de mots et de formes nominales particulièrement impropres ; • une accumulation de fautes dans les structures de phrases et/ou dans l'usage de l'anglais.
1	Une rédaction notée 1 comporte les graves points faibles suivants : • sérieux manque de structure ou de développement des idées ; • peu ou pas de précisions, détails non pertinents, ou mauvaise compréhension du sujet ; • erreurs graves et fréquentes dans les structures de phrases ou l'usage de l'anglais.
0	Une rédaction notée 0 se borne à recopier des mots du sujet, s'écarte du sujet ou encore n'est pas en rapport avec le sujet, est rédigée dans une langue étrangère, se limite à une saisie de caractères ou est vierge.

Exemples de réponses notées pour l'épreuve d'expression écrite libre

Les rédactions suivantes répondent au sujet d'expression écrite libre suivant :

Do you agree or disagree with the following statement?

Always telling the truth is the most important consideration in any relationship.

Use specific reasons and examples to support your answer.

On peut aborder ce sujet de multiples manières. Certains candidats ne vont pas être d'accord avec cette affirmation et donner des exemples de situations où il est opportun de mentir ; en général on y trouve les pieux mensonges, les mensonges qui évitent de blesser les autres, et les mensonges dans un contexte professionnel (qui consistent à ne pas révéler d'informations internes plutôt qu'à mentir purement et simplement). D'autres candidats considèrent que le mensonge appelle le mensonge et sape la confiance. Ceux-là présentent des exemples qui vont dans le sens de cette affirmation. D'autres encore envisagent les deux aspects du problème et définissent ou classifient les situations dans lesquelles ils pensent que le mensonge est approprié et d'autres dans lesquelles il n'est pas adapté ou lourd de conséquences. L'illustration par des histoires (réelles ou hypothétiques) peut convenir ; il est acceptable de donner des exemples pour illustrer ses propres idées sur le sujet.

Rédaction notée 5

DISHONESTY KILLS RELIABILITY

There are certain considerations or factors that everyone takes into account in a relationship. People may look for honesty, altruism, understanding, loyalty, being thoughtful etc! Everyone would more or less wish that the person s/he is dealing with, has some of these virtues above. Putting them in an order according to their importance, however can be very subjective and relative.

When someone asks him/herself the question "What do I consider to be the most important thing in my relationship?" the answer depends on a lot of factors such as how his/her earlier relationships were.

After stating that everyone's opinion can be different about this, for me honesty, in other words, always telling the truth is the most important consideration in a relationship. Opposite of this is inarguably lying and if someone needs to lie, either s/he is hiding something or is afraid of telling me something.

In any relationship of mine, I would wish that first of all, the person I'm dealing with is honest. Even though s/he thinks that s/he did something wrong that I wouldn't like, s/he'd better tell me the truth and not lie about it. Later on if I find out about a lie or hear the truth from someone else, that'd be much more unpleasant. In that case how can I ever believe or trust that person again? How can I ever believe that this person has enough confidence in me to forgive him/her and carry on with the relationship from there. So if I cannot trust a person anymore, if the person doesn't think I can handle the truth, there's no point to continuing that relationship.

Although I would like to see altruistic, understanding, thoughtful and loyal behavior from people, an instance of the opposite of these behaviors would not upset me as much as dishonesty would. Among all the possible behaviors, dishonesty is the only one for me that terminates how I feel about a person's reliability. Therefore honesty would be my first concern and the most important consideration in a relationship.

☛ ***Commentaires du correcteur***

Dans cette réponse, le candidat aborde le sujet en soulignant un certain nombre de traits de caractère importants dans une relation. Puis le candidat développe avec efficacité l'argument selon lequel, contrairement à d'autres comportements négatifs, la malhonnêteté ou la réticence à révéler de mauvaises actions sont impardonnables et peuvent se révéler un facteur décisif dans la destruction d'une relation. Le langage du candidat est fluide, précis et suffisamment varié pour étayer la progression de son raisonnement et les liens entre les idées. Les structures de phrases sont variées et comprennent des questions rhétoriques. Cette rédaction n'est pas parfaite sur la forme, mais les fautes étant ponctuelles et mineures, et dans la mesure où elles ne gênent pas la compréhension du lecteur, une rédaction comme celle-ci peut pourtant obtenir la note maximale.

Rédaction notée 4

Always telling the truth in any relationship is really the most important consideration for many reasons. I could say that when you lie to someone, this person will not trust you anymore and what is a relationship based on? Trust, confidence, so the sense of relationship is being lost. Another point is that if the true is ommited once, it will surely appear sometime, somewhere and probably in the most unexpected way, causing lots of problems for the ones involved. So, the truth is the basis for everything.

First, confidence is the most important aspect of a friendship or a marriage, or anything like that, so, once it is lost, the whole thing goes down in a way that no one can bear it. To avoid losing confidence, there is only one way, telling the truth, lying will just help throwing it away. For example, a couple decided to go out on the weekend, but the man has a party to go with his friends to where he can not take his girlfriend and then he lies to her saying that he is sick and can not go to the date. She undertands him and they do not see each other in that weekend, but he goes to the party and has much fun. Suppose on monday, the girl talks to a friend that saw him at the party and asked why did not she go with him. She found out the true and all confidence was lost, the basis for their relation is now gone and what happens next is that they break up or if they do not, he will persist on lyes and someday it will end.

What happened to this couple is very common around here and many relationships, even friends and marriages end because of something like that. Some may argue that lying once or another will not interfere anything and it is part of a relation, but I strongly disagree, the most important thing is the true, even if it is to determine the end of a relation, it must be told. There are more chances to end something lying than saying what really happened

☛ ***Commentaires du correcteur***

Cette rédaction a obtenu la note de 4. Elle développe de manière claire les raisons pour lesquelles mentir est un comportement négatif, en présentant en introduction la position du candidat (« *truth is the basis for everything* »), dans le paragraphe 2 une histoire hypothétique, et dans le dernier paragraphe un éventuel contre-argument envisagé puis rapidement écarté. Tout cela contribue à un développement très fort des idées. Cette réponse démontre une utilisation aisée de l'anglais à travers une variété de structures de phrases et l'utilisation de transitions claires entre les phrases. Cependant, les phrases du candidat comportent parfois des erreurs évidentes dans la forme des mots (« *if the true is ommited* », « *lying will just help throwing it away* », « *persist on lyes* », « *lying once or another* »), et dans certains endroits le candidat prolonge une phrase pour y ajouter de nombreux éléments de controverse, alors que l'utilisation de deux ou trois phrases séparées aurait contribué à rendre le propos plus clair. Par exemple, « *Some may argue that lying once or another will not interfere anything and it is part of a relation, but I strongly disagree, the most important thing is the true, even if it is to determine the end of a relation, it must be told* ».

Rédaction notée 3

Some people believe that it is one of the most important value in many relationships to tell the truth all the time. However, it cannot be always the best choice to tell the truth in many situatioins. Sometimes white lies are indispensible to keep relationships more lively and dilightly. There are some examples to support this idea.

Firstly, in the relationships between lovers, it is often essential to compliment their lovers on their appearance and their behavior. Even though they do not think that their boyfriend or girlfriend looks good on their new shoes and new clothes, it will probably diss them by telling the truth. On the other hand, little compliments will make them confident and happy making their relationship more tight.

Secondly, parents need to encourage their children by telling lies. Even if they are doing bad work on studying or exercising, telling the truth will hurt their hearts. What they need is a little encouraging words instead of truthful words.

Thirdly, for some patients telling them their current state of their desease will probably desperate them. It is accepted publically not to let the patients know the truth. They may be able to have hope to overcome their desease without knowing the truth.

In conclusion, it is not always better to tell the truth than lies. Some lies are acceptable in terms of making people's life more profusely. Not everybody has to know the truth, and it will lead them more happier not knowing it. In these cases, white lies are worth to be regarded as a virtue of people's relationships

☛ ***Commentaires du correcteur***

Cette rédaction se concentre sur l'idée que les « pieux mensonges » sont parfois légitimes. Les explications y sont relativement développées. Chaque exemple vient soutenir l'argument principal ; néanmoins, à certains moments cruciaux lorsque le candidat tente d'expliquer de quelle manière les pieux mensonges l'emportent sur les effets négatifs, l'utilisation incorrecte de l'anglais entrave les efforts du candidat. Ainsi, avec des erreurs à la fois de structure et de vocabulaire au détriment du sens (*« keep relationships... dilightly »*, *« will probably desperate them »*, *« making people's life more profusely »*, *« it will lead them more happier not knowing it »*), cette rédaction mérite une note de 3.

Rédaction notée 2

Recently, there is a big debate on the issue that telling the truth or not is the most important consideration in the relationship between people. For my experience, I think telling a truth is the most important consideration in people's relationship. In the following, I will illustrate my opinion by two reasons.

First of all, honest make the trust stronger between friends or colleages. As we know, if people tell a lie to others he will not be trusted. When he tell a truth, others will believe that he tells a lie. For example, a person who is honest to others, can get real help and get trust of others.

Secondly, telling a lie always makes things worse not only in work but also in family life. When somebody do something wrong in his job he should annouce his mistake to his manager. If he don't do that others may continue their jobs base on the mistake. Consequently, the work will be worse and worse.

On the contrary, sometimes it is better to tell a lie to others, such as telling a lie to a patient. As we know, the sick become worse when a cancer patient know his illness. A good way to protect their life is to tell a lie. So that many doctors will not tell the truth to a dying patient.

To sum up, people should tell the truth to maintain their relationship with other people, although sometimes people have to tell a lie. People can get trust when they are honest to others.

☛ ***Commentaires du correcteur***

Cette rédaction est assez longue, mais, même si elle présente plusieurs exemples, chaque idée n'est que partiellement développée et les liens entre les idées sont faibles, voire contradictoires. Par exemple, dans le paragraphe 2 la première phrase précise : « *Honest make the trust stronger.* » Les deux phrases suivantes introduisent une opposition : « *If people tell a lie to others he will not be trusted* » ; puis : « *When he tell a truth, others will believe that he tells a lie.* » Ensuite on trouve dans la dernière phrase du paragraphe : « *For example, a person who is honest to others, can get real help and get trust of others.* » Mais cet exemple n'illustre pas la phrase précédente et perd le lecteur. Cette dernière phrase ne fait pas avancer les idées au-delà de la première phase et n'illustre absolument pas le point abordé dans les deuxième et troisième phrases. Ainsi, les relations entre les phrases du paragraphe sont sans grand fondement. Le paragraphe 3 commence par affirmer que dire des mensonges ne fait qu'empirer les choses au travail et à la maison, mais il ne poursuit pas cette idée. Le paragraphe qui commence par « *On the contrary* » est une surprise pour le lecteur, puisque le paragraphe 1 indiquait que le candidat allait dévoiler deux raisons pour lesquelles dire la vérité représentait l'une des considérations les plus importantes dans les relations humaines. En raison de tous ces points faibles, cette rédaction mérite la note de 2.

Rédaction notée 1

Nowadays, many people think that the people who always telling the true is the most inportant consideration in any relationship between human. but another think that is necessary to tell some lies. It is seldom to reach the same issue.I agree with the first thinking because of the following reasons.

First fo all, we all live in the realized world , people can respect you unless you want to use correct method to communicate with other people. It is very important, especially in business , if you want to recieve the good resulit ,you must tell the ture about your own so that gain the considement.

Secondly, if you are honest man/woman, many people may be want to make friend with you. You can have more chance to communate with other people . you may be gain more information from them.

However,sometimes we must speak some lie.for examlpe, when our relatives have heavy illness such as cancer,we couldn't telling them the ture. because that not good for their health,and may be affect their life.

In conclusion,tellingthe ture is the people good behavire .we must require most of people to tell the ture.thus,we can see the better world in our life unless we always tell the ture.

☛ ***Commentaires du correcteur***

Cette rédaction comporte des fautes de structure et d'usage graves et fréquentes. Le paragraphe 2, qui commence par « *First fo all* », est presque incompréhensible et contient un vocabulaire au mieux vague et au pire non anglais (« *realized world* », « *considement* »). Le paragraphe 3 est extrêmement vague et le paragraphe 4 (en fait une seule phrase), bien qu'il mentionne un exemple courant, est d'une expression très pauvre et manque sans aucun doute de contenu. Pour toutes ces raisons, cette rédaction mérite la note de 1.

Sujets d'expression écrite libre

Voici une liste de sujets d'expression écrite réels qui ont été utilisés dans des versions antérieures du test *TOEFL®* ou ont été utilisés comme sujets d'entraînement pour le *TOEFL®* actuel. Vous y trouverez des sujets très proches de ceux du test *TOEFL iBT®*. Quel que soit le sujet, on vous demandera de donner votre opinion et de l'étayer par des arguments et des exemples précis.

Peu importe que vous soyez d'accord ou pas avec le sujet, les correcteurs sont habitués à accepter toutes sortes d'opinions. Ce qui compte, ce sont les compétences que nous avons présentées dans la partie précédente : votre capacité à répondre directement à la question, à prendre une position claire, à rédiger un texte bien structuré et un vocabulaire adapté. N'oubliez pas que les correcteurs ne tiendront pas compte d'exemples ou d'arguments exprimés dans un langage appris totalement pas cœur et censé représenter votre propre expression écrite.

Aucun des sujets ne demande de connaissance particulière. La plupart sont généraux et s'appuient sur l'expérience courante des personnes en général et des étudiants en particulier.

Que faire de cette liste de sujets ? Afin de vous préparer au test, choisissez des sujets dans la liste et entraînez-vous à rédiger des réponses. Respectez le temps imparti, 30 minutes pour lire la question, organiser votre travail et rédiger. Après avoir terminé votre rédaction, relisez-la et évaluez-la par rapport au guide de notation. Ou mieux encore, demandez à un ami ou à un professeur de la noter en fonction des critères et de vous donner ses impressions.

Liste des sujets

- The expression "Never, never give up" means to keep trying and never stop working for your goals. Do you agree or disagree with this statement? Use specific reasons and examples to support your answer.
- Why do you think some people are attracted to dangerous sports or other dangerous activities? Use specific reasons and examples to support your answer.
- What are the important qualities of a good son or daughter? Have these qualities changed or remained the same over time in your culture? Use specific reasons and examples to support your answer.
- People work because they need money to live. What are some other reasons that people work? Discuss one or more of these reasons. Use specific examples and details to support your answer.
- Some people like to do only what they already do well. Other people prefer to try new things and take risks. Which do you prefer? Use specific reasons and examples to support your choice.
- If you could study a subject that you have never had the opportunity to study, what would you choose? Explain your choice, using specific reasons and details.

- Do you agree or disagree with the following statement? Grades (marks) encourage students to learn. Use specific reasons and examples to support your opinion.
- Some people say that computers have made life easier and more convenient. Other people say that computers have made life more complex and stressful. What is your opinion? Use specific reasons and examples to support your answer.
- Do you agree or disagree with the following statement? Boys and girls should attend separate schools. Use specific reasons and examples to support your answer.
- Your city has decided to build a statue or monument to honor a famous person in your country. Whom would you choose? Use reasons and specific examples to support your choice.
- Describe a custom from your country that you would like people from other countries to adopt. Explain your choice, using specific reasons and examples.
- Do you agree or disagree with the following statement? Technology has made the world a better place to live. Use specific reasons and examples to support your opinion.
- Do you agree or disagree with the following statement? The content of advertisements in a particular country can tell you a lot about that country. Use specific reasons and examples to support your answer.
- Do you agree or disagree with the following statement? Modern technology is creating a single world culture. Use specific reasons and examples to support your opinion.
- A foreign visitor has only one day to spend in your country. Where should this visitor go on that day? Why? Use specific reasons and details to support your choice.
- If you could go back to some time and place in the past, when and where would you go? Why? Use specific reasons and details to support your choice.
- What discovery in the last 100 years has been most beneficial for people in your country? Use specific reasons and examples to support your choice.
- Do you agree or disagree with the following statement? Dancing plays an important role in a culture. Use specific reasons and examples to support your answer.
- If you could meet a famous entertainer or athlete, who would that be, and why? Use specific reasons and examples to support your choice.
- If you could ask a famous person one question, what would you ask? Why? Use specific reasons and details to support your choice.
- Your teacher has given you a large assignment that must be completed in one month. You can complete the assignment gradually by working on it a little bit each day, or you can complete the work quickly by working on it intensively for three or four days. Which method do you prefer? Use specific reasons and examples to support your choice.
- You have a choice of movies to see. What influences you the most in choosing: which movie to see?
  - Whether your favorite actors are in it;
  - What kind of movie it is (action, romance, comedy, etc.);
  - What other people are saying about it;

  Use specific reasons and examples to support your choice.
- Many people believe that greed, or the desire to have more wealth than other people have, is a bad characteristic; people who are greedy are often considered selfish or unkind. However,

some people argue that greed is actually a good characteristic for a person to have because greedy people will work harder than others to become successful. Do you believe that greed can be a good characteristic? Why or why not? Use specific reasons and examples to support your answer.

- Which is more important for a leader: the ability to win an argument about an issue, or the ability to help others come to an agreement about an issue? Use specific reasons and examples to support your answer.
- Your city or province has received a large donation of money to improve the education of children. It must choose between spending the money on improvement of early childhood education (for children ages 4 to 7) and spending the money on the improvement of education for older children (ages 11 to 14). Which do you think is the better option? Use specific reasons and details to support your answer.
- Do you agree or disagree with the following statement? For students who are planning to work in business, learning about psychology is more important than learning about technology. Use specific reasons and examples to support your answer.
- Do you agree or disagree with the following statement? Practice and hard work are more important to an athlete's success than natural ability and talent. Use specific reasons and examples to support your answer.
- Do you agree or disagree with the following statement? Today's media (TV, newspapers, and magazines, for example) offer a lot of information on many topics, but people do not use this information to really learn something thoroughly and in depth. Use specific reasons and examples to support your answer.
- Do you agree or disagree with the following statement? People who have had difficulty learning a skill go on to become better teachers of that skill than people who learned it easily. Use specific reasons and examples to support your answer.
- Do you agree or disagree with the following statement? Children today would be happier if they had fewer possessions. Use specific reasons and examples to support your answer.
- Do you agree or disagree with the following statement? Traditional ways of celebrating holidays are much less important today than they were in the past. Use specific reasons and examples to support your answer.
- Do you agree or disagree with the following statement? Improving transportation is the best way for governments to promote economic growth. Use specific reasons and examples to support your answer.
- Do you agree or disagree with the following statement? As long as they meet deadlines and attend meetings, company employees should be allowed to work any hours they choose. Use specific reasons and examples to support your answer.
- Do you agree or disagree with the following statement? Although technology has made communication easier, there are still as many misunderstandings among people as there were in the past. Use specific reasons and examples to support your answer.
- Do you agree or disagree with the following statement? People today are much better informed about international news than they were in the past. Use specific reasons and examples to support your answer.

- Do you agree or disagree with the following statement? For students, the ability to listen well is just as important as the ability to read well. Use specific reasons and examples to support your answer.
- Do you agree or disagree with the following statement? For most jobs or areas of work, understanding the limits of your knowledge is more important than the knowledge you have. Use specific reasons and examples to support your answer.
- Do you agree or disagree with the following statement? Television does not give people an accurate view of human nature. Use specific reasons and examples to support your answer.
- Do you agree or disagree with the following statement? It is more interesting to read a good book or see a good movie the second time than the first. Use specific reasons and examples to support your answer.
- Do you agree or disagree with the following statement? All jobs should provide some opportunity for physical exercise. Use specific reasons and examples to support your answer.

6 TEST D'ENTRAÎNEMENT AU *TOEFL iBT*® N° 1

Vous trouverez dans ce chapitre le premier des quatre tests d'entraînement au *TOEFL iBT*®. Vous pouvez passer ces tests de deux manières différentes :

- **en utilisant le livre :** vous pouvez prendre connaissance des questions du test dans les pages suivantes puis inscrire vos réponses dans les espaces prévus. Quand vous aurez besoin d'écouter certaines parties du test, suivez les instructions d'utilisation du support audio et écoutez les pistes du DVD qui accompagne ce livre ;
- **en utilisant le DVD :** si vous souhaitez vous mettre dans des conditions réelles d'examen du test *TOEFL iBT*®, vous pouvez passer ce même test sur votre ordinateur en utilisant le DVD d'accompagnement. Les passages à lire et les questions apparaîtront sur votre écran et vous pourrez inscrire vos réponses en cliquant sur les espaces prévus. Suivez les instructions pour écouter les parties de compréhension orale du test.

À la suite de ce test, vous trouverez les corrigés et des indications sur le mode de notation. Vous trouverez également les scripts des parties de compréhension orale. Des explications complètes des réponses ainsi que des exemples de réponses et de rédactions de candidats vous seront également proposés.

TEST D'ENTRAÎNEMENT

1 READING

Directions: This section measures your ability to understand academic passages in English.

There are three passages in this section. You have **60 minutes** to complete the Reading section. You may read the passages and answer the questions in any order you choose, but plan to spend 20 minutes on each passage and the accompanying questions.

Most questions are worth 1 point, but the last question for each passage is worth more than 1 point. The directions for the last question indicate how many points you may receive.

You will now begin the Reading section. There are three passages in the section. You should allow **20 minutes** to read each passage and answer the questions about it. You should allow **60 minutes** to complete the entire section.

At the end of this Practice Test, you will find an answer key, information to help you determine your score, and explanations of the answers.

NINETEENTH-CENTURY POLITICS IN THE UNITED STATES

The development of the modern presidency in the United States began with Andrew Jackson, who swept to power in 1829 at the head of the Democratic Party and served until 1837. During his administration he immeasurably enlarged the power of the presidency. "The President is the direct representative of the American people," he lectured the Senate when it opposed him. "He was elected by the people, and is responsible to them." With this declaration, Jackson redefined the character of the presidential office and its relationship to the people.

During Jackson's second term, his opponents had gradually come together to form the Whig Party. Whigs and Democrats held different attitudes toward the changes brought about by the market, banks, and commerce. The Democrats tended to view society as a continuing conflict between "the people"—farmers, planters, and workers—and a set of greedy aristocrats. This "paper money aristocracy" of bankers and investors manipulated the banking system for their own profit, Democrats claimed, and sapped the nation's virtue by encouraging speculation and the desire for sudden, unearned wealth. The Democrats wanted the rewards of the market without sacrificing the features of a simple agrarian republic. They wanted the wealth that the market offered without the competitive, changing society; the complex dealing; the dominance of urban centers; and the loss of independence that came with it.

Whigs, on the other hand, were more comfortable with the market. For them, commerce and economic development were agents of civilization. Nor did the

Whigs envision any conflict in society between farmers and workers on the one hand and businesspeople and bankers on the other. Economic growth would benefit everyone by raising national income and expanding opportunity. The government's responsibility was to provide a well-regulated economy that guaranteed opportunity for citizens of ability.

Whigs and Democrats differed not only in their attitudes toward the market but also about how active the central government should be in people's lives. Despite Andrew Jackson's inclination to be a strong President, Democrats as a rule believed in limited government. Government's role in the economy was to promote competition by destroying monopolies1 and special privileges. In keeping with this philosophy of limited government, Democrats also rejected the idea that moral beliefs were the proper sphere of government action. Religion and politics, they believed, should be kept clearly separate, and they generally opposed humanitarian legislation.

The Whigs, in contrast, viewed government power positively. They believed that it should be used to protect individual rights and public liberty, and that it had a special role where individual effort was ineffective. By regulating the economy and competition, the government could ensure equal opportunity. Indeed, for Whigs the concept of government promoting the general welfare went beyond the economy. In particular, Whigs in the northern sections of the United States also believed that government power should be used to foster the moral welfare of the country. They were much more likely to favor social-reform legislation and aid to education.

In some ways the social makeup of the two parties was similar. To be competitive in winning votes, Whigs and Democrats both had to have significant support among farmers, the largest group in society, and workers. Neither party could win an election by appealing exclusively to the rich or the poor. The Whigs, however, enjoyed disproportionate strength among the business and commercial classes. Whigs appealed to planters who needed credit to finance their cotton and rice trade in the world market, to farmers who were eager to sell their surpluses, and to workers who wished to improve themselves. Democrats attracted farmers isolated from the market or uncomfortable with it, workers alienated from the emerging industrial system, and rising entrepreneurs who wanted to break monopolies and open the economy to new-comers like themselves. The Whigs were strongest in the towns, cities, and those rural areas that were fully integrated into the market economy, whereas Democrats dominated areas of semisubsistence farming that were more isolated and languishing economically.

1. Monopolies: Companies or individuals that exclusively own or control commercial enterprises with no competitors.

PARAGRAPH 1

The development of the modern presidency in the United States began with Andrew Jackson, who swept to power in 1829 at the head of the Democratic Party and served until 1837. During his administration he immeasurably enlarged the power of the presidency. "The President is the direct representative of the American people," he lectured the Senate when it opposed him. "He was elected by the people, and is responsible to them." With this declaration, Jackson redefined the character of the presidential office and its relationship to the people.

Directions: Mark your answer by filling in the oval next to your choice.

1. The word "immeasurably" in the passage is closest in meaning to

- ▢ frequently
- ▢ greatly
- ▢ rapidly
- ▢ reportedly

2. According to paragraph 1, the presidency of Andrew Jackson was especially significant for which of the following reasons?

- ▢ The President granted a portion of his power to the Senate.
- ▢ The President began to address the Senate on a regular basis.
- ▢ It was the beginning of the modern presidency in the United States.
- ▢ It was the first time that the Senate had been known to oppose the President.

PARAGRAPH 2

During Jackson's second term, his opponents had gradually come together to form the Whig Party. Whigs and Democrats held different attitudes toward the changes brought about by the market, banks, and commerce. The Democrats tended to view society as a continuing conflict between "the people"—farmers, planters, and workers—and a set of greedy aristocrats. This "paper money aristocracy" of bankers and investors manipulated the banking system for their own profit, Democrats claimed, and sapped the nation's virtue by encouraging speculation and the desire for sudden, unearned wealth. The Democrats wanted the rewards of the market without sacrificing the features of a simple agrarian republic. They wanted the wealth that the market offered without the competitive, changing society; the complex dealing; the dominance of urban centers; and the loss of independence that came with it.

3. The author mentions "bankers and investors" in the passage as an example of which of the following?

- ▢ The Democratic Party's main source of support.
- ▢ The people that Democrats claimed were unfairly becoming rich.
- ▢ The people most interested in a return to a simple agrarian republic.
- ▢ One of the groups in favor of Andrew Jackson's presidency.

PARAGRAPH 3

Whigs, on the other hand, were more comfortable with the market. For them, commerce and economic development were agents of civilization. Nor did the Whigs envision any conflict in society between farmers and workers on the one hand and businesspeople and bankers on the other. Economic growth would benefit everyone by raising national income and expanding opportunity. The government's responsibility was to provide a well-regulated economy that guaranteed opportunity for citizens of ability.

4. According to paragraph 3, Whigs believed that commerce and economic development would have which of the following effects on society?

- ▢ They would promote the advancement of society as a whole.
- ▢ They would cause disagreements between Whigs and Democrats.
- ▢ They would supply new positions for Whig Party members.
- ▢ They would prevent conflict between farmers and workers.

5. According to paragraph 3, which of the following describes the Whig Party's view of the role of government?

- ☐ To regulate the continuing conflict between farmers and businesspeople
- ☐ To restrict the changes brought about by the market
- ☑ To maintain an economy that allowed all capable citizens to benefit
- ☐ To reduce the emphasis on economic development

PARAGRAPH 4

Whigs and Democrats differed not only in their attitudes toward the market but also about how active the central government should be in people's lives. Despite Andrew Jackson's inclination to be a strong President, Democrats as a rule believed in limited government. Government's role in the economy was to promote competition by destroying monopolies1 and special privileges. In keeping with this philosophy of limited government, Democrats also rejected the idea that moral beliefs were the proper sphere of government action. Religion and politics, they believed, should be kept clearly separate, and they generally opposed humanitarian legislation.

1. Monopolies: Companies or individuals that exclusively own or control commercial enterprises with no competitors

6. The word "inclination" in the passage is closest in meaning to

- ☐ argument
- ☑ tendency
- ☐ example
- ☐ warning

7. According to paragraph 4, a Democrat would be most likely to support government action in which of the following areas?

- ☐ Creating a state religion
- ☐ Supporting humanitarian legislation
- ☑ Destroying monopolies
- ☐ Recommending particular moral beliefs

PARAGRAPH 5

The Whigs, in contrast, viewed government power positively. They believed that it should be used to protect individual rights and public liberty, and that it had a special role where individual effort was ineffective. By regulating the economy and competition, the government could ensure equal opportunity. Indeed, for Whigs the concept of government promoting the general welfare went beyond the economy. In particular, Whigs in the northern sections of the United States also believed that government power should be used to foster the moral welfare of the country. They were much more likely to favor social-reform legislation and aid to education.

8. The word "concept" in the passage is closest in meaning to

- ☐ power
- ☐ reality
- ☐ difficulty
- ☑ idea

9. Which of the following can be inferred from paragraph 5 about variations in political beliefs within the Whig Party?

- ☐ They were focused on issues of public liberty.
- ☐ They caused some members to leave the Whig Party.
- ☐ They were unimportant to most Whigs.
- ☑ They reflected regional interests.

PARAGRAPH 6

In some ways the social makeup of the two parties was similar. To be competitive in winning votes, Whigs and Democrats both had to have significant support among farmers, the largest group in society, and workers. Neither party could win an election by appealing exclusively to the rich or the poor. The Whigs, however, enjoyed disproportionate strength among the business and commercial classes. Whigs appealed to planters who needed credit to finance their cotton and rice trade in the world market, to farmers who were eager to sell their surpluses, and to workers who wished to improve themselves. Democrats attracted farmers isolated from the market or uncomfortable with it, workers alienated from the emerging industrial system, and rising entrepreneurs who wanted to break monopolies and open the economy to newcomers like themselves. The Whigs were strongest in the towns, cities, and those rural areas that were fully integrated into the market economy, whereas Democrats dominated areas of semisubsistence farming that were more isolated and languishing economically.

10. According to paragraph 6, the Democrats were supported by all of the following groups EXCEPT

- ☐ workers unhappy with the new industrial system
- ☑ planters involved in international trade
- ☐ rising entrepreneurs
- ☐ individuals seeking to open the economy to newcomers

11. Which of the sentences below best expresses the essential information in the highlighted sentence in the passage? Incorrect choices change the meaning in important ways or leave out essential information.

- ☐ Whigs were able to attract support only in the wealthiest parts of the economy because Democrats dominated in other areas.
- ☐ Whig and Democratic areas of influence were naturally split between urban and rural areas, respectively.
- ☐ The semisubsistence farming areas dominated by Democrats became increasingly isolated by the Whigs' control of the market economy.
- ☑ The Democrats' power was greatest in poorer areas, while the Whigs were strongest in those areas where the market was already fully operating.

PARAGRAPH 2

During Jackson's second term, his opponents had gradually come together to form the Whig Party. **(1)** Whigs and Democrats held different attitudes toward the changes brought about by the market, banks, and commerce. **(2)** The Democrats tended to view society as a continuing conflict between "the people"—farmers, planters, and workers—and a set of greedy aristocrats. **(3)** This "paper money aristocracy" of bankers and investors manipulated the banking system for their own profit, Democrats claimed, and sapped the nation's virtue by encouraging speculation and the desire for sudden, unearned wealth. **(4)** The Democrats wanted the rewards of the market without sacrificing the features of a simple agrarian republic. They wanted the wealth that the market offered without the competitive, changing society; the complex dealing; the dominance of urban centers; and the loss of independence that came with it.

12. **Directions:** Look at the part of the passage that is displayed above. The numbers **(1)**, **(2)**, **(3)** and **(4)** indicate where the following sentence could be added.

This new party argued against the policies of Jackson and his party in a number of important areas, beginning with the economy.

Where would the sentence best fit?

- [x] Choice 1
- [ ] Choice 2
- [ ] Choice 3
- [ ] Choice 4

13. **Directions:** An introductory sentence for a brief summary of the passage is provided below. Complete the summary by selecting the THREE answer choices that express the most important ideas in the passage. Some answer choices do not belong in the summary because they express ideas that are not presented in the passage or are minor ideas in the passage. **This question is worth 2 points.**

The political system of the United States in the mid-nineteenth century was strongly influenced by the social and economic circumstances of the time.

-
-
-

Answer Choices

1. The Democratic and Whig Parties developed in response to the needs of competing economic and political constituencies.
2. During Andrew Jackson's two terms as President, he served as leader of both the Democratic and Whig Parties.
3. The Democratic Party primarily represented the interests of the market, banks, and commerce.
4. In contrast to the Democrats, the Whigs favored government aid for education.
5. A fundamental difference between Whigs and Democrats involved the importance of the market in society.
6. The role of government in the lives of the people was an important political distinction between the two parties.

THE EXPRESSION OF EMOTIONS

Joy and sadness are experienced by people in all cultures around the world, but how can we tell when other people are happy or despondent? It turns out that the expression of many emotions may be universal. Smiling is apparently a universal sign of friendliness and approval. Baring the teeth in a hostile way, as noted by Charles Darwin in the nineteenth century, may be a universal sign of anger. As the originator of the theory of evolution, Darwin believed that the universal recognition of facial expressions would have survival value. For example, facial expressions could signal the approach of enemies (or friends) in the absence of language.

Most investigators concur that certain facial expressions suggest the same emotions in all people. Moreover, people in diverse cultures recognize the emotions manifested by the facial expressions. In classic research Paul Ekman took photographs of people exhibiting the emotions of anger, disgust, fear, happiness, and sadness. He then asked people around the world to indicate what emotions were being depicted in them. Those queried ranged from European college students to members of the Fore, a tribe that dwells in the New Guinea highlands. All groups, including the Fore, who had almost no contact with Western culture, agreed on the portrayed emotions. The Fore also displayed familiar facial expressions when asked how they would respond if they were the characters in stories that called for basic emotional responses. Ekman and his colleagues more recently obtained similar results in a study of ten cultures in which participants were permitted to report that multiple emotions were shown by facial expressions. The participants generally agreed on which two emotions were being shown and which emotion was more intense.

Psychological researchers generally recognize that facial expressions reflect emotional states. In fact, various emotional states give rise to certain patterns of electrical activity in the facial muscles and in the brain. The facial-feedback hypothesis argues, however, that the causal relationship between emotions and facial expressions can also work in the opposite direction. According to this hypothesis, signals from the facial muscles ("feedback") are sent back to emotion centers of the brain, and so a person's facial expression can influence that person's emotional state. Consider Darwin's words: "The free expression by outward signs of an emotion intensifies it. On the other hand, the repression, as far as possible, of all outward signs softens our emotions." Can smiling give rise to feelings of goodwill, for example, and frowning to anger?

Psychological research has given rise to some interesting findings concerning the facial-feedback hypothesis. Causing participants in experiments to smile, for example, leads them to report more positive feelings and to rate cartoons (humorous drawings of people or situations) as being more humorous. When they are caused to frown, they rate cartoons as being more aggressive.

What are the possible links between facial expressions and emotion? One link is arousal, which is the level of activity or preparedness for activity in an organism. Intense contraction of facial muscles, such as those used in signifying fear, heightens arousal. Self-perception of heightened arousal then leads to heightened emotional activity. Other links may involve changes in brain temperature and the release of neurotransmitters (substances that transmit nerve impulses). The contraction of facial muscles both influences the internal emotional state and reflects it. Ekman has found that the so-called Duchenne smile, which is characterized by "crow's-feet" wrinkles around the eyes and a subtle drop in the eye cover fold so that the skin above the eye moves down slightly toward the eyeball, can lead to pleasant feelings.

Ekman's observation may be relevant to the British expression "keep a stiff upper lip"[1] as a recommendation for handling stress. It might be that a "stiff" lip suppresses emotional response—as long as the lip is not quivering with fear or tension. But when the emotion that leads to stiffening the lip is more intense, and involves strong muscle tension, facial feedback may heighten emotional response.

1. "Keep a stiff upper lip": Avoid showing emotions in difficult situations.

PARAGRAPH 1

Joy and sadness are experienced by people in all cultures around the world, but how can we tell when other people are happy or despondent? It turns out that the expression of many emotions may be universal. Smiling is apparently a universal sign of friendliness and approval. Baring the teeth in a hostile way, as noted by Charles Darwin in the nineteenth century, may be a universal sign of anger. As the originator of the theory of evolution, Darwin believed that the universal recognition of facial expressions would have survival value. For example, facial expressions could signal the approach of enemies (or friends) in the absence of language.

Directions: Mark your answer by filling in the oval next to your choice.

1. The word "despondent" in the passage is closest in meaning to

☐ curious
☑ unhappy
☐ thoughtful
☐ uncertain

2. The author mentions "Baring the teeth in a hostile way" in order to

- ☐ differentiate one possible meaning of a particular facial expression from other meanings of it.
- ☐ support Darwin's theory of evolution.
- ☐ provide an example of a facial expression whose meaning is widely understood.
- ☐ contrast a facial expression that is easily understood with other facial expressions.

PARAGRAPH 2

Most investigators concur that certain facial expressions suggest the same emotions in all people. Moreover, people in diverse cultures recognize the emotions manifested by the facial expressions. In classic research Paul Ekman took photographs of people exhibiting the emotions of anger, disgust, fear, happiness, and sadness. He then asked people around the world to indicate what emotions were being depicted in them. Those queried ranged from European college students to members of the Fore, a tribe that dwells in the New Guinea highlands. All groups, including the Fore, who had almost no contact with Western culture, agreed on the portrayed emotions. The Fore also displayed familiar facial expressions when asked how they would respond if they were the characters in stories that called for basic emotional responses. Ekman and his colleagues more recently obtained similar results in a study of ten cultures in which participants were permitted to report that multiple emotions were shown by facial expressions. The participants generally agreed on which two emotions were being shown and which emotion was more intense.

3. The word "concur" in the passage is closest in meaning to

- ☐ estimate
- ☐ agree
- ☐ expect
- ☐ understand

4. The word "them" in the passage refers to

- ☐ emotions
- ☐ people
- ☐ photographs
- ☐ cultures

5. According to paragraph 2, which of the following was true of the Fore people of New Guinea?

- ☐ They did not want to be shown photographs.
- ☐ They were famous for their storytelling skills.
- ☐ They knew very little about Western culture.
- ☐ They did not encourage the expression of emotions.

6. Which of the sentences below best expresses the essential information in the highlighted sentence in the passage? Incorrect choices change the meaning in important ways or leave out essential information.

- ☐ The Fore's facial expressions indicated their unwillingness to pretend to be story characters.
- ☐ The Fore were asked to display familiar facial expressions when they told their stories.

☑ The Fore exhibited the same relationship of facial expressions and basic emotions that is seen in Western culture when they acted out stories.
☐ The Fore were familiar with the facial expressions and basic emotions of characters in stories.

PARAGRAPH 3

Psychological researchers generally recognize that facial expressions reflect emotional states. In fact, various emotional states give rise to certain patterns of electrical activity in the facial muscles and in the brain. The facial-feedback hypothesis argues, however, that the causal relationship between emotions and facial expressions can also work in the opposite direction. According to this hypothesis, signals from the facial muscles ("feedback") are sent back to emotion centers of the brain, and so a person's facial expression can influence that person's emotional state. Consider Darwin's words: "The free expression by outward signs of an emotion intensifies it. On the other hand, the repression, as far as possible, of all outward signs softens our emotions." Can smiling give rise to feelings of goodwill, for example, and frowning to anger?

7. According to the passage, what did Darwin believe would happen to human emotions that were not expressed?

☑ They would become less intense.
☐ They would last longer than usual.
☐ They would cause problems later.
☐ They would become more negative.

PARAGRAPH 4

Psychological research has given rise to some interesting findings concerning the facial-feedback hypothesis. Causing participants in experiments to smile, for example, leads them to report more positive feelings and to rate cartoons (humorous drawings of people or situations) as being more humorous. When they are caused to frown, they rate cartoons as being more aggressive.

8. According to the passage, research involving which of the following supported the "facial-feedback hypothesis"?

☐ The reactions of people in experiments to cartoons.
☐ The tendency of people in experiments to cooperate.
☑ The release of neurotransmitters by people during experiments.
☐ The long-term effects of repressing emotions.

9. The word "rate" in the passage is closest in meaning to

☑ judge
☐ reject
☐ draw
☐ want

PARAGRAPH 6

Ekman's observation may be relevant to the British expression "keep a stiff upper lip" as a recommendation for handling stress. It might be that a "stiff" lip suppresses emotional response—as long as the lip is not quivering with fear or tension. But when the emotion that leads to stiffening the lip is more intense, and involves strong muscle tension, facial feedback may heighten emotional response.

10. The word "relevant" in the passage is closest in meaning to

- ☐ contradictory
- ☐ confusing
- ☐ dependent
- ☐ applicable

11. According to the passage, stiffening the upper lip may have which of the following effects?

- ☐ It first suppresses stress, then intensifies it.
- ☐ It may cause fear and tension in those who see it.
- ☐ It can damage the lip muscles.
- ☐ It may either heighten or reduce emotional response.

For example, facial expressions could signal the approach of ennemies (or friends) in the absence of language.

PARAGRAPHS 1 AND 2

For example, facial expressions could signal the approach of ennemies (or friends) in the absence of language. **(1)** Most investigators concur that certain facial expressions suggest the same emotions in all people. **(2)** Moreover, people in diverse cultures recognize the emotions manifested by the facial expressions. **(3)** In classic research Paul Ekman took photographs of people exhibiting the emotions of anger, disgust, fear, happiness, and sadness. **(4)** He then asked people around the world to indicate what emotions were being depicted in them. Those queried ranged from European college students to members of the Fore, a tribe that dwells in the New Guinea highlands. All groups, including the Fore, who had almost no contact with Western culture, agreed on the portrayed emotions. The Fore also displayed familiar facial expressions when asked how they would respond if they were the characters in stories that called for basic emotional responses. Ekman and his colleagues more recently obtained similar results in a study of ten cultures in which participants were permitted to report that multiple emotions were shown by facial expressions. The participants generally agreed on which two emotions were being shown and which emotion was more intense.

12. **Directions:** Look at the part of the passage that is displayed above. The numbers **(1)**, **(2)**, **(3)** and **(4)** indicate where the following sentence could be added.

This universality in the recognition of emotions was demonstrated by using rather simple methods.

Where would the sentence best fit?

- ☐ Choice 1
- ☐ Choice 2
- ☐ Choice 3
- ☐ Choice 4

13. **Directions:** An introductory sentence for a brief summary of the passage is provided below. Complete the summary by selecting the THREE answer choices that express the most important ideas in the passage. Some sentences do not belong in the summary because they express ideas that are not presented in the passage or are minor ideas in the passage. **This question is worth 2 points.**

Psychological research seems to confirm that people associate particular facial expressions with the same emotions across cultures.

-
-
-

Answer Choices

1. Artificially producing the Duchenne smile can cause a person to have pleasant feelings.
2. Facial expressions and emotional states interact with each other through a variety of feedback mechanisms.
3. People commonly believe that they can control their facial expressions so that their true emotions remain hidden.
4. A person's facial expression may reflect the person's emotional state.
5. Ekman argued that the ability to accurately recognize the emotional content of facial expressions was valuable for human beings.
6. Facial expressions that occur as a result of an individual's emotional state may themselves feed back information that influences the person's emotions.

GEOLOGY AND LANDSCAPE

Most people consider the landscape to be unchanging, but Earth is a dynamic body, and its surface is continually altering—slowly on the human time scale, but relatively rapidly when compared to the great age of Earth (about 4.5 billion years). There are two principal influences that shape the terrain: constructive processes such as uplift, which create new landscape features, and destructive forces such as erosion, which gradually wear away exposed landforms.

Hills and mountains are often regarded as the epitome of permanence, successfully resisting the destructive forces of nature, but in fact they tend to be relatively short-lived in geological terms. As a general rule, the higher a mountain is, the more recently it was formed; for example, the high mountains of the Himalayas are only about 50 million years old. Lower mountains tend to be older, and are often the eroded relics of much higher mountain chains. About 400 million years ago, when the present-day continents of North America and Europe were joined, the Caledonian mountain chain was the same size as the modern Himalayas. Today, however, the relics of the Caledonian orogeny (mountain-building period) exist as the comparatively low mountains of Greenland, the northern Appalachians in the United States, the Scottish Highlands, and the Norwegian coastal plateau.

The Earth's crust is thought to be divided into huge, movable segments, called plates, which float on a soft plastic layer of rock. Some mountains were formed as a result of these plates crashing into each other and forcing up the rock at the plate margins. In this process, sedimentary rocks that originally formed on the seabed may be folded upwards to altitudes of more than 26,000 feet. Other mountains may be raised by earthquakes, which fracture the Earth's crust and can displace enough rock to produce block mountains. A third type of mountain may be formed as a result of volcanic activity which occurs in regions of active fold mountain belts, such as in the Cascade Range of western North America. The Cascades are made up of lavas and volcanic materials. Many of the peaks are extinct volcanoes.

Whatever the reason for mountain formation, as soon as land rises above sea level it is subjected to destructive forces. The exposed rocks are attacked by the various weather processes and gradually broken down into fragments, which are then carried away and later deposited as sediments. Thus, any landscape represents only a temporary stage in the continuous battle between the forces of uplift and those of erosion.

The weather, in its many forms, is the main agent of erosion. Rain washes away loose soil and penetrates cracks in the rocks. Carbon dioxide in the air reacts with the rainwater, forming a weak acid (carbonic acid) that may chemically attack the rocks. The rain seeps underground and the water may reappear later as springs. These springs are the sources of streams and rivers, which cut through the rocks and carry away debris from the mountains to the lowlands.

Under very cold conditions, rocks can be shattered by ice and frost. Glaciers may form in permanently cold areas, and these slowly moving masses of ice cut out valleys, carrying with them huge quantities of eroded rock debris. In dry areas the wind is the principal agent of erosion. It carries fine particles of sand, which bombard exposed rock surfaces, thereby wearing them into yet more sand. Even living things contribute to the formation of landscapes. Tree roots force their way into cracks in rocks and, in so doing, speed their splitting. In contrast, the roots of grasses and other small plants may help to hold loose soil fragments together, thereby helping to prevent erosion by the wind.

PARAGRAPH 1

Most people consider the landscape to be unchanging, but Earth is a dynamic body, and its surface is continually altering—slowly on the human time scale, but relatively rapidly when compared to the great age of Earth (about 4.5 billion years). There are two principal influences that shape the terrain: constructive processes such as uplift, which create new landscape features, and destructive forces such as erosion, which gradually wear away exposed landforms.

Directions: Mark your answer by filling in the oval next to your choice.

1. According to paragraph 1, which of the following statements is true of changes in Earth's landscape?

- ☐ They occur more often by uplift than by erosion.
- ☐ They occur only at special times.
- ☐ They occur less frequently now than they once did.
- ☐ They occur quickly in geological terms.

2. The word "relatively" in the passage is closest in meaning to

- ☐ unusually
- ☐ comparatively
- ☐ occasionally
- ☐ naturally

PARAGRAPH 2

Hills and mountains are often regarded as the epitome of permanence, successfully resisting the destructive forces of nature, but in fact they tend to be relatively short-lived in geological terms. As a general rule, the higher a mountain is, the more recently it was formed; for example, the high mountains of the Himalayas are only about 50 million years old. Lower mountains tend to be older, and are often the eroded relics of much higher mountain chains. About 400 million years ago, when the present-day continents of North America and Europe were joined, the Caledonian mountain chain was the same size as the modern Himalayas. Today, however, the relics of the Caledonian orogeny (mountain-building period) exist as the comparatively low mountains of Greenland, the northern Appalachians in the United States, the Scottish Highlands, and the Norwegian coastal plateau.

3. Which of the sentences below best expresses the essential information in the highlighted sentence in the passage? Incorrect choices change the meaning in important ways or leave out essential information.

- ☐ When they are relatively young, hills and mountains successfully resist the destructive forces of nature.
- ☑ Although they seem permanent, hills and mountains exist for a relatively short period of geological time.
- ☐ Hills and mountains successfully resist the destructive forces of nature, but only for a short time.
- ☐ Hills and mountains resist the destructive forces of nature better than other types of landforms.

4. Which of the following can be inferred from paragraph 2 about the mountains of the Himalayas?

- ☐ Their current height is not an indication of their age.
- ☑ At present, they are much higher than the mountains of the Caledonian range.
- ☐ They were a uniform height about 400 million years ago.
- ☐ They are not as high as the Caledonian mountains were 400 million years ago.

5. The word "relics" in the passage is closest in meaning to

- ☐ resemblances
- ☐ regions
- ☑ remains
- ☐ restorations

PARAGRAPH 3

The Earth's crust is thought to be divided into huge, movable segments, called plates, which float on a soft plastic layer of rock. Some mountains were formed as a result of these plates crashing into each other and forcing up the rock at the plate margins. In this process, sedimentary rocks that originally formed on the seabed may be folded upwards to altitudes of more than 26,000 feet. Other mountains may be raised by earthquakes, which fracture the Earth's crust and can displace enough rock to produce block mountains. A third type of mountain may be formed as a result of volcanic activity which occurs in regions of active fold mountain belts, such as in the Cascade Range of western North America. The Cascades are made up of lavas and volcanic materials. Many of the peaks are extinct volcanoes.

6. According to paragraph 3, one cause of mountain formation is the

☐ effect of climatic change on sea level
☐ slowing down of volcanic activity
☐ force of Earth's crustal plates hitting each other
☐ replacement of sedimentary rock with volcanic rock

PARAGRAPH 5

The weather, in its many forms, is the main agent of erosion. Rain washes away loose soil and penetrates cracks in the rocks. Carbon dioxide in the air reacts with the rainwater, forming a weak acid (carbonic acid) that may chemically attack the rocks. The rain seeps underground and the water may reappear later as springs. These springs are the sources of streams and rivers, which cut through the rocks and carry away debris from the mountains to the lowlands.

7. Why does the author mention "Carbon dioxide" in the passage?

☐ To explain the origin of a chemical that can erode rocks.
☐ To contrast carbon dioxide with carbonic acid.
☐ To give an example of how rainwater penetrates soil.
☐ To argue for the desirability of preventing erosion.

8. The word "seeps" in the passage is closest in meaning to

☐ dries gradually
☐ flows slowly
☐ freezes quickly
☐ warms slightly

PARAGRAPH 6

Under very cold conditions, rocks can be shattered by ice and frost. Glaciers may form in permanently cold areas, and these slowly moving masses of ice cut out valleys, carrying with them huge quantities of eroded rock debris. In dry areas the wind is the principal agent of erosion. It carries fine particles of sand, which bombard exposed rock surfaces, thereby wearing them into yet more sand. Even living things contribute to the formation of landscapes. Tree roots force their way into cracks in rocks and, in so doing, speed their splitting. In contrast, the roots of grasses and other small plants may help to hold loose soil fragments together, thereby helping to prevent erosion by the wind.

9. The word "them" in the passage refers to

☐ cold areas
☐ masses of ice
☐ valleys
☐ rock debris

10. According to paragraph 6, which of the following is both a cause and result of erosion?

☐ Glacial activity
☐ Rock debris
☐ Tree roots
☐ Sand

PARAGRAPH 6

Under very cold conditions, rocks can be shattered by ice and frost. Glaciers may form in permanently cold areas, and these slowly moving masses of ice cut out valleys, carrying with them huge quantities of eroded rock debris. **(1)** In dry areas the wind is the principal agent of erosion. **(2)** It carries fine particles of sand, which bombard exposed rock surfaces, thereby wearing them into yet more sand. **(3)** Even living things contribute to the formation of landscapes. **(4)** Tree roots force their way into cracks in rocks and, in so doing, speed their splitting. In contrast, the roots of grasses and other small plants may help to hold loose soil fragments together, thereby helping to prevent erosion by the wind.

11. **Directions:** Look at the part of the passage that is displayed above. The numbers **(1)**, **(2)**, **(3)** and **(4)** indicate where the following sentence could be added.

Under different climatic conditions, another type of destructive force contributes to erosion.

Where would the sentence best fit?

- [x] Choice 1
- [ ] Choice 2
- [ ] Choice 3
- [ ] Choice 4

12. **Directions:** Three of the answer choices below are used in the passage to illustrate constructive processes, and two are used to illustrate destructive processes. Complete the table by matching appropriate answer choices to the processes they are used to illustrate. **This question is worth 3 points.**

Construction Processes	Destructive Processes
• 1 • 5 • 6	• 3 • 7

Answer Choices

1. Collision of Earth's crustal plates
2. Separation of continents
3. Wind-driven sand
4. Formation of grass roots in soil
5. Earthquakes
6. Volcanic activity
7. Weather processes

STOP. This is the end of the Reading section of *TOEFL iBT*® Practice Test 1.

TEST D'ENTRAÎNEMENT

1

LISTENING

Directions: This section measures your ability to understand conversations and lectures in English.

You should listen to each conversation and lecture only once.

After each conversation or lecture, you will answer some questions about it. The questions typically ask about the main idea and supporting details. Some questions ask about the purpose of a speaker's statement or a speaker's attitude. Answer the questions based on what is stated or implied by the speakers.

You may take notes while you listen. You may use your notes to help you answer the questions. Your notes will **not** be scored.

In some questions, you will see this icon: 🎧

This means that you will hear, but not see, part of the question.

Most questions are worth 1 point. If a question is worth more than 1 point, it will have special directions that indicate how many points you can receive.

It will take about **60 minutes** to listen to the conversations and lectures and to answer the questions. You should answer each question, even if you must guess the answer. Answer each question before moving on. Do not return to previous questions.

At the end of this Practice Test you will find an answer key, information to help you determine your score, scripts for the audio tracks, and explanations of the answers.

Listen to Track 11 on the DVD.

QUESTIONS

Directions: Mark your answer by filling in the oval or square next to your choice.

1. Why does the student go to see the professor?

- ☐ To prepare for her graduate school interview.
- ☑ To get advice about her graduate school application.
- ☐ To give the professor her graduate school application.
- ☐ To find out if she was accepted into graduate school.

2. According to the professor, what information should the student include in her statement of purpose?

Choose 2 answers.

- ☑ Her academic motivation.
- ☐ Her background in medicine.
- ☑ Some personal information.
- ☐ The ways her teachers have influenced her.

3. What does the professor consider unusual about the student's background?

- ☐ Her work experience.
- ☐ Her creative writing experience.
- ☐ Her athletic achievements.
- ☑ Her music training.

4. Why does the professor tell a story about his friend who went to medical school?

- ☐ To warn the student about how difficult graduate school can be.
- ☑ To illustrate a point he is making.
- ☐ To help the student relax.
- ☐ To change the subject.

5. What does the professor imply about the people who admit students to graduate school?

- ☐ They often lack expertise in the fields of the applicants.
- ☐ They do not usually read the statement of purpose.
- ☑ They are influenced by the appearance of an application.
- ☐ They remember most of the applications they receive.

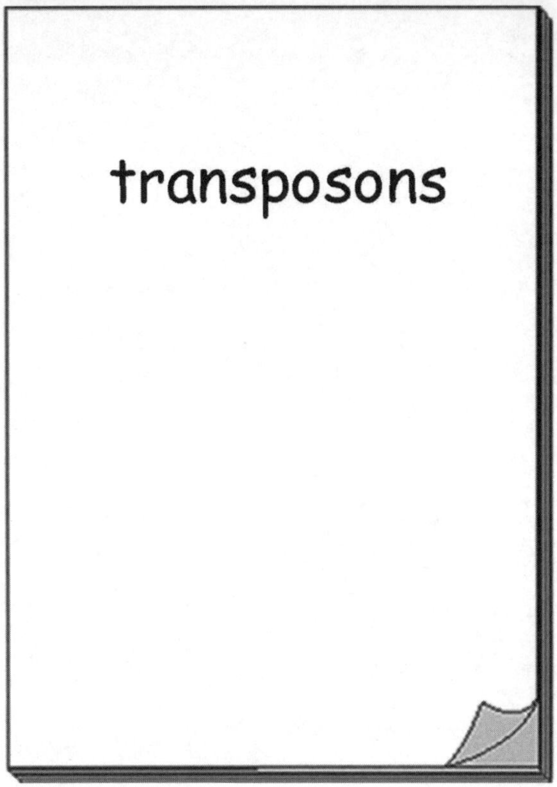

Listen to Track 12 on the DVD.

QUESTIONS

6. What are the students mainly discussing?

- ☐ Drugs that are harmful to the human body.
- ☐ Bacteria that produce antibiotics.
- ☐ DNA that is related to athletic performance.
- ☐ Genes that protect bacteria from antibiotics.

7. According to the conversation, why are transposons sometimes called "jumping genes"?

- ☐ They are able to move from one bacteria cell to another.
- ☐ They are found in people with exceptional jumping ability.
- ☐ They occur in every other generation of bacteria.
- ☐ Their movements are rapid and unpredictable.

8. According to the conversation, what are two ways in which bacteria cells get resistance genes?

Choose 2 answers.

- ☐ The resistance genes are carried from nearby cells.
- ☐ The resistance genes are carried by white blood cells.
- ☐ The resistance genes are inherited from the parent cell.
- ☐ The resistance genes are carried by antibiotics.

9. What can be inferred about the resistance genes discussed in the conversation?

- ☐ They are found in all bacteria cells.
- ☐ They are not able to resist antibiotics.
- ☐ They make the treatment of bacterial diseases more difficult.
- ☐ They are essential to the body's defenses against bacteria.

10. *Listen to Track 13 to answer the question*

Why does the woman say this?

- ☐ To find out if the man has done his assignment.
- ☐ To ask the man to find out if the library is open.
- ☐ To let the man know that she cannot study much longer.
- ☐ To ask if the man has ever met her roommate.

Listen to Track 14 on the DVD.

QUESTIONS

11. What is the talk mainly about?

☐ A common method of managing water supplies.
☐ The formation of underground water systems.
☐ Natural processes that renew water supplies.
☐ Maintaining the purity of underground water systems.

12. What is the professor's point of view concerning the method of "safe yield"?

☐ It has helped to preserve the environment.
☐ It should be researched in states other than Arizona.
☐ It is not an effective resource policy.
☐ It ignores the different ways people use water.

13. According to the professor, what are two problems associated with removing water from an underground system?

Choose 2 answers.

- ☐ Pollutants can enter the water more quickly.
- ☐ The surface area can dry and crack.
- ☐ The amount of water stored in the system can drop.
- ☐ Dependent streams and springs can dry up.

14. What is a key feature of a sustainable water system?

- ☐ It is able to satisfy short-term and long-term needs.
- ☐ It is not affected by changing environmental conditions.
- ☐ It usually originates in lakes, springs, or streams.
- ☐ It is not used to supply human needs.

15. What does the professor imply about water systems managed by the "safe-yield" method?

- ☐ They recharge at a rapid rate.
- ☐ They are not sustainable.
- ☐ They must have large storage areas.
- ☐ They provide a poor quality of water.

16. *Listen to Track 15 to answer the question.*

Why does the professor say this?

- ☐ To find out whether the students are familiar with the issue.
- ☐ To introduce a new problem for discussion.
- ☐ To respond to a student's question.
- ☐ To encourage the students to care about the topic.

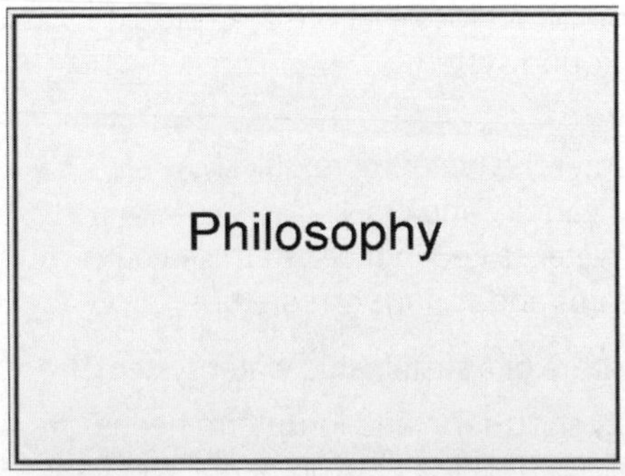

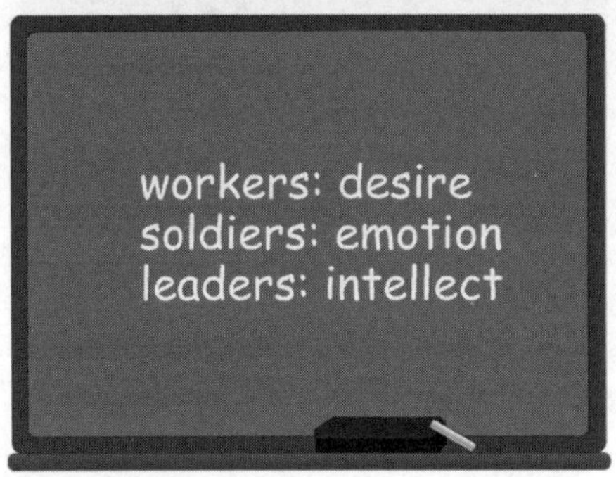

Listen to Track 16 on the DVD.

QUESTIONS

17. Why does the professor talk about Plato's description of society?

- ☐ To explain why societies face certain problems.
- ☐ To point out problems with Plato's ethical theory.
- ☐ To introduce students to the political structure of ancient Greece.
- ☒ To help explain Plato's view about the nature of the human soul.

18. What are two points that reflect Plato's views about education?

Choose 2 answers.

- ☐ All people can be trained to become leaders.
- ☐ All people should learn to use their intellect.
- ☐ Leaders should be responsible for the education of workers and soldiers.
- ☐ All people should learn about the nature of the human soul.

19. Based on information in the lecture, indicate whether the statements below about human emotion reflect beliefs held by Plato.

For each sentence, put a check mark in the YES or NO column.

	YES	NO
Emotion is usually controlled by the faculty of desire.		
Emotion ought to be controlled by the faculty of intellect.		
Emotion is what motivates soldiers.		

20. According to Plato, what is the main characteristic of a good or just person?

- ☐ The parts of the person's soul exist in harmony.
- ☐ The person does not try to control other people.
- ☐ The person's relationships with other people are harmonious.
- ☐ The person does not act in an emotional manner.

21. *Listen again to part of the lecture by playing Track 17.*
Then answer the question.

What does the professor imply about Plato's ethical theory?

- ☐ It may be familiar to some of the students.
- ☐ It will be discussed in more detail in a later class.
- ☐ It is not an interesting theory.
- ☐ It is not a very complicated theory.

22. *Listen again to part of the lecture by playing Track 18.*
Then answer the question.

Why does the professor ask this?

- ☐ To find out if students have understood what she just said.
- ☐ To suggest an answer to a question that she just asked.
- ☐ To express disagreement with a point made by Plato.
- ☐ To explain why harmony is difficult for a society to achieve.

Listen to Track 19 on the DVD.

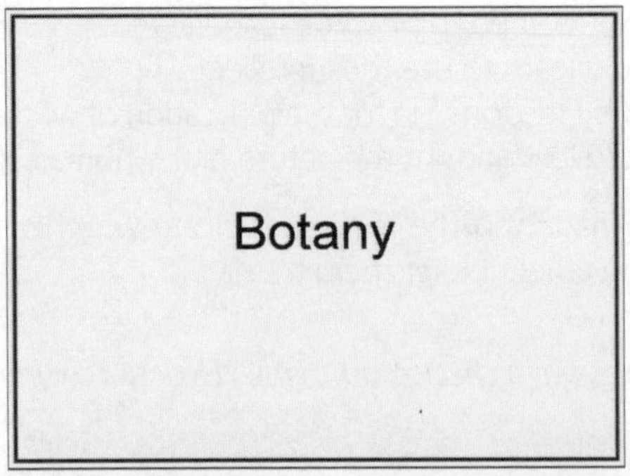

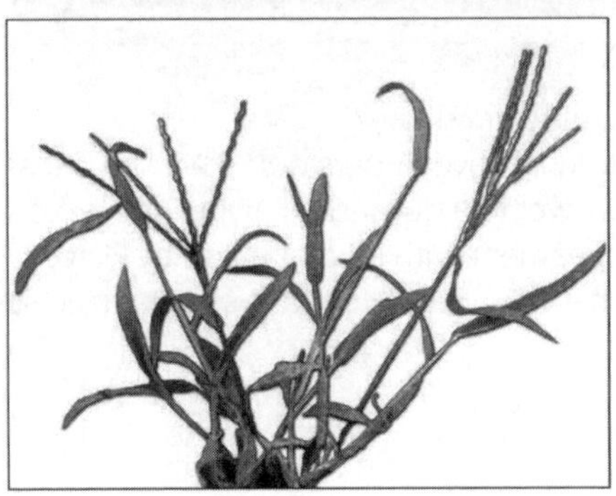

QUESTIONS

23. What is the main topic of the lecture?

- ☑ The size of root systems.
- ☐ Various types of root systems.
- ☐ The nutrients required by rye plants.
- ☐ Improving two types of plant species.

24. According to the professor, why did one scientist grow a rye plant in water?

- ☐ To expose the roots to sunlight.
- ☐ To be able to fertilize it with gas.
- ☑ To be able to see its entire root system.
- ☐ To see how minerals penetrate its roots.

25. The professor mentions houseplants that receive too much water. Why does she mention them?

- ☐ To show that many different types of plants can grow in water.
- ☑ To explain why plants grown in water should have a gas bubbled through them.
- ☐ To remind the students of the importance of their next experiment.
- ☐ To make a point about the length of houseplants' roots.

26. According to the professor, what similarity is there between crabgrass and rye plants?

- ☐ Both start growing in the month of May.
- ☐ Both have root systems that require a lot of water.
- ☐ Both have more shoot surface than root surface.
- ☑ Both produce many shoots from a single seed.

27. *Listen again to part of the lecture by playing Track 20.*
Then answer the question.

Why did the professor say this?

- ☑ She wanted to correct the wording of a previous statement.
- ☐ She wishes she did not have to bubble gas through it.
- ☐ She realized the odor of gas could be unpleasant.
- ☐ She forgot to tell the students about a step in the experiment.

28. *Listen again to part of the lecture by playing Track 21*
Then answer the question.

What does the professor intend to explain?

- ☐ Why a mistake made in textbooks was never corrected.
- ☐ Why she does not believe that the roots of rye plants extend to 1,000 kilometers.
- ☑ How the roots of rye plants develop to such a great length.
- ☐ How plants grown in water make use of fertilizer.

Listen to Track 22 on the DVD.

Business Management

QUESTIONS

29. What is the lecture mainly about?

- ☐ Technological innovations in the automobile industry.
- ☐ The organizational structure of companies.
- ☐ Ways to improve efficiency in an engineering department.
- ☐ Methods of resolving conflicts in organizations.

30. Why does the professor talk about a construction company that has work in different cities?

- ☐ To give an example of functional organization.
- ☐ To give an example of organization around projects.
- ☐ To illustrate problems with functional organization.
- ☐ To illustrate the types of conflict that can arise in companies.

31. What is an example of a violation of the "unity of command" principle?

- ☐ More than one person supervises the same employee.
- ☐ A company decides not to standardize its products.
- ☐ Several project managers are responsible for designing a new product.
- ☐ An employee does not follow a supervisor's instructions.

32. According to the professor, where might there be a conflict in an organizational structure based on both projects and function?

- ☐ Between architects and finance experts.
- ☐ Between the need to specialize and the need to standardize.
- ☐ Between two engineers who work on the same project.
- ☐ Between the needs of projects in different cities.

33. Indicate whether each sentence below describes functional organization or project organization. Place a check mark in the correct box.

	Functional Organization	**Project Organization**
It encourages people with similar expertise to work closely together.		
It helps the company to adapt quickly and meet changing needs.		
It helps to achieve uniformity in projects.		

34. *Listen again to part of the lecture by playing Track 23. Then answer the question.*

Why does the professor say this?

- ☐ He does not understand why the student is talking about engineers.
- ☐ He wants to know how the engineers will communicate with their coworkers.
- ☐ The student has not provided a complete answer to his question.
- ☐ He wants the student to do more research on the topic.

STOP. This is the end of the Listening section of *TOEFL iBT®* Practice Test 1.

TEST D'ENTRAÎNEMENT 1

SPEAKING

Directions: The following Speaking section of the test will last approximately **20 minutes**. To complete it, you will need a CD player, as well as a recording device that you can play back to listen to your responses.

During the test, you will answer six speaking questions. Two of the questions ask about familiar topics. Four questions ask about short conversations, lectures, and reading passages. You may take notes as you listen to the conversations and lectures. The questions and the reading passages are printed here. The time you will have to prepare your response and to speak is printed below each question. You should answer all of the questions as completely as possible in the time allowed. The preparation time begins immediately after you hear the question. When you take the actual test, you will be told when to begin to prepare and when to begin speaking.

Play the audio tracks listed in the test instructions. Record each of your responses.

At the end of this Practice Test you will find scripts for the audio tracks, important points for each question, directions for listening to sample spoken responses, and comments on those responses by official raters.

QUESTIONS

1. *You will now be asked a question about a familiar topic. After you hear the question, you will have 15 seconds to prepare your response and 45 seconds to speak.*

Now play Track 24 on the DVD to hear Question 1.

Choose a place you go to often that is important to you and explain why it is important. Please include specific details in your explanation.

Preparation Time: 15 Seconds

Reponse Time: 45 Seconds

2. *You will now be asked to give your opinion about a familiar topic. After you hear the question, you will have 15 seconds to prepare your response and 45 seconds to speak.*

Now play Track 25 on the DVD to hear Question 2.

Some college students choose to take courses in a variety of subject areas in order to get a broad education. Others choose to focus on a single subject area in order to have a deeper understanding of that area. Which approach to course selection do you think is better for students and why?

Preparation Time: 15 Seconds

Reponse Time: 45 Seconds

3. *You will now read a short passage and then listen to a conversation on the same topic. You will then be asked a question about them. After you hear the question, you will have 30 seconds to prepare your response and 60 seconds to speak.*

Now play Track 26 on the DVD to hear Question 3.

Reading Time: 45 Seconds

Bus Service Elimination Planned

The university has decided to discontinue its free bus service for students. The reason given for this decision is that few students ride the buses and the buses are expensive to operate. Currently, the buses run from the center of campus past university buildings and through some of the neighborhoods surrounding the campus. The money saved by eliminating the bus service will be used to expand the overcrowded student parking lots.

The man expresses his opinion of the university's plan to eliminate the bus service. State his opinion and explain the reasons he gives for holding that opinion.

Preparation Time: 30 Seconds

Reponse Time: 60 Seconds

4. *You will now read a short passage and then listen to a talk on the same academic topic. You will then be asked a question about them. After you hear the question, you will have 30 seconds to prepare your response and 60 seconds to speak.*

Now play Track 27 on the DVD to hear Question 4.

Reading Time: 45 Seconds

Social Interaction

People deal with each other every day. This interaction is at the heart of social life. The study of social interaction is concerned with the influence people have over one another's behavior. People take each other into account in their daily behavior and in fact, the very presence of others can affect behavior. For example, one principle of social interaction, audience effects, suggests that individuals' work is affected by their knowledge that they are visible to others, that the presence of others tends to alter the way people behave or perform an activity.

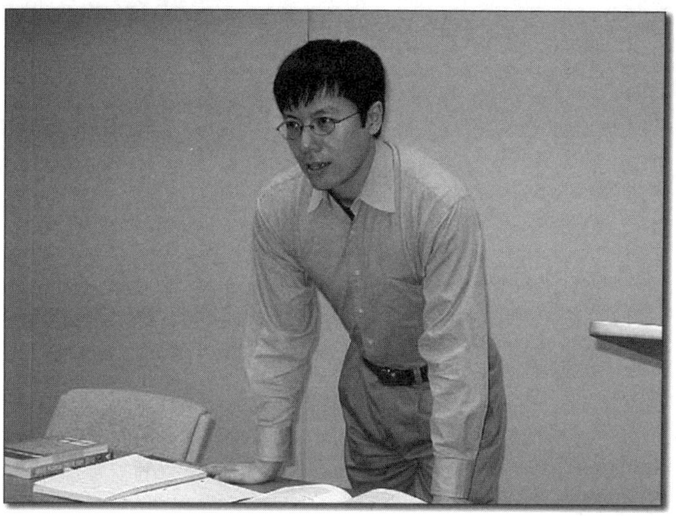

Explain how the examples of tying shoes and learning to type demonstrate the principle of audience effects.

Preparation Time: 30 Seconds

Reponse Time: 60 Seconds

5. *You will now listen to a conversation. You will then be asked a question about it.*

   After you hear the question, you will have 20 seconds to prepare your response and 60 seconds to speak.

Now play Track 28 on the DVD to hear Question 5.

The speakers discuss two possible solutions to the woman's problem. Describe the problem and the two solutions. Then explain what you think the woman should do and why.

Preparation Time: 20 Seconds

Reponse Time: 60 Seconds

6. *You will now listen to part of a lecture. You will then be asked a question about it. After you hear the question, you will have 20 seconds to prepare your response and 60 seconds to speak.*

Now play Track 29 on the DVD to hear Question 6.

Using points and examples from the talk, explain the two definitions of money presented by the professor.

Preparation Time: 20 Seconds

Reponse Time: 60 Seconds

STOP. This is the end of the Speaking section of *TOEFL iBT*® Practice Test 1.

TEST D'ENTRAÎNEMENT 1

WRITING

Directions: This section measures your ability to use writing to communicate in an academic environment. There will be two writing tasks.

For the first writing task, you will read a passage and listen to a lecture and then answer a question based on what you have read and heard. For the second task, you will answer a question based on your own knowledge and experience.

At the end of this Practice Test you will find a script for the audio track, topic notes, sample test taker essays, and comments on those essays by official raters.

WRITING BASED ON READING AND LISTENING

Directions: For this task, you will read a passage about an academic topic and you will listen to a lecture about the same topic. You may take notes while you read and listen.

Then you will write a response to a question that asks you about the relationship between the lecture you heard and the reading passage. Try to answer the question as completely as possible using information from the reading passage and the lecture. The question does not ask you to express your personal opinion. You may refer to the reading passage again when you write. You may use your notes to help you answer the question.

Typically, an effective response will be 150 to 225 words. Your response will be judged on the quality of your writing and on the completeness and accuracy of the content.

Give yourself **3 minutes** to read the passage.

Reading Time: 3 minutes

Altruism is a type of behavior in which an animal sacrifices its own interest for that of another animal or group of animals. Altruism is the opposite of selfishness; individuals performing altruistic acts gain nothing for themselves.

Examples of altruism abound, both among humans and among other mammals. Unselfish acts among humans range from the sharing of food with strangers to the donation of body organs to family members, and even to strangers. Such acts are altruistic in that they benefit another, yet provide little reward to the one performing the act.

In fact, many species of animals appear willing to sacrifice food, or even their life, to assist other members of their group. The meerkat, which is a mammal that dwells in burrows in grassland areas of Africa, is often cited as an example. In groups of meerkats, an individual acts as a sentinel, standing guard and looking out for predators while the others hunt for food or eat food they have obtained. If the sentinel meerkat sees a predator such as a hawk approaching the group, it gives an alarm cry alerting the other meerkats to run and seek shelter. By standing guard, the sentinel meerkat gains nothing—it goes without food while the others eat, and it places itself in grave danger. After it issues an alarm, it has to flee alone, which might make it more at risk to a predator, since animals in groups are often able to work together to fend off a predator. So the altruistic sentinel behavior helps ensure the survival of other members of the meerkat's group.

Now play Track 30 on the DVD.

QUESTION

Summarize the points made in the lecture, being sure to explain how they oppose specific points made in the reading passage.

You have 20 minutes to plan and write your response.

Response Time: 20 minutes

WRITING BASED ON KNOWLEDGE AND EXPERIENCE

Directions: For this task, you will write an essay in response to a question that asks you to state, explain, and support your opinion on an issue.

Typically, an effective essay will contain a minimum of 300 words. Your essay will be judged on the quality of your writing. This includes the development of your ideas, the organization of your essay, and the quality and accuracy of the language you use to express your ideas.

You have **30 minutes** to plan and complete your essay.

Write your essay in the space provided.

QUESTION

Some young adults want independence from their parents as soon as possible. Other young adults prefer to live with their families for a longer time. Which of these situations do you think is better? Use specific reasons and examples to support your opinion. Be sure to use your own words. Do not use memorized examples.

Response Time: 30 minutes

STOP. This is the end of the Writing section of *TOEFL iBT*® Practice Test 1.

TEST D'ENTRAÎNEMENT 1

CORRIGÉS, EXPLICATIONS ET SCRIPTS DES SUPPORTS AUDIO

Compréhension écrite

Corrigé et tableau d'autonotation

Instructions : vérifiez vos réponses par rapport au corrigé ci-dessous. Écrivez le chiffre 1 sur la ligne à droite de chaque question si vous avez choisi la bonne réponse. Pour les questions qui valent plus d'un point, suivez les instructions qui vous sont données. Additionnez vos points en bas du tableau.

NUMÉRO DE LA QUESTION	BONNE RÉPONSE	VOS POINTS DE BASE
NINETEENTH-CENTURY POLITICS IN THE UNITED STATES		
1.	2	______
2.	3	______
3.	2	______
4.	1	______
5.	3	______
6.	2	______
7.	3	______
8.	4	______
9.	4	______
10.	2	______
11.	4	______
12.	1	______

Pour la question 13, inscrivez 2 si vous avez choisi les trois bonnes réponses. Inscrivez 1 si vous avez donné deux bonnes réponses.

13.	1, 5, 6	______

NUMÉRO DE LA QUESTION	BONNE RÉPONSE	VOS POINTS DE BASE
THE EXPRESSION OF EMOTIONS		
1.	2	______
2.	3	______
3.	2	______
4.	3	______
5.	3	______
6.	3	______
7.	1	______
8.	1	______
9.	1	______
10.	4	______
11.	4	______
12.	3	______

Pour la question 13, inscrivez 2 si vous avez choisi les trois bonnes réponses. Inscrivez 1 si vous avez donné deux bonnes réponses.

13.	2, 4, 6	______

NUMÉRO DE LA QUESTION	BONNE RÉPONSE	VOS POINTS DE BASE
GEOLOGY AND LANDSCAPE		
1.	4	______
2.	2	______
3.	2	______
4.	2	______
5.	3	______
6.	3	______
7.	1	______
8.	2	______
9.	2	______
10.	4	______
11.	1	______

Pour la question 12, inscrivez 3 si vous avez placé correctement cinq réponses. Inscrivez 2 si vous avez placé correctement quatre réponses. Inscrivez 1 si vous avez placé correctement trois réponses.

12. Constructive:	1, 5, 6	______
Destructive:	3, 7	______
TOTAL:		______

Vous trouverez ci-après un tableau qui convertit les réponses de la partie compréhension écrite en barème de notation pour la même partie du test *TOEFL iBT*®. Prenez le total des points de votre tableau de réponses et retrouvez ce nombre dans la colonne de gauche du tableau. La colonne de droite du tableau vous donne une fourchette de notation de la partie compréhension écrite du test *TOEFL iBT*® pour chaque nombre de points obtenus. Par exemple, si le nombre total de points de votre corrigé est 26, le tableau indique une fourchette de score de 19 à 21. C'est une fourchette de score qui vous est donnée et non pas une simple note, pour les raisons suivantes :

- l'estimation des scores est basée sur la performance des étudiants qui ont participé à une étude sur le terrain concernant les questions de compréhension écrite. Ces étudiants ont passé le test sur ordinateur alors que vous avez utilisé un livre. Bien que les deux expériences soient comparables, les différences rendent les comparaisons impossibles ;
- les étudiants qui ont participé à cette étude sur le terrain étaient des volontaires et leur niveau moyen peut être différent de la population qui passe réellement le test *TOEFL*® ;
- la conversion des scores de l'étude terrain dans laquelle ces questions ont été administrées vers le barème du *TOEFL iBT*® actuel implique deux tableaux de conversion. Le passage d'un barème à l'autre peut impliquer des erreurs statistiques ;
- votre estimation de score doit être uniquement utilisée à titre indicatif. Votre score réel au test *TOEFL iBT*® pourra être plus ou moins élevé que celui de votre version d'entraînement.

Compréhension écrite

TOTAL DES POINTS DE BASE	FOURCHETTE DE NOTATION
42–41	30
40–39	27–30
38	28
37–36	26–28
35–33	25–27
32	23–25
31–30	22–24
29	20–22
28–27	19–22
26	19–21
25–24	18–21
23	16–18

22–21	15–18
20	14–16
19–17	12–16
16–15	9–15
14	9–13
13–12	5–13
11	3–13
10–9	0–13
8	0–11
7–1	0–4

Explication des réponses

Nineteenth-century Politics in the United States

1. ❷ C'est une question de vocabulaire. Le mot testé est «*immeasurably*». Il est surligné dans le passage. «*Immeasurably*» veut dire «*in a manner too big to be measured*». Donc si Jackson a étendu les pouvoirs du président à tel point que les résultats ne peuvent en être mesurés, il les a étendus «*greatly*».

2. ❸ C'est une question d'information factuelle qui nécessite des informations particulières figurant dans le paragraphe 1. Le choix 3 est la bonne réponse car la première phrase du paragraphe indique explicitement que c'est à cette époque qu'a commencé l'évolution vers la présidence moderne. Le reste du paragraphe est consacré à l'explication des changements significatifs qu'a apportés cette évolution dans le gouvernement. Le résultat, comme le mentionne la phrase 5, c'est que la nature même de la présidence s'en est trouvée redéfinie. La réponse 1 est contredite par le paragraphe, Jackson n'a pas trahi le pouvoir présidentiel, il l'a plutôt augmenté. La réponse 2 ne figure pas dans le paragraphe : celui-ci précise que Jackson s'est adressé au Sénat mais non que ce fut le début d'une ère de discours réguliers. La réponse 4, qui indique que ce fut la première fois que le Sénat s'opposa au président, ne figure pas dans le passage.

3. ❷ C'est une question à but rhétorique. Elle interroge sur les raisons pour lesquelles l'auteur mentionne les «*bankers and investors*» dans le passage. L'expression testée est surlignée dans le passage. La bonne réponse est le choix 2. L'auteur utilise les banquiers et les investisseurs comme exemples de personnes qui, selon les Démocrates, «manipulent» le système bancaire à leur propre profit. Ce qui veut dire qu'ils se sont injustement enrichis. Les réponses 1, 3 et 4 sont toutes fausses car, d'après le passage, elles sont peu vraisemblables. Par conséquent, l'auteur ne s'en servirait pas comme exemples.

4. ❶ C'est une question d'information factuelle qui nécessite des informations particulières figurant dans le paragraphe 3. Le choix 1 est la bonne réponse. Le paragraphe indique que les Whigs pensaient que le commerce et le développement économique « *would benefit everyone* ». Cela veut dire globalement la même chose que la réponse 1, qui précise que les Whigs croyaient que le développement économique « *would promote the advancement of society as a whole* ». « *Society as a whole* » est une autre façon de dire « *everyone* ». Les réponses 2 et 3 ne figurent pas dans le paragraphe. La réponse 4, qui concerne les conflits entre groupes, y figure mais dans un contexte différent, donc elle ne fait pas partie des croyances des Whigs.

5. ❸ C'est une question d'information factuelle qui nécessite des informations particulières figurant dans le paragraphe 3. Le choix 3 est la bonne réponse : les Whigs considéraient le gouvernement comme responsable du maintien d'une économie qui bénéficie à tous les citoyens responsables. C'est une reformulation du paragraphe 3, phrase 5. Le paragraphe indique que les Whigs n'envisageaient pas de poursuivre le conflit entre les fermiers et les hommes d'affaires, donc la réponse 1 est fausse. Les Whigs donnaient la préférence aux changements provoqués par le marché, donc la réponse 2 est fausse. Les Whigs étaient pour que l'accent soit mis sur le développement économique, donc la réponse 4 est fausse.

6. ❷ C'est une question de vocabulaire. Le mot testé est « *inclination* ». Il est surligné dans le passage. Le fait que Jackson ait eu une inclination à être un président fort veut dire qu'il préférait être fort plutôt qu'avoir des pouvoirs limités. En d'autres termes, sa « *tendency* » était de favoriser une présidence forte, donc le choix 2 est la bonne réponse.

7. ❸ C'est une question d'information factuelle qui nécessite des informations particulières figurant dans le paragraphe 4. Le choix 3 est la bonne réponse, qui est indiquée de manière explicite dans la phrase 3 du paragraphe. Les phrases 4 et 5 réfutent explicitement les autres choix.

8. ❹ C'est une question de vocabulaire. Le mot testé est « *concept* ». Il est surligné dans le passage. Le passage indique : « *for Whigs the concept of government...* » En d'autres termes, « *the way Whigs thought about government...* ». Ce processus de raisonnement représente des idées, donc ici le choix 4 est la bonne réponse.

9. ❹ C'est une question de déduction qui requiert des informations que l'on peut déduire du paragraphe 5. Le choix 4 est la bonne réponse : les variations dans la doctrine politique des Whigs reflétaient des différences régionales. La phrase 5 du paragraphe, qui précise que certaines croyances reflétaient « *in particular* » le point de vue des Whigs du Nord, vient étayer cette réponse. Cela suggère que les Whigs d'autres régions du pays ne partageaient pas cet avis et implique que ces différences étaient régionales. Les trois autres réponses ne figurent pas dans le passage à propos des variations dans la doctrine des Whigs, donc on ne trouve aucune base de déduction dans ces réponses.

10. ❷ C'est une question d'information factuelle qui nécessite des informations particulières figurant dans le paragraphe 6. Le choix 2 est la bonne réponse. La phrase 5 indique que ce sont les Whigs, et non les Démocrates, qui bénéficiaient du soutien des planteurs impliqués dans le commerce international. La phrase suivante n° 6 précise que, par opposition, les Démocrates bénéficiaient des groupes mentionnés dans les réponses 1, 3 et 4 (*« workers »*, *« entrepreneurs »* et certains autres *« individuals »*). Par conséquent tous les groupes décrits dans les réponses, sauf le choix 2 qui concerne les planteurs, soutenaient bien les Démocrates.

11. ❹ C'est une question de simplification de phrase. Comme pour toutes ces questions, une seule phrase du passage est surlignée :

> The Whigs were strongest in the towns, cities, and those rural areas that were fully integrated into the market economy, whereas Democrats dominated areas of semi subsistence farming that were more isolated and languishing economically.

La bonne réponse est le choix 4. Cette réponse présente toutes les informations essentielles de la phrase testée, mais leur ordre est inversé. La phrase surlignée décrit d'abord les zones où les Whigs étaient en position de force, puis les zones où les Démocrates étaient puissants. La bonne réponse, le choix 4, décrit d'abord les bastions des Démocrates, puis ceux des Whigs. Le sens de la phrase n'a pas changé et aucune information n'a été omise.

La réponse 1 est fausse car elle indique que les Whigs n'étaient capables d'attirer que le soutien des zones les plus riches. La phrase surlignée ne dit pas cela, elle indique qu'ils étaient soutenus par des zones intégrées dans le marché commercial, ce qui peut faire référence à des zones de tout niveau économique.

La réponse 2 est fausse car elle indique que les deux partis se répartissaient entre les zones rurales et les zones urbaines. Cependant, la phrase surlignée précise que les Whigs étaient plus représentés dans les zones rurales qui étaient intégrées dans l'économie de marché. En d'autres termes, les partis se différenciaient par rapport au degré d'intégration de la zone dans le marché, et non pas par rapport à son caractère urbain ou rural.

La réponse 3 est fausse car la phrase surlignée ne mentionne pas si la manière (ni le fait même) dont les Whigs contrôlaient l'économie de marché a affecté les zones dominées par les Démocrates.

12. ❶ C'est une question d'insertion de texte. Vous pouvez voir les quatre choix de réponses possibles dans le paragraphe 2.

During Jackson's second term, his opponents had gradually come together to form the Whig Party. **(1)** Whigs and Democrats held different attitudes toward the changes brought about by the market, banks, and commerce. **(2)** The Democrats tended to view society as a continuing conflict between "the people"—farmers, planters, and workers—

and a set of greedy aristocrats. **(3)** This "paper money aristocracy" of bankers and investors manipulated the banking system for their own profit, Democrats claimed, and sapped the nation's virtue by encouraging speculation and the desire for sudden, unearned wealth. **(4)** The Democrats wanted the rewards of the market without sacrificing the features of a simple agrarian republic. They wanted the wealth that the market offered without the competitive, changing society; the complex dealing; the dominance of urban centers; and the loss of independence that came with it.

La phrase proposée est « *This new party argued against the policies of Jackson and his party in a number of important areas, beginning with the economy* », le bon endroit pour l'insérer est le choix **(1)**.

Le choix **(1)** est la bonne réponse car l'expression « *This new party* » se réfère directement et exclusivement aux Whigs, qui sont présentés en premier (en tant que parti récemment formé) dans la phrase 1 de ce paragraphe.

Le choix **(2)** est faux car la phrase qui précède ne se limite pas au nouveau parti Whig. Elle porte à la fois sur les Whigs et les Démocrates.

Les choix **(3)** et **(4)** sont faux tous les deux car les phrases qui les précèdent se réfèrent aux Démocrates (*the old party*), et non aux Whigs.

13. ❶ ❺ ❻ C'est une question de résumé de texte. Elle est correctement complétée ci-dessous. Les bonnes réponses sont les choix 1, 5 et 6. Les réponses 2, 3 et 4 sont donc fausses.

Directions: An introductory sentence for a brief summary of the passage is provided below. Complete the summary by selecting the THREE answer choices that express the most important ideas in the passage. Some answer choices do not belong in the summary because they express ideas that are not presented in the passage or are minor ideas in the passage. **This question is worth 2 points.**

The political system of the United States in the mid-nineteenth century was strongly influenced by the social and economic circumstances of the time.

- The Democratic and Whig Parties developed in response to the needs of competing economic and political constituencies.
- A fundamental difference between Whigs and Democrats involved the importance of the market in society.
- The role of government in the lives of the people was an important political distinction between the two parties.

Answer Choices

1. The Democratic and Whig Parties developed in response to the needs of competing economic and political constituencies.
2. During Andrew Jackson's two terms as President, he served as leader of both the Democratic and Whig Parties.
3. The Democratic Party primarily represented the interests of the market, banks, and commerce.
4. In contrast to the Democrats, the Whigs favored government aid for education.
5. A fundamental difference between Whigs and Democrats involved the importance of the market in society.
6. The role of government in the lives of the people was an important political distinction between the two parties.

Bonnes réponses

Le choix 1, « *The Democratic and Whig Parties developed in response to the needs of competing economic and political constituencies* », est une bonne réponse car c'est un thème récurrent dans l'ensemble du passage. C'est une affirmation générale concernant le développement des Whigs et des Démocrates. Les paragraphes 2, 3, 4, 5 et 6 viennent tous soutenir cette assertion avec des exemples de la nature des groupes de pression en présence aux États-Unis à cette époque et de la manière dont ces deux partis y répondaient.

Le choix 5, « *A fundamental difference between Whigs and Democrats involved the importance of the market in society* », est une bonne réponse car il s'agit d'une affirmation générale concernant les différences entre les Whigs et les Démocrates. Les paragraphes 2, 3, 4 et 6 viennent tous soutenir cette assertion avec des exemples des différentes façons dont les deux partis considéraient le marché et la société.

Le choix 6, « *The role of government in the lives of the people was an important political distinction between the two parties* », est une bonne réponse car il s'agit d'une autre considération générale concernant les différences entre les Whigs et les Démocrates. Les paragraphes 2, 3, 4 et 5 examinent tous de manière explicite cette distinction entre les Whigs et les Démocrates.

Mauvaises réponses

Le choix 2, « *During Andrew Jackson's two terms as President, he served as leader of both the Democratic and Whig Parties* », est faux car il contredit le passage. Jackson dirigeait le Parti démocrate.

Le choix 3, « *The Democratic Party primarily represented the interests of the market, banks, and commerce* », n'est pas la bonne réponse car c'est faux. Ce sont les Whigs qui représentaient essentiellement ces groupes, comme on le voit dans les paragraphes 3 et 6.

Le choix 4, « *In contrast to the Democrats, the Whigs favored government aid for education* », est faux car le passage indique que les Whigs du Nord uniquement étaient susceptibles de favoriser l'aide à l'éducation. On ne sait pas clairement quelles étaient les positions des autres Whigs ou des Démocrates sur ce sujet.

The Expression of Emotions

1. ❷ C'est une question de vocabulaire. Le mot testé est « *despondent* ». Il est surligné dans le passage. La bonne réponse est le choix 2, « *unhappy* ». La phrase dans laquelle apparaît le mot surligné utilise le mot « *despondent* » en opposition avec « *happy* ». Puisque « *unhappy* » est le contraire de « *happy* », c'est lui qui fournit le contraste le plus adapté et équivaut à l'opposition entre « *joy and sadness* » au début de la phrase.

2. ❸ C'est une question à but rhétorique. Elle interroge sur les raisons pour lesquelles l'auteur mentionne dans le passage « *Baring the teeth in a hostile way* ». La phrase est surlignée dans le passage. La bonne réponse est le choix 3, « *baring the teeth* » (montrer les dents), qui est « *an example of a facial expression whose meaning is widely understood* ». Le thème central du paragraphe 1 du passage porte sur le caractère universel des expressions du visage. L'auteur fournit différents exemples de ces expressions et le fait de montrer les dents est présenté comme un signe universel de colère. Les autres choix de réponses figurent dans le passage, mais sans lien avec le fait de montrer les dents, donc ils sont tous faux.

3. ❷ C'est une question de vocabulaire. Le mot à tester est « *concur* ». Il est surligné dans le passage. La bonne réponse est le choix 2, « *agree* ». « *Concur* » veut dire « *agree* », donc si les enquêteurs « *concur* » à propos du sens de certaines expressions du visage, ils sont d'accord sur leur signification.

4. ❸ C'est une question de référence. Le mot testé est « *them* ». Ce mot est surligné dans le passage. C'est une question qui porte sur un pronom à référence simple. Le mot « *them* » fait référence aux photos que Paul Ekman a montrées à des personnes de différentes cultures, donc la bonne réponse est le choix 3, « *photographs* ».

5. ❸ C'est une question d'information factuelle qui concerne des informations spécifiques que l'on peut trouver dans le paragraphe 2. La bonne réponse est le choix 3, qui précise que le peuple Fore de Nouvelle-Guinée « *knew very little about Western culture* » (connaissait très peu la culture occidentale). Le paragraphe indique explicitement que les Fore n'avaient eu aucun contact avec la culture occidentale. Aucune des autres réponses ne traite des Fore, donc elles sont toutes fausses.

6. ❸ C'est une question de simplification de phrase. Comme pour toutes ces questions, une seule phrase est surlignée dans le passage :

The Fore also displayed familiar facial expressions when asked how they would respond if they were the characters in stories that called for basic emotional responses.

La bonne réponse est le choix 3. Elle comprend toutes les idées essentielles de la phrase surlignée sans en changer le sens. Cette réponse indique que les Fore *« exhibited the same relationship of facial expression and basic emotions that is seen in Western culture when they acted out stories »*. La phrase qui précède la phrase surlignée précise que, lors d'une étude, les Fore étaient d'accord avec les Occidentaux sur l'interprétation des différentes émotions présentées. Puis la phrase surlignée indique que dans différentes situations (*storytelling*) les expressions des Fore étaient également familières ; ce qui veut dire que ces expressions étaient les mêmes que celles présentées par les Occidentaux dans cette situation.

Les réponses 1 et 2 sont fausses car chacune d'entre elles transforme la phrase surlignée en une affirmation fausse.

La réponse 4 est fausse car elle indique que les Fore connaissaient bien les expressions du visage de personnages d'histoires. La phrase surlignée précise que ce sont les enquêteurs qui reconnaissaient les expressions des Fore. Cela introduit une modification du sens, donc la réponse est fausse.

7. ❶ C'est une question d'information factuelle qui concerne des informations spécifiques que l'on peut trouver dans le passage. Le choix 1 est la bonne réponse : les émotions qui ne sont pas exprimées deviennent moins intenses. C'est vrai sur la base de la citation directe de Darwin dans le paragraphe 3. Dans cette citation, Darwin précise que les émotions qui sont exprimées librement sont plus intenses, tandis que *« On the other hand »* (d'autre part) celles qui ne le sont pas sont adoucies, ce qui veut dire qu'elles deviennent moins intenses. Les réponses 2, 3 et 4 sont toutes fausses car rien dans ce passage n'indique que Darwin n'ait jamais cru les idées évoquées concernant l'expression des émotions. Certaines d'entre elles peuvent être vraies mais rien dans ce passage ne va dans ce sens.

8. ❶ C'est une question d'information factuelle qui concerne des informations spécifiques que l'on peut trouver dans le passage. Vous pouvez constater que l'expression *« facial-feedback hypothesis »* (hypothèse de réaction faciale) est surlignée lorsqu'elle apparaît pour la première fois dans le passage au paragraphe 3. Le choix 1 est la bonne réponse : la recherche qui soutient cette hypothèse s'est appuyée sur des expériences concernant les réactions des personnes à des dessins animés. Cette idée se trouve dans le paragraphe 4, qui utilise ces expériences comme exemples de la manière dont fonctionne la réaction faciale.

   La réponse 3, l'émission des neurotransmetteurs, figure dans le paragraphe 5, mais sans lien avec l'hypothèse de la réaction faciale, donc cette réponse est fausse.

   Les réponses 2 et 4 ne sont pas du tout explicitement indiquées dans le passage.

9. ❶ C'est une question de vocabulaire. Le mot à tester est *« rate »*. Il est surligné dans le passage. La bonne réponse est le choix 1, *« judge »*. *« Rate »* dans ce contexte veut dire *« judge »*.

10. ❹ C'est une question de vocabulaire. Le mot à tester est *« relevant »*. Il est surligné dans le passage. La bonne réponse est le choix 4, *« applicable »*. *« Relevant »* veut dire que les observations d'Ekman s'appliquent (*« is applicable »*) à l'expression du visage.

11. ❹ C'est une question d'information factuelle qui concerne des informations spécifiques que l'on peut trouver dans le passage. Le choix 4 est la bonne réponse : le durcissement de la lèvre supérieure *« may either heighten or reduce emotional response »* (peut soit augmenter ou réduire la réponse émotionnelle). Ceci est explicitement indiqué dans le paragraphe 6 du passage en tant que paradoxe éventuel de la relation entre les expressions du visage et les émotions.

    La réponse 1 est fausse car le paragraphe 6 la contredit.

    La réponse 2 est fausse car le passage ne mentionne que la peur et la tension d'une personne essayant de maintenir sa lèvre supérieure rigide, et non la peur ou la tension que cette expression pourrait provoquer chez d'autres personnes.

    La réponse 3 est fausse car il n'est dit nulle part dans le passage que maintenir sa lèvre supérieure rigide puisse abîmer les muscles des lèvres.

12. ❸ C'est une question à insertion de texte. Vous pouvez voir les quatre choix possibles dans le paragraphe 2.

    For example, facial expressions could signal the approach of ennemies (or friends) in the absence of language. **(1)** Most investigators concur that certain facial expressions suggest the same emotions in all people. **(2)** Moreover, people in diverse cultures recognize the emotions manifested by the facial expressions. **(3)** In classic research Paul Ekman took photographs of people exhibiting the emotions of anger, disgust, fear, happiness, and sadness. **(4)** He then asked people around the world to indicate what emotions were being depicted in them. Those queried ranged from European college students to members of the Fore, a tribe that dwells in the New Guinea highlands. All groups, including the Fore, who had almost no contact with Western culture, agreed on the portrayed emotions. The Fore also displayed familiar facial expressions when asked how they would respond if they were the characters in stories that called for basic emotional responses. Ekman and his colleagues more recently obtained similar results in a study of ten cultures in which participants were permitted to report that multiple emotions were shown by facial expressions. The participants generally agreed on which two emotions were being shown and which emotion was more intense.

    La phrase qui stipule : *« This universality in the recognition of emotions was demonstrated by using rather simple methods »* correspond au choix **(3)**.

    Le choix **(3)** est une bonne réponse car la phrase insérée commence par l'expression *« This universality »*. L'universalité à laquelle il est fait référence est en fait, comme l'indique la deuxième phrase, que *« people in diverse cultures recognize the emotions manifested by the facial expressions »* (les personnes de différentes cultures reconnaissent les émotions manifestées par les expressions du visage).

Aucune des autres réponses ne suit une phrase qui contient une affirmation universelle. La phrase 1 indique que « *Most investigators concur* », ce qui veut dire que certains ne sont pas d'accord. Donc il ne s'agit pas d'une affirmation universelle et le choix (2) est incorrect.

Les choix (2) et (4) sont faux car il n'existe aucun élément dans chacune des phrases à laquelle l'« universalité » pourrait s'appliquer.

13. ❷ ❹ ❻ C'est une question de résumé de texte. Elle est correctement complétée ci-dessous. Les bonnes réponses sont les choix 2, 4 et 6. Les réponses 1, 3 et 5 sont donc fausses.

Directions: An introductory sentence for a brief summary of the passage is provided below. Complete the summary by selecting the THREE answer choices that express the most important ideas in the passage. Some answer choices do not belong in the summary because they express ideas that are not presented in the passage or are minor ideas in the passage. **This question is worth 2 points.**

Psychological research seems to confirm that people associate particular facial expressions with the same emotions across cultures.

- Facial expressions and emotional states interact with each other through a variety of feedback mechanisms.
- A person's facial expression may reflect the person's emotional state.
- Facial expressions that occur as a result of an individual's emotional state may themselves feed back information that influences the person's emotions.

Answer Choices

1. Artificially producing the Duchenne smile can cause a person to have pleasant feelings.
2. Facial expressions and emotional states interact with each other through a variety of feedback mechanisms.
3. People commonly believe that they can control their facial expressions so that their true emotions remain hidden.
4. A person's facial expression may reflect the person's emotional state.
5. Ekman argued that the ability to accurately recognize the emotional content of facial expressions was valuable for human beings.
6. Facial expressions that occur as a result of an individual's emotional state may themselves feed back information that influences the person's emotions.

Bonnes réponses

Le choix 2, « *Facial expressions and emotional states interact with each other through a variety of feedback mechanisms* », est une bonne réponse car c'est une affirmation générale qui est développée dans l'ensemble du passage. Les questions concernant la nature de cette interaction ainsi que les précisions sur les recherches menées à ce sujet indiquent qu'il s'agit d'une « *main idea* ».

Le choix 4, « *A person's facial expression may reflect the person's emotional state* », est une bonne réponse car, comme la réponse 2, c'est l'idée principale que le passage examine en détail. Les paragraphes 3, 4, 5 et 6 sont consacrés à l'étude des tentatives pour comprendre si et comment les expressions du visage peuvent refléter l'état émotionnel d'une personne.

Le choix 6, « *Facial expressions that occur as a result of an individual's emotional state may themselves feed back information that influences the person's emotions* », est une bonne réponse car c'est le principe majeur de l'« hypothèse de la réaction faciale » qui fait l'objet de discussions approfondies dans les paragraphes 3, 4, 5 et 6.

Mauvaises réponses

Le choix 1, « *Artificially producing the Duchenne smile can cause a person to have pleasant feelings* », est faux car il s'agit d'un détail secondaire qui soutient l'idée ; il est mentionné dans le paragraphe 5 comme exemple d'une affirmation plus générale et plus importante qui concerne les liens entre les expressions du visage et les émotions (voir réponse 6, ci-dessus).

Le choix 3, « *People commonly believe that they can control their facial expressions so that their true emotions remain hidden* », est faux car même s'il peut s'avérer exact, le passage ne fait pas état de cette affirmation.

Le choix 5, « *Ekman argued that the ability to accurately recognize the emotional content of facial expressions was valuable for human beings* », est faux car, selon le passage, Ekman n'a pas défendu cet argument ; Charles Darwin l'a fait. Les recherches d'Ekman se concentraient sur la preuve de l'universalité des expressions du visage et non sur la « *value* » (valeur) attachée à la capacité des personnes à reconnaître ces expressions.

Geology and Landscape

1. ❹ C'est une question d'information factuelle qui concerne des informations spécifiques que l'on peut trouver dans le paragraphe 1. Le choix 4 est la bonne réponse. La phrase 1 indique explicitement que le paysage de la Terre change relativement vite par rapport à l'âge global de la Terre. La réponse 1, qui traite de la fréquence des changements de paysage, est contredite dans le paragraphe. La réponse 2, qui indique que les modifications dans le paysage ne se produisent qu'à des périodes particulières, est également contredite dans le paragraphe. La réponse 3, sur la fréquence des changements de paysage, ne figure pas du tout dans le paragraphe.

2. ❷ C'est une question de vocabulaire. Le mot à tester est « *relatively* ». Il est surligné dans le passage. La bonne réponse est le choix 2. La phrase dans laquelle apparaît le mot « *relatively* » compare l'échelle de temps de la Terre et celle de l'homme, donc « *comparatively* » est la bonne réponse.

3. ❷ C'est une question de simplification de phrase. Comme pour toutes ces questions, une seule phrase est surlignée dans le passage :

> Hills and mountains are often regarded as the epitome of permanence, successfully resisting the destructive forces of nature, but in fact they tend to be relatively short-lived in geological terms.

La bonne réponse est le choix 2. Cette réponse contient toutes les informations essentielles de la phrase surlignée. Elle omet des informations de la seconde proposition de la phrase surlignée (*« successfully resisting the destructive forces of nature »*) car cette information n'est pas indispensable au sens.

Les réponses 1, 3 et 4 sont toutes fausses car elles modifient le sens de la phrase surlignée. La réponse ajoute des informations sur l'âge de la montagne, ce qui ne figure pas dans la phrase surlignée.

La réponse 3 introduit des informations concernant la durée de résistance des montagnes aux forces de la nature dans l'absolu ; la phrase surlignée indique que cette résistance est relativement courte en termes géologiques, ce qui est un sens totalement différent.

La réponse 4 compare les montagnes avec d'autres formes de paysages. La phrase surlignée ne fait pas une telle comparaison.

4. ❷ C'est une question de déduction, laquelle peut être étayée par le paragraphe 2. La bonne réponse est le choix 2 : l'Himalaya est plus haut que les montagnes calédoniennes. Le paragraphe indique que les montagnes plus jeunes sont en général plus hautes que les montagnes plus anciennes. Il précise également que l'Himalaya est beaucoup plus jeune que les monts calédoniens. Puisque l'Himalaya est une chaîne plus jeune, il est plus haut que des chaînes plus anciennes, on peut en déduire que le jeune Himalaya est plus haut que la plus ancienne chaîne calédonienne.

   Les réponses 1 et 4 sont fausses car elles contredisent explicitement le passage. La hauteur de l'Himalaya est une indication de son âge et il s'élève à peu près à la même hauteur que les monts calédoniens il y a 400 millions d'années.

   La réponse 3 est fausse, car rien dans le paragraphe ne concerne *« uniform height »*.

5. ❸ C'est une question de vocabulaire. Le mot à tester est *« relics »*. Il est surligné dans le passage. La bonne réponse est le choix 3. Les *« relics »* de la chaîne calédonienne sont ce qui reste d'elle. *« Remains »* veut dire *« what is left of something »* (ce qui reste de quelque chose), donc c'est la bonne réponse.

6. ❸ C'est une question d'information factuelle qui concerne des informations spécifiques que l'on peut trouver dans le paragraphe 3. Le choix 3 est la bonne réponse : les montagnes sont formées de plaques crustales qui se heurtent. Le paragraphe indique que les montagnes se forment de trois manières différentes : par des plaques crustales qui se heurtent, par les tremblements de terre et par

les volcans. Les réponses 1, 2 et 4 ne font pas partie des causes de création de montagnes ; elles sont donc fausses.

7. ❶ C'est une question à but rhétorique. Elle interroge sur les raisons pour lesquelles l'auteur mentionne « *Carbon dioxide* » dans le passage. Ce terme est surligné dans le passage. La bonne réponse est le choix 1 : le dioxyde de carbone est mentionné pour expliquer l'origine d'un produit chimique qui peut éroder les roches. L'auteur décrit une cause particulière de l'érosion, et le point de départ de ce processus est le dioxyde de carbone.

8. ❷ C'est une question de vocabulaire. Le mot à tester est « *seeps* ». Il est surligné dans le passage. La bonne réponse est le choix 2, « *flows slowly* ». La phrase décrit la manière dont la pluie court sous la surface de la Terre. Cela ne peut pas se faire par assèchement (choix 1), congélation (choix 3) ou réchauffement (choix 4).

9. ❷ C'est une question de référence. Le mot testé est « *them* ». Ce mot est surligné dans le passage. La réponse 2, « *masses of ice* », est la bonne réponse. C'est un pronom à référence simple. Le mot « *them* » fait référence aux glaciers qui transportent des rochers érodés. Notez bien que, dans ce cas précis, toute une série de mots peut séparer le pronom de son référent.

10. ❹ C'est une question d'information factuelle qui concerne des informations spécifiques que l'on peut trouver dans le paragraphe 6. Le choix 4 est la bonne réponse, « *sand* ». Les phrases 3 et 4 de ce paragraphe décrivent les phénomènes d'érosion dans les zones sèches. Le sable est transporté par le vent et bombarde les roches ; ce bombardement casse la roche et, par conséquent, celle-ci produit plus de sable. Ainsi, le sable est à la fois la cause et la conséquence de l'érosion, donc la réponse 4 est la bonne. L'activité glaciaire (choix 1) et les racines des arbres (choix 3) ne sont mentionnées que comme des causes de l'érosion. Les débris rocheux (choix 2) ne sont mentionnés qu'en tant que résultats de l'érosion.

11. ❶ C'est une question à insertion de texte. Vous pouvez voir les quatre choix possibles dans le paragraphe 6.

    Under very cold conditions, rocks can be shattered by ice and frost. Glaciers may form in permanently cold areas, and these slowly moving masses of ice cut out valleys, carrying with them huge quantities of eroded rock debris. **(1)** In dry areas the wind is the principal agent of erosion. **(2)** It carries fine particles of sand, which bombard exposed rock surfaces, thereby wearing them into yet more sand. **(3)** Even living things contribute to the formation of landscapes. **(4)** Tree roots force their way into cracks in rocks and, in so doing, speed their splitting. In contrast, the roots of grasses and other small plants may help to hold loose soil fragments together, thereby helping to prevent erosion by the wind.

    La phrase qui stipule : « *Under different climatic conditions, another type of destructive force contributes to erosion* » correspond au choix **(1)**.

    C'est le choix **(1)** la bonne réponse car la phrase insérée est une phrase de transition, qui passe d'une analyse d'un facteur climatique (le froid) à un autre type de facteur climatique (la sécheresse). C'est donc au choix **(1)** que se fait la transition entre les deux sujets.

Les choix **(2)**, **(3)** et **(4)** sont tous placés avant des phrases qui apportent des précisions sur les conditions climatiques de sécheresse. Aucune transition n'a lieu à aucun des endroits, donc la phrase à insérer n'est pas nécessaire.

12. ❶ ❸ ❺ ❻ ❼ C'est une question qui propose un tableau à remplir. Il est correctement rempli ci-dessous. Les bonnes réponses pour la colonne « *Constructive Processes* » sont les 1, 5 et 6. Les choix 3 et 7 sont les bonnes réponses pour la colonne « *Destructive Processes* ». Les réponses 2 et 4 ne doivent être utilisées dans aucune des deux colonnes.

Directions: Three of the answer choices below are used in the passage to illustrate constructive processes, and two are used to illustrate destructive processes. Complete the table by matching appropriate answer choices to the processes they are used to illustrate. **This question is worth 3 points.**

CONSTRUCTION PROCESSES	DESTRUCTIVE PROCESSES
• Collision of Earth's crustal plates • Earthquakes • Volcanic activity	• Wind-driven sand • Weather processes

Answer Choices

1. Collision of Earth's crustal plates
2. Separation of continents
3. Wind-driven sand
4. Formation of grass roots in soil
5. Earthquakes
6. Volcanic activity
7. Weather processes

Bonnes réponses

Le choix 1, « *Collision of Earth's crustal plates* » (*Constructive Process*), appartient à cette colonne car il est cité dans le passage comme l'un des processus constructifs dans la formation des montagnes.

Le choix 3, « *Wind-driven sand* » (*Destructive Process*), appartient à cette colonne car il est cité dans le passage comme l'un des forces destructrices qui usent la terre.

Le choix 5, « *Earthquakes* » (*Constructive Process*), appartient à cette colonne car ils sont cités dans le passage comme l'un des processus constructifs dans la formation des montagnes.

Le choix 6, « *Volcanic activity* » (*Constructive Process*), appartient à cette colonne car elle est citée dans le passage comme l'un des processus constructifs dans la formation des montagnes.

Le choix 7, « *Weather processes* » (*Destructive Process*), appartient à cette colonne car ils sont cités dans le passage comme l'une des forces destructrices qui usent la terre.

Mauvaises réponses

Le choix 2, « *Separation of continents* », n'appartient pas au tableau car il ne figure dans le passage ni en tant que processus constructif ni en tant que processus destructif.

Le choix 4, « *Formation of grass roots in soil* », n'appartient pas au tableau car il ne figure dans le passage ni en tant que processus constructif ni en tant que processus destructif.

Compréhension orale

Corrigé et tableau d'autonotation

Instructions : vérifiez vos réponses par rapport au corrigé ci-dessous. Écrivez le chiffre 1 sur la ligne à droite de chaque question si vous avez choisi la bonne réponse. Pour les questions qui valent plus d'un point, suivez les instructions qui vous sont données. Additionnez vos points en bas du tableau.

QUESTION N°	BONNE RÉPONSE	VOS POINTS
1.	2	______
2.	1, 3	______
3.	4	______
4.	2	______
5.	3	______
6.	4	______
7.	1	______
8.	1, 3	______
9.	3	______
10.	3	______
11.	1	______
12.	3	______
13.	3, 4	______
14.	1	______
15.	2	______
16.	4	______
17.	4	______
18.	2, 3	______

Pour la question 19, inscrivez 2 si vous avez choisi les trois bonnes réponses. Inscrivez 1 si vous avez donné deux bonnes réponses.

19. Yes:	2, 3	
No:	1	______
20.	1	______
21.	1	______
22.	2	______
23.	1	______
24.	3	______
25.	2	______
26.	4	______
27.	1	______
28.	3	______
29.	2	______
30.	2	______
31.	1	______
32.	2	______

Pour la question 34, inscrivez 2 si vous avez choisi les trois bonnes réponses. Inscrivez 1 si vous avez donné deux bonnes réponses.

33. Functional:	1, 3	
Project:	2	______
34.	3	______

Vous trouverez ci-après un tableau qui convertit les réponses de la partie compréhension orale en barème de notation pour la même partie du test *TOEFL iBT*®. Prenez le total des points de votre tableau de réponses et retrouvez ce nombre dans la colonne de gauche du tableau. La colonne de droite du tableau vous donne une fourchette de notation de la partie compréhension orale du test *TOEFL iBT*® pour chaque nombre de points obtenus. Par exemple, si le nombre total de points de votre corrigé est 27, le tableau indique une fourchette de score de 22 à 24. C'est une fourchette de score qui vous est donnée et non pas une simple note, pour les raisons suivantes :

- l'estimation des scores est basée sur la performance des étudiants qui ont participé à une étude sur le terrain concernant les questions de compréhension orale. Ces étudiants ont passé le test sur ordinateur alors que vous avez utilisé un support audio et répondu aux questions dans un livret. Bien que les deux expériences soient comparables, il est impossible de donner une projection exacte de votre score ;

- les étudiants qui ont participé à cette étude sur le terrain étaient des volontaires et leur niveau moyen peut être différent de la population qui passe réellement le test *TOEFL®*;
- la conversion des scores de l'étude terrain dans laquelle ces questions ont été administrées vers le barème du *TOEFL iBT®* actuel implique deux tableaux de conversion. Le passage d'un barème à l'autre peut impliquer des erreurs statistiques;
- vous ne devrez utiliser votre estimation de score que comme une indication générale. Votre score réel au test *TOEFL iBT®* pourra être plus ou moins élevé que celui de votre version d'entraînement.

Listening

TOTAL DES POINTS	SCORE
36	28–30
35	28–30
34	28–30
33	28–30
32	27–29
31	26–29
30	25–27
29	25–27
28	24–26
27	22–24
26	21–23
25	21–23
24	17–22
23	16–21
22	16–21
21	16–18
20	14–18
19	13–17
18	13–17

TOTAL DES POINTS	SCORE
17	11–16
16	10–15
15	10–15
14	9–13
13	8–12
12	6–12
11	4–10
10	3–10
9	0–9
8	0–9
7	0–7
6	0–5
5	0–3
4	0–3
3	0–3
2	0–3
1	0–3
0	0–3

Scripts des supports de compréhension orale et explication des réponses

Questions 1-5

Piste 11. Script de l'épreuve de compréhension orale

Narrator

Listen to a conversation between a student and a professor.

Professor

Hey, Ellen. How are you doing?

Student

Oh, pretty good, thanks. How are you?

Professor

OK.

Student

Did you, um, have a chance to look at my grad school application . . . you know, the statement of purpose I wrote?

Professor

Well, yeah. In fact, here it is. I just read it.

Student

Oh, great! What did you think?

Professor

Basically, it's good. What you might actually do is take some of these different points here, and actually break them out into separate paragraphs. So, um, one: your purpose for applying for graduate study—uh, why do you want to go to graduate school—and an area of specialty; and, uh, why you want to do the area you're specifying; um, and what you want to do with your degree once you get it.

Student

OK.

Professor

So those are ... they're pretty clear on those four points they want.

Student

Right.

Professor

So you might just break them out into, uh ... you know, separate paragraphs and ex-pand on each point some. But really what's critical with these is that, um, you've gotta let yourself come through. See, you gotta let them see you in these statements. Expand some more on what's happened in your own life and what shows your... your motivation and interest in this area—in geology. Let 'em see what really, what... what captures your imagination about this field.

Student

OK. So make it a little more ... personal? That's OK?

Professor

That's fine. They look for that stuff. You don't wanna go overboard...

Student

Right.

Professor

... but it's critical that... that somebody sees what your passion is—your personal motivation for doing this.

Student

OK.

Professor

And that's gotta come out in here. Um, and let's see, uh, you might also give a little, uh—since this is your only chance to do it, you might give a little more explanation about your unique undergraduate background. So, you know, how you went through, you know, the music program; what you got from that; why you decided to change. I mean it's kind of unusual to go from music to geology, right?

Student

Yeah. I was... I was afraid that, you know, maybe the personal-type stuff wouldn't be what they wanted, but...

Professor

No, in fact it's... um, give an example: I... I had a friend, when I was an undergrad, um, went to medical school. And he put on his med school application—and he could actually tell if somebody actually read it 'cause, um, he had asthma and the reason that he wanted to go to med school was he said he wanted to do sports medicine because he, you know, he had this real interest. He was an athlete too, and... and wanted to help athletes who had this physical problem. And he could always tell if somebody actually read his letter, because they would always ask him about that.

Student

... Mmm... so something unique.

Professor

Yeah. So see, you know, that's what's good and, and, I think for you probably, you know, your music background's the most unique thing that you've got in your record.

Student

Right.

Professor

... Mmm... so you see, you gotta make yourself stand out from a couple of hundred applications. Does that help any?

Student

Yeah, it does. It gives me some good ideas.

Professor

And... what you might also do too is, you know, uh, you might get a friend to proof it or something at some point.

Student

Oh, sure... sure.

Professor

Also, think about presentation—how the application looks. In a way, you're actually showing some other skills here, like organization. A lot of stuff that's... that they're not... they're not formally asking for, they're looking at. So your presentation format, your grammar, all that stuff, they're looking at in your materials at the same time.

Student

Right. OK.

Explication des réponses

1. ❷ Dans le cas de conversations à écouter qui se tiennent pendant les heures de permanence d'un professeur, il est fort probable que la première question porte sur un point essentiel. C'est le cas ici. Il s'agit d'une discussion sur la manière dont la jeune femme devrait rédiger sa candidature, et non pas d'un problème d'entretien ou d'admission éventuelle. Le professeur a déjà reçu sa candidature et l'a étudiée, donc l'objet ne peut pas être de lui remettre sa candidature. C'est pourquoi le choix 2 est la bonne réponse : elle veut des conseils concernant sa candidature.

2. ❶ ❸ Lorsque vous passerez le test *TOEFL iBT*® sur ordinateur, chaque fois que vous verrez des carrés au lieu de ronds en face des réponses au choix, vous devrez reconnaître que la question vous demande de sélectionner au minimum deux réponses parmi les choix proposés. Dans ce cas, le professeur insiste sur

les deux aspects suivants que la jeune femme doit introduire dans sa lettre de candidature :

1. la façon dont son parcours universitaire a développé son intérêt pour ce troisième cycle ;

2. la façon dont elle se distingue en tant que personne.

Les bonnes réponses sont donc les choix 1 et 3. Elle n'a aucune expérience dans la médecine (choix 2), et le professeur ne mentionne pas ses enseignants (choix 4).

3. ❹ C'est une question d'analyse de détails. Le professeur indique à deux reprises que la décision de la jeune femme de passer des études de musique à des études de géologie est inhabituelle.

4. ❷ C'est une question de compréhension fonctionnelle. Le professeur illustre clairement son argument selon lequel une bonne candidature doit souligner la singularité du rédacteur. Il donne l'exemple de son ami qui a fait des études de médecine.

5. ❸ C'est une question de déduction. La dernière chose que le professeur indique à l'étudiante, c'est qu'elle devrait revoir la forme de sa candidature ainsi que l'exposé de ses objectifs. Il lui explique que la forme de sa candidature est la preuve de son sens de l'organisation et que l'absence de fautes d'orthographe indique une personne consciencieuse. En lui donnant ces indications, il sous-entend que ceux qui liront sa candidature seront influencés par sa forme, y compris de manière inconsciente. Il ne dit rien de l'expertise des lecteurs (choix 1) ; il sous-entend qu'ils peuvent parfois manquer d'attention à la lecture de la candidature, mais il ne veut pas dire que c'est habituellement le cas (choix 2) ; et il dit le contraire du choix 4. La bonne réponse est donc le choix 3.

Questions 6-10

Piste 12. Script de l'épreuve de compréhension orale

Narrator

Listen to part of a conversation between two students. The woman is helping the man review for a biology examination.

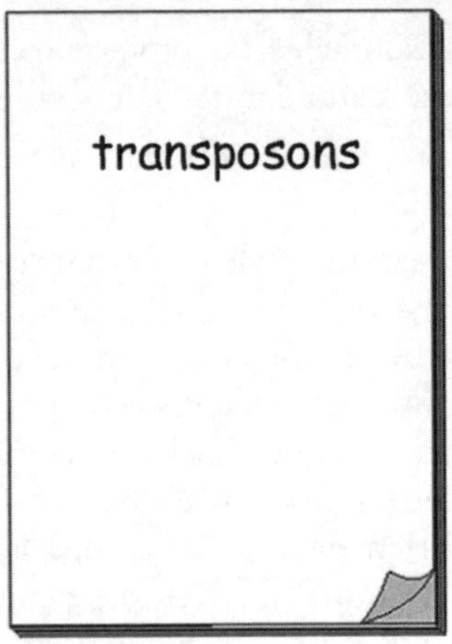

Male Student

OK, so… what do you think we should go over next?

Female Student

How about if we go over this stuff about how bacteria become resistant to antibiotics.

Male Student

OK.

Female Student

Um, but first of all, though, how many pages do we have left? I told my roommate I'd meet her at the library at seven o'clock.

Male Student

Ummm… There's only a few pages left. We should be finished in a few minutes.

Female Student

OK. So, ummm…

Male Student

About how bacteria become resistant to antibiotics.

Female Student

Oh yeah, OK. So you know that some bacteria cells are able to resist the drugs we use against them, and that's because they have these special genes that, like, protect them from the drugs.

Male Student

Right. If I remember correctly, I think the genes, like... weaken the antibiotics, or, like... stop the antibiotics from getting into the bacteria cell, something like that?

Female Student

Exactly. So when bacteria have these genes, it's very difficult for the antibiotics to kill the bacteria.

Male Student

Right.

Female Student

So do you remember what those genes are called?

Male Student

Umm...

Female Student

Resistance genes.

Male Student

Resistance genes. Right. Resistance genes. OK.

Female Student

And that makes sense, right? Because they help the bacteria resist the antibiotics.

Male Student

Yeah, that makes sense. OK.

Female Student

OK. But the question is: how do bacteria get the resistance genes?

Male Student

How do they get the resistance genes? They just inherit them from the parent cell, right?

Female Student

OK, yeah, that's true. They can inherit them from the parent cell, but that's not what I'm talking about.

Male Student

OK.

Female Student

I'm talking about how they get resistance genes from other cells in their environment, you know, from the other cells around them.

Male Student

Oh, I see what you mean. Umm, is that that stuff about "hopping genes," or something like that?

Female Student

Right. Although actually they're called "jumping genes," not "hopping genes."

Male Student

Oh, OK. Jumping genes.

Female Student

Yeah, but they have another name, too, that I can't think of. Umm… lemme see if I can find it here in the book…

Male Student

I think it's probably on…

Female Student

Oh, OK. Here it is. Transposons. That's what they're called.

Male Student

Lemme see. OK. Trans… po… sons… trans… posons. So "transposon" is another name for a jumping gene?

Female Student

Right. And these transposons are, you know, like, little bits of DNA that are able to move from one cell to another. That's why they're called "jumping genes." They kind of, you know, "jump" from one cell to another.

Male Student

OK.

Female Student

And these transposons are how resistance genes are able to get from one bacteria cell to another bacteria cell. What happens is that a resistance gene from one cell attaches itself to a transposon and then, when the transposon jumps to another cell…

Male Student

The other cell gets the resistance gene and…

Female Student

Right.

Male Student

That's how it becomes resistant to antibiotics.

Female Student

Right.

Male Student

Wow. That's really cool. So that's how it happens.

Female Student

That's how it happens.

Explication des réponses

Ce jeu de questions, qui provient d'une version antérieure du test *TOEFL iBT*®, ne répond pas exactement à la description des conversations du *TOEFL*® présentée précédemment dans ce livre. Elle ne se déroule pas entre un étudiant et un employé de l'université, mais entre deux étudiants qui préparent un examen. Nous l'avons insérée ici car elle propose un entraînement utile et se rapproche beaucoup d'une conversation sur un sujet universitaire pendant des heures de permanence. Cette conversation a également été testée sur le terrain par des candidats réels, ce qui nous a fourni une évaluation du niveau de difficulté de ces questions.

6. ❹ Cette conversation traite d'un contenu universitaire dans le domaine des sciences de la vie. Le jeune homme essaie de retenir une notion pour son test de biologie. C'est pourquoi en toute logique la première question est une question de fond : *« What are the students mainly discussing? »* Les étudiants parlent de médicaments, mais ce sont des médicaments contre les bactéries, donc la réponse 1 est éliminée. Ils ne discutent pas de la manière de produire des antibiotiques mais de comment les bactéries résistent, donc la réponse 2 est éliminée. Si vous n'avez compris que *« jumping »* et *« hopping »*, vous pourriez penser qu'ils parlent d'athlétisme mais ce n'est pas le contexte utilisé ici, donc la réponse 3 est éliminée. La réponse 4 est correcte : le jeune homme est en train d'apprendre comment certaines bactéries acquièrent des gènes qui les rendent résistantes aux antibiotiques.

7. ❶ C'est une question d'analyse de détails. Lorsque vous entendez la définition d'un terme, dans un cours ou une conversation, n'oubliez pas de la noter. Ici les étudiants passent une grande partie de la conversation à expliquer pourquoi les « gènes sauteurs » s'appellent des *« jumping genes »*. La jeune femme explique à deux reprises que les gènes peuvent migrer, ou *« jump »*, d'une cellule à une autre. La bonne réponse est le choix 1.

8. ❶ ❸ Il s'agit également d'une question d'analyse de détails. Il vous est demandé d'identifier deux manières dont les bactéries acquièrent le gène résistant. Les deux étudiants indiquent que le gène peut être hérité de la cellule d'un parent. Puis ils ont une discussion plus longue sur le *« jumping gene »* et la façon dont un « gène sauteur » peut transporter le gène résistant jusqu'à une nouvelle cellule. On ne trouve aucune mention de *« white blood cells »*, et le fait que le gène résistant puisse être *« carried by antibiotics »* est directement contredit par la discussion. Les bonnes réponses sont les choix 1 et 3.

9. ❸ La question utilise le verbe *« inferred »*. Vous savez donc qu'il s'agit d'une question de déduction. Les étudiants disent que certaines bactéries *« resist the drugs we use against them »*. Vous pouvez en déduire que l'antibiotique est un médicament utilisé contre certaines bactéries. Les étudiants précisent que les gènes résistants *« weaken the antibiotics »* et *« stop the antibiotics »*.

Vous pouvez déduire de ces indices que la réponse 3, qui indique que les gènes résistants *« make the treatment of bacterial diseases more difficult »*, est la bonne réponse.

10. ❸ Cette question de réécoute concerne la compréhension de la fonction du discours. On vous demande pourquoi la jeune femme dit la phrase suivante :

Um, but first of all, though, how many pages do we have left? I told my roommate I'd meet her at the library at seven o'clock.

Sa déclaration concernant le rendez-vous avec sa camarade de chambre fait partie du contexte dans lequel se déroule la discussion principale. Le jeune homme essaie de retenir des notions concernant les bactéries, mais elle lui précise qu'elle n'a qu'un temps limité à lui consacrer. L'objectif de cette affirmation est de faire comprendre au jeune homme qu'elle doit respecter son rendez-vous avec sa camarade de chambre et qu'ils doivent se dépêcher de finir.

Questions 11-16

Piste 14. Script de l'épreuve de compréhension orale

Narrator

Listen to part of a talk in an environmental science class.

Professor

So I wanted to discuss a few other terms here… actually, some, uh, some ideas about how we manage our resources.

Let's talk about what that… what that means. If we take a resource like water… well, maybe we should get a little bit more specific here—back up from the more general case—and talk about underground water in particular.

So hydrogeologists have tried to figure out… how much water can you take out from underground sources? This has been an important question. Let me ask you guys: how much water, based on what you know so far, could you take out of, say, an aquifer… under the city?

Male Student

As… as much as would get recharged?

Professor

OK. So we wouldn't want to take out any more than naturally comes into it. The implication is that, uh, well, if you only take as much out as comes in, you're not gonna deplete the amount of water that's stored in there, right?

Wrong, but that's the principle. That's the idea behind how we manage our water supplies. It's called "safe yield." Basically what this method says is that you can pump as much water out of a system as naturally recharges… as naturally flows back in.

So this principle of safe yield—it's based on balancing what we take out with what gets recharged. But what it does is, it ignores how much water naturally comes out of the system.

In a natural system, a certain amount of recharge comes in and a certain amount of water naturally flows out through springs, streams, and lakes. And over the long term the amount that's stored in the aquifer doesn't really change much. It's balanced. Now humans come in… and start taking water out of the system. How have we changed the equation?

Female Student

It's not balanced anymore?

Professor

Right. We take water out, but water also naturally flows out. And the recharge rate doesn't change, so the result is we've reduced the amount of water that's stored in the underground system.

If you keep doing that long enough—if you pump as much water out as naturally comes in—gradually the underground water levels drop. And when that happens, that can affect surface water. How? Well, in underground systems there are natural discharge points—places where the water flows out of the underground systems, out to lakes and streams. Well, a drop in the water level can mean those discharge points will eventually dry up. That means water's not getting to lakes and streams that depend on it. So we've ended up reducing the surface water supply, too.

You know, in the state of Arizona we're managing some major water supplies with this principle of safe yield, under a method that will eventually dry up the natural discharge points of those aquifer systems.

Now, why is this an issue? Well, aren't some of you going to want to live in this state for a while? Want your kids to grow up here, and your kids' kids? You might be concerned with... does Arizona have a water supply which is sustainable—key word here? What that means... the general definition of *sustainable* is will there be enough to meet the needs of the present without compromising the ability of the future to have the availability... to have the same resources?

Now, I hope you see that these two ideas are incompatible: sustainability and safe yield. Because what sustainability means is that it's sustainable for all systems dependent on the water—for the people that use it and for... uh, for supplying water to the dependent lakes and streams.

So I'm gonna repeat this: so if we're using a safe-yield method, if we're only balancing what we take out with what gets recharged, but—don't forget, water's also flowing out naturally —then the amount stored underground is gonna gradually get reduced and that's gonna lead to another problem. These discharge points—where the water flows out to the lakes and streams—they're gonna dry up. OK.

Explication des réponses

11. ❶ La première question de cette épreuve est une question d'information factuelle, comme c'est généralement le cas dans un jeu de questions portant sur un cours. Rappelez-vous que vous n'entendez qu'une partie du cours.

    Le début de cet extrait montre que le professeur traite des différentes façons de gérer les ressources naturelles. Il prend comme exemple de ressource naturelle les eaux souterraines puis poursuit en citant une manière particulière de gérer les eaux souterraines, appelée *« safe yield »*. Il traite donc en particulier de l'approche du *« safe-yield »* pour gérer l'approvisionnement en eaux souterraines. La bonne réponse est donc le choix 1. Les autres réponses concernent des aspects des eaux souterraines que des scientifiques de l'environnement pourraient discuter, mais elles ne sont pas l'objet de cet extrait.

12. ❸ Il apparaît clairement dans ce cours que le professeur ne considère pas que l'approche du *« safe-yield »* soit appropriée. Il indique cela indirectement de différentes façons, en particulier quand il dit : *« We're managing some major water*

supplies with this principle of safe yield, under a method that will eventually dry up the natural discharge points of those aquifer systems. » Bien que le terme « *safe yield* » contienne la notion de sécurité, le professeur dit qu'en réalité il n'est pas sûr, car il ne tient pas compte des autres manières dont l'eau peut s'échapper du système en dehors du pompage pour l'utilisation humaine. La bonne réponse est le choix 3.

13. ❸ ❹ C'est une question d'analyse de détails. Les quatre réponses possibles sont toutes le résultat éventuel du prélèvement de l'eau dans une nappe phréatique, mais le professeur ne traite que les réponses 3 et 4.

14. ❶ C'est une question d'analyse de détails. Le professeur définit le mot « *sustainability* » comme la capacité à répondre aux besoins actuels et futurs. Puisque sa principale critique de la gestion « *safe-yield* » porte sur le fait qu'elle n'est pas durable, et sachant que le sens du mot « *sustainable* » est essentiel pour comprendre le cours, « *Short-term and long-term needs* » sont équivalents à « *present and future needs* », donc le choix 1 est la bonne réponse.

15. ❷ Il s'agit d'une question de déduction car on y trouve le mot « *imply* ». Néanmoins c'est une déduction très simple. Le professeur dit : « *These two ideas are incompatible: sustainability and safe yield.* » Si la méthode du « *safe-yield* » est incompatible avec la durabilité, alors les ressources en eau gérées par cette méthode ne sont pas durables. La bonne réponse est le choix 2.

16. ❹ Cette question concerne la compréhension fonctionnelle. Le professeur pose les questions suivantes :

    Now, why is this an issue? Well, aren't some of you going to want to live in this state for a while? Want your kids to grow up here, and your kids' kids?

    L'objectif est de montrer aux étudiants que, sur le long terme, la réduction des nappes phréatiques aura de graves conséquences. Il pense que les étudiants devraient réfléchir au futur de l'État de l'Arizona. La bonne réponse est donc le choix 4.

Questions 17-22

Piste 16. Script de l'épreuve de compréhension orale

Narrator

Listen to part of a lecture in a philosophy class. The professor has been talking about ethics.

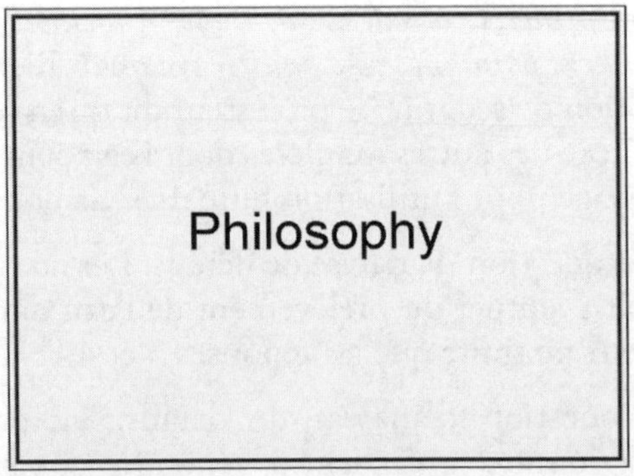
Philosophy

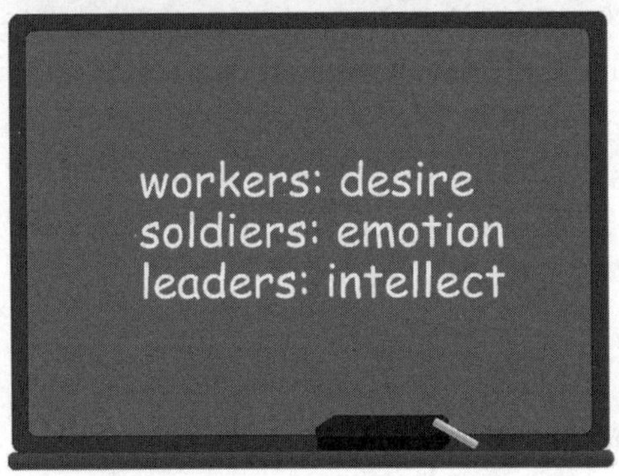
workers: desire
soldiers: emotion
leaders: intellect

Professor

OK. If we're going to discuss goodness and justice—what makes an individual good or a society just or virtuous—then we need to start with the ancient Greeks. So we'll start with Plato—Plato's philosophy. Now, some of you may have studied Plato's philosophy in some other course, so this might be easy. OK. At the risk of boring you, let me give you just an overview of Plato's ethical theory. Plato says the soul has—and by "soul" he simply means that which animates the body, gives it life—anyway, he says that the soul has three separate parts... called, um, "faculties," which I'll come back to. He believed that goodness in an individual was to be found when the three parts of the soul worked together, when they weren't in conflict, but existed in harmony. A good or just person will have a soul in which the three faculties work well together.

So how does he arrive at that analysis? Well, he starts out in his very famous work The Republic, um, he starts out by saying it's very difficult to get a grasp on what the individual's soul looks like. So, to get some idea of what the individual human soul is like, he says we should study the structure of society—what kinds of people and activities every society has to have. He argues that every society has to have three groups of people: workers, soldiers, and leaders. And each has a sort of defining characteristic.

Every society has to have workers like farmers or, um, people who work in factories, producing all the things that we need for everyday life. And according to Plato, the key feature of workers is that they're focused on their own desires or appetites—interested in satisfying the needs of the body. So workers are associated with desire... OK?

Now, if you live in a society that has a good amount of wealth—um, good agriculture, good industry—other societies are probably going to try to take it. So you need a class of soldiers, who are supposed to protect the state from external threats. Well, these soldiers, well, they're going to be in dangerous situations quite frequently, so you need people with, um, a... a lot of high spirit—uh, an emotional type of individual. Emotion is what characterizes this group.

And then, Plato says, the third group you need is leaders. Their main role will be to think rationally, to use their reason or intellect to make decisions. As decision makers, leaders determine what the state is to do, how the affairs of the citizens are to be run.

Plato then asks himself: OK, assume we've got such a society with these three groups. When will this society be a good, um, a... a just society? Well, you can only have a good society when its three parts are working well together—each doing its proper thing. And Plato believes this can only happen if workers and soldiers learn moderation, or self-control.

But why? Why do workers and soldiers have to learn self-control? Well, how can a society flourish if the workers and soldiers don't control their desires and emotions? Plato thinks that if they aren't under control, workers will sleep too much and play too much, so they're not going to get their jobs done. And soldiers need to channel their high-spiritedness in a certain direction, precisely by being courageous.

But you're not going to get that automatically. You need to teach them this kind of moderation. So you need an educational system that first of all will train the leaders, so that they'll make good decisions, so they'll know what's wise. Then make leaders responsible—um, uh, turn over to them the education of the other two groups. And through education, build a society so that the workers and soldiers learn to use their intellect to control their desires and emotions. If you had all that, then, for Plato, you'd have a good or just society.

Now, take that picture—that social, political picture—and apply it to the individual person. You remember about the soul? That it consists of three separate parts, or faculties? Can you guess what they are? Desires, emotions, and intellect—the characteristics associated with the three groups of society. And can you guess how Plato defines a good or just person? Well, it's parallel to how he characterizes a good or just society. The three parts have to be in harmony. In each of us, our desires and emotions often get the better of us, and lead us to do foolish things. They're in conflict with the intellect. So, to get them to all work together, to coexist in harmony, every person needs to be shaped in the same way that we've shaped society—through the educational system. Individuals must be educated to use their intellect to control their emotions and desires. That's harmony in the soul.

Explication des réponses

17. ❹ C'est une question d'information factuelle. La plus grande partie de l'extrait que vous avez écouté traite de la théorie platonicienne selon laquelle la société est constituée de trois groupes. Cependant, le début et la fin de l'extrait indiquent le contexte de cette discussion. Platon traite de la société car il pense qu'elle est semblable à l'individu. La professeur discute des idées de Platon mais elle ne dit jamais si elles sont vraies, donc ni le choix 1 ni le choix 2 ne sont corrects. De même, la professeur ne s'intéresse pas aux sociétés réelles et historiques, donc le choix 3 n'est pas la bonne réponse. Seule la réponse 4 est possible.

18. ❷❸ C'est une question d'analyse de détails qui vous demande d'identifier deux aspects abordés par le professeur concernant la vision qu'a Platon de l'éducation. Puisque ce cours porte à la fois sur le modèle théorique de société et le modèle de nature humaine défendus par Platon, vous pouvez vous attendre à ce qu'un point concerne la société et un autre l'individu. D'après la synthèse de la professeur sur les individus, l'intellect doit être renforcé par l'éducation. Concernant le modèle de société, ce sont les chefs qui doivent éduquer les deux autres groupes. Les bonnes réponses sont les choix 2 et 3.

19. Il est facile de reconnaître ici une question d'analyse de contenu. Sur la base des informations du cours, vous devez indiquer si certaines affirmations sur les émotions humaines reflètent les croyances de Platon. Voici le tableau correctement rempli :

	YES	NO
Emotion is usually controlled by the faculty of desire.		☑
Emotion ought to be controlled by the faculty of intellect.	☑	
Emotion is what motivates soldiers	☑	

La professeur considère que les émotions et les désirs sont contrôlés par l'intellect, mais elle ne dit rien des liens qui les unissent, donc rien dans le cours ne vient soutenir l'affirmation 1. Selon la professeur, Platon pense effectivement que, pour que les hommes soient heureux, leur intellect doit contrôler leurs émotions, donc l'affirmation 2 est validée. La professeur dit à propos des soldats de Platon : « *Emotion is what characterizes this group.* » Donc l'affirmation 3 est également validée dans le cours.

20. ❶ C'est une question d'analyse de détails. Dans les deux dernières parties du cours, lorsque la professeur revient sur le problème des individus, elle dit à trois reprises que dans la théorie de Platon, les parties des individus doivent être en harmonie. Lorsque la professeur répète un point deux ou trois fois, c'est un bon indice qu'il s'agit de l'un des points les plus importants de l'extrait et vous devez être prêt à répondre à une question sur ce sujet. La bonne réponse est le choix 1.

21. ❶ Cette question vous demande de réécouter cette affirmation :

    Now, some of you may have studied Plato's philosophy in some other course, so this might be easy. OK. At the risk of boring you, let me give you just an overview of Plato's ethical theory.

    Puis on vous pose une question de déduction. La professeur s'attend à ce que certains étudiants aient déjà étudié *La République* dans un autre cours et connaissent les bases de la théorie de Platon. Elle dit que cette redite peut s'avérer « *easy* » ou « *boring* » pour des étudiants qui connaissent déjà cette théorie, mais elle parle de sa propre révision et non de la théorie elle-même. Donc les réponses 2, 3 et 4 ne s'appliquent pas. La réponse 1, qui indique que certains étudiants peuvent déjà connaître cette théorie, est sous-entendue.

22. ❷ Cette question vous demande de réécouter cette partie de la conférence :

    But why? Why do workers and soldiers have to learn self-control? Well, how can a society flourish if the workers and soldiers don't control their desires and emotions?

    Puis on vous demande pourquoi la professeur dit cela :

    Well, how can a society flourish if the workers and soldiers don't control their desires and emotions?

    On vous demande l'objectif d'une question, donc il s'agit d'une question qui porte sur la compréhension fonctionnelle. La citation est un exemple de question rhétorique et répond vraiment à la question précédente : « *Why do workers and soldiers have to learn self-control?* » La question « *how can a society flourish…* » est une façon de dire : « *A society cannot flourish if workers and soldiers do not exercise self-control.* » La bonne réponse est le choix 2.

Questions 23-28

Piste 19. Script de l'épreuve de compréhension orale

Narrator

Listen to part of a talk in a botany class.

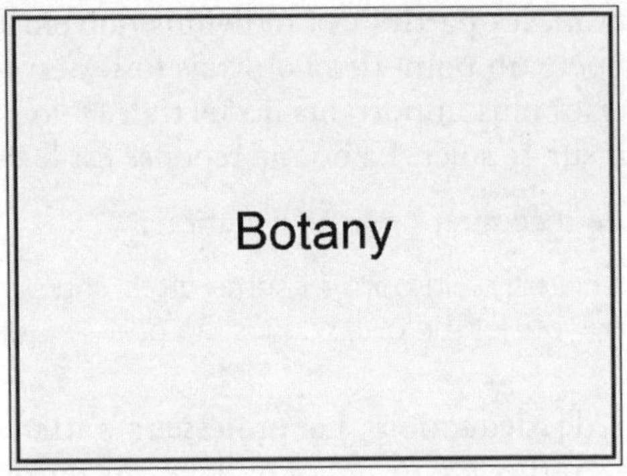

Professor

OK. So we've talked about some different types of root systems of plants, and I've shown you some pretty cool slides, but now I want to talk about the extent of the root system—the overall size of the root system… the depth. I want to tell you about one particular experiment. I think you're going to find this pretty amazing. OK. So there was this scientist… this very meticulous scientist decided that the best place to see a whole root system—to actually see how big the entire system got—the best place would be to grow it… where?

Female Student

Um, water?

Professor

In water. So he took rye plants—it was rye plants—and he started growing them in water. Now, you've all heard of growing stuff in water before, right?

Male Student

It's done commercially, right? Uh, like to grow vegetables and flowers?

Professor

Right. They grow all kinds of commercial crops in water. So if you're growing things in water, you can add the fertilizer. What do you need to do to that water besides put fertilizer in it? Anyone ever actually tried to grow plants in water? You must bubble water through it. Bubble gas through it. I'm sorry, you must bubble gas through it. So, gas, you have to bubble through. Think about the soil we talked about last week, about growing plants in soil. Think about some of you who have killed your favorite houseplants, 'cause you loved them too much. If you overwater, why do your favorite houseplants die?

Female Student

Oh, no oxygen.

Professor

Not enough oxygen for the roots... which do what twenty-four hours a day in all seasons?

Female Student

Respiration?

Professor

Respire... respiration... they breathe. So if you just stick rye plants in water, it doesn't make a difference how much fertilizer you add, you also need to bubble gas through the water, so they have access to that oxygen. If they don't have that, they're in big trouble. OK. So this guy—this scientist—grew a rye plant in water so he could see the root system, how big it got—its surface area. I read about this and the book said one thousand kilometers of roots. I kept thinking: this has to be a mistake. It just doesn't make any sense to me that... that... that could be right. But that's what all the books have, and no one's ever corrected it. So let me explain to you about this rye plant. If you take a little seed of many grasses—and remember rye is a grass; if you take a tiny little seed and you germinate it—actually, take one of my least favorite grasses that starts growing about May. What's my least favorite grass that starts growing about May?

Male Student

Crabgrass.

Professor

Crabgrass.

Remember how I showed you in the lab, one little seed starts out producing one little shoot. Then at a week or so later you've got about six shoots, and then, three weeks later you've got about fifteen shoots coming out all directions like this—all those little shoots up there? Well, that's what they did with the rye. And the little seedling started and pretty soon there were several shoots, and then more shoots. In the end, that one single seed produced eighty shoots, with an average of fifty centimeters of height... from one seed. Eighty shoots coming out, average fifty centimeters high. When they looked at the shoot versus the root surface, they found that the shoot surface, with all of its leaves, had a total surface area of about five square meters. Now, here's the biggie: when they looked at the root surface area, you would expect that the root and the shoot would be in balance, right? So they should be pretty close in terms of surface area, right?

Male Student

Uh-un.

Professor

What's that? Did somebody say "no"? Well, you're absolutely correct. Instead of five square meters, the root system was found to have more than two hundred square meters of surface area. Where did all of that extra surface area come from? Who did it? Who was responsible for all those extra square meters of surface area? What did roots do to increase their surface area?

Female Student

Root hairs.

Professor

Root hairs, that's exactly it. So those root hairs were responsible for an incredible chunk of surface area. They constantly have to be spread out in the water so they can absorb minerals from the fertilizer, and of course they need oxygen access as well.

Explication des réponses

23. ❶ C'est une question d'information factuelle. Ce cours n'est pas très organisé et comprend des interactions avec les étudiants. Cependant, malgré de courtes digressions, la professeur répète au début et à la fin que l'objectif du cours est d'expliquer comment on peut comparer le système de grosses racines aux autres parties de la plante. Elle mentionne les substances nutritives et différents types d'herbes, mais ils sont secondaires par rapport à son propos principal. La bonne réponse est le choix 1.

24. ❸ C'est une question d'analyse de détails. La professeur dit que le scientifique qui a fait l'expérience voulait *« to actually see how big the entire system got »*. Cet *« entire system »* fait référence au système de racines, donc la bonne réponse est le choix 3.

25. ❷ C'est une question d'organisation. Bien que cela ressemble à une digression,

la professeur utilise un exemple pour expliquer pourquoi il faut insuffler du gaz et faire des bulles d'air dans l'eau pour y faire pousser des plantes. Lorsque l'on donne trop d'eau aux plantes d'agrément, on les fait en fait pousser dans l'eau sans le savoir. Les plantes meurent car leurs racines manquent d'oxygène. L'objet de la discussion sur les plantes d'agrément est d'expliquer pourquoi, dans l'expérience, on a insufflé du gaz dans l'eau. La bonne réponse est le choix 2.

26. ❹ C'est une question d'analyse de détails. La professeur mentionne la digitaire (*crabgrass*) car elle est plus familière pour les étudiants que le seigle (*rye*). Elle insiste sur le fait que beaucoup de types d'herbes produisent beaucoup de racines à partir d'une seule graine. Elle indique que la digitaire pousse en mai, mais ce n'est pas son propos principal (choix 1). Elle ne dit rien de la quantité d'eau dont elle a besoin (choix 2). La réponse 3 est le contraire de ce qu'elle dit. Le choix 4 est la bonne réponse.

27. ❶ C'est une question de compréhension fonctionnelle. On vous demande de réécouter cette partie du cours :

What do you need to do to that water besides put fertilizer in it? Anyone ever actually tried to grow plants in water? You must bubble water through it. Bubble gas through it. I'm sorry, you must bubble gas through it. So, gas, you have to bubble through.

Puis on vous demande précisément pourquoi la professeur dit : *« I'm sorry, you must bubble gas through it. »*

Dans les conversations courantes, les gens font parfois des erreurs, ils disent un mot différent de celui qu'ils voulaient utiliser. Cela arrive plus souvent dans des discussions informelles, ce qui est le cas ici. Comme vous pouvez le voir dans le script, dans la phrase précédente la professeur a dit : *« You must bubble water through it. » « It »* fait référence à l'eau. Alors qu'elle a dit, en réalité : *« You must bubble water through water »*, ce qui ne veut rien dire. La professeur s'est immédiatement corrigée et a répété la correction deux fois afin que les étudiants sachent qu'elle avait voulu dire *« gas »*. Son objectif est de corriger les mots précédents, donc la bonne réponse est le choix 1.

28. ❸ On vous demande de réécouter cette partie du cours :

I read about this and the book said one thousand kilometers of roots. I kept thinking: this has to be a mistake. It just doesn't make any sense to me that… that… that could be right. But that's what all the books have, and no one's ever corrected it. So let me explain to you about this rye plant.

Comme c'est souvent le cas lorsque l'on vous demande de réécouter, il s'agit d'une question qui porte sur la compréhension de la fonction du discours. La professeur dit que *« one thousand kilometers of roots »* ne voulait rien dire pour elle. Elle semble douter. Mais dans la phrase suivante, elle indique clairement que le chiffre des *« one thousand kilometers »* est exact. Elle a l'intention d'expliquer pourquoi une affirmation aussi surprenante ou incroyable est en fait vraie. La bonne réponse est le choix 3.

Questions 29-34

Piste 22. Script de l'épreuve de compréhension orale

Narrator

Listen to part of a lecture in a business management class.

Professor

OK. Uh, let's talk about organization and structure in a company. How are companies typically structured?

Female Student

Functionally.

Professor

And… ?

Female Student

By projects.

Professor

Right. By function… and by projects. Twenty years ago companies were organized in function groups, where people with a certain expertise worked together as a unit—the, uh, architects in one unit, the finance people in another unit. Well, nowadays a lot of companies are organized around projects—like a construction company could be building an office building in one city and an apartment house somewhere else, and each project has its own architects and engineers.

Now, the good thing about project organization is that it's easier to change to adapt to the needs of the project—it's a small group, a dedicated team, not the whole company.

Now, with that in mind, here's a question for you: why do we continue to organize ourselves by function, even now, when in fact we admit that projects are the lifeblood of a lot of organizations? Why do some companies maintain a functional organization instead of organizing around projects? Yes?

Female Student

Because, um, if you don't have that functional structure within your organization, chances are you'd have a harder time meeting the goals of the projects.

Professor

Why?

Female Student

Why?

Professor

Listen, let's say we got four new cars we want to design. Why do we need a functional organization? Why not just organize the company around the four projects—these people make car number one, these other people make car number two...

Female Student

Yeah, but who's gonna be responsible for what? You know, the way you tell who's...

Professor

Well... well, we'll appoint a manager: new car number one manager, car number two manager—they're completely responsible. Why should we have a single engineering department that has all four cars passing through it?

Female Student

When you design a car, you need the expertise of all the engineers in the company. Each engineer needs to be in touch with the entire engineering department.

Professor

Yeah, but I keep... I keep asking why. I wanna know why. Yes.

Male Student

Well, to eliminate redundancy's probably one of the biggest factors in an organization. So that, uh... so that there's, there's... standards of... for uniformity and efficiency in the organization.

Professor

OK. And... and that's probably the primary reason for functional organization right there—is that we want some engineering consistency. We want the same kind of technology used in all four cars. If we disperse those four engineers into four parts of the organization and they work by themselves, there's a lot less chance that the technology's gonna be the same from car to car. So instead we maintain the functional organization—that means the engineers work together in one part of the building. And their offices are next to each other because we want them to talk to each other. When an engineer works on a project, they bring the expertise of their whole functional group with them.

But there's a downside of that, though, isn't there? I mean organizing a company into functional groups is not all positive. Where's the allegiance of those engineers? It's to their coordinator, right? It's to that chief engineer. But we really want our one engineer, the engineer that's working on car number one, we want that person's loyalty to be to that project as well as to the head of the engineering group. We... we really want both, don't we? We want to maintain the functional organization, so we can maintain uniformity and technology transfer, and expertise. We want the cutting-edge expertise in every group. But at the same time we also want the engineer to be totally dedicated to the needs of the project. Ideally, we have a... a hybrid, a combination of both functional and project organization.

But there's a problem with this kind of hybrid structure. When you have both functional and project organization, well, what does that violate in terms of basic management principles?

Female Student

Unity of command.

Professor

Unity of command. That's exactly right. So this... this is a vicious violation of unity of command, isn't it? It says that this engineer working on a project seems to have two bosses. We... we got the engineering boss, and we got the project manager boss. But the project manager is responsible for the project, and is not the official manager of the engineer who works on the project. And we try to maintain peace in the organizations, and sometimes it's disrupted and we have conflicts, don't we? The project manager for car one wants a car part to fit in a particular way, for a specific situation, a specialized case. Well, the, uh, engineering director says no, we gotta have standardization. We gotta have all the cars done this way. We can't make a special mold for that particular part for that particular car. We're not gonna do that. So we got a conflict.

Explication des réponses

29. ❷ C'est une question d'information factuelle. Bien que le cours laisse la place à des échanges entre le professeur et les étudiants, il est clairement organisé autour d'une comparaison des forces et des faiblesses entre deux principes d'organisation. Il ne concerne pas l'industrie automobile, c'est juste un exemple (choix 1). Il ne traite même pas de l'ingénierie qui est une fonction utilisée comme exemple (choix 3). Le cours ne propose pas non plus de solution au conflit qu'il décrit (choix 4). La bonne réponse est le choix 2 : il concerne le choix entre deux structures d'organisation.

30. ❷ C'est une question d'organisation. Le professeur prend comme exemple les sociétés de construction pour illustrer l'organisation en mode projet. La réponse 2

est correcte. Les autres réponses concernent l'organisation fonctionnelle qui est le principe opposé.

31. ❶ C'est une question d'analyse de détails. Dans ce cours, le professeur ne définit pas explicitement le terme *« unity of command »*. Mais dans la dernière partie de l'exposé, il donne un exemple d'absence d'unité de commandement : *« This engineer working on a project seems to have two bosses. »* Le choix 1 est la bonne réponse.

32. ❷ Pour comprendre cette question, vous devez trouver la différence entre les exemples que le professeur utilise pendant le cours et le principe réellement défini par le cours. La question concerne un *« conflict »* traité pendant le cours. Les choix 1, 3 et 4 concernent des conflits particuliers qui pourraient se produire dans l'une des organisations que le professeur utilise comme exemple. Seul le choix 2 concerne le principe général d'un conflit entre deux objectifs d'égale importance. Le choix 2 est la bonne réponse.

33. C'est une question facile à reconnaître en tant que question d'analyse de contenu. Sur la base des informations du cours, vous devez indiquer si certaines affirmations décrivent des organisations fonctionnelles ou par gestion de projet. Voici le tableau correctement rempli :

	FUNCTIONAL ORGANIZATION	PROJECT ORGANIZATION
It encourages people with similar expertise to work closely together.	☑	
It helps the company to adapt quickly and meet changing needs.		☑
It helps to achieve uniformity in projects.	☑	

34. ❸ Dans cette question de réécoute, on vous fait réentendre une question posée par le professeur, une réponse donnée par un étudiant et une autre question posée par le professeur. Il s'agit d'une question qui porte sur la compréhension de la fonction du discours. Afin de comprendre la seconde question du professeur, vous devez reconnaître qu'il s'agit d'une répétition de la précédente question. En répétant sa question après la réponse de l'étudiant, le professeur signale qu'il n'est pas satisfait de la réponse donnée. Il signale également que la réponse à cette question est un point important. La bonne réponse est le choix 3 : la réponse de l'étudiant ne comprend pas un point que le professeur voulait souligner.

Expression orale

Scripts des supports audio, points importants et exemples de réponses avec commentaires des correcteurs

Pour connaître les critères de notation des réponses, utilisez les rubriques concernant l'épreuve d'expression orale libre et dirigée. Les correcteurs qui écoutent vos réponses vont les analyser selon trois grandes catégories. Ces catégories sont l'élocution, l'utilisation de la langue et le développement du sujet. Elles ont toutes la même importance.

Cette partie traite des points importants qui doivent être couverts dans la réponse à chaque question. Tous ces points doivent être présents dans la réponse afin d'obtenir la note maximum dans la catégorie « développement du sujet ». Ces points importants vous donnent des indications sur le type d'informations que les correcteurs s'attendent à entendre dans une réponse de haut niveau.

Cette partie fait également référence à des exemples de réponses qui figurent dans le DVD d'accompagnement. Certaines réponses ont obtenu la meilleure note, d'autres pas. Les réponses sont accompagnées de commentaires faits par des correcteurs certifiés par ETS.

Question 1

Piste 24. Script de l'épreuve d'expression orale

Narrator

Choose a place you go to often that is important to you and explain why it is important. Please include specific details in your explanation.

Preparation Time: 15 Seconds

Response Time: 45 Seconds

Points importants

Dans cette question, on vous demande de parler d'un endroit où vous aimez vous rendre souvent et d'expliquer pourquoi il est important à vos yeux. Les personnes qui écoutent votre réponse doivent pouvoir suivre facilement la progression de vos idées. Les réponses qui obtiennent la meilleure note présentent des idées étayées par des détails et dont la construction va au-delà de structures simples. Par exemple, la réponse *« I like this place because it is nice »* ne donne pas suffisamment de précisions. Pourquoi cet endroit est-il agréable ? Vous pourriez par exemple développer cette idée en disant : *« I like this place because it is quiet and peaceful. Listening to the ocean waves on the beach relaxes me and helps me to relieve stress. »*

Exemples de réponses

Allez à la piste 31 du DVD pour écouter une très bonne réponse à la question 1.

> ☛ ***Commentaires du correcteur***
>
> La candidate parle pendant la totalité des 45 secondes, de façon claire et en utilisant un vocabulaire varié et une grammaire riche. Ses motivations sont bien développées. Elle utilise des détails spécifiques pour justifier le fait que la France est un endroit important pour elle. Au lieu de simplement dire : « *I'm interested in French culture because it is interesting* », elle élabore, en parlant de son ami, son intérêt précoce pour l'histoire, la culture et la cuisine françaises. Il y a une progression logique des idées qui rendent la réponse facile à comprendre.

Allez à la piste 32 du DVD pour écouter une réponse de niveau moyen à la question 1.

> ☛ ***Commentaires du correcteur***
>
> Cette réponse est argumentée et le langage est en général facile à comprendre. Par moments, néanmoins, la prononciation de l'étudiante rend difficile la compréhension des idées. Elle ne donne qu'une seule raison pour laquelle elle aime le shopping. Cette raison est répétée sans plus d'élaboration. Elle aime beaucoup le shopping et cela lui fait du bien. Elle aurait pu apporter plus de complexité dans ses idées en disant par exemple : « *When I go shopping, I usually go with friends, and we have a good time together without thinking about jobs or schoolwork.* » Elle fait également des fautes de grammaire de base et utilise un vocabulaire limité.

Question 2

Piste 25. Script de l'épreuve d'expression orale

> **Narrator**
>
> Some college students choose to take courses in a variety of subject areas in order to get a broad education. Others choose to focus on a single subject area in order to have a deeper understanding of that area. Which approach to course selection do you think is better for students and why?
>
> **Preparation Time: 15 Seconds**
>
> **Response Time: 45 Seconds**

Points importants

Dans cette question, on vous demande de faire un choix entre deux possibilités. Dans une réponse complète et bien développée, vous devriez indiquer clairement votre choix/préférence. Vous pouvez choisir les deux options, mais dans ce cas, il vous faut soutenir les deux avec des arguments détaillés. Si vous pensez que prendre des cours variés est préférable, assurez-vous d'expliquer en détail les raisons de cette opinion. Voici un exemple : *« Taking a variety of courses is better because it gives you an opportunity to learn about subjects outside of your field of study. Because so many fields of study are related, you never know when knowledge from one area will be helpful in another. »* Ce type de réponse indique clairement quelle alternative a été choisie et les raisons détaillées de ce choix.

Exemples de réponses

Allez à la piste 33 du DVD pour écouter une très bonne réponse à la question 2.

☛ ***Commentaires du correcteur***

Le candidat donne une réponse sérieuse et argumentée avec une progression logique des idées et des arguments. Il parle couramment et démontre une bonne maîtrise de la grammaire et du vocabulaire, avec quelques fautes mineures qui ne gênent pas le sens des idées. Le candidat exprime très clairement son avis, à savoir que la réponse va dépendre du niveau de l'étudiant, de premier cycle ou de second cycle. Il poursuit en donnant une argumentation détaillée pour étayer chaque perspective.

Allez à la piste 34 du DVD pour écouter une réponse de niveau moyen à la question 2.

☛ ***Commentaires du correcteur***

Bien que la prononciation de l'étudiant soit claire, son débit est lent et irrégulier. Les parties les plus claires de son discours utilisent des mots extraits de la question posée. Il fait preuve d'un vocabulaire très limité. On comprend ses pensées au niveau de la phrase, mais celles-ci sont peu reliées entre elles. Ces liens pourraient aider ceux qui écoutent à comprendre ce qui est dit ou leur permettre de prédire ce qui peut venir ensuite. L'opinion est exprimée au début. Cependant, l'étudiant utilise souvent des mots pris dans la question et répète la même idée pendant toute la réponse.

Question 3

Piste 26. Script de l'épreuve d'expression orale

Narrator

The university is planning to eliminate its bus service. Read the article from the university newspaper about the plan. You will have 45 seconds to read the article. Begin reading now.

Reading Time: 45 Seconds

Bus Service Elimination Planned

The university has decided to discontinue its free bus service for students. The reason given for this decision is that few students ride the buses and the buses are expensive to operate. Currently, the buses run from the center of campus past university buildings and through some of the neighborhoods surrounding the campus. The money saved by eliminating the bus service will be used to expand the overcrowded student parking lots.

Narrator

Now listen to two students discussing the article.

Man

I don't like the university's plan.

Woman

Really? I've ridden those buses, and sometimes there were only a few people on the bus. It did seem like kind of a waste.

Man

I see your point. But I think the problem is the route's out of date. It only goes through the neighborhoods that've gotten too expensive for students to live in. It's ridiculous that they haven't already changed the route—you know, so it goes where most off-campus students live now. I bet if they did that, they'd get plenty of students riding those buses.

Woman

Well, at least they're adding more parking. It's gotten really tough to find a space.

Man

That's the other part I don't like, actually. Cutting back the bus service and adding parking's just gonna encourage more students to drive on campus. And that'll just add to the noise around campus and create more traffic... and that'll increase the need for more parking spaces...

Woman

Yeah, I guess I can see your point. Maybe it would be better if more students used the buses instead of driving.

Man

Right. And the university should make it easier to do that, not harder.

Narrator

The man expresses his opinion of the university's plan to eliminate the bus service. State his opinion and explain the reasons he gives for holding that opinion.

Preparation Time: 30 Seconds

Response Time: 60 Seconds

Points importants

L'université envisage de supprimer le service de bus car il est trop cher et que trop peu d'étudiants l'utilisent. Le jeune homme n'est pas d'accord avec ce projet de l'université. Il pense que peu d'étudiants prennent le bus car l'itinéraire passe par des endroits limitrophes où les étudiants ne vivent pas. Si les itinéraires étaient modifiés, beaucoup plus d'étudiants prendraient le bus.

Le jeune homme n'est pas d'accord avec la manière dont l'université envisage d'utiliser l'argent économisé sur le service de bus. La construction de parkings supplémentaires sur le campus incitera plus d'étudiants à venir au campus en voiture. Cela contribuera à augmenter le bruit et la circulation sur le campus.

Exemples de réponses

Allez à la piste 35 du DVD pour écouter une très bonne réponse à la question 3.

☛ ***Commentaires du correcteur***

Le candidat donne une réponse claire et cohérente qui est détaillée et précise. Il parle rapidement, mais cela ne l'empêche pas d'être compris. Il exprime très clairement l'opinion du jeune homme et résume les principales raisons qui motivent son opinion. Il utilise des structures grammaticales complexes et un vocabulaire riche et adapté au sujet. En conséquence, sa façon de parler s'écoule sans contrainte.

Allez à la piste 36 du DVD pour écouter une réponse de niveau moyen à la question 3.

> ☛ ***Commentaires du correcteur***
>
> La langue maternelle de la candidate influence assez sa prononciation, son intonation et son rythme. Cela demande un effort à celui qui écoute. Le contenu de sa réponse est pertinent par rapport à ce qui est demandé mais son niveau de langue limité entrave sa capacité à transmettre de façon précise des détails pertinents. Elle couvre la durée totale dans un langage compréhensible. Néanmoins, elle répète l'idée erronée selon laquelle les étudiants n'ont pas les moyens de prendre le bus. Elle dit également que peu d'étudiants prendront leur voiture et que, de ce fait, ils surchargeront le parking. Cela crée de la confusion pour celui qui écoute. La candidate ne mentionne à aucun moment la préoccupation du jeune homme concernant l'augmentation du bruit et de la circulation sur le campus.

Question 4

Piste 27. Script de l'épreuve d'expression orale

> **Narrator**
>
> Now read the passage about the nature of social interaction. You will have 45 seconds to read the passage. Begin reading now.
>
> **Reading Time: 45 Seconds**

Social Interaction

People deal with each other every day. This interaction is at the heart of social life. The study of social interaction is concerned with the influence people have over one another's behavior. People take each other into account in their daily behavior and in fact, the very presence of others can affect behavior. For example, one principle of social interaction, audience effects, suggests that individuals' work is affected by their knowledge that they are visible to others, that the presence of others tends to alter the way people behave or perform an activity.

Narrator

Now listen to part of a talk in a sociology class. The professor is discussing audience effects.

Professor

OK, so we said that the way we interact with others has an impact on our behavior…

In fact, there's some interesting research to suggest that in one type of interaction—when we're being observed specifically, when we know we're being watched as we perform some activity—we tend to increase the speed at which we perform that activity.

In one study, college students were asked to each put on a pair of shoes—shoes with laces they would have to tie. Now, one group of students was told that they would be observed. The second group, however, didn't know they were being observed. The students who were aware that they were being watched actually tied their shoes much faster than the students who thought they were alone.

Other studies confirm the same is true even when we're learning new activities. Let's say someone is learning a new task—for example, learning how to type. When they're conscious of being observed, they'll likely begin typing at a much faster rate than they would if they were alone.

But, and this is interesting, the study also showed that certain common behavior—things people typically do, like… making mistakes when you're learning something new… that behavior pattern will also increase. So in other words, when we're learning to type, and we know we're being watched, we'll type faster, but we'll also make more mistakes.

Narrator

Explain how the examples of tying shoes and learning to type demonstrate the principle of audience effects.

Preparation Time: 30 Seconds

Response Time: 60 Seconds

Points importants

Le principe de l'effet d'observation suggère que, lorsque des personnes sont conscientes d'être observées, leur comportement change. En particulier dans les deux études décrites; les personnes ont travaillé plus vite car elles se savaient observées. Dans l'une des études, on a demandé à deux groupes de mettre des chaussures à lacets. L'un des deux groupes savait qu'il serait observé et l'autre pas. Le groupe qui se savait observé a lacé ses chaussures beaucoup plus vite que l'autre groupe. Dans l'apprentissage de la dactylographie, ceux qui se savent observés tapent plus vite, mais ils font aussi beaucoup plus de fautes que ceux qui ne se savent pas observés.

Exemples de réponses

Allez à la piste 37 du DVD pour écouter une très bonne réponse à la question 4.

Commentaires du correcteur

La candidate parle clairement. Elle identifie le concept de l'effet d'observation ainsi que les deux exemples donnés dans le support oral. Elle organise sa réponse de manière logique qui mène celui qui écoute d'une phrase à la suivante. Elle soutient sa réponse par des détails précis et fait preuve d'un niveau perfectionné à la fois dans l'utilisation des structures grammaticales et du vocabulaire. Cela est particulièrement évident dans sa manière aisée d'articuler une idée après l'autre et dans son utilisation efficace de la langue pour résumer exactement les exemples donnés dans le support oral. Il existe quelques erreurs de langue mineures qui n'empêchent pas la compréhension de la réponse.

Allez à la piste 38 du DVD pour écouter une réponse de niveau moyen à la question 4.

Commentaires du correcteur

Le candidat utilise tout son temps de parole. Sa prononciation et son intonation sont influencées par sa langue maternelle. Ces erreurs de prononciation empêchent de bien comprendre ce qu'il veut dire. Le candidat a identifié le concept et les deux exemples mais avec des inexactitudes. Au lieu de résumer chaque expérience, il associe le résumé des deux expériences. Cela l'amène à conclure de manière erronée que l'on fait plus d'erreurs lorsque l'on est observé en train de lacer ses chaussures. De plus, le candidat trébuche parfois sur des formes de mots basiques (*slowlier*), ce qui démontre une maîtrise très modérée de la grammaire et du vocabulaire.

Question 5

Piste 28. Script de l'épreuve d'expression orale

Narrator

Listen to a conversation between a student and her geology professor.

Man

Mary, I'm so glad I ran into you.

Woman

Oh, hello, Professor Jensen.

Man

Listen, I know it's short notice... and maybe you've already made plans for spring break... but... one of my students just dropped out of the field trip to the Smithson River Caves. You're next on the waiting list, so now there's room for you to come along.

Woman

You're kidding! *[disappointed]* I didn't think there was a chance… and… well, it's a three-day trip, right? I agreed to spend next week helping Professor Clark set up the new museum exhibition. I think she's really counting on me.

Man

Yeah, three days. But you know… if you'd rather come on the field trip, why not speak with her and see if she has anyone to replace you?

Woman

Yeah, I'd hate to miss out on the caves. I'll definitely ask Professor Clark if there's someone else who could help her.

Man

You know… we don't leave until Wednesday. If you still have to help out, any chance you could get the museum setup done before then?

Woman

Oh yeah… not until Wednesday… so then, yeah… maybe that's possible too.

Narrator

The speakers discuss two possible solutions to the woman's problem. Describe the problem and the two solutions. Then explain what you think the woman should do and why.

Preparation Time: 20 Seconds

Response Time: 60 Seconds

Points importants

L'étudiante doit faire face à un conflit entre un engagement précédent d'aider à la mise en place d'une exposition au musée et une opportunité plus récente de participer à un voyage d'études organisé par l'un de ses professeurs. Elle pourrait demander au Dr Clark de lui trouver un remplaçant pour l'organisation de l'exposition au musée. Dans la mesure où le voyage d'études ne commence pas avant la fin de la semaine, une autre option pourrait être de terminer la préparation de l'exposition avant le voyage d'études. (Note : normalement, on vous demande de ne parler que de la solution que vous soutenez, et non pas des deux options, comme dans cet exemple.)

Après avoir résumé le problème et ses solutions, vous devez choisir la solution qui vous semble la meilleure et donner une argumentation détaillée. Par exemple, vous pourriez dire qu'à votre avis l'étudiante devrait rester pour mettre en place l'exposition au musée car elle doit honorer l'engagement qu'elle a pris auprès du Dr Clark.

Exemples de réponses

Allez à la piste 39 du DVD pour écouter une très bonne réponse à la question 5.

Commentaires du correcteur

Il y a des erreurs de prononciation et d'intonation mais elles n'empêchent pas de comprendre la réponse de la candidate. Elle utilise des mots de liaison pour marquer la progression des idées. Sa maîtrise de la grammaire et du vocabulaire est évidente dans la manière dont elle résume efficacement la situation décrite dans le support audio. La candidate identifie clairement le problème et les deux solutions. Sa réponse est structurée, il est donc aisé de suivre le déroulement de ses idées. Elle donne son avis sur ce que l'étudiante devrait faire. Bien qu'elle ait dépassé le temps imparti, elle sait expliquer pourquoi elle défend cette opinion, Il est donc clair qu'elle a compris ce que l'on attendait.

Allez à la piste 40 du DVD pour écouter une réponse de niveau moyen à la question 5.

Commentaires du correcteur

D'une façon générale la réponse est compréhensible. Le candidat utilise tout son temps de parole. Néanmoins, l'élocution hésitante de la réponse demande un effort à celui qui écoute. Cette élocution difficile ne permet pas toujours d'identifier clairement le moment où une phrase ou une idée s'arrête et où la suivante commence. Le candidat fait un certain nombre d'erreurs sur des structures grammaticales simples (*very like to, let her to take, make somebody to replace her*). Le sens global n'est pas pour autant beaucoup affecté par ces erreurs. Le candidat identifie le problème et décrit les deux solutions. Un meilleur niveau de vocabulaire aurait permis de résumer de façon plus efficace la situation. Le problème et les deux solutions sont résumés avec trop de détails, ce qui empêche le candidat d'avoir le temps de présenter sa solution préférée et d'en donner les raisons.

Question 6

Piste 29. Script de l'épreuve d'expression orale

Narrator

Now listen to part of a talk in an economics class.

Professor

So let's talk about money. What is money? Well, typically people think of coins and paper "bills" as money... but that's using a somewhat narrow definition of the term. A broad definition is this: *[slowly]* money is anything that people can use to make purchases with. Since many things can be used to make purchases, money can have many different forms. Certainly, coins and bills are one form of money. People exchange goods and services for coins or paper bills, and they use this money... these bills... to obtain other goods and services. For example, you might give a taxi driver five dollars to purchase a ride in his taxi. And he in turn gives the five dollars to a farmer to buy some vegetables...

But, as I said, coins and bills aren't the only form of money under this broad definition. Some societies make use of a barter system. Basically, in a barter system people exchange goods and services directly for other goods and services. The taxi driver, for example, might give a ride to a farmer in exchange for some vegetables. Since the vegetables are used to pay for a service, by our broad definition the vegetables are used in barter as a form of money.

Now, as I mentioned, there's also a second... a narrower definition of money. In the United States only coins and bills are legal tender—meaning that by law, a seller must accept them as payment. The taxi driver must accept coins or bills as payment for a taxi ride. OK? But in the U.S., the taxi driver is not required to accept vegetables in exchange for a ride. So a narrower definition of money might be whatever is legal tender in a society, whatever has to be accepted as payment.

Narrator

Using points and examples from the talk, explain the two definitions of money presented by the professor.

Preparation Time: 20 Seconds

Response Time: 60 Seconds

Points importants

En vertu d'une définition générale, l'argent est tout ce qui peut être utilisé comme paiement (comme moyen d'échange) ; par exemple les pièces de monnaie, les billets ou le troc. Si vous prenez un taxi, vous pourriez utiliser des légumes pour payer la course. Dans une définition plus restrictive, l'argent est tout ce qui doit être accepté en guise de paiement (cours légal). Aux États-Unis les pièces et les billets ont un cours légal. Un chauffeur de taxi est obligé d'accepter des pièces et des billets pour payer la course. Les légumes n'ont pas de cours légal aux États-Unis, donc le chauffeur n'est pas obligé de les accepter en guise de paiement.

Exemples de réponses

Allez à la piste 41 du DVD pour écouter une très bonne réponse à la question 6.

☛ ***Commentaires du correcteur***

La prononciation et l'intonation de la candidate sont tout à fait intelligibles. Elle parle parfois un peu trop vite mais le sens général est perçu. Ses mots et ses idées se déroulent avec aisance. Elle utilise des structures grammaticales complexes et un vocabulaire varié. La candidate résume avec aisance le cours, en racontant avec précision la définition large et la définition restreinte. Sa réponse est détaillée et argumentée. Elle passe trop de temps à résumer la première définition et l'exemple et n'explique pas suffisamment la seconde définition et son exemple. Cependant, d'après l'aisance apparente de sa façon de parler, il est clair qu'elle comprend le concept et est capable de le décrire.

Allez à la piste 42 du DVD pour écouter une réponse de niveau moyen à la question 6.

☛ ***Commentaires du correcteur***

La prononciation de la candidate est généralement claire. Elle étaye son discours et construit ses idées de manière structurée. Ses hésitations et son débit saccadé indiquent un manque de maîtrise du vocabulaire et de la grammaire. Cela affecte de manière significative l'intelligibilité globale de sa réponse. Elle transmet quelques précisions pertinentes, y compris un résumé presque correct des deux définitions de l'argent. Néanmoins, sa réponse est clairement incomplète. Le fait que la candidate se batte pour trouver le mot exact afin de transmettre ses idées l'empêche d'utiliser efficacement son temps de parole. Aucun des exemples n'est indiqué dans la réponse. La plupart de ses idées ne sont pas suffisamment développées.

Expression écrite

Script des supports audio, notes sur les sujets et exemples de réponses avec les commentaires des correcteurs

Afin de savoir comment les réponses sont notées, utilisez les rubriques de notation concernant les épreuves écrites dirigées et libres que vous trouverez aux pages 225-226 et 233-234.

Expression écrite basée sur des documents écrits et oraux

Piste 30. Script audio

Narrator

Now listen to part of a lecture on the topic you just read about.

Professor

You know, often in science, new findings force us to re-examine earlier beliefs and assumptions. And a recent study of meerkats is having exactly this effect. The study examined the meerkat's behavior quite closely, much more closely than had ever been done before. And some interesting things were found… like about eating habits… it showed that typically meerkats eat before they stand guard—so the ones standing guard had a full stomach! And the study also found that since the sentinel is the first to see a predator coming, it's the most likely to escape… because it often stands guard near a burrow, so it can run immediately into the burrow after giving the alarm. The other meerkats, the ones scattered about looking for food, are actually in greater danger.

And in fact, other studies have suggested that when an animal creates an alarm, the alarm call might cause the other group members either to gather together or else to move about very quickly, behaviors that might actually draw the predator's attention away from the caller, increasing that animal's own chances of survival.

And what about people—what about some human acts that might be considered altruistic? Let's take an extreme case: uh, suppose a person donates a kidney to a relative, or even to a complete stranger. A selfless act, right? But… doesn't the donor receive appreciation and approval from the stranger and from society? Doesn't the donor gain an increased sense of self-worth? Couldn't such nonmaterial rewards be considered very valuable to some people?

Narrator

Summarize the points made in the lecture, being sure to explain how they oppose specific points made in the reading passage.

Notes sur le sujet

Vous devez comprendre le sens d'« *altruism* » et « *altruistic acts* ». Les définitions sont données dans le passage à lire : l'altruisme décrit le comportement opposé à l'égoïsme ; c'est un comportement qui bénéficie aux autres individus sans contrepartie. Le professeur met en question la pertinence des exemples à illustrer cette définition.

Une réponse bien notée comprendra les propos suivants du professeur :

Éléments figurant dans le passage	Points en opposition avec le cours
Human organ donors gain nothing from their action.	The donors receive appreciation and approval from the rest of society.
Sentinel meerkats go without food to stand guard.	Sentinels actually eat before the other meerkats.
Sentinel meerkats place themselves in danger from predators.	Sentinels are actually the first to escape the predators.

Les réponses notées 4 et 5 traitent des aspects altruistes et non altruistes de trois points du tableau : les dons d'organes humains, le comportement alimentaire du suricate et la capacité de fuite du suricate sentinelle.

Exemples de réponses avec commentaires des correcteurs

Réponse de bon niveau

The lecture completely refutes the passage. It is said in the lecture that, the perceived acts of altruism are nothing more than sneaky methods of gaining advantage for one's self.Contrary to the belief in the passage that sentinels risk their lives for the cause of the whole group, the professor says that the meerkat sentinels are in fact less prone to outside threats. The alarm sentinels give off causes to group to move rashly which draws the predators attention towards them, thus drawing away the attention from the sentinels. The lecture refutes the fact that these meerkats are altruistic in the sense that they gain nothing in exchange of their services. In fact, researches have shown that they have a full stomach as they perform this "altruistic" duty and have a better chance of escaping from danger because they witness it ifrst Proffesor also offers a different underlying motivation that causes people to believe that acts such as donating an organ or sharing food with someone in need are altruistic. She says that people gain appreciation as a result of such acts, which may be deemed by some much more important than materialistic gains.

☛ ***Commentaires du correcteur***

Cette réponse répond aux critères d'une réponse de bon niveau à une épreuve d'expression écrite dirigée. Le candidat qui a rédigé la réponse a très bien sélectionné, construit et mis en relation les points du cours et de texte écrit, en présentant de façon explicite et fluide les liens précis entre les points pertinents. Les trois points principaux du professeur sont présents. La langue est utilisée de manière précise et efficace, le travail est globalement bien organisé.

Réponse de niveau moyen

According to the lecture, examinig closely to the eating habits of meerkats, these animals are not altruistic. The fact is that the sentinel, being the first that sees the predator, is able to be the first in escape. Also the other meerkats that are hunting and looking for food are the ones in danger. Considering the altruistic human acts, the donation of body organs shouldn't be considered like that, mainly because when a person donates an organ he or she receives appreciation and recognition of society.

Because of this points the lecture might make the reader doubt, mainly because the eating habits of the meerkats have been studied closely, giving arguments in order to justify that meerkats aren't doing altruistic acts.

The other argument about human and their altruistic actions sounds logical and a situiation in which a person would donate organs just to get appreciation of society couls be probable.

Because of this both, reading and lecture, are completely opposite, might make the user doubt and reflect more about altruism.

☛ ***Commentaires du correcteur***

Cette réponse contient toutes les informations importantes énoncées dans le cours concernant le suricate sentinelle et le don d'organes. Néanmoins, elle est très vague dans la manière dont elle relie les différents points du cours et du texte écrit (reportez-vous à la description du niveau 3 dans le guide de notation). Il n'est pas fait de référence claire à l'argument du texte écrit selon lequel la sentinelle sacrifie la nourriture, ou aucune explication sur le fait que les autres suricates soient en danger. L'affirmation qui commente le don d'organes, « *The other argument about human and their altruistic actions sounds logical and a situation in which a person would donate organs just to get appreciation of society couls be probable* », n'est pas très claire. La réponse omet également le point concernant les suricates sentinelles et l'alimentation.

Expression écrite libre basée sur les connaissances et l'expérience

Question

> Some young adults want independence from their parents as soon as possible. Other young adults prefer to live with their families for a longer time. Which of these situations do you think is better? Use specific reasons and examples to support your opinion.

Attention à bien utiliser vos propres mots. N'utilisez pas d'exemples mémorisés.

Notes sur les sujets

En fait, ce sujet revient à discuter de l'indépendance lorsque l'on ne vit plus chez ses parents. On peut accepter comme réponses possibles à ce sujet des définitions à la fois plus larges et plus restreintes des notions d'indépendance et de non-indépendance, même si la plupart des candidats vont traiter de la dichotomie présentée par la question. Certains candidats présentent une vue d'ensemble, leurs choix et leurs exemples sont généraux et « philosophiques ». D'autres utilisent des exemples personnels particuliers ou des récits personnels dans leur approche du sujet. Certains candidats prennent un aspect particulier du problème, alors que d'autres approchent le sujet en traitant les conditions dans lesquelles il est préférable de quitter sa famille et celles dans lesquelles un jeune adulte a intérêt à rester plus longtemps. Toutes ces approches sont valables, ne sont pas hors sujet et sont évaluées par les correcteurs selon leur mérite en fonction des instructions de notation pour ce type d'épreuve.

Exemples de réponses avec commentaires du correcteur

Rédaction de bon niveau

Every young adults will grow and live apart from their parents to form their own families. The ages for those young adults to be independent depends on each person. Some people may have to live longer with their parents and some others may not. This essay will discuss the issue of independent life and living with their families for a longer time.

Most young adults prefer to have a seperate or independent life from their parents or families as soon as possible. This is because they have a strong urge for freedom in doing what they desire. But in fact many of them fail. This should not be surprising since often they are actually not ready mentally although they are physically ready. It is widely understood that to live independently requires a lot of energy and is not easy at all. In this twenty first century, people may need more and more preparation because competition is increasing rapidly. An observation shows that many University graduated students are unemployed. Therefore, they will not be able to support and fulfill their necessities.

So living independently at an early age is not suitable for all young adults, some young adults may need to take more time to prepare themselves before going out to struggle. Young adults need to be ready to support themselves. Taking time to get more education and living with their families for a longer time may lead them to a better independent life because they will be well prepared for the hard-life outside. Still, living with their families for *too* long will not be a good idea because they could get to used to it and tend to be less independent.

The time to live independently depends on the person himself. He or she must decide whether they are ready to leave their parents to have an independent life or not. The decision will vary from one person to another. A person should judge that he is capable of fulfilling his needs without being dependent on his parents; this indicates that he is ready for his independent life. Otherwise he might need to stay longer with his parents.

☛ ***Commentaires du correcteur***

Cette rédaction est bien développée et répond à tous les critères pour obtenir une note élevée. Le candidat développe le sujet à travers une discussion détaillée de l'indépendance et du bien-fondé de vivre de façon indépendante. Cette rédaction est homogène et cohérente. Les structures de phrase sont variées, en particulier dans les paragraphes 2 et 3. Le candidat n'utilise pas un vocabulaire de haut niveau mais le choix des mots est correct dans tout le texte. Il y a des erreurs mineures (*« University graduated students »*, *« fulfill their necessities »*), mais elles n'interrompent en aucun cas le déroulement ou le sens de la rédaction.

Rédaction de niveau moyen

Right now adults have different points of view about live. Independent from their parents as soon as possible or continue to to live with their parents. Live with your parents have many differents advantage. First, some people dont want to have resposabilities, they want their parents still take the desicion. For example, house's responsabilities or pays. Secound, When peoples live with their parents they dont expend a lot money for haouse or food. Third, they belief that their family is a great company. But in the other hand, when people live along have important advantage. For example, They live independient, they dont heve limitation in their own house. They dont need to negociate with other persons or family. Morover, they have a graet oportunity to learn about how administarte a house, amd what is the real value of the money. They can understand everytuhing about responsability in their house. Finally They have more freedom.

Both live independient and live with your parents have many different disadvantage. On the first points of view, live independient, the most important problem is money and expensive. For example, right now young adults need to find a good job for live in a good place because rents are expensive. It is the same with food and services. They need to have a excellent imcome to live in good conditions. Also, they need to work in the house along because dont have company. They need to clean, do the laundry, buy the food, and cook along. Although pepole think live independient have a huge sacrifies, also live with their parents it is difficult and have a lot of disadvantage. For example, when people live with thier parents have many different limitation with activities in the house, every time need to negociate with your family. In addition,

☛ ***Commentaires du correcteur***

Cette rédaction est assez bien développée et est plus longue que la moyenne des rédactions notées à ce niveau. Sa structure est cohérente, elle décrit le pour et le contre du choix de vivre avec ou sans ses parents et apporte des illustrations. Néanmoins, à plusieurs reprises, cette approche amène des répétitions, en particulier vers la fin du texte. De plus, même si l'on exclut les fautes de frappe, les différentes erreurs révèlent clairement des faiblesses dans la maîtrise de la langue (« *Live with your parents have many differents advantage* », « *the most important problem is… expensive* »). Le sens est aussi parfois brouillé (« *house's responsabilities or pays* », « *they need to work in the house along because dont have company* »).

7 TEST D'ENTRAÎNEMENT AU *TOEFL iBT®* N° 2

Vous trouverez dans ce chapitre le deuxième des quatre tests d'entraînement du *TOEFL iBT®*. Vous pouvez passer ces tests de deux manières différentes :

- **en utilisant le livre :** vous pouvez prendre connaissance des questions du test dans les pages suivantes puis inscrire vos réponses dans les espaces prévus. Quand vous aurez besoin d'écouter certaines parties du test, suivez les instructions d'utilisation du support audio et écoutez les pistes du DVD qui accompagne ce livre ;
- **en utilisant le DVD :** si vous souhaitez vous mettre dans des conditions réelles d'examen du test *TOEFL iBT®*, vous pouvez passer ce même test sur votre ordinateur en utilisant le DVD d'accompagnement. Les passages à lire et les questions apparaîtront sur votre écran et vous pourrez inscrire vos réponses en cliquant sur les espaces prévus. Suivez les instructions pour écouter les parties de compréhension orale du test.

À la suite de ce test, vous trouverez les corrigés et des indications sur le mode de notation. Vous trouverez également les scripts des parties de compréhension orale. Des explications complètes des réponses ainsi que des exemples de réponses et de rédaction de candidats vous seront également proposés.

TEST D'ENTRAÎNEMENT 2

READING

Directions: This section measures your ability to understand academic passages in English.

There are three passages in this section. You have 60 minutes to complete the Reading section. You may read the passages and answer the questions in any order you choose, but plan to spend 20 minutes on each passage and the accompanying questions.

Most questions are worth 1 point, but the last question for each passage is worth more than 1 point. The directions for the last question indicate how many points you may receive.

At the end of this Practice Test you will find an answer key, information to help you determine your score, and explanations of the answers.

FEEDING HABITS OF EAST AFRICAN HERBIVORES

Buffalo, zebras, wildebeests, topi, and Thomson's gazelles live in huge groups that together make up some 90 percent of the total weight of mammals living on the Serengeti Plain of East Africa. They are all herbivores (plant-eating animals), and they all appear to be living on the same diet of grasses, herbs, and small bushes. This appearance, however, is illusory. When biologist Richard Bell and his colleagues analyzed the stomach contents of four of the five species (they did not study buffalo), they found that each species was living on a different part of the vegetation. The different vegetational parts differ in their food qualities: lower down, there are succulent, nutritious leaves; higher up are the harder stems. There are also sparsely distributed, highly nutritious fruits, and Bell found that only the Thomson's gazelles eat much of these. The other three species differ in the proportion of lower leaves and higher stems that they eat: zebras eat the most stem matter, wildebeests eat the most leaves, and topi are intermediate.

How are we to understand their different feeding preferences? The answer lies in two associated differences among the species, in their digestive systems and body sizes. According to their digestive systems, these herbivores can be divided into two categories: the nonruminants (such as the zebra, which has a digestive system like a horse) and the ruminants (such as the wildebeest, topi, and gazelle, which are like the cow). Nonruminants cannot extract much energy from the hard parts of a plant; however, this is more than made up for by the fast speed at which food passes through their guts. Thus, when there is only a short supply of poor-quality food, the wildebeest, topi, and gazelle enjoy an advantage. They are ruminants and have a special structure (the rumen) in their stomachs, which contains microorganisms that can break down the hard parts of plants. Food passes only slowly through the ruminant's gut because ruminating—digesting the hard parts—takes time. The ruminant continually regurgitates food from its stomach back to its mouth to chew it up further (that is what a cow is doing when "chewing cud"). Only when it has been chewed up and digested almost to a liquid can the food pass through the rumen and on through the gut. Larger particles cannot pass through until they have been chewed down to size. Therefore, when food is in short supply, a ruminant can last longer than a non-ruminant because it can derive more energy out of the same food. The difference can partially explain the eating habits of the Serengeti herbivores. The zebra chooses areas where there is more low-quality food. It migrates first to unexploited areas and chomps the abundant low-quality stems before moving on. It is a fast-in/fast-out feeder, relying on a high output of incompletely digested food. By the time the wildebeests (and other ruminants) arrive, the grazing and trampling of the zebras will have worn the vegetation down. As the ruminants then set to work, they eat down to the lower, leafier parts of the vegetation. All of this fits in with the differences in stomach contents with which we began.

The other part of the explanation is body size. Larger animals require more food than smaller animals, but smaller animals have a higher metabolic rate. Smaller animals can therefore live where there is less food, provided that such food is of high energy content. That is why the smallest of the herbivores, Thomson's gazelle, lives on fruit that is very nutritious but too thin on the ground to support a larger animal. By contrast, the large zebra lives on the masses of low-quality stem material.

The differences in feeding preferences lead, in turn, to differences in migratory habits. The wildebeests follow, in their migration, the pattern of local rainfall. The other species do likewise. But when a new area is fueled by rain, the mammals migrate toward it in a set order to exploit it. The larger, less fastidious feeders, the zebras, move in first; the choosier, smaller wildebeests come later; and the smallest species of all, Thomson's gazelle, arrives last. The later species all depend on the preparations of the earlier one, for the actions of the zebra alter the vegetation to suit the stomachs of the wildebeest, topi, and gazelle.

PARAGRAPH 1

Buffalo, zebras, wildebeests, topi, and Thomson's gazelles live in huge groups that together make up some 90 percent of the total weight of mammals living on the Serengeti Plain of East Africa. They are all herbivores (plant-eating animals), and they all appear to be living on the same diet of grasses, herbs, and small bushes. This appearance, however, is illusory. When biologist Richard Bell and his colleagues analyzed the stomach contents of four of the five species (they did not study buffalo), they found that each species was living on a different part of the vegetation. The different vegetational parts differ in their food qualities: lower down, there are succulent, nutritious leaves; higher up are the harder stems. There are also sparsely distributed, highly nutritious fruits, and Bell found that only the Thomson's gazelles eat much of these. The other three species differ in the proportion of lower leaves and higher stems that they eat: zebras eat the most stem matter, wildebeests eat the most leaves, and topi are intermediate.

Directions: Mark your answer by filling in the oval next to your choice.

1. The word "illusory" in the passage is closest in meaning to

- ☐ definite
- ☐ illuminating
- ☑ misleading
- ☐ exceptional

2. The word "sparsely" in the passage is closest in meaning to

- ☑ widely
- ☐ thinly
- ☐ clearly
- ☐ freshly

3. Which of the following questions about Richard Bell's research is NOT answered in paragraph 1?

- ☐ Which of the herbivores studied is the only one to eat much fruit?
- ☐ Which part of the plants do wildebeests prefer to eat?
- ☐ Where did the study of herbivores' eating habits take place?
- ☑ Why were buffalo excluded from the research study?

PARAGRAPH 2

How are we to understand their different feeding preferences? The answer lies in two associated differences among the species, in their digestive systems and body sizes. According to their digestive systems, these herbivores can be divided into two categories: the nonruminants (such as the zebra, which has a digestive system like a horse) and the ruminants (such as the wildebeest, topi, and gazelle, which are like the cow). Nonruminants cannot extract much energy from the hard parts of a plant; however, this is more than made up for by the fast speed at which food passes through their guts. Thus, when there is only a short supply of poor-quality food, the wildebeest, topi, and gazelle enjoy an advantage. They are ruminants and have a special structure (the rumen) in their stomachs, which contains microorganisms that can break down the hard parts of plants. Food passes only slowly through the ruminant's gut because ruminating—digesting the hard parts—takes time. The ruminant continually regurgitates food from its stomach back to its mouth to chew it up further (that is what a cow is doing when "chewing cud"). Only when it has been chewed up and digested almost to a liquid can the food pass through the rumen and on through the gut. Larger particles cannot pass through until they have been chewed down to size. Therefore, when food is in short supply, a ruminant can last longer than a non-ruminant because it can derive more energy out of the same food. The difference can partially explain the eating habits of the Serengeti herbivores. The zebra chooses areas where there is more low-quality food. It migrates first to unexploited areas and chomps the abundant low-quality stems before moving on. It is a fast-in/fast-out feeder, relying on a high output of incompletely digested food. By the time the wildebeests (and other ruminants) arrive, the grazing and trampling of the zebras will have worn the vegetation down. As the ruminants then set to work, they eat down to the lower, leafier parts of the vegetation. All of this fits in with the differences in stomach contents with which we began.

4. The word "associated" in the passage is closest in meaning to

- ☐ obvious
- ☐ significant
- ☐ expected
- ☑ connected

5. The author mentions the cow and the horse in paragraph 2 in order to

- ☐ distinguish the functioning of their digestive systems from those of East African mammals
- ☐ emphasize that their relatively large body size leads them to have feeding practices similar to those of East African mammals
- ☑ illustrate differences between ruminants and nonruminants through the use of animals likely to be familiar to most readers
- ☐ emphasize similarities between the diets of cows and horses and the diets of East African mammals

6. According to paragraph 2, which of the following herbivores has to eat large quantities of plant stems because it gains relatively little energy from each given quantity of this food?

- ☐ The gazelle
- ☐ The wildebeest
- ☑ The zebra
- ☐ The topi

7. Paragraph 2 suggests that which of the following is one of the most important factors in determining differences in feeding preferences of East African herbivores?

- ☐ The availability of certain foods.
- ☑ The differences in stomach structure.
- ☐ The physical nature of vegetation in the environment.
- ☐ The ability to migrate when food supplies are low.

8. According to paragraph 2, all of the following are true of East African gazelles EXCEPT:

- ☑ They digest their food very quickly.
- ☐ Microorganisms help them digest their food.
- ☐ They are unable to digest large food particles unless these are chewed down considerably.
- ☐ They survive well even if food supplies are not abundant.

PARAGRAPH 3

The other part of the explanation is body size. Larger animals require more food than smaller animals, but smaller animals have a higher metabolic rate. Smaller animals can therefore live where there is less food, provided that such food is of high energy content. That is why the smallest of the herbivores, Thomson's gazelle, lives on fruit that is very nutritious but too thin on the ground to support a larger animal. By contrast, the large zebra lives on the masses of low-quality stem material.

9. The phrase "provided that" in the passage is closest in meaning to

- ☑ as long as
- ☐ unless

- ☐ as if
- ☐ even though

PARAGRAPH 4

The differences in feeding preferences lead, in turn, to differences in migratory habits. The wildebeests follow, in their migration, the pattern of local rainfall. The other species do likewise. But when a new area is fueled by rain, the mammals migrate toward it in a set order to exploit it. The larger, less fastidious feeders, the zebras, move in first; the choosier, smaller wildebeests come later; and the smallest species of all, Thomson's gazelle, arrives last. The later species all depend on the preparations of the earlier one, for the actions of the zebra alter the vegetation to suit the stomachs of the wildebeest, topi, and gazelle.

10. The word "fastidious" in the passage is closest in meaning to

- ☐ rapid
- ☐ determined
- ☐ flexible
- ☐ demanding

11. According to paragraph 4, which of the following mammals exhibits a feeding behavior that is beneficial to the other herbivores that share the same habitat?

- ☐ Topi
- ☐ Zebra
- ☐ Wildebeest
- ☐ Gazelle

12. According to the passage, which of the following is true of wildebeests?

- ☐ They eat more stem matter than zebras do.
- ☐ They are able to digest large food particles if the food is of a high quality.
- ☐ They tend to choose feeding areas in which the vegetation has been worn down.
- ☐ They are likely to choose low-quality food to eat in periods when the quantity of rainfall is low.

PARAGRAPH 4

The differences in feeding preferences lead, in turn, to differences in migratory habits. **(1)** The wildebeests follow, in their migration, the pattern of local rai-nfall. **(2)** The other species do likewise. **(3)** But when a new area is fueled by rain, the mammals migrate toward it in a set order to exploit it. **(4)** The larger, less fastidious feeders, the zebras, move in first; the choosier, smaller wildebeests come later; and the smallest species of all, Thomson's gazelle, arrives last. The later species all depend on the preparations of the earlier one, for the actions of the zebra alter the vegetation to suit the stomachs of the wildebeest, topi, and gazelle.

13. **Directions:** Look at the part of the passage that is displayed above. The numbers **(1)**, **(2)**, **(3)** and **(4)** indicate where the following sentence could be added.

The sequence in which they migrate correlates with their body size.

Where would the sentence best fit?

- ☐ Choice 1
- ☐ Choice 2

- [ ] Choice 3
- [x] Choice 4

14. **Directions:** An introductory sentence for a brief summary of the passage is provided below. Complete the summary by selecting the THREE answer choices that express the most important ideas in the passage. Some sentences do not belong in the summary because they express ideas that are not presented in the passage or are minor ideas in the passage. **This question is worth 2 points**.

East African herbivores, though they all live in the same environment, have a range of feeding preferences.

-
-
-

Answer Choices

1. The survival of East African mammals depends more than anything else on the quantity of highly nutritious fruits that they are able to find.
2. An herbivore's size and metabolic rate affect the kinds of food and the quantities of food it needs to eat.
3. Zebras and wildebeests rarely compete for the same food resources in the same locations.
4. The different digestive systems of herbivores explain their feeding preferences.
5. Migratory habits are influenced by feeding preferences.
6. Patterns in the migratory habits of East African herbivores are hard to establish.

LOIE FULLER

The United States dancer Loie Fuller (1862–1928) found theatrical dance in the late nineteenth century artistically unfulfilling. She considered herself an artist rather than a mere entertainer, and she, in turn, attracted the notice of other artists.

Fuller devised a type of dance that focused on the shifting play of lights and colors on the voluminous skirts or draperies she wore, which she kept in constant motion principally through movements of her arms, sometimes extended with wands concealed under her costumes. She rejected the technical virtuosity of movement in ballet, the most prestigious form of theatrical dance at that time, perhaps because her formal dance training was minimal. Although her early theatrical career had included stints as an actress, she was not primarily interested in storytelling or expressing emotions through dance; the drama of her dancing emanated from her visual effects.

Although she discovered and introduced her art in the United States, she achieved her greatest glory in Paris, where she was engaged by the Folies Bergère in 1892 and soon became "La Loie," the darling of Parisian audiences. Many of her dances represented elements or natural objects—Fire, the Lily, the Butterfly, and so on—and thus accorded well with the fashionable Art Nouveau style, which emphasized nature imagery and fluid, sinuous lines. Her dancing also attracted the attention of French poets and painters of the period, for it appealed to their liking for mystery, their belief in art for art's sake, a nineteenth-century idea that art is valuable in itself rather than because it may have some moral or educational benefit, and their efforts to synthesize form and content.

Fuller had scientific leanings and constantly experimented with electrical lighting (which was then in its infancy), colored gels, slide projections, and other aspects of stage technology. She invented and patented special arrangements of mirrors and concocted chemical dyes for her draperies. Her interest in color and light paralleled the research of several artists of the period, notably the painter Seurat, famed for his Pointillist technique of creating a sense of shapes and light on canvas by applying extremely small dots of color rather than by painting lines. One of Fuller's major inventions was underlighting, in which she stood on a pane of frosted glass illuminated from underneath. This was particularly effective in her *Fire Dance* (1895), performed to the music of Richard Wagner's "Ride of the Valkyries." The dance caught the eye of artist Henri de Toulouse-Lautrec, who depicted it in a lithograph.

As her technological expertise grew more sophisticated, so did the other aspects of her dances. Although she gave little thought to music in her earliest dances, she later used scores by Gluck, Beethoven, Schubert, Chopin, and Wagner, eventually graduating to Stravinsky, Fauré, Debussy, and Mussorgsky, composers who were then considered progressive. She began to address more ambitious themes in her dances such as *The Sea,* in which her dancers invisibly agitated a huge expanse of silk, played upon by colored lights. Always open to scientific and technological innovations, she befriended the scientists Marie and Pierre Curie upon their discovery of radium and created a *Radium Dance,* which simulated the phosphorescence of that element. She both appeared in films—then in an early stage of development—and made them herself; the hero of her fairy-tale film *Le Lys de la Vie* (1919) was played by René Clair, later a leading French film director.

At the Paris Exposition in 1900, she had her own theater, where, in addition to her own dances, she presented pantomimes by the Japanese actress Sada Yocco. She assembled an all-female company at this time and established a school around 1908, but neither survived her. Although she is remembered today chiefly for her innovations in stage lighting, her activities also touched Isadora Duncan and Ruth St. Denis, two other United States dancers who were experimenting with new types of dance. She sponsored Duncan's first appearance in Europe. Her theater at the Paris Exposition was visited by St. Denis, who found new ideas about stagecraft in Fuller's work and fresh sources for her art in Sada Yocco's plays. In 1924 St. Denis paid tribute to Fuller with the duet *Valse à la Loie.*

PARAGRAPH 1

The United States dancer Loie Fuller (1862–1928) found theatrical dance in the late nineteenth century artistically unfulfilling. She considered herself an artist rather than a mere entertainer, and she, in turn, attracted the notice of other artists.

Directions: Mark your answer by filling in the oval next to your choice.

1. What can be inferred from paragraph 1 about theatrical dance in the late nineteenth century?

- ▢ It influenced many artists outside of the field of dance.
- ▢ It was very similar to theatrical dance of the early nineteenth century.
- ▢ It was more a form of entertainment than a form of serious art.
- ▢ It was a relatively new art form in the United States.

PARAGRAPH 2

Fuller devised a type of dance that focused on the shifting play of lights and colors on the voluminous skirts or draperies she wore, which she kept in constant motion principally through movements of her arms, sometimes extended with wands concealed under her costumes. She rejected the technical virtuosity of movement in ballet, the most prestigious form of theatrical dance at that time, perhaps because her formal dance training was minimal. Although her early theatrical career had included stints as an actress, she was not primarily interested in storytelling or expressing emotions through dance; the drama of her dancing emanated from her visual effects.

2. According to paragraph 2, all of the following are characteristic of Fuller's type of dance EXCEPT

- ▢ experimentation using color
- ▢ large and full costumes
- ▢ continuous movement of her costumes
- ▢ technical virtuosity of movement

3. The word "prestigious" in the passage is closest in meaning to

- ▢ highly regarded
- ▢ financially rewarding
- ▢ demanding
- ▢ serious

4. Which of the sentences below best expresses the essential information in the highlighted sentence in the passage? Incorrect choices change the meaning in important ways or leave out essential information.

- ▢ Fuller was more interested in dance's visual impact than in its narrative or emotional possibilities.
- ▢ Fuller used visual effects to dramatize the stories and emotions expressed in her work.
- ▢ Fuller believed that the drama of her dancing sprang from her emotional style of storytelling.
- ▢ Fuller's focus on the visual effects of dance resulted from her early theatrical training as an actress.

PARAGRAPH 3

Although she discovered and introduced her art in the United States, she achieved her greatest glory in Paris, where she was engaged by the Folies Bergère in 1892 and soon became "La Loie," the darling of Parisian audiences. Many of her dances represented elements or natural objects—Fire, the Lily, the Butterfly, and so on—and thus accorded well with the fashionable Art Nouveau style, which emphasized nature imagery and fluid, sinuous lines. Her dancing also attracted the attention of French poets and painters of the period, for it appealed to their liking for mystery, their belief in art for art's sake, a nineteenth-century idea that art is valuable in itself rather than because it may have some moral or educational benefit, and their efforts to synthesize form and content.

5. The word "engaged" in the passage is closest in meaning to

- ▢ noticed
- ▢ praised
- ▢ hired
- ▢ attracted

6. The word "synthesize" in the passage is closest in meaning to

- ▢ improve
- ▢ define
- ▢ simplify
- ▢ integrate

7. According to paragraph 3, why was Fuller's work well received in Paris?

- ▢ Parisian audiences were particularly interested in artists and artistic movements from the United States.
- ▢ Influential poets tried to interest dancers in Fuller's work when she arrived in Paris.
- ▢ Fuller's work at this time borrowed directly from French artists working in other media.
- ▢ Fuller's dances were in harmony with the artistic values already present in Paris.

PARAGRAPH 4

Fuller had scientific leanings and constantly experimented with electrical lighting (which was then in its infancy), colored gels, slide projections, and other aspects of stage technology. She invented and patented special arrangements of mirrors and concocted chemical dyes for her draperies. Her interest in color and light paralleled the research of several artists of the period, notably the painter Seurat, famed for his Pointillist technique of creating a sense of shapes and light on canvas by applying extremely small dots of color rather than by painting lines. One of Fuller's major inventions was underlighting, in which she stood on a pane of frosted glass illuminated from underneath. This was particularly effective in her *Fire Dance* (1895), performed to the music of Richard Wagner's "Ride of the Valkyries." The dance caught the eye of artist Henri de Toulouse-Lautrec, who depicted it in a lithograph.

8. According to paragraph 4, Fuller's *Fire Dance* was notable in part for its

- ▢ use of colored gels to illuminate glass
- ▢ use of dyes and paints to create an image of fire
- ▢ technique of lighting the dancer from beneath
- ▢ draperies with small dots resembling the Pointillist technique of Seurat

PARAGRAPH 5

As her technological expertise grew more sophisticated, so did the other aspects of her dances. Although she gave little thought to music in her earliest dances, she later used scores by Gluck, Beethoven, Schubert, Chopin, and Wagner, eventually graduating to Stravinsky, Fauré, Debussy, and Mussorgsky, composers who were then considered progressive. She began to address more ambitious themes in her dances such as The Sea, in which her dancers invisibly agitated a huge expanse of silk, played upon by colored lights. Always open to scientific and technological innovations, she befriended the scientists Marie and Pierre Curie upon their discovery of radium and created a *Radium Dance*, which simulated the phosphorescence of that element. She both appeared in films—then in an early stage of development—and made them herself; the hero of her fairy-tale film *Le Lys de la Vie* (1919) was played by René Clair, later a leading French film director.

9. Why does the author mention Fuller's "*The Sea*"?

- ☐ To point out a dance of Fuller's in which music did not play an important role.
- ☐ To explain why Fuller sometimes used music by progressive composers.
- ☑ To illustrate a particular way in which Fuller developed as an artist.
- ☐ To illustrate how Fuller's interest in science was reflected in her work.

10. The word "agitated" in the passage is closest in meaning to

- ☐ emerged from beneath
- ☑ created movement in
- ☐ arranged themselves in
- ☐ pretended to be

PARAGRAPH 6

At the Paris Exposition in 1900, she had her own theater, where, in addition to her own dances, she presented pantomimes by the Japanese actress Sada Yocco. She assembled an all-female company at this time and established a school around 1908, but neither survived her. Although she is remembered today chiefly for her innovations in stage lighting, her activities also touched Isadora Duncan and Ruth St. Denis, two other United States dancers who were experimenting with new types of dance. She sponsored Duncan's first appearance in Europe. Her theater at the Paris Exposition was visited by St. Denis, who found new ideas about stagecraft in Fuller's work and fresh sources for her art in Sada Yocco's plays. In 1924 St. Denis paid tribute to Fuller with the duet *Valse à la Loie*.

11. According to paragraph 6, what was true of Fuller's theater at the Paris Exposition?

- ☐ It presented some works that were not by Fuller.
- ☑ It featured performances by prominent male as well as female dancers.
- ☐ It became a famous school that is still named in honor of Fuller.
- ☐ It continued to operate as a theater after Fuller died.

12. The passage mentions which of the following as a dance of Fuller's that was set to music?

- ☐ *Fire Dance*
- ☐ *Radium Dance*
- ☐ *Le Lys de la Vie*
- ☑ *Valse à la Loie*

PARAGRAPH 5

As her technological expertise grew more sophisticated, so did the other aspects of her dances. **(1)** Although she gave little thought to music in her earliest dances, she later used scores by Gluck, Beethoven, Schubert, Chopin, and Wagner, eventually graduating to Stravinsky, Fauré, Debussy, and Mussorgsky, composers who were then considered progressive. **(2)** She began to address more ambitious themes in her dances such as *The Sea,* in which her dancers invisibly agitated a huge expanse of silk, played upon by colored lights. **(3)** Always open to scientific and technological innovations, she befriended the scientists Marie and Pierre Curie upon their discovery of radium and created a *Radium Dance,* which simulated the phosphorescence of that element. **(4)** She both appeared in films—then in an early stage of development—and made them herself; the hero of her fairy-tale film *Le Lys de la Vie* (1919) was played by René Clair, later a leading French film director.

13. **Directions:** Look at the part of the passage that is displayed above. The numbers (1), (2), (3) and (4) indicate where the following sentence could be added.

For all her originality in dance, her interests expanded beyond it into newly emerging artistic media.

Where would the sentence best fit?

- ☐ Choice 1
- ☐ Choice 2
- ☐ Choice 3
- ☑ Choice 4

14. **Directions:** An introductory sentence for a brief summary of the passage is provided below. Complete the summary by selecting the THREE answer choices that express the most important ideas in the passage. Some sentences do not belong in the summary because they express ideas that are not presented in the passage or are minor ideas in the passage. **This question is worth 2 points.**

Loie Fuller was an important and innovative dancer.

-
-
-

Answer Choices

1. Fuller believed that audiences in the late nineteenth century had lost interest in most theatrical dance.
2. Fuller transformed dance in part by creating dance interpretations of works by poets and painters.
4. Fuller introduced many technical innovations to the staging of theatrical dance.
5. Fuller continued to develop throughout her career, creating more complex works and exploring new artistic media.

3. Fuller's work influenced a number of other dancers who were interested in experimental dance.

6. By the 1920s, Fuller's theater at the Paris Exposition had become the world center for innovative dance.

GREEN ICEBERGS

Icebergs are massive blocks of ice, irregular in shape; they float with only about 12 percent of their mass above the sea surface. They are formed by glaciers—large rivers of ice that begin inland in the snows of Greenland, Antarctica, and Alaska—and move slowly toward the sea. The forward movement, the melting at the base of the glacier where it meets the ocean, and waves and tidal action cause blocks of ice to break off and float out to sea.

Icebergs are ordinarily blue to white, although they sometimes appear dark or opaque because they carry gravel and bits of rock. They may change color with changing light conditions and cloud cover, glowing pink or gold in the morning or evening light, but this color change is generally related to the low angle of the Sun above the horizon. However, travelers to Antarctica have repeatedly reported seeing green icebergs in the Weddell Sea and, more commonly, close to the Amery Ice Shelf in East Antarctica.

One explanation for green icebergs attributes their color to an optical illusion when blue ice is illuminated by a near-horizon red Sun, but green icebergs stand out among white and blue icebergs under a great variety of light conditions. Another suggestion is that the color might be related to ice with high levels of metallic compounds, including copper and iron. Recent expeditions have taken ice samples from green icebergs and ice cores—vertical, cylindrical ice samples reaching down to great depths—from the glacial ice shelves along the Antarctic continent. Analyses of these cores and samples provide a different solution to the problem.

The ice shelf cores, with a total length of 215 meters (705 feet), were long enough to penetrate through glacial ice—which is formed from the compaction of snow and contains air bubbles—and to continue into the clear, bubble-free ice formed from seawater that freezes onto the bottom of the glacial ice. The properties of this clear sea ice were very similar to the ice from the green iceberg. The scientists concluded that green icebergs form when a two-layer block of shelf ice breaks away and capsizes (turns upside down), exposing the bubble-free shelf ice that was formed from seawater.

A green iceberg that stranded just west of the Amery Ice Shelf showed two distinct layers: bubbly blue-white ice and bubble-free green ice separated by a one-meter-long ice layer containing sediments. The green ice portion was textured by seawater erosion. Where cracks were present, the color was light green because of light scattering; where no cracks were present, the color was dark green. No air bubbles were present in the green ice, suggesting that the ice was not formed from the compression of snow but instead from the freezing of seawater. Large concentrations of single-celled organisms with green pigments (coloring substances) occur along the edges of the ice shelves in this region, and the seawater is rich in their decomposing organic material. The green iceberg did not contain large amounts of particles from these organisms, but the ice had accumulated dissolved organic matter from the seawater. It appears that unlike salt, dissolved organic substances are not excluded from the ice in the freezing process. Analysis shows that the dissolved organic material absorbs enough blue wavelengths from solar light to make the ice appear green.

Chemical evidence shows that platelets (minute flat portions) of ice form in the water and then accrete and stick to the bottom of the ice shelf to form a slush (partially melted snow). The slush is compacted by an unknown mechanism, and solid, bubble-free ice is formed from water high in soluble organic substances. When an iceberg separates from the ice shelf and capsizes, the green ice is exposed.

The Amery Ice Shelf appears to be uniquely suited to the production of green icebergs. Once detached from the ice shelf, these bergs drift in the currents and wind systems surrounding Antarctica and can be found scattered among Antarctica's less colorful icebergs.

PARAGRAPH 1

Icebergs are massive blocks of ice, irregular in shape; they float with only about 12 percent of their mass above the sea surface. They are formed by glaciers—large rivers of ice that begin inland in the snows of Greenland, Antarctica, and Alaska—and move slowly toward the sea. The forward movement, the melting at the base of the glacier where it meets the ocean, and waves and tidal action cause blocks of ice to break off and float out to sea.

Directions: Mark your answer by filling in the oval next to your choice.

1. According to paragraph 1, all of the following are true of icebergs EXCEPT:

- ☐ They do not have a regular shape.
- ☐ They are formed where glaciers meet the ocean.
- ☑ Most of their mass is above the sea surface.
- ☐ Waves and tides cause them to break off glaciers.

PARAGRAPH 2

Icebergs are ordinarily blue to white, although they sometimes appear dark or opaque because they carry gravel and bits of rock. They may change color with changing light conditions and cloud cover, glowing pink or gold in the morning or evening light, but this color change is generally related to the low angle of the Sun above the horizon. However, travelers to Antarctica have repeatedly reported seeing green icebergs in the Weddell Sea and, more commonly, close to the Amery Ice Shelf in East Antarctica.

2. According to paragraph 2, what causes icebergs to sometimes appear dark or opaque?

- ☐ A heavy cloud cover.
- ☑ The presence of gravel or bits of rock.
- ☐ The low angle of the Sun above the horizon.
- ☐ The presence of large cracks in their surface.

PARAGRAPH 3

One explanation for green icebergs attributes their color to an optical illusion when blue ice is illuminated by a near-horizon red Sun, but green icebergs stand out among white and blue icebergs under a great variety of light conditions. Another suggestion is that the color might be related to ice with high levels of metallic compounds, including copper and iron. Recent expeditions have taken ice samples from green icebergs and ice cores—vertical, cylindrical ice samples reaching down to great depths—from the glacial ice shelves along the Antarctic continent. Analyses of these cores and samples provide a different solution to the problem.

3. Which of the sentences below best expresses the essential information in the highlighted sentence in the passage? Incorrect choices change the meaning in important ways or leave out essential information.

- ☐ One explanation notes that green icebergs stand out among other icebergs under a great variety of light conditions, but this is attributed to an optical illusion.
- ☐ One explanation for the color of green icebergs attributes their color to an optical illusion that occurs when the light from a near-horizon red Sun shines on a blue iceberg.
- ☐ One explanation for green icebergs attributes their color to a great variety of light conditions, but green icebergs stand out best among other icebergs when illuminated by a near-horizon red Sun.
- ☑ One explanation attributes the color of green icebergs to an optical illusion under special light conditions, but green icebergs appear distinct from other icebergs under a great variety of light conditions.

PARAGRAPH 4

The ice shelf cores, with a total length of 215 meters (705 feet), were long enough to penetrate through glacial ice—which is formed from the compaction of snow and contains air bubbles—and to continue into the clear, bubble-free ice formed from seawater that freezes onto the bottom of the glacial ice. The properties of this clear sea ice were very similar to the ice from the green iceberg. The scientists concluded that green icebergs form when a two-layer block of shelf ice breaks away and cap-sizes (turns upside down), exposing the bubble-free shelf ice that was formed from seawater.

4. The word "penetrate" in the passage is closest in meaning to

- ☐ collect
- ☑ pierce
- ☐ melt
- ☐ endure

5. According to paragraph 4, how is glacial ice formed?

- ☑ By the compaction of snow.
- ☐ By the freezing of seawater on the bottom of ice shelves.
- ☐ By breaking away from the ice shelf.
- ☐ By the capsizing of a two-layer block of shelf ice.

6. According to paragraph 4, ice shelf cores helped scientists explain the formation of green icebergs by showing that

- ☐ the ice at the bottom of green icebergs is bubble-free ice formed from frozen seawater.
- ☐ bubble-free ice is found at the top of the ice shelf.
- ☐ glacial ice is lighter and floats better than sea ice.
- ☑ the clear sea ice at the bottom of the ice shelf is similar to ice from a green iceberg.

PARAGRAPH 5

A green iceberg that stranded just west of the Amery Ice Shelf showed two distinct layers: bubbly blue-white ice and bubble-free green ice separated by a one-meter-long ice layer containing sediments. The green ice portion was textured by seawater erosion. Where cracks were present, the color was light green because of light scattering; where no cracks were present, the color was dark green. No air bubbles were present in the green ice, suggesting that the ice was not formed from the compression of snow but instead from the freezing of seawater. Large concentrations of single-celled organisms with green pigments (coloring substances) occur along the edges of the ice shelves in this region, and the seawater is rich in their decomposing organic material. The green iceberg did not contain large amounts of particles from these organisms, but the ice had accumulated dissolved organic matter from the seawater. It appears that unlike salt, dissolved organic substances are not excluded from the ice in the freezing process. Analysis shows that the dissolved organic material absorbs enough blue wavelengths from solar light to make the ice appear green.

7. Why does the author mention that "The green ice portion was textured by seawater erosion"?

- ☐ To explain why cracks in the iceberg appeared light green instead of dark green.
- ☐ To suggest that green ice is more easily eroded by seawater than white ice is.
- ☑ To support the idea that the green ice had been the bottom layer before capsizing.
- ☐ To explain how the air bubbles had been removed from the green ice.

8. The word "accumulated" in the passage is closest in meaning to

- ☑ collected
- ☐ frozen
- ☐ released
- ☐ covered

9. The word "excluded" in the passage is closest in meaning to

- ☑ kept out
- ☐ compressed
- ☐ damaged
- ☐ gathered together

PARAGRAPH 6

Chemical evidence shows that platelets (minute flat portions) of ice form in the water and then accrete and stick to the bottom of the ice shelf to form a slush (partially melted snow). The slush is compacted by an unknown mechanism, and solid, bubble-free ice is formed from water high in soluble organic substances. When an iceberg separates from the ice shelf and capsizes, the green ice is exposed.

10. The word "accrete" in the passage is closest in meaning to

- ☐ advance
- ☐ transfer
- ☐ flatten out
- ☑ come together

11. Which of the following is NOT explained in the passage?

- ☐ Why blocks of ice break off where glaciers meet the ocean.

- ☐ Why blocks of shelf ice sometimes capsize after breaking off.
- ☑ Why green icebergs are commonly produced in some parts of Antarctica.
- ☐ Why green icebergs contain large amounts of dissolved organic pigments.

12. The passage supports which of the following statements about the Amery Ice Shelf?

- ☐ The Amery Ice Shelf produces only green icebergs.
- ☐ The Amery Ice Shelf produces green icebergs because its ice contains high levels of metallic compounds such as copper and iron.
- ☑ The Amery Ice Shelf produces green icebergs because the seawater is rich in a particular kind of soluble organic material.
- ☐ No green icebergs are found far from the Amery Ice Shelf.

PARAGRAPH 2 & 3

Icebergs are ordinarily blue to white, although they sometimes appear dark or opaque because they carry gravel and bits of rock. They may change color with changing light conditions and cloud cover, glowing pink or gold in the morning or evening light, but this color change is generally related to the low angle of the Sun above the horizon. **(1)** However, travelers to Antarctica have repeatedly reported seeing green icebergs in the Weddell Sea and, more commonly, close to the Amery Ice Shelf in East Antarctica.

(2) One explanation for green icebergs attributes their color to an optical illusion when blue ice is illuminated by a near-horizon red Sun, but green icebergs stand out among white and blue icebergs under a great variety of light conditions. **(3)** Another suggestion is that the color might be related to ice with high levels of metallic compounds, including copper and iron. **(4)** Recent expeditions have taken ice samples from green icebergs and ice cores—vertical, cylindrical ice samples reaching down to great depths—from the glacial ice shelves along the Antarctic continent. Analyses of these cores and samples provide a different solution to the problem.

13. **Directions:** Look at the part of the passage that is displayed above. The numbers (1), (2), (3) and (4) indicate where the following sentence could be added.

Scientists have differed as to whether icebergs appear green as a result of light conditions or because of something in the ice itself.

Where would the sentence best fit?

- ☐ Choice 1
- ☑ Choice 2
- ☐ Choice 3
- ☐ Choice 4

14. **Directions:** An introductory sentence for a brief summary of the passage is provided below. Complete the summary by selecting the THREE answer choices that express the most important ideas in the passage. Some sentences do not belong in the summary because they express ideas that are not presented in the passage or are minor ideas in the passage. **This question is worth 2 points.**

Several suggestions, ranging from light conditions to the presence of metallic compounds, have been offered to explain why some icebergs appear green.

-
-
-

Answer Choices

1. Ice cores were used to determine that green icebergs were formed from the compaction of metallic compounds, including copper and iron.
2. All ice shelves can produce green icebergs, but the Amery Ice Shelf is especially well suited to do so.
3. Green icebergs form when a two-layer block of ice breaks away from a glacier and capsizes, exposing the bottom sea ice to view.
4. Ice cores and samples revealed that both ice shelves and green icebergs contain a layer of bubbly glacial ice and a layer of bubble-free sea ice.
5. Green icebergs are white until they come into contact with seawater containing platelets and soluble organic green pigments.
6. In a green iceberg, the sea ice contains large concentrations of organic matter from the seawater.

STOP. This is the end of the Reading section of *TOEFL iBT*® Practice Test 2.

TEST D'ENTRAÎNEMENT 2

LISTENING

Directions: This section measures your ability to understand conversations and lectures in English.

You should listen to each conversation and lecture only once.

After each conversation or lecture, you will answer some questions about it. The questions typically ask about the main idea and supporting details. Some questions ask about the purpose of a speaker's statement or a speaker's attitude. Answer the questions based on what is stated or implied by the speakers.

You may take notes while you listen. You may use your notes to help you answer the questions. Your notes will **not** be scored.

In some questions, you will see this icon:

This means that you will hear, but not see, part of the question.

Most questions are worth 1 point. If a question is worth more than 1 point, it will have special directions that indicate how many points you can receive.

It will take about **60 minutes** to listen to the conversations and lectures and to answer the questions. You should answer each question, even if you must guess the answer. Answer each question before moving on. Do not return to previous questions.

At the end of this Practice Test you will find an answer key, information to help you determine your score, scripts for the audio tracks, and explanations of the answers.

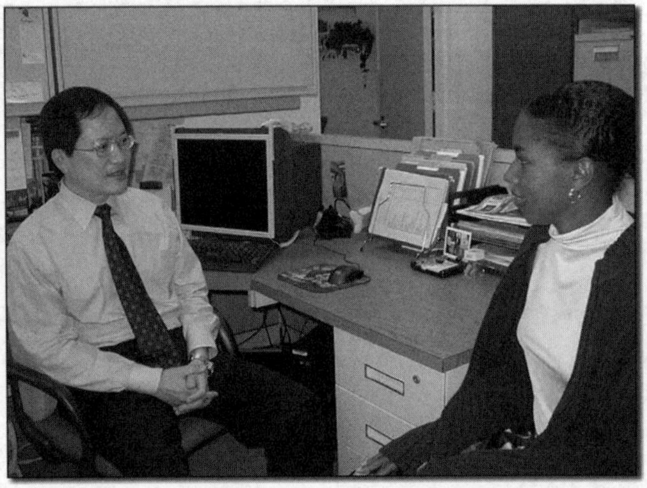

Listen to Track 43 on the DVD.

QUESTIONS

Directions: Mark your answer by filling in the oval or square next to your choice.

1. Why does the student go to see the professor?

- ☐ For suggestions on how to write interview questions.
- ☐ For assistance in finding a person to interview.
- ☐ To ask for advice on starting a business.
- ☐ To schedule an interview with him.

2. Why does the student mention her high school newspaper?

- ☐ To inform the professor that she plans to print the interview there.
- ☐ To explain why the assignment is difficult for her.
- ☐ To show that she enjoys writing for school newspapers.
- ☐ To indicate that she has experience with conducting interviews.

3. How does the professor help the student?

- ☐ He gives her a list of local business owners.
- ☐ He allows her to interview business owners in her hometown.
- ☐ He suggests that she read the business section of the newspaper.
- ☐ He gives her more time to complete the assignment.

4. What does the professor want the students to learn from the assignment?

- ☐ That starting a business is risky.
- ☐ Why writing articles on local businesses is important.
- ☐ How to develop a detailed business plan.
- ☐ What personality traits are typical of business owners.

5. *Listen again to part of the conversation by playing Track 44.*
Then answer the question.

What does the student imply?

- ☐ She is surprised by the professor's reaction.
- ☑ The professor has not quite identified her concern.
- ☐ The professor has guessed correctly what her problem is.
- ☐ She does not want to finish the assignment.

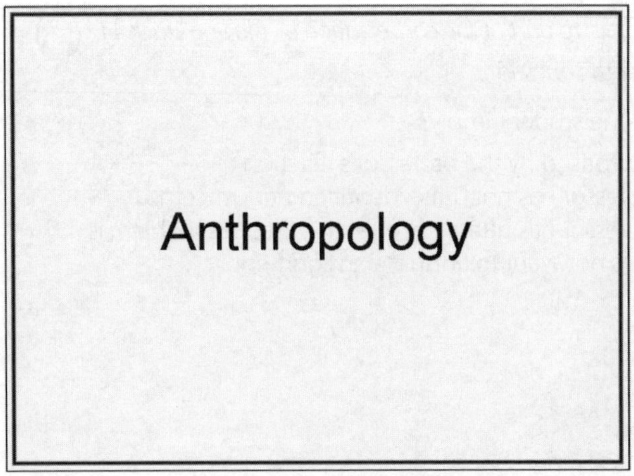

Listen to Track 45 on the DVD.

QUESTIONS

6. What does the professor mainly discuss?

☐ Various errors in early calendars.
☐ Why people came to believe that Earth moves around the Sun.
☐ Examples of various types of calendars used in different cultures.
☐ The belief that the position of planets and stars can predict future events.

7. The professor discusses various theories on how Stonehenge was used. What can be inferred about the professor's opinion?

☐ She is sure Stonehenge was used as a calendar.
☐ She believes the main use for Stonehenge was probably as a temple or a tomb.

- ☐ She thinks that the stones were mainly used as a record of historical events.
- ☐ She admits that the purpose for which Stonehenge was constructed may never be known.

8. According to the professor, how was the Mayan calendar mainly used?

- ☑ To keep track of long historical cycles.
- ☐ To keep track of the lunar months.
- ☐ To predict the outcome of royal decisions.
- ☐ To allow priests to compare the orbits of Earth and Venus.

9. According to the professor, what was the basis of the ancient Chinese astrological cycle?

- ☐ The cycle of night and day.
- ☐ The orbit of the Moon.
- ☐ The cycle of the seasons.
- ☑ The orbit of the planet Jupiter.

10. How did the Romans succeed in making their calendar more precise?

- ☐ By changing the number of weeks in a year.
- ☑ By adding an extra day every four years.
- ☐ By carefully observing the motion of the planet Jupiter.
- ☐ By adopting elements of the Chinese calendar.

11. How does the professor organize the lecture?

- ☑ By mentioning the problem of creating a calendar, then describing various attempts to deal with it.
- ☐ By speaking of the modern calendar first, then comparing it with earlier ones.
- ☐ By discussing how a prehistoric calendar was adapted by several different cultures.
- ☐ By emphasizing the advantages and disadvantages of using various time cycles.

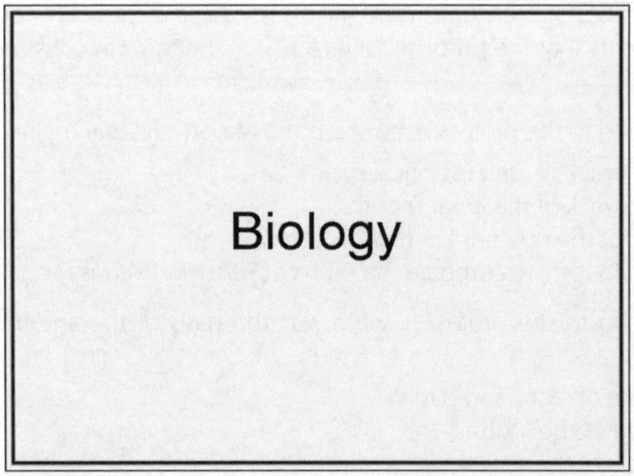

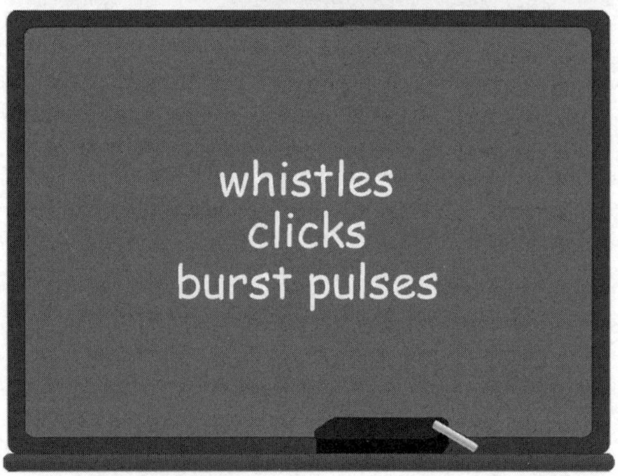

Listen to Track 46 on the DVD.

QUESTIONS

12. What is the lecture mainly about?

☐ How dolphins produce the sounds they make.
☐ How dolphins teach their young to identify signature whistles.
☐ The professor's experience with dolphins on a research boat.
☑ Various ways dolphins communicate with one another.

13. According to a theory the professor mentions, why do dolphins travel side by side?

☐ To view each other's bubble streams.
☐ To hear each other's signature whistles.
☑ To avoid interfering with other dolphins' sonar clicks.
☐ To keep mothers close to their young.

14. What does the professor imply about bubble streams?

☐ They help protect dolphins from predators.
☑ Their function is similar to that of signature whistles.
☐ They do not appear to serve a communicative function.
☐ Dolphins use them to sense the movement of the water.

15. Why does the professor mention the time she spent on a boat doing research?

☑ To encourage students to do fieldwork.
☐ To inform students about a paper she wrote.
☐ To show how scientists collect data on marine life.
☐ To illustrate that dolphins are difficult to locate.

16. *Listen again to part of the lecture by playing Track 47.*
Then answer the question.

What does this example illustrate?

☐ The differences between land and marine mammals.
☐ The importance of burst pulses as a way dolphins communicate.
☐ One reason dolphins travel in large groups.
☑ One way dolphins use signature whistles.

Listen to Track 48 on the DVD.

QUESTIONS

17. Why does the student go to Professor Kirk's office?
- ☐ To find out if he needs to take a certain class to graduate.
- ☐ To respond to Professor Kirk's invitation.
- ☐ To ask Professor Kirk to be his advisor.
- ☑ To ask Professor Kirk to sign a form.

18. Why is the woman surprised at the man's request?
- ☐ He has not tried to sign up for Introduction to Biology at the registrar's office.
- ☑ He has waited until his senior year to take Introduction to Biology.
- ☐ A journalism student should not need a biology class.
- ☐ Professor Kirk no longer teaches Introduction to Biology.

19. What does the man say about his advisor?
- ☑ She encouraged the man to take a science class.
- ☐ She encouraged the man to major in journalism.
- ☐ She is not aware of the man's problem.
- ☐ She thinks very highly of Professor Kirk.

20. How will the man probably try to communicate his problem to Professor Kirk?
- ☐ By calling her.
- ☐ By sending an email to her.
- ☑ By leaving her a note.
- ☐ By visiting her during office hours.

21. *Listen to Track 49 to answer the question.*

Why does the man say this to the woman?

- ☐ To thank the woman for solving his problem.
- ☐ To politely refuse the woman's suggestion.
- ☐ To explain why he needs the woman's help.
- ☐ To show that he understands that the woman is busy.

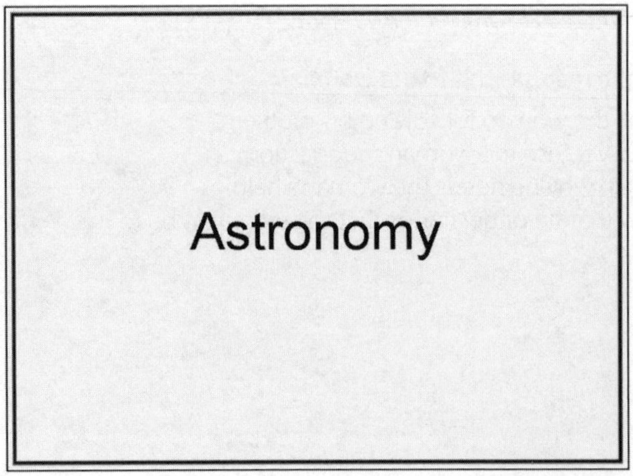

Listen to Track 50 on the DVD.

QUESTIONS

22. What is the lecture mainly about?

☐ Various theories explaining why Mars cannot sustain life.
☐ Various causes of geological changes on Mars.
☐ The development of views about the nature of Mars.
☐ Why it has been difficult to obtain information about Mars.

23. According to the professor, what was concluded about Mars after the first spacecraft flew by it in 1965?

☐ It had few geological features of interest.
☐ It was similar to Earth but colder.

☐ It had at one time supported life.
☐ It had water under its surface.

24. What does the professor imply about conditions on Mars billions of years ago? *Choose 2 answers.*

☐ Mars was probably even drier than it is today.
☐ The atmospheric pressure and the temperature may have been higher than they are today.
☐ Mars was inhabited by organisms that have since become fossilized.
☐ Large floods were shaping the planet's surface.

25. What is the possible significance of the gullies found on Mars in recent years?

☐ They may indicate current volcanic activity on Mars.
☐ They may indicate that the surface of Mars is becoming increasingly drier.
☐ They may indicate the current existence of water on Mars.
☐ They may hold fossils of organisms that once existed on Mars.

26. *Listen to Track 51 to answer the question.*

Why does the professor say this?

☐ To stress that Mars is no longer interesting to explore.
☐ To describe items that the spacecraft brought back from Mars.
☐ To share his interest in the study of fossils.
☐ To show how much the view of Mars changed based on new evidence.

27. *Listen again to part of the lecture by playing Track 52.*
Then answer the question.

Why does the student say this?

☐ To ask for clarification of a previous statement.
☐ To convey his opinion.
☐ To rephrase an earlier question.
☐ To express his approval.

Art History

Colossal Statues

Listen to Track 53 on the DVD.

QUESTIONS

28. What does the professor mainly discuss?

- ☐ The design and creation of the Statue of Liberty.
- ☐ The creators of two colossal statues in the United States.
- ☐ The purpose and symbolism of colossal statues.
- ☐ The cost of colossal statues in ancient versus modern times.

29. What evidence does the professor give that supports the idea that modern-day colossal statues are valued social and political symbols?

- ☐ They are very costly to build.

☐ They are studied in classrooms around the world.
☐ They are designed to last for thousands of years.
☐ They are inspired by great poetry.

30. According to the professor, what was one result of the Great Depression of the 1930s?

☐ International alliances eroded.
☐ Immigration to the United States increased.
☐ The public experienced a loss of confidence.
☐ The government could no longer provide funds for the arts.

31. According to the professor, why did the state of South Dakota originally want to create a colossal monument?

☐ To generate income from tourism.
☐ To symbolize the unity of society.
☐ To commemorate the Great Depression.
☐ To honor United States Presidents.

32. Why does the professor discuss the poem by Emma Lazarus?

☐ To emphasize the close relationship between literature and sculpture.
☐ To illustrate how the meaning associated with a monument can change.
☐ To stress the importance of the friendship between France and the United States.
☐ To point out a difference between Mount Rushmore and the Statue of Liberty.

33. *Listen again to part of the lecture by playing Track 54.*
Then answer the question.

What does the professor imply about the poem by Emma Lazarus?

☐ It is one of his favorite poems.
☐ Few people have read the entire poem.
☐ He does not need to recite the full text of the poem.
☐ Lazarus was not able to complete the poem.

STOP. This is the end of the Listening section of *TOEFL iBT*® Practice Test 2.

TEST D'ENTRAÎNEMENT 2

SPEAKING

Directions: The following Speaking section of the test will last approximately 20 minutes. To complete it, you will need a CD player, as well as a recording device that you can play back to listen to your responses.

During the test, you will answer six speaking questions. Two of the questions ask about familiar topics. Four questions ask about short conversations, lectures, and reading passages. You may take notes as you listen to the conversations and lectures. The questions and the reading passages are printed here. The time you will have to prepare your response and to speak is printed below each question. You should answer all of the questions as completely as possible in the time allowed. The preparation time begins immediately after you hear the question. You will be told when to begin to prepare and when to begin speaking.

Play the audio tracks listed in the test instructions. Record each of your responses.

At the end of this Practice Test you will find scripts for the audio tracks, important points for each question, directions for listening to sample spoken responses, and comments on those responses by official raters.

QUESTIONS

1. *You will now be asked a question about a familiar topic. After you hear the question, you will have 15 seconds to prepare your response and 45 seconds to speak.*

Now play Track 55 on the DVD to hear Question 1.

What kind of reading material, such as novels, magazines, or poetry, do you most like to read in your free time? Explain why you find this kind of reading material interesting.

Preparation Time: 15 Seconds

Response Time: 45 Seconds

2. *You will now be asked to give your opinion about a familiar topic. After you hear the question, you will have 15 seconds to prepare your response and 45 seconds to speak.*

Now play Track 56 on the CD to hear Question 2.

Some students would prefer to live with roommates. Others would prefer to live alone. Which option would you prefer and why?

Preparation Time: 15 Seconds

Response Time: 45 Seconds

3. *You will now read a short passage and then listen to a conversation on the same topic. You will then be asked a question about them. After you hear the question, you will have 30 seconds to prepare your response and 60 seconds to speak.*

Now play Track 57 on the DVD to hear Question 3.

Reading Time: 50 Seconds

University May Build New Student Apartments Off Campus

The Department of Student Housing is considering whether to build new student housing off campus in a residential area of town. Two of the major factors influencing the decision will be parking and space. Those who support building off campus argue that building new housing on campus would further increase the number of cars on and around campus and consume space that could be better used for future projects that the entire university community could benefit from. Supporters also say that students might even have a richer college experience by being connected to the local community and patronizing stores and other businesses in town.

The woman expresses her opinion of the university's plan. State her opinion and explain the reasons she gives for holding that opinion.

Preparation Time: 30 Seconds

Response Time: 60 Seconds

4. *You will now read a short passage and then listen to a talk on the same academic topic. You will then be asked a question about them. After you hear the question, you will have 30 seconds to prepare your response and 60 seconds to speak.*

Now play Track 58 on the DVD to hear Question 4.

Reading Time: 45 Seconds

Actor-observer

People account for their own behavior differently from how they account for the behavior of others. When observing the behavior of others, we tend to attribute their actions to their character or their personality rather than to external factors. In contrast, we tend to explain our own behavior in terms of situational factors beyond our own control rather than attributing it to our own character. One explanation for this difference is that people are aware of the situational forces affecting them but not of situational forces affecting other people. Thus, when evaluating someone else's behavior, we focus on the person rather than the situation.

Explain how the two examples discussed by the professor illustrate differences in the ways people explain behavior.

Preparation Time: 30 Seconds

Response Time: 60 Seconds

5. *You will now listen to a conversation. You will then be asked a question about it. After you hear the question, you will have 20 seconds to prepare your response and 60 seconds to speak.*

Now play Track 59 on the DVD to hear Question 5.

The speakers discuss two possible solutions to the woman's problem. Briefly summarize the problem. Then state which solution you prefer and why.

Preparation Time: 20 Seconds

Response Time: 60 Seconds

6. *You will now listen to part of a lecture. You will then be asked a question about it. After you hear the question, you will have 20 seconds to prepare your response and 60 seconds to speak.*

Now play Track 60 on the DVD to hear Question 6.

Using points and examples from the talk, explain how learning art can impact a child's development.

Preparation Time: 20 Seconds

Response Time: 60 Seconds

STOP. This is the end of the Speaking section of *TOEFL iBT®* Practice Test 2.

TEST D'ENTRAÎNEMENT 2

WRITING

Directions: This section measures your ability to use writing to communicate in an academic environment. There will be two writing tasks.

For the first writing task, you will read a passage and listen to a lecture and then answer a question based on what you have read and heard. For the second task, you will answer a question based on your own knowledge and experience.

At the end of this Practice Test you will find a script for the audio track, topic notes, sample test taker essays, and comments on those essays by official raters.

Turn the page to see the directions for the first writing task.

WRITING BASED ON READING AND LISTENING

Directions: For this task, you will read a passage about an academic topic and you will listen to a lecture about the same topic. You may take notes while you read and listen.

Then you will write a response to a question that asks you about the relationship between the lecture you heard and the reading passage. Try to answer the question as completely as possible using information from the reading passage and the lecture. The question does not ask you to express your personal opinion. You may refer to the reading passage again when you write. You may use your notes to help you answer the question.

Typically, an effective response will be 150 to 225 words. Your response will be judged on the quality of your writing and on the completeness and accuracy of the content.

Give yourself **3 minutes** to read the passage.

Reading Time: 3 minutes

Professors are normally found in university classrooms, offices, and libraries doing research and lecturing to their students. More and more, however, they also appear as guests on television news programs, giving expert commentary on the latest events in the world. These television appearances are of great benefit to the professors themselves as well as to their universities and the general public.

Professors benefit from appearing on television because by doing so they acquire reputations as authorities in their academic fields among a much wider audience than they have on campus. If a professor publishes views in an academic journal, only other scholars will learn about and appreciate those views. But when a professor appears on TV, thousands of people outside the narrow academic community become aware of the professor's ideas. So when professors share their ideas with a television audience, the professors' importance as scholars is enhanced.

Universities also benefit from such appearances. The universities receive positive publicity when their professors appear on TV. When people see a knowledgeable faculty member of a university on television, they think more highly of that university. That then leads to an improved reputation for the university. And that improved reputation in turn leads to more donations for the university and more applications from potential students.

Finally, the public gains from professors' appearing on television. Most television viewers normally have no contact with university professors. When professors appear on television, viewers have a chance to learn from experts and to be exposed to views they might otherwise never hear about. Television is generally a medium for commentary that tends to be superficial, not deep or thoughtful. From professors on television, by contrast, viewers get a taste of real expertise and insight.

Now play Track 61 on the DVD.

QUESTION

Summarize the points made in the lecture, being sure to explain how they oppose specific points made in the reading passage.

You have 20 minutes to plan and write your response.

Response Time: 20 minutes

WRITING BASED ON KNOWLEDGE AND EXPERIENCE

Directions: For this task, you will write an essay in response to a question that asks you to state, explain, and support your opinion on an issue.

Typically, an effective essay will contain a minimum of 300 words. Your essay will be judged on the quality of your writing. This includes the development of your ideas, the organization of your essay, and the quality and accuracy of the language you use to express your ideas.

You have **30 minutes** to plan and complete your essay.

Write your essay in the space provided.

QUESTION

Do you agree or disagree with the following statement?

Young people enjoy life more than older people do.

Use specific reasons and examples to support your answer.

Be sure to use your own words. Do not use memorized examples.

Response Time: 30 minutes

STOP. This is the end of the Writing section of *TOEFL iBT*® Practice Test 2.

TEST D'ENTRAÎNEMENT 2

CORRIGÉS, EXPLICATIONS ET SCRIPTS DES SUPPORTS AUDIO

Compréhension écrite

Corrigé et tableau d'autonotation

Instructions : vérifiez vos réponses par rapport au corrigé ci-dessous. Écrivez le chiffre 1 sur la ligne à droite de chaque question si vous avez choisi la bonne réponse. Pour les questions qui valent plus d'un point, suivez les instructions qui vous sont données. Additionnez vos points en bas du tableau.

NUMÉRO DE LA QUESTION	BONNE RÉPONSE	VOS POINTS DE BASE
FEEDING HABITS OF EAST AFRICAN HERBIVORES		
1.	3	1
2.	2	0
3.	4	1
4.	4	1
5.	3	1
6.	3	1
7.	2	1
8.	1	1
9.	1	1
10.	4	0
11.	2	1
12.	3	1
13.	4	1

Pour la question 1, inscrivez 2 si vous avez choisi les trois bonnes réponses. Inscrivez 1 si vous avez donné deux bonnes réponses.

14.	2, 4, 5	1

NUMÉRO DE LA QUESTION	BONNE RÉPONSE	VOS POINTS DE BASE
LOIE FULLER		
1.	3	1
2.	4	1
3.	1	1
4.	1	1
5.	3	1
6.	4	0
7.	4	1
8.	3	1
9.	3	1
10.	2	1
11.	1	0
12.	1	0
13.	4	1

Pour la question 14, inscrivez 2 si vous avez choisi les trois bonnes réponses. Inscrivez 1 si vous avez donné deux bonnes réponses.

14.	3, 4, 5	1

NUMÉRO DE LA QUESTION	BONNE RÉPONSE	VOS POINTS DE BASE
GREEN ICEBERGS		
1.	3	1
2.	2	1
3.	4	1
4.	2	1
5.	1	1
6.	4	1
7.	3	1
8.	1	1
9.	1	1
10.	4	1
11.	2	0
12.	3	1
13.	2	1

Pour la question 14, inscrivez 2 si vous avez choisi les trois bonnes réponses. Inscrivez 1 si vous avez donné deux bonnes réponses.

14.	3, 4, 6	0
TOTAL:		35

Vous trouverez ci-après un tableau qui convertit les réponses de la partie compréhension écrite en barème de notation pour la même partie du test *TOEFL iBT*®. Prenez le total des points de votre tableau de réponses et retrouvez ce nombre dans la colonne de gauche du tableau. La colonne de droite du tableau vous donne une fourchette de notation de la partie compréhension écrite du test *TOEFL iBT*® pour chaque nombre de points obtenus. Par exemple, si le nombre total de points de votre corrigé est 26, le tableau indique une fourchette de scores à partir de 18.

Votre estimation de score doit être uniquement utilisée à titre indicatif. Votre score réel au test *TOEFL iBT*® pourra être plus ou moins élevé que celui de votre version d'entraînement.

Compréhension écrite

VOS POINTS DE BASE	VOTRE SCORE CONVERTI	VOS POINTS DE BASE	VOTRE SCORE CONVERTI
45	30	22	14
44	30	21	13
43	29	20	12
42	29	19	11
41	29	18	9
40	28	17	8
39	28	16	7
38	27	15	6
37	27	14	5
36	26	13	4
35	26	12	3
34	25	11	2
33	24	10	1
32	23	9	0
31	23	8	0
30	22	7	0
29	21	6	0
28	20	5	0

VOS POINTS DE BASE	VOTRE SCORE CONVERTI	VOS POINTS DE BASE	VOTRE SCORE CONVERTI
27	19	4	0
26	18	3	0
25	17	2	0
24	16	1	0
23	15	0	0

Explication des réponses

Feeding Habits of East African Herbivores

1. ❸ C'est une question de vocabulaire. Le mot testé est *« illusory »*. Il est surligné dans le paragraphe 1. Le choix 3, *« misleading »*, est la bonne réponse. En d'autres termes, le fait que tous les herbivores de l'Afrique de l'Est aient le même régime alimentaire est erroné (*« misleading »*).
2. ❷ C'est une question de vocabulaire. Le mot testé est *« sparsely »*. Il est surligné dans le paragraphe 1. Le choix 2, *« thinly »*, est la bonne réponse. En d'autres termes, les fruits ayant une teneur nutritionnelle importante ne se trouvent qu'en petites quantités dans très peu d'endroits, on peut donc dire que les fruits sont épars (*« thinly distributed »*).
3. ❹ C'est une question d'information factuelle négative qui nécessite des informations particulières figurant dans le paragraphe 1. Le choix 4 est la bonne réponse. Alors que le texte du choix 1 indique clairement que les buffles n'ont pas fait l'objet d'une étude, il n'explique pas *pourquoi*. Le choix 1 est la meilleure réponse car il explique que les gazelles de Thomson consomment une grande quantité de fruits. Le texte prévoit la réponse à la question dans le choix 2 en affirmant que les gnous préfèrent manger des feuillages. Le texte prévoit la réponse à la question dans le choix 3 en indiquant que l'étude a été menée sur la plaine de Serengeti en Afrique de l'Est.
4. ❹ C'est une question de vocabulaire. Le mot testé est *« associated »*. Il est surligné dans le paragraphe 2. Le choix 4, *« connected »*, est la bonne réponse. En d'autres termes, les différences entre les espèces sont liées, ou associées.
5. ❸ C'est une question à but rhétorique. On vous demande pourquoi l'auteur fait mention de la vache et du cheval dans le paragraphe 2. Le choix 3 est la bonne réponse. La plupart des gens connaissent les vaches et les chevaux; donc, ces animaux-là constituent un point de référence utile pour que le lecteur sache faire la distinction entre les animaux ruminants et les non-ruminants. Le choix 1 est incorrect parce que l'auteur essaie de montrer que le système digestif des vaches et des chevaux est semblable à ceux de certains mammifères d'Afrique de l'Est.

Le choix 2 est incorrect car l'auteur ne fait aucune comparaison entre la taille du corps des vaches, des chevaux et celle des mammifères d'Afrique orientale. La question de l'effet de la taille corporelle sur les habitudes alimentaires des mammifères d'Afrique orientale est posée dans le paragraphe 3. Le choix 4 est inexact parce que le régime alimentaire des vaches et des chevaux n'est pas du tout traité dans le passage. Par conséquent, il ne peut y avoir de comparaison avec le régime des mammifères d'Afrique orientale.

6. ❸ C'est une question d'information factuelle qui nécessite des informations particulières figurant dans le paragraphe 2. Le choix 3 est la bonne réponse. Le paragraphe décrit en détail la grande quantité de tiges de faible qualité que mangent les zèbres. La gazelle, le gnou et le topi, proposés dans les choix 1, 2 et 4 respectivement, sont tous des ruminants. Le paragraphe précise que les ruminants sont en mesure de tirer une grande quantité d'énergie d'une certaine quantité d'aliments, à la différence des non-ruminants comme les zèbres.

7. ❷ C'est une question de déduction qui requiert des informations que l'on peut déduire du paragraphe 2. Le choix 2, *« The differences in stomach structure »*, est la bonne réponse. Le paragraphe 2 porte sur les différents régimes alimentaires qui résultent des différents systèmes digestifs et gastriques, et aussi des différentes structures stomacales des ruminants et des non-ruminants. Les facteurs indiqués dans les choix 1, 3 et 4 sont tous mentionnés dans le paragraphe 2. Par contre, ces facteurs sont liés de manière indirecte et aléatoire aux préférences alimentaires, alors que les différences de structures d'estomac sont présentées comme étant le facteur principal par rapport à ces préférences.

8. ❶ C'est une question d'information factuelle qui nécessite des informations particulières figurant dans le paragraphe 2. Le choix 1 est la bonne réponse. Le paragraphe dit que les gazelles sont des ruminants qui prennent du temps (*« take time »*) pour digérer leurs aliments. Il est donc inexact de dire que les gazelles digèrent rapidement. Les informations dans les choix 2, 3 et 4 sont indiquées dans le paragraphe comme des faits concernant les ruminants.

9. ❶ C'est une question de vocabulaire. La phrase testée est *« provided that »*. Elle est surlignée dans le paragraphe. Le choix 1, *« as long as »*, est la bonne réponse. En d'autres termes, les petits animaux peuvent vivre avec moins de nourriture si celle-ci est assez énergétique.

10. ❹ C'est une question de vocabulaire. Le mot testé est *« fastidious »*. Il est surligné dans le passage. Le choix 4, *« demanding »*, est la bonne réponse. En d'autres termes, les zèbres ne sont pas très exigeants concernant leurs habitudes alimentaires.

11. ❷ C'est une question d'information factuelle qui nécessite des informations particulières figurant dans le paragraphe 4. Le choix 2, *« Zebra »*, est la bonne réponse. Le paragraphe indique que, quand les zèbres arrivent avant d'autres animaux dans un habitat donné, ces derniers bénéficient du fait que les zèbres y soient déjà. Selon les phrases 4 et 5, le topi, le gnou et la gazelle, proposés dans

le choix 1, 3 et 4 respectivement, sont des espèces qui arrivent après le zèbre; donc, ils bénéficient des effets qu'a eus le zèbre sur la végétation de son habitat.

12. ❸ C'est une question d'information factuelle qui nécessite des informations particulières figurant dans le passage. Le choix 3 est la bonne réponse. Le paragraphe 2 précise que les zèbres appauvrissent la végétation dans un habitat donné, et que viennent ensuite les ruminants tels que les gnous qui arrivent à se nourrir du taillis dans les parties inférieures de la plante. Le paragraphe soutient cette idée en affirmant que les gnous préfèrent manger de la végétation qui se trouve près du sol. Le choix 1 est contredit à plusieurs endroits: dans les paragraphes 1 et 2 il est dit que les zèbres mangent les tiges, tandis que les gnous préfèrent les feuilles. Le choix 2 est erroné car dans le paragraphe 2 il est dit que le système digestif des ruminants – comme les gnous – ne peut pas supporter de trop gros morceaux de nourriture. Le choix 4 est incorrect, car dans le paragraphe 2 il est dit que les ruminants – comme les gnous – ne doivent pas manger d'aliments de mauvaise qualité parce qu'ils peuvent tirer autant d'énergie de la même quantité de nourriture pendant plus longtemps.

13. ❹ C'est une question d'insertion de texte. Vous pouvez voir les quatre choix de réponses possibles dans le paragraphe 4.

The differences in feeding preferences lead, in turn, to differences in migratory habits. **(1)** The wildebeests follow, in their migration, the pattern of local rainfall. **(2)** The other species do likewise. **(3)** But when a new area is fueled by rain, the mammals migrate toward it in a set order to exploit it. **(4)** The larger, less fastidious feeders, the zebras, move in first; the choosier, smaller wildebeests come later; and the smallest species of all, Thomson's gazelle, arrives last. The later species all depend on the preparations of the earlier one, for the actions of the zebra alter the vegetation to suit the demands of the wildebeest, topi, and gazelle.

La phrase proposée est « *The sequence in which they migrate correlates with their body size* », le bon endroit pour l'insérer est le choix **(4)**.

Le choix **(4)** est la bonne réponse car l'expression « *The sequence* » fait référence aux différentes étapes de la migration des mammifères, ce qui est mentionné dans la phrase qui précède le choix 4.

Les choix **(1)**, **(2)** et **(3)** sont incorrects car aucune des phrases avant ou après ne fait clairement référence à une séquence ou à la taille d'un animal.

14. ❷, ❹ et ❺ C'est une question de résumé de texte. Elle est correctement complétée ci-dessous. Les bonnes réponses sont les choix 2, 4 et 5. Les réponses 1, 3 et 6 sont donc fausses.

Directions: An introductory sentence for a brief summary of the passage is provided below. Complete the summary by selecting the THREE answer choices that express the most important ideas in the passage. Some answer choices do not belong in the summary because they express ideas that are not presented in the passage or are minor ideas in the passage. **This question is worth 2 points.**

East African herbivores, though they all live in the same environment, have a range of feeding preferences.

- An herbivore's size and metabolic rate affect the kinds of food and the quantities of food it needs to eat.
- The different digestive systems of herbivores explain their feeding preferences.
- Migratory habits are influenced by feeding preferences.

Answer Choices

1. The survival of East African mammals depends more than anything else on the quantity of highly nutritious fruits that they are able to find.
2. An herbivore's size and metabolic rate affect the kinds of food and the quantities of food it needs to eat.
3. Zebras and wildebeests rarely compete for the same food resources in the same locations.
4. The different digestive systems of herbivores explain their feeding preferences.
5. Migratory habits are influenced by feeding preferences.
6. Patterns in the migratory habits of East African herbivores are hard to establish.

Bonnes réponses

Le choix 2, «*An herbivore's size and metabolic rate affect the kinds of food and the quantities of food it needs to eat*», est une bonne réponse car il s'agit d'un thème principal introduit dans le paragraphe 2 et développé dans le paragraphe 3. La phrase 2 du paragraphe 2 dit que la taille du corps est l'un des deux facteurs principaux qui expliquent les préférences alimentaires. Ensuite, le paragraphe 3 explique pourquoi la taille corporelle est un facteur principal.

Le choix 4, « *The different digestive systems of herbivores explain their feeding preferences* », est une bonne réponse car il s'agit d'une idée principale qui est développée longuement dans le paragraphe 2. Ce paragraphe explique le fonctionnement des systèmes digestifs chez les ruminants et les non-ruminants, puis il décrit les habitudes alimentaires de ces deux mammifères.

Le choix 5, «*Migratory habits are influenced by feeding preferences*», est une bonne réponse parce qu'il s'agit d'une idée importante introduite dans le paragraphe 2 et développée dans le paragraphe 4. Il s'agit d'une suite logique au sujet abordé dans les paragraphes 1 et 2 par rapport aux raisons pour lesquelles les préférences alimentaires diffèrent.

Mauvaises réponses

Le choix 1, « *The survival of East African mammals depends more than anything else on the quantity of highly nutritious fruits that they are able to find*», est faux. Le paragraphe 1 dit que seules les gazelles de Thomson mangent des fruits. D'autres mammifères d'Afrique de l'Est dont il est question dans le passage ne mangent que des tiges et des feuilles.

Le choix 3, « *Zebras and wildebeests rarely compete for the same food resources in the same locations* », est erroné car il ne s'agit que d'une idée accessoire dans le passage. Les habitudes alimentaires des zèbres et des gnous qui sont abordées dans le passage servent d'exemples précis à des idées plus larges indiquées dans les choix 2, 4 et 5.

Le choix 6, « *Patterns in the migratory habits of East African herbivores are hard to establish* », est faux car il contredit le passage. Le paragraphe 4 précise que les animaux migrants suivent la trajectoire des pluies.

Loïe Fuller

1. ❸ C'est une question de déduction qui requiert des informations que l'on peut déduire du paragraphe 1. Le choix 3 est la bonne réponse. L'expression « *mere entertainer* » dans la phrase 2 suggère que le *divertissement* est moins sérieux que l'*art*. Le choix 1 est faux car nous savons seulement que d'autres artistes ont été attirés par Loïe Fuller en tant qu'artiste. Il n'y a aucune information sur le domaine de spécialité de ces artistes, ou sur le fait que leur travail ait été effectivement influencé par Loïe Fuller. Le choix 2 est erroné, car il n'existe aucune information sur la danse théâtrale au début du XIXe siècle. Le choix 4 est incorrect parce qu'il n'y a aucune indication dans le paragraphe sur le nombre d'années durant lesquelles la danse théâtrale a été pratiquée.
2. ❹ C'est une question d'information factuelle qui nécessite des informations particulières figurant dans le paragraphe 2. Le choix 4 est la bonne réponse. La deuxième phrase dans le paragraphe dit que Loïe Fuller rejetait la virtuosité technique, ce qui va à l'encontre de sa façon de danser. Les informations présentées dans les choix 1, 2 et 3 sont indiquées dans la phrase 1, et portent sur son style de danse.
3. ❶ C'est une question de vocabulaire. Le mot testé est « *prestigious* ». Il est surligné dans le passage. Le choix 1, « *highly regarded* », est la bonne réponse. Selon le passage, le ballet était une danse très distinguée et très prestigieuse.
4. ❶ C'est une question de simplification de phrase. Comme pour toutes ces questions, une seule phrase du passage est surlignée :

   > Although her early theatrical career had included stints as an actress, she was not primarily interested in storytelling or expressing emotions through dance; the drama of her dancing emanated from her visual effects.

   Le choix 1 est la bonne réponse. Cette réponse présente toutes les informations essentielles de la phrase testée. Elle omet des informations de la première proposition (*« Although her early theatrical career had included stints as an actress »*) parce que cette information est secondaire par rapport à l'intérêt principal de Loïe Fuller pour la danse.

Les choix 2, 3 et 4 sont tous faux parce qu'ils changent la signification de la phrase soulignée. Les choix 2 et 3 sont erronés parce que la phrase soulignée précise que Fuller ne portait pas d'intérêt à la narration ; dire alors qu'elle faisait toute une mise en scène des histoires ou utilisait un style de narration particulier est incorrect.

Le choix 4 est faux car la phrase surlignée indique l'idée inverse : les débuts de la carrière de Fuller ont eu peu d'effets sur son style de danse.

5. ❸ C'est une question de vocabulaire. Le mot testé est *« engaged »*. Il est surligné dans le passage. Le choix 3, *« hired »*, est la bonne réponse. En d'autres termes, Fuller a commencé à travailler pour les Folies-Bergère.

6. ❹ C'est une question de vocabulaire. Le mot testé est *« synthesize »*. Il est surligné dans le passage. Le choix 4, *« integrate »*, est la bonne réponse. Selon le passage, les poètes et les peintres français cherchaient à marier la forme et le fond.

7. ❹ C'est une question d'information factuelle qui nécessite des informations particulières figurant dans le paragraphe 3. Le choix 4 est la bonne réponse. La phrase 2 indique que le style de danse de Fuller était en phase avec celui du mouvement Art nouveau qui était à la mode dans le Paris de l'époque. Le choix 1 est faux car le paragraphe indique que le public parisien aimait ce que faisait Fuller ; les artistes et les mouvements artistiques aux États-Unis ne sont pas mentionnés, en général, dans le présent paragraphe. Le choix 2 est inexact parce qu'il indique que les poètes étaient eux-mêmes intéressés par le travail de Fuller. Il ne mentionne pas le fait que les poètes ont essayé d'intéresser d'autres personnes à son travail. Le choix 3 est faux car le paragraphe indique dans la première phrase que Fuller a découvert et a présenté ses propres idées ; elle ne les a pas empruntées à d'autres artistes.

8. ❸ C'est une question d'information factuelle qui nécessite des informations particulières figurant dans le paragraphe 4. Le choix 3 est la bonne réponse. La phrase 4 indique que Fuller a inventé la technique de l'*« underlighting »*, c'est-à-dire l'éclairage de la danseuse par le dessous. Les choix 1, 2 et 4 sont faux car ils décrivent de manière erronée la façon dont certaines techniques ont été utilisées par Fuller. En outre, aucun lien n'est établi entre ces techniques et la *Danse du feu* de Fuller.

9. ❸ C'est une question à but rhétorique. Elle interroge sur les raisons pour lesquelles l'auteur mentionne la danse de Fuller intitulée *La Mer*. La bonne réponse est le choix 3. Le paragraphe commence par indiquer que certains aspects techniques de l'expertise de Fuller ont évolué. *La Mer* est une œuvre citée comme un exemple de la façon dont l'expertise de Fuller a évolué en tant qu'artiste, ce qui, dans ce cas, est lié à ses thèmes. Les choix 1 et 2 sont faux car la mer n'est pas

mentionnée comme ayant un lien avec la musique. Le choix 4 est faux parce que la mer n'est pas mentionnée d'un point de vue scientifique. Le paragraphe dit que la science est le thème d'une autre danse de Fuller : *La Danse du radium*.

10. ❷ C'est une question de vocabulaire. Le mot testé est « *agitated* ». Il est surligné dans le passage. Le choix 2, « *created movement in* », est la bonne réponse. Selon le paragraphe, les danseurs de Fuller agitent un grand morceau de tissu en soie.

11. ❶ C'est une question d'information factuelle qui nécessite des informations particulières figurant dans le paragraphe 6. Le choix 1 est la bonne réponse. La phrase 1 du paragraphe précise que Fuller a représenté les travaux d'un autre artiste, Sada Yocco. Le choix 2 est faux car le paragraphe indique que Fuller a créé une compagnie de danse entièrement féminine au moment de l'Exposition universelle de Paris, mais nous ne savons pas si cette compagnie (ou d'autres compagnies) a joué au théâtre de Fuller. Le choix 3 est faux car le paragraphe indique seulement que Fuller a créé une école en 1908 ; par contre, nous ne savons pas si la création de l'école peut être directement attribuée à l'Exposition universelle de Paris. En outre, nous ne savons pas s'il existe aujourd'hui une école qui porte le nom de Fuller. La réponse 4 est fausse car le paragraphe ne précise pas que le théâtre de Fuller ait continué après la fin de l'Exposition universelle de Paris.

12. ❶ C'est une question d'information factuelle qui nécessite des informations particulières figurant dans le passage. Le choix 1 est la bonne réponse. La *Fire Dance* est évoquée dans le paragraphe 4. Elle a été représentée avec la musique de Richard Wagner. Les œuvres proposées dans les choix 2, 3 et 4 sont toutes mentionnées dans le passage, mais seul le choix 2, *La Danse du radium* (*Radium Dance*), est une œuvre réalisée par Fuller. Cependant, le passage n'indique pas si la danse était censée être accompagnée de la musique. *Le Lys de la vie* est un film, et *Valse à la Loie* est une danse d'un autre artiste.

13. ❹ C'est une question d'insertion de texte. Vous pouvez voir les quatre choix de réponses possibles dans le paragraphe 5.

    As her technological expertise grew more sophisticated, so did other aspects of her dances. **(1)** Although she gave little thought to music in her earliest dances, she later used scores by Gluck, Beethoven, Schubert, Chopin, and Wagner, eventually graduating to Stravinsky, Fauré, Debussy, and Mussorgsky, composers who were then considered progressive. **(2)** She began to address more ambitious themes in her dances such as *The Sea*, in which her dancers invisibly agitated a huge expanse of silk, played upon by colored lights. **(3)** Always open to scientific and technological innovations, she befriended the scientists Marie and Pierre Curie upon their discovery of radium and created *Radium Dance*, which simulated the phosphorescence of that element. **(4)** She both appeared in films —then in an early stage of development—and made them herself; the hero of her fairy-tale film *Le Lys de la Vie* (1919) was played by René Clair, later a leading French film director.

    La phrase proposée est : « *For all of her originality in dance, her interests expanded beyond it into newly emerging artistic media.* » Le bon endroit pour l'insérer est le choix **(4)**.

Les *« newly emerging artistic media »* sont élaborées à l'aide des informations portant sur les films dans la phrase suivant le choix **(4)**.

Les choix **(1)**, **(2)**, et **(3)** sont faux car les informations présentées dans les phrases se trouvant avant et après chacun de ces carrés sont focalisées sur les œuvres de Fuller, alors que cette phrase n'évoque ni la danse de Fuller ni d'autres œuvres artistiques.

14. ❸ ❹ ❺ C'est une question de résumé de texte. Elle est correctement complétée ci-dessous. Les bonnes réponses sont les choix 3, 4 et 5. Les réponses 1, 2 et 6 sont donc fausses.

Directions: An introductory sentence for a brief summary of the passage is provided below. Complete the summary by selecting the THREE answer choices that express the most important ideas in the passage. Some answer choices do not belong in the summary because they express ideas that are not presented in the passage or are minor ideas in the passage. **This question is worth 2 points.**

Loie Fuller was an important and innovative dancer.

- Fuller's work influenced a number of other dancers who were interested in experimental dance.
- Fuller introduced many technical innovations to the staging of theatrical dance.
- Fuller continued to develop throughout her career, creating more complex works and exploring new artistic media.

Answer Choices

1. Fuller believed that audiences in the late nineteenth century had lost interest in most theatrical dance.
2. Fuller transformed dance in part by creating dance interpretations of works by poets and painters.
3. Fuller's work influenced a number of other dancers who were interested in experimental dance.
4. Fuller introduced many technical innovations to the staging of theatrical dance.
5. Fuller continued to develop throughout her career, creating more complex works and exploring new artistic media.
6. By the 1920s, Fuller's theater at the Paris Exposition had become the world center for innovative dance.

Bonnes réponses

Le choix 3, *« Fuller's work influenced a number of other dancers who were interested in experimental dance »*, est l'idée principale ; elle est présentée dans le paragraphe 6.

Dans ce passage il est question de l'influence de Fuller sur les danseurs qui sont devenus plus tard célèbres pour leurs propres travaux.

Le choix 4, *« Fuller introduced many technical innovations to the staging of theatrical dance »*, est un thème principal du passage qui se répète dans plusieurs paragraphes. Les innovations techniques de Fuller sont décrites en détail dans le paragraphe 4. Elles sont également mentionnées dans les paragraphes 5 et 6.

Le choix 5, *« Fuller continued to develop throughout her career, creating more complex works and exploring new artistic media »*, est l'idée principale présentée dans le paragraphe 5 qui parle de l'utilisation de la musique, ainsi que d'autres thèmes plus complexes qu'elle a abordés à travers ses danses et des films dans lesquels elle a tourné ou qu'elle a réalisés.

Mauvaises réponses

Le choix 1, *« Fuller believed that audiences in the late nineteenth century had lost interest in most theatrical dance »*, est faux. Bien que ce soit peut-être vrai, le passage ne fait jamais cette affirmation. Le passage suggère seulement que Fuller a perdu son intérêt pour la danse théâtrale.

Le choix 2, *« Fuller transformed dance in part by creating dance interpretations of works by poets and painters »*, est faux, car le passage ne dit pas que Fuller s'est basée sur les danses d'autres artistes. Par contre, le passage dit à plusieurs reprises que le travail de Fuller était tout à fait original : elle a développé son propre travail et a effectivement inventé de nombreuses techniques.

Le choix 6, *« By the 1920s, Fuller's theater at the Paris Exposition had become the world center for innovative dance »*, est faux parce que le théâtre de Fuller n'existait que depuis un an, c'est-à-dire depuis l'année de l'Exposition universelle de Paris (1900). Par ailleurs, le passage ne dit rien à propos d'un endroit particulier qui sert de *« center for innovative dance »*.

Green Icebergs

1. ❸ C'est une question d'information factuelle qui concerne des informations spécifiques que l'on peut trouver dans le paragraphe 1. La bonne réponse est le choix 3. Les informations présentées dans le choix 3 sont contredites dans la phrase 1, qui dit que les icebergs *« float with only about 12 percent of their mass above the sea surface »*.

2. ❷ C'est une question d'information factuelle qui concerne des informations spécifiques que l'on peut trouver dans le paragraphe 2. La bonne réponse est le choix 2. Les informations présentées dans le choix 2 sont prises directement de la phrase 1 de ce paragraphe qui dit que les icebergs ont une apparence parfois sombre ou opaque parce qu'ils contiennent du gravier et des morceaux de roche. Le choix 1 est faux parce que, comme indiqué dans la phrase 2, les nuages peuvent lui donner des reflets roses ou dorés (*« pink or gold »*), et non des couleurs foncées. Le choix 3 est faux car la question de l'angle du soleil au-dessus de

l'horizon est abordée comme une cause possible des reflets roses et dorés. Le choix 4 est également faux car le paragraphe 2 ne mentionne pas de grandes fissures dans les icebergs.

3. ❹ C'est une question de simplification de phrase. Comme pour toutes ces questions, une seule phrase est surlignée dans le passage :

> One explanation for green icebergs attributes their color to an optical illusion when blue ice is illuminated by a near-horizon red Sun, but green icebergs stand out among white and blue icebergs under a great variety of light conditions.

Le choix 4 est la bonne réponse. Il présente toutes les informations pertinentes, c'est-à-dire que : (1) l'une des explications de la couleur verte des icebergs est que celle-ci est due à une illusion d'optique liée à la position du soleil, mais (2) il y a des raisons de douter de cette théorie car les icebergs verts se distinguent des blancs et des bleus dans une grande variété de conditions d'éclairage.

Le choix 1 est faux car il confond les preuves contre la théorie avec la théorie elle-même.

Le choix 2 explique la théorie correctement, mais il ignore les informations essentielles par rapport aux preuves allant à l'encontre de la théorie.

Le choix 3 est faux car il dénature la théorie en disant que la couleur verte se produit dans une grande variété de conditions d'éclairage, alors que la phrase surlignée dit qu'elle se produit dans des conditions d'éclairage très précises : *« a near-horizon red Sun »*.

4. ❷ C'est une question de vocabulaire. Le mot à tester est *« pentrite »*. Il est surligné dans le passage. La bonne réponse est le choix 2, *« pierce »*. En d'autres termes, les carottes de glace (*« ice shelf cores »*) ont été suffisamment longues pour pénétrer au travers des glaciers.

5. ❶ C'est une question d'information factuelle qui nécessite des informations particulières figurant dans le paragraphe 4. Le choix 1 est la bonne réponse. La phrase 1 porte sur la glace : *« Glacial ice—which is formed from the compaction of snow. »* Le choix 2 est faux car on y parle de la glace marine, un autre type de glace. Le choix 3 est faux car on y donne des informations par rapport à la formation des icebergs verts. Le choix 4 est faux car les informations portent sur la deuxième étape dans la formation des icebergs verts.

6. ❹ C'est une question d'information factuelle qui nécessite des informations particulières figurant dans le paragraphe 4. Le choix 4 est la bonne réponse. La phrase 2 indique que la glace marine transparente est « très semblable » (*« very similar »*) à la glace des icebergs verts. Les choix 1, 2 et 3 ne répondent pas à la question posée. Le choix 1 est également faux car il affirme à tort que les icebergs verts ont de l'eau de mer gelée sur leurs parties inférieures, alors qu'il est dit dans la phrase 1 que l'eau de mer gelée se trouve sur la partie inférieure des

banquises. Le choix 2 est faux parce que l'information donnée est le contraire de ce qui est dit dans le passage, à savoir que la glace sans bulles se trouve sur la partie inférieure de la banquise. Le choix 3 est faux parce que l'information n'est pas du tout abordée dans le passage.

7. ❸ C'est une question à but rhétorique. Elle interroge sur les raisons pour lesquelles l'auteur mentionne que *« the green ice portion was textured by seawater erosion »*. L'expression testée est surlignée dans le passage. La bonne réponse est le choix 3. La phrase surlignée est la preuve que la partie verte de l'iceberg était autrefois submergée. Le fait que cette glace verte ne soit plus sous l'eau et qu'elle soit maintenant exposée à l'air est la preuve que ces icebergs verts sont formés à partir de morceaux de banquise qui ont cassé et se sont renversés. Le choix 1 est faux, parce que l'information donnée, même si elle est factuelle selon le passage, n'explique pas pourquoi l'auteur dit que la partie verte de la glace a été texturée par l'eau de mer. Le choix 2 est faux, car il n'y a aucune comparaison entre l'érosion de la glace verte et de la glace blanche dans le paragraphe. Le choix 4 est faux car il n'y a pas d'information dans le paragraphe indiquant que la glace verte contient d'abord des bulles qui disparaissent au fur et à mesure, bien que les phrases 1 et 4 indiquent que la glace verte ne contient pas de bulles.

8. ❶ C'est une question de vocabulaire. Le mot testé est *« accumulated »*. Il est surligné dans le passage. En d'autres termes, la glace s'est accumulée, et toute matière organique a disparu.

9. ❶ C'est une question de vocabulaire. Le mot testé est *« excluded »*. Il est surligné dans le passage. Le choix 1, *« kept out »*, est la bonne réponse. En d'autres termes, des substances organiques restent dans la glace durant le processus de congélation.

10. ❹ C'est une question de vocabulaire. Le mot testé est *« accrete »*. Il est surligné dans le passage. Le choix 4, *« come together »*, est la bonne réponse. En d'autres termes, les plaquettes de glace se rassemblent sur la base de la calotte glacière.

11. ❷ C'est une question d'information factuelle qui nécessite des informations particulières figurant dans le passage. Le choix 2 est la bonne réponse. La dernière phrase du paragraphe 4 dit que les icebergs verts peuvent chavirer, mais elle ne précise pas pourquoi. Les informations pour le choix 1 sont présentées dans la dernière phrase du paragraphe 1. Elle indique que l'avancement, la fonte, les vagues et la marée font en sorte que des blocs de glace se détachent des glaciers. Les informations présentées dans le choix 3 sont aussi présentes dans le paragraphe 7, qui indique que la banquise d'Amery en Antarctique est *« uniquely suited to the production of green icebergs »*. Les informations présentées dans le choix 4 sont aussi présentes à la fin du paragraphe 5. Il y est dit : *« Dissolved organic substances are not excluded from the ice in the freezing process. »*

12. ❸ C'est une question de déduction qui requiert des informations que l'on peut déduire du passage. Le choix 3 est la bonne réponse. Les phrases 5, 6 et 7 du

paragraphe 5 soutiennent cette information en indiquant que l'eau de mer aux alentours de ces icebergs contient de la matière organique de couleur verte qui est en décomposition. Ensuite, cette matière décomposée gèle dans l'iceberg. Les informations présentées dans le choix 1 sont incorrectes parce que le paragraphe 7 dit que la banquise d'Amery est bien adaptée à la production d'icebergs verts. Cela ne signifie pas que la banquise d'Amery ne produit *que* des icebergs verts. Les informations présentées dans le choix 2 sont incorrectes parce que le cuivre et le fer ne sont mentionnés dans le paragraphe 3 que comme sources possibles de la couleur verte des icebergs. La dernière phrase du paragraphe 3 dit qu'une source autre que le cuivre et le fer a été trouvée. Les informations présentées dans le choix 4 sont inexactes parce que le passage ne donne aucune indication de l'endroit où tous les icebergs verts sont situés. Le paragraphe 2 mentionne la mer de Weddell, en Antarctique, et le paragraphe 7 dit que les icebergs verts sont « en dérive » (*« drift »*) autour de l'Antarctique. Par conséquent, les icebergs verts peuvent se trouver loin de la banquise d'Amery.

13. ❷ C'est une question d'insertion de texte. Vous pouvez voir les quatre choix de réponses possibles dans les paragraphes 2 et 3.

Icebergs are ordinarily blue to white, although they sometimes appear dark or opaque because they carry gravel and bits of rock. They may change color with changing light conditions or cloud cover, glowing pink or gold in the morning or evening light, but this color change is generally related to the low angle of the Sun above the horizon. **(1)** However, travelers to Antarctica have repeatedly reported seeing green icebergs in the Weddell Sea and, more commonly, close to the Amery Ice Shelf in East Antarctica.

(2) One explanation for green icebergs attributes their color to an optical illusion when blue ice is illuminated by a near-horizon red Sun, but green icebergs stand out among white and blue icebergs under a great variety of light conditions. **(3)** Another suggestion is that color might be related to ice with high levels of metallic compounds, including copper and iron. **(4)** Recent expeditions have taken ice samples from green icebergs and ice cores—vertical, cylindrical ice samples reaching down to great depths—from the glacial ice shelves along the Antarctic continent. Analyses of these cores and samples provide a different solution to the problem.

La phrase proposée est : *« Scientists have differed as to whether icebergs appear green as a result of light conditions or because of something in the ice itself »*, le bon endroit pour l'insérer est le choix **(2)**.

Le choix **(2)** est une bonne réponse car la phrase présente deux explications possibles pour la couleur verte des icebergs. Le paragraphe 3 est le premier endroit dans le passage où on donne des explications sur la couleur verte des icebergs. Le début du paragraphe 3 est le seul endroit approprié pour introduire ces explications.

Le choix **(1)** est faux car les icebergs verts sont mentionnés pour la première fois dans la dernière phrase du paragraphe 2. Ce n'est pas logique ici de l'insérer dans la phrase donnée, qui explique les raisons de la couleur verte des icebergs, avant de mentionner ceux-ci pour la première fois.

Le choix **(3)** est faux car son emplacement se trouve entre les explications détaillées de deux autres explications dans la phrase donnée, qui introduit les deux explications. Donc, celle-ci doit intervenir *avant* les explications.

Le choix **(4)** est faux parce que sa position vient *à la suite* des explications détaillées des deux autres explications introduites dans la phrase. La phrase donnée présente les deux explications, c'est pourquoi il doit venir *avant* les explications.

14. ❸ ❹ ❻ C'est une question de résumé de texte. Elle est correctement complétée ci-dessous. Les bonnes réponses sont les choix 3, 4 et 6. Les réponses 1, 2 et 5 sont donc fausses.

Directions: An introductory sentence for a brief summary of the passage is provided below. Complete the summary by selecting the THREE answer choices that express the most important ideas in the passage. Some answer choices do not belong in the summary because they express ideas that are not presented in the passage or are minor ideas in the passage. **This question is worth 2 points.**

Several suggestions, ranging from light conditions to the presence of metallic compounds, have been offered to explain why some icebergs appear green.

- Green icebergs form when a two-layer block of ice breaks away from a glacier and capsizes, exposing the bottom sea ice to view.
- Ice cores and samples revealed that both ice shelves and green icebergs contain a layer of bubbly glacial ice and a layer of bubble-free sea ice.
- In a green iceberg, the sea ice contains large concentrations of organic matter from the seawater.

Answer Choices

1. Ice cores were used to determine that green icebergs were formed from the compaction of metallic compounds, including copper and iron.
2. All ice shelves can produce green icebergs, but the Amery Ice Shelf is especially well suited to do so.
3. Green icebergs form when a two-layer block of ice breaks away from a glacier and capsizes, exposing the bottom sea ice to view.
4. Ice cores and samples revealed that both ice shelves and green icebergs contain a layer of bubbly glacial ice and a layer of bubble-free sea ice.
5. Green icebergs are white until they come into contact with seawater containing platelets and soluble organic green pigments.
6. In a green iceberg, the sea ice contains large concentrations of organic matter from the seawater.

Bonnes réponses

Le choix 3, « *Green icebergs form when a two-layer block of ice breaks away from a glacier and capsizes, exposing the bottom sea ice to view* », est une bonne réponse car il résume les idées importantes des paragraphes 4 et 5. Celles-ci expliquent que les icebergs verts ne sont que des morceaux de glace renversés qui se sont détachés d'une banquise.

Le choix 4, « *Green icebergs form when a two-layer block of ice breaks away from a glacier and capsizes, exposing the bottom sea ice to view* », est une bonne réponse car il résume les principales informations données dans les paragraphes 3 et 4 qui expliquent comment les scientifiques ont pu déterminer la manière dont les icebergs verts se sont formés. Les scientifiques ont comparé la glace des icebergs verts avec la glace des banquises en forant dans ces dernières pour en extraire des échantillons de glace (le « carottage »).

Le choix 6, « *In a green iceberg, the sea ice contains large concentrations of organic matter from the seawater* », est une bonne réponse car il résume les informations principales du paragraphe 5 qui porte sur la source du pigment dans les icebergs verts.

Mauvaises réponses

Le choix 1, « *Ice cores were used to determine that green icebergs were formed from the compaction of metallic compounds, including copper and iron* », est erroné car il est factuellement inexact selon le passage. La dernière phrase du paragraphe 3 contredit cette idée.

Le choix 2, « *All ice shelves can produce green icebergs, but the Amery Ice Shelf is especially well suited to do so* », est faux car le passage ne dit jamais que d'autres banquises, à part celle d'Amery, peuvent produire des icebergs verts.

Le choix 5, « *Green icebergs are white until they come into contact with seawater containing platelets and soluble organic green pigments* », est incorrect parce que le passage ne dit jamais si les icebergs verts étaient à l'origine de couleur blanche ou d'une autre couleur.

Compréhension orale

Corrigé et tableau d'autonotation

Instructions : vérifiez vos réponses par rapport au corrigé ci-dessous. Écrivez le chiffre 1 sur la ligne à droite de chaque question si vous avez choisi la bonne réponse. Pour les questions qui valent plus d'un point, suivez les instructions qui vous sont données. Additionnez vos points en bas du tableau.

QUESTION N°	BONNE RÉPONSE	VOS POINTS
1.	2	1
2.	4	1
3.	3	1
4.	4	1
5.	2	1
6.	3	0
7.	1	1
8.	1	1
9.	4	1
10.	2	1
11.	1	1
12.	4	1
13.	3	1
14.	2	1
15.	1	1
16.	4	1
17.	4	1
18.	2	1
19.	1	1
20.	3	1
21.	2	1
22.	3	1
23.	1	1

Pour la question 24, inscrivez 1 si vous avez choisi les trois bonnes réponses. Inscrivez 0 si vous avez donné seulement une (ou aucune) bonne réponse.

24.	2, 4	1
25.	3	1
26.	4	1
27.	2	1
28.	3	1
29.	1	1
30.	3	1
31.	1	1

32.	2	1
33.	3	1
TOTAL:		______

Vous trouverez ci-après un tableau qui convertit les réponses de la partie compréhension orale en barème de notation pour la même partie du test *TOEFL iBT*®. Prenez le total des points de votre tableau de réponses et retrouvez ce nombre dans la colonne de gauche du tableau. La colonne de droite du tableau vous donne une fourchette de notation de la partie compréhension orale du test *TOEFL iBT*® pour chaque nombre de points obtenus. Par exemple, si le nombre total de points de votre corrigé est 27, le tableau indique un score converti de 23.

Vous devez comprendre que le score que vous obtenez au test d'entraînement n'est qu'à titre indicatif. Votre score officiel au test *TOEFL iBT*® peut être supérieur ou inférieur au score obtenu au test d'entraînement.

Listening

TOTAL DES POINTS	SCORE	TOTAL DES POINTS	SCORE
33	30	16	9
32	29	15	8
31	28	14	7
30	27	13	6
29	26	12	5
28	25	11	5
27	23	10	4
26	22	9	3
25	21	8	3
24	19	7	2
23	18	6	2
22	17	5	1
21	15	4	0
20	14	3	0
19	13	2	0
18	11	1	0
17	10	0	0

Scripts des supports de compréhension orale et explication des réponses

Questions 1-5

Piste 43. Script de l'épreuve de compréhension orale

Narrator

Listen to a conversation between a student and a professor.

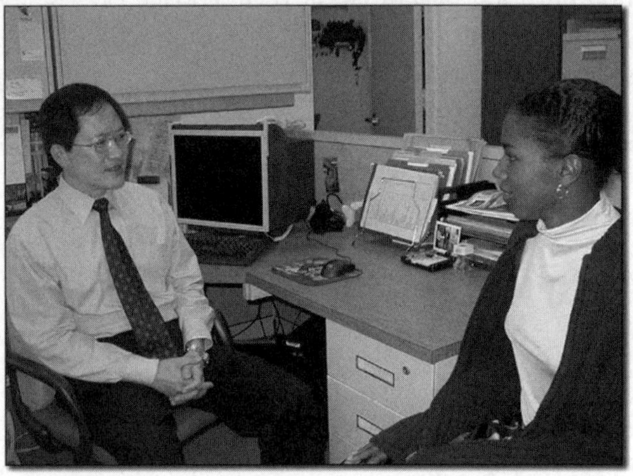

Professor

Sandy, how's class been going for you this semester?

Female Student

[genuine enthusiasm] Oh, it's great. I really like your business psychology class, but I have one major concern about the last assignment: you know—the one where we have to interview a local business owner, uh, I mean entrepreneur?

Professor

Are you having trouble coming up with interview questions?

Female Student

Well, that's just it. I mean I worked on my high school newspaper for years, so I actually have great questions to ask. The thing is… I'm new to the area, and I don't know people off campus… So I was wondering if… well, could you possibly give me the name of someone I could interview… ?

Professor

You don't know anyone who owns a business?

Female Student

Well, yeah, back home… my next-door neighbors—they own a shoe store, and they're really successful—but they're not local.

Professor

Well, it wouldn't be fair to the other students if I gave you the name of a contact—but I could help you figure out a way to find someone on your own. Let's see... Do you read the local newspaper?

Female Student

Sure, whenever I have the time.

Professor

Well, the business section in the paper often has stories about local business people who've been successful. If you find an article, you could call the person who is profiled.

Female Student

You mean, just call them up... out of the blue... and ask them if they'll talk to me?

Professor

Sure, why not?

Female Student

Well, aren't people like that awfully busy? Too busy to talk to a random college student.

Professor

Many people enjoy telling the story of how they got started. Remember, this is a business psychology class, and for this assignment, I want you to get some real insight about business owners, their personality, what drives them to become an entrepreneur.

Female Student

Like, how they think?

Professor

And what motivates them. Why did they start their business? I'm sure they'd talk to you, especially if you tell them you might start a business someday.

Female Student

I'm not sure I'd have the guts to do that. Opening a business seems so risky, so scary.

Professor

Well, you can ask them if they felt that way too. Now you just need to find someone to interview to see if your instincts are correct.

Piste 44. Script de l'épreuve de compréhension orale (question 5)

Narrator

Listen again to part of the conversation.

Professor

Are you having trouble coming up with interview questions?

Student

Well, that's just it. I mean I worked on my high school newspaper for years, so I actually have great questions to ask.

Narrator

What does the student imply?

Explication des réponses

1. ❷ C'est une question d'information factuelle. Ce type de question est généralement posé dans le cadre de conversations ayant lieu dans le bureau d'un professeur. Au début de la conversation, l'étudiante explique qu'elle ne connaît personne hors du campus qu'elle pourrait interviewer pour le projet qu'elle doit réaliser pour son cours. Elle demande au professeur s'il pourrait lui recommander quelqu'un. Voilà pourquoi elle est venue à son bureau, donc le choix 2 est la bonne réponse. L'étudiante mentionne qu'elle a déjà rédigé ses questions, donc elle n'a pas besoin de conseils sur la façon dont il faut les rédiger (choix 1). Elle ne demande pas de conseils sur la création d'entreprise (choix 3). Elle ne dit rien sur la planification d'une interview, ni d'autres réunions avec le professeur (choix 4).

2. ❹ C'est une question de compréhension fonctionnelle. Vous devez comprendre pourquoi l'étudiante évoque son emploi dans le journal de son lycée. Le choix 1 est une mauvaise réponse car l'interview porte sur un devoir, non sur une publication à paraître dans un journal. L'étudiante avance que le fait d'avoir déjà travaillé pour le journal de son lycée a facilité le travail qu'elle doit effectuer pour ce devoir (choix 2). Par ailleurs, bien qu'elle aime le travail de rédaction (choix 3), ce n'est pas pour cette raison qu'elle fait mention de son travail au lycée. Elle en parle pour montrer que c'est une enquêtrice expérimentée, donc le choix 4 est la bonne réponse.

3. ❸ C'est une question d'analyse de détails. Pour aider l'étudiante à résoudre son problème, le professeur ne propose pas de liste de chefs d'entreprise (choix 1), pas plus qu'il ne propose de changer la date d'échéance pour le rendu du devoir de l'étudiante (choix 4). L'étudiante fait mention des propriétaires d'un magasin de chaussures dans sa ville d'origine, mais elle ne demande pas au professeur l'autorisation de les interviewer (choix 2) parce qu'elle se rend compte que le devoir consiste à interroger des chefs d'entreprise locaux. Le professeur aide l'étudiante en lui demandant de se référer à la section « Économie » du journal local, qui met en avant les chefs d'entreprise de la région ; ainsi le choix 3 est la bonne réponse.

4. ❹ C'est une question d'analyse de détails. C'est l'étudiante, et non le professeur, qui dit que la création d'une entreprise semble risquée (choix 1) ; le devoir n'implique pas la rédaction d'un article (choix 2) ni d'un business plan détaillé (choix 3). Le professeur dit explicitement qu'il veut que les étudiants apprennent davantage sur la personnalité et la motivation des chefs d'entreprise. Donc, le choix 4 est la bonne réponse.

5. ❷ C'est une question de déduction. La conversation commence avec l'étudiante qui dit au professeur qu'elle s'interroge sur le devoir, mais elle ne dit pas tout de suite quelle est sa préoccupation exacte. Quand le professeur lui demande si elle a du mal à développer une liste de questions pour l'interview, il essaie de comprendre la nature de sa préoccupation. Quand elle dit qu'elle a déjà pensé

à de bonnes questions à poser, elle lui dit indirectement que les questions de l'interview ne sont pas la source du problème. Il n'a pas tout à fait identifié son inquiétude, donc le choix 2 est la bonne réponse, et le choix 3, qui indique le contraire, est faux. Rien dans le ton de la voix de l'étudiante ne suggère qu'elle ne veut pas compléter son devoir (choix 4) ou qu'elle est étonnée par ce que le professeur lui a dit (choix 1).

Questions 6-11

Piste 45. Script de l'épreuve de compréhension orale

Narrator

Listen to part of a lecture in an anthropology class.

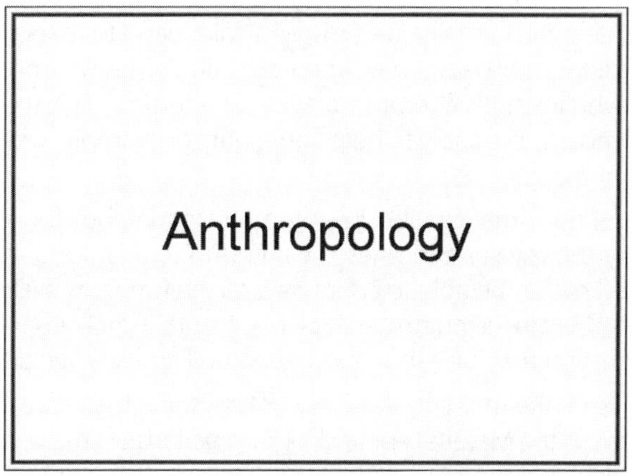

Professor

OK, I, I want to begin today by talking about calendars. *[jokingly]* I know, some of you are thinking it's not all that fascinating, right? But listen, the next time you look at a calendar, I want you to keep something in mind. There are at least three natural ways of measuring the… the passage of time—by day, by month, and by year. And these are all pretty easy to see, right? I mean a day is based on one rotation of Earth. A month is how long the Moon takes to move around the Earth. And a year is the time it takes for Earth to move around the Sun, right? So they're all based on natural events. But the natural clocks of Earth, the Moon, and the Sun run on different times, and you can't divide any one of these time periods by another one without having some messy fraction left over. I mean one lunar month—that's the time it takes for the Moon to go around Earth—one month is about 29 and a half days… not really a nice round number. And one year is a little more than 365 days. So these are obviously numbers that don't divide into each other very neatly. And this makes it pretty difficult to create some sort of tidy calendar that really works.

Not that different cultures haven't tried. Have any of you ever been to Stonehenge? *[pause]* No… you know, that amazing circle of giant stones in England? Well, if you ever go, and find yourself wondering why this culture way back in prehistoric England would go to so much work to construct this monumental ring of enormous stones,… well, keep in mind that a lot of us think it was designed, at least partially, as a calendar—to mark when the seasons of the year begin, according to the exact day when the Sun comes up from a particular direction. I have colleagues who insist it's a temple, maybe, or a tomb… but they can't deny that it was also used as a calendar… probably to help figure out, for example, when farmers should begin their planting each year.

The Mayans, in Central America, also invented a calendar, but for a different purpose. The Mayans, especially the royalty and priests, wanted to look at long cycles of history—so the calendar they used had to be able to count far into the future as well as far into the past. And not only were the Mayans keeping track of the natural timekeepers we mentioned before —Earth, the Moon, and the Sun—but another natural timekeeper: the planet Venus.

Venus rises in the sky as the morning star every 584 days, and the Venus cycle was incorporated in the Mayan calendar. So the Mayans kept track of long periods of time, and they did it so accurately, in fact, that their calendar is considered about as complicated and sophisticated as any in the world.

Now, the ancient Chinese believed very strongly in astrology—the idea that you can predict future events based on the positions of the stars and planets like, say, Jupiter. Incidentally, the whole Chinese system of astrology was based on the fact that the planet Jupiter goes around the Sun once every 12 years, so one orbit of Jupiter lasts 12 of our Earth years. Apparently, that's why the Chinese calendar has a cycle of 12 years. You know, like, "The Year of the Dragon," "The Year of the Tiger," and so on… all parts of a 12-year astrological cycle, that we get from the orbit of Jupiter.

Calendars based on the orbits of other planets, though, are a lot less common than those based on the cycle of the Moon—the lunar month. I could mention any number of important cultures around the world that have depended on lunar calendars, but there really isn't time.

So let's go right to the calendar that's now used throughout most of the world—a solar calendar—based on the number of days in a year. This calendar's mainly derived from the one the ancient Romans devised a couple thousand years ago. I mean the Romans—with more than a little help from the Greeks—realized that a year actually lasts about 365 and one-quarter days. And so they decided to round off most years to 365 days but make every fourth year into a leap year. I mean, somehow, you have to account for that extra one-fourth of a day each year, so every four years, they made the calendar one day longer. By adding the leap year, the Romans were able to make a calendar that worked so well—that, with a few minor adjustments, this calendar is still widely used today.

Explication des réponses

6. ❸ C'est une question d'information factuelle. Le choix 3 est la bonne réponse parce que la professeur consacre presque tout son cours à expliquer quatre types de calendriers utilisés historiquement en Angleterre, en Amérique centrale, en Chine et dans la Rome antique. Elle explique également le calendrier moderne qui s'utilise partout dans le monde contemporain. Des erreurs trouvées dans les premiers calendriers (choix 1) ne sont pas abordées. En fait, la professeur met l'accent sur la précision et la sophistication de ces premiers calendriers. Le choix 4 est faux car l'astrologie (la croyance que la position des étoiles et des planètes peut prédire les événements) n'est mentionnée que dans le contexte du calendrier chinois. Aucune mention n'est faite de la raison pour laquelle les gens pensaient autrefois que la Terre tournait autour du Soleil (choix 2).
7. ❶ C'est une question de compréhension d'attitude. La professeur exprime indirectement sa certitude que Stonehenge a servi de calendrier en déclarant: *« A lot of us think it was designed, at least partially, as a calendar. »* Son emploi du pronom *« us »* indique qu'elle fait partie de ceux qui le croient. Quand elle parle des collègues qui pensent que Stonehenge a servi un autre but, elle ajoute: *« They can't deny that it was also used as a calendar. »* Donc le choix 1 est la bonne réponse.
8. ❶ C'est une question d'analyse de détails. Le choix 1 est la bonne réponse parce que la professeur dit que les Mayas s'intéressaient à la documentation des cycles d'histoire ancienne. Il n'y a aucune mention des mois lunaires dans la partie du cours portant sur le calendrier maya (choix 2). C'était les Chinois, pas les Mayas, qui voulaient un système calendaire pour prévoir des événements (choix 3). Le calendrier maya est basé sur l'apparence et la position de Vénus dans le ciel le matin, et sur les mouvements d'autres chronométreurs naturels comme la Terre dans son orbite, ainsi que l'orbite de Vénus (choix 4), ce qui n'a pas été l'*objectif* du calendrier.
9. ❹ C'est une question d'analyse de détails. Le choix 4 est la bonne réponse parce que la professeur dit que l'ancien calendrier chinois était basé sur une période de 12 ans, soit la durée de l'orbite de Jupiter autour du Soleil, et non sur les cycles diurnes et nocturnes (choix 1), les cycles lunaires (choix 2) ou les saisons (choix 3).
10. ❷ C'est une question d'analyse de détails. Le choix 2 est la bonne réponse parce que la professeur dit que les habitants de la Rome antique inséraient dans leur calendrier un jour supplémentaire tous les quatre ans pour tenir compte de la durée réelle d'une seule orbite de la Terre autour du Soleil: 365¼ jours. Selon la professeur, cette insertion a amélioré la précision du calendrier, ce qui fait qu'il est toujours utilisé.

11. ❶ C'est une question d'organisation. Avant de discuter des calendriers eux-mêmes, la professeur identifie un problème : tous les calendriers sont basés sur les cycles astronomiques naturels, qui ne sont pas mathématiquement coordonnés entre eux. Ensuite la professeur décrit divers calendriers anciens et les cycles naturels sur lesquels ceux-ci ont été inventés. Puis, la professeur conclut par une description du calendrier moderne et comment il résout le problème de coordination. Donc, le choix 1 est la bonne réponse.

Questions 12-16

Piste 46. Script de l'épreuve de compréhension orale

Narrator

Listen to part of a lecture in a biology class.

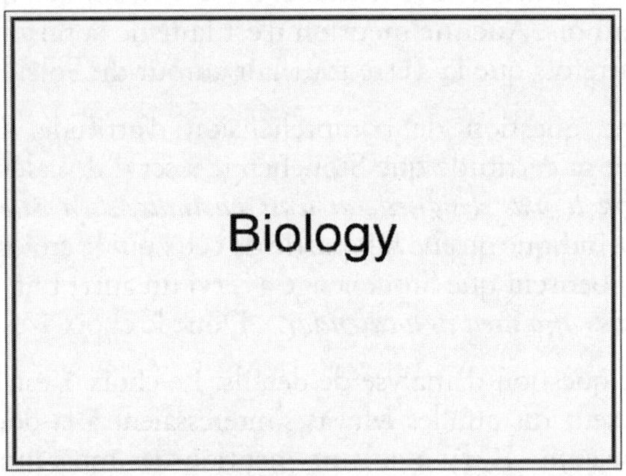

Professor

We've been discussing animal communication. Um, today we're going to talk about dolphins. Now, dolphins make a wide range of communicative sounds and also display something called vocal learning, which is the ability of an animal to modify its vocalizations based on its experience with other animals.

Ah, there are many types of dolphin vocalizations. We, we still don't know their precise meanings—partly, I suppose, because we haven't really tried that hard to figure out their precise meanings—but we do know that dolphins use vocalizations as a way of communicating with one another. And we've categorized their vocalizations into three types: whistles, clicks, and burst pulses.

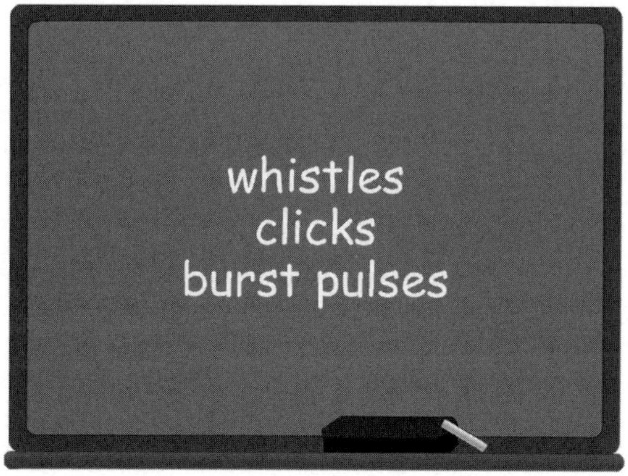

The dolphin whistles are very high-frequency sounds, ah, partially above the range of human hearing. What's fascinating is, each dolphin has a signature whistle, which is unique to each individual dolphin. It allows them to call to and identify each other. *[seeing hand raised]* Jennifer?

Female Student

Kind of like learning someone's name? So... do dolphin parents choose names for their children?

Professor

Well, again that's something we don't know, but we do know that no two signature whistles sound identical. And, members of the same family, their signature whistles have similar elements. Dolphins use them as contact calls—ah, they they call to each other while traveling and foraging. It helps keep the group together, and helps mothers and children find each other. Think of it like... ah, if you were traveling in the forest with one other person who was just out of sight, you'd call out, "Are you there?" and the other person would respond. But if there were several people in the forest, you would have to call that person's name to call to them.

In, in addition to whistles, dolphins produce clicks, which are actually sonar or sound waves. They use the clicks to communicate, but, more importantly, to navigate and hunt. How? Well, the sonar clicks bounce off objects, and then the dolphins convert the incoming signals into a three-dimensional picture... a, a mental map... of what's around them. The clicks are extremely sensitive and accurate. The sonar clicks are also very strong. And there's this theory that one reason dolphins swim side by side is to avoid interference from each other's sonar clicks. Interference would be confusing... it would prevent them from getting an accurate picture of their surroundings. Ah, and what's interesting is, dolphins will turn off their sonar when another dolphin passes in front.

Ah, the third category of dolphin vocalizations is burst pulses. These are all this other sounds the dolphin makes—squawks, squeals, barks, groans, and so on. Burst pulses are used to display aggression, show dominance, and attract a mate. But whistles, clicks, and burst pulses aren't the only ways dolphins communicate. Um, does anyone remember any other ways?

Male Student

In the book, it said that they also slap their tails against the water. Oh, and… the air that comes out when they breathe or whistle… the… ah… the bubble streams? They can control how the air bubbles come out. I thought that was really interesting.

Professor

Yes… the bubble streams are very interesting. Dolphins can identify and locate each other by their bubble streams, and they can imitate the bubble stream patterns of other dolphins… sort of like saying hello. So as you can see, dolphins use many different sounds and behaviors to convey messages to each other.

I'd like to tell you about when I was a graduate student… and… I spent one summer on a boat in the Atlantic Ocean studying marine life. One morning there were about 25 dolphins swimming with the boat. We could hear their clicks and whistles as they called to each other. Now, we were there as impartial scientists, to do research, but… how could we not notice the beauty as the bubble streams made patterns in the water and the dolphins appeared to dance and play? It's wonderful when you do fieldwork and actually experience something you've been studying in a classroom. So if you ever have the opportunity… go for it.

Piste 47. Script de l'épreuve de compréhension orale (question 16)

Narrator

Listen again to part of the lecture. Then answer the question.

Professor

Think of it like… ah, if you were traveling in the forest with one other person who was just out of sight, you'd call out, "Are you there?" and the other person would respond. But if there were several people in the forest, you would have to call that person's name to call to them.

Narrator

What does this example illustrate?

Explication des réponses

12. ❹ C'est une question d'information factuelle. Le choix 4 est la bonne réponse car tout ce que dit la professeur concerne la communication des dauphins. Dans certains cours, le sujet ne sera pas tout de suite évident, et il faut attendre que la professeur ait parlé pendant quelques secondes ou une minute pour comprendre. Toutefois, dans cet extrait audio, la professeur annonce le sujet presque

immédiatement : après avoir rappelé aux étudiants que jusque-là, le cours portait sur la communication animale et qu'aujourd'hui, il portera sur les dauphins.

13. ❸ C'est une question d'analyse de détails. Le choix 3 est la bonne réponse. La professeur fait explicitement référence à une théorie qui dit que l'une des raisons pour lesquelles les dauphins nagent côte à côte est d'éviter les interférences de clics sonar des uns et des autres. Les dauphins n'ont besoin ni de nager côte à côte pour voir les bulles qu'ils font dans l'eau (choix 1), ni d'entendre leurs sifflets (choix 2). Le choix 4 est faux parce que la professeur dit que les dauphins mères ont une façon unique de siffler, et non pas qu'ils nagent côté à côte afin de localiser leur progéniture.

14. ❷ C'est une question de déduction qui vous demande d'analyser des informations provenant de deux endroits différents du cours. Au début du cours, la professeur dit que chaque dauphin a un sifflet unique et que les dauphins utilisent ces sifflets pour communiquer et pour se distinguer les uns des autres. Ensuite, elle parle d'un sujet similaire : les dauphins font des bulles derrière eux pour s'identifier et pour se saluer. La professeur n'utilise pas vraiment le mot « *function* » pour sa description des sifflets ou des bulles, et elle ne fait pas de déclarations explicites non plus pour comparer leurs différentes fonctions. Cependant, elle sous-entend que les fonctions sont semblables en décrivant ces deux activités de manière similaire à deux moments différents du cours. Le choix 2 est la bonne réponse.

15. ❶ C'est une question de compréhension d'attitude. À la fin du cours, la professeur parle avec enthousiasme du temps qu'elle a passé sur un bateau pour faire des recherches. Elle dit que le travail de terrain est une façon merveilleuse de vivre quelque chose qu'on a étudié en cours (« *experience something you've been studying in a classroom* »). En donnant une vision tellement positive de son expérience personnelle sur ce bateau pour y mener à bien ses recherches, elle encourage ses étudiants à travailler sur le terrain aussi, si jamais ils en ont l'occasion. Donc le choix 1 est la bonne réponse.

16. ❹ C'est une question d'organisation. Le choix 4 est la bonne réponse. La professeur fait une analogie pour illustrer la façon dont les dauphins s'appellent et s'identifient les uns et les autres en sifflant via l'exemple d'une personne qui crie le nom d'une autre personne dans une forêt. Dans ce genre d'analogie, ce sont les parallèles faits entre les hommes et les dauphins qui importent, et non les différences, donc le choix 1 est la bonne réponse. Les dauphins se servent des « *buts pulses* » (choix 2) pour afficher leur agression, pour montrer leur supériorité et pour attirer un compagnon. Bien que ces fonctions soient toutes liées à la communication, elles ne sont pas illustrées par des exemples. Le choix 3 est faux car la taille des groupes mentionnés dans le cours n'est jamais évoquée.

Questions 17-21

Piste 48. Script de l'épreuve de compréhension orale

Narrator

Listen to part of a conversation between a student and a university employee.

Employee

Oh, hello… can I help you?

Student

Um… yeah… I'm looking for Professor Kirk; is she here? I mean is this her office?

Employee

Yes, you're in the right place—Professor Kirk's office is right behind me—but no… she's not here right now.

Student

Um, do you know when she'll be back?

Employee

Well, she's teaching all morning. She won't be back until… let me check… hmm, she won't be back until… after lunch. That's when she has her office hours. Perhaps you could come back then?

Student

Oh, unfortunately no. I have class this afternoon. And I was really hoping to talk to her today. Hey, um, do you know if… she's accepting any more students into her Introduction to Biology class?

Employee

You wanna know if you can take the class?

Student

Yes, if she's letting any more students sign up, I'd like, I'd like to join the class.

Employee

Introduction to Biology is a very popular class, especially when she teaches it. A lot of students take it.

Student

Yeah, that's why the registrar said it was full. I've got the form the registrar gave me, um, to get her permission to take the class. It's all filled out except for her signature. I'm hoping she'll let me in even though the class is full. You, see, I'm a senior this year, and, uh… this'll be my last semester, so it's my last chance…

Employee

Oh, wow, really. I mean most students fulfill their science requirement the first year.

Student

Well, I mean, um… to be honest, I kept putting it off. I'm not really a big fan of science classes in general, and with the labs and everything, I've never quite found the time.

Employee

Your advisor didn't say anything?

Student

Well, to tell you the truth, she's been after me to take a class like this for a while, but I'm double-majoring in art and journalism and so my schedule's been really tight with all the classes I gotta take, so somehow I never…

Employee

[politely cutting in] Well, perhaps you could leave the form with me and I'll see if she'll sign it for you.

Student

You know, I appreciate that, but maybe I should explain the problem to her in person… I didn't want to do it, but I guess I'll have to send her an email.

Employee

Hmm. You know, not all professors check their emails regularly—I… I'm not sure if Professor Kirk does it or not. Here's an idea… why don't you stick a note explaining your situation under her door and ask her to call you if she needs more information?

Student

Hey, that's a good idea, and then I can leave the form with you—if you still don't mind.

Piste 49. Script de l'épreuve de compréhension orale (question 21)

Narrator

Why does the man say this to the woman:

Student

You know, I appreciate that, but maybe I should explain the problem to her in person…

Explication des réponses

17. ❹ C'est une question d'intention. L'étudiant veut que le professeur Kirk lui donne l'autorisation de s'inscrire dans un cours qui est déjà complet. Pour ce faire, le professeur doit signer un formulaire que l'étudiant a apporté avec lui. C'est pour cela qu'il est là, donc le choix 4 est la bonne réponse. L'étudiant sait déjà qu'il doit suivre un cours en sciences pour obtenir son diplôme (choix 1). Rien n'indique que le professeur Kirk ait invité l'étudiant à son bureau (choix 2), et l'étudiant a déjà un conseiller (choix 3).

18. ❷ C'est une question d'analyse de détails. Quand l'étudiant dit qu'il va bientôt obtenir son diplôme, l'employée répond : *« Oh, wow. »* Puis elle précise que la plupart des étudiants font le cours de sciences en première année. Cela signifie qu'elle est surprise que l'étudiant ait attendu si longtemps. Donc le choix 2 est la bonne réponse. Aucun des autres choix n'est exact d'après les informations entendues dans la conversation.

19. ❶ C'est une autre question d'analyse de détails. Le choix 1 est la bonne réponse car il paraphrase la déclaration de l'étudiant qui dit que son conseiller a été *« been after me to take a class like this for a while »*. Elle veut qu'il suive le cours parce qu'elle sait que le jeune homme ne peut pas obtenir son diplôme sans avoir suivi un cours de sciences. Par conséquent, le choix 3, qui indique qu'elle n'est pas au courant de son problème, est inexact. Il n'y a rien dans la conversation qui indique que le conseiller ait encouragé le jeune homme à se spécialiser en journalisme (choix 2). Par ailleurs, bien que la popularité du professeur Kirk auprès des étudiants soit mentionnée dans la conversation, il n'est pas fait mention de l'opinion du conseiller à l'égard du professeur Kirk (choix 4).

20. ❸ C'est une question d'analyse de contenu. Après le conseil de l'employée selon lequel l'étudiant devrait glisser un mot écrit sous la porte du bureau du professeur Kirk, l'étudiant dit : *« That's a good idea »*, ce qui sous-entend qu'il suivra son conseil. Donc le choix 3 est la bonne réponse. Ensuite ils parlent de la possibilité d'envoyer un e-mail (choix 2), mais cette idée est rejetée. Il n'est pas question d'appeler le professeur Kirk (choix 1), et le jeune homme explique au début que son emploi du temps ne lui permet pas de rencontrer le professeur durant sa permanence (choix 4).

21. ❷ C'est une question de compréhension fonctionnelle. Dans l'extrait audio, l'étudiant refuse l'offre de l'employée de transmettre le formulaire au professeur Kirk. Au lieu de dire « non », l'homme dit qu'il apprécie beaucoup son offre, mais qu'il pense qu'il serait mieux de parler directement avec le professeur Kirk. Le choix 2 reflète à la fois la politesse et l'intention du jeune homme. Le problème de l'étudiant n'est pas encore résolu (choix 1), et il a déjà expliqué ce dont il a besoin (choix 3). Le choix 4 est inexact car l'employée a sous-entendu plus tôt que c'est le professeur Kirk, et non elle-même, qui est très occupé.

Questions 22-27

Piste 50. Script de l'épreuve de compréhension orale

Narrator

Listen to part of a lecture in an astronomy class.

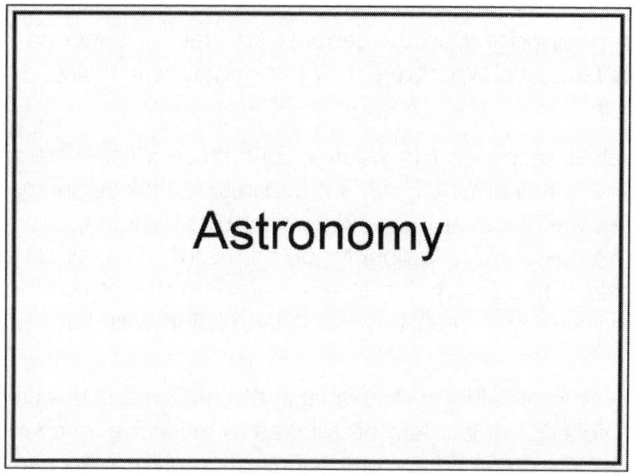

Professor

I'm sure y'all have been following the news about Mars. A lot of spacecraft have been visiting the planet recently—some have gone into orbit around it, while others have landed on it. And, they've sent back a… an abundance of data that's reshaping our knowledge… our vision of the planet in a lot of ways. Is there anything that you've been particularly struck by in all the news reports?

Female Student

Well, they seem to mention water a lot, which kinda surprised me, as I have this picture in my head that Mars is dry… sorta dry and dead.

Professor

You're not the only one. You know, for centuries, most of our knowledge of the planet came from what we saw through telescopes, so, obviously, it was pretty limited—and our views of the planet were formed as much by writers… as they were by serious scientists. When the first science-fiction stories came out, Mars was described as being a lot like Earth except *[pauses to let students finish his sentence]*

Male Student

I know: the planet was red and, uh, the people were green. I've seen some of those old movies. *[half laughing, half sarcastic]* What were they thinking? I mean really… they…

Professor

[interrupting] Well, it seems silly to us now, but those ideas were quite imaginative and, occasionally, scary in their time. Anyway, we began to rethink our image of Mars when the first spacecraft flew by the planet in 1965 and sent pictures back to Earth. Those pictures showed a planet that looked a lot more like our Moon than Earth—lots of craters and not much else. It was bitterly cold, it had a very thin atmosphere, and that atmosphere was mostly carbon dioxide. So the view of Mars after this first flyby mission was that dry, dead planet that Lisa mentioned.

But, then there were more visits to the planet in the 1970s—and this time the spacecraft didn't just fly by; they orbited… or landed. This allowed us to receive much more detailed images of the planet, and it turned out to be a pretty interesting place. Mars had… has a lot more than craters—it has giant volcanoes and deep canyons. It also showed signs of dried-up riverbeds and plains that had been formed by massive floods. So we concluded that there must have been water on the planet at one time—billions of years ago. Now, what does it take for water to exist?

Male Student

You need to have a warm-enough temperature so that it doesn't freeze.

Professor

That's one thing—and the other is that you need enough atmospheric pressure, thick-enough air so that the water doesn't instantly vaporize. The Mars we see today doesn't have either of those conditions—it is too cold and the air is too thin—but a long time ago, there may have been a thicker atmosphere that created a greenhouse effect that raised temperatures —and maybe that combination produced water on the surface of the planet. So maybe Mars wasn't just a dead, boring rock; maybe, it was, uh, a fascinating fossil that was once alive and dynamic—worthy of exploration. *[pause]* Now let's jump forward a few decades to the beginning of this century, and a new generation of orbiters and landers that have been sent to Mars. Of course, the scientific instruments now surveying Mars are far more sophisticated than the instruments of the '70s, so we're getting all kinds of new data for analysis. And, not surprisingly, that data is challenging our notions of what Mars is like. Lisa, you mentioned that a lot of the news reports talked about water—do you remember any of the details?

Female Student

Well, they were showing these pictures of these long, uh, cuts in the ground, which would be gullies here; I mean on Earth. They say that since, uh, gullies are usually formed by water, it seems like they might be evidence that water still exists on Mars, but I didn't get how that worked.

Professor

I'm not surprised. There're a lot of theories… a lot of speculation… and some argue the formations aren't caused by water at all. But there're some ingenious theories that assume that there's a lot of water right under the planet's surface that somehow is causing the gullies to form. If we could only get a lander there… but the gullies aren't in places where we can send landers yet. Anyway, if there is some kind of water activity, it may change our view of the planet once again… to something that's not dead, not even a fossil, but rather a planet like Earth that undergoes cycles—think of our ice ages—over long periods of time. Maybe Mars could sustain water again at some distant date.

Piste 51. Script de l'épreuve de compréhension orale (question 26)

Narrator

Why does the professor say this:

Professor

So maybe Mars wasn't just a dead, boring rock; maybe, it was, uh, a fascinating fossil that was once alive and dynamic—worthy of exploration.

Piste 52. Script de l'épreuve de compréhension orale (question 27)

Male Student

I know: the planet was red and, uh, the people were green. I've seen some of those old movies. *[half laughing, half sarcastic]* What were they thinking? I mean really…

Narrator

Why does the student say this:

Male Student

What were they thinking?

Explication des réponses

22. ❸ C'est une question d'information factuelle. Le professeur commence par dire que l'abondance de données façonne *« our vision of the planet in a lot of ways »*. Il parle ensuite de la façon dont la planète Mars a été imaginée avant d'être sondée, puis il dit que différents engins spatiaux ont renvoyé des images détaillées ces dernières années, ce qui donne une vue plus réaliste de la planète. Donc, le choix 3 est la bonne réponse.

23. ❶ C'est une question d'analyse de détails. Le choix 1 est la bonne réponse parce que le professeur dit que les images obtenues en 1965 présentent Mars comme une planète sèche et morte comme la Lune, une planète avec beaucoup de cratères, et rien d'autre (*« lots of craters and not much else »*). Il parle de ce qu'on

croyait en 1965 à propos de Mars, qu'il y faisait très froid, mais il ne dit pas que les images la décrivent comme étant semblable à la Terre (choix 2), bien au contraire. L'existence de la vie sur Mars dans le passé lointain est présentée non pas comme une conclusion (choix 3), mais comme une théorie spéculative après les sondes envoyées dans les années 1970 et les amarissages récents. La théorie selon laquelle l'eau existe sur Mars (choix 4) est également une découverte récente.

24. ❷ ❹ C'est une question de déduction. Notez que les carrés devant les choix de réponses indiquent que vous devez sélectionner deux bonnes réponses. Lors du cours, le professeur met en contraste la sécheresse aujourd'hui et la possibilité de présence d'eau à la surface de Mars il y a des milliards d'années. Le choix 2, qui indique que la pression atmosphérique et la température sur Mars auraient été plus élevées par le passé qu'elles ne le sont aujourd'hui, fait partie de son explication, à savoir qu'il y avait peut-être de l'eau sur Mars. Le choix 4 est aussi exact, car la preuve que l'eau a existé sur Mars est illustrée par les plaines et les lits de rivières asséchées qui sont actuellement visibles sur la surface de Mars ; selon le professeur, ceux-ci auraient pu être le résultat d'inondations.

25. ❸ C'est une question d'analyse de détails. Une des étudiantes mentionne qu'elle a vu des reportages montrant des ravines sur Mars. Elle dit que cela prouve l'existence de l'eau. Le professeur confirme que les ravines peuvent, en effet, être la preuve de l'eau sur Mars. Il dit aussi qu'il y a des théories selon lesquelles les ravines se seraient formées en raison de l'existence d'eau souterraine. Donc le choix 3 est la bonne réponse. Le professeur mentionne l'existence de volcans sur Mars (choix 1) et le climat sec sur Mars (choix 2), mais il n'attribue ni à l'un ni à l'autre l'existence de ravines. Des références sont faites à la découverte de fossiles, mais pas aux fossiles réels (choix 4) ; le professeur utilise une métaphore lorsqu'il parle de fossiles pour comparer l'ensemble de la planète à un objet qui est peut-être mort, mais qui mérite néanmoins d'être examiné, car il était autrefois vivant.

26. ❹ C'est une question d'organisation. Dans cet extrait audio, le professeur utilise un langage imagé pour décrire les débuts de la formation de Mars (*« a dead, boring rock »*) et la vision moderne formée grâce aux preuves supplémentaires (*« a fascinating fossil that was once alive and dynamic »*). Par ce contraste, le professeur résume à la fois le cours et souligne que notre vision de Mars a beaucoup évolué. Donc le choix 4 est la bonne réponse.

27. ❷ C'est une question de compréhension fonctionnelle. Le commentaire de l'étudiant est une critique indirecte des premiers cinéastes pour leurs représentations peu réalistes de Mars. Donc le choix 2 est la bonne réponse. Son avis est négatif, alors il n'exprime pas d'approbation (choix 4). L'étudiant ne cherche ni éclaircissements ni reformulations de la question précédente, donc les choix 1 et 3 sont faux.

Questions 28-33

Piste 53. Script de l'épreuve de compréhension orale

Narrator

Listen to part of a lecture in an art history class. The professor has been talking about colossal statues.

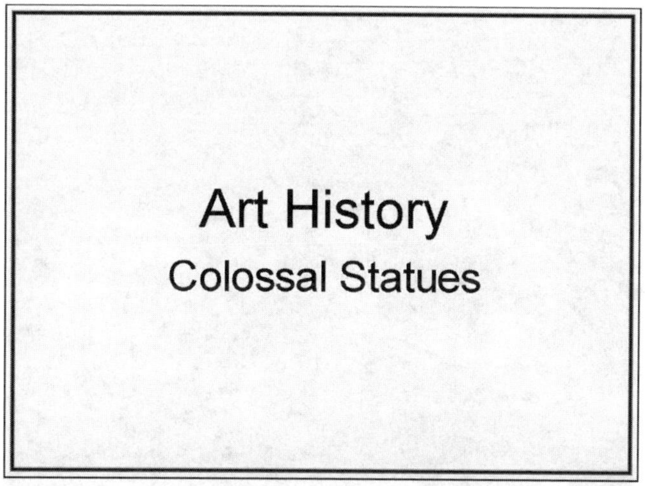

Professor

We've been looking at colossal statues—works of exceptionally huge size—and their essentially public role, in commemorating a political or religious figure. We've seen how some of these statues date back thousands of years… like the statues of the pharaohs of ancient Egypt—which you can still visit today—and how others, though surviving only in legend, have fired the imagination of writers and artists right up to our own time, such as the Colossus of Rhodes, that 110-foot statue of the Greek god Helios [HEE-lee-us]. Remember, this same word, colossus—which means a giant or larger-than-life-size statue—is what today's term colossal derives from.

Now, it was one thing to build such statues, at an equally colossal cost, when the funds were being allocated by ancient kings and pharaohs. But if we're going to think about modern-day colossal statues, we need to reexamine more closely their role as social and political symbols, in order to understand why a society today—a society of free, taxpaying citizens—would agree to allocate so much of its resources to erecting them. A good example to start out with would be Mount Rushmore.

Now, many of you have probably seen pictures of Mount Rushmore; perhaps you've actually visited the place. Mount Rushmore, in South Dakota, is a colossal representation of the faces of four U.S. Presidents: George Washington, Thomas Jefferson, Theodore Roosevelt, and Abraham Lincoln, carved directly into a mountain. Imagine: each of those faces in the rock is over 60 feet high! Now, carving their faces took over six and a half years, and cost almost a million dollars. And this was in the 1930s, during the worst economic depression in U.S. history! Does that strike any of you as odd?

Well, I personally think that the Great Depression of the 1930s actually makes this more understandable, not less so. Often it's the case that, precisely at times of hardship—when the very fabric of society seems to be unraveling and confidence is eroding—uh, that people clamor for some public expression of strength and optimism, perhaps as a way of symbolizing its endurance in the face of difficulty.

So with that in mind, let's go back to Mount Rushmore. Actually, the original motivation for a colossal monument in South Dakota had very little to do with all this symbolism... and everything to do with money: you see, it was first conceived of basically as a tourist attraction, and it was supposed to feature the images of legendary figures of the American West, like the explorers Lewis and Clark. The government of South Dakota thought it would bring lots of money into the state.

It was only later on that the sculptor—the artist who designed and oversaw the project, a man named Gutzon Borglum—decided the project should be a monument honoring four of the most-respected Presidents in U.S. history; much more than a tourist attraction... its very prominence and permanence became perceived as a symbol of the endurance of U.S. ideals and the greatness of the country's early leaders. So, you see, what began as a tourist attraction became something far loftier.

Let's look at another example of this phenomenon.

The Statue of Liberty is another colossal statue—[indicating by his tone of voice that his assumption is a near certainty] one that I assume a number of you are familiar with. But, umm, I would guess that—like many people today—you don't realize that, when it was designed, over a century ago—by a French sculptor—it was intended to symbolize the long friendship between the people of France and the people of the United States—one which dated back to France's support of the American colonies' war for independence from the British.

But the shift in the statue's meaning started soon after it was built. Back in 1883, Emma Lazarus wrote that famous poem—you know, the one that goes: "Give me your tired, your poor..." [pause] and so on and so forth. That poem describes the Statue of Liberty as a beacon of welcome for the entire world. Well, in the early 1900s, it was put on a plaque on the pedestal that the Statue of Liberty stands on.

From that point on, the Statue of Liberty was no longer perceived as just a gift between friendly republics. It now became a tribute to the United States' history of immigration and openness.

This association was strengthened in the imagination of the general public just a few decades after the statue's completion, with the immigration waves of the early twentieth century... especially since the statue happened to be the first sign of America seen by those immigrants sailing into the port of New York. So, as with Mount Rushmore, the original motivation for this colossal statue was forgotten, and the statue is now valued for more important reasons.

Piste 54. Script de l'épreuve de compréhension orale (question 32)

Professor

Back in 1883, Emma Lazarus wrote that famous poem—you know, the one that goes: "Give me your tired, your poor..." *[pause]* and so on and so forth.

Narrator

Why does the professor discuss the poem by Emma Lazarus?

Explication des réponses

28. ❸ C'est une question d'information factuelle. Il s'agit d'un cours d'histoire qui porte sur les statues colossales. Après avoir terminé son explication des statues colossales de l'Antiquité, le professeur se concentre sur les temps modernes et commence par poser cette question : pourquoi les élus sont-ils prêts à investir d'énormes sommes d'argent public pour ériger des statues colossales ? Pour comprendre pourquoi, dit-il, il faut *« reexamine more closely their role as social and political symbols »*. Le choix 3 exprime le mieux cette idée. Les choix 1, 2 et 4 sont évoqués, mais ce ne sont pas les idées principales.

29. ❶ C'est une question de déduction. En examinant le rôle des statues colossales modernes comme des symboles politiques et sociaux, le professeur explique que ces statues très coûteuses sont construites uniquement lorsque des citoyens libres, c'est-à-dire les contribuables, acceptent de financer leur construction. Si ces symboles sont si coûteux à ériger, alors les personnes qui acceptent de financer leur construction doivent leur accorder une grande valeur. Par conséquent, le choix 1 est la bonne réponse. Même s'il est probablement vrai que d'autres statues colossales sont abordées dans d'autres cours (choix 2), ce n'est pas mentionné par le professeur. Le fait que ces statues durent des milliers d'années est abordé dans le contexte des statues de l'Antiquité, et non des statues modernes (choix 3). Un poème célèbre est évoqué dans le cours, mais ce poème a été inspiré par la statue de la Liberté, et non l'inverse (choix 4).

30. ❸ C'est une question d'analyse de détails. Dans son cours sur la Grande Dépression, le professeur dit que la confiance des gens diminue en période de difficultés financières, donc le choix 3 est la bonne réponse. Même si les autres événements peuvent avoir résulté de la Grande Dépression, ils ne sont pas mentionnés par le professeur dans cette perspective.

31. ❶ C'est une question d'analyse de détails. Lors de l'introduction et de la conclusion du cours sur le mont Rushmore, le professeur dit que le monument a été initialement conçu comme une attraction touristique pour apporter de l'argent à l'État du Dakota du Sud. Le choix 1 est la bonne réponse car il paraphrase les conclusions qu'il tire. La solidarité (choix 2) est abordée dans le cours dans le contexte des statues colossales ; la symbolisation de l'idéal est l'un des objectifs du sculpteur. Néanmoins, le professeur souligne que ni la solidarité ni la Grande Dépression (choix 3) n'ont été la première motivation de l'État du Dakota du Sud. Le choix 4 est inexact pour la même raison : honorer les présidents américains n'était pas l'objectif initial de la statue. En fait, le

monument était d'abord une représentation de figures légendaires de l'Ouest américain, et non une commémoration des présidents américains.

32. ❷ C'est une question d'organisation. Le choix 2 est la bonne réponse car le professeur donne comme deuxième exemple le poème d'Emma Lazarus pour illustrer la façon changeante dont un monument peut être perçu. Avant d'évoquer le poème, le professeur souligne que la statue de la Liberté a été offerte aux États-Unis par la France comme un cadeau symbolisant la longue amitié entre les deux pays. Cependant, Lazarus a écrit dans son poème que la statue est comme un phare de bienvenue pour le monde entier. Le professeur dit que le poème a donné un nouveau sens à la statue et que ce nouveau sens s'est affirmé après que le poème a été gravé sur le piédestal de la statue. Le professeur ne fait pas une observation générale sur la littérature et sur la sculpture (choix 1). Il fait mention de l'amitié entre les États-Unis et la France seulement pour introduire un contraste avec la nouvelle signification de la statue (choix 3). Il parle du poème pour souligner une similitude, non une différence entre le mont Rushmore et la statue de la Liberté, la similitude étant que le symbolisme des deux monuments a évolué au fil du temps.

33. ❸ On vous invite à écouter de nouveau une partie du cours, puis à décider ce que le professeur sous-entend au sujet du poème.

Back in 1883, Emma Lazarus wrote that famous poem—you know, the one that goes: "Give me your tired, your poor… " and so on and so forth.

C'est une question de déduction. Pour arriver à la bonne réponse (choix 3), vous devez comprendre que l'expression *« so on and so forth »* (et ainsi de suite) s'utilise généralement lorsqu'un auditeur n'a pas besoin d'autres d'informations pour comprendre ce dont parle le locuteur. Dans ce cas, le professeur présume que ses étudiants connaissent très bien le poème, donc il n'a besoin d'en réciter que les premiers mots.

Expression orale

Scripts des supports audio, points importants et exemples de réponses avec commentaires des correcteurs

Pour connaître les critères de notation des réponses, utilisez les rubriques concernant l'épreuve d'expression orale libre et dirigée. Les correcteurs qui écoutent vos réponses vont les analyser selon trois grandes catégories. Ces catégories sont l'élocution, l'utilisation de la langue et le développement du sujet. Elles ont toutes la même importance.

Cette partie traite des points importants qui doivent être couverts dans la réponse à chaque question. Tous ces points doivent être présents dans la réponse afin d'obtenir la note maximum dans la catégorie « développement du sujet ». Ces points importants vous donnent des indications sur le type d'information que les correcteurs s'attendent à entendre dans une réponse de haut niveau.

Cette partie fait également référence à des exemples de réponses qui figurent dans le DVD d'accompagnement. Certaines réponses ont obtenu la meilleure note, d'autres pas. Les réponses sont accompagnées de commentaires faits par des correcteurs certifiés par ETS.

Question 1

Piste 55. Script de l'épreuve de compréhension orale

Narrator

What kind of reading material, such as novels, magazines, or poetry, do you most like to read in your free time? Explain why you find this kind of reading material interesting.

Preparation Time: 15 Seconds

Response Time: 45 Seconds

Points importants

Dans cette question, on vous demande de parler de ce que vous aimez lire pendant votre temps libre et pourquoi vous trouvez cette lecture intéressante. La personne qui écoute votre réponse doit comprendre exactement ce que vous lisez et pourquoi cela vous intéresse. Les réponses qui sont les mieux notées donnent au moins une raison claire et concise pour laquelle le candidat aime tel ou tel type de lecture. Il faut éviter les réponses vagues, par exemple : « *I like to read magazines because they contain a lot of interesting information.* » Une réponse plus développée pourrait commencer par : « *I like to read news magazines because they provide more detailed information about current events than television news shows or newspapers can.* » Puis le candidat pourrait continuer en expliquant pourquoi les informations dans les magazines d'actualité sont intéressantes et utiles. Notez que les correcteurs vont vous évaluer sur votre façon d'expliquer ce qui vous intéresse ; ils ne portent pas de jugements sur le type de lecture que vous aimez. Donc, ne vous inquiétez pas si vous aimez lire des revues de physique ou des bandes dessinées !

Exemples de réponses

Allez à la piste 62 du DVD pour écouter une très bonne réponse à la question 1.

> ☛ ***Commentaires du correcteur***
>
> La candidate indique sa lecture préférée – les pièces de théâtre – puis elle explique en détail pourquoi elle les apprécie. Elle utilise beaucoup de précisions et d'exemples à l'appui de sa réponse. Au fur et à mesure que sa réponse se développe, elle fait mention d'un auteur, Shakespeare, dont elle apprécie les pièces tout particulièrement. Puis, elle explique pourquoi ses pièces ont un sens pour elle. Elle utilise un vocabulaire étendu et des constructions grammaticales avec facilité. Même si sa prononciation n'est pas parfaite, elle est facile à comprendre.

Allez à la piste 63 du DVD pour écouter une réponse de niveau moyen à la question 1.

> ☛ ***Commentaires du correcteur***
>
> Le candidat indique quel type de lecture il apprécie, mais il n'utilise pas beaucoup de détails pour développer sa réponse. Il aurait pu mieux développer sa réponse s'il avait choisi un seul type de lecture, soit les essais, soit les romans. Par exemple, il aurait pu expliquer qu'il aime lire les magazines de sport, pourquoi il s'intéresse au sport, et la façon dont les magazines maintiennent un certain niveau d'intérêt. Sa réponse est facile à comprendre, mais il a des problèmes mineurs avec la cadence de son discours, car il s'arrête souvent pour chercher ses mots. L'étendue de son vocabulaire est un peu restreinte.

Question 2

Piste 56. Script de l'épreuve de compréhension orale

Narrator

Some students would prefer to live with roommates. Others would prefer to live alone. Which option would you prefer and why?

Preparation Time: 15 Seconds

Response Time: 45 Seconds

Points importants

Dans cette question, vous devez indiquer ce que vous préférez en tant qu'étudiant : vivre en colocation ou vivre seul ; ensuite vous devez expliquer votre choix. Vous devez donner vos raisons de manière claire et complète avec des détails et des exemples à l'appui. Si vous dites que vous préférez vivre en colocation, vous pouvez donner une ou deux raisons pour soutenir cet avis. Par exemple, un colocataire vous permet d'avoir quelqu'un avec qui vous pouvez parler et avec qui partager la cuisine et le ménage. C'est aussi une façon de ne pas se trouver seul. Vous pouvez également parler des avantages et des inconvénients de vivre avec ou sans colocataires. Toutefois, il vous sera peut-être plus difficile de terminer le test dans le temps imparti si vous évoquez les deux points de vue.

Exemples de réponses

Allez à la piste 64 du DVD pour écouter une très bonne réponse à la question 2.

Commentaires du correcteur

La réponse de ce candidat est claire, et la progression des idées suit une logique. Il décide de parler des avantages de vivre en colocation avant d'en décrire les inconvénients, ce qui selon lui fait pencher la balance. Il donne un exemple pour illustrer les inconvénients de la colocation. Ensuite, il donne sa préférence à lui : vivre seul. Enfin, il fait une analyse de la question à partir de son expérience personnelle. Sa prononciation est facile à comprendre, et il parle très couramment. Quelques-uns de ses choix lexicaux ne sont pas précis, mais cela n'empêcherait pas un auditeur de comprendre ses propos.

Allez à la piste 65 du DVD pour écouter une mauvaise réponse à la question 2.

☛ ***Commentaires du correcteur***

Pour la première partie de sa réponse, le candidat ne fait que répéter la question à haute voix, sans vraiment y répondre. Sa prononciation est fortement influencée par sa langue maternelle; le correcteur doit faire un effort d'écoute considérable pour comprendre ce qu'il dit. Sa réponse est marquée par de longues pauses, surtout lorsque le candidat cherche longuement ses mots. Cela indique qu'il a un vocabulaire très limité en anglais. Les caractéristiques de cette réponse se situent donc au plus bas niveau sur la grille d'évaluation.

Question 3

Piste 57. Script de l'épreuve de compréhension orale

Narrator

Read the article from the university newspaper about the plan to build new student housing. You will have 50 seconds to read the article. Begin reading now.

Reading Time: 50 Seconds

University May Build New Student Apartments Off Campus

The Department of Student Housing is considering whether to build new student housing off campus in a residential area of town. Two of the major factors influencing the decision will be parking and space. Those who support building off campus argue that building new housing on campus would further increase the number of cars on and around campus and consume space that could be better used for future projects that the entire university community could benefit from. Supporters also say that students might even have a richer college experience by being connected to the local community and patronizing stores and other businesses in town.

Narrator

Now listen to two students discussing the article.

Woman

I can't believe these plans. It just doesn't make sense to me.

Man

Really? Seemed OK to me, especially the argument about the cars.

Woman

Yeah, I know. But the thing is, it doesn't matter where students live 'cause they still have to get to class somehow, right? At least if they built new dorms on campus, students would use campus transportation…

Man

[interrupting]… instead of their cars. I see what you're getting at. If they live off campus, they're still going to have to drive and park on campus. Might even create more traffic.

Woman

Exactly.

Man

OK. Still, though… the point about students interacting more with people in the community: that doesn't seem to be a bad thing, does it?

Woman

But the more time spent off campus, in town, the less time spent on campus. What about all the clubs, shows, discussions, a—all the campus happenings that just kind of… happen? It's important to be on campus to really take advantage of these things. Having a different living experience shouldn't be given up at the expense of not being as much a part of the university community.

Narrator

The woman expresses her opinion of the university's plan. State her opinion and explain the reasons she gives for holding that opinion.

Preparation Time: 30 Seconds

Response Time: 60 Seconds

Points importants

La femme n'est pas d'accord avec le projet du service de logement de l'université qui consiste à construire des logements étudiants loin du campus. Elle pense que les étudiants seront obligés de venir sur campus en voiture, et qu'il y aura beaucoup plus de circulation automobile. Elle pense aussi que les étudiants seront moins impliqués dans des activités associatives sur le campus, et que celles-ci sont aussi importantes que de vivre en ville.

Exemples de réponses

Allez à la piste 66 du DVD pour écouter une très bonne réponse à la question 3.

☛ ***Commentaires du correcteur***

Le candidat donne une réponse cohérente et étayée, qui explique de façon précise et efficace l'opinion de la femme concernant les idées principales présentées dans l'article de journal. Il n'a pas perdu de temps en ajoutant des détails sans importance entendus dans l'extrait audio. Son rythme est fluide, et il a une bonne maîtrise de diverses structures grammaticales ainsi qu'un vocabulaire varié. Sa prononciation est exceptionnellement facile à comprendre.

Allez à la piste 67 du DVD pour écouter une réponse moyenne à la question 3.

Commentaires du correcteur

Cette candidate évoque tous les points importants de l'opinion de la femme. Cependant, la candidate ne parle jamais des projets de l'université. D'une manière générale, elle n'explique pas très clairement ce à quoi s'oppose la femme dans l'extrait audio. Il y a quelques erreurs mineures dans sa réponse : ses choix lexicaux, par exemple l'utilisation du mot «*assist*» plutôt que «*attend*». Cependant, dans l'ensemble elle a une bonne maîtrise du vocabulaire et de la grammaire en anglais. Sa fluidité est généralement régulière, mais parfois elle est hésitante, ce qui exige un certain effort d'écoute.

Question 4

Piste 58. Script de l'épreuve de compréhension orale

Narrator

Now read the passage about a topic in psychology. You will have 45 seconds to read the passage. Begin reading now.

Reading Time: 45 Seconds

Actor-Observer

People account for their own behavior differently from how they account for the behavior of others. When observing the behavior of others, we tend to attribute their actions to their character or their personality rather than to external factors. In contrast, we tend to explain our own behavior in terms of situational factors beyond our own control rather than attributing it to our own character. One explanation for this difference is that people are aware of the situational forces affecting them but not of situational forces affecting other people. Thus, when evaluating someone else's behavior, we focus on the person rather than the situation.

Narrator

Now listen to part of a lecture in a psychology class.

Professor

So we encounter this in life all the time, but many of us are unaware that we do this… even psychologists who study it… like me. For example, the other day I was at the store and I was getting in line to buy something. But just before I was actually in line, some guy comes out of nowhere and cuts right in front of me. Well, I was really annoyed and thought, "That was rude!" I assumed he was just a selfish, inconsiderate person when, in fact, I had no idea why he cut in line in front of me or whether he even realized he was doing it. Maybe he didn't think I was actually in line yet… But my immediate reaction was to assume he was a selfish or rude person.

OK, so a few days after that, I was at the store again. Only this time I was in a real hurry—I was late for an important meeting—and I was frustrated that everything was taking so long. And what's worse, all the checkout lines were long, and it seemed like everyone was moving so slowly. But then I saw a slightly shorter line! But some woman with a lot of stuff to buy was walking toward it, so I basically ran to get there first, before her, and, well, I did. Now, I didn't think of myself as a bad or rude person for doing this. I had an important meeting to get to —I was in a hurry, so, you know, I had done nothing wrong.

Narrator

Explain how the two examples discussed by the professor illustrate differences in the ways people explain behavior.

Preparation Time: 30 Seconds

Response Time: 60 Seconds

Points importants

Nous n'expliquons pas le comportement des autres comme notre propre comportement. Le professeur dit que l'homme qui a coupé devant lui dans la file d'attente était une personne grossière. Cet exemple montre que nous avons tendance à expliquer le comportement des autres comme faisant partie de leur personnalité. Ensuite, le professeur explique qu'il a lui-même resquillé, mais il ne se considère pas comme grossier, parce qu'il était en retard pour une réunion. Cet exemple illustre la façon dont nous expliquons notre propre comportement : non comme faisant partie de notre personnalité, mais en raison des circonstances atténuantes.

Exemples de réponses

Allez à la piste 68 du DVD pour écouter une bonne réponse à la question 4.

☛ ***Commentaires du correcteur***

Ce candidat explique clairement la façon dont les exemples donnés par le professeur illustrent l'idée que nous décrivons le comportement des autres d'une certaine manière, et notre propre comportement de manière différente. Il évoque les idées principales de manière efficace et dans le temps imparti. Sa réponse est étayée et fluide, et sa prononciation facile à comprendre, à part quelques difficultés mineures de temps à autre. Il commet plusieurs fautes grammaticales mineures, mais celles-ci ne nuisent pas à la compréhension. Globalement, il a une bonne maîtrise de la grammaire.

Allez à la piste 69 du DVD pour écouter une réponse moyenne à la question 4.

> ☛ ***Commentaires du correcteur***
>
> Le candidat est capable de parler des exemples donnés par le professeur de manière basique, mais il ne fait jamais le lien entre le second exemple et l'idée principale du cours (que les gens expliquent leur propre comportement en fonction des influences externes, et non comme faisant partie de leur personnalité). Sa prononciation est facile à comprendre, mais sa réponse est toujours difficile à suivre à cause d'hésitations fréquentes.

Question 5

Piste 59. Script de l'épreuve de compréhension orale

Narrator

Now listen to part of a conversation between a student and her advisor.

Advisor

OK, Becky, so… you've chosen all your courses for next term?

Student

Well, not really, professor. Actually, I've got a problem.

Advisor

Oh?

Student

Yeah, well, I still need to take an American literature course; it's required for graduation. But I've been putting it off. But since my next term is my last…

Advisor

Yeah, you can't put it off any longer!

Student

Right. The thing is, though… it's not offered next term.

Advisor

I see. Hmm. Ah, how about… ah, taking the course at another university?

Student

I thought about that. It's offered at City College, but… that's so far away. Commuting back and forth would take me a couple of hours, you know, a big chunk of time with all my other studies and everything.

Advisor

True, but it's been done. Or… ah, there are a couple of graduate courses in American literature. Why not take one of those?

Student

Yeah, but… wouldn't that be hard, though? I mean… it's a graduate course; that'd be pretty intense.

Advisor

Yeah, it'd probably mean more studying than you're used to, but I'm sure it's not beyond your abilities.

Narrator

The speakers discuss two possible solutions to the woman's problem. Briefly summarize the problem. Then state which solution you prefer and why.

Preparation Time: 20 Seconds

Response Time: 60 Seconds

Points importants

L'étudiante a un problème : elle doit suivre un autre cours pour valider son diplôme, mais le cours en question n'est pas proposé au second semestre, et c'est à ce moment-là qu'elle devait être diplômée.

Pour cette épreuve, vous vous apercevrez que la question ne vous demande pas de parler des deux solutions. Après avoir résumé le problème, vous devrez dire laquelle des solutions vous préférez et pourquoi. Si vous êtes d'accord avec la première solution, vous pouvez dire que vous pensez qu'elle devrait suivre le cours dans une autre université. Vous pouvez étayer votre choix en disant, par exemple, que même si cela implique beaucoup de déplacements, le cours serait plus facile qu'un cours de deuxième cycle, et qu'il pourrait être avantageux de rencontrer des étudiants d'une autre université.

Si vous choisissez la seconde solution, vous pouvez dire que vous pensez qu'elle devrait suivre le cours en deuxième cycle dans son université. Vous pouvez étayer votre choix en disant, par exemple, qu'elle ne perdrait pas de temps en déplacements, que même si le cours est plus difficile dans son université, elle apprendrait beaucoup plus. De plus, le fait d'avoir suivi un cours de deuxième cycle ferait meilleure impression dans son cursus.

Exemples de réponses

Allez à la piste 70 du DVD pour écouter une très bonne réponse à la question 5.

> ☛ ***Commentaires du correcteur***
>
> La candidate répond aux exigences de l'exercice en résumant le problème et en expliquant la meilleure solution. Elle se réfère aux détails pertinents entendus dans l'extrait audio, et elle présente ses idées de manière cohérente en suivant une progression logique. Elle a décidé de présenter les deux solutions, même si ce n'est pas obligatoire. Mais comme elle parle couramment, elle est capable d'accomplir l'exercice et d'étayer sa recommandation dans les délais impartis. Sa prononciation est bonne, et bien que sa fluidité soit de temps en temps saccadée, le correcteur n'a pas de difficultés à comprendre ce qu'elle dit.

Allez à la piste 71 du DVD pour écouter une réponse moyenne à la question 5.

> ☛ ***Commentaires du correcteur***
>
> La candidate n'a pas un niveau de maîtrise très élevé. Elle s'arrête tous les deux ou trois mots, ce qui exige un effort d'écoute pour suivre ses idées. Bien qu'elle explique le problème et qu'elle propose une meilleure idée, elle n'étaye pas vraiment sa préférence pour la seconde solution. Son manque d'aisance l'empêche de fournir une réponse complète dans le temps imparti.

Question 6

Piste 60. Script de l'épreuve de compréhension orale

Narrator

Now listen to part of a lecture in a child development class.

Professor

OK. Young children and art. Research suggests that learning art skills can benefit a young child's development. Umm… two of the ways it can do this is by providing a platform to express complex emotions and by encouraging persistence.

Now, what do I mean when I say "a platform to express complex emotions"? Young children have limited vocabulary. So how would they communicate the feeling of pride, for example? A drawing, though, making a drawing of feeling proud… this is something a young child could do. So a little girl might draw herself jumping up in the air next to her bike. In the drawing, her arms are raised up in the air and she's smiling. Children can communicate their emotions, whether positive or negative, through the drawing—mm—better than they could with words.

And encouraging persistence? Art skills can help children to develop patience and concentration to persist in an activity… the willingness to keep trying to reach a goal. So suppose there's a little boy who wants to mold a lump of clay into the shape of a car. The first attempt doesn't look too much like a car. He's disappointed but wants to try again. The second, third, fourth try still don't look quite right, but there's improvement with every attempt. So, after some time, he gets to the point where he's satisfied with his creation. The newly shaped clay car is an instant reminder of an accomplishment—a success resulting from his persistence. The boy may be able to transfer this lesson toward other situations and activities because, well, he's had the experience of successfully accomplishing a goal through hard work.

Narrator

Using points and examples from the talk, explain how learning art can impact a child's development.

Preparation Time: 20 Seconds

Response Time: 60 Seconds

Points importants

Apprendre des compétences artistiques peut avoir un impact important sur le développement affectif des jeunes enfants de deux manières différentes. L'une consiste à les aider à exprimer des émotions complexes. Par exemple, le dessin peut aider les enfants à exprimer des émotions qu'ils ne peuvent pas exprimer avec des mots. La petite fille a été fière à la fois d'avoir dessiné une image d'elle-même et d'avoir appris à faire du vélo.

L'art peut également aider les jeunes enfants en leur apprenant la persévérance. Après avoir passé du temps à perfectionner une œuvre artistique – par exemple, le petit garçon qui fait une sculpture en argile d'une voiture –, les enfants peuvent voir le résultat de leurs travaux.

Exemples de réponses

Allez à la piste 72 du DVD pour écouter une très bonne réponse à la question 6.

☛ ***Commentaires du correcteur***

Ce candidat résume de façon efficace les points clés présentés dans le cours afin d'expliquer comment l'apprentissage des compétences artistiques peut influencer le développement de l'enfant. Son discours est très intelligible et fluide, même s'il existe quelques hésitations mineures. Sa réponse fait preuve d'une bonne maîtrise des structures grammaticales plus ou moins complexes dans le langage parlé.

Allez à la piste 73 du DVD pour écouter une réponse moyenne à la question 6.

☛ ***Commentaires du correcteur***

Le candidat commet de graves fautes de contenu lorsqu'il tente de résumer le cours. Il ne mentionne pas le second sujet : la valeur de la persévérance comme l'une des façons dont l'art peut contribuer au développement affectif des enfants. En outre, son résumé du premier sujet est inexact ; il confond l'exemple donné pour le second sujet avec celui du premier (aider les enfants à exprimer leurs émotions). D'une façon générale sa prononciation est bonne, mais sa réponse manque de cohérence, et il n'est pas toujours facile de voir comment les idées s'enchaînent.

Expression écrite

Script des supports audio, notes sur les sujets et exemples de réponses avec les commentaires des correcteurs

Afin de savoir comment les réponses sont notées, utilisez les rubriques de notation concernant les épreuves écrites dirigées et libres que vous trouverez aux pages 225-226 et 233-234.

Expression écrite basée sur des documents écrits et oraux

Piste 61. Script audio

Narrator

Now listen to part of a lecture on the topic you just read about.

Professor

Lately, we've been seeing some professors on television. Though it's sometimes claimed to be a good thing, we should question whether anybody really benefits from it. First of all, it's not good for the professors themselves—not from a professional standpoint. Rightly or wrongly, a professor who appears on TV tends to get the reputation among fellow professors of being someone who is not a serious scholar—someone who chooses to entertain rather than to educate. And for that reason, TV professors may not be invited to important conferences—important meetings to discuss their academic work. They may even have difficulty getting money to do research. So for professors, being a TV celebrity has important disadvantages.

A second point is that being on TV can take a lot of a professor's time—not just the time on TV but also time figuring out what to present and time spent rehearsing, travel time, even time getting made up to look good for the cameras. And all this time comes out of the time the professor can spend doing research, meeting with students, and attending to university business. So you can certainly see there are problems for the university and its students when professors are in the TV studio and not on campus.

So who does benefit? The public? Umm… that's not so clear either. Look, professors do have a lot of knowledge to offer, but TV networks don't want really serious, in-depth academic lectures for after-dinner viewing. What the networks want is the academic title, not the intellectual substance. The material that professors usually present on TV—such as background on current events, or some brief historical introduction to a new movie version of a great literary work —this material is not much different from what viewers would get from a TV reporter who had done a little homework.

Narrator

Summarize the points made in the lecture, being sure to explain how they oppose specific points made in the reading passage.

Notes sur le sujet

Vous devez comprendre, sur la base du cours, les raisons pour lesquelles il n'est pas forcément bien qu'un professeur passe à la télévision. Le professeur met en question les avantages mentionnés dans le texte : la réputation du professeur, sa disponibilité et l'adaptabilité du sujet au grand public.

Une réponse bien notée comprendra les propos suivants :

Éléments figurant dans le passage	Points en opposition avec le cours
Passer à la télévision améliore la réputation du professeur.	1. La réputation des professeurs est mise en question car ils ne sont pas considérés comme des chercheurs sérieux. 2. Par conséquent, ils reçoivent moins d'invitations aux colloques et moins de financement.
Passer à la télévision aide l'université à attirer de nouveaux étudiants et des investisseurs.	Les professeurs passent beaucoup de temps à préparer leur passage à la télévision, ce qui leur fait perdre du temps pour faire de la recherche.
Passer à la télévision est bénéfique pour le grand public car il est exposé à des idées plus développées sur un sujet.	Les professeurs ne font pas des cours pour le grand public à la télévision.

Toutes les réponses notées 4 et 5 traitent les trois aspects du tableau.

Exemples de réponses avec commentaires des correcteurs

Réponse de bon niveau

The passage introduced three reasons why professors should appear on TV: gaining reputation for the professor, for the college, and to educate the general public. However, the lecture disagrees.

Professors who appear frequently on TV are not generally viewed as a serious scholar. As a result, those professors will receive less invitation to attend academic conferences or less likely to receive research grant. This seriously hinders the professor's opportunity to further grow as a researcher

Professors who frequently appear on TV also has negative effect on students and the university. Appearing on TV takes a lot of time to prepare, including preperation for the material, transportation time, and even time to dress up. This precious time can also be used to teach class, help students, or even do further research. As a result, professors who appear on TV waste a lot of time that they can contribute to teaching and research.

Professors appearing on TV doesn't usually help educating the general public. The TV network is not interested in having the professor explaining the intellectual substances of their researches. Rather, they are interested in having them explain some basic background information or history. This type of information can be easily presented by a serious reporter who has done his work properly.

Because of the above reasons, it is highly questionable whether professors appearing on TV has any advantage. In fact, it could bring negative consequence both to the professors themselves and the universities they teach.

☛ ***Commentaires du correcteur***

Cette réponse décrit correctement les trois points principaux du cours. La réponse est bien organisée et bien développée. Le lien entre le texte et le cours est clairement expliqué dans le premier et le dernier paragraphe. Dans chaque paragraphe, le candidat commence par une phrase qui illustre la façon dont une partie du cours s'oppose aux remarques faites dans le texte à lire. Puis, le candidat développe les points abordés par le professeur avec des détails et des exemples pertinents à l'appui. La langue utilisée par le candidat n'est pas parfaite, il y a des erreurs grammaticales mineures d'accord sujet-verbe et de préposition (« *Professors… has negative effect* », « *preperation for the material* », « *the universities they teach* »). Toutefois, notez que la grille de notation utilisée pour les exercices dirigés permet aux réponses de bon niveau de contenir des erreurs mineures de temps en temps, à moins que celles-ci ne rendent le contenu inexact ou imprécis. Les erreurs dans cette réponse ne nuisent ni à la compréhension ni à la fluidité de la réponse.

Réponse de niveau moyen

The question which is asked is to know if the apparition of a professor on television is a good or a bad think? On this point, the text and the lecture completely disagree.

First, we can think that it is a good thing for the professors themselves. It seems to be something logical because today a lot of people want to be known and the television is perhaps the best thing to be known. But what the lecture say is that such a professor don't have a good reputation. People think they are not very serious when they pass on television. The effect is that they are no more invited to important conferences.

In what concerned the students and the university, the text shows the facts that some of these apparitions can bring some donation to the university, what is very good. But in the other hand according to the lecture, this professor spend a lot of time travelling and during that time, he isn't available for the students or for the researches and the university lose therefore some money.

Finally for the public himself, they could learn some interesting things and it could be a very big chance because a lot of these persons haven't had the chance going in the university. But it is true that such intervention isn't often best as something that a journalist could prepare.

☛ ***Commentaires du correcteur***

Le candidat organise assez bien sa réponse. Après une brève introduction, chaque point du texte est brièvement résumé et suivi des idées présentées dans le cours. Cependant, la réponse est de niveau moyen car il y a plusieurs problèmes dans le résumé du candidat: un manque de précision (l'idée que «le public», plutôt que les collègues du professeur, pense que le passage du professeur à la télévision n'est pas sérieux); une omission (l'idée que les chaînes de télévision ne sont pas intéressées par des cours détaillés); un manque d'analyse (l'idée qu'une université perde un peu d'argent n'a pas de rapport avec l'idée que passer à la télévision fasse perdre du temps aux professeurs). Plus important encore: il y a un manque de clarté en raison d'une faible maîtrise de l'expression écrite chez le candidat. Les erreurs de vocabulaire (*«pass on television»*, *«intervention isn't often best as something»*) nuisent à la signification tant et si bien que ce que dit le professeur dans le premier point est communiqué par le candidat de manière vague, et que son dernier point n'est pas du tout clair. Bien que le candidat ait une bonne maîtrise de diverses idées sur lesquelles il voulait écrire, il n'a pas réussi à communiquer ses idées de façon claire pour le correcteur.

Expression écrite libre basée sur les connaissances et l'expérience

Question

Do you agree or disagree with the following statement?

Young people enjoy life more than older people do.

Use specific reasons and examples to support your answer.

Attention à bien utiliser vos propres mots. N'utilisez pas d'exemples mémorisés.

Notes sur le sujet

Ce sujet vous demande de donner votre avis sur la raison pour laquelle les jeunes profitent plus de la vie que les personnes âgées. Si vous êtes d'accord, vous devez présenter des exemples et des raisons pour justifier votre réponse. Par exemple, les jeunes peuvent avoir tendance à sortir davantage et participer plus à des activités ludiques, alors que les personnes âgées peuvent avoir tendance à être plus casanières. Une autre raison pour laquelle les personnes âgées profitent moins de la vie viendrait du fait qu'elles ont plus de responsabilités et plus de pression au travail, en famille et de la part de leurs créanciers que les jeunes. Une troisième raison pourrait être que les jeunes sont en meilleure forme physique et capables de profiter de plus d'activités que les personnes âgées.

Si vous n'êtes pas d'accord avec le sujet, vous pouvez présenter des exemples et des raisons pour lesquelles les personnes âgées profitent plus de la vie. Par exemple, les personnes âgées savent mieux ce qui leur plaît que les jeunes.

D'autres bonnes réponses expliquent que le choix du groupe qui profite le mieux de la vie dépend du lieu de résidence. Toutes ces approches peuvent être développées pour mieux répondre.

Exemples de réponses avec commentaires du correcteur

Rédaction de bon niveau

People often complain about seing themselves becoming older too quickly. But does that mean that they are enjoying their lives less than they did before? Personally, I rather disagree with this statement. It would probably be more accurate to say that every time of a person's life is worth being lived and enjoyed.

There is no denying that young people have far less responsibilities with, for instance, family and work. Thus, they can spend more time on their hobbies than people who are working all day long and who have to care about their children at night when they come home. But one cannot overlook that having a family to care about can be considered as a satisfying pleasure in itself. Besides, many people find fullfillment in their work and enjoy spending most of their time on it.

Moreover, it is customary to say that older people tend to have more health problems than teenagers or students do. However, it is well worth noticing that this assertion cannot be taken as a general rule, as also many young people develop painfull illnesses. A striking example of a disease which tends to affect more and more teenagers is back ache, because they are sitting for too long periods of time and doing too little sport to compensate. Consequently, the argument supporting that good health makes life more enjoyable when you are young may be called into question.

In addition to that, one should not forget that today's teenagers are expected to take important decisions about their future at an early age, and that they have to cope with heavy responsibilities even before getting their first school degree. As it becomes more and more difficult to find a job these days, young people have to worry about what to study and they even often have to fix priorities according to what the job market offers, and not according to their personal preferences.

Last but not least, one cannot forget that after working hard for long years, people retire and are then given the chance to concentrate on their centers of interest and hobbies again. Up to a certain point, when taking into account the arguments of the previous paragraph concerning the early responsibilities teenagers have to assume, pensioners are even more free to enjoy their lives without thinking of potential problems of the future.

To put it in a nutshell, that all amounts to saying that there is no period of time in a person's life which is more prone to hapiness than the others. People only have to learn to make the best of every situation and of what they have… even if it is easier said than done!

☛ ***Commentaires du correcteur***

Cette réponse bien structurée satisfait à tous les critères nécessaires pour obtenir un score élevé. Elle s'oppose à l'énoncé. La réponse se développe d'abord de façon inductive. Dans le paragraphe 2, elle présente les raisons pour lesquelles les jeunes profitent mieux de la vie (moins de responsabilités), mais se termine en expliquant pourquoi ces mêmes responsabilités peuvent être enrichissantes pour les personnes âgées. Dans le paragraphe 3, le candidat avance l'idée que les personnes âgées ont des problèmes de santé, tout comme les jeunes. Le dernier point développé dans les paragraphes 4 et 5 explique que les jeunes s'inquiètent beaucoup de leurs études et de leur avenir, alors que les personnes âgées à la retraite sont libres de profiter de leur vie, de leurs hobbies et de leurs centres d'intérêt. La structure des phrases est variée et complexe, et la réponse présente un vocabulaire bien choisi qui permet à l'auteur de communiquer ses idées de manière précise. Il y a un petit problème d'organisation : dans le paragraphe introductif le candidat déclare : « *It would probably be more accurate to say that every time of a person's life is worth being lived and enjoyed.* » La conclusion porte sur cette même notion. Cela induit un peu en erreur car la focalisation des paragraphes ne porte pas sur le plaisir à tous les stades de la vie. En fait, le candidat s'étend davantage sur les moments désagréables de la vie. Toutefois, cette déclaration un peu maladroite n'est pas très grave ; la majeure partie de la rédaction est bien organisée, cohérente, et explique bien les raisons pour lesquelles il ne faut pas dire que les jeunes gens profitent plus de la vie que les personnes âgées.

Rédaction de niveau moyen

Nowadays, young people have a lot of opportunities to enjoy life, more than older people have known when they were young. Thought, values especially in the way to bring up children have changed. I think that young people enjoy life more than older people do for that reason and for several others. Young people are usually in good health, so they have more envy to live their life, more than older people who may have health problems or do not want to have too much activities. It is obvious that young people have time to enjoy their life, they are still on studies so they can have several activities, they have the possibility to do a lot of new experiences. Older people usually have a job and a family to look after, thet cannot do what they want, they have to give stability to them and their family. Nomad people are often single, it is difficult to enjoy your life free when you have assignements.

Moreover, when you are young you are very curious, interested by all you may learn. It is the exemple of the young child who wants to discover his environment. Generally, older people have already done a lot of things in their life such as sports, travels...

Young people want to learn others things, they like to meet with friends to go to cinema or to museum. The best way to discover other cultures is obviously to travel to foreign countries and meet locals to understand their culturs without judgments. I think the best way to discover other countries is to travel to them or to study during a year in them. Study abroad is a very exciting experience during which you can learn a lot, especially on yourself. I think it makes you grow up. You have to be adaptive, to ask you questions...

Finally, young people are incitated to move, to enjoy their lives through media, who help them to wide their mind to discovers and to other cultures. It is fundamental to young to discover all the world and open them to others, it should be a way to give them the possibility to continue to enjoy their life when they will be older.

☛ ***Commentaires du correcteur***

Cette réponse obtient une note moyennne, car le candidat ne développe pas suffisamment ses idées principales. Il donne un certain nombre de raisons pour lesquelles les jeunes gens profitent plus de la vie que les personnes âgées. Certaines de ses raisons sont assez claires, mais elles ne sont pas étayées par des exemples concrets, ce qui pourrait rendre le texte plus intelligible. L'idée générale présentée dans les deux premières phrases n'est pas étayée. Le lien logique entre les peuples nomades et le fait que les personnes âgées ont plus de responsabilités n'est pas suffisamment expliqué. Le paragraphe le plus développé, qui porte sur les rencontres entre les amis et les voyages à l'étranger, présente un certain nombre d'idées pertinentes, mais il est assez difficile de comprendre la façon dont les idées dans ce paragraphe s'articulent. Il est également difficile de voir comment les informations présentées dans le texte sont liées au sujet, de manière générale.

.../...

Par exemple, le candidat n'explique pas en quoi l'idée que les personnes âgées aient manqué des opportunités quand elles étaient jeunes est liée à la problématique. Bien qu'une grande partie de cette réponse soit intelligible, elle est marquée par des erreurs de grammaire et de vocabulaire (« *incitated to move* », « *wide their mind* ») et des incohérences indéchiffrables (« *more envy to live* »).

8 TEST D'ENTRAÎNEMENT AU *TOEFL iBT*® N° 3

Vous trouverez dans ce chapitre le troisième des quatre tests de préparation du *TOEFL iBT*®. Vous pouvez passer ces tests de deux manières différentes :

- **en utilisant le livre :** vous pouvez prendre connaissance des questions du test dans les pages suivantes puis inscrire vos réponses dans les espaces prévus. Quand vous aurez besoin d'écouter certaines parties du test, suivez les instructions d'utilisation du support audio et écoutez les pistes du DVD qui accompagne ce livre ;
- **en utilisant le DVD :** si vous souhaitez vous mettre dans des conditions réelles d'examen du test *TOEFL iBT*®, vous pouvez passer ce même test sur votre ordinateur en utilisant le DVD d'accompagnement. Les passages à lire et les questions apparaîtront sur votre écran et vous pourrez inscrire vos réponses en cliquant sur les espaces prévus. Suivez les instructions pour écouter les parties de compréhension orale du test.

À la suite de ce test, vous trouverez les corrigés et des indications sur le mode de notation. Vous trouverez également les scripts des parties de compréhension orale. Des explications complètes des réponses ainsi que des exemples de réponses et de rédaction de candidats vous seront également proposés.

TEST D'ENTRAÎNEMENT 3

READING

Directions: This section measures your ability to understand academic passages in English.

There are three passages in this section. You have **60 minutes** to complete the Reading section. You may read the passages and answer the questions in any order you choose, but plan to spend 20 minutes on each passage and the accompanying questions.

Most questions are worth 1 point, but the last question for each passage is worth more than 1 point. The directions for the last question indicate how many points you may receive.

At the end of this Practice Test you will find an answer key, information to help you determine your score, and explanations of the answers.

ARCHITECTURE

Architecture is the art and science of designing structures that organize and enclose space for practical and symbolic purposes. Because architecture grows out of human needs and aspirations, it clearly communicates cultural values. Of all the visual arts, architecture affects our lives most directly for it determines the character of the human environment in major ways.

Architecture is a three-dimensional form. It utilizes space, mass, texture, line, light, and color. To be architecture, a building must achieve a working harmony with a variety of elements. Humans instinctively seek structures that will shelter and enhance their way of life. It is the work of architects to create buildings that are not simply constructions but also offer inspiration and delight. Buildings contribute to human life when they provide shelter, enrich space, complement their site, suit the climate, and are economically feasible. The client who pays for the building and defines its function is an important member of the architectural team. The mediocre design of many contemporary buildings can be traced to both clients and architects.

In order for the structure to achieve the size and strength necessary to meet its purpose, architecture employs methods of support that, because they are based on physical laws, have changed little since people first discovered them—even while building materials have changed dramatically. The world's architectural structures have also been devised in relation to the objective limitations of materials. Structures can be analyzed in terms of how they deal with downward forces created by gravity. They are designed to withstand the forces of *compression* (pushing together), *tension* (pulling apart), *bending*, or a combination of these in different parts of the structure.

Every development in architecture has been the result of major technological changes. Materials and methods of construction are integral parts of the design of architectural structures. In earlier times it was necessary to design structural systems suitable for the materials that were available, such as wood, stone, or brick. Today technology has progressed to the point where it is possible to invent new building materials to suit the type of structure desired. Enormous changes in materials and techniques of construction within the last few generations have made it possible to enclose space with much greater ease and speed and with a minimum of material. Progress in this area can be measured by the difference in weight between buildings built now and those of comparable size built one hundred years ago.

Modern architectural forms generally have three separate components comparable to elements of the human body: a supporting *skeleton* or frame, an outer *skin* enclosing the interior spaces, and *equipment*, similar to the body's vital organs and systems. The equipment includes plumbing, electrical wiring, hot water, and air – conditioning. Of course in early architecture—such as igloos and adobe structures—there was no such equipment, and the skeleton and skin were often one.

Much of the world's great architecture has been constructed of stone because of its beauty, permanence, and availability. In the past, whole cities grew from the arduous task of cutting and piling stone upon stone. Some of the world's finest stone architecture can be seen in the ruins of the ancient Inca city of Machu Picchu high in the eastern Andes Mountains of Peru. The doorways and windows are made possible by placing over the open spaces thick stone beams that support the weight from above. A structural invention had to be made before the physical limitations of stone could be overcome and new architectural forms could be created. That invention was the *arch*, a curved structure originally made of separate stone or brick segments. The arch was used by the early cultures of the Mediterranean area chiefly for underground drains, but it was the Romans who first developed and used the arch extensively in aboveground structures. Roman builders perfected the semicircular arch made of separate blocks of stone. As a method of spanning space, the arch can support greater weight than a horizontal beam. It works in compression to divert the weight above it out to the sides, where the weight is borne by the vertical elements on either side of the arch. The arch is among the many important structural breakthroughs that have characterized architecture throughout the centuries.

PARAGRAPH 1

Architecture is the art and science of designing structures that organize and enclose space for practical and symbolic purposes. Because architecture grows out of human needs and aspirations, it clearly communicates cultural values. Of all the visual arts, architecture affects our lives most directly for it determines the character of the human environment in major ways.

Directions: Mark your answer by filling in the oval next to your choice.

1. According to paragraph 1, all of the following statements about architecture are true EXCEPT:

- ☐ Architecture is a visual art.
- ☐ Architecture reflects the cultural values of its creators.
- ☐ Architecture has both artistic and scientific dimensions.
- ☑ Architecture has an indirect effect on life.

PARAGRAPH 2

Architecture is a three-dimensional form. It utilizes space, mass, texture, line, light, and color. To be architecture, a building must achieve a working harmony with a variety of elements. Humans instinctively seek structures that will shelter and enhance their way of life. It is the work of architects to create buildings that are not simply constructions but also offer inspiration and delight. Buildings contribute to human life when they provide shelter, enrich space, complement their site, suit the climate, and are economically feasible. The client who pays for the building and defines its function is an important member of the architectural team. The mediocre design of many contemporary buildings can be traced to both clients and architects.

2. The word "enhance" in the passage is closest in meaning to

- ☐ protect
- ☑ improve
- ☐ organize
- ☐ match

3. The word "feasible" in the passage is closest in meaning to

- ☐ in existence
- ☐ without question
- ☑ achievable
- ☐ most likely

PARAGRAPH 3

In order for the structure to achieve the size and strength necessary to meet its purpose, architecture employs methods of support that, because they are based on physical laws, have changed little since people first discovered them—even while building materials have changed dramatically. The world's architectural structures have also been devised in relation to the objective limitations of materials. Structures can be analyzed in terms of how they deal with downward forces created by gravity. They are designed to withstand the forces of compression (pushing together), tension (pulling apart), bending, or a combination of these in different parts of the structure.

4. Which of the sentences below best expresses the essential information in the highlighted sentence in the passage? Incorrect choices change the meaning in important ways or leave out essential information.

- [ ] Unchanging physical laws have limited the size and strength of buildings that can be made with materials discovered long ago.
- [ ] Building materials have changed in order to increase architectural size and strength, but physical laws of structure have not changed.
- [ ] When people first started to build, the structural methods used to provide strength and size were inadequate because they were not based on physical laws.
- [x] Unlike building materials, the methods of support used in architecture have not changed over time because they are based on physical laws.

5. The word "devised" in the passage is closest in meaning to

- [ ] combined
- [x] created
- [ ] introduced
- [ ] suggested

PARAGRAPH 4

Every development in architecture has been the result of major technological changes. Materials and methods of construction are integral parts of the design of architectural structures. In earlier times it was necessary to design structural systems suitable for the materials that were available, such as wood, stone, or brick. Today technology has progressed to the point where it is possible to invent new building materials to suit the type of structure desired. Enormous changes in materials and techniques of construction within the last few generations have made it possible to enclose space with much greater ease and speed and with a minimum of material. Progress in this area can be measured by the difference in weight between buildings built now and those of comparable size built one hundred years ago.

6. The word "integral" is closest in meaning to

- [x] essential
- [ ] variable
- [ ] practical
- [ ] independent

7. According to paragraph 4, which of the following is true about materials used in the construction of buildings?

- [ ] Because new building materials are hard to find, construction techniques have changed very little from past generations.
- [x] The availability of suitable building materials no longer limits the types of structures that may be built.
- [ ] The primary building materials that are available today are wood, stone, and brick.
- [ ] Architects in earlier times did not have enough building materials to enclose large spaces.

8. In paragraph 4, what does the author imply about modern buildings?

☐ They occupy much less space than buildings constructed one hundred years ago.
☐ They are not very different from the buildings of a few generations ago.
☐ They weigh less in relation to their size than buildings constructed one hundred years ago.
☐ They take a long time to build as a result of their complex construction methods.

PARAGRAPH 5

Modern architectural forms generally have three separate components comparable to elements of the human body: a supporting *skeleton* or frame, an outer *skin* enclosing the interior spaces, and *equipment*, similar to the body's vital organs and systems. The equipment includes plumbing, electrical wiring, hot water, and air-conditioning. Of course in early architecture—such as igloos and adobe structures—there was no such equipment, and the skeleton and skin were often one.

9. Which of the following correctly characterizes the relationship between the human body and architecture that is described in paragraph 5?

☐ Complex equipment inside buildings is the one element in modern architecture that resembles a component of the human body.
☐ The components in early buildings were similar to three particular elements of the human body.
☐ Modern buildings have components that are as likely to change as the human body is.
☐ In general, modern buildings more closely resemble the human body than earlier buildings do.

PARAGRAPH 6

Much of the world's great architecture has been constructed of stone because of its beauty, permanence, and availability. In the past, whole cities grew from the arduous task of cutting and piling stone upon stone. Some of the world's finest stone architecture can be seen in the ruins of the ancient Inca city of Machu Picchu high in the eastern Andes Mountains of Peru. The doorways and windows are made possible by placing over the open spaces thick stone beams that support the weight from above. A structural invention had to be made before the physical limitations of stone could be overcome and new architectural forms could be created. That invention was the *arch*, a curved structure originally made of separate stone or brick segments. The arch was used by the early cultures of the Mediterranean area chiefly for underground drains, but it was the Romans who first developed and used the arch extensively in aboveground structures. Roman builders perfected the semicircular arch made of separate blocks of stone. As a method of spanning space, the arch can support greater weight than a horizontal beam. It works in compression to divert the weight above it out to the sides, where the weight is borne by the vertical elements on either side of the arch. The arch is among the many important structural breakthroughs that have characterized architecture throughout the centuries.

10. The word "arduous" in the passage is closest in meaning to

☐ difficult
☐ necessary
☐ skilled
☐ shared

11. Why does the author include a description of how the "doorways and windows" of Machu Picchu were constructed?

- ☐ To indicate that the combined skeletons and skins of the stone buildings of Machu Picchu were similar to igloos and adobe structures.
- ☐ To indicate the different kinds of stones that had to be cut to build Machu Picchu.
- ☐ To provide an illustration of the kind of construction that was required before arches were invented.
- ☐ To explain how ancient builders reduced the amount of time necessary to construct buildings from stone.

12. According to paragraph 6, which of the following statements is true of the arch?

- ☐ The Romans were the first people to use the stone arch.
- ☐ The invention of the arch allowed new architectural forms to be developed.
- ☐ The arch worked by distributing the structural load of a building toward the center of the arch.
- ☐ The Romans followed earlier practices in their use of arches.

PARAGRAPHS 4, 5 AND 6

Progress in this area can be measured by the difference in weight between buildings built now and those of comparable size built one hundred years ago.

(1) Modern architectural forms generally have three separate components comparable to elements of the human body: a supporting *skeleton* or frame, an outer *skin* enclosing the interior spaces, and *equipment*, similar to the body's vital organs and systems. **(2)** The equipment includes plumbing, electrical wiring, hot water, and air-conditioning. **(3)** Of course in early architecture—such as igloos and adobe structures—there was no such equipment, and the skeleton and skin were often one.

(4) Much of the world's great architecture has been constructed of stone because of its beauty, permanence, and availability.

13. **Directions:** Look at the part of the passage that is displayed above. The numbers **(1)**, **(2)**, **(3)**, and **(4)** indicate where the following sentence could be added.

However, some modern architectural designs, such as those using folded plates of concrete or air-inflated structures, are again unifying skeleton and skin.

Where would the sentence best fit?

- ☐ Choice 1
- ☐ Choice 2
- ☐ Choice 3
- ☐ Choice 4

14. **Directions:** An introductory sentence for a brief summary of the passage is provided below. Complete the summary by selecting the THREE answer choices that express the most important ideas in the passage. Some answer choices do not belong in the summary because they express ideas that are not presented in the passage or are minor ideas in the passage. **This question is worth 2 points.**

Architecture uses forms and space to express cultural values.

-
-
-

Answer Choices

1. Architects seek to create buildings that are both visually appealing and well suited for human use.
2. Both clients and architects are responsible for the mediocre designs of some modern buildings.
3. Over the course of the history of building, innovations in materials and methods of construction have given architects ever greater freedom to express themselves.
4. Modern buildings tend to lack the beauty of ancient stone buildings such as those of Machu Picchu.
5. Throughout history buildings have been constructed like human bodies, needing distinct "organ" systems in order to function.
6. The discovery and use of the arch typifies the way in which architecture advances by developing more efficient types of structures.

THE LONG-TERM STABILITY OF ECOSYSTEMS

Plant communities assemble themselves flexibly, and their particular structure depends on the specific history of the area. Ecologists use the term "succession" to refer to the changes that happen in plant communities and ecosystems over time. The first community in a succession is called a pioneer community, while the long-lived community at the end of succession is called a climax community. Pioneer and successional plant communities are said to change over periods from 1 to 500 years. These changes—in plant numbers and the mix of species—are cumulative. Climax communities themselves change but over periods of time greater than about 500 years.

An ecologist who studies a pond today may well find it relatively unchanged in a year's time. Individual fish may be replaced, but the number of fish will tend to be the same from one year to the next. We can say that the properties of an ecosystem are more stable than the individual organisms that compose the ecosystem.

At one time, ecologists believed that species diversity made ecosystems stable. They believed that the greater the diversity the more stable the ecosystem. Support for this idea came from the observation that long-lasting climax communities usually have more complex food webs and more species diversity than pioneer communities. Ecologists concluded that the apparent stability of climax ecosystems depended on their complexity. To take an extreme example, farmlands dominated by a single crop are so unstable that one year of bad weather or the invasion of a single pest can destroy the entire crop. In contrast, a complex climax community, such as a temperate forest, will tolerate considerable damage from weather or pests.

The question of ecosystem stability is complicated, however. The first problem is that ecologists do not all agree what "stability" means. Stability can be defined as simply lack of change. In that case, the climax community would be considered the most stable, since, by definition, it changes the least over time. Alternatively, stability can be defined as the speed with which an ecosystem returns to a particular form following a major disturbance, such as a fire. This kind of stability is also called *resilience*. In that case, climax communities would be the most fragile and the *least* stable, since they can require hundreds of years to return to the climax state.

Even the kind of stability defined as simple lack of change is not always associated with maximum diversity. At least in temperate zones, maximum diversity is often found in mid-successional stages, not in the climax community. Once a redwood forest matures, for example, the kinds of species and the number of individuals growing on the forest floor are reduced. In general, diversity, by itself, does not ensure stability. Mathematical models of ecosystems likewise suggest that diversity does not guarantee ecosystem stability—just the opposite, in fact. A more complicated system is, in general, more likely than a simple system to break down. (A fifteen-speed racing bicycle is more likely to break down than a child's tricycle.)

Ecologists are especially interested in knowing what factors contribute to the resilience of communities because climax communities all over the world are being severely damaged or destroyed by human activities. The destruction caused by the volcanic explosion of Mount St. Helens, in the northwestern United States, for example, pales in comparison to the destruction caused by humans. We need to know what aspects of a community are most important to the community's resistance to destruction, as well as its recovery.

Many ecologists now think that the relative long-term stability of climax communities comes not from diversity but from the "patchiness" of the environment; an environment that varies from place to place supports more kinds of organisms than an environment that is uniform. A local population that goes extinct is quickly replaced by immigrants from an adjacent community. Even if the new population is of a different species, it can approximately fill the niche vacated by the extinct population and keep the food web intact.

PARAGRAPH 1

Plant communities assemble themselves flexibly, and their particular structure depends on the specific history of the area. Ecologists use the term "succession" to refer to the changes that happen in plant communities and ecosystems over time. The first community in a succession is called a pioneer community, while the long-lived community at the end of succession is called a climax community. Pioneer and successional plant communities are said to change over periods from 1 to 500 years. These changes—in plant numbers and the mix of species—are cumulative. Climax communities themselves change but over periods of time greater than about 500 years.

Directions: Mark your answer by filling in the oval next to your choice.

1. The word "particular" in the passage is closest in meaning to

- natural
- final
- specific
- complex

2. According to paragraph 1, which of the following is NOT true of climax communities?

- ☐ They occur at the end of a succession.
- ☐ They last longer than any other type of community.
- ☐ The numbers of plants in them and the mix of species do not change.
- ☐ They remain stable for at least 500 years at a time.

PARAGRAPH 2

An ecologist who studies a pond today may well find it relatively unchanged in a year's time. Individual fish may be replaced, but the number of fish will tend to be the same from one year to the next. We can say that the properties of an ecosystem are more stable than the individual organisms that compose the ecosystem.

3. According to paragraph 2, which of the following principles of ecosystems can be learned by studying a pond?

- ☐ Ecosystem properties change more slowly than individuals in the system.
- ☐ The stability of an ecosystem tends to change as individuals are replaced.
- ☐ Individual organisms are stable from one year to the next.
- ☐ A change in the numbers of an organism does not affect an ecosystem's properties.

PARAGRAPH 3

At one time, ecologists believed that species diversity made ecosystems stable. They believed that the greater the diversity the more stable the ecosystem. Support for this idea came from the observation that long-lasting climax communities usually have more complex food webs and more species diversity than pioneer communities. Ecologists concluded that the apparent stability of climax ecosystems depended on their complexity. To take an extreme example, farmlands dominated by a single crop are so unstable that one year of bad weather or the invasion of a single pest can destroy the entire crop. In contrast, a complex climax community, such as a temperate forest, will tolerate considerable damage from weather or pests.

4. According to paragraph 3, ecologists once believed that which of the following illustrated the most stable ecosystems?

- ☐ Pioneer communities
- ☐ Climax communities
- ☐ Single-crop farmlands
- ☐ Successional plant communities

PARAGRAPH 4

The question of ecosystem stability is complicated, however. The first problem is that ecologists do not all agree what "stability" means. Stability can be defined as simply lack of change. In that case, the climax community would be considered the most stable, since, by definition, it changes the least over time. Alternatively, stability can be defined as the speed with which an ecosystem returns to a particular form following a major disturbance, such as a fire. This kind of stability is also called *resilience*. In that case, climax communities would be the most fragile and the *least* stable, since they can require hundreds of years to return to the climax state.

5. According to paragraph 4, why is the question of ecosystem stability complicated?

- ☐ The reasons for ecosystem change are not always clear.
- ☐ Ecologists often confuse the word "stability" with the word "resilience."

- [x] The exact meaning of the word "stability" is debated by ecologists.
- [ ] There are many different answers to ecological questions.

6. According to paragraph 4, which of the following is true of climax communities?

- [ ] They are more resilient than pioneer communities.
- [x] They can be considered both the most and the least stable communities.
- [ ] They are stable because they recover quickly after major disturbances.
- [ ] They are the most resilient communities because they change the least over time.

PARAGRAPH 5

Even the kind of stability defined as simple lack of change is not always associated with maximum diversity. At least in temperate zones, maximum diversity is often found in mid-successional stages, not in the climax community. Once a redwood forest matures, for example, the kinds of species and the number of individuals growing on the forest floor are reduced. In general, diversity, by itself, does not ensure stability. Mathematical models of ecosystems likewise suggest that diversity does not guarantee ecosystem stability—just the opposite, in fact. A more complicated system is, in general, more likely than a simple system to break down. (A fifteen-speed racing bicycle is more likely to break down than a child's tricycle.)

7. Which of the following can be inferred from paragraph 5 about redwood forests?

- [ ] They become less stable as they mature.
- [ ] They support many species when they reach climax.
- [x] They are found in temperate zones.
- [ ] They have reduced diversity during mid-successional stages.

8. The word "guarantee" in the passage is closest in meaning to

- [ ] increase
- [x] ensure
- [ ] favor
- [ ] complicate

9. In paragraph 5, why does the author provide the information that "A fifteen-speed racing bicycle is more likely to break down than a child's tricycle"?

- [x] To illustrate a general principle about the stability of systems by using an everyday example
- [ ] To demonstrate that an understanding of stability in ecosystems can be applied to help understand stability in other situations
- [ ] To make a comparison that supports the claim that, in general, stability increases with diversity
- [ ] To provide an example that contradicts mathematical models of ecosystems

PARAGRAPH 6

Ecologists are especially interested in knowing what factors contribute to the resilience of communities because climax communities all over the world are being severely damaged or destroyed by human activities. The destruction caused by the volcanic explosion of Mount St. Helens, in the northwestern United States, for example, pales in comparison to the destruction caused by humans. We need to know what aspects of a community are most important to the community's resistance to destruction, as well as its recovery.

10. The word "pales" in the passage is closest in meaning to

- ☐ increases proportionally
- ☐ differs
- ☑ loses significance
- ☐ is common

PARAGRAPH 7

Many ecologists now think that the relative long-term stability of climax communities comes not from diversity but from the "patchiness" of the environment; an environment that varies from place to place supports more kinds of organisms than an environment that is uniform. A local population that goes extinct is quickly replaced by immigrants from an adjacent community. Even if the new population is of a different species, it can approximately fill the niche vacated by the extinct population and keep the food web intact.

11. Which of the sentences below best expresses the essential information in the highlighted sentence in the passage? Incorrect choices change the meaning in important ways or leave out essential information.

- ☐ Ecologists now think that the stability of an environment is a result of diversity rather than patchiness.
- ☐ Patchy environments that vary from place to place do not often have high species diversity.
- ☐ Uniform environments cannot be climax communities because they do not support as many types of organisms as patchy environments.
- ☑ A patchy environment is thought to increase stability because it is able to support a wide variety of organisms.

12. The word "adjacent" in the passage is closest in meaning to

- ☐ foreign
- ☐ stable
- ☐ fluid
- ☑ neighboring

PARAGRAPHS 5, 6 AND 7

A more complicated system is, in general, more likely than a simple system to break down. (A fifteen-speed racing bicycle is more likely to break down than a child's tricycle.)

(1) Ecologists are especially interested in knowing what factors contribute to the resilience of communities because climax communities all over the world are being severely damaged or destroyed by human activities. **(2)** The destruction caused by the volcanic explosion of Mount St. Helens, in the northwestern United States, for example, pales in comparison to the destruction caused by humans. **(3)** We need to know what aspects of a community are most important to the community's resistance to destruction, as well as its recovery.

(4) Many ecologists now think that the relative long-term stability of climax communities comes not from diversity but from the "patchiness" of the environment; an environment that varies from place to place supports more kinds of organisms than an environment that is uniform.

13. **Directions:** Look at the part of the passage that is displayed above. The numbers **(1)**, **(2)**, **(3)**, and **(4)** indicate where the following sentence could be added.

In fact, damage to the environment by humans is often much more severe than by natural events and processes.

Where would the sentence best fit?

- ☐ Choice 1
- ☑ Choice 2
- ☐ Choice 3
- ☐ Choice 4

14. **Directions:** An introductory sentence for a brief summary of the passage is provided below. Complete the summary by selecting the THREE answer choices that express the most important ideas in the passage. Some answer choices do not belong in the summary because they express ideas that are not presented in the passage or are minor ideas in the passage. **This question is worth 2 points.**

The process of succession and the stability of a climax community can change over time.

-
-
-

Answer Choices

1. The changes that occur in an ecosystem from the pioneer to the climax community can be seen in one human generation.
2. Ecologists agree that climax communities are the most stable types of ecosystems.
3. A high degree of species diversity does not always result in a stable ecosystem.
4. Disagreements over the meaning of the term "stability" make it difficult to identify the most stable ecosystems.
5. The level of resilience in a plant community contributes to its long-term stability.
6. The resilience of climax communities makes them resistant to destruction caused by humans.

DEPLETION OF THE OGALLALA AQUIFER

The vast grasslands of the High Plains in the central United States were settled by farmers and ranchers in the 1880s. This region has a semiarid climate, and for 50 years after its settlement, it supported a low-intensity agricultural economy of cattle ranching and wheat farming. In the early twentieth century, however, it was discovered that much of the High Plains was underlain by a huge aquifer (a rock layer containing large quantities of groundwater). This aquifer was named the Ogallala aquifer after the Ogallala Sioux Indians, who once inhabited the region.

The Ogallala aquifer is a sandstone formation that underlies some 583,000 square kilometers of land extending from northwestern Texas to southern South Dakota. Water from rains and melting snows has been accumulating in the Ogallala for the past 30,000 years. Estimates indicate that the aquifer contains enough water to fill Lake Huron, but unfortunately, under the semiarid climatic conditions that presently exist in the region, rates of addition to the aquifer are minimal, amounting to about half a centimeter a year.

The first wells were drilled into the Ogallala during the drought years of the early 1930s. The ensuing rapid expansion of irrigation agriculture, especially from the 1950s onward, transformed the economy of the region. More than 100,000 wells now tap the Ogallala. Modern irrigation devices, each capable of spraying 4.5 million liters of water a day, have produced a landscape dominated by geometric patterns of circular green islands of crops. Ogallala water has enabled the High Plains region to supply significant amounts of the cotton, sorghum, wheat, and corn grown in the United States. In addition, 40 percent of American grain-fed beef cattle are fattened here.

This unprecedented development of a finite groundwater resource with an almost negligible natural recharge rate—that is, virtually no natural water source to replenish the water supply—has caused water tables in the region to fall drastically. In the 1930s, wells encountered plentiful water at a depth of about 15 meters; currently, they must be dug to depths of 45 to 60 meters or more. In places, the water table is declining at a rate of a meter a year, necessitating the periodic deepening of wells and the use of ever-more-powerful pumps. It is estimated that at current withdrawal rates, much of the aquifer will run dry within 40 years. The situation is most critical in Texas, where the climate is driest, the greatest amount of water is being pumped, and the aquifer contains the least water. It is projected that the remaining Ogallala water will, by the year 2030, support only 35 to 40 percent of the irrigated acreage in Texas that it supported in 1980.

The reaction of farmers to the inevitable depletion of the Ogallala varies. Many have been attempting to conserve water by irrigating less frequently or by switching to crops that require less water. Others, however, have adopted the philosophy that it is best to use the water while it is still economically profitable to do so and to concentrate on high-value crops such as cotton. The incentive of the farmers who wish to conserve water is reduced by their knowledge that many of their neighbors are profiting by using great amounts of water, and in the process are drawing down the entire region's water supplies.

In the face of the upcoming water supply crisis, a number of grandiose schemes have been developed to transport vast quantities of water by canal or pipeline from the Mississippi, the Missouri, or the Arkansas rivers. Unfortunately, the cost of water obtained through any of these schemes would increase pumping costs at least tenfold, making the cost of irrigated agricultural products from the region uncompetitive on the national and international markets. Somewhat more promising have been recent experiments for releasing capillary water (water in the soil) above the water table by injecting compressed air into the ground. Even if this process proves successful, however, it would almost triple water costs. Genetic engineering also may provide a partial solution, as new strains of drought-resistant crops continue to be developed. Whatever the final answer to the water crisis may be, it is evident that within the High Plains, irrigation water will never again be the abundant, inexpensive resource it was during the agricultural boom years of the mid-twentieth century.

PARAGRAPH 1

The vast grasslands of the High Plains in the central United States were settled by farmers and ranchers in the 1880s. This region has a semiarid climate, and for 50 years after its settlement, it supported a low-intensity agricultural economy of cattle ranching and wheat farming. In the early twentieth century, however, it was discovered that much of the High Plains was underlain by a huge aquifer (a rock layer containing large quantities of groundwater). This aquifer was named the Ogallala aquifer after the Ogallala Sioux Indians, who once inhabited the region.

Directions: Mark your answer by filling in the oval next to your choice.

1. According to paragraph 1, which of the following statements about the High Plains is true?

- ☐ Until farmers and ranchers settled there in the 1880s, the High Plains had never been inhabited.
- ☐ The climate of the High Plains is characterized by higher-than-average temperatures.
- ☐ The large aquifer that lies underneath the High Plains was discovered by the Ogallala Sioux Indians.
- ☑ Before the early 1900s there was only a small amount of farming and ranching in the High Plains.

PARAGRAPH 2

The Ogallala aquifer is a sandstone formation that underlies some 583,000 square kilometers of land extending from northwestern Texas to southern South Dakota. Water from rains and melting snows has been accumulating in the Ogallala for the past 30,000 years. Estimates indicate that the aquifer contains enough water to fill Lake Huron, but unfortunately, under the semiarid climatic conditions that presently exist in the region, rates of addition to the aquifer are minimal, amounting to about half a centimeter a year.

2. According to paragraph 2, all of the following statements about the Ogallala aquifer are true EXCEPT:

- ☐ The aquifer stretches from South Dakota to Texas.
- ☑ The aquifer's water comes from underground springs.
- ☐ Water has been gathering in the aquifer for 30,000 years.
- ☐ The aquifer's water is stored in a layer of sandstone.

3. Which of the sentences below best expresses the essential information in the highlighted sentence in the passage? Incorrect choices change the meaning in important ways or leave out essential information.

- ☑ Despite the current impressive size of the Ogallala aquifer, the region's climate keeps the rates of water addition very small.

- ▢ Although the aquifer has been adding water at the rate of only half a centimeter a year, it will eventually accumulate enough water to fill Lake Huron.
- ▢ Because of the region's present climatic conditions, water is being added each year to the aquifer.
- ▢ Even when the region experiences unfortunate climatic conditions, the rates of addition of water continue to increase.

PARAGRAPH 3

The first wells were drilled into the Ogallala during the drought years of the early 1930s. The ensuing rapid expansion of irrigation agriculture, especially from the 1950s onward, transformed the economy of the region. More than 100,000 wells now tap the Ogallala. Modern irrigation devices, each capable of spraying 4.5 million liters of water a day, have produced a landscape dominated by geometric patterns of circular green islands of crops. Ogallala water has enabled the High Plains region to supply significant amounts of the cotton, sorghum, wheat, and corn grown in the United States. In addition, 40 percent of American grain-fed beef cattle are fattened here.

4. The word "ensuing" in the passage is closest in meaning to

- ▢ continuing
- ▢ surprising
- ▢ initial
- ☑ subsequent

5. In paragraph 3, why does the author provide the information that 40 percent of American cattle are fattened in the High Plains?

- ▢ To suggest that crop cultivation is not the most important part of the economy of the High Plains
- ▢ To indicate that not all economic activity in the High Plains is dependent on irrigation
- ☑ To provide another example of how water from the Ogallala has transformed the economy of the High Plains
- ▢ To contrast cattle-fattening practices in the High Plains with those used in other regions of the United States

PARAGRAPH 4

This unprecedented development of a finite groundwater resource with an almost negligible natural recharge rate—that is, virtually no natural water source to replenish the water supply—has caused water tables in the region to fall drastically. In the 1930s, wells encountered plentiful water at a depth of about 15 meters; currently, they must be dug to depths of 45 to 60 meters or more. In places, the water table is declining at a rate of a meter a year, necessitating the periodic deepening of wells and the use of ever-more-powerful pumps. It is estimated that at current withdrawal rates, much of the aquifer will run dry within 40 years. The situation is most critical in Texas, where the climate is driest, the greatest amount of water is being pumped, and the aquifer contains the least water. It is projected that the remaining Ogallala water will, by the year 2030, support only 35 to 40 percent of the irrigated acreage in Texas that it supported in 1980.

6. The word "unprecedented" in the passage is closest in meaning to

- ☐ difficult to control
- ☐ without any restriction
- ☑ unlike anything in the past
- ☐ rapidly expanding

7. The word "virtually" in the passage is closest in meaning to

- ☐ clearly
- ☐ perhaps
- ☐ frequently
- ☑ almost

8. According to paragraph 4, all of the following are consequences of the heavy use of the Ogallala aquifer for irrigation EXCEPT:

- ☑ The recharge rate of the aquifer is decreasing.
- ☐ Water tables in the region are becoming increasingly lower.
- ☐ Wells now have to be dug to much greater depths than before.
- ☐ Increasingly powerful pumps are needed to draw water from the aquifer.

9. According to paragraph 4, compared with all other states that use Ogallala water for irrigation, Texas

- ☐ has the greatest amount of farmland being irrigated with Ogallala water
- ☐ contains the largest amount of Ogallala water underneath the soil
- ☑ is expected to face the worst water supply crisis as the Ogallala runs dry
- ☐ uses the least amount of Ogallala water for its irrigation needs

PARAGRAPH 5

The reaction of farmers to the inevitable depletion of the Ogallala varies. Many have been attempting to conserve water by irrigating less frequently or by switching to crops that require less water. Others, however, have adopted the philosophy that it is best to use the water while it is still economically profitable to do so and to concentrate on high-value crops such as cotton. The incentive of the farmers who wish to conserve water is reduced by their knowledge that many of their neighbors are profiting by using great amounts of water, and in the process are drawing down the entire region's water supplies.

10. The word "inevitable" in the passage is closest in meaning to

- ☐ unfortunate
- ☐ predictable
- ☑ unavoidable
- ☐ final

11. Paragraph 5 mentions which of the following as a source of difficulty for some farmers who try to conserve water?

- ☐ Crops that do not need much water are difficult to grow in the High Plains.
- ☑ Farmers who grow crops that need a lot of water make higher profits.
- ☐ Irrigating less frequently often leads to crop failure.
- ☐ Few farmers are convinced that the aquifer will eventually run dry.

PARAGRAPH 6

In the face of the upcoming water supply crisis, a number of grandiose schemes have been developed to transport vast quantities of water by canal or pipeline from the Mississippi, the Missouri, or the Arkansas rivers. Unfortunately, the cost of water obtained through any of these schemes would increase pumping costs at least tenfold, making the cost of irrigated agricultural products from the region uncompetitive on the national and international markets. Somewhat more promising have been recent experiments for releasing capillary water (water in the soil) above the water table by injecting compressed air into the ground. Even if this process proves successful, however, it would almost triple water costs. Genetic engineering also may provide a partial solution, as new strains of drought-resistant crops continue to be developed. Whatever the final answer to the water crisis may be, it is evident that within the High Plains, irrigation water will never again be the abundant, inexpensive resource it was during the agricultural boom years of the mid-twentieth century.

12. According to paragraph 6, what is the main disadvantage of the proposed plans to transport river water to the High Plains?

- ☐ The rivers cannot supply sufficient water for the farmers' needs.
- ☑ Increased irrigation costs would make the products too expensive.
- ☐ The costs of using capillary water for irrigation will increase.
- ☐ Farmers will be forced to switch to genetically engineered crops.

PARAGRAPH 5 & 6

The reaction of farmers to the inevitable depletion of the Ogallala varies. Many have been attempting to conserve water by irrigating less frequently or by switching to crops that require less water. **(1)** Others, however, have adopted the philosophy that it is best to use the water while it is still economically profitable to do so and to concentrate on high-value crops such as cotton. **(2)** The incentive of the farmers who wish to conserve water is reduced by their knowledge that many of their neighbors are profiting by using great amounts of water, and in the process are drawing down the entire region's water supplies. **(3)**
In the face of the upcoming water supply crisis, a number of grandiose schemes have been developed to transport vast quantities of water by canal or pipeline from the Mississippi, the Missouri, or the Arkansas rivers. **(4)** Unfortunately, the cost of water obtained through any of these schemes would increase pumping costs at least tenfold, making the cost of irrigated agricultural products from the region uncompetitive on the national and international markets.

13. **Directions:** Look at the part of the passage that is displayed above. The numbers **(1)**, **(2)**, **(3)**, and **(4)** indicate where the following sentence could be added.

But even if uncooperative farmers were to join in the conservation efforts, this would only delay the depletion of the aquifer.

- ☐ Choice 1
- ☐ Choice 2
- ☑ Choice 3
- ☐ Choice 4

14. **Directions:** An introductory sentence for a brief summary of the passage is provided below. Complete the summary by selecting the THREE answer choices that express the most important ideas in the passage. Some answer choices do not belong in the summary

because they express ideas that are not presented in the passage or are minor ideas in the passage. **This question is worth 2 points.**

The Ogallala aquifer is a large underground source of water in the High Plains region of the United States.

-
-
-

Answer Choices

1. The use of the Ogallala for irrigation has allowed the High Plains to become one of the most productive agricultural regions in the United States.
2. The periodic deepening of wells and the use of more-powerful pumps would help increase the natural recharge rate of the Ogallala.
3. Given the aquifer's low recharge rate, its use for irrigation is causing water tables to drop and will eventually lead to its depletion.
4. In Texas, a great deal of attention is being paid to genetic engineering because it is there that the most critical situation exists.
5. Releasing capillary water and introducing drought-resistant crops are less promising solutions to the water supply crisis than bringing in river water.
6. Several solutions to the upcoming water supply crisis have been proposed, but none of them promises to keep the costs of irrigation low.

STOP. This is the end of the Reading section of *TOEFL iBT*® Practice Test 3.

TEST D'ENTRAÎNEMENT

3

LISTENING

Directions: This section measures your ability to understand conversations and lectures in English.

You should listen to each conversation and lecture only once.

After each conversation or lecture, you will answer some questions about it. The questions typically ask about the main idea and supporting details. Some questions ask about the purpose of a speaker's statements or a speaker's attitude. Answer the questions based on what is stated or implied by the speakers.

You may take notes while you listen. You may use your notes to help you answer the questions. Your notes will not be scored.

In some questions, you will see this icon: 

This means that you will hear, but not see, part of the question.

Most questions are worth 1 point. If a question is worth more than 1 point, it will have special directions that indicate how many points you can receive.

It will take about **60 minutes** to listen to the conversations and lectures and to answer the questions. You should answer each question, even if you must guess the answer. Answer each question before moving on. Do not return to previous questions.

At the end of this Practice Test you will find an answer key, information to help you determine your score, scripts for the audio tracks, and explanations of the answers.

Listen to Track 74 on the DVD.

QUESTIONS

Directions: Mark your answer by filling in the oval or square next to your choice.

1. Why does the woman come to the office?

- ☐ To notify the university of her change of address.
- ☐ To find out where her physics class is being held.
- ☐ To get directions to the science building.
- ☐ To complain about her physics class's being canceled.

2. What happened to the letter the university sent to the woman?

- ☐ She threw it away by mistake.
- ☐ Her roommate forgot to give it to her.
- ☐ It was sent to her old mailing address.
- ☐ It was sent to another student by mistake.

3. Why was the woman's physics class canceled?

- ☐ Not enough students signed up to take the class.
- ☐ No professors were available to teach the class.
- ☐ The university changed its requirements for physics students.
- ☐ There were no classrooms available in the science building at that hour.

4. What does the man suggest the woman do before the beginning of next semester?

- ☐ Consult with her advisor about her class schedule.
- ☐ Check with the registrar's office about the location of the class.

- ☐ Register for her classes early.
- ☐ Call the physics department.

5. *Listen again to part of the conversation by playing Track 75. Then answer the question.*

   What does the man imply when he says this?
   - ☐ He knows the physics class has been canceled.
   - ☐ He is not sure where the science building is.
   - ☐ Many of the room assignments have been changed.
   - ☐ The woman can check for herself where her class is.

Environmental Science

Listen to Track 76 on the DVD.

QUESTIONS

6. What does the professor mainly discuss?

- [ ] Major changes in the migratory patterns of hummingbirds.
- [ ] The adaptation of hummingbirds to urban environments.
- [x] Concern about the reduction of hummingbird habitat.
- [ ] The impact of ecotourism on hummingbird populations.

7. What does the professor imply might cause a decrease in the hummingbird population?

- [ ] An increase in the ecotourism industry.
- [x] An increase in the use of land to raise crops and cattle.
- [ ] A decrease in banding studies.
- [ ] A decrease in the distance traveled during migration.

8. What does the professor say people have done to help hummingbirds survive?

- [ ] They have built a series of hummingbird feeding stations.
- [ ] They have supported new laws that punish polluters of wildlife habitats.
- [x] They have replanted native flowers in once polluted areas.
- [ ] They have learned to identify various hummingbird species.

9. What way of collecting information about migrating hummingbirds does the professor mention?

- [ ] Receiving radio signals from electronic tracking devices.
- [x] Being contacted by people who recapture banded birds.
- [ ] Counting the birds that return to the same region every year.
- [ ] Comparing old and young birds' migration routes.

10. What does the professor imply researchers have learned while studying hummingbird migration?

- [ ] Hummingbirds have totally disappeared from some countries due to recent habitat destruction.
- [ ] Programs to replant flowers native to hummingbird habitats are not succeeding.
- [x] Some groups of hummingbirds have changed their migration patterns.
- [ ] Some plant species pollinated by hummingbirds have become extinct.

11. *Listen again to part of the lecture by playing Track 77.*
Then answer the question.

What does the professor imply when she says this?

- [ ] There is disagreement about the idea she has presented.
- [ ] She does not plan to discuss all the details.
- [ ] Her next point may seem to contradict what she has just said.
- [x] The point she will make next should be obvious to the students.

Listen to Track 78 on the DVD.

QUESTIONS

12. What is the main purpose of the lecture?

- [x] To discuss the style of an early filmmaker.
- [ ] To describe different types of filmmaking in the 1930s.
- [ ] To discuss the emergence of the documentary film.
- [ ] To describe Painlevé's influence on today's science-fiction films.

13. Why are Painlevé's films typical of the films of the 1920s and 1930s?

- [ ] They do not have sound.
- [ ] They are filmed underwater.
- [ ] They are easy to understand.
- [x] They are difficult to categorize.

14. According to the professor, how did Painlevé's films confuse the audience?

- [ ] They show animals out of their natural habitat.
- [ ] They depict animals as having both human and animal characteristics.
- [x] The narration is scientific and difficult to understand.
- [ ] The audiences of the 1920s and 1930s were not used to films shot underwater.

15. Why does the professor mention sea horses?

- [ ] To explain that they were difficult to film in the 1930s.
- [ ] To point out that Cousteau made documentaries about them.
- [x] To illustrate Painlevé's fascination with unusual animals.
- [ ] To explain why Painlevé's underwater films were not successful.

16. Why does the professor compare the film styles of Jacques Cousteau and Jean Painlevé?

- [ ] To explain how Painlevé influenced Cousteau.
- [x] To emphasize the uniqueness of Painlevé's filming style.

- ☐ To emphasize the artistic value of Cousteau's documentary films.
- ☐ To demonstrate the superiority of Painlevé's filmmaking equipment.

17. *Listen to Track 79 to answer the question.*

What does the student imply when he says this?

- ☐ He does not like Jean Painlevé's films.
- ☐ He thinks that the professor should spend more time discussing Jacques Cousteau's films.
- ☑ He believes that high-quality filmmakers are usually well known.
- ☐ He believes that Jean Painlevé's films have been unfairly overlooked.

Listen to Track 80 on the DVD.

QUESTIONS

18. Why does the student go to see the professor?

- ☐ To ask about a class assignment.
- ☑ To find out about a mid-semester project.
- ☐ To get information about summer jobs.
- ☐ To discuss ways to improve his grade.

19. What was originally located on the site of the lecture hall?

- ☑ A farmhouse.
- ☐ A pottery factory.
- ☐ A clothing store.
- ☐ A bottle-manufacturing plant.

20. What is mentioned as an advantage of working on this project?

- ☐ Off-campus travel is paid for.
- ☐ Students can leave class early.
- ☐ The location is convenient.
- ☐ It fulfills a graduation requirement.

21. What is the professor considering doing to get more volunteers?

- ☐ Offering extra class credit.
- ☐ Paying the students for their time.
- ☐ Asking for student volunteers from outside her class.
- ☐ Providing flexible work schedules.

22. What information does the student still need to get from the professor?

- ☐ The name of the senior researcher.
- ☐ What book he needs to read before the next lecture.
- ☐ When the training session will be scheduled.
- ☐ Where the project is located.

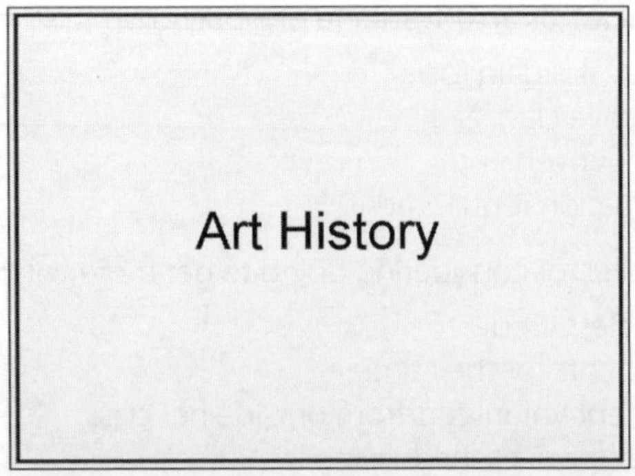

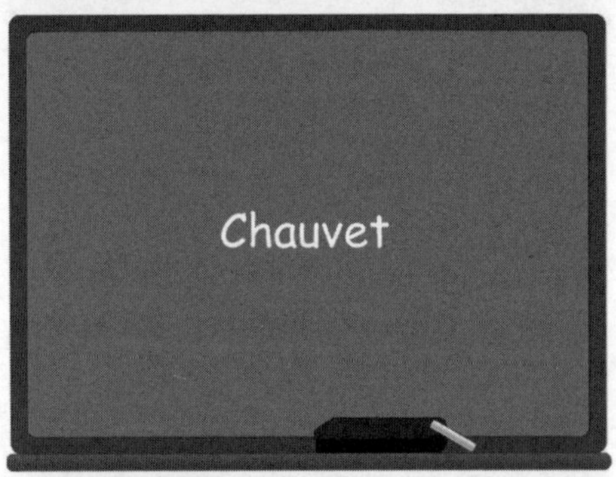

Listen to Track 81 on the DVD.

QUESTIONS

23. What does the professor mainly discuss?

- ☐ The oldest known cave art.
- ☐ How ancient cave art is dated.
- ☐ The homes of Paleolithic humans.
- ☐ How Paleolithic humans thought about animals.

24. Why does the professor mention his daughter?

- ☐ To describe her reaction to seeing the paintings.
- ☐ To explain the universal appeal of the Chauvet paintings.
- ☐ To demonstrate the size of most Paleolithic cave art.
- ☐ To emphasize his point about the age of the Chauvet paintings.

25. What is the professor's opinion about the art at the Chauvet cave?

- ☐ It is extremely well done.
- ☐ It probably reflected the artists' religious beliefs.
- ☐ It is less sophisticated than the art at Lascaux and Altamira.
- ☐ It is probably not much older than the art at Lascaux and Altamira.

26. According to the professor, what is the significance of charcoal marks on the walls of the Chauvet cave?

- ☐ They suggest that Paleolithic people cooked their food in the cave.
- ☐ They prove that people came to the cave long after the paintings were made.
- ☐ They show how much light the Paleolithic artists needed for their work.
- ☐ They were used in recent times to date the paintings.

27. Compared with other Paleolithic art, what is unusual about the animals painted at Chauvet?

- ☐ Most of them are horses.
- ☐ Many of them are dangerous.
- ☐ Many of them are shown alongside humans.
- ☐ All of them are species that are still found in France.

28. What are two questions about the Chauvet cave artists that the professor raises but cannot answer?

Choose 2 answers.

- ☐ How they lighted their work area.
- ☐ How they obtained pigments for their paints.
- ☐ Why they chose to paint certain animals and not others.
- ☐ Why they placed their art in dark, uninhabited places.

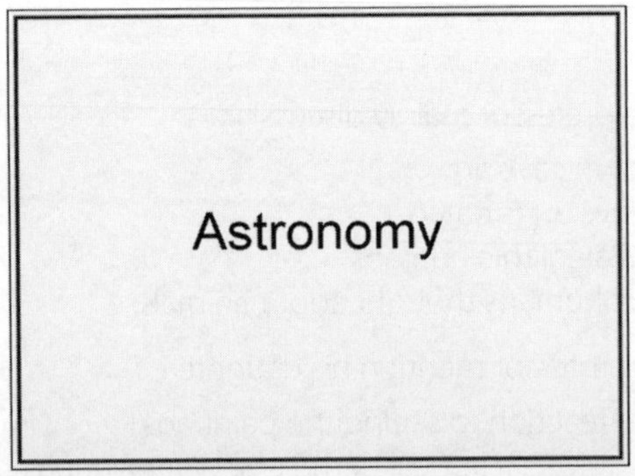

Listen to Track 82 on the DVD.

QUESTIONS

29. What is the lecture mainly about?

- ☐ Different ways of magnifying the spectrum of a star.
- ☐ How a chemical element was first discovered on the Sun.
- ☐ How astronomers identify the chemical elements in a star.
- ☐ Why the spectra of different stars are composed of different colors.

30. What does the professor explain to one of the students about the term "radiation"?

- ☐ It is defined incorrectly in the textbook.
- ☐ It was first used in the nineteenth century.
- ☐ It is rarely used by astronomers.
- ☐ It does not refer only to harmful energy.

31. What can be inferred about two stars if their spectra have similar spectral line patterns?

- ☐ The stars are approximately the same distance from the Earth.
- ☐ The stars probably have some chemical elements in common.
- ☐ The stars have nearly the same brightness.
- ☐ The stars are probably of the same size.

32. According to the professor, what is the purpose of heating an element in a spectroscopic flame test?

- ☐ To cause an element to emit light.
- ☐ To study an element in combination with other elements.
- ☐ To remove impurities from the element.
- ☐ To measure an element's resistance to heat.

33. *Listen to Track 83 to answer the question.*

Why does the professor say this?

- ☐ He is about to provide some background information.
- ☐ He is about to repeat what he just said.
- ☐ He intends to focus on the history of astronomy.
- ☐ He intends to explain two different points of view.

34. *Listen to Track 84 to answer the question.*

Why does the professor ask this?

- ☐ To check the students' understanding of their reading assignment.
- ☑ To give the students a hint to the answer to his previous question.
- ☐ To emphasize how important it is for astronomers to study Greek.
- ☐ To remind the students about the historical background of astronomy.

STOP. This is the end of the Listening section of *TOEFL iBT*® Practice Test 3.

TEST D'ENTRAÎNEMENT 3

SPEAKING

Directions: The following Speaking section of the test will last approximately **20 minutes**. To complete it, you will need a CD player, as well as a recording device that you can play back to listen to your responses.

During the test, you will answer six speaking questions. Two of the questions ask about familiar topics. Four questions ask about short conversations, lectures, and reading passages. You may take notes as you listen to the conversations and lectures. The questions and the reading passages are printed here. The time you will have to prepare your response and to speak is printed below each question. You should answer all of the questions as completely as possible in the time allowed.

Play the audio tracks listed in the test instructions. Record each of your responses.

At the end of this Practice Test you will find scripts for the audio tracks, important points for each question, directions for listening to sample spoken responses, and comments on those responses by official raters.

QUESTIONS

1. *You will now be asked a question about a familiar topic. After you hear the question, you will have 15 seconds to prepare your response and 45 seconds to speak.*

Now play Track 85 on the DVD to hear Question 1.

What characteristics do you think make someone a good parent? Explain why these characteristics are important to you.

Preparation Time: 15 Seconds

Response Time: 45 Seconds

2. *You will now be asked to give your opinion about a familiar topic. After you hear the question, you will have 15 seconds to prepare your response and 45 seconds to speak.*

Now play Track 86 on the DVD to hear Question 2.

Some students prefer to work on class assignments by themselves. Others believe it is better to work in a group. Which do you prefer? Explain why.

Preparation Time: 15 Seconds

Response Time: 45 Seconds

3. *You will now read a short passage and then listen to a conversation on the same topic. You will then be asked a question about them. After you hear the question, you will have 30 seconds to prepare your response and 60 seconds to speak.*

Now play Track 87 on the DVD to hear Question 3.

Reading Time: 45 Seconds

Hot Breakfasts Eliminated

Beginning next month, Dining Services will no longer serve hot breakfast foods at university dining halls. Instead, students will be offered a wide assortment of cold breakfast items in the morning. These cold breakfast foods, such as breads, fruit, and yogurt, are healthier than many of the hot breakfast items that we will stop serving, so health-conscious students should welcome this change. Students will benefit in another way as well, because limiting the breakfast selection to cold food items will save money and allow us to keep our meal plans affordable.

The woman expresses her opinion of the change that has been announced. State her opinion and explain her reasons for holding that opinion.

Preparation Time: 30 Seconds

Response Time: 60 Seconds

4. *You will now read a short passage and then listen to a talk on the same academic topic. You will then be asked a question about them. After you hear the question, you will have 30 seconds to prepare your response and 60 seconds to speak.*

Now play Track 88 on the DVD to hear Question 4.

Reading Time: 50 Seconds

Cognitive Dissonance

Individuals sometimes experience a contradiction between their actions and their beliefs—between what they are doing and what they believe they should be doing. These contradictions can cause a kind of mental discomfort known as cognitive dissonance. People experiencing cognitive dissonance often do not want to change the way they are acting, so they resolve the contradictory situation in another way: they change their interpretation of the situation in a way that minimizes the contradiction between what they are doing and what they believe they should be doing.

Using the example discussed by the professor, explain what cognitive dissonance is and how people often deal with it.

Preparation Time: 30 Seconds

Response Time: 60 Seconds

5. *You will now listen to a conversation. You will then be asked a question about it. After you hear the question, you will have 20 seconds to prepare your response and 60 seconds to speak.*

Now play Track 89 on the DVD to hear Question 5.

The speakers discuss two possible solutions to the woman's problem. Briefly summarize the problem. Then state which of the solutions you recommend and explain why. **Preparation Time: 20 Seconds** **Response Time: 60 Seconds**

6. *You will now listen to part of a lecture. You will then be asked a question about it. After you hear the question, you will have 20 seconds to prepare your response and 60 seconds to speak.*

Now play Track 90 on the DVD to hear Question 6.

Using the examples from the talk, explain how persuasive strategies are used in advertising. **Preparation Time: 20 Seconds** **Response Time: 60 Seconds**

STOP. This is the end of the Speaking section of *TOEFL iBT*® Practice Test 3.

TEST D'ENTRAÎNEMENT 3

WRITING

Directions: This section measures your ability to use writing to communicate in an academic environment. There will be two writing tasks.

For the first writing task, you will read a passage and listen to a lecture and then answer a question based on what you have read and heard. For the second task, you will answer a question based on your own knowledge and experience.

At the end of this Practice Test you will find a script for the audio track, topic notes, sample test taker essays, and comments on those essays by official raters.

Turn the page to see the directions for the first writing task.

WRITING BASED ON READING AND LISTENING

Directions: For this task, you will read a passage about an academic topic and you will listen to a lecture about the same topic. You may take notes while you read and listen.

Then you will write a response to a question that asks you about the relationship between the lecture you heard and the reading passage. Try to answer the question as completely as possible using information from the reading passage and the lecture. The question does not ask you to express your personal opinion. You may refer to the reading passage when you write. You may use your notes to help you answer the question.

Typically, an effective response will be 150 to 225 words. Your response will be judged on the quality of your writing and on the completeness and accuracy of the content.

Give yourself **3 minutes** to read the passage.

Reading Time: 3 minutes

Rembrandt is the most famous of the seventeenth-century Dutch painters. However, there are doubts whether some paintings attributed to Rembrandt were actually painted by him. One such painting is known as *Portrait of an Elderly Woman in a White Bonnet*. The painting was attributed to Rembrandt because of its style, and indeed the representation of the woman's face is very much like that of portraits known to be by Rembrandt. But there are problems with the painting that suggest it could not be a work by Rembrandt.

First, there is something inconsistent about the way the woman in the portrait is dressed. She is wearing a white linen cap of a kind that only servants would wear—yet the coat she is wearing has a luxurious fur collar that no servant could afford. Rembrandt, who was known for his attention to the details of his subjects' clothing, would not have been guilty of such an inconsistency.

Second, Rembrandt was a master of painting light and shadow, but in this painting these elements do not fit together. The face appears to be illuminated by light reflected onto it from below. But below the face is the dark fur collar, which would absorb light rather than reflect it. So the face should appear partially in shadow—which is not how it appears. Rembrandt would never have made such an error.

Finally, examination of the back of the painting reveals that it was painted on a panel made of several pieces of wood glued together. Although Rembrandt often painted on wood panels, no painting known to be by Rembrandt uses a panel glued together in this way from several pieces of wood.

For these reasons the painting was removed from the official catalog of Rembrandt's paintings in the 1930s.

Now play Track 91 on the DVD.

QUESTION

Summarize the points made in the lecture, being sure to explain how they answer the specific problems presented in the reading passage.

You have 20 minutes to plan and write your response.

Response Time: 20 minutes

The lecture focused on the inconsistencies
noticed in a painting that had hastily
been attributed to Rembrandt.
Several details such as the clothing,
the light patterns and the material
used suggest that the painting was
not Rembrandt's. Following
thorough research and consideration,
specialists of Rembrandt's work
concluded the painting was not the
work of the Dutch master artist

WRITING BASED ON KNOWLEDGE AND EXPERIENCE

Directions: For this task, you will write an essay in response to a question that asks you to state, explain, and support your opinion on an issue.

Typically, an effective essay will contain a minimum of 300 words. Your essay will be judged on the quality of your writing. This includes the development of your ideas, the organization of your essay, and the quality and accuracy of the language you use to express your ideas.

You have 30 minutes to plan and complete your essay.

Write your essay in the space provided.

QUESTION

Do you agree or disagree with the following statement?

It is more important to keep your old friends than it is to make new friends.

Use specific reasons and examples to support your answer. Be sure to use your own words. Do not use memorized examples.

Response Time: 30 minutes

Friendships are an essential part of an individual's social life and growing process. Long-term friendships are said to be more valuable as the bond between the individuals involved is very strong after several years, allowing them to have deep conversations and connect on another level. Making new friends is also very gratifying however, especially during times of uncertainty like moving into a new place or getting a new job. However, I stand by my belief that old friendships are much more important

STOP. This is the end of the Writing section of *TOEFL iBT*® Practice Test 3.

TEST D'ENTRAÎNEMENT 3

CORRIGÉS, EXPLICATIONS ET SCRIPTS DES SUPPORTS AUDIO

Compréhension écrite

Corrigé et tableau d'autonotation

Instructions : vérifiez vos réponses par rapport au corrigé ci-dessous. Écrivez le chiffre 1 sur la ligne à droite de chaque question si vous avez choisi la bonne réponse. Pour les questions qui valent plus d'un point, suivez les instructions qui vous sont données. Additionnez vos points en bas du tableau.

QUESTION N°	BONNE RÉPONSE	VOS POINTS
ARCHITECTURE		
1.	4	1
2.	2	1
3.	3	1
4.	4	1
5.	2	1
6.	1	1
7.	2	1
8.	3	1
9.	4	1
10.	1	1
11.	3	1
12.	2	0
13.	4	0

Pour la question 14, inscrivez 2 si vous avez choisi les trois bonnes réponses. Inscrivez 1 si vous avez donné deux bonnes réponses.

14.	1, 3, 6	2

QUESTION N°	BONNE RÉPONSE	VOS POINTS
THE LONG-TERM STABILITY OF ECOSYSTEMS		
1.	3	0
2.	3	0
3.	1	1
4.	2	1
5.	3	1
6.	2	1
7.	3	1
8.	2	1
9.	1	1
10.	3	1
11.	4	1
12.	4	1
13.	2	1

Pour la question 14, inscrivez 2 si vous avez choisi les trois bonnes réponses. Inscrivez 1 si vous avez donné deux bonnes réponses.

14.	3, 4, 5	1

QUESTION N°	BONNE RÉPONSE	VOS POINTS
DEPLETION OF THE OGALLALA AQUIFER		
1.	4	1
2.	2	1
3.	1	1
4.	4	1
5.	3	1
6.	3	1
7.	4	1
8.	1	1
9.	3	1
10.	3	1
11.	2	1
12.	2	1
13.	3	1

Pour la question 14, inscrivez 2 si vous avez choisi les trois bonnes réponses. Inscrivez 1 si vous avez donné deux bonnes réponses.

14.	1, 3, 6	1
TOTAL:		38

Vous trouverez ci-après un tableau qui convertit les réponses de la partie compréhension écrite en barème de notation pour la même partie du test *TOEFL iBT®*. Prenez le total des points de votre tableau de réponses et retrouvez ce nombre dans la colonne de gauche du tableau. La colonne de droite du tableau vous donne une fourchette de notation de la partie compréhension écrite du test *TOEFL iBT®* pour chaque nombre de points obtenus. Par exemple, si le nombre total de points de votre corrigé est 26, le tableau indique un score de 17.

Votre estimation de score doit être uniquement utilisée à titre indicatif. Votre score réel au test TOEFL iBT pourra être plus ou moins élevé que celui de votre version d'entraînement.

Compréhension écrite

TOTAL DES POINTS	SCORE
45	30
44	29
43	29
42	29
41	29
40	28
39	28
38	27
37	27
36	26
35	25
34	25
33	24
32	23
31	22
30	21
29	20

TOTAL DES POINTS	SCORE
22	13
21	11
20	10
19	9
18	8
17	7
16	5
15	4
14	3
13	2
12	2
11	1
10	1
9	0
8	0
7	0
6	0

TOTAL DES POINTS	SCORE	TOTAL DES POINTS	SCORE
28	19	5	0
27	18	4	0
26	17	3	0
25	16	2	0
24	15	1	0
23	14	0	0

Explication des réponses

Architecture

1. ❹ C'est une question d'information factuelle négative qui nécessite des informations particulières figurant dans le paragraphe 1. La bonne réponse est le choix 4. La phrase 3 du paragraphe indique que *« architecture affects our lives most directly »*, ce qui invalide l'information de la réponse 4. Les informations des réponses 1 et 3 figurent dans les phrases 1 et 2 du paragraphe.
2. ❷ C'est une question de vocabulaire. Le mot testé est *« enhance »*. Il est surligné dans le passage. La bonne réponse est le choix 2, *« improve »*. En d'autres termes, l'homme recherche des structures qui vont améliorer sa vie.
3. ❸ C'est une question de vocabulaire. Le mot testé est *« feasible »*. Il est surligné dans le passage. La bonne réponse est le choix 3, *« achievable »*. En d'autres termes, les bâtiments contribuent à la vie humaine lorsqu'ils sont économiquement faisables ou réalisables.
4. ❹ C'est une question de simplification de phrase. Comme pour toutes ces questions, une seule phrase du passage est surlignée :

   > In order for the structure to achieve the size and strength necessary to meet its purpose, architecture employs methods of support that, because they are based on physical laws, have changed little since people first discovered them—even while building materials have changed dramatically.

   La bonne réponse est le choix 4. Il contient toutes les informations essentielles de la phrase surlignée. Il omet les informations concernant le morceau de phrase au sujet de la taille et de la résistance de la structure car ces indications ne sont pas essentielles au sens de la phrase.

   Les réponses 1, 2 et 3 sont toutes fausses car elles changent le sens de la phrase surlignée. La réponse 1 est fausse car elle indique de manière erronée que les lois physiques ont limité la taille et la résistance des bâtiments, alors que la phrase surlignée n'en fait pas état.

La réponse 2 est fausse car elle établit un lien erroné entre les matériaux de construction et la taille et la résistance du bâtiment, alors que la phrase surlignée n'établit pas ce lien.

La réponse 3 est fausse car elle indique de manière erronée que les solutions structurelles utilisées initialement n'étaient pas basées sur les lois physiques, alors que la phrase surlignée précise que les solutions structurelles basées sur les lois physiques ont été utilisées depuis leur découverte.

5. ❷ C'est une question de vocabulaire. Le mot testé est *« devised »*. Il est surligné dans le passage. La bonne réponse est le choix 2, *« created »*. En d'autres termes, les structures architecturales ont également été faites ou créées en fonction des limites objectives des matériaux.

6. ❶ C'est une question de vocabulaire. Le mot testé est *« integral »*. Il est surligné dans le passage. La bonne réponse est le choix 1, *« essential »*. En d'autres termes, les matériaux et les méthodes de construction sont des aspects essentiels ou vitaux de la conception des structures architecturales.

7. ❷ C'est une question d'information factuelle qui nécessite des informations particulières figurant dans le paragraphe 4. Le choix 2 est la bonne réponse. La phrase 3 du paragraphe indique que, dans le passé, les structures étaient construites en utilisant les matériaux disponibles. Cependant, la phrase 4 du paragraphe précise qu'aujourd'hui on peut créer de nouveaux matériaux en fonction de la conception de la structure. La réponse 1 est fausse car la phrase 5 du paragraphe indique que, dans un passé récent, il y a eu des changements substantiels dans les matériaux et la conception. La réponse 3 est fausse car la phrase 4 du paragraphe précise qu'il y a beaucoup de matériaux disponibles aujourd'hui. La réponse 4 est fausse car la phrase 5 du paragraphe indique qu'il est possible de clôturer l'espace plus rapidement et plus facilement que dans le passé. Elle n'indique pas que les architectes n'étaient pas capables de clôturer l'espace.

8. ❸ C'est une question de déduction qui requiert des informations que l'on peut déduire du paragraphe 4. Le choix 3 est la bonne réponse. La phrase 5 du paragraphe indique que les structures sont aujourd'hui créées avec un minimum de matériaux et la phrase 6 précise qu'il existe une différence de poids entre les bâtiments construits aujourd'hui et ceux bâtis il y a cent ans. La combinaison des informations de ces deux phrases suggère que les bâtiments modernes pèsent moins lourd que ceux bâtis il y a cent ans. La réponse 1 est fausse car il n'est pas fait de comparaison entre l'espace occupé par les bâtiments construits autrefois et ceux d'aujourd'hui. La réponse 2 est fausse car la phrase 5 du paragraphe indique que les bâtiments modernes ont connu des modifications substantielles par rapport à ceux construits il y a cent ans. La réponse 4 est fausse car la phrase 5

du paragraphe indique que les bâtiments modernes peuvent être construits plus rapidement qu'il y a cent ans.

9. ❹ C'est une question de déduction qui requiert des informations que l'on peut déduire du paragraphe 5. Le choix 4 est la bonne réponse. On demande au candidat de relier les informations des phrases 1 et 3 du paragraphe. La phrase 1 indique que l'architecture moderne comporte différents éléments comparables au corps humain, alors que la phrase 3 précise qu'à ses débuts, l'architecture avait peu de composants de ce type. Les informations de ces deux phrases suggèrent que les bâtiments modernes ressemblent plus au corps humain que les bâtiments anciens. La réponse 1 est fausse car la phrase 1 du paragraphe indique qu'il y a trois composants dans l'architecture moderne (*skeleton*, *skin*, *equipment*) qui rappellent le corps humain, et non pas un seul. La réponse 2 est fausse car la phrase 3 du paragraphe précise que l'ancienne architecture ne possédait pas d'équipement intérieur, ce qui constitue l'un des trois éléments particuliers cités dans le paragraphe comme comparables au corps humain. La réponse 3 est fausse car il n'est pas fait mention de manière directe ou indirecte de la manière dont les bâtiments modernes ou le corps humain puissent changer.

10. ❶ C'est une question de vocabulaire. Le mot testé est *« arduous »*. Il est surligné dans le passage. La bonne réponse est le choix 1, *« difficult »*. En d'autres termes, tailler et empiler les pierres était une tâche difficile ou exigeante.

11. ❸ C'est une question à but rhétorique. Elle interroge sur les raisons pour lesquelles l'auteur décide de décrire la manière dont étaient construites les *« doorways and windows »* du Machu Picchu. L'expression testée est surlignée dans le passage. La bonne réponse est le choix 3. L'auteur traite des structures en pierre utilisées pour soutenir les embrasures de porte et les fenêtres afin de donner un exemple de la manière dont les limites physiques des pierres ont été vaincues avant l'invention de l'arche. La réponse 1 est fausse car il n'y a pas de comparaison dans le passage entre le Machu Picchu et les igloos ou les maisons en pisé. La réponse 2 est fausse car, même si le passage indique bien que le Machu Picchu a été construit en pierre, il ne traite jamais du type de pierre utilisé. La réponse 4 est fausse car il n'est pas fait état du temps nécessaire à la construction des bâtiments en pierre.

12. ❷ C'est une question d'information factuelle qui nécessite des informations particulières figurant dans le paragraphe 6. Le choix 2 est la bonne réponse. Les phrases 5 et 6 du paragraphe indiquent que l'arche a permis de créer de nouvelles formes architecturales. Le reste du paragraphe développe les structures créées grâce à l'invention de l'arche. La réponse 1 est fausse car il est dit dans la phrase 7 du paragraphe que ce sont les cultures méditerranéennes qui ont les premières utilisé l'arche, et non les Romains. La réponse 3 est fausse car la phrase 10 du paragraphe indique que le poids de la structure est réparti sur les côtés de l'arche. La réponse 4 est fausse car la phrase 7 indique que les Romains ont créé de nouvelles utilisations de l'arche, à savoir dans des structures de surface.

13. ❹ C'est une phrase d'insertion de texte. Vous pouvez voir les quatre réponses possibles dans le paragraphe 5.

Progress in this area can be measured by the difference in weight between buildings built now and those of comparable size built one hundred years ago.

(1) Modern architectural forms generally have three separate components comparable to elements of the human body: a supporting *skeleton* or frame, an outer skin enclosing the interior spaces, and *equipment*, similar to the body's vital organs and systems. **(2)** The equipment includes plumbing, electrical wiring, hot water, and air-conditioning. **(3)** Of course in early architecture—such as igloos and adobe structures—there was no such equipment, and the skeleton and skin were often one.

(4) Much of the world's great architecture has been constructed of stone because of its beauty, permanence, and availability.

La phrase proposée est : « *However, some modern architectural designs, such as those using folded plates of concrete or air-inflated structures, are again unifying skeleton and skin* », le bon endroit pour l'insérer est le choix **(4)**.

Le choix **(4)** est la bonne réponse car c'est le seul endroit qui soutient à la fois une idée d'opposition et une référence répétée à l'unification du squelette et de la peau. La phrase insérée présente une opposition avec l'idée principale du paragraphe. La phrase insérée comprend également l'expression « *again unifying skeleton and skin* », qui indique qu'il doit exister une discussion préalable liée à l'unification du squelette et de la peau d'une structure. Le choix **(4)** est le seul endroit du paragraphe qui suit ce propos.

Aucun des autres choix ne suit un sujet concernant l'unification du squelette et de la peau d'une structure, et les autres réponses ne proposent pas un point d'opposition pertinent pour la phrase insérée.

14. ❶ ❸ ❻ C'est une question de résumé de texte. Elle est correctement complétée ci-dessous. Les bonnes réponses sont les choix 1, 3 et 6. Les réponses 2, 4 et 4 sont donc fausses.

Directions: An introductory sentence for a brief summary of the passage is provided below. Complete the summary by selecting the THREE answer choices that express the most important ideas in the passage. Some answer choices do not belong in the summary because they express ideas that are not presented in the passage or are minor ideas in the passage. **This question is worth 2 points.**

Architecture uses forms and space to express cultural values.

- Architects seek to create buildings that are both visually appealing and well suited for human use.
- Over the course of the history of building, innovations in materials and methods of construction have given architects ever greater freedom to express themselves.
- The discovery and use of the arch typifies the way in which architecture advances by developing more efficient types of structures.

Answer Choices

1. Architects seek to create buildings that are both visually appealing and well suited for human use.
2. Both clients and architects are responsible for the mediocre designs of some modern buildings.
3. Over the course of the history of building, innovations in materials and methods of construction have given architects ever greater freedom to express themselves.
4. Modern buildings tend to lack the beauty of ancient stone buildings such as those of Machu Picchu.
5. Throughout history buildings have been constructed like human bodies, needing distinct "organ" systems in order to function.
6. The discovery and use of the arch typifies the way in which architecture advances by developing more efficient types of structures.

Bonnes réponses

Le choix 1, «*Architects seek to create buildings that are both visually appealing and well suited for human use*», est une bonne réponse car c'est une affirmation générale qui est développée dans les deux premiers paragraphes. Ceux-ci traitent en détail de la manière dont l'architecture peut affecter et éventuellement améliorer la vie des populations.

Le choix 3, «*Over the course of the history of building, innovations in materials and methods of construction have given architects ever greater freedom to express themselves*», est une bonne réponse car c'est une affirmation générale qui est développée dans les paragraphes 3 et 4. Ceux-ci traitent en détail de la manière dont les matériaux et les méthodes ont changé et se sont améliorés pendant toute l'histoire de la construction, permettant en permanence aux architectes de créer de nouvelles conceptions.

Le choix 6, «*The discovery and use of the arch typifies the way in which architecture advances by developing more efficient types of structures*», est une bonne réponse car il retient l'idée principale du paragraphe 6, qui propose une longue discussion sur les différentes manières dont l'arche a permis de créer de nouvelles formes architecturales.

Mauvaises réponses

Le choix 2, «*Both clients and architects are responsible for the mediocre designs of some modern buildings*», est faux car il s'agit d'un détail mineur, une illustration qui figure dans la dernière phrase du paragraphe 2. Il soutient l'idée plus générale du paragraphe, à savoir que la qualité de la conception architecturale dépend de facteurs variés.

Le choix 4, «*Modern buildings tend to lack the beauty of ancient stone buildings such as those of Machu Picchu*», est faux car il n'est pas fait état dans le passage du niveau d'attractivité des bâtiments modernes.

Le choix 5, «*Throughout history buildings have been constructed like human bodies, needing distinct "organ" systems in order to function*», est faux car le paragraphe 5 précise qu'à ses débuts, l'architecture ne connaissait pas les équipements comme la plomberie ou les installations électriques, qui sont comparables à des organes vitaux du corps humain.

The Long-Term Stability of Ecosystems

1. ❸ C'est une question de vocabulaire. Le mot testé est *« particular »*. Il est surligné dans le passage. La bonne réponse est le choix 3, *« specific »*. En d'autres termes, la structure spécifique des communautés de plantes dépend de l'historique de la zone géographique.
2. ❸ C'est une question d'information factuelle négative qui nécessite des informations particulières figurant dans le paragraphe 1. La bonne réponse est le choix 3. La dernière phrase du paragraphe indique que les plantes et les espèces appartenant à des communautés à maturité se modifient. Le choix 1 est vrai selon les informations de la phrase 3 du paragraphe, qui indique que la communauté qui assure la succession est une communauté à maturité. Le choix 2 est vrai selon les phrases 4 à 6 du paragraphe, qui indiquent que les communautés pionnières et de succession durent jusqu'à 500 ans, alors que les communautés à maturité durent au-delà de 500 ans. Le choix 4 est vrai selon la dernière phrase du paragraphe, qui indique que les communautés à maturité existent pendant des périodes supérieures à 500 ans.
3. ❶ C'est une question d'information factuelle qui concerne des informations spécifiques que l'on peut trouver dans le paragraphe 2. Le choix 1 est la bonne réponse. La phrase 3 du paragraphe indique que *« the properties of an ecosystem are more stable »*, ou changent plus lentement que les individus à l'intérieur du système. Le choix 2 est contredit par les phrases 1 et 3 du paragraphe, qui précisent que les écosystèmes restent inchangés alors que les individus sont remplacés. Le choix 3 est contredit par la phrase 2 du paragraphe, qui indique que les organismes individuels changent d'année en année. Le choix est faux car il n'y a pas d'information dans le paragraphe concernant un changement du nombre d'organismes et la manière dont cela peut affecter un écosystème. De plus, la phrase 2 du paragraphe indique que le nombre de poissons, par exemple, restera en général stable.
4. ❷ C'est une question d'information factuelle qui porte sur des informations spécifiques que l'on peut trouver dans le paragraphe 3. Le choix 2 est la bonne réponse. La phrase 3 du paragraphe indique que les communautés à maturité ont des écosystèmes plus stables que les communautés pionnières. Le choix 1 est faux car la phrase 3 du paragraphe indique que les communautés pionnières sont moins stables que les communautés à maturité. Le choix 3 est faux car la phrase 5 du paragraphe précise que les terres cultivables à monoculture sont instables. Le choix 4 est faux car il n'est pas fait état dans le paragraphe des communautés de plantes en succession.

5. ❸ C'est une question d'information factuelle qui concerne des informations spécifiques que l'on peut trouver dans le paragraphe 4. Le choix 3 est la bonne réponse. Les deux premières phrases du paragraphe indiquent que la stabilité d'un écosystème est une notion complexe dans la mesure où les écologistes ne sont pas d'accord sur la signification du mot *stabilité*. Le choix 1 est faux car il n'est pas traité dans le paragraphe. De plus, l'idée présentée dans le choix 1 est contredite par la phrase 5 du paragraphe, qui précise que des perturbations comme les incendies peuvent modifier un écosystème. Le choix 2 est faux car il n'est pas fait état de la confusion de la part des écologistes sur le concept de résilience. La résilience est simplement définie dans le paragraphe. Le choix 4 est faux car l'idée principale du paragraphe est de montrer que les questions de différents écologistes sont une cause de complication. De plus, les phrases 4 et 7 du paragraphe fournissent des réponses claires aux questions des écologistes.

6. ❷ C'est une question d'information factuelle qui porte sur des informations spécifiques que l'on peut trouver dans le paragraphe 4. Le choix 2 est la bonne réponse. Les phrases 4 et 7 du paragraphe présentent différentes perspectives sur les communautés à maturité : elles peuvent être considérées comme les plus stables ou les moins stables. Le choix 1 est faux car, d'après la théorie de la résilience de la stabilité des écosystèmes, il est contredit par la phrase 7, qui précise que les communautés à maturité sont les moins résilientes. Le choix 3 est également contredit par la phrase 7, qui indique que les communautés à maturité mettent plus de temps à se remettre d'une perturbation majeure. Le choix 4 est faux car c'est une mauvaise compréhension du concept de résilience. D'après la phrase 5 du paragraphe, une communauté résiliente retournera à une forme particulière après une perturbation majeure.

7. ❸ C'est une question de déduction qui peut être étayée par le paragraphe 5. La bonne réponse est le choix 3. La phrase 2 présente la discussion sur la diversité des communautés de transition dans les zones tempérées, et la phrase 3 présente les forêts de séquoias comme exemple de ce type de communauté. La réponse 1 est fausse car, d'après le paragraphe, nous pouvons en déduire le contraire. La phrase 3 indique que la diversité dans une forêt de séquoias décroît à mesure que la forêt arrive à maturité, et la phrase 5 précise qu'une plus grande diversité peut mener à l'instabilité. La réponse 2 est fausse car les phrases 2 et 3 indiquent que le nombre d'espèces décline dans une forêt de séquoias à son stade de maturité. La réponse 4 est fausse car les phrases 2 et 3 indiquent le contraire, à savoir que les forêts de séquoias présentent une diversité maximale durant les étapes de transition.

8. ❷ C'est une question de vocabulaire. Le mot testé est « *guarantee* ». Il est surligné dans le passage. La bonne réponse est le choix 2, « *ensure* ». En d'autres termes, la diversité n'assure pas la stabilité d'un écosystème.

9. ❶ C'est une question à but rhétorique. Elle interroge sur les raisons pour lesquelles l'auteur précise que « *A fifteen-speed racing bicycle is more likely to*

break down than a child's tricycle » dans le passage. Ce terme est surligné dans le passage. La bonne réponse est le choix 1. La phrase 6 du paragraphe affirme le principe général selon lequel un système compliqué est plus susceptible de s'effondrer qu'un système simple. La phrase 7, qui est surlignée, prend l'exemple des vélos que le lecteur moyen peut suivre. La réponse 2 est fausse car elle met l'accent sur la stabilité alors que l'information surlignée donne un exemple des problèmes liés à la complexité d'un système particulier. La réponse 3 est fausse car la phrase 5 du paragraphe indique le contraire, en particulier que la stabilité n'augmente pas nécessairement avec la diversité. Par conséquent, la phrase surlignée ne peut pas être comparée aux informations incorrectes données dans la réponse 3. La réponse 4 est fausse car l'exemple donné dans la phrase surlignée soutient en fait les modèles mathématiques mentionnés dans la phrase 5.

10. ❸ C'est une question de vocabulaire. Le mot testé est « *pales* ». Il est surligné dans le passage. La bonne réponse est le choix 3, « *loses significance* ». En d'autres termes, la destruction causée par l'explosion du mont Sainte-Hélène perd de sa signification lorsqu'on la compare à la destruction causée par l'homme.

11. ❹ C'est une question de simplification de phrase. Comme pour toutes ces questions, une seule phrase est surlignée dans le passage :

    Many ecologists now think that the relative long-term stability of climax communities comes not from diversity but from the "patchiness" of the environment; an environment that varies from place to place supports more kinds of organisms than an environment that is uniform.

    La bonne réponse est le choix 4. Cette réponse reprend toutes les informations essentielles des deux propositions de la phrase surlignée et les simplifie dans une phrase concise. Elle omet les informations de la seconde proposition qui est une répétition, et donc pas essentielle pour le sens.

    La réponse 1 est fausse car elle dit le contraire de la phrase surlignée. La réponse 1 affirme que la diversité est la clé de la stabilité, alors que la phrase surlignée indique que la stabilité ne vient pas de la diversité mais plutôt de la dispersion.

    La réponse 2 est fausse car elle indique de manière erronée une relation de cause à effet entre les environnements hétéroclites et la diversité.

    La réponse 3 est fausse car la phrase surlignée ne mentionne pas que les environnements homogènes ne puissent pas être des communautés à maturité.

12. ❹ C'est une question de vocabulaire. Le mot testé est « *adjacent* ». Il est surligné dans le passage. La bonne réponse est le choix 4, « *neighboring* ». En d'autres termes, une population locale qui s'éteint est rapidement remplacée par des organismes d'une communauté voisine ou proche.

13. ❷ C'est une question à insertion de texte. Vous pouvez voir les quatre réponses possibles dans le paragraphe 6.

A more complicated system is, in general, more likely than a simple system to break down. (A fifteen-speed racing bicycle is more likely to break down than a child's tricycle.) **(1)** Ecologists are especially interested in knowing what factors contribute to the resilience of communities because climax conditions all over the world are being severely damaged or destroyed by human activities. **(2)** The destruction caused by the volcanic explosion of Mount St. Helens, in the northwestern United States, for example, pales in comparison to the destruction caused by humans. **(3)** We need to know what aspects of a community are most important to the community's resistance to destruction, as well as its recovery. **(4)**. Many ecologists now think that the relative long-term stability of climax communities comes not from diversity but from the "patchiness" of the environment; an environment that varies from place to place supports more kinds of organisms than an environment that is uniform.

La phrase qui stipule : *« In fact, damage to the environment by humans is often much more severe than by natural events and processes »* correspond au choix **(2)**.

Le choix **(2)** est une bonne réponse car c'est la meilleure place dans le paragraphe pour donner des précisions sur l'idée présentée dans la phrase 1, à savoir que l'homme contribue aux dommages causés à l'environnement. L'expression *« In fact »* signale que l'idée va être détaillée. De même l'expression *« natural events and processes »*, dans la phrase donnée, fournit un lien logique avec l'exemple de la phrase 2 sur l'explosion volcanique du mont Sainte-Hélène.

Le choix **(1)** est faux car il n'est pas logique de commencer un paragraphe avec une phrase qui développe l'idée que l'homme nuit à l'environnement avant que cette idée n'ait été présentée.

Le choix **(3)** est faux car il n'est pas logique que l'exemple particulier des dégâts causés par l'explosion du mont Sainte-Hélène dans la phrase 2 soit suivi par une remarque plus générale sur les dommages causés par *« natural events and processes »*.

Le choix **(4)** est faux car la phrase qui le précède traite de la résistance de la communauté à la destruction. La place de ce choix n'est pas logique pour insérer une phrase qui développe en détail une idée différente.

14. ❸ ❹ ❺ C'est une question de résumé de texte. Elle est correctement complétée ci-dessous. Les bonnes réponses sont les choix 3, 4 et 5. Les réponses 1, 2 et 6 sont donc fausses.

Directions: An introductory sentence for a brief summary of the passage is provided below. Complete the summary by selecting the THREE answer choices that express the most important ideas in the passage. Some answer choices do not belong in the summary because they express ideas that are not presented in the passage or are minor ideas in the passage. **This question is worth 2 points.**

The process of succession and the stability of a climax community can change over time.

- A high degree of species diversity does not always result in a stable ecosystem.
- Disagreements over the meaning of the term "stability" make it difficult to identify the most stable ecosystems.
- The level of resilience in a plant community contributes to its long-term stability.

Answer Choices

1. The changes that occur in an ecosystem from the pioneer to the climax community can be seen in one human generation.
2. Ecologists agree that climax communities are the most stable types of ecosystems.
3. A high degree of species diversity does not always result in a stable ecosystem.
4. Disagreements over the meaning of the term "stability" make it difficult to identify the most stable ecosystems.
5. The level of resilience in a plant community contributes to its long-term stability.
6. The resilience of climax communities makes them resistant to destruction caused by humans.

Bonnes réponses

Le choix 3, « *A high degree of species diversity does not always result in a stable ecosystem* », est une bonne réponse car c'est une idée principale qui est développée pratiquement dans tout le passage. Les trois premiers paragraphes présentent et développent l'idée que la diversité peut produire un écosystème stable. Mais les paragraphes 4, 5 et 7 présentent des arguments qui soutiennent l'idée que la diversité ne produit pas toujours un écosystème stable.

Le choix 4, « *Disagreements over the meaning of the term "stability" make it difficult to identify the most stable ecosystems* », est une bonne réponse car l'idée clé selon laquelle la stabilité des écosystèmes est difficile à quantifier est introduite dans le paragraphe 4 et développée dans tout le reste du passage.

Le choix 5, « *The level of resilience in a plant community contributes to its long-term stability* », est une bonne réponse car elle mentionne une forme importante de stabilité qui est présentée dans le paragraphe 4 et détaillée plus loin dans le paragraphe 6, lors de la discussion sur les dommages causés par l'homme à l'environnement.

Mauvaises réponses

Le choix 1, « *The changes that occur in an ecosystem from the pioneer to the climax community can be seen in one human generation* », est faux car le paragraphe 1 indique qu'une communauté pionnière seule peut se modifier sur une période de 500 ans. De plus, une communauté à maturité se modifie en général sur une période supérieure à 500 ans.

Le choix 2, « *Ecologists agree that climax communities are the most stable types of ecosystems* », est faux car les communautés à maturité sont décrites comme instables dans différents endroits du passage, à partir du paragraphe 3. La dernière phrase du paragraphe 4 indique que les communautés à maturité pourraient être les moins stables, alors que la phrase 2 du paragraphe 5 suggère que les communautés en transition pourraient être plus stables que les communautés à maturité.

Le choix 6, « *The resilience of climax communities makes them resistant to destruction caused by humans* », est faux car c'est une erreur de lecture de la phrase 1 du paragraphe 6. La phrase indique que les écologistes voudraient savoir si la résilience pourrait rendre les communautés à maturité résistantes à la destruction. Les communautés à maturité sont abîmées et détruites par l'homme et ne résistent donc pas à cette destruction.

Depletion of the Ogallala Aquifer

1. ❹ C'est une question d'information factuelle qui porte sur des informations spécifiques que l'on peut trouver dans le paragraphe 1. La bonne réponse est le choix 4. La phrase 2 du paragraphe indique qu'il existait un niveau d'exploitation agricole et d'élevage de « *low-intensity* » dans la région des hautes plaines pendant une courte période après que l'on s'y fut installé dans les années 1880. La réponse 1 est fausse car on ne trouve pas d'information dans le paragraphe qui indique que les hautes plaines n'avaient pas d'habitants avant les années 1880. Le paragraphe se borne à indiquer qu'aucun groupe particulier (fermiers ou éleveurs) ne s'était installé de façon permanente. La réponse 2 est fausse car il n'est pas fait mention des températures dans ce paragraphe. Le paragraphe indique que la région a un climat semi-aride, mais cela ne donne pas en soi une indication de température. La réponse 3 est fausse car le paragraphe ne précise pas qui a réellement découvert l'aquifère. Le paragraphe indique seulement que l'aquifère a pris le nom des Indiens Ogallala car ils avaient à un moment habité cette région.

2. ❷ C'est une question d'information factuelle négative qui nécessite des informations particulières figurant dans le paragraphe 2. La bonne réponse est le choix 2. L'information de la réponse 2 est fausse par rapport au paragraphe, qui indique que l'eau provient « *from rains and melting snows* ». Il n'est pas fait mention de sources souterraines dans le paragraphe. L'information de la réponse 1 concernant la localisation figure dans la phrase 1 du paragraphe. L'information de la réponse 3 concernant l'époque figure dans la phrase 2 du paragraphe. L'information de la réponse 4 concernant le grès figure dans la phrase 1 du paragraphe.

3. ❶ C'est une question de simplification de phrase. Comme pour toutes ces questions, une seule phrase est surlignée dans le passage :

Estimates indicate that the aquifer contains enough water to fill Lake Huron, but unfortunately, under the semiarid climatic conditions that presently exist in the region, rates of addition to the aquifer are minimal, amounting to about half a centimeter a year.

La bonne réponse est le choix 1. Les informations essentielles sur la taille de l'aquifère et le taux d'addition sont exprimées dans un langage simple et concis, mais les détails supplémentaires qui servent à aider le lecteur à visualiser l'information ont été enlevés.

La réponse 2 indique de manière erronée que l'aquifère ne contient pas actuellement une quantité d'eau suffisante pour remplir le lac Huron, alors que la phrase surlignée précise que l'aquifère contient en effet cette grande quantité d'eau.

La réponse 3 implique de manière erronée que les conditions climatiques actuelles affectent de manière positive l'aquifère en ajoutant de l'eau. Cependant, la phrase surlignée indique que le temps très sec de la région affecte l'aquifère puisqu'il empêche l'addition de volumes substantiels d'eau.

La réponse 4 affirme de manière erronée que les taux d'addition d'eau augmentent ; la phrase surlignée indique que le taux est constant à un demi-centimètre près, chaque année.

4. ❹ C'est une question de vocabulaire. Le mot testé est « *ensuing* ». Il est surligné dans le passage. La bonne réponse est le choix 4, « *subsequent* ». En d'autres termes, l'expansion rapide des cultures d'irrigation qui a suivi a transformé l'économie de la région.

5. ❸ C'est une question à but rhétorique. Elle interroge sur les raisons pour lesquelles l'auteur précise que 40 % du bétail américain est engraissé dans les hautes plaines. La bonne réponse est le choix 3. La phrase 2 du paragraphe donne l'affirmation générale selon laquelle l'agriculture d'irrigation « *transformed the economy of the region* », et le reste du paragraphe fournit trois exemples de cette transformation. Les informations concernant le bétail sont le dernier des exemples de ce paragraphe. La réponse 1 implique de façon erronée que la culture céréalière était moins importante que d'autres facteurs dans l'économie de la région. Cependant, le paragraphe donne aussi des exemples de facteurs qui ont contribué à la transformation de l'économie de la région ; il n'indique pas si certains facteurs sont plus ou moins importants que d'autres. La réponse 2 indique de façon erronée que l'activité économique ne dépendait pas de l'irrigation. Cependant, la phrase 2 du paragraphe indique explicitement que la transformation économique a été le fruit de l'agriculture d'irrigation. La réponse 4 est fausse car il n'y a pas dans le paragraphe de comparaison entre les pratiques d'engraissement dans les hautes plaines et ailleurs. La dernière phrase du paragraphe indique que seuls 40 % de certains bétails sont engraissés dans cette région ; il n'est pas fait état des pratiques elles-mêmes.

6. ❸ C'est une question de vocabulaire. Le mot testé est « *unprecedented* ». Il est surligné dans le passage. La bonne réponse est le choix 3, « *unlike anything in the past* ». En d'autres termes, une nappe phréatique limitée avec un taux de recharge bas ne ressemble en rien à ce qui existait dans le passé.

7. ❹ C'est une question de vocabulaire. Le mot testé est « *virtually* ». Il est surligné dans le passage. La bonne réponse est le choix 4, « *almost* ». En d'autres termes, il n'y a quasiment pas d'eau d'origine naturelle pour réapprovisionner la quantité d'eau dans l'aquifère.

8. ❶ C'est une question d'information factuelle négative qui nécessite des informations particulières figurant dans le paragraphe 4. La bonne réponse est le choix 1. La phrase 1 du paragraphe indique que l'aquifère a un niveau de recharge bas mais il n'est pas fait mention que celui-ci est causé par l'irrigation. De plus la phrase 1 implique que le taux de recharge est constant et non en diminution. Les informations de la réponse 2 concernant les nappes phréatiques apparaissent dans la phrase 1 du paragraphe. Les informations de la réponse 3 concernant la profondeur des puits apparaissent dans la phrase 1 du paragraphe. Les informations de la réponse 4 concernant les pompes à eau apparaissent dans la phrase 3 du paragraphe.

9. ❸ C'est une question d'information factuelle qui porte sur des informations spécifiques que l'on peut trouver dans le paragraphe 4. La bonne réponse est le choix 3. Les phrases 4 et 5 du paragraphe indiquent que l'aquifère va s'assécher et précisent : « *The situation is most critical in Texas.* » La réponse 1 est fausse car le paragraphe ne précise pas quelle zone a les plus grandes terres agricoles à irriguer. La réponse 2 est fausse car le paragraphe ne précise pas quelle zone a la plus grande quantité d'eau provenant de l'Ogallala dans son sous-sol. La réponse 4 affirme de manière erronée que le Texas utilise la plus petite quantité d'eau provenant de l'Ogallala, alors que la phrase 5 indique qu'au Texas « *the greatest amount of water is being pumped* ».

10. ❸ C'est une question de vocabulaire. Le mot testé est « *inevitable* ». Il est surligné dans le passage. La bonne réponse est le choix 3, « *unavoidable* ». En d'autres termes, la réaction des fermiers à la diminution inévitable de l'Ogallala varie.

11. ❷ C'est une question d'information factuelle qui porte sur des informations spécifiques que l'on peut trouver dans le paragraphe 5. La bonne réponse est le choix 2. La phrase 4 du paragraphe indique que certains fermiers sont moins motivés à préserver l'eau car d'autres fermiers se font de l'argent en utilisant de grandes quantités d'eau. La réponse 1 est fausse car elle attribue la difficulté des fermiers au problème de faire pousser certaines cultures. Cependant, la phrase 2 du paragraphe précise que certains fermiers ont converti leurs cultures pour des espèces qui ont besoin de moins d'eau ; cela n'est pas présenté comme une difficulté. La réponse 3 indique de manière erronée que le fait de moins irriguer peut amener à de mauvaises récoltes alors que la phrase 2 du paragraphe ne cite

l'irrigation moins fréquente que comme un moyen de préserver la ressource en eau. La réponse 4 implique de manière erronée que beaucoup de fermiers ne croient pas que l'aquifère va s'assécher. Cependant, le paragraphe n'affirme pas explicitement que les fermiers croient ou ne croient pas. Seules les réactions des fermiers à la diminution de l'aquifère sont discutées. On peut déduire de ces réactions que de nombreux fermiers pensent effectivement que l'aquifère va s'assécher.

12. ❷ C'est une question d'information factuelle qui porte sur des informations spécifiques que l'on peut trouver dans le paragraphe 6. La bonne réponse est le choix 2. La phrase 2 du paragraphe indique que le coût de produits agricoles irrigués par de l'eau de rivière transportée serait trop élevé et donc non compétitif. La réponse 1 est fausse car elle précise qu'il n'y a pas assez d'eau de rivière pour répondre aux besoins des fermiers, mais la phrase 1 du paragraphe implique qu'il existe de *« vast quantities »* d'eau de rivière qui pourraient être utilisées pour l'irrigation. La réponse 3 est fausse car le paragraphe ne précise pas que le coût d'utilisation d'eau de capillarité va augmenter. Au contraire, la phrase 4 du paragraphe indique que l'utilisation de l'eau de capillarité entraînera une augmentation du prix de l'eau. La réponse 4 indique de manière erronée que les fermiers seront obligés de se tourner vers des cultures transgéniques ; le paragraphe indique que les fermiers pourront choisir parmi une multitude de solutions possibles pour répondre à la crise d'approvisionnement en eau.

13. ❸ C'est une question à insertion de texte. Vous pouvez voir les quatre choix possibles dans les paragraphes 5 et 6.

The reaction of farmers to the inevitable depletion of the Ogallala varies. Many have been attempting to conserve water by irrigating less frequently or by switching to crops that require less water. **(1)** Others, however, have adopted the philosophy that it is best to use the water while it is still economically profitable to do so and to concentrate on high-value crops such as cotton. **(2)** The incentive of the farmers who wish to conserve water is reduced by their knowledge that many of their neighbors are profiting by using great amounts of water, and in the process are drawing down the entire region's water supplies. **(3)**

In the face of the upcoming water supply crisis, a number of grandiose schemes have been developed to transport vast quantities of water by canal or pipeline from the Mississippi, the Missouri, or the Arkansas rivers. **(4)** Unfortunately, the cost of water obtained through any of these schemes would increase pumping costs at least tenfold, making the cost of irrigated agricultural products from the region uncompetitive on the national and international markets.

La phrase qui stipule : *« But even if uncooperative farmers were to join in the conservation efforts, this would only delay the depletion of the aquifer »* correspond au choix **(3)**. La phrase qui précède fait référence aux fermiers qui utilisent de grandes quantités d'eau, ou à l'attitude des fermiers peu coopératifs, et la phrase suivante au début du paragraphe suivant fait référence à la crise d'approvisionnement en eau, ou à la diminution de l'aquifère. Le choix **(3)** est le seul endroit qui permet des liens logiques à la fois avec la phrase précédente et la suivante.

Le choix **(1)** est faux car la phrase qui précède fait référence aux fermiers coopératifs qui essaient de préserver la ressource en eau et la phrase qui suit se met déjà en opposition avec ces fermiers coopératifs avec les mots « *Others, however* ». Par conséquent la phrase proposée serait répétitive.

Le choix **(2)** est faux car la phrase qui suit parle des fermiers, alors que la phrase proposée amène le lecteur à attendre une discussion sur la diminution de l'aquifère.

Le choix **(4)** est faux car le sujet des phrases précédentes et suivantes concerne les solutions potentielles à la crise de l'eau. On ne peut pas faire de lien avec les actions des fermiers peu coopératifs.

14. ❶ ❸ ❻ C'est une question de résumé de texte. Elle est correctement complétée ci-dessous. Les bonnes réponses sont les choix 1, 3 et 6. Les réponses 2, 4 et 5 sont donc fausses.

Directions: An introductory sentence for a brief summary of the passage is provided below. Complete the summary by selecting the THREE answer choices that express the most important ideas in the passage. Some answer choices do not belong in the summary because they express ideas that are not presented in the passage or are minor ideas in the passage. **This question is worth 2 points.**

The Ogallala aquifer is a large underground source of water in the High Plains region of the United States.

- The use of the Ogallala for irrigation has allowed the High Plains to become one of the most productive agricultural regions in the United States.
- Given the aquifer's low recharge rate, its use for irrigation is causing water tables to drop and will eventually lead to its depletion.
- Several solutions to the upcoming water supply crisis have been proposed, but none of them promises to keep the costs of irrigation low.

Answer Choices

1. The use of the Ogallala for irrigation has allowed the High Plains to become one of the most productive agricultural regions in the United States.
2. The periodic deepening of wells and the use of more-powerful pumps would help increase the natural recharge rate of the Ogallala.
4. In Texas, a great deal of attention is being paid to genetic engineering because it is there that the most critical situation exists.
5. Releasing capillary water and introducing drought-resistant crops are less promising solutions to the water supply crisis than bringing in river water.

3. Given the aquifer's low recharge rate, its use for irrigation is causing water tables to drop and will eventually lead to its depletion.

6. Several solutions to the upcoming water supply crisis have been proposed, but none of them promises to keep the costs of irrigation low.

Bonnes réponses

Le choix 1, « *The use of the Ogallala for irrigation has allowed the High Plains to become one of the most productive agricultural regions in the United States* », est une bonne réponse car c'est l'idée principale du paragraphe 3. Cette réponse résume les informations de base nécessaires pour comprendre la discussion ultérieure sur la diminution de l'aquifère.

Le choix 3, « *Given the aquifer's low recharge rate, its use for irrigation is causing water tables to drop and will eventually lead to its depletion* », est une bonne réponse car c'est une idée principale qui est développée dans les paragraphes 3 à 5. Les informations de cette réponse rendent compte de manière concise des causes de la diminution de l'aquifère.

Le choix 6, « *Several solutions to the upcoming water supply crisis have been proposed, but none of them promises to keep the costs of irrigation low* », est une bonne réponse, c'est l'idée principale du dernier paragraphe du passage. Les informations de cette réponse rendent compte de manière concise des conséquences probables de la diminution de l'aquifère.

Mauvaises réponses

Le choix 2, « *The periodic deepening of wells and the use of more-powerful pumps would help increase the natural recharge rate of the Ogallala* », est faux car c'est une erreur de lecture des informations données dans le paragraphe 4 concernant les puits et les pompes. Le paragraphe 4 explique que le taux très bas de recharge de l'aquifère a provoqué la construction de puits plus profonds et l'utilisation de pompes plus puissantes.

Le choix 4, « *In Texas, a great deal of attention is being paid to genetic engineering because it is there that the most critical situation exists* », est faux car le paragraphe 6 précise que le génie génétique est considéré comme l'une des solutions à la crise de l'approvisionnement en eau, mais on ne dit jamais qui exactement envisage cette solution. De plus, bien qu'il soit exact d'après le paragraphe 4 que le Texas est dans la situation la plus critique, il ne précise pas quelles sont les solutions particulières qu'il envisage.

Le choix 5, « *Releasing capillary water and introducing drought-resistant crops are less promising solutions to the water supply crisis than bringing in river water* », est faux car le passage ne précise jamais si l'une de ces solutions est plus ou moins prometteuse que les autres. Le passage indique uniquement dans la dernière phrase que toutes les solutions potentielles mèneront à une irrigation plus chère.

Compréhension orale

Corrigé et tableau d'autonotation

Instructions : vérifiez vos réponses par rapport au corrigé ci-dessous. Écrivez le chiffre 1 sur la ligne à droite de chaque question si vous avez choisi la bonne réponse. Additionnez vos points en bas du tableau.

QUESTION N°	BONNE RÉPONSE	VOS POINTS
1.	2	0
2.	3	1
3.	1	1
4.	4	1
5.	4	1
6.	3	1
7.	2	1
8.	3	1
9.	2	1
10.	3	1
11.	4	1
12.	1	1
13.	4	1
14.	2	0
15.	3	1
16.	2	1
17.	3	1
18.	2	1
19.	1	1
20.	3	1
21.	1	1
22.	3	1
23.	1	1
24.	4	1
25.	1	1
26.	2	1
27.	2	1

Pour la question 28, inscrivez 1 si vous avez choisi les deux bonnes réponses. Inscrivez 0 si vous n'avez donné qu'une bonne réponse ou aucune.

28.	3, 4	1
29.	3	1
30.	4	1
31.	2	1
32.	1	0
33.	1	1
34.	2	1
TOTAL :		31

Vous trouverez ci-après un tableau qui convertit les réponses de la partie compréhension orale en barème de notation pour la même partie du test TOEFL iBT. Prenez le total des points de votre tableau de réponses et retrouvez ce nombre dans la colonne de gauche du tableau. La colonne de droite du tableau vous donne une fourchette de notation de la partie compréhension orale du test TOEFL iBT pour chaque nombre de points obtenus. Par exemple, si le nombre total de points de votre corrigé est 27, le tableau indique une fourchette de score de 20.

Vous ne devrez utiliser votre estimation de score que comme une indication générale. Votre score réel au test TOEFL iBT pourra être plus ou moins élevé que celui de votre version d'entraînement.

Compréhension orale

TOTAL DES POINTS	SCORE
34	30
33	28
32	26
31	25
30	24
29	23
28	22
27	20
26	19
25	18
24	17

TOTAL DES POINTS	SCORE
16	8
15	7
14	6
13	5
12	4
11	3
10	2
9	1
8	0
7	0
6	0

TOTAL DES POINTS	SCORE	TOTAL DES POINTS	SCORE
23	16	5	0
22	15	4	0
21	14	3	0
20	13	2	0
19	12	1	0
18	10	0	0
17	9		

Scripts des supports de compréhension orale et explication des réponses

Questions 1-5

Piste 74. Script audio

Narrator

Listen to a conversation between a student and a receptionist at the registrar's office on the first day of the semester.

Female Student

Excuse me, uh, I'm supposed to be having my physics class in the science building, but no one's in the classroom... Could you tell me where the class is? Physics 403? Has it been moved?

Receptionist

Well, there's a room assignment sheet on the bulletin board outside this office...

Female Student

Yeah, I know, but my class isn't listed there. There must be some kinda mistake or something. Could you look it up, please?

Receptionist

Mm, okay, let me check on the computer. It's physics, right? Wait, did you say Physics 403?

Female Student

Yeah.

Receptionist

Well, I'm sorry, but… it says here that it was canceled… You should've gotten a letter from the registrar's office about this…

Female Student

What? I never got it.

Receptionist

Are you sure? 'Cause it says on the computer that the letter was sent out to students a week ago.

Female Student

Really? I shoulda gotten it by now… I wonder if I threw it away with all the junk mail by mistake…

Receptionist

Well, it does happen… Um, let me check something. What's your name?

Female Student

Woodhouse. Laura Woodhouse.

Receptionist

OK, ummm, Woodhouse… let me see… ah, it says here we sent it to your apartment on… uh… Center Street.

Female Student

Oh, that's my old apartment… I moved out of there a little while ago…

Receptionist

Well… and I suppose you haven't changed your mailing address at the administration office. Well, that would explain it.

Female Student

Yeah, I guess that's it. But, how can they cancel a class after offering it? If I'd known this was gonna happen, I'd've taken it last semester.

Receptionist

I know, it's really inconvenient for you; I understand that, but, um… if we don't have enough students signed up for the course, the college can't offer it. You know, it's, um, a practical issue, like, we can't have an instructor when there're only a few students in the class. You see what I mean?

Female Student

I guess, but now I don't know what course I should take instead.

Receptionist

Okay, let's see… do you have any courses you were gonna take next semester? If you do, you might wanna take 'em now and sign up for Physics 403 next semester.

Female Student

Yeah, I guess I could do that. I just hope it won't be canceled again. Do you know how many people have to be enrolled in order to keep a class from being canceled?

Receptionist

Well, it depends on the class, but for that class, you have to have… um… let's see… usually it'd be at least 10 people, but since it was canceled this semester, they might even do it with less. But you know what you should do? Give the physics department a call a coupla weeks before the semester starts. They'll be able to tell you if they're planning to go through with it… It's their decision, actually.

Female Student

Oh, OK, I'll do that. Thanks for the info.

Receptionist

No problem. Sorry about the class… Oh, why don't you go change your mailing address now; it'll only take a minute.

Female Student

Oh, oh, sure, I'll do that right away.

Explication des réponses

1. ❷ C'est une question d'intention. Avant d'aller au secrétariat, l'étudiante s'était rendue dans la salle où son cours de physique devait avoir lieu. Trouvant la salle vide, elle suppose que le cours doit se dérouler ailleurs et elle se rend au secrétariat pour trouver la nouvelle salle. Donc la bonne réponse est le choix 2. Elle n'évoque avec le secrétaire son changement d'adresse (choix 1) qu'après avoir appris que le cours a été annulé. Elle n'a pas besoin de savoir où se trouve le bâtiment des sciences (choix 3) car elle s'y est déjà rendue. Elle se plaint en effet de l'annulation du cours (choix 4), mais uniquement après en avoir été informée.
2. ❸ C'est une question d'analyse de contenu. Pour identifier la bonne réponse, le choix 3, il faut intégrer le fait que le réceptionniste et la jeune femme échangent (il lui dit que l'université a envoyé un avis d'annulation à son appartement sur Center Street, et elle lui répond qu'elle a déménagé). L'étudiante se demande si elle n'a pas jeté la lettre (choix 1), mais elle ne l'a pas fait. Aucun des deux personnages ne signale même de manière implicite une colocataire (choix 2) ou le fait que la lettre ait été envoyée à un mauvais étudiant (choix 4).

3. ❶ C'est une question d'analyse de détails. La bonne réponse, le choix 1, paraphrase l'explication du réceptionniste selon laquelle l'université ne peut pas proposer un cours si trop peu d'étudiants s'inscrivent pour le suivre. Ce point est renforcé plus loin lorsqu'il dit qu'en général il faut au minimum 10 étudiants pour qu'un cours soit maintenu.

4. ❹ C'est également une question d'analyse de détails. Vers la fin de la conversation, le réceptionniste conseille à l'étudiante d'appeler le département de physique pour savoir s'il y a suffisamment d'inscriptions pour le cours de physique 403. Donc le choix 4 est la bonne réponse.

5. ❹ Cette question vous demande de réécouter cette partie du dialogue :

Female Student

Excuse me, uh, I'm supposed to be having my physics class in the science building, but no one's in the classroom… Could you tell me where the class is? Physics 403? Has it been moved?

Receptionist

Well, there's a room assignment sheet on the bulletin board outside this office…

Puis on vous demande ce que l'homme veut dire quand il dit :

Well, there's a room assignment sheet on the bulletin board outside this office…

Comme dans la plupart des questions de réécoute, il s'agit d'une question dont la compréhension de la fonction du discours est nécessaire. En répondant à la question de l'étudiante en lui faisant remarquer que les salles de cours sont affichées tout près, le réceptionniste sous-entend qu'elle peut obtenir cette information sans son aide. Donc la réponse 4 est la bonne. À ce stade de la conversation, le réceptionniste n'a pas encore vérifié sur l'ordinateur, ce qui lui permettra de découvrir l'annulation du cours (choix 1). Il est possible qu'il ne sache pas où se trouve le bâtiment des sciences (choix 2) et que beaucoup d'affectations de salles aient été modifiées (choix 3), mais la conversation ne porte sur aucune de ces possibilités.

Questions 6-11

Piste 76. Script audio

Narrator

Listen to part of a lecture in an environmental science class.

Professor

Now, we've been talking about the loss of animal habitat from housing developments, um, growing cities… small habitat losses. But today I want to begin talking about what happens when habitat is reduced across a large area. There are, of course, animal species that require large areas of habitat… and, um, some migrate over very long distances. So what's the impact of habitat loss on those animals? Animals that need large areas of habitat?

Well, I'll use the hummingbirds as an example. Now, you know a hummingbird is amazingly small. But even though it's really tiny, it migrates over very long distances… travels up and down the Western Hemisphere… the Americas… back and forth between where it breeds in the summer and the warmer climates where it spends the winter. So we would say that this whole area over which it migrates is its habitat, because on this long-distance journey, it needs to come down to feed and sleep every so often, right?

Well, the hummingbird beats its wings—get this—about 3,000 times per minute. So you think, wow, it must need a lot of energy, a lot of food, right? Well, it does—it drinks a lot of nectar from flowers and feeds on some insects—but it's energy – efficient, too. You can't say it isn't. I mean as it flies all the way across the Gulf of Mexico, it uses up almost none of its body fat. But that doesn't mean it doesn't need to eat! So hummingbirds have to rely on plants in their natural habitat. And it goes without saying, but… well, the opposite is true as well. Plants depend on hummingbirds too. There are some flowers that can only be pollinated by the hummingbird. Without it stopping to feed and spreading pollen from flower to flower, these plants would cease to exist!

But the problem, well... as natural habitat along these migration routes is developed by humans for housing or agriculture, or, um, cleared for raising cattle, for instance... there's less food available for migrating hummingbirds. Their nesting sites are affected, too... the same... by the same sorts of human activities. And all of these activities pose a real threat to the hummingbird population.

So, to help them survive, we need to preserve their habitats... And one of the concrete ways people have been doing this is by cleaning up polluted habitat areas... and then replanting flowers, uh, replanting native flowers that hummingbirds feed on. Promoting ecological tourism is another way to help save their habitat. As the number of visitors—ecotourists who come to hummingbird habitats to watch the birds—the more the number of visitors grows, the more local businesses profit. So ecological tourism can bring financial rewards. All the more reason to value these beautiful little creatures and their habitat, right?

But to understand more about how to protect and support hummingbirds the best we can, we've gotta learn more about their breeding... nesting... sites and, uh, migration routes —and also about the natural habitats we find there. That should help us determine how to prevent further decline in the population.

A good research method... a good way to learn more... is by, um, running a banding study. Banding the birds allows us to track them over their lifetime. It's a practice that's been used by researchers for years. In fact, most of what we know about hummingbirds comes from banding studies... where we, uh, capture a hummingbird and make sure all the information about it—like... its weight and, um, age and length—are all recorded... put into international... an international information database. And, then we place an extremely lightweight band around one of its legs... well, what looks like a leg—although, technically it's considered part of the bird's foot. Anyway, these bands are perfectly safe. And some hummingbirds have worn them for years with no evidence of any problems. The band is labeled with a tracking number... oh, and there's a phone number on the band for people to call, for free, to report a banded bird they've found or recaptured.

So when a banded bird is recaptured and reported, we learn about its migration route, its growth... and how long it's been alive... its life span. One recaptured bird had been banded almost 12 years earlier! She's one of the oldest hummingbirds on record.

Another interesting thing we've learned is... that some hummingbirds, uh, they no longer use a certain route; they travel by a different route to reach their destination. And findings like these have been of interest to biologists and environmental scientists in a number of countries, who are trying to understand the complexities of how changes in a habitat... affect the species in it—species like the hummingbirds.

Explication des réponses

6. ❸ C'est une question d'information factuelle. Après avoir établi la réduction de l'habitat des espèces sauvages de manière générale, la professeur passe aux

routes migratoires du colibri comme exemple de l'impact potentiel de la perte de vastes habitats et des efforts mis en œuvre pour renverser cette tendance. Donc le choix 3 est la bonne réponse. Les changements des modèles migratoires des colibris (choix 1) sont très brièvement évoqués à la fin du cours comme une conclusion intéressante. L'adaptation des colibris à l'environnement urbain (choix 2) n'est pas mentionnée du tout. L'écotourisme (choix 4) n'est mentionné qu'en passant en tant que moyen parmi d'autres de préserver les habitats.

7. ❷ C'est une question de déduction. Le choix 2 est la bonne réponse. La professeur explique comment la terre qui se trouve le long des routes migratoires des colibris est utilisée, entre autres, pour l'agriculture et l'élevage. Elle insiste sur le fait que ces activités réduisent la nourriture disponible pour les colibris et affectent leurs sites de nidation. Lorsqu'elle dit que ces activités humaines *« pose a real threat to the hummingbird population »*, elle sous-entend que si on alloue plus de terres à ces activités, la population de colibris pourrait diminuer.

8. ❸ C'est une question d'analyse de détails. La professeur affirme explicitement que les gens ont essayé de préserver l'habitat des colibris en nettoyant les zones polluées et en plantant des fleurs natives pour que les colibris s'en nourrissent. Donc le choix 3 est la bonne réponse. La construction de stations d'alimentation (choix 1), la punition des pollueurs (choix 2) et l'identification des différentes espèces (choix 4) sont également des actions que les gens pourraient mener pour aider les colibris à survivre, mais la professeur ne mentionne aucune d'entre elles.

9. ❷ C'est une autre question d'analyse de détails. Le choix 2 est la bonne réponse. La professeur décrit une étude visant à collecter des informations sur la migration des colibris. Cette recherche consistait à placer une bande légère sur des colibris. Les informations sont recueillies quand des personnes qui trouvent ou capturent à nouveau les colibris appellent le numéro indiqué sur la bande pour contacter les chercheurs. L'étude n'utilise pas d'appareils de repérage radio (choix 1), ni comptage annuel du nombre d'oiseaux retournant à la même région (choix 3), ni comparaison des routes migratoires entre les anciens et les jeunes oiseaux (choix 4).

10. ❸ C'est une question d'analyse de contenu. L'une des conclusions de l'étude mentionnée à la fin du cours indique que certains colibris ont cessé d'utiliser certains itinéraires *« to reach their destination »*. Puisque les destinations auxquelles la professeur fait référence sont les destinations des migrations, elle sous-entend que certains colibris ont modifié leur modèle de migration. Le choix 3 est donc la bonne réponse. Les autres choix de réponses proposent des affirmations particulières concernant l'habitat (choix 1), les efforts de préservation (choix 2) et les sources d'alimentation (choix 4) ; rien dans ce que dit la professeur pendant le cours ne vient étayer ces affirmations.

11. ❹ Cette question vous demande de réécouter cette partie du cours :

So hummingbirds have to rely on plants in their natural habitat. And it goes without saying, but... well, the opposite is true as well. Plants depend on hummingbirds too.

Puis on vous demande ce que la professeur sous-entend quand elle dit :

And it goes without saying...

Il s'agit d'une question qui porte sur la compréhension de la fonction du discours. Le choix 4 est la bonne réponse. *« It goes without saying »* est une expression courante utilisée à l'oral pour signaler que ce qui va être dit (ou ce qui vient d'être dit) ne mérite pas d'être précisé car cela est évident. Les autres réponses possibles démontrent toutes une mauvaise compréhension de cette expression.

Questions 12-17

Piste 78. Script audio

Narrator

Listen to part of a lecture in a film history class.

Professor

Okay, we've been discussing film in the 1920s and '30s, and, ah, how back then, film categories as we know them today had not yet been established. We, ah, said that, by today's standards, many of the films of the '20s and '30s would be considered "hybrids"; that is, a mixture of styles that wouldn't exactly fit into any of today's categories. And in that context, today we're going to talk about a, a filmmaker who began making very unique films in the late 1920s. He was French, and his name was Jean Painlevé.

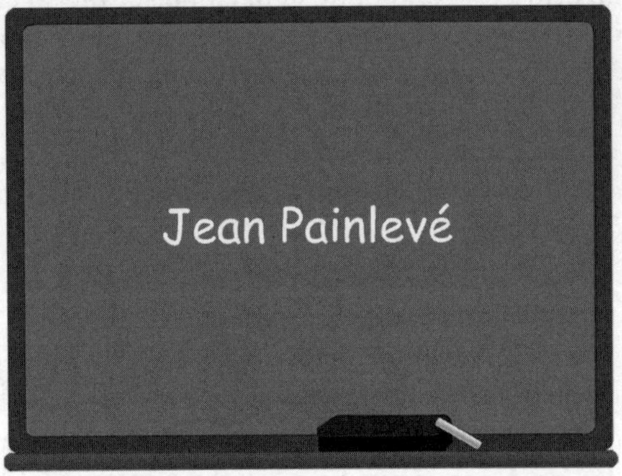

Jean Painlevé was born in 1902. He made his first film in 1928. Now, in a way, Painlevé's films conform to norms of the '20s and '30s; that is, they don't fit very neatly into the categories we use to classify films today. That said, even by the standards of the '20s and '30s, Painlevé's films were a unique hybrid of styles. He had a special way of fusing—or, or some people might say confusing—science and fiction; his films begin with facts, but then they become more and more fictional—they gradually add more and more fictional elements. In fact, Painlevé was known for saying that "science is fiction."

Painlevé was a, a pioneer in underwater filmmaking, and a lot of his short films focus on the aquatic animal world. He liked to show small underwater creatures displaying what seemed like familiar human characteristics—what we think of as unique to humans. He might take a, a clip of a mollusk going up and down in the water and set it to music—you know, to make it look as if the mollusk were dancing to the music like a human being. That sort of thing. But then he'd suddenly change the image or narration to remind us how different the animals are, how unlike humans. He confused his audience in the way he portrayed the animals he filmed, mixing up our notions of the categories "human" and "animal." The films make us a little uncomfortable at times because we're uncertain about what we're seeing. It gives his films an uncanny feature… the familiar made unfamiliar, the normal made suspicious. He liked twists; he liked the unusual. In fact, one of his favorite sea animals was the sea horse because with sea horses, it's the male that gets pregnant, it's the male that carries the babies. And he thought that was great. His first and most celebrated underwater film is about the sea horse.

Susan? You have a question?

Female Student

But underwater filmmaking wasn't that unusual, was it? I mean weren't there other people making movies underwater?

Professor

Well, actually it was pretty rare at that time. I mean we're talking the early 1930s here.

Female Student

But what about Jacques Cousteau? Wasn't he, like, an innovator, you know, with underwater photography, too?

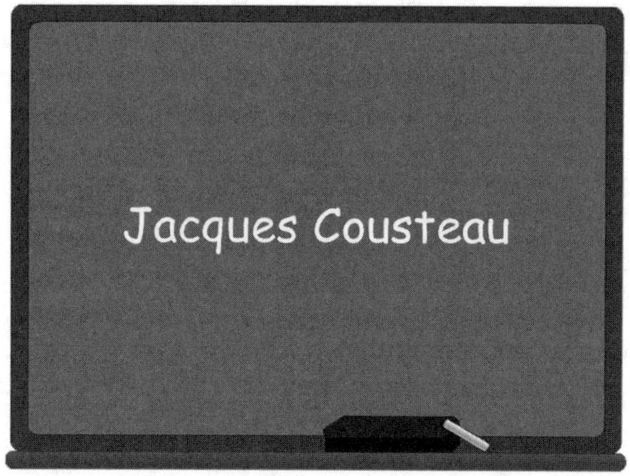

Professor

Ah, Jacques Cousteau. Well, Painlevé and Cousteau did both film underwater, and they were both innovators, so you're right in that sense, but that's pretty much where the similarities end. First of all, Painlevé was about 20 years ahead of Cousteau… Um, and Cousteau's adventures were high-tech, with lots of fancy equipment, whereas Painlevé kind of patched equipment together as he needed it… Uh, Cousteau usually filmed large animals, usually in the open sea, whereas Painlevé generally filmed smaller animals, and, and he liked to film in shallow water… Uh, what else? Well, the main difference was that Cousteau simply investigated and presented the facts; he, he didn't mix in fiction. He was a strict documentarist; he set the standard, really, for the nature documentary. Painlevé, on the other hand, as we said before, mixed in elements of fiction, and his films are much more artistic, incorporating music as an important element.

John, you have a question?

Male Student

Well, maybe I shouldn't be asking this… Uh, but if Painlevé's films are so special, so good, why haven't we ever heard of them? I mean everyone's heard of Jacques Cousteau…

Professor

Well, that's a fair question. Uh, the short answer is that Painlevé's style just never caught on with the general public. I mean it probably goes back, at least in part, to what we mentioned earlier, that, that people didn't know what to make of his films, that they were confused by them. Whereas Cousteau's documentaries were very straightforward, uh, met people's expectations more than Painlevé's films did. But your true film-history buffs know about him, and Painlevé's still highly respected in many circles.

Explication des réponses

12. ❶ C'est une question d'intention. La bonne réponse est le choix 1. La professeur commence le cours en revenant sur une discussion antérieure concernant les films des années 20 et 30 et leur style hybride. Puis elle évoque le style d'un cinéaste particulier, Jean Painlevé, et passe le reste du cours à parler de lui et de ses films.

13. ❹ C'est une question d'analyse de contenu. Le choix 4 est la bonne réponse. Son identification demande d'intégrer deux informations importantes. La première concerne un propos de la professeur au début du cours sur le fait que les films des années 20 et 30 ne rentrent pas exactement dans les catégories actuelles de films. La seconde information arrive juste ensuite, lorsqu'elle dit : *« Painlevé's films conform to norms of the '20s and '30s »*, ce qui veut dire que ses films sont également difficiles à classer.

14. ❷ C'est une question d'analyse de détails. La professeur évoque les aspects déroutants des films de Painlevé très longs et aux sujets variés, en particulier la façon dont Painlevé mélange dans l'esprit du public les notions de caractéristique humaine et animale. Donc la bonne réponse est le choix 2.

15. ❸ C'est une question d'organisation. Le professeur évoque les hippocampes pour illustrer l'originalité des sujets de films de Painlevé. Le premier film de Painlevé était consacré aux hippocampes, qui sont des animaux très originaux puisque ce sont les mâles qui portent les bébés. Le choix 3 est donc la bonne réponse.

16. ❷ C'est une autre question d'analyse de contenu. À la suite d'une objection posée par une étudiante, la professeur compare le style des films de Jacques Cousteau et de Painlevé. L'étudiante conteste la qualification des films de Painlevé comme particuliers et souligne que d'autres cinéastes, comme Cousteau, ont également filmé sous la mer. La professeur met en exergue le caractère unique des films de Painlevé en expliquant que les films de Cousteau

sont simples, ce sont des documentaires basés sur des faits qui répondent aux attentes du public, contrairement à ceux de Painlevé qui mélangent les faits et la fiction d'une manière à la fois unique et déroutante. Donc le choix 2 est la bonne réponse.

17. ❸ On vous demande de déterminer ce que l'étudiant sous-entend lorsqu'il dit :

Well, maybe I shouldn't be asking this… Uh, but if Painlevé's films are so special, so good, why haven't we ever heard of them? I mean everyone's heard of Jacques Cousteau…

Il s'agit d'une question qui porte sur la compréhension de la fonction du discours. Après avoir écouté la réponse de la professeur sur les films de Painlevé, l'étudiant n'arrive pas à comprendre pourquoi ses films ne sont pas plus populaires ou mieux connus. La répétition de l'affirmation suggère qu'il pense que les films de Painlevé méritent le même niveau de reconnaissance que celui obtenu par les films de Cousteau. Donc le choix 3 est la bonne réponse.

Questions 18-22

Piste 80. Script audio

Narrator

Listen to a conversation between a student and a professor.

Male Student

Hi, Professor Archer. You know how in class last week you said that you were looking for students who were interested in volunteering for your archaeology project?

Professor

Of course. Are you volunteering?

Male Student

Yes, I am. It sounds really interesting. But, ummm, do I need to have any experience with these kinds of projects?

Professor

No, not really. I assume that most students taking the introductory-level class will have little or no experience with archaeological research, but that's OK.

Male Student

Oh, good—that's a relief. Actually, that's why I'm volunteering for the project—to get experience. What kind of work is it?

Professor

Well, as you know, we're studying the history of the campus this semester. This used to be an agricultural area, and we already know that where the main lecture hall now stands there once were a farmhouse and barn that were erected in the late 1700s. We're excavating near the lecture hall to see what types of artifacts we find—you know, things people used in the past that got buried when the campus was constructed. We've already begun to find some very interesting items like, um, old bottles, buttons, pieces of clay pottery…

Male Student

Buttons and clay pottery? Did the old owners leave in such a hurry that they left their clothes and dishes behind?

Professor

That's just one of the questions we hope to answer with this project.

Male Student

Wow—and it's all right here on campus…

Professor

That's right, no traveling involved. I wouldn't expect volunteers to travel to a site, especially in the middle of the semester. We expect to find many more things, but we do need more people to help.

Male Student

So… how many student volunteers are you looking for?

Professor

I'm hoping to get five or six. I've asked for volunteers in all the classes I teach, but no one's responded. You're the first person to express interest.

Male Student

Uh… sounds like it could be a lot of work. Is there… umm… is there any way I can use the experience to get some extra credit in class? I mean can I write a paper about it?

Professor

I think it'll depend on what type of work you do in the excavation, but I imagine we can arrange something. Well, actually, I've been considering offering extra credit for class because I've been having a tough time getting volunteers… Extra credit is always a good incentive for students.

Male Student

And… how often would you want the volunteers to work?

Professor

We're asking for three or four hours per week, depending on your schedule. A senior researcher—I think you know John Franklin, my assistant—is on-site every day.

Male Student

Sure, I know John. By the way, will there be some sort of training?

Professor

Yes, uh, I wanna wait till Friday to see how many students volunteer. And then I'll schedule a training class next week at a time that's convenient for everyone.

Male Student

OK, I'll wait to hear from you. Thanks a lot for accepting me!

Explication des réponses

18. ❷ C'est une question d'intention. La bonne réponse est le choix 2. L'étudiant commence la conversation en questionnant la professeur sur sa recherche de volontaires pour un projet archéologique. Le moment choisi pour le projet (au milieu du semestre) est indiqué plus loin, lorsqu'elle dit qu'elle ne souhaite pas voir des étudiants voyager vers un site en plein milieu du semestre. Le choix de la bonne réponse demande donc l'intégration de deux informations dans différentes parties de la conversation. La réponse 1 est fausse car c'est un projet bénévole et non une mission. Il se déroule pendant le semestre et non durant l'été (choix 3). Bien que l'étudiant parle de crédits supplémentaires, probablement pour améliorer sa note (choix 4), il soulève ce point après coup, lorsqu'il connaît la somme de travail nécessaire.

19. ❶ C'est une question d'analyse de détails. La professeur indique que la salle de conférences a été construite sur le site d'une ferme et d'une grange datant des années 1700. Donc le choix 1 est la bonne réponse. La poterie (choix 2), les vêtements (choix 3) et les bouteilles (choix 4) sont mentionnés comme des objets fabriqués qui ont peut-être appartenu aux propriétaires de la ferme.

20. ❸ C'est une question d'analyse de détails. Le fait que le projet se déroule sur le site du campus est indiqué plusieurs fois pendant la conversation et les deux personnes le citent comme un avantage : les volontaires n'auront pas à se déplacer. Le choix 3 est donc la bonne réponse.

21. ❶ C'est une autre question d'analyse de détails. La bonne réponse est le choix 1. Lorsque l'étudiant demande s'il pourra bénéficier de crédits supplémentaires, la professeur lui répond en soulignant qu'il s'agit d'une incitation pour que plus d'étudiants fassent du bénévolat. Les trois autres réponses pourraient également

être des incitations plausibles, mais la professeur n'en cite aucune comme moyen d'obtenir plus de bénévoles.

22. ❸ C'est une question d'analyse de contenu. Lorsque l'étudiant se renseigne sur la formation, la professeur note qu'elle n'a pas planifié de temps spécifique pour cela et il répond qu'il attend qu'elle le recontacte. Le choix 3 est donc la bonne réponse. Le choix 1, qui indique que la professeur a déjà donné le nom du chercheur principal, n'est pas une information dont l'étudiant a besoin à ce stade. Les livres (choix 2) ne figurent pas du tout dans la conversation. Quant à l'endroit où se situe le projet (choix 4), c'est une information que l'étudiant a obtenue précédemment.

Questions 23-28

Piste 81. Script audio

Narrator

Listen to part of a lecture in an art history class. The professor has been discussing the origins of art.

Professor

Some of the world's oldest preserved art is the cave art of Europe, most of it in Spain and France. And, uh, the earliest cave paintings found to date are those of the Chauvet cave in France, discovered in 1994.

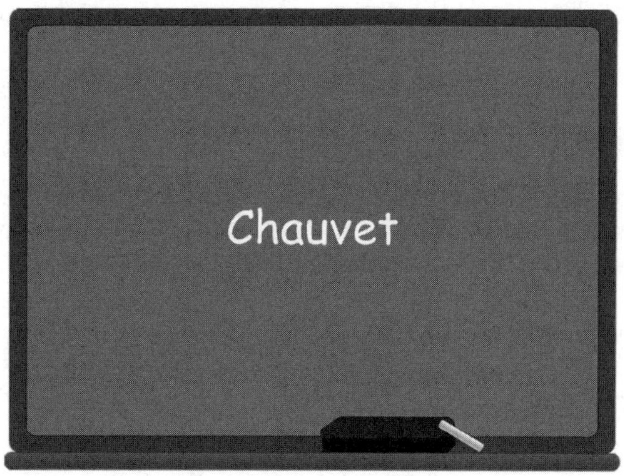

And, you know, I remember when I heard about the results of the dating of the Chauvet paintings. I said to my wife, "Can you believe these paintings are over 30,000 years old?" and my three-year-old daughter piped up and said, "Is that older than my great-grandmother?" That was the oldest age she knew. And, you know, come to think of it, it's pretty hard for me to really understand how long 30,000 years is too. I mean, we tend to think the people who lived at that time must have been pretty primitive... but I'm gonna show you some slides in a few minutes, and I think you'll agree with me that this art is anything but primitive—they're masterpieces. And they look so real, so alive, that it's very hard to imagine that they're so very old.

Now, not everyone agrees on exactly how old. A number of the Chauvet paintings have been dated—by a lab—to 30,000 or more years ago. That would make them not just older than any other cave art, but about twice as old as the art in the caves at Altamira or Lascaux, which you may have heard of.

Some people find it hard to believe Chauvet is so much older than Altamira and Lascaux, and they noted that only one lab did the dating for Chauvet, without independent confirmation from any other lab.

But be that as it may, whatever the exact date, whether it's 15,000, 20,000, or 30,000 years ago, the Chauvet paintings are from the dawn of art, so they're a good place to start our discussion of cave painting.

Now, one thing you've gotta remember is the context of these paintings. Paleolithic humans —that's the period we're talking about here, the Paleolithic, the early Stone Age, not too long after humans first arrived in Europe. The climate was significantly colder then, and so rock shelters—shallow caves—were valued as homes protected from the wind and rain. And in some cases at least, artists drew on the walls of their homes. But many of the truly great cave art sites—like Chauvet—were never inhabited. These paintings were made deep inside a dark cave, where no natural light can penetrate. There's no evidence of people ever living here —cave bears, yes, but not humans.

You would have had to make a special trip into the cave to make the paintings, and a special trip to go see it, and each time you'd have to bring along torches to light your way. And people did go see the art—there's charcoal marks from their torches on the cave walls, clearly dating from thousands of years after the paintings were made—so we can tell people went there. They came, but they didn't stay. Deep inside a cave like that is not really a place you'd want to stay, so, uh, why? What inspired the Paleolithic artists to make such beautiful art in such inaccessible places? We'll never really know, of course, though it's interesting to speculate.

But, uh… getting to the paintings themselves. Virtually all Paleolithic cave art represents animals, and Chauvet is no exception. The artists were highly skilled at using—or even enhancing—the natural shape of the cave walls to give depth and perspective to their drawings. The sense of motion and vitality in these animals—well, wait till I show you the slides. Anyway, most Paleolithic cave art depicts large herbivores. Horses are most common overall, with deer and bison pretty common too. Probably animals they hunted. But earlier, at Chauvet, there's a significant interest in large, dangerous animals. Lots of rhinoceroses, lions, mammoths, bears… remember that the ranges of many animal species were different back then, so all these animals actually lived in the region at that time—but, uh, the Chauvet artists didn't paint people. There's a half-man, half-bison creature, and there's outlines of human hands, but no depiction of a full human.

So why these precise animals? Why not birds… fish… snakes? Was it for their religion? Magic? Or sheer beauty? We don't know, but whatever it was, it was worth it to them to spend hours deep inside a cave, with just a torch between them and utter darkness. So, on that note, let's dim the lights so we can see these slides and actually look at the techniques they used.

Explication des réponses

23. ❶ C'est une question d'information factuelle. Le professeur commence par souligner que l'Europe est le berceau des exemples les plus anciens d'art rupestre conservé. Il identifie ensuite la grotte Chauvet en France comme le site comportant les peintures rupestres les plus anciennes, datant de *« the dawn of art »*. Le reste du cours envisage différents aspects des peintures de la grotte Chauvet. Le choix 1 est donc la bonne réponse. Les autres réponses contiennent des mots ou des idées auxquels le professeur a fait référence mais ils ne constituent pas le sujet principal du cours.

24. ❹ C'est une question d'organisation. Le professeur évoque les efforts de sa propre fille pour concevoir une période très longue en utilisant son cadre de référence le plus familier : son arrière-grand-mère. Il donne l'exemple de sa fille pour renforcer la difficulté qu'il a lui-même à concevoir la notion de 30 000 années (l'âge des peintures rupestres dont il parle). Le choix 4 est donc la bonne réponse.

25. ❶ C'est une question de compréhension d'attitude. On vous demande d'identifier une opinion exprimée par le professeur. Le choix 1 est la bonne réponse car il paraphrase les propos du professeur qui décrit les dessins de la grotte Chauvet comme des *« masterpieces »*. Le professeur ne fait que spéculer sur l'éventuelle (*possible*) signification religieuse des dessins, ce qui n'est pas la même chose que de dire que les dessins reflètent probablement (*probably*) les croyances religieuses de l'artiste (choix 2). Il ne mentionne pas Lascaux et Altamira pour comparer la sophistication des dessins de ces grottes avec ceux de Chauvet (choix 3), mais pour les comparer en termes d'âge. La réponse 4 propose une comparaison des âges erronée : le professeur pense que les dessins de la grotte de Chauvet sont beaucoup plus anciens.

26. ❷ C'est une question de déduction. Le professeur indique que les marques de charbon de bois sur les murs de la grotte Chauvet proviennent des torches des personnes qui venaient voir les peintures. Il précise également que les marques remontent à des milliers d'années après que les peintures ont été faites. Puisque l'on peut établir la date des marques par rapport à la date de réalisation des peintures, la date relative des visites peut également être établie (des milliers d'années après la réalisation des peintures). Donc le choix 5 est la bonne réponse.

27. ❷ C'est une question d'analyse de détails. Le choix 2 est la bonne réponse. Le professeur note tout d'abord que les animaux majoritairement représentés dans l'art paléolithique étaient de grands herbivores (des animaux qui mangent des plantes et qui étaient probablement chassés). Puis il oppose ces animaux aux animaux grands et dangereux dépeints dans la grotte Chauvet, comme les rhinocéros, les lions, les mammouths et les ours.

28. ❸ ❹ C'est une autre question d'analyse de détails. Les deux bonnes réponses proviennent de différentes parties du cours. Au milieu du cours, le professeur évoque un aspect curieux des peintures de la grotte Chauvet (leur emplacement dans une grotte très profonde et inaccessible, que les rayons du soleil ne peuvent pas atteindre). Il dit : « *We'll never really know* » ce qui a amené les artistes à créer un art si magnifique dans un endroit aussi reculé (choix 4). Plus loin dans le cours, il se demande tout haut pourquoi les artistes rupestres ont dessiné des rhinocéros, des lions, des mammouths et des ours plutôt que d'autres animaux comme les oiseaux, les poissons ou les serpents. Là encore, dit-il, nous n'en savons rien. Donc la réponse 3 est également bonne.

Questions 29-34

Piste 82. Script audio

Narrator

Listen to part of a lecture in an astronomy class.

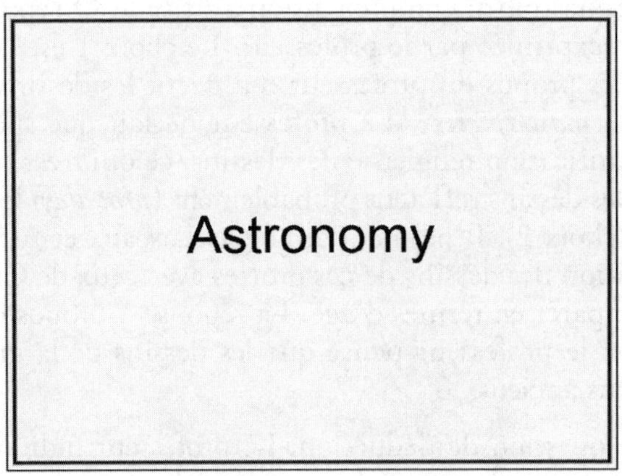

Professor

Now, astronomy didn't really, uh, balloon into the science it is today until the development of spectroscopy. Spectroscopy is basically the study of spectra and spectral lines of light, and specifically for us, the light from stars. It makes it possible to analyze the light emitted from stars. When you analyze this light, you can figure out their distance from the Earth and identify what they're made of—determine their chemical composition.

Before we get into that, though, it's probably a good thing to back up a bit. You all know how when you take a crystal prism and pass a beam of sunlight through it, you get a spectrum which looks like a continuous band of rainbow colors. The light that we see with our human eyes as a band of rainbow color falls in the range of what's called visible light. And visible light spectroscopy is probably the most important kind of spectroscopy.

Anyone wanna take a stab at the scientific term for visible light?… And I'm sure all of you know this because you all did the reading for today…

Female Student

Optical radiation. But I thought being exposed to radiation's dangerous.

Professor

Yes and no. If you're talking about radiation like in the element uranium, yeah, that's dangerous, but radiation as a general term actually refers to anything that spreads away from its source, so optical radiation is just visible light energy spreading out.

OK, so we've got a spectrum of a beam of sunlight and it looks like the colors bleed into each other; uh, there're no interruptions, just a band flowing from violet to green to yellow to… you get the idea. Well, what happens if the sunlight spectrum is magnified? Maybe you all didn't do the reading. Well, here's what you'd see:

I want you to notice that this spectrum is interrupted by dark lines, called spectral lines. If you really magnified the spectrum of the sunlight, you could identify more than a hundred thousand of 'em. They may look kinda randomly placed, but they actually form many distinct patterns. And if you were looking at the spectrum of some other star, the colors would be the same, but the spectral lines would break it up at different places, making different patterns. Each pattern stands for a distinct chemical element, and so different sets or patterns of spectral lines mean that the star has a different chemical composition.

Female Student

So how do we know which spectral patterns match up with which elements?

Professor

Well, a kind of spectroscopic library of elements was compiled using flame tests. A known element—uh, say a piece of iron, for example—is heated in a pure gas flame. The iron eventually heats to the point that it radiates light. This light is passed through a prism, which breaks it up into a spectrum, and a unique pattern, kind of like a chemical fingerprint, of spectral lines for that element appears. This process was repeated over and over again for many different elements. So we can figure out the chemical makeup of another star by comparing the spectral pattern it has to the pattern of the elements in the library.

Oh! An interesting story about how one of the elements was discovered through spectroscopy. There was a pretty extensive library of spectral line patterns of elements even by the 1860s. A British astronomer was analyzing a spectrograph of sunlight and he noticed a particular pattern of spectral lines that didn't match anything in the library. So he put two and two together and decided there was an element in the Sun that hadn't been discovered here on the Earth yet. Any guesses about what that element is? It's actually turned out to be pretty common, and I'm sure all of you know it. OK. Let's try something else. Any of you happen to be familiar with the Greek word for Sun, by chance?

Male Student

Something like helios or something like that?... Oh! It must be helium. So you're sayin' that helium was discovered on the Sun first?

Professor

Yes. And this is a good example of how important spectroscopy is in astronomy.

Explication des réponses

29. ❸ C'est une question d'information factuelle. Au début du cours, le professeur définit la spectroscopie et note son importance dans l'astronomie en tant que méthode permettant aux astronomes de déterminer la composition chimique des étoiles. Le reste du cours a pour but d'aider les étudiants à comprendre la technique et la façon dont elle peut être utilisée dans cette perspective. Donc le choix 3 est la bonne réponse. La réponse 1 est fausse car le professeur se borne à décrire à quoi ressemble un spectre amplifié et comment l'utiliser ; il n'explique pas comment l'amplification est techniquement obtenue. Les réponses 2 et 4 sont fausses car chacune d'entre elles ne représente qu'une plus petite partie du cours et non pas son sujet principal.

30. ❹ C'est une question d'analyse de détails. L'étudiante exprime une vue erronée des radiations (elle pense que toutes les radiations sont dangereuses). Le professeur corrige cette déformation tout d'abord en reconnaissant que certaines formes de radiations, comme celles de l'uranium, sont bien entendu dangereuses pour l'organisme humain. Puis il donne une définition générale d'une radiation : *tout* (*anything*) ce qui s'échappe de sa source. Enfin, il souligne que certaines formes de radiation, comme l'énergie visible de la lumière, ne sont pas dangereuses. Le choix 4 est donc la bonne réponse.

31. ❷ C'est une question de déduction. La bonne réponse est le choix 2, et on peut la déduire à partir du récit du professeur sur la relation entre les modèles de lignes spectrales et les éléments chimiques. Il explique que chaque élément chimique possède son propre modèle de ligne spectrale qui lui correspond, et c'est grâce à ces modèles de lignes spectrales que l'on peut identifier les éléments d'une étoile. Si deux étoiles sont semblables en termes de modèles de ligne spectrale, il est raisonnable d'en déduire qu'elles sont similaires au niveau des éléments qui les constituent.

32. ❶ C'est une question d'analyse de détails. Le professeur explique que les tests de flamme spectroscopiques ont été utilisés pour créer une bibliothèque des spectres de lumière visible produits par les différents éléments qui constituent les étoiles. Pour qu'un élément émette de la lumière, il doit être chauffé. Le choix 1 est donc la bonne réponse. Les autres réponses décrivent d'autres raisons pour lesquelles un scientifique pourrait éventuellement chauffer un élément chimique pour en faire une flamme, mais le professeur ne mentionne aucune d'entre elles.

33. ❶ On vous demande pourquoi le professeur dit :

Before we get into that, though, it's probably a good thing to back up a bit.

Cette question porte sur la compréhension de la fonction du discours. La phrase signale que le professeur va interrompre le déroulement de son cours pour donner des informations qui pourront aider les étudiants à mieux comprendre le sujet principal. La bonne réponse est le choix 1. Rappeler le contexte de l'affirmation (ce que le professeur a dit immédiatement avant et immédiatement après la phrase répétée) est important. Avant la phrase répétée, le professeur présente des concepts abstraits et éventuellement nouveaux. Après la phrase répétée, il donne une analogie concrète et connue qui rend les concepts plus accessibles : un prisme qui décompose les rayons de lumière en un arc-en-ciel de couleurs. Faire appel à vos notes pourrait donc s'avérer utile pour donner la bonne réponse.

34. ❷ On vous demande pourquoi le professeur dit :

Any of you happen to be familiar with the Greek word for *Sun*, by chance?

C'est une autre question qui porte sur la compréhension de la fonction du discours. Le professeur fait deux tentatives pour aider ses étudiants à deviner que l'élément du Soleil découvert par un astronome britannique dans les années 1860 est l'hélium. La première allusion que donne le professeur est que cet élément se trouve communément sur la Terre. Lorsque personne ne parvient à identifier l'élément en question, le professeur donne un deuxième indice qui fait partie de la phrase répétée. La bonne réponse est donc le choix 2.

Expression orale

Scripts des supports d'écoute, points importants et exemples de réponses avec commentaires des correcteurs

Pour connaître les critères de notation des réponses, utilisez les rubriques concernant l'épreuve d'expression orale libre et dirigée aux pages 210 à 213. Les correcteurs qui écoutent vos réponses vont les analyser selon trois grandes catégories. Ces catégories sont l'élocution, l'utilisation de la langue et le développement du sujet. Elles ont toutes la même importance.

Cette partie traite des points importants qui doivent être couverts dans la réponse à chaque question. Tous ces points doivent être présents dans la réponse afin d'obtenir la note maximum dans la catégorie « développement du sujet ». Ces points importants vous donnent des indications sur le type d'information que les correcteurs s'attendent à entendre dans une réponse de haut niveau.

Cette partie fait également référence à des exemples de réponses qui figurent dans le DVD d'accompagnement. Certaines réponses ont obtenu la meilleure note, d'autres pas. Les réponses sont accompagnées de commentaires faits par des correcteurs certifiés par ETS.

Question 1

Piste 85. Script de l'épreuve d'expression orale

Narrator

What characteristics do you think make someone a good parent? Explain why these characteristics are important to you.

Preparation Time: 15 Seconds

Response Time: 45 Seconds

Points importants

Dans cette question, on vous demande de parler d'une qualité qui caractérise un bon parent. Vous devez sélectionner une ou deux caractéristiques (par exemple être patient, gentil ou strict) et expliquer pourquoi vous pensez que c'est une caractéristique importante que tout parent doit avoir. Si vous dites, par exemple, que la patience aide une personne à être un bon parent, vous devez expliquer pourquoi en ajoutant : « *Children make a lot of mistakes as they learn and grow, and parents who are patient don't make their children nervous or fearful about making mistakes from time to time… and that helps them grow into more confident adults.* »

Évitez soigneusement les réponses vagues, comme « *Parents should be patient because this is good for children* ». De telles affirmations ne permettent pas d'établir clairement pourquoi il est important pour les parents d'être patients.

Exemples de réponses

Allez à la piste 92 du DVD pour écouter une très bonne réponse à la question 1.

> ☛ ***Commentaires du correcteur***
>
> La prononciation de la candidate est claire et son élocution fluide. Elle choisit deux caractéristiques (être strict et aimant) et elle argumente chacune d'entre elles, bien qu'elle développe plus en détail la première. Elle utilise un vocabulaire et des expressions variés et adaptés, comme « *follow the parents' lead* » et « *to look up to* ». Elle utilise également des formes lexicales appropriées, comme « *strict* » et « *strictness* », de manière correcte et sans hésitation.

Allez à la piste 93 du DVD pour écouter une réponse de niveau moyen à la question 1.

> ☛ ***Commentaires du correcteur***
>
> Cette candidate évoque trois exemples de ce que font de bons parents : faire confiance à leurs enfants, les écouter et communiquer avec eux. Néanmoins, l'argumentation des idées est vague et manque de clarté ; elle se borne à dire que la confiance est très importante mais sans expliquer pourquoi. Alors que sa prononciation est facile à comprendre, elle s'arrête fréquemment pour choisir le mot suivant, ce qui rend sa réponse quelque peu difficile à suivre. Son niveau de grammaire de base est correct mais elle n'est pas capable d'utiliser des constructions grammaticales plus avancées ; par exemple, elle dit : « *children may be better understand* », au lieu de « *better understood* », par les parents.

Question 2

Piste 86. Script de l'épreuve d'expression orale

> **Narrator**
>
> Some students prefer to work on class assignments by themselves. Others believe it is better to work in a group. Which do you prefer? Explain why.
>
> **Preparation Time: 15 Seconds**
>
> **Response Time: 45 Seconds**

Points importants

Dans cette question, vous devez dire si vous préférez travailler seul ou en groupe pour réaliser des travaux de classe, puis expliquer les raisons de votre préférence. Vous ne devez pas vous limiter à une liste de raisons comme « *I prefer to work in groups because it is more interesting plus many people help and also you can learn from other people...* ». Il est préférable de développer une ou deux raisons de manière plus approfondie. Par exemple, si vous préférez travailler en groupe, vous pourriez dire : « *I prefer working in groups because usually in group work, different people know different things about the topic, and because of that, you get a deeper understanding of the assignment. For example, there was a student from Venezuela in a group assignment I had, and we were supposed to describe how crude oil prices are set. She helped us understand problems in oil production in a much deeper way because her parents worked in oil production...* »

Exemples de réponses

Allez à la piste 94 du DVD pour écouter une très bonne réponse à la question 2.

☛ ***Commentaires du correcteur***

C'est une réponse très complète à la question posée. La candidate donne deux raisons de préférer travailler seule (avoir des opinions plus tranchées et mieux gérer le temps) et une explication claire des raisons pour lesquelles il est plus approprié de travailler seul. Sa façon de parler est fluide, elle utilise une bonne intonation et son accentuation de certains mots est adaptée au sens (comme dans « *I* », « *the way **I** see them* »). Elle utilise un vocabulaire de bon niveau, comme « *a structured approach* », et utilise avec aisance des constructions grammaticales complexes.

Allez à la piste 95 du DVD pour écouter une réponse de niveau moyen à la question 2.

☛ ***Commentaires du correcteur***

Alors que sa prononciation est claire, la candidate se bat et n'arrive pas souvent à trouver les mots pour exprimer ses idées, comme dans l'utilisation de « *good things* » au lieu de termes plus adaptés et précis comme « *advantages* » ou « *benefits* ». Dans la mesure où elle passe beaucoup de temps à essayer de définir les avantages des deux options, elle dépasse le temps imparti avant d'avoir pu défendre sa préférence pour le travail individuel, sinon pour dire que cela donne plus d'autonomie. Sa réponse est très saccadée et vague. Elle ne démontre pas une maîtrise de la grammaire au-delà d'un niveau de base.

Question 3

Piste 87. Script de l'épreuve d'expression orale

Narrator

The university's Dining Services Department has announced a change. Read an announcement about this change. You will have 45 seconds to read the announcement. Begin reading now.

Reading Time: 45 Seconds

Hot Breakfasts Eliminated

Beginning next month, Dining Services will no longer serve hot breakfast foods at university dining halls. Instead, students will be offered a wide assortment of cold breakfast items in the morning. These cold breakfast foods, such as breads, fruit, and yogurt, are healthier than many of the hot breakfast items that we will stop serving, so health-conscious students should welcome this change. Students will benefit in another way as well, because limiting the breakfast selection to cold food items will save money and allow us to keep our meal plans affordable.

Narrator

Now listen to two students discussing the announcement.

Woman

Do you believe any of this? It's ridiculous.

Man

What do you mean? It is important to eat healthy foods…

Woman

Sure it is, but they're saying yogurt's better for you than an omelet… or than hot cereal? I mean whether something's hot or cold, that shouldn't be the issue. Except maybe on a really cold morning, but in that case, which is going to be better for you—a bowl of cold cereal or a nice warm omelet? It's obvious; there's no question.

Man

I'm not going to argue with you there.

Woman

And this whole thing about saving money…

Man

What about it?

Woman

Well, they're actually going to make things worse for us, not better. 'Cause if they start cutting back and we can't get what we want right here, on campus, well, we're going to be going off campus and pay off-campus prices, and you know what? That will be expensive. Even if it's only two or three mornings a week, it can add up.

Narrator

The woman expresses her opinion of the change that has been announced. State her opinion and explain her reasons for holding that opinion.

Preparation Time: 30 Seconds

Response Time: 60 Seconds

Points importants

La femme ne pense pas que le service de restauration devrait arrêter de servir un petit déjeuner chaud. Elle considère que ce n'est pas la température des plats qui a un impact sur la santé (sauf quand il fait froid, auquel cas les plats chauds sont préférables). Elle dit également que ce changement ne rendra pas les prix plus abordables, mais qu'au contraire il les rendra plus élevés car les étudiants devront aller acheter ce qu'ils veulent manger à l'extérieur du campus (où les prix sont plus chers).

Exemples de réponses

Allez à la piste 96 du DVD pour écouter une très bonne réponse à la question 3.

☛ ***Commentaires du correcteur***

Cette réponse couvre tous les points clés de l'article et de la conversation avec une grande clarté et des éléments d'illustration. La prononciation du candidat est très claire et il a un bon rythme de phrase et une bonne intonation. Il utilise un vocabulaire varié et des expressions idiomatiques qui lui permettent d'exprimer clairement son point de vue.

Allez à la piste 97 du DVD pour écouter une réponse de niveau moyen à la question 3.

☛ ***Commentaires du correcteur***

Cette candidate explique plutôt bien le désaccord de la femme concernant la proposition faite dans l'article, mais sa façon de parler est très saccadée (peu fluide). Elle doit souvent s'arrêter pour réfléchir au mot ou à l'expression correcte à utiliser. Son vocabulaire limité l'empêche parfois d'exprimer clairement ce qu'elle veut dire (par exemple, le sens de « *the offer is their last offer for choosing* » n'est pas clair). Sa prononciation est en général facile à comprendre mais demande parfois un effort pour celui qui écoute.

Question 4

Piste 88. Script de l'épreuve d'expression orale

Narrator

Read the passage from a sociology textbook. You have 50 seconds to read the passage. Begin reading now.

Reading Time: 50 Seconds

Cognitive Dissonance

Individuals sometimes experience a contradiction between their actions and their beliefs—between what they are doing and what they believe they should be doing. These contradictions can cause a kind of mental discomfort known as *cognitive dissonance*. People experiencing cognitive dissonance often do not want to change the way they are acting, so they resolve the contradictory situation in another way: they change their interpretation of the situation in a way that minimizes the contradiction between what they are doing and what they believe they should be doing.

Narrator

Now listen to part of a lecture about this topic in a sociology class.

Professor

This is a true story—from my own life. In my first year in high school, I was addicted to video games. I played them all the time, and I wasn't studying enough—I was failing chemistry; that was my hardest class. So this was a conflict for me because I wanted a good job when I grew up, and I believed—I knew—that if you want a good career, you gotta do well in school. But… I just couldn't give up video games.

I was completely torn. And my solution was to… to change my perspective. See, the only class I was doing really badly in was chemistry. In the others I was, I was okay. So I asked myself if I wanted to be a chemist when I grew up, and the fact is I didn't. I was pretty sure I wanted to be a sociologist. So… I told myself my chemistry class didn't matter because sociologists don't really need to know chemistry. In other words, I changed my understanding of what it meant to do well in school. I reinterpreted my situation: I used to think that doing well in school meant doing well in all my classes, but now I decided that succeeding in school meant only doing well in the classes that related directly to my future career.

I eliminated the conflict, at least in my mind.

Narrator

Using the example discussed by the professor, explain what cognitive dissonance is and how people often deal with it.

Preparation Time: 30 Seconds

Response Time: 60 Seconds

Points importants

La dissonance cognitive se produit lorsque les croyances et les actions d'une personne sont en conflit les unes avec les autres. Les gens traitent leur dissonance cognitive en changeant leur interprétation de la situation. Par exemple, le professeur ne pouvait pas s'arrêter de jouer aux jeux vidéo même s'il pensait que cela lui occasionnait de mauvaises notes en chimie. Il se dit alors que, puisqu'il voulait devenir sociologue, il n'avait pas besoin d'avoir de bonnes notes en chimie.

Exemples de réponses

Allez à la piste 98 du DVD pour écouter une très bonne réponse à la question 4.

☛ ***Commentaires du correcteur***

Cette candidate explique de manière efficace et précise le concept de dissonance cognitive et la façon dont les personnes y font face, comme dans l'exemple du professeur. Sa façon de parler est fluide et elle utilise efficacement l'intonation et l'accentuation pour transmettre l'insistance et le sens – par exemple en accentuant les mots «*actions*» et «*interpretation*» pour les mettre en opposition et démontrer comment les gens font face à leur dissonance cognitive (en modifiant leur interprétation de la situation plutôt que leurs actions). Elle utilise un vocabulaire de niveau avancé avec précision et aisance.

Allez à la piste 99 du DVD pour écouter une réponse de niveau moyen à la question 4.

☛ ***Commentaires du correcteur***

Dans cette réponse, la candidate transmet les informations pertinentes de l'exercice mais pas toujours avec précision. Ainsi, lorsqu'elle décrit l'exemple du professeur, au lieu de dire que le professeur a changé son «*interpretation*» de la situation, elle dit qu'il a commencé à se faire sa propre opinion («*make up his own opinion*»). Sa prononciation est claire mais elle s'arrête et hésite souvent.

Question 5

Piste 89. Script de l'épreuve d'expression orale

Narrator

Listen to a conversation between two students.

Man

Hey, Marnie. What's wrong?

Woman

Oh… I'm just struggling about what to do… I won an award from the Creative Writing Institute for a story I wrote, and…

Man

That doesn't sound like anything's wrong!

Woman

Well, it's a huge honor to win, and there's an award ceremony they've invited me to attend —which I'm so excited about—but—and here's what's frustrating—I've got a biology exam that's scheduled for the same time.

Man

Uh-oh. Well, have you talked to your professor about this?

Woman

Yeah… she said I could write a five-page paper instead, and I have lots of ideas and know I could do a good job, but…

Man

But what?

Woman

Well, writing a paper would take up so much time… a lot more time than studying for and taking the exam. I have lots of other schoolwork to deal with.

Man

Oh. Or you could have someone else receive the award for you… I mean go in your place and accept it on your behalf?

Woman

Maybe. I'd still get the award and the money that way…

Man

Ooh—you won money too?

Woman

Yeah, pretty cool, huh? But anyways, my parents were really looking forward to coming and seeing me onstage shaking hands with the Institute's president and all. I'd hate to disappoint them.

Man

True. I'm sure they're really proud.

Woman

Like I said, I'm still struggling about what to do.

Narrator

The speakers discuss two possible solutions to the woman's problem. Briefly summarize the problem. Then state which of the solutions you recommend and explain why.

Preparation Time: 20 Seconds

Response Time: 60 Seconds

Points importants

La jeune femme a remporté un prix mais la cérémonie de remise de ce prix se tient à la même heure que son examen de biologie.

Dans cet exercice, remarquez que la question ne vous demande pas d'évoquer les deux solutions. Après avoir résumé le problème, vous devez dire simplement quelle est la solution de cette conversation que vous préférez et pourquoi. Si vous êtes en faveur de la première solution, vous pourriez dire qu'elle pourrait faire une dissertation au lieu de passer l'examen. Vous pourriez argumenter votre choix en disant par exemple que, même si ce travail prend beaucoup de temps, cela lui permettrait de participer à la cérémonie, ce qui est très important pour elle car ses parents seront là pour la voir recevoir son prix.

Si vous choisissez la seconde solution, vous pourriez dire qu'elle pourrait demander à quelqu'un d'aller à sa place à la cérémonie pour recevoir le prix. Vous pourriez étayer votre choix en disant, par exemple, que la dissertation prendrait trop de temps par rapport au temps nécessaire pour ses autres cours, qui sont importants pour sa réussite universitaire, et que ses parents comprendraient certainement sa décision et la soutiendraient.

Exemples de réponses

Allez à la piste 100 du DVD pour écouter une très bonne réponse à la question 5.

☛ ***Commentaires du correcteur***

Cette candidate parle très couramment et transmet beaucoup d'informations durant le temps imparti. Alors qu'elle a la possibilité de se concentrer sur la définition et l'argumentation d'une seule solution, elle a décidé de décrire les deux solutions avant d'en préconiser une. Grâce à son bon niveau de langue, elle n'a pas dépassé son temps de parole avant la fin de sa réponse. Elle a totalement argumenté la solution qu'elle recommande. Sa façon de parler est facile à comprendre et bien rythmée. Elle fait preuve également d'une bonne maîtrise d'un niveau de grammaire et de vocabulaire à la fois basique et avancé.

Allez à la piste 101 du DVD pour écouter une réponse de niveau moyen à la question 5.

> ☛ ***Commentaires du correcteur***
>
> La candidate a dépassé le temps imparti avant d'avoir pu totalement argumenter la solution qu'elle préconise, qui consiste à rédiger la dissertation de cinq pages. Elle n'explique pas non plus le problème très clairement au début, puisqu'elle n'indique pas que l'examen et la cérémonie de remise de prix sont à la même heure. Sa prononciation est assez claire mais son rythme, qui est bon au début, devient plus lent et plus saccadé vers la fin de sa réponse.

Question 6

Piste 90. Script de l'épreuve d'expression orale

Narrator

Now listen to part of a lecture in a psychology class. The professor is discussing advertising strategies.

Professor

In advertising, various strategies are used to persuade people to buy products. In order to sell more products, advertisers will often try to make us believe that a product will meet our needs or desires perfectly… even if it's not true. The strategies they use can be subtle, uh, "friendly" forms of persuasion that are sometimes hard to recognize.

In a lot of ads, repetition is a key strategy. Research shows that repeated exposure to a message, even something meaningless or untrue, is enough to make people accept it or see it in a positive light. You've all seen the car commercials on TV… like… uh, the one that refers to its "roomy" cars… over and over again. You know which one I mean… this guy is driving around and he keeps stopping to pick up different people—he picks up 3 or 4 people. And each time, the narrator says, "Plenty of room for friends, plenty of room for family, plenty of room for everybody." The same message is repeated several times in the course of the commercial. Now, the car, uh, the car actually looks kind of small… it's not a very big car at all, but you get the sense that it's pretty spacious. You'd think that the viewer would reach the logical conclusion that the slogan, uh, misrepresents the product. Instead, what usually happens is that when the statement "plenty of room" is repeated often enough, people are actually convinced it's true.

Um, another strategy they use is to get a celebrity to advertise a product. It turns out that we're more likely to accept an advertising claim made by somebody famous—a person we admire and find appealing. We tend to think they're trustworthy. So… um, you might have a car commercial that features a well-known race car driver. Now, it may not be a very fast car —uh, it could even be an inexpensive vehicle with a low performance rating. But if a popular race car driver is shown driving it, and saying, "I like my cars fast!" then people will believe the car is impressive for its speed.

Narrator

Using the examples from the talk, explain how persuasive strategies are used in advertising.

Preparation Time: 20 Seconds

Response Time: 60 Seconds

Points importants

Les publicitaires persuadent les gens d'acheter leurs produits en utilisant des stratégies de persuasion. L'une de ces stratégies est la répétition de l'information (celle-ci pouvant être fausse), comme lorsqu'une publicité pour une petite voiture n'arrête pas de répéter qu'elle est très spacieuse. Une autre stratégie consiste à utiliser des célébrités, car les gens leur font confiance. Par exemple, un coureur automobile très connu sera utilisé dans une publicité pour une voiture (pour donner l'impression que cette voiture est rapide, même si c'est faux).

Exemples de réponses

Allez à la piste 102 du DVD pour écouter une très bonne réponse à la question 6.

☛ ***Commentaires du correcteur***

Le candidat rend compte des principaux points et arguments utilisés dans le cours. Sa façon de parler est claire et fluide, et bien qu'il ne prononce pas correctement le mot « *subtle* », c'est une erreur mineure qui ne gêne pas la compréhension globale de ses propos. Le rythme de son discours ralentit parfois lorsqu'il essaie de se souvenir d'une information, mais il est toujours facile de suivre ce qu'il dit. Il utilise également avec une bonne maîtrise un vocabulaire de bon niveau et des constructions grammaticales avancées.

Allez à la piste 103 du DVD pour écouter une réponse de niveau moyen à la question 6.

☛ ***Commentaires du correcteur***

Ce candidat évoque les deux stratégies publicitaires décrites dans le cours, mais de façon vague, parfois difficile à comprendre. Par exemple, il n'indique jamais que le premier exemple fait référence à une publicité pour une voiture, donc on ne comprend pas bien ce qu'il entend lorsqu'il dit que le message « *lots of your friends have space in it* » est répété. Sa prononciation est facile à comprendre mais il s'arrête fréquemment au cours de sa réponse et il fait preuve d'un vocabulaire limité et de peu de maîtrise de la grammaire.

Expression écrite

Script des supports audio, notes sur les sujets et exemples de réponses avec les commentaires des correcteurs

Afin de savoir comment les réponses sont notées, utilisez les rubriques de notation concernant les épreuves écrites dirigées et libres que vous trouverez aux pages 225-226 et 233-234.

Expression écrite basée sur des documents écrits et oraux

Piste 91. Script audio

Narrator

Now listen to part of a lecture on the topic you just read about.

Professor

Everything you just read about *Portrait of an Elderly Woman in a White Bonnet* is true, and yet, after a thorough reexamination of the painting, a panel of experts has recently concluded that it's indeed a work by Rembrandt. And here's why.

First, the fur collar. X-rays and analysis of the pigments in the paint have shown that the fur collar wasn't part of the original painting. The fur collar was painted over the top of the original painting about a hundred years after the painting was made. Why? Someone probably wanted to increase the value of the painting by making it look like a formal portrait of an aristocratic lady.

Second, the supposed error with light and shadow. Once the paint of the added fur collar was removed, the original painting could be seen. In the original painting the woman is wearing a simple collar of light-colored cloth. The light-colored cloth of this collar reflects light that illuminates part of the woman's face. That's why the face is not in partial shadow. So in the original painting, light and shadow are very realistic and just what we would expect from Rembrandt.

Finally, the wood panel. It turns out that when the fur collar was added, the wood panel was also enlarged with extra wood pieces glued to the sides and the top to make the painting more grand—and more valuable. So the original painting is actually painted on a single piece of wood—as would be expected from a Rembrandt painting. And in fact, researchers have found that the piece of wood in the original form of *Portrait of an Elderly Woman in a White Bonnet* is from the very same tree as the wood panel used for another painting by Rembrandt, his *Self-Portrait with a Hat*.

Narrator

Summarize the points made in the lecture, being sure to explain how they answer the specific problems presented in the reading passage.

Notes sur le sujet

Vous devez comprendre les raisons présentées dans l'extrait du cours qui correspondent aux préoccupations exprimées dans le passage à lire. Alors que le passage à lire explique les raisons pour lesquelles personne ne croit que le tableau *Portrait d'une vieille femme* a été peint par Rembrandt, le cours présente de nouvelles preuves attestant que le tableau a bien été peint par Rembrandt.

On trouvera dans une rédaction bien notée les arguments suivants avancés par le professeur ainsi que des explications sur la manière dont ils répondent à ceux évoqués dans le passage à lire.

Arguments du passage à lire	Points contradictoires du cours
The fur collar in the painting does not match clothing typical of a servant woman, a detail that Rembrandt would not have overlooked.	The fur collar was added later in an attempt to increase the painting's value.
The light and shadow appear incorrectly in the painting, but Rembrandt was a master of painting light and shadow.	The light and shadow appeared incorrectly because of the fur collar that was added later. Once the fur collar was removed, revealing the original white collar, the light and shadow appeared correctly.
The portrait was painted on multiple wood panels, which was not typical of Rembrandt's works.	The original was painted on a single wood panel. Additional wood panels were added to the painting later in an attempt to increase its value.

En général, les rédactions notées 4 et 5 évoquent clairement les trois arguments figurant dans le tableau.

Exemples de réponses avec commentaires des correcteurs

Réponse de bon niveau

Both texts deal with the question wheather or not the painting "Portrait of an Elderly Woman in a White Bonnet" was painted by the most famous Dutch painter Rembrandt. The text clearly states, that many facts prove that it wasn't painted by Rembrandt himself, but just attributed to him because of its style. In the lecture however the professor gives proof why it is in fact a work of the famous Dutch painter.

The first contradicting fact are the clothes of the woman in the portrait. She is wearing a white linen cap which gives her the appearance of a simple servant, whereas the luxurious fur collar she also wears doesn't fit. In the lecture is said, that after a thorough research people found out that the fur collar was added to the painting about 100 years later in order to increase the value of the workpiece, because now it illustrated an aristocratic lady instead of a servant.

Another problem with the painting was the display of light and shadow. Rembandt was known as a master of painting light and shadow, yet contradictionally the elements in the work don't fit together. But this problem could also be explained by now. By removing the additional fur collar one could see that the lady is wearing a simple light colored cloth, which reflects light into her face.

The third aspect which let people wonder about the origins of the painting was the fact, that the panel was made of several pieces of wood glued together instead of just one panel which was usual for works of Rembrandt. But the additional panels were also added later to enlarge the paiting. by doing this the painting seemed to be more valuable.

Another interesting fact is, that the main panel is made from the same tree like another painting of Rembrandt, 'Selfportrait with a hat'.

In the end it is clear that this painting is indeed a work of the Dutch painter and it should be reintegrated in the catalog of Rembrandt's paintings.

☛ ***Commentaires du correcteur***

Cette rédaction mérite la mention « bon niveau » car elle parvient à expliquer comment le texte à lire et le cours s'opposent et à en identifier précisément tous les points importants. Cette réponse est bien structurée car elle indique l'objet dans le premier et le dernier paragraphe ; de plus chaque élément important fait l'objet d'un paragraphe distinct. Chaque point principal y est clairement évoqué et détaillé. Par exemple, le candidat indique à juste titre dans le second paragraphe que le col de fourrure a été ajouté *a posteriori* au tableau afin d'en rehausser la valeur. Dans le troisième paragraphe, même si l'opposition entre l'ombre et la lumière n'est pas concrètement décrite, le candidat y fait référence et en explique la cause. Les conjonctions et les expressions de conjonction utilisées (« *Another problem* », « *By removing the additional fur collar* », « *In the end* ») donnent de la cohérence à l'ensemble et facilitent la lecture. Le langage utilisé est plutôt précis et les quelques erreurs (« *In the lecture is said* », « *after a thorough research* », « *contradictionally* ») ne gênent pas la compréhension.

Réponse de niveau moyen

There are doubts whether Rembramdt painted Portrait of an Elderly Woman in a White Bonnet. The reading says that the painting wasn't paint by Rembrandt because of the leck of consistency observed. On the other hand the lecture says that Rembrandt is the real painter. The opinion expressed in the lecture is based on a third examination of the painting when the experts decided that Rembrandt is the real painter because of the examination of the fur colar, the light and shadow that were realistic and finally the elements of the wood panel.

Examining the fur colar from the painting, the experts noticed that the actual colar was painted over the top of the original painting over 100 years later. The reason of doing this was to increase the value of the painting.

Further on the light and color were very realistic, says the lecture. This opinion is formulated in opossition to the one from the reading that says that in this painting this elements do not fit together.

Finally the last reason why the lecture affirms that the painting belongs to Rebmrandt is based on the examination of the wood panel. Even though the wood panel was enlarged it was used the same tree that Rembrandt used in Self Portrait with a Hat.

In conclusion it seems that the argument given by the lecture overpower the reading part.

> ☛ ***Commentaires du correcteur***
>
> Bien que cette réponse offre dans le premier paragraphe une description claire de la relation entre le passage à lire et le cours, elle mérite la mention « niveau moyen », car elle ne présente pas de manière détaillée les trois points essentiels qui suivent. Dans le deuxième paragraphe, le candidat explique en effet que le col de fourrure a été ajouté 100 ans après pour en rehausser la valeur, mais sans expliquer le problème initial qui figure dans le passage à lire, à savoir qu'un col de fourrure ne correspond pas au code vestimentaire d'une servante. Cela ne permet pas à un lecteur non averti de comprendre en quoi cette information à propos du col est pertinente par rapport au sujet. Par contre, le troisième paragraphe indique bien que les informations du passage à lire et du cours s'opposent sur la question de l'ombre et de la lumière, mais il manque dans cette partie la plupart des précisions importantes. Le troisième point, au paragraphe 4, n'est pas présenté avec précision. Le candidat indique que le fait que le bois soit de la même espèce que celui d'un autre tableau de Rembrandt est une preuve de son authenticité, néanmoins il ne spécifie pas s'il fait référence au panneau d'origine ou aux panneaux ajoutés. De même, le candidat n'explique pas pourquoi le panneau d'origine a été élargi. Dans l'ensemble, cette rédaction répond aux exigences de l'épreuve et fait référence aux trois idées principales, mais ces idées sont exprimées sans suffisamment de précision. Le langage est plutôt clair, avec juste quelques erreurs mineures (*« the painting wasn't paint by Rembrandt »*, *« this elements do not fit together »*) qui ne gênent pas la compréhension.

Expression écrite basée sur les connaissances et l'expérience

Question

Do you agree or disagree with the following statement?

It is more important to keep your old friends than it is to make new friends.

Use specific reasons and examples to support your answer.

Notes sur le sujet

Ce sujet vous interroge sur la question de savoir si conserver ses amis de longue date est plus important que de s'en faire de nouveaux. Les bonnes réponses peuvent exprimer différentes opinions : elles peuvent être d'accord avec cette affirmation ou la contredire, ou bien encore évoquer les raisons pour lesquelles tous les amis sont d'égale importance. Quelle que soit votre position, l'important est de soutenir votre opinion avec des précisions et des exemples.

Si vous êtes d'accord avec cette affirmation, vous devrez présenter et développer les raisons pour lesquelles les amis de longue date sont plus importants que les plus récents. On peut évoquer, comme raisons de préférer les amis de longue date, leur capacité à mieux vous comprendre, leur volonté de vous aider dans des situations difficiles, ou les centres d'intérêt et les expériences qu'ils partagent avec vous. Afin d'étayer cette position, vous pouvez également évoquer le fait que les nouveaux amis ne peuvent offrir les mêmes qualités.

Si vous rejetez cette affirmation, vous devrez présenter et développer les raisons pour lesquelles les nouveaux amis sont meilleurs que les plus anciens. On peut évoquer, comme raison de préférer les nouveaux amis, l'occasion de se confronter à des opinions et des cultures différentes, l'opportunité de faire de nouvelles expériences et l'avantage d'avoir des amis qui comprennent les changements dans votre vie.

Si vous considérez que tous les amis se valent, vous devrez présenter une argumentation équilibrée pour expliquer les avantages de chaque type d'amis. Cette argumentation peut reprendre les points indiqués plus haut, mais d'autres raisons, non présentées ici, peuvent être évoquées pour aboutir à une bonne rédaction.

Exemples de réponses avec commentaires du correcteur

Rédaction de bon niveau

In a lifetime, we are bound to meet many people, we get on well with some of them and they become our friends. As we grow up we meet new people and make new friends but it does not imply that they will replace our old ones. That is why I disagree with people who think that keeping old friends is more important than making new friends.

I think that there is no matter of more importance. Since old friends and new friends do not bring us the same things, we can not compare them. Indeed old friends are the ones we can count on; we trust them, they know us well, we have complicity and real friendship is just wondrful. When I feel sad or when I need to talk to someone about a serious problem, I go to see my old friends because they are reliable and I know that they will understand me more than anyone else. My old friends are very important to me and I agree with the fact that it is important to keep them and make efforts to keep contact.

However, I must admit that we are bound to lose some of our old friends sometimes. For example, I had a very good friend a few years ago but we do not see each other anymore since I moved in an other town. I guess that we also grew up and took a different way and there is no use to keep old friends when you realize that you have nothing left in common.

Therefore, it is also very important to make new friends. That is a way to learn, to change and they bring us different things. Making new friends makes us more open-minded, and in this way we can discover new personalities. For my part I enjoy making new friends, at school, at work, on holidays. I am conscious not to have close relationships with them at first but I need to be with other people and have fun. Sometimes they just remain acquaintances but they can also become good friends who could become old friends one day. For instance, I met a german girl on holiday two years ago and we got on very well, so we kept in touch and I went to visit her in Germany twice. She belongs to this kind of people who you know that they will be important in your life, and who you know you can have a long and strong friendship with.

As a conclusion I would say that everybody need to have a at least few real and strong friendship.

☛ ***Commentaires du correcteur***

Cette rédaction de bon niveau répond exactement à la question en donnant des arguments précis sur l'importance d'avoir à la fois des amis de longue date et des amis récents. La structure de la rédaction est logique : elle commence par un paragraphe d'introduction qui présente clairement la thèse, et se poursuit par trois paragraphes qui développent chacun des raisons distinctes de soutenir cette thèse. Chacun des points évoqués par le candidat est bien développé, avec des précisions pertinentes et des exemples. Le premier point, selon lequel les amis de longue date sont fiables et compréhensifs, est étayé par l'idée qu'ils peuvent

.../...

aider en cas de problème grave. Cela est renforcé dans le troisième paragraphe par l'idée que l'on peut parfois perdre ses anciennes amitiés. Le candidat donne ici l'exemple de la perte d'un ami du fait d'un déménagement ou de la perte d'intérêts communs. Ce troisième paragraphe fournit une bonne transition entre l'idée du deuxième paragraphe de conserver les amis de longue date et celle du quatrième paragraphe, le besoin de s'en faire de nouveaux. Cette logique est renforcée par l'utilisation de bonnes transitions (« *However, I must admit* », « *Therefore, it is also very important to make new friends* »). Le dernier point selon lequel il est important de se faire de nouveaux amis est également bien étayé par des précisions sur le fait d'apprendre de nouvelles choses. Cette rédaction est complétée par un exemple personnel qui montre que de nouveaux amis peuvent devenir de vieux amis. Dans l'ensemble, cette rédaction propose une bonne progression et fait toujours preuve d'un niveau de langue élevé. Les quelques fautes d'anglais (« *moved in an other town* », « *She belongs to this kind of people who you know* ») que l'on peut trouver ne gênent pas la compréhension et ne sont pas suffisamment importantes pour abaisser la note de la rédaction.

Rédaction de niveau moyen

One of the most important thing in life is to spend time with the person you consider to be your best friend, in my opinion.

Firstable, nobody cannot know you better than an old friend does.

Your old friend can really guess you before you begin to speak. You do not have to explain all of your feelings he knows you too much for that. This feeling of understanding is incredibly good. It is like you are not alone anymore.

Secondly, keeping your old friends is the best way to have a link between your past and your life. It is a excellent pattern to know if you have changed well or not. It helps to keep your personnality and your personnal interests throught your life.

In addition, Old friends continue to be friends because they helps each other with the life difficulties.

The kind of helps creates a really deep love and friendship and it is why we say friends forever. It is too deep to give up. Consequently, friends become part of the family after many years. For example, I have had the same best friend since 1990. I know her and she knows me perfectly. I am closer to her than my own sister. We have share everything and we could be separate more than one month. I like her advices and our complementarity.

To clarify my opinion, I would say that for me it is also good to make new friends and to change your routine. Everybody needs that to progress and to fell good. But when I am thinking about the most importamt thing my choice is clear I really need more my old friend that the new I have met.

To conclude, Keep your old friends cloth to you and enj

☛ *Commentaires du correcteur*

Bien que cette rédaction réponde clairement à la question, elle ne remporte que la mention « niveau moyen », car elle présente des défauts dans le développement de certaines idées et dans sa structure générale. Le candidat liste trois points pour étayer l'idée selon laquelle les vieux amis sont importants. Les deux premiers points, à savoir que les vieux amis comprennent leurs sentiments réciproques et qu'ils font un lien avec le passé d'une personne, sont exprimés avec clarté mais manquent de développement au travers de vagues explications. Le troisième point, à savoir que les vieux amis s'entraident dans les moments difficiles, manque totalement d'illustrations. De plus, certains éléments de la réponse interrompent la progression de la rédaction. On ne comprend pas clairement de quelle manière le sixième paragraphe, qui évoque le meilleur ami du candidat, vient soutenir un quelconque point parmi les trois indiqués précédemment dans la rédaction. La première phrase du septième paragraphe (« *To clarify my opinion, I would say that for me it is also good to make new friends and to change your routine* ») est également mal placée et suggère qu'un nouveau sujet va être abordé, bien que la rédaction reste centrée sur l'importance des amis de longue date. Ces défauts, ainsi que des fautes d'anglais mineures (« *they helps each other with the life difficulties* », « *I really need more my old friends that the new I have met* »), justifient le niveau moyen accordé à cette rédaction.

9 TEST D'ENTRAÎNEMENT AU *TOEFL iBT®* N° 4

Vous trouverez dans ce chapitre le quatrième test d'entraînement au *TOEFL iBT®*. Vous pouvez passer ce test de deux façons différentes :

- **En utilisant le livre :** vous pouvez prendre connaissance des questions du test sur les pages suivantes puis inscrire vos réponses dans les espaces prévus. Quand vous aurez besoin d'écouter certaines parties du test, suivez les instructions d'utilisation du support audio et écoutez les pistes du DVD qui accompagnent ce livre.
- **En utilisant le DVD :** si vous souhaitez vous mettre dans des conditions réelles d'examen du test *TOEFL iBT®*, vous pouvez passer ce même test sur votre ordinateur en utilisant le DVD. Les passages à lire et les questions apparaîtront sur votre écran et vous pourrez inscrire vos réponses en cliquant sur les espaces prévus. Suivez les instructions pour écouter les parties de compréhension orale.

À la suite de ce test vous trouverez les corrigés et les indications sur le mode de notation. Vous trouverez également les scripts des parties de compréhension orale. Des explications complètes des réponses et des rédactions de candidats vous seront également proposées.

TEST D'ENTRAÎNEMENT 4

READING

Directions: This section measures your ability to understand academic passages in English.

There are three passages in this section. You have **60 minutes** to complete the entire section. You may read the passages and answer the questions in any order you choose, but plan to spend about 20 minutes on each passage and the accompanying questions.

Most questions are worth 1 point, but the last question for each passage is worth more than 1 point. The directions for the last question indicate how many points you may receive.

At the end of this Practice Test you will find an answer key, information to help you determine your score, and explanations of the answers.

INDUSTRIALIZATION IN THE NETHERLANDS AND SCANDINAVIA

While some European countries, such as England and Germany, began to industrialize in the eighteenth century, the Netherlands and the Scandinavian countries of Denmark, Norway, and Sweden developed later. All four of these countries lagged considerably behind in the early nineteenth century. However, they industrialized rapidly in the second half of the century, especially in the last two or three decades. In view of their later start and their lack of coal—undoubtedly the main reason they were not among the early industrializers—it is important to understand the sources of their success.

All had small populations. At the beginning of the nineteenth century, Denmark and Norway had fewer than 1 million people, while Sweden and the Netherlands had fewer than 2.5 million inhabitants. All exhibited moderate growth rates in the course of the century (Denmark the highest and Sweden the lowest), but all more than doubled in population by 1900. Density varied greatly. The Netherlands had one of the highest population densities in Europe, whereas Norway and Sweden had the lowest. Denmark was in between but closer to the Netherlands.

Considering human capital as a characteristic of the population, however, all four countries were advantaged by the large percentages of their populations who could read and write. In both 1850 and 1914, the Scandinavian countries had the highest literacy rates in Europe, or in the world, and the Netherlands was well above the European average. This fact was of enormous value in helping the national economies find their niches in the evolving currents of the international economy.

Location was an important factor for all four countries. All had immediate access to the sea, and this had important implications for a significant international resource, fish, as well as for cheap transport, merchant marines, and the shipbuilding industry. Each took advantage of these opportunities in its own way. The people of the Netherlands, with a long tradition of fisheries and mercantile shipping, had difficulty in developing good harbors suitable for steamships; eventually they did so at Rotterdam and Amsterdam, with exceptional results for transit trade with Germany and central Europe and for the processing of overseas foodstuffs and raw materials (sugar, tobacco, chocolate, grain, and eventually oil). Denmark also had an admirable commercial history, particularly with respect to traffic through the Sound (the strait separating Denmark and Sweden). In 1857, in return for a payment of 63 million kronor from other commercial nations, Denmark abolished the Sound toll dues, the fees it had collected since 1497 for the use of the Sound. This, along with other policy shifts toward free trade, resulted in a significant increase in traffic through the Sound and in the port of Copenhagen.

The political institutions of the four countries posed no significant barriers to industrialization or economic growth. The nineteenth century passed relatively peacefully for these countries, with progressive democratization taking place in all of them. They were reasonably well governed, without notable corruption or grandiose state projects, although in all of them the government gave some aid to railways, and in Sweden the state built the main lines. As small countries dependent on foreign markets, they had few or low barriers to foreign trade in the main, though a protectionist movement developed in Sweden. In Denmark and Sweden agricultural reforms took place gradually from the late eighteenth century through the first half of the nineteenth, resulting in a new class of peasant landowners with a definite market orientation.

The key factor in the success of these countries (along with high literacy, which contributed to it) was their ability to adapt to the international division of labor determined by the early industrializers and to stake out areas of specialization in international markets for which they were especially well suited. This meant a great dependence on international commerce, which had notorious fluctuations; however, it also meant high returns to those aspects of production that were fortunate enough to be well placed in times of prosperity. In Sweden exports accounted for 18 percent of the national income in 1870, and in 1913, 22 percent of a much larger national income. In the early twentieth century, Denmark exported 63 percent of its agricultural production: butter, pork products, and eggs. It exported 80 percent of its butter, almost all to Great Britain, where it accounted for 40 percent of British butter imports.

Directions: Now answer the questions.

PARAGRAPH 1

While some European countries, such as England and Germany, began to industrialize in the eighteenth century, the Netherlands and the Scandinavian countries of Denmark, Norway, and Sweden developed later. All four of these countries lagged considerably behind in the early nineteenth century. However, they industrialized rapidly in the second half of the century, especially in the last two or three decades. In view of their later start and their lack of coal—undoubtedly the main reason they were not among the early industrializers—it is important to understand the sources of their success.

1. Paragraph 1 supports which of the following ideas about England and Germany?

- ▢ They were completely industrialized by the start of the nineteenth century.
- ▢ They possessed plentiful supplies of coal.
- ▢ They were overtaken economically by the Netherlands and Scandinavia during the early nineteenth century.
- ▢ They succeeded for the same reasons that the Netherlands and Scandinavia did.

PARAGRAPH 2

All had small populations. At the beginning of the nineteenth century, Denmark and Norway had fewer than 1 million people, while Sweden and the Netherlands had fewer than 2.5 million inhabitants. All exhibited moderate growth rates in the course of the century (Denmark the highest and Sweden the lowest), but all more than doubled in population by 1900. Density varied greatly. The Netherlands had one of the highest population densities in Europe, whereas Norway and Sweden had the lowest. Denmark was in between but closer to the Netherlands.

2. Paragraph 2 supports which of the following statements about the role played by population density in the industrialization of the Netherlands and Scandinavia?

- ▢ It was a more important factor than population size.
- ▢ It was more influential than the rate of population growth.
- ▢ It was more important in the early stages than it was later.
- ▢ It was not a significant factor.

PARAGRAPHS 2 AND 3

All had small populations. At the beginning of the nineteenth century, Denmark and Norway had fewer than 1 million people, while Sweden and the Netherlands had fewer than 2.5 million inhabitants. All exhibited moderate growth rates in the course of the century (Denmark the highest and Sweden the lowest), but all more than doubled in population by 1900. Density varied greatly. The Netherlands had one of the highest population densities in Europe, whereas Norway and Sweden had the lowest. Denmark was in between but closer to the Netherlands. Considering human capital as a characteristic of the population, however, all four countries were advantaged by the large percentages of their populations who could read and write. In both 1850 and 1914, the Scandinavian countries had the highest literacy rates in Europe, or in the world, and the Netherlands was well above the European average. This fact was of enormous value in helping the national economies find their niches in the evolving currents of the international economy.

3. According to paragraphs 2 and 3, which of the following contributed significantly to the successful economic development of the Netherlands and of Scandinavia?

- ▢ The relatively small size of their populations
- ▢ The rapid rate at which their populations were growing
- ▢ The large amount of capital they had available for investment
- ▢ The high proportion of their citizens who were educated

PARAGRAPH 4

Location was an important factor for all four countries. All had immediate access to the sea, and this had important implications for a significant international resource, fish, as well as for cheap transport, merchant marines, and the shipbuilding industry. Each took advantage of these opportunities in its own way. The people of the Netherlands, with a long tradition of fisheries and mercantile shipping, had difficulty in developing good harbors suitable for steamships; eventually they did so at Rotterdam and Amsterdam, with exceptional results for transit trade with Germany and central Europe and for the processing of overseas foodstuffs and raw materials (sugar, tobacco, chocolate, grain, and eventually oil). Denmark also had an admirable commercial history, particularly with respect to traffic through the Sound (the strait separating Denmark and Sweden). In 1857, in return for a payment of 63 million kronor from other commercial nations, Denmark abolished the Sound toll dues, the fees it had collected since 1497 for the use of the Sound. This, along with other policy shifts toward free trade, resulted in a significant increase in traffic through the Sound and in the port of Copenhagen.

4. The word "exceptional" in the passage is closest in meaning to

- ▢ extraordinary
- ▢ surprising
- ▢ immediate
- ▢ predictable

5. The word "abolished" in the passage is closest in meaning to

- ▢ ended
- ▢ raised
- ▢ returned
- ▢ lowered

6. According to paragraph 4, because of their location, the Netherlands and the Scandinavian countries had all of the following advantages when they began to industrialize EXCEPT

- ▢ low-cost transportation of goods
- ▢ access to fish
- ▢ shipbuilding industries
- ▢ military control of the seas

PARAGRAPH 5

The political institutions of the four countries posed no significant barriers to industrialization or economic growth. The nineteenth century passed relatively peacefully for these countries, with progressive democratization taking place in all of them. They were reasonably well governed, without notable corruption or grandiose state projects, although in all of them the government gave some aid to railways, and in Sweden the state built the main lines. As small countries dependent on foreign markets, they had few or low barriers to foreign trade in the main, though a protectionist movement developed in Sweden. In Denmark and Sweden agricultural reforms took place gradually from the late eighteenth century through the first half of the nineteenth, resulting in a new class of peasant landowners with a definite market orientation.

7. The word "progressive" in the passage is closest in meaning to

- ▢ rapid
- ▢ partial
- ▢ increasing
- ▢ individual

8. The author includes the information that "a protectionist movement developed in Sweden" in order to

- ▢ support the claim that the political institutions of the four countries posed no significant barriers to industrialization or economic growth
- ▢ identify an exception to the general trend favoring few or low barriers to trade
- ▢ explain why Sweden industrialized less quickly than the other Scandinavian countries and the Netherlands
- ▢ provide evidence that agriculture reforms take place more quickly in countries that have few or low barriers to trade than in those that do not

9. According to paragraph 5, each of the following contributed positively to the industrialization of the Netherlands and Scandinavia EXCEPT

- ▢ a lack of obstacles to foreign trade
- ▢ huge projects undertaken by the state
- ▢ relatively uncorrupt government
- ▢ relatively little social or political disruption

PARAGRAPH 6

The key factor in the success of these countries (along with high literacy, which contributed to it) was their ability to adapt to the international division of labor determined by the early industrializers and to stake out areas of specialization in international markets for which they were especially well suited. This meant a great dependence on international commerce, which had notorious fluctuations; but it also meant high returns to those factors of production that were fortunate enough to be well placed in times of prosperity. In Sweden exports accounted for 18 percent of the national income in 1870, and in 1913, 22 percent of a much larger national income. In the early twentieth century, Denmark exported 63 percent of its agricultural production: butter, pork products, and eggs. It exported 80 percent of its butter, almost all to Great Britain, where it accounted for 40 percent of British butter imports.

10. Which of the sentences below best expresses the essential information in the highlighted sentence in the passage? Incorrect choices change the meaning in important ways or leave out essential information.

- ▢ The early industrializers controlled most of the international economy, leaving these countries to stake out new areas of specialization along the margins.
- ▢ Aided by their high literacy rates, these countries were able to claim areas of specialization within established international markets.
- ▢ High literacy rates enabled these countries to take over international markets and adapt the international division of labor to suit their strengths.
- ▢ The international division of labor established by the early industrializers was well suited to these countries, a key factor in their success.

11. According to paragraph 6, a major problem with depending heavily on international markets was that they

- ▢ lacked stability
- ▢ were not well suited to agricultural products
- ▢ were largely controlled by the early industrializers
- ▢ led to slower growth of local industries

12. According to paragraph 6, what advantage could a country gain from being heavily involved in international commerce?

- ▢ A steadily rising national income
- ▢ Greater control over market fluctuations
- ▢ High returns when things went well
- ▢ A reduced need for imports

PARAGRAPHS 1 AND 2

While some European countries, such as England and Germany, began to industrialize in the eighteenth century, the Netherlands and the Scandinavian countries of Denmark, Norway, and Sweden developed later. **(1)** All four of these countries lagged considerably behind in the early nineteenth century. **(2)** However, they industrialized rapidly in the second half of the century, especially in the last two or three decades. **(3)** In view of their later start and their lack of coal—undoubtedly the main reason they were not among the early industrializers—it is important to understand the sources of their success. **(4)** All had small populations.

13. **Directions:** Look at the part of the passage that is displayed above. The numbers **(1)**, **(2)**, **(3)**, and **(4)** indicate where the following sentence could be added.

During this period, Sweden had the highest rate of growth of output per capita of any country in Europe, and Denmark was second.

Where would the sentence best fit?

- ▢ Choice 1
- ▢ Choice 2
- ▢ Choice 3
- ▢ Choice 4

14. **Directions:** An introductory sentence for a brief summary of the passage is provided below. Complete the summary by selecting the THREE answer choices that express the most important ideas in the passage. Some sentences do not belong in the summary because they express ideas that are not presented in the passage or are minor ideas in the passage. **This question is worth 2 points**.

Write your answer choices in the spaces where they belong. You can either write the number of your answer choice or you can copy the sentence.

Although the Netherlands and Scandinavia began to industrialize relatively late, they did so very successfully.

-
-
-

Answer Choices

1. Although these countries all started with small, uneducated populations, industrialization led to significant population growth and higher literacy rates.
2. Thanks to their ready access to the sea, these countries enjoyed advantages in mercantile shipping, fishing, and shipbuilding.
3. Because they all had good harbors for steamships, these countries started with an important advantage in the competition for transit trade.
4. These countries were helped by the fact that their governments were relatively stable and honest and had polices that generally encouraged rather than blocked trade.
5. These countries were successful primarily because their high literacy rates helped them fill specialized market niches..
6. Because they were never fully dependent on international commerce, these countries were able to survive notorious fluctuations in international markets.

THE MYSTERY OF YAWNING

According to conventional theory, yawning takes place when people are bored or sleepy and serves the function of increasing alertness by reversing, through deeper breathing, the drop in blood oxygen levels that are caused by the shallow breathing that accompanies lack of sleep or boredom. Unfortunately, the few scientific investigations of yawning have failed to find any connection between how often someone yawns and how much sleep they have had or how tired they are. About the closest any research has come to supporting the tiredness theory is to confirm that adults yawn more often on weekdays than at weekends, and that school children yawn more frequently in their first year at primary school than they do in kindergarten.

Another flaw of the tiredness theory is that yawning does not raise alertness or physiological activity, as the theory would predict. When researchers measured the heart rate, muscle tension, and skin conductance of people before, during, and after yawning, they did detect some changes in skin conductance following yawning, indicating a slight increase in physiological activity. However, similar changes occurred when the subjects were asked simply to open their mouths or to breathe deeply. Yawning did nothing special to their state of physiological activity. Experiments have also cast serious doubt on the belief that yawning is triggered by a drop in blood oxygen or a rise in blood carbon dioxide. Volunteers were told to think about yawning while they breathed either normal air, pure oxygen, or an air mixture with an above-normal level of carbon dioxide. If the theory was correct, breathing air with extra carbon dioxide should have triggered yawning, while breathing pure oxygen should have suppressed yawning. In fact, neither condition made any difference to the frequency of yawning, which remained constant at about 24 yawns per hour. Another experiment demonstrated that physical exercise, which was sufficiently vigorous to double the rate of breathing, had no effect on the frequency of yawning. Again, the implication is that yawning has little or nothing to do with oxygen.

A completely different theory holds that yawning assists in the physical development of the lungs early in life, but has no remaining biological function in adults. It has been suggested that yawning and hiccupping might serve to clear out the fetus's airways. The lungs of a fetus secrete a liquid that then mixes with its mother's amniotic fluid. Babies with congenital blockages that prevent this fluid from escaping from their lungs are sometimes born with deformed lungs. It might be that yawning helps to clear out the lungs by periodically lowering the pressure in them. According to this theory, yawning in adults is just a developmental fossil with no biological function. But, while accepting that not everything in life can be explained by Darwinian evolution, there are sound reasons for being skeptical of theories like this one, which avoid the issue of what yawning does for adults. Yawning is distracting, consumes energy, and takes time. It is almost certainly doing something significant in adults as well as in fetuses. What could it be?

The empirical evidence, such as it is, suggests an altogether different function for yawning—namely, that yawning prepares us for a change in activity level. Support for this theory came from a study of yawning behavior in everyday life. Volunteers wore wrist-mounted devices that automatically recorded their physical activity for up to two weeks; the volunteers also recorded their yawns by pressing a button on the device each time they yawned. The data showed that yawning tended to occur about 15 minutes before a period of increased behavioral activity. Yawning bore no relationship to sleep patterns, however. This accords with anecdotal evidence that people often yawn in situations where they are neither tired nor bored, but are preparing for impending mental and physical activity. Such yawning is often referred to as "incongruous" because it seems out of place, at least in the tiredness view: soldiers yawning before combat, musicians yawning before performing, and athletes yawning before competing. Their yawning seems to have nothing to do with sleepiness or boredom—quite the reverse–but it does precede a change in activity level.

Directions: Now answer the questions.

PARAGRAPH 1

According to conventional theory, yawning takes place when people are bored or sleepy and serves the function of increasing alertness by reversing, through deeper breathing, the drop in blood oxygen levels that are caused by the shallow breathing that accompanies lack of sleep or boredom. Unfortunately, the few scientific investigations of yawning have failed to find any connection between how often someone yawns and how much sleep they have had or how tired they are. About the closest any research has come to supporting the tiredness theory is to confirm that adults yawn more often on weekdays than at weekends, and that school children yawn more frequently in their first year at primary school than they do in kindergarten.

1. Which of the sentences below best expresses the essential information in the highlighted sentence in the passage? Incorrect choices change the meaning in important ways or leave out essential information.

- ▢ It is the conventional theory that when people are bored or sleepy, they often experience a drop in blood oxygen levels due to their shallow breathing.
- ▢ The conventional theory is that people yawn when bored or sleepy because yawning raises blood oxygen levels, which in turn raises alertness.
- ▢ According to conventional theory, yawning is more likely to occur when people are bored or sleepy than when they are alert and breathing deeply.
- ▢ Yawning, according to the conventional theory, is caused by boredom or lack of sleep and can be avoided through deeper breathing.

2. In paragraph 1, what point does the author make about the evidence for the tiredness theory of yawning?

- ▢ There is no scientific evidence linking yawning with tiredness.
- ▢ The evidence is wide-ranging because it covers multiple age-groups.
- ▢ The evidence is reliable because it was collected over a long period of time.
- ▢ The evidence is questionable because the yawning patterns of children and adults should be different.i

PARAGRAPH 2

Another flaw of the tiredness theory is that yawning does not raise alertness or physiological activity, as the theory would predict. When researchers measured the heart rate, muscle tension and skin conductance of people before, during and after yawning, they did detect some changes in skin conductance following yawning, indicating a slight increase in physiological activity. However, similar changes occurred when the subjects were asked simply to open their mouths or to breathe deeply. Yawning did nothing special to their state of physiological activity. Experiments have also cast serious doubt on the belief that yawning is triggered by a drop in blood oxygen or a rise in blood carbon dioxide. Volunteers were told to think about yawning while they breathed either normal air, pure oxygen, or an air mixture with an above-normal level of carbon dioxide. If the theory was correct, breathing air with extra carbon dioxide should have triggered yawning, while breathing pure oxygen should have suppressed yawning. In fact, neither condition made any difference to the frequency of yawning, which remained constant at about 24 yawns per hour. Another experiment demonstrated that physical exercise, which was sufficiently vigorous to double the rate of breathing, had no effect on the frequency of yawning. Again, the implication is that yawning has little or nothing to do with oxygen.

3. The word "flaw" in the passage is closest in meaning to

- ▢ fault
- ▢ aspect
- ▢ confusion
- ▢ mystery

4. In paragraph 2, why does the author compare the physiological changes that occur when subjects simply opened their mouths or breathed deeply with those that occur when people yawned?

- ▢ To present an argument in support of the tiredness theory
- ▢ To cast doubt on the reliability of the tests that measured heart rate, muscle tension, and skin conductance
- ▢ To argue against the hypothesis that yawning provides a special way to improve alertness or raise physiological activity
- ▢ To support the idea that opening the mouth or breathing deeply can affect blood oxygen levels

5. The word "triggered" in the passage is closest in meaning to

- ▢ removed
- ▢ hollowed
- ▢ increased
- ▢ caused

6. Paragraph 2 answers all of the following questions about yawning EXCEPT:

- ▢ Does yawning increase alertness or physiological activity?
- ▢ Does thinking about yawning increase yawning over not thinking about yawning?
- ▢ Does the amount of carbon dioxide and oxygen in the air affect the rate at which people yawn?
- ▢ Does the rate of breathing affect the rate at which people yawn?

PARAGRAPH 3

A completely different theory holds that yawning assists in the physical development of the lungs early in life, but has no remaining biological function in adults. It has been suggested that yawning and hiccupping might serve to clear out the fetus's airways. The lungs of a fetus secrete a liquid that then mixes with its mother's amniotic fluid. Babies with congenital blockages that prevent this fluid from escaping from their lungs are sometimes born with deformed lungs. It might be that yawning helps to clear out the lungs by periodically lowering the pressure in them. According to this theory, yawning in adults is just a developmental fossil with no biological function. But, while accepting that not everything in life can be explained by Darwinian evolution, there are sound reasons for being skeptical of theories like this one, which avoid the issue of what yawning does for adults. Yawning is distracting, consumes energy and takes time. It is almost certainly doing something significant in adults as well as in fetuses.

7. The word "periodically" in the passage is closest in meaning to

- ▢ continuously
- ▢ quickly
- ▢ regularly
- ▢ carefully

8. According to the development theory of yawning presented in paragraph 3, what is the role of yawning?

- ▢ It causes hiccups, which aid in the development of the lungs.
- ▢ It controls the amount of pressure the lungs place on other developing organs.
- ▢ It prevents amniotic fluid from entering the lungs.
- ▢ It removes a potentially harmful fluid from the lungs.

9. Paragraph 3 supports which of the following statements about the development theory of yawning?

- ▢ The theory is attractive because it explains yawning from the perspective of Darwinian evolution.
- ▢ The theory is unsatisfactory because it cannot explain the lung deformities of infants.
- ▢ The theory is questionable because it does not explain why people continue to have a behavior after the behavior becomes useless and inconvenient.
- ▢ The theory is incomplete because it does not explain all the evolutionary stages in the development of yawning.

PARAGRAPH 4

The empirical evidence, such as it is, suggests an altogether different function for yawning–namely, that yawning prepares us for a change in activity level. Support for this theory came from a study of yawning behavior in everyday life. Volunteers wore wrist-mounted devices that automatically recorded their physical activity for up to two weeks; the volunteers also recorded their yawns by pressing a button on the device each time they yawned. The data showed that yawning tended to occur about 15 minutes before a period of increased behavioral activity. Yawning bore no relationship to sleep patterns, however. This accords with anecdotal evidence that people often yawn in situations where they are neither tired nor bored, but are preparing for impending mental and physical activity. Such yawning is often referred to as "incongruous" because it seems out of place, at least on the tiredness view: soldiers yawning before combat, musicians yawning before performing, and athletes yawning before competing. Their yawning seems to have nothing to do with sleepiness or boredom—quite the reverse—but it does precede a change in activity level.

10. The word "empirical" in the passage is closest in meaning to

- ☐ reliable
- ☐ based on common sense
- ☐ relevant
- ☐ based on observation

11. The study of yawning behavior discussed in paragraph 4 supports which of the following conclusions?

- ☐ Yawning is associated with an expectation of increased physical activity.
- ☐ Yawning occurs more frequently when people are asked to record their yawning.
- ☐ People tend to yawn about fifteen minutes before they become tired or bored.
- ☐ Mental or physical stress tends to make people yawn.

12. Why does the author mention "soldiers yawning before combat, musicians yawning before performing, and athletes yawning before competing"?

- ☐ To argue that just the expectation of physical activity can make some people feel tired
- ☐ To explain how the view that people yawn because they are tired accounts for yawning before stressful situations
- ☐ To support the view that yawning helps prepare a person for mental or physical activity
- ☐ To provide anecdotal evidence that conflicts with the experience of the volunteers in the study

PARAGRAPH 2

Another flaw of the tiredness theory is that yawning does not raise alertness or physiological activity, as the theory would predict. When researchers measured the heart rate, muscle tension and skin conductance of people before, during and after yawning, they did detect some changes in skin conductance following yawning, indicating a slight increase in physiological activity. However, similar changes occurred when the subjects were asked simply to open their mouths or to breathe deeply. Yawning did nothing special to their state of physiological activity. Experiments have also cast serious doubt on the belief that yawning is triggered by a drop in blood oxygen or a rise in blood carbon dioxide. **(1)** Volunteers were told to think about yawning while they breathed either normal air, pure oxygen, or an air mixture with an above-normal level of carbon dioxide. **(2)** If the theory was correct, breathing air with extra carbon dioxide should have triggered yawning, while breathing pure oxygen should have suppressed yawning. **(3)** In fact, neither condition made any difference to the frequency of yawning, which remained constant at about 24 yawns per hour. **(4)** Another experiment demonstrated that physical exercise, which was sufficiently vigorous to double the rate of breathing, had no effect on the frequency of yawning. Again, the implication is that yawning has little or nothing to do with oxygen.

13. **Directions:** Look at the part of the passage that is displayed above. The numbers **(1)**, **(2)**, **(3)**, and **(4)** indicate where the following sentence could be added.

This, however, was not the case.

Where would the sentence best fit?

- ☐ Choice 1
- ☐ Choice 2
- ☐ Choice 3
- ☐ Choice 4

14. **Directions:** An introductory sentence for a brief summary of the passage is provided below. Complete the summary by selecting the THREE answer choices that express the most important ideas in the passage. Some sentences do not belong in the summary because they express ideas that are not presented in the passage or are minor ideas in the passage. **This question is worth 2 points.**

Write your answer choices in the spaces where they belong. You can either write the number of your answer choice or you can copy the sentence.

The tiredness theory of yawning does not seem to explain why yawning occurs.

-
-
-

Answer Choices

1. Although earlier scientific studies strongly supported the tiredness theory, new evidence has cast doubt on these findings.
2. Evidence has shown that yawning is almost completely unrelated to the amount of oxygen in the blood and is unrelated to sleep behavior.
3. Some have proposed that yawning plays a role in the development of the lungs before birth, but it seems unlikely that yawning serves no purpose in adults.
4. Fluids in the lungs of the fetus prevent yawning from occurring, which disproves the development theory of yawning.
5. New studies, along with anecdotal evidence, have shown that the frequency of yawning increases during extended periods of inactivity.
6. There is some evidence that suggests that yawning prepares the body and mind for a change in activity level.

LIGHTNING

Lightning is a brilliant flash of light produced by an electrical discharge from a storm cloud. The electrical discharge takes place when the attractive tension between a region of negatively charged particles and a region of positively charged particles becomes so great that the charged particles suddenly rush together. The coming together of the oppositely charged particles neutralizes the electrical tension and releases a tremendous amount of energy, which we see as lightning. The separation of positively and negatively charged particles takes place during the development of the storm cloud.

The separation of charged particles that forms in a storm cloud has a sandwichlike structure. Concentrations of positively charged particles develop at the top and bottom of the cloud, but the middle region becomes negatively charged. Recent measurements made in the field together with laboratory simulations (imitations of the process done in a laboratory) offer a promising explanation of how this structure of charged particles forms. What happens is that small (millimeter- to centimeter-size) pellets of ice form in the cold upper regions of the cloud. When these ice pellets fall, some of them strike much smaller ice crystals in the center of the cloud. The temperature at the center of the cloud is about –15°C or lower. At such temperatures, the collision between the ice pellets and the ice crystals causes electrical charges to shift so that the ice pellets acquire a negative charge and the ice crystals become positively charged. Then updraft wind currents carry the light, positively charged ice crystals up to the top of the cloud. The heavier, negatively charged ice pellets are left to concentrate in the center. This process explains why the top of the cloud becomes positively charged, while the center becomes negatively charged. The negatively charged region is large: several hundred meters thick and several kilometers in diameter. Below this large, cold, negatively charged region, the cloud is warmer than –15°C, and at these temperatures, collisions between ice crystals and falling ice pellets produce positively charged ice pellets that then populate a small region at the base of the cloud.

Most lightning takes place within a cloud when the charge separation within the cloud collapses. However, as the storm cloud develops, the ground beneath the cloud becomes positively charged and lightning can take place in the form of an electrical discharge between the negative charge of the cloud and the positively charged ground. Lightning that strikes the ground is the most likely to be destructive, so even though it represents only 20 percent of all lightning, it has received a lot of scientific attention.

Using high-speed photography, scientists have determined that there are two steps to the occurrence of lightning from a cloud to the ground. First, a channel, or path, is formed that connects the cloud and the ground. Then a strong current of electrons follows that path from the cloud to the ground, and it is that current that illuminates the channel as the lightning we see.

The formation of the channel is initiated when electrons surge from the cloud base toward the ground. When a stream of these negatively charged electrons comes within 100 meters of the ground, it is met by a stream of positively charged particles that comes up from the ground. When the negatively and positively charged streams meet, a complete channel connecting the cloud and the ground is formed. The channel is only a few centimeters in diameter, but that is wide enough for electrons to follow the channel to the ground in the visible form of a flash of lightning. The stream of positive particles that meets the surge of electrons from the cloud often arises from a tall, pointed structure such as a metal flagpole or a tower. That is why the subsequent lightning that follows the completed channel often strikes a tall structure.

Once a channel has been formed, it is usually used by several lightning discharges, each of them consisting of a stream of electrons from the cloud meeting a stream of positive particles along the established path. Sometimes, however, a stream of electrons following an established channel is met by a positive stream making a new path up from the ground. The result is a forked lightning that strikes the ground in two places.

Directions: Now answer the questions.

PARAGRAPH 1

Lightning is a brilliant flash of light produced by an electrical discharge from a storm cloud. The electrical discharge takes place when the attractive tension between a region of negatively charged particles and a region of positively charged particles becomes so great that the charged particles suddenly rush together. The coming together of the oppositely charged particles neutralizes the electrical tension and releases a tremendous amount of energy, which we see as lightning. The separation of positively and negatively charged particles takes place during the development of the storm cloud.

1. According to paragraph 1, all of the following take place in the development of a flash of lightning EXCEPT

- ▢ great tension between two oppositely charged regions
- ▢ an increase in negatively charged particles over positively charged particles
- ▢ oppositely charged particles coming together
- ▢ the release of electrical energy in the form of visible light

2. The word "tremendous" in the passage is closest in meaning to

- ▢ distinct
- ▢ growing
- ▢ huge
- ▢ immediate

PARAGRAPH 2

The separation of charged particles that forms in a storm cloud has a sandwich-like structure. Concentrations of positively charged particles develop at the top and bottom of the cloud, but the middle region becomes negatively charged. Recent measurements made in the field together with laboratory simulations (imitations of the process done in a laboratory) offer a promising explanation of how this structure of charged particles forms. What happens is that small (millimeter- to centimeter-size) pellets of ice form in the cold upper regions of the cloud. When these ice pellets fall, some of them strike much smaller ice crystals in the center of the cloud. The temperature at the center of the cloud is about –15°C or lower. At such temperatures, the collision between the ice pellets and the ice crystals causes electrical charges to shift so that the ice pellets acquire a negative charge and the ice crystals become positively charged. Then updraft wind currents carry the light, positively charged ice crystals up to the top of the cloud. The heavier, negatively charged ice pellets are left to concentrate in the center. This process explains why the top of the cloud becomes positively charged, while the center becomes negatively charged. The negatively charged region is large: several hundred meters thick and several kilometers in diameter. Below this large, cold, negatively charged region, the cloud is warmer than –15°C, and at these temperatures, collisions between ice crystals and falling ice pellets produce positively charged ice pellets that then populate a small region at the base of the cloud.

3. According to paragraph 2, what causes ice crystals to become positively charged?

- ▢ Collisions with ice pellets
- ▢ Collisions with negatively charged ice crystals at the base of the cloud
- ▢ Becoming concentrated in the central region of the cloud
- ▢ Forming at a temperature greater than –15°C

4. The word "acquire" in the passage is closest in meaning to

- ▢ reject
- ▢ obtain
- ▢ need
- ▢ produce

5. According to paragraph 2, why are positively charged ice pellets produced in the lower part of the cloud?

- ▢ Collisions between ice crystals and ice pellets increase in number in the lower part of the cloud.
- ▢ The lower part of the cloud is smaller than the region above it.
- ▢ More ice pellets than ice crystals reach the lower part of the cloud. X Temperatures in the lower part of the cloud are warmer than –15°C.

6. According to paragraph 2, the middle region of a cloud becomes negatively charged due to all of the following EXCEPT

- ▢ a shift of electrical charges between ice pellets and ice crystals
- ▢ negatively charged ice pellets that remain in the middle
- ▢ a temperature of –15°C or less
- ▢ the development of a positive charge at the base of the cloud

7. It can be inferred from paragraph 2 that part of the reason that the top of a storm cloud becomes positively charged is that

- ▢ the top of the cloud is warmer than the middle of the cloud
- ▢ the middle of the cloud is already occupied by positively charged particles
- ▢ the negatively charged ice pellets are too heavy to be carried by the updrafts that move ice crystals
- ▢ collisions between ice pellets in the top of the cloud produce mainly positively charged particles

PARAGRAPH 3

Most lightning takes place within a cloud when the charge separation within the cloud collapses. However, as the storm cloud develops, the ground beneath the cloud becomes positively charged and lightning can take place in the form of an electrical discharge between the negative charge of the cloud and the positively charged ground. Lightning that strikes the ground is the most likely to be destructive, so even though it represents only 20 percent of all lightning, it has received a lot of scientific attention.

8. The author remarks that "Lightning that strikes the ground is the most likely to be destructive" in order to explain why

- ▢ this form of lightning has been investigated so much
- ▢ this form of lightning is not as common as lightning within a cloud
- ▢ scientific understanding of this form of lightning is important
- ▢ the buildup of positive charge on the ground beneath a storm cloud can have serious consequences

PARAGRAPH 4

Using high-speed photography, scientists have determined that there are two steps to the occurrence of lightning from a cloud to the ground. First, a channel, or path, is formed that connects the cloud and the ground. Then a strong current of electrons follows that path from the cloud to the ground, and it is that current that illuminates the channel as the lightning we see.

9. The word "illuminates" in the passage is closest in meaning to

- ▢ opens
- ▢ completes
- ▢ lights
- ▢ Electrifies

PARAGRAPH 5

The formation of the channel is initiated when electrons surge from the cloud base toward the ground. When a stream of these negatively charged electrons comes within 100 meters of the ground, it is met by a stream of positively charged particles that comes up from the ground. When the negatively and positively charged streams meet, a complete channel connecting the cloud and the ground is formed. The channel is only a few centimeters in diameter, but that is wide enough for electrons to follow the channel to the ground in the visible form of a flash of lightning. The stream of positive particles that meets the surge of electrons from the cloud often arises from a tall, pointed structure such as a metal flagpole or a tower. That is why the subsequent lightning that follows the completed channel often strikes a tall structure.

10. The word "initiated" in the passage is closest in meaning to

- ▢ started
- ▢ intensified
- ▢ finished
- ▢ expected

11. According to paragraph 5, which of the following is true of the stream of charged particles from the ground?

- ▢ It prevents streams of electrons from the cloud from striking the ground.
- ▢ It completes a channel that connects the storm cloud with the ground.
- ▢ It produces a stream of electrons from the cloud.
- ▢ It widens the path made by the initial stream of electrons from the cloud.

12. Which of the following claims about lightning strikes can be inferred from paragraph 5?

- ▢ During a lightning strike the diameter of the channel the electrons follow is considerably enlarged beyond a few centimeters.
- ▢ A building is unlikely to be hit by lightning unless it is at least 100 meters tall.
- ▢ A building is hit by a lightning strike because the building itself has first determined the path the lightning then takes to it. X The light of a lightning strike first appears at the point where the streams of negative and positive particles meet.

PARAGRAPHS 4 AND 5

That is why the subsequent lightning that follows the completed channel often strikes a tall structure. **(1)** Once a channel has been formed, it is usually used by several lightning discharges, each of them consisting of a stream of electrons from the cloud meeting a stream of positive particles along the established path. **(2)** Sometimes, however, a stream of electrons following an established channel is met by a positive stream making a new path up from the ground. **(3)** The result is a forked lightning that strikes the ground in two places. **(4)**

13. **Directions**: Look at the part of the passage that is displayed above. The numbers **(1)**, **(2)**, **(3)**, and **(4)** indicate where the following sentence could be added.

The descending stream of electrons divides at the point where the new positivestream channel intersects the established path.

Where would the sentence best fit?

- ☐ Choice 1
- ☐ Choice 2
- ☐ Choice 3
- ☐ Choice 4

14. **Directions:** An introductory sentence for a brief summary of the passage is provided below. Complete the summary by selecting the THREE answer choices that express the most important ideas in the passage. Some sentences do not belong in the summary because they express ideas that are not presented in the passage or are minor ideas in the passage. **This question is worth 2 points**.

Write your answer choices in the spaces where they belong. You can either write the number of your answer choice or you can copy the sentence.

Lightning takes place when a separation of positive and negative electrical particles that develop in a storm cloud suddenly collapses.

-
-
-

Answer Choices

1. A storm cloud first develops a positively charged layer at the top, then a negatively charged middle layer, and finally, a positively charged layer at the bottom.
2. A separation of oppositely charged particles in clouds develops from collisions of falling ice pellets with ice crystals, from updrafts, and from temperature variations.
3. Lightning from cloud to ground follows a channel that forms when a stream of electrons moving down meets a stream of positive particles coming up from the ground.
4. Field studies, laboratory stimulations, and high-speed photography have all been used to investigate the way charge separations develop in clouds.
5. Lightning from a cloud to the ground is more likely to be destructive than is lightning that takes place within a cloud.
6. Once a channel has been formed, it is usually used by several successive electrical discharges that illuminate the channel as flashes of light.

STOP. This is the end of the Reading section of *TOEFL iBT*® ® Practice Test 4.

TEST D'ENTRAÎNEMENT

4

LISTENING

Directions: This section measures your ability to understand conversations and lectures in English.

You should listen to each conversation and lecture only once.

After each conversation or lecture, you will answer some questions about it. The questions typically ask about the main idea and supporting details. Some questions ask about the purpose of a speaker's statements or a speaker's attitude. Answer the questions based on what is stated or implied by the speakers.

You may take notes while you listen. You may use your notes to help you answer the questions. Your notes will not be scored.

In some questions, you will see this icon:

This means that you will hear, but not see, part of the question.

Most questions are worth 1 point. If a question is worth more than 1 point, it will have special directions that indicate how many points you can receive.

It will take about **60 minutes** to listen to the conversations and lectures and to answer the questions. You should answer each question, even if you must guess the answer. Answer each question before moving on. Do not return to previous questions.

At the end of this Practice Test you will find an answer key, information to help you determine your score, scripts for the audio tracks, and explanations of the answers. Turn the page to begin the Listening section.

Listen to Track 104 on the DVD.

QUESTIONS

1. Why does the student go to the university office?

- ▢ To apply for a position at the university library
- ▢ To get information about hosting an exchange student
- ▢ To find out if there are any jobs available on campus
- ▢ To find out the hours of the computer lab

2. Why did the student transfer to Central University?

- ▢ To take advantage of an academic program
- ▢ To participate in a student exchange program
- ▢ To attend a smaller university than the one he was at before
- ▢ To benefit from Central University's international reputation

3. Why does the student mention hosting foreign-exchange students?

- ▢ To explain his interest in a particular field of study
- ▢ To explain why he is looking for a job so late in the semester
- ▢ To explain why he would like to be an exchange student the following year
- ▢ To explain how he learned his computer skills

4. What can be inferred about students who apply for the open position at the technology-support helpdesk?

- ▢ They must be enrolled in a computer course.
- ▢ They will only be able to work on weekends.
- ▢ They are willing to work many hours each day they work.
- ▢ They are willing to work irregular hours.

5. *Listen again to part of the conversation by playing Track 105. Then answer the question.*

Why does the woman say this?

- ▢ To dissuade the student from starting a job right away
- ▢ To suggest looking for an off-campus job
- ▢ To imply that the student might not like the job that is available
- ▢ To encourage the student to apply to a work-study program

Listen to Track 106 on the DVD.

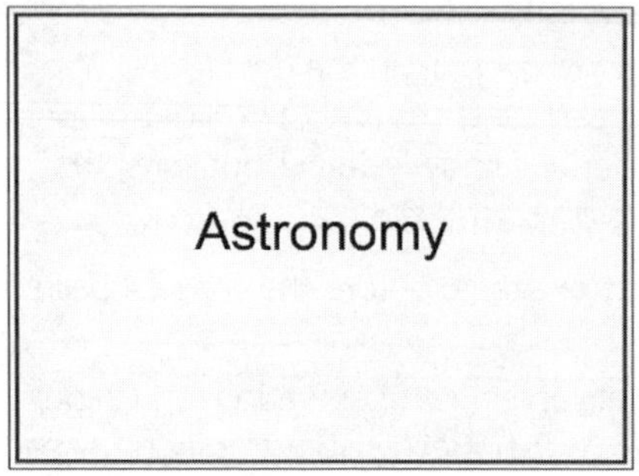

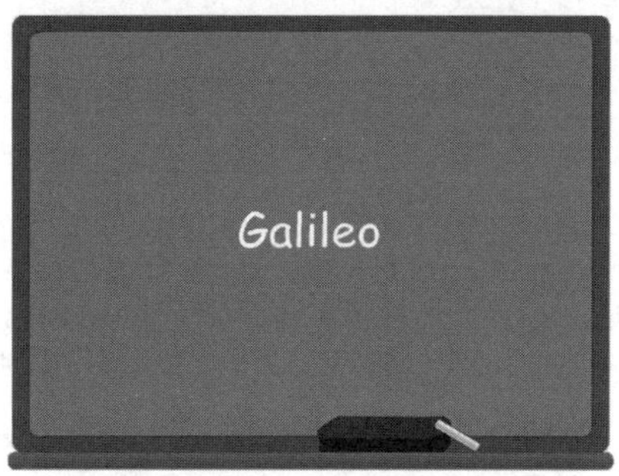

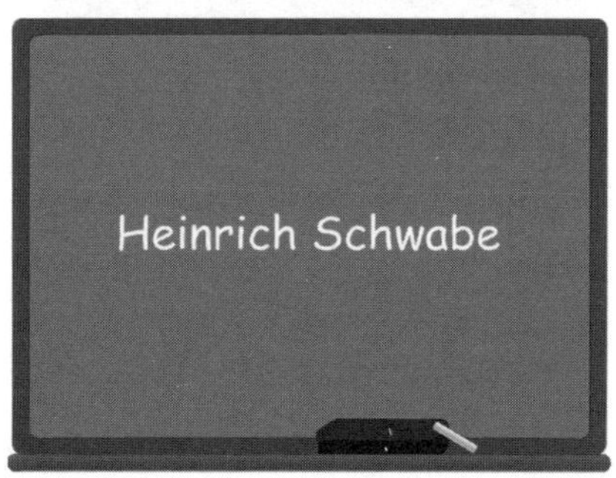

QUESTIONS

6. What is the lecture mainly about?

- ▢ The importance of record keeping in the development of hypotheses
- ▢ The relationship between sunspots and Earth's geomagnetic cycle
- ▢ The progression of scientific knowledge about sunspots
- ▢ The effect of sunspots on Earth's climate

7. Why did European astronomers before the time of Galileo not believe sunspots were on the Sun's surface?

- ▢ They based their beliefs on earlier observations by Chinese astronomers.
- ▢ The idea was contrary to their beliefs about objects in space.
- ▢ The sunspots often changed their shape.
- ▢ The sunspots were not always visible.

8. Which hypothesis regarding sunspots did Galileo challenge?

- ▢ Sunspots are shadows of planets crossing the Sun.
- ▢ Sunspots are clouds in the solar atmosphere.
- ▢ Sunspots are evidence of the Sun's rotation.
- ▢ Sunspots are evidence of magnetic fields.

9. What was the importance of Schwabe's observations?

- ▢ They determined the age of sunspots.
- ▢ They established that sunspots appear in cycles.
- ▢ They proved that sunspots were actually on the Sun.
- ▢ They showed the reason that sunspots change their shape.

10. What is the professor's attitude toward Schwabe's and Wolf's research?

- ▢ He is surprised that the research is contradictory.
- ▢ He is impressed by how many years were spent on the research.
- ▢ He has difficulty believing that research should take so long.
- ▢ He doubts that the research is given enough credit by modern astronomers.

11. What does the professor imply about the discovery of a relationship between the sunspot cycle and Earth's geomagnetic cycle?

- ▢ It proved that Galileo's cloud hypothesis was correct.
- ▢ It showed how conditions on Earth can affect the Sun.
- ▢ It was the start of modern astronomy.
- ▢ It led to a period of intense scientific research.

Listen to Track 107 on the DVD.

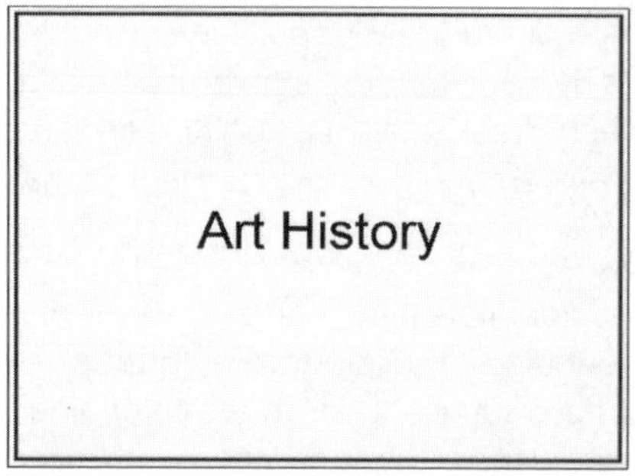

QUESTIONS

12. What is the lecture mainly about?

- ▢ Different views of a type of sculpture popular in ancient Roman times
- ▢ Evidence that Romans had outstanding artistic ability
- ▢ The differences between Greek sculpture and Roman sculpture
- ▢ The relationship between art and politics in ancient Roman times

13. According to traditional art historians, why did the Romans copy Greek sculpture?

- ▢ The Roman public was not interested in original works of art.
- ▢ The Roman government did not support other forms of art.
- ▢ Roman artists did not have sufficient skill to create original sculpture.
- ▢ Romans wanted to imitate the art they admired.

14. What is Gazda's view of the Roman copies of Greek statues?

- ▢ The copies represented the idea that Roman society was similar to Greek society.
- ▢ The copies introduced the citizens of the Roman Empire to Greek history.
- ▢ The copies were inferior to the original statues.
- ▢ The copies had both artistic and political functions.

15. Why does the professor mention Roman coins?

- ▢ To show the similarity between the likenesses of the emperor in statues and on coins
- ▢ To illustrate the Roman policy of distributing the emperor's image throughout the empire
- ▢ To imply that the citizens of the Roman Empire became quite wealthy
- ▢ To suggest that the Romans also copied Greek art on their coins

16. According to the professor, why did the Romans sometimes remove the emperor's head from a statue?

Choose 2 answers.

- ▢ The head made the statue too heavy to transport.
- ▢ The head was placed on the body of a different statue.
- ▢ The emperor was no longer in power.
- ▢ The emperor was not satisfied with the quality of the statue.

17. *Listen again to part of the lecture by playing Track 108. Then answer the question.*

What does the professor imply when he says this?

- ▢ Art historians frequently change their views.
- ▢ The contemporary view is not easy to understand.
- ▢ It is not difficult to determine why the Romans copied Greek sculptures.
- ▢ The view of traditional art historians is probably incorrect.

Listen to Track 109 on the DVD.

QUESTIONS

18. What is the conversation mainly about?

- ▢ The topic of the man's research paper
- ▢ Some current research projects in sociology
- ▢ Effective ways of conducting sociology research
- ▢ The man's possible participation in a research project

19. What does the professor imply about the man's outline?

- ▢ It has revealed that he should limit the focus of his paper.
- ▢ It does not provide enough information for him to write the paper.
- ▢ It will help him write clearly about a complex topic.
- ▢ It overstates the connection between sociology and marketing.

20. What is the main goal of the study that the professor's colleague is conducting?

- ▢ To find out if some television shows will be popular with people in a certain age range
- ▢ To collect information about food products that college students like
- ▢ To generate ideas for new television shows
- ▢ To determine sociological factors that are related to people's television-viewing preferences

21. What does the professor imply about the owners of Fox's Diner?

- ▢ They would probably do a favor for her.
- ▢ They are unlikely to grant the man's request.
- ▢ They would enjoy participating in the research study.
- ▢ They often advertise on television.

22. Listen again to part of the conversation by playing Track 110.
Then answer the question.

What does the professor mean when she says this?

- ▢ The student could probably find a marketing professor who has an interest in sociology.
- ▢ The student's marketing professor might not be aware of the television study.
- ▢ No more students are needed to participate in the television study.
- ▢ The marketing department needs students for several research studies.

Listen to Track 111 on the DVD.

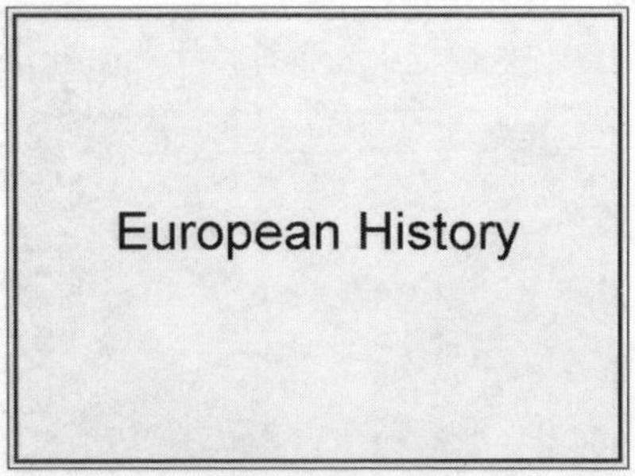

QUESTIONS

23. What is the main purpose of the lecture?

- ▢ To explore the use of spices in cooking in the Middle Ages
- ▢ To explain the significance of spices for medieval society
- ▢ To describe how the spice trade evolved in medieval Europe
- ▢ To examine changes in the role that spices played in the Middle Ages

24. Based on the lecture, indicate whether each of the following is true about spices in medieval Europe.

Mark your answers with an "X" below.

	YES	NO
1. They had to be imported.		
2. They were unaffordable for many people.		
3. They were used to preserve meat during the winter.		
4. They were believed to have medicinal properties.		
5. Their sale in public markets was closely regulated.		

25. What two factors explain why medieval Europeans did not use spices to cover the taste of spoiled meat?

Choose two answers.

- ☐ Fresh meat was less expensive than spices were.
- ☐ Spices were mainly used in incense and perfume.
- ☐ The sale of spoiled food was prohibited.
- ☐ Salt was cheaper than most spices were.

26. Why does the professor mention the collapse of the Roman Empire?

- ☐ To indicate that the spice trade became more direct
- ☐ To explain why the price of pepper suddenly increased
- ☐ To indicate that spices were not available in Europe for centuries
- ☐ To explain why the origins of spices became more mysterious

27. What does the professor say about European explorers during the age of discovery?

- ☐ Their discoveries caused the price of certain spices to increase.
- ☐ They were responding to the demand for spices.
- ☐ They did not expect to find spices during their explorations.
- ☐ Their main goal was to discover unknown lands.

28. Listen again to part of the lecture by playing Track 112.
Then answer the question.

Why does the professor say this?

- ☐ To indicate that pepper was commonly used as payment
- ☐ To indicate where pepper could be found at the time
- ☐ To emphasize the high value of pepper at the time
- ☐ To suggest that pepper was nearly as plentiful as gold

Listen to Track 113 on the DVD.

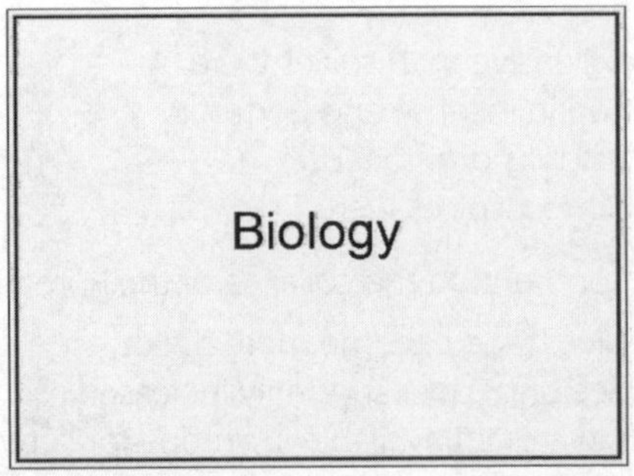

QUESTIONS

29. What is the main purpose of the lecture?

☐ To explain the biological advantages of a physical change that occurs in North American wood frogs
☐ To explain why the North American wood frog's habitat range has expanded
☐ To describe the functioning of the circulatory system of the North American wood frog
☐ To introduce students to an unusual phenomenon affecting North American wood frogs

30. Why does the professor first mention the arrival of spring?

☐ To encourage students to look for thawing wood frogs
☐ To point out the time period when frogs begin mating
☐ To explain why the class will soon be doing experiments with wood frogs
☐ To emphasize the speed of the thawing process

31. What happens to a wood frog as it begins to freeze?

☐ Blood is concentrated in the center of its body.
☐ Blood stops producing sugar. X Water moves out of its internal organs.
☐ Water from just beneath the skin begins to evaporate.

32. What are two points the professor makes about the thawing process of the wood frog?

Choose 2 answers.

☐ The thawing process is not fully understood.
☐ The thawing process takes longer than the freezing process. w The frog's internal organs thaw before its outer skin thaws.
☐ Thawing occurs when the frog's heart begins pumping glucose through its body.

33. What impact does freezing have on some thawed wood frogs?

☐ It increases their reproductive success.
☐ It decreases their life span.
☐ It causes them to be more vocal and active.
☐ It reduces their ability to recognize potential mates.

34. Listen again to part of the lecture by playing Track 114.
Then answer the question.

What does the professor imply when she says this?

☐ She wants the student to clarify his question.
☐ She wants the student to draw his own conclusions.
☐ She thinks the student does not understand how car antifreeze works.
☐ She thinks the student has misunderstood her point.

STOP. This is the end of the Listening section of *TOEFL iBT*®.

TEST D'ENTRAÎNEMENT

4

SPEAKING

Directions: The following Speaking section of the test will last approximately **20 minutes.** To complete it, you will need a recording device that you can play back to listen to your responses.

During the test, you will answer six speaking questions. Two of the questions ask about familiar topics. Four questions ask about short conversations, lectures, and reading passages. You may take notes as you listen to the conversations and lectures. The questions and the reading passages are printed here. The time you will have to prepare your response and to speak is printed below each question. You should answer all of the questions as completely as possible in the time allowed.

Play the audio tracks listed in the test instructions. Record each of your responses.

At the end of this Practice Test you will find scripts for the audio tracks, important points for each question, directions for listening to sample spoken responses, and comments on those responses by official raters.

QUESTIONS

1. *You will now be asked to speak about a familiar topic. After you hear the question, you will have 15 seconds to prepare your response and 45 seconds to speak.*

Now play Track 115 on the DVD to hear Question 1.

Imagine your life ten years in the future. Talk about one way you think your life will be different in ten years than it is now. Use details to explain your answer.

Preparation Time: 15 Seconds

Response Time: 45 Seconds

2. *You will now be asked to give your opinion about a familiar topic. After you hear the question, you will have 15 seconds to prepare your response and 45 seconds to speak.*

Now play Track 116 on the DVD to hear Question 2.

Do you agree or disagree with the following statement? It is important to learn about other cultures. Use details and examples to explain your opinion.

Preparation Time: 15 Seconds

Response Time: 45 Seconds

3. *You will now read a short passage and listen to a conversation on the same topic. You will then be asked a question about them. After you hear the question, you will have 30 seconds to prepare your response and 60 seconds to speak.*

Now play Track 117 on the DVD to hear Question 3. Reading

Reading Time: 50 Seconds

University Choir to Enter Off-Campus Singing Competitions

Currently, the university choir gives singing concerts only on campus. Next year, however, the choir will add competitive events at other locations to its schedule. The choir's new director feels that entering singing competitions will make the quality of the choir's performance even better than it is now. "Competitions will motivate students in the choir to pursue a higher standard of excellence in singing," he said. In addition, it is hoped that getting the choir off campus and out in the public will strengthen the reputation of the university's music program. This in turn will help the program grow.

The man expresses his opinion about the change described in the article. Briefly summarize the change. Then state his opinion about the change and explain the reasons he gives for holding that opinion.

Preparation Time: 30 Seconds

Response Time: 60 Seconds

4. *You will now read a short passage and listen to a lecture on the same topic. You will then be asked a question about them. After you hear the question, you will have 30 seconds to prepare your response and 60 seconds to speak.*

Now play Track 118 on the DVD to hear Question 4.

Reading Time: 50 Seconds

Relict Behavior

In general, animals act in ways that help them to survive within their specific habitats. However, sometimes an animal species may display a behavior that no longer serves a clear purpose. The original purpose for the behavior may have disappeared long ago, even thousands of years before. These behaviors, known as relict behaviors, were useful to the animal when the species' habitat was different; but now, because of changed conditions, the behavior no longer serves its original purpose. Left over from an earlier time, the behavior remains as a relict, or remnant, long after the environmental circumstance that influenced its evolution has vanished.

Using the example of the pronghorn and lion, explain the concept of a relict behavior.

Preparation Time: 30 Seconds

Response Time: 60 Seconds

5. *You will now listen to part of a conversation. You will then be asked a question about it. After you hear the question, you will have 20 seconds to prepare your response and 60 to speak.*

Now play Track 119 on the DVD to hear Question 5.

Briefly summarize the problem the speakers are discussing. Then state which solution you would recommend. Explain the reasons for your recommendation.

Preparation Time: 20 Seconds

Response Time: 60 Seconds

6. *You will now listen to part of a lecture. You will then be asked a question about it. After you hear the question, you will have 20 seconds to prepare your response and 60 seconds to speak.*

Now play Track 120 on the DVD to hear Question 6.

Using points and examples from the lecture, explain how the characteristics of target customers influence marketing strategy for products.

STOP. This is the end of the Speaking section of *TOEFL iBT*® ® Practice Test 4.

TEST D'ENTRAÎNEMENT 4

WRITING

Directions: This section measures your ability to use writing to communicate in an academic environment. There will be two writing tasks.

For the first writing task, you will read a passage and listen to a lecture and then answer a question based on what you have read and heard. For the second task, you will answer a question based on your own knowledge and experience.

At the end of this Practice Test you will find a script for the audio track, topic notes, sample test taker essays, and comments on those essays by official raters.

Turn the page to see the directions for the first writing task.

WRITING BASED ON READING AND LISTENING

Directions: For this task, you will read a passage about an academic topic and you will listen to a lecture about the same topic. You may take notes while you read and listen.

Then you will write a response to a question that asks you about the relationship between the lecture you heard and the reading passage. Try to answer the question as completely as possible using information from the reading passage and the lecture. The question does not ask you to express your personal opinion. You may refer to the reading passage when you write. You may use your notes to help you answer the question.

Typically, an effective response will be 150 to 225 words. Your response will be judged on the quality of your writing and on the completeness and accuracy of the content. Give yourself 3 minutes to read the passage.

Reading Time: 3 minutes

In the 1950s Torreya taxifolia, a type of evergreen tree once very common in the state of Florida, started to die out. No one is sure exactly what caused the decline, but chances are good that if nothing is done, Torreya will soon become extinct. Experts are considering three ways to address the decline of Torreya. The first option is to reestablish Torreya in the same location in which it thrived for thousands of years. Torreya used to be found in abundance in the northern part of Florida, which has a specific microclimate. A microclimate exists when weather conditions inside a relatively small area differ from the region of which that area is a part. Northern Florida's microclimate is very favorable to Torreya's growth. This microclimate is wetter and cooler than the surrounding region's relatively dry, warm climate. Scientists have been working to plant Torreya seeds in the coolest, dampest areas of the microclimate. The second option is to move Torreya to an entirely different location, far from its Florida microclimate. Torreya seeds and saplings have been successfully planted and grown in forests further north, where the temperature is significantly cooler. Some scientists believe that Torreya probably thrived in areas much further north in the distant past, so by relocating it now, in a process known as assisted migration, humans would simply be helping Torreya return to an environment that is more suited to its survival. The third option is to preserve Torreya in research centers. Seeds and saplings can be moved from the wild and preserved in a closely monitored environment where it will be easier for scientists both to protect the species and to conduct research on Torreya. This research can then be used to ensure the continued survival of the species.

Now play Track 121 on the DVD.

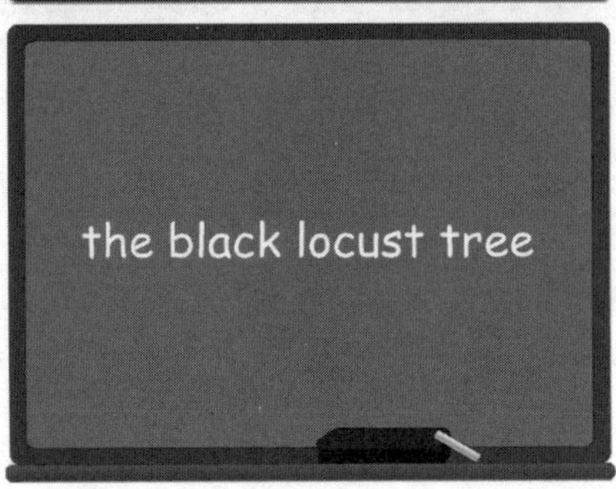

QUESTION

Summarize the points made in the lecture, being sure to explain how they cast doubt on the specific solutions presented in the reading passage.

You have 20 minutes to plan and write your response.

Response Time: 20 minutes

WRITING BASED ON KNOWLEDGE AND EXPERIENCE

Directions: For this task, you will write an essay in response to a question that asks you to state, explain, and support your opinion on an issue. Typically, an effective essay will contain a minimum of 300 words. Your essay will be judged on the quality of your writing. This includes the development of your ideas, the organization of your essay, and the quality and accuracy of the language you use to express your ideas.

You have **30 minutes** to plan and complete your essay.

Write your essay in the space provided.

QUESTION

Do you agree or disagree with the following statement?

Students are more influenced by their teachers than by their friends.

Use specific reasons and examples to support your answer. Be sure to use your own words. Do not use memorized examples.

Response Time: 30 minutes

This is the end of the Writing section of *TOEFL iBT®* Practice Test 4

TEST D'ENTRAÎNEMENT 4

CORRIGÉS, EXPLICATIONS ET SCRIPTS DES SUPPORTS AUDIO

Compréhension écrite

Corrigés et tableaux d'autonotation

Instructions : vérifiez vos réponses par rapport au corrigé ci-dessous. Écrivez le chiffre 1 sur la ligne à droite de chaque question si vous avez choisi la bonne réponse. Pour les questions qui valent plus d'un point, suivez les instructions qui vous sont données. Additionnez vos points en bas du tableau.

NUMÉRO DE LA QUESTION	BONNE RÉPONSE	VOS POINTS DE BASE
INDUSTRIALIZATION IN THE NETHERLANDS AND SCANDINAVIA		
1.	2	________
2.	4	________
3.	4	________
4.	1	________
5.	1	________
6.	4	________
7.	3	________
8.	2	________
9.	2	________
10.	2	________
11.	1	________
12.	3	________
13.	3	________

Pour la question 14, inscrivez 2 si vous avez choisi les trois bonnes réponses. Inscrivez 1 si vous avez donné deux bonnes réponses.

14.	2, 4, 5	________

NUMÉRO DE LA QUESTION	BONNE RÉPONSE	VOS POINTS DE BASE
THE MYSTERY OF YAWNING		
1.	2	________
2.	1	________
3.	1	________
4.	3	________
5.	4	________
6.	2	________
7.	3	________
8.	4	________
9.	3	________
10.	4	________
11.	1	________
12.	3	________
13.	3	________

Pour la question 14, inscrivez 2 si vous avez choisi les trois bonnes réponses. Inscrivez 1 si vous avez donné deux bonnes réponses.

14.	2, 3, 6	________

NUMÉRO DE LA QUESTION	BONNE RÉPONSE	VOS POINTS DE BASE
LIGHTNING		
1.	2	________
2.	3	________
3.	1	________
4.	2	________
5.	4	________
6.	4	________
7.	3	________
8.	1	________
9.	3	________
10.	1	________
11.	2	________
12.	3	________
13.	3	________

Pour la question 14, inscrivez 2 si vous avez choisi les trois bonnes réponses. Inscrivez 1 si vous avez donné deux bonnes réponses.

	2, 3, 6	________
TOTAL:		________

Vous trouverez ci-après un tableau qui convertit les réponses de la partie compréhension écrite en barème de notation pour la même partie du test *TOEFL iBT*®. Prenez le total des points de votre tableau de réponses et retrouvez ce nombre dans la colonne de gauche du tableau. La colonne de droite du tableau vous donne une fourchette de notation de la partie compréhension écrite du test *TOEFL iBT*® pour chaque nombre de points obtenus. Par exemple, si le total des points de votre corrigé est 26, le tableau indique une fourchette de score de 17.

Votre estimation de score doit être uniquement utilisée à titre indicatif. Votre score réel au test *TOEFL iBT*® pourra être plus ou moins élévé que celui de votre version d'entraînement.

Compréhension écrite

TOTAL DES POINTS DE BASE	FOURCHETTE DE NOTATION	TOTAL DES POINTS DE BASE	FOURCHETTE DE NOTATION
45	30	22	13
44	29	21	11
43	29	20	10
42	29	19	9
41	29	18	8
40	28	17	7
39	28	16	5
38	27	15	4
37	27	14	3
36	26	13	2
35	25	12	2
34	25	11	1
33	24	10	1
32	23	9	0
31	22	8	0
30	21	7	0
29	20	6	0
28	19	5	0

27	18	4	0
26	17	3	0
25	16	2	0
24	15	1	0
23	14	0	0

Explication des réponses

Industrialization in the Netherlands and Scandinavia

1. ❷ C'est une question de déduction, car on peut déduire les informations qui se trouvent dans le paragraphe 1. La réponse 2 est le bon choix. La première phrase du paragraphe explique que l'Angleterre et l'Allemagne se sont industrialisées tôt, tandis que la phrase 3 indique que la raison principale pour laquelle les Pays-Bas et les pays scandinaves se sont industrialisés plus tard était la pénurie de charbon. De ces deux informations, les lecteurs peuvent déduire que le charbon était essentiel pour l'industrialisation précoce, et que l'Angleterre et l'Allemagne avaient donc du charbon.

   Alors que le paragraphe dit que l'Angleterre et l'Allemagne « *began to industrialize in the eighteenth century* », cela ne signifie pas que le processus industriel était complet au début du XIXe siècle. Le choix 3 est incorrect car ce paragraphe explique le contraire : « *All four of these countries lagged considerably behind in the early nineteenth century.* » Bien que le paragraphe indique que les Pays-Bas et la Scandinavie ont finalement réussi à s'industrialiser, les raisons de leur succès sont évidentes. Différentes de celles qui ont conduit à l'industrialisation en Angleterre et en Allemagne, ces dernières se sont industrialisées parce qu'elles avaient du charbon. Les raisons du succès industriel des Pays-Bas et des pays scandinaves sont expliquées dans le reste du passage.

2. ❹ C'est une question de déduction, car elle demande des informations qui se trouvent dans le paragraphe 2. La bonne réponse est donc le choix 4. Le fait que tous les pays se soient industrialisés à peu près au même moment alors que les densités de population de ces pays-là « *varied greatly* », la densité de population n'était pas un facteur déterminant dans leur industrialisation. Si la densité de population avait été importante, il y aurait eu un lien entre la densité de population et l'industrialisation. Par exemple, des pays plus densément peuplés auraient pu s'industrialiser plus rapidement ou plus complètement que d'autres, pourtant rien n'est mentionné à cet effet dans le passage. L'absence d'un argument allant dans ce sens explique pourquoi les choix 1 et 2 sont erronés. Puisqu'il n'y a pas de corrélation faite entre la densité de population et l'industrialisation, l'idée que la population et le taux de croissance sont plus importants pour l'industrialisation que la densité de population est claire. De même, il n'y a aucune information dans le paragraphe qui

soutient l'idée que la densité de la population importait davantage aux premiers stades de l'industrialisation qu'aux phases ultérieures. Le seul choix légitime avance que la densité de population importe peu, voire pas du tout.

3. ❹ C'est une question d'information factuelle qui demande des informations précises qui se trouvent dans les paragraphes 2 et 3. La réponse correcte est le choix 4. La première phrase du paragraphe 3 explique que les Pays-Bas et les pays scandinaves ont été «*advantaged*» en raison du taux de lettrisme: «*large percentages of their populations who could read and write*». Cela fait que le choix 4 est la bonne réponse.

   La phrase 1 du paragraphe 2 indique que les Pays-Bas et les pays scandinaves étaient moins peuplés, mais rien n'indique que la population ait contribué au succès économique de ces pays, donc le choix 1 est faux. Il ne répond pas précisément à la question posée. Dans les faits, le choix 2 est incorrect car la phrase 3 du paragraphe 2 indique que les Pays-Bas et les pays scandinaves ont connu une croissance démographique modérée («*moderate*») et non une croissance rapide. La phrase 1 du paragraphe 2 fait mention du capital humain, à savoir la population des Pays-Bas et des pays scandinaves. Cependant, cette population est faible et, comme expliqué précédemment, rien n'indique qu'une population faible favorise le succès économique. Le capital, dans le sens de l'argent disponible pour l'investissement économique, n'est mentionné dans aucun des paragraphes. Pour toutes ces raisons, le choix 3 est incorrect.

4. ❶ C'est une question de vocabulaire. Le mot testé est «*exceptional*». Il est surligné dans le passage. La bonne réponse est le choix 1, «*extraordinary*». Le mot «*exceptional*» indique qu'une chose est inhabituelle, mais de façon positive, donc le choix 1 est la meilleure réponse.

5. ❶ C'est une question de vocabulaire. Le mot testé est «*abolished*». Il est surligné dans le passage. La bonne réponse est le choix 1, «*ended*». Abolir une pratique, c'est l'arrêter, donc le choix 1 est la meilleure réponse.

6. ❹ C'est une question d'information factuelle négative qui nécessite des informations particulières figurant dans le paragraphe 4. La bonne réponse est le choix 4. Le paragraphe 4 indique divers avantages commerciaux qu'ont les Pays-Bas et les pays scandinaves en raison de leur localisation géographique. Il n'y a aucune mention d'activité militaire, le choix 4 est donc correct.

   La deuxième phrase du paragraphe 4 indique que le «*transport*» était «*cheap*», ce qui prouve l'exactitude du choix 1. La même phrase indique que les Pays-Bas et les pays scandinaves avaient un «*immediate access to the sea*» ainsi qu'à la pisciculture, donc le choix 2 est correct; le fait que tous ces pays avaient une «*shipbuilding industry*» soutient la réponse 3. Ainsi, le seul choix inexact est la réponse 4.

7. ❸ C'est une question de vocabulaire. Le mot testé est «*progressive*». Il est surligné dans le passage. La bonne réponse est le choix 3, «*increasing*». Une des

significations de «*progressive*» est «de plus en plus», ce qui est la raison pour laquelle «*increasing*» est le meilleur choix.

8. ❷ C'est une question à but rhétorique. Elle demande aux candidats pourquoi l'auteur a inclus l'information selon laquelle «*a protectionist movement developed in Sweden*». La bonne réponse est le choix 2. La phrase 4 du paragraphe indique que les Pays-Bas et les pays scandinaves ont généralement des politiques qui encouragent les échanges commerciaux. Cependant, la montée d'un «*protectionist movement*» n'est pas favorable au commerce, ce qui est signifié par l'emploi du mot «*though*». Ainsi, le choix 2 est la meilleure réponse.

   Le choix 1 est réfuté par ce paragraphe: l'émergence d'un «*protectionist movement*» constituait un obstacle au commerce et non une affirmation selon laquelle il n'y avait pas d'obstacles importants. Le choix 3 est inexact dans les faits: aucune information n'indique que la Suède a été plus lente à s'industrialiser que les autres pays. Le choix 4 est erroné pour la même raison: des réformes agricoles sont mentionnées, mais il n'y a pas de discussion sur ce qui fait que ces réformes se sont produites rapidement.

9. ❷ C'est une question d'information factuelle négative. La question demande des informations particulières qui se trouvent dans le paragraphe 5. Le choix 2 est la bonne réponse car il est réfuté dans ce paragraphe. La troisième phrase du paragraphe indique que les gouvernements des Pays-Bas et des pays scandinaves n'ont PAS entamé de grands projets d'État, ce qui fait que le choix 2 est erroné.

   La phrase 4 indique que les Pays-Bas et les pays scandinaves avaient peu ou pas d'obstacles au commerce («*had few or low barriers to trade*»), ce qui prouve que le choix 1 est la bonne réponse; la phrase 3 explique que ces pays manquaient de «*notable corruption*», ce qui signifie que le choix 3 est exact; la phrase 2 indique que «*the nineteenth century pased peacefully for these countries*», indiquant que le choix 4 est correct.

10. ❷ Cela est une question de simplification de phrase. Comme pour toutes les questions de ce type, une seule phrase du passage est surlignée:

    > The key factor in the success of these countries (along with high literacy, which contributed to it) was their ability to adapt to the international division of labor determined by the early industrializers and to stake out areas of specialization in international markets for which they were especially well suited.

    La bonne réponse est le choix 2. Le choix 2 résume avec précision les informations essentielles dans la phrase indiquée. La phrase surlignée explique que le succès des Pays-Bas et des pays scandinaves était dû à leur capacité à se spécialiser («*stake out areas of specialization*») sur le marché international qui était déjà établi («*the international division of labor determined by early industrializers*»), ce qui représente une adaptation rendue possible grâce aux taux de lettrisme élevés dans ces pays.

Le choix 1 change la signification de la phrase surlignée en disant que les premiers pays industrialisés, ni les Pays-Bas, ni les pays scandinaves, ont créé de nouveaux domaines de spécialisation.

Le choix 3 change la signification de la phrase surlignée en constatant que les Pays-Bas et les pays scandinaves ont contrôlé les marchés internationaux et ont modifié la division du travail. Ils n'ont fait ni l'un, ni l'autre.

Le choix 4 modifie le sens de la phrase surlignée en faisant valoir que la division du travail établie par les premiers pays ayant entraîné l'industrialisation convenait bien aux Pays-Bas et aux pays scandinaves. La phrase testée omet l'information selon laquelle ces pays ont réussi à développer des spécialisations, et que celles-ci se trouvaient dans les domaines déjà bien établis aux Pays-Bas et dans les pays scandinaves. Cela signifie que certains domaines n'étaient pas bien, ou moins bien adaptés.

11. ❶ C'est une question d'information factuelle. Elle demande des informations particulières qui se trouvent dans le paragraphe 6. La réponse correcte est le choix 1. Le choix 1 signifie la même chose que la phrase 2 selon laquelle le commerce international «*had notorious fluctuations*». Le choix 2, qui dit que les produits agricoles étaient mal adaptés aux marchés internationaux, est contredit par l'information selon laquelle le Danemark a exporté 80 % de son beurre. Le choix 3 est incorrect car rien n'indique que le contrôle des marchés internationaux par les premiers pays ayant entraîné l'industrialisation ait été un «*major problem*», donc ce choix-là ne répond pas à la question posée. Le choix 4 est incorrect car l'idée qu'une forte dépendance sur les marchés internationaux a conduit à une croissance plus lente n'est pas exprimée dans le passage.

12. ❸ C'est une question d'information factuelle. Cette question demande des informations particulières qui se trouvent dans le paragraphe 6. La réponse correcte est le choix 3. La phrase 2 dit «*great dependence on international commerce... meant high returns to those... well placed in times of prosperity*», ce qui correspond au choix 3. «*National income*» est mentionné par rapport au montant des revenus en Suède sur l'exportation de beurre, mais il n'y a pas de discussion sur le revenu national qui est «*steadily rising*», donc le choix 1 est incorrect. Le choix 2 est réfuté dans ce paragraphe. La première phrase explique qu'une forte implication sur les marchés internationaux pose un problème en raison des fluctuations du marché. Cela suggère qu'une forte implication n'est pas un bon moyen de maîtriser ces fluctuations. Le choix 4 est erroné parce qu'il n'y a pas de discussion sur la façon dont une forte implication dans les marchés internationaux pourrait affecter les importations d'un pays.

13. ❸ Cela est une question d'insertion de texte. Vous pouvez voir les quatre choix de réponses possibles au paragraphe 1.

While some European countries, such as England and Germany, began to industrialize in the eighteenth century, the Netherlands and the Scandinavian countries of Denmark, Norway, and Sweden developed later. **(1)** All four of these countries lagged considerably behind in the early nineteenth century. **(2)** However, they industrialized rapidly in the second half of the century, especially in the last two or three decades. **(3)** In view of their later start and their lack of coal—undoubtedly the main reason they were not among the early industrializers—it is important to understand the sources of their success. **(4)** All had small populations.

La phrase suivante doit être insérée à l'endroit indiqué par le choix **(3)** : « *During this period, Sweden had the highest rate of growth per capita of any country in Europe, and Denmark was second* ». Le choix **(3)** est la bonne réponse car à cet emplacement, la phrase « *During this period* » possède un référent grammatical clair et logique (« *the last two or three decades* ») d'une part, et d'autre part parce que l'information sur le taux de croissance impressionnant de la Suède et du Danemark est une élaboration logique du commentaire de la phrase précédente selon lequel les Pays-Bas et les pays scandinaves « *industrialized rapidly in the second half of the century.* »

Le premier choix **(1)** est incorrect parce que lorsqu'il est placé à cet endroit, l'expression « *During this period* » ferait référence au dix-huitième siècle, ce qui n'aurait aucun sens. La première phrase dit que les Pays-Bas et les pays scandinaves se sont développés après le XVIIIe siècle. Le choix **(2)** est faux pour une raison similaire : à cet endroit, l'expression « *During this period* » ferait référence au début du dix-neuvième siècle. La phrase 2 indique que les économies des Pays-Bas et des pays scandinaves au début du XIXe siècle « *lagged considerably behind* », ce qui contredit la phrase à insérer sur la croissance impressionnante des économies suédoise et danoise. La phrase à insérer est illogique à l'endroit du choix **(4)** car celui-ci introduit un nouveau sujet – les sources (causes) de la réussite des économies des Pays-Bas et des pays scandinaves –, et la phrase à insérer ne contient aucune information sur les causes du succès.

14. ❷ ❹ ❺ C'est une question récapitulative. Elle est traitée correctement ci-dessous. Les réponses correctes sont 2, 4 et 5. Les choix 1, 3 et 6 sont donc incorrects.

Although the Netherlands and Scandinavia began to industrialize relatively late, they did so very successfully.

- Thanks to their ready access to the sea, these countries enjoyed advantages in mercantile shipping, fishing, and shipbuilding.
- These countries were helped by the fact that their governments were relatively stable and honest and had polices that generally encouraged rather than blocked trade.
- These countries were successful primarily because their high literacy rates helped them fill specialized market niches.

Answer Choices

1. Although these countries all started with small, uneducated populations, industrialization led to significant population growth and higher literacy rates.
2. Thanks to their ready access to the sea, these countries enjoyed advantages in mercantile shipping, fishing, and shipbuilding.
3. Because they all had good harbors for steamships, these countries started with an important advantage in the competition for transit trade.
4. These countries were helped by the fact that their governments were relatively stable and honest and had polices that generally encouraged rather than blocked trade.
5. These countries were successful primarily because their high literacy rates helped them fill specialized market niches.
6. Because they were never fully dependent on international commerce, these countries were able to survive notorious fluctuations in international markets.

Bonnes réponses

Choix 2 : « *Thanks to their ready access to the sea, these countries enjoyed advantages in mercantile shipping, fishing, and shipbuilding.* » Cette déclaration résume les informations du paragraphe 4 en expliquant que la localisation de ces pays créait des opportunités économiques pour la pêche et construction navale. C'est la première des trois « *sources* » auxquelles on fait référence dans le passage portant sur « *success in industrialization* ».

Choix 4 : « *These countries were helped by the fact that their governments were relatively stable and had policies that generally encouraged rather than blocked trade.* » Ce choix résume les informations du paragraphe 5 qui affirment qu'un gouvernement pacifique et relativement non corrompu avec une politique favorable au commerce était un moteur puissant pour l'industrialisation d'un pays.

Choix 5 : « *These countries were successful primarily because their high literacy rates helped them fill specialized market niches.* » Ce choix résume les informations du paragraphe 6 qui expliquent que les pays ayant réussi économiquement pouvaient se spécialiser dans certains domaines des marchés internationaux grâce à leurs taux d'alphabétisation élevés.

Mauvaises réponses

Choix 1 : « *Although these countries all started with small, uneducated populations, industrialization led to significant population growth and higher literacy rates* ». Il est faux de dire que les pays ont commencé avec des populations « *uneducated* ». Ce choix est donc incorrect.

Choix 3 : « *Because they all had good harbors for steamships, these countries started with an important advantage in the competition for transit trade* ». Au début, les Pays-Bas n'avaient pas de ports adaptés aux navires à vapeur (paragraphe 4, phrase 4), alors il est faux de dire que « *all* », tous les pays, ont commencé avec « *started with* » cet avantage en particulier. Une autre raison pour laquelle ce choix est incorrect, c'est qu'il est trop ciblé. Le passage traite la question du transport maritime, mais dans un contexte plus large portant sur la situation géographique avantageuse de certains pays. Cette question plus large représente une idée principale, ce que le transport maritime n'est pas.

Choix 6 : « *Because they were never fully dependent on international commerce, these countries were able to survive notorious fluctuations in international markets* ». Ce passage n'indique pas clairement la véracité de cette affirmation, car il n'y a pas de discussion dans le passage des raisons pour lesquelles les économies de ces pays ont survécu aux fluctuations du marché. Par conséquent, cette déclaration ne pourrait pas être une idée principale.

The Mystery of Yawning

1. ❷ C'est une question de simplification de phrase. Comme pour toutes les questions de ce type, une seule phrase est surlignée dans le passage :

> According to conventional theory, yawning takes place when people are bored or sleepy and serves the function of increasing alertness by reversing, through deeper breathing, the drop in blood oxygen levels that are caused by the shallow breathing that accompanies lack of sleep or boredom.

La bonne réponse est le choix 2. Le choix 2 contient toutes les informations essentielles dans la phrase surlignée, et exprime correctement le lien entre diverses informations essentielles : le point de vue conventionnel est exprimé, c'est-à-dire que les gens bâillent quand ils s'ennuient ou sont fatigués. La conception conventionnelle de la raison pour laquelle le bâillement se produit est que celui-ci rend plus vigilant, et la conception conventionnelle de la raison pour laquelle le bâillement rend plus vigilant est qu'il augmente le niveau d'oxygène dans le sang.

Le choix 1 change la signification de la phrase surlignée en indiquant de manière incorrecte que le bâillement est suivi d'une diminution du niveau d'oxygène dans le sang. Elle comprend des informations correctes mais inutiles, telles qu'un faible taux d'oxygène dans le sang est dû à la respiration superficielle.

Le choix 3 est incorrect parce qu'il ne tient pas compte des explications de la théorie conventionnelle sur les raisons pour lesquelles les gens bâillent et comment le bâillement augmente leur vigilance. Le choix 4 exclut également les informations essentielles sur les raisons pour lesquelles les gens bâillent et parle plutôt d'éviter de bâiller, une question qui n'est pas soulevée dans la phrase surlignée.

2. ❶ C'est une question d'information factuelle. Elle demande des informations particulières qui se trouvent dans le paragraphe 1. Le choix 1 est la bonne

réponse, « *There is no scientific evidence linking yawning with tiredness* ». Le choix 1 est soutenu par la phrase 2, qui indique que les chercheurs ont « *failed to find any connection* » entre le bâillement et la fatigue. Les choix 2, 3 et 4 sont faux pour la même raison. Puisqu'il n'y a aucune preuve qui lie les bâillements à la fatigue, il est absurde de parler de preuves pour que la théorie soit « *wide-ranging* » (choix 2), « *reliable* » (choix 3) ou même « *questionable* » (choix 4). Le choix 4 peut sembler juste car il est négatif, mais il est faux pour deux raisons. La théorie selon laquelle le bâillement est causé par la fatigue est discutable, pas la preuve inexistante pour la théorie. De plus, il n'y a aucune raison de s'attendre à ce que le comportement des adultes diffère de celui des enfants si le bâillement dans les deux cas est causé par la même chose, à savoir la fatigue.

3. ❶ C'est une question de vocabulaire. Le mot testé est « *flaw* ». Il est surligné dans le passage. Le choix correct est 1, « *fault* ». Un défaut « *flaw* » est une imperfection ou une faiblesse, ce qui fait que « *fault* » est le meilleur choix.

4. ❸ C'est une question à but rhétorique. Elle demande pourquoi l'auteur a fait une comparaison entre les changements physiologiques qui se produisent lorsque les gens bâillent, lorsqu'ils s'ouvrent simplement la bouche et lorsqu'ils respirent profondément. Le choix 3 est la bonne réponse, « *To argue against the hypothesis that yawning provides a special way to improve alertness or raise physiological activity* ». Le paragraphe indique que les trois activités – bâiller, ouvrir la bouche et respirer profondément – entraînent les mêmes changements physiologiques. Ce résultat est contradictoire en raison des attentes avancées par la théorie : que le bâillement est causé par la fatigue. Si cette théorie était vraie, le bâillement devrait provoquer des changements physiologiques différents ou plus intenses que les autres activités. Ainsi la comparaison faite entre le bâillement et les autres activités a été mentionnée pour montrer que cette théorie sur la fatigue est fausse.

   Le choix 1 dit que cette comparaison soutient la théorie sur la fatigue, ce qui est incorrect. Le choix 2 est également incorrect. Dans l'argument contre la théorie sur la fatigue telle qu'elle est présentée dans le paragraphe, la fiabilité des différentes données récoltées est supposée. Il n'y a aucune déclaration dans le paragraphe que l'ouverture de la bouche, ou que la respiration affecte profondément le niveau d'oxygène dans le sang, Donc le choix 4 ne peut pas être une explication de la raison pour laquelle l'auteur a mentionné la comparaison dans la discussion.

5. ❹ C'est une question de vocabulaire. Le mot testé est « *triggered* ». Il est surligné dans le passage. La bonne réponse est le choix 4, « *caused* ». Une « *trigger* » (gâchette) est un levier sur un pistolet qui provoque l'action de celui-ci lorsqu'on la tire. En tant que verbe, « *trigger* » signifie activer, ou provoquer le déclenchement de quelque chose.

6. ❷ Cela est une question d'information factuelle négative. Elle demande des informations particulières qui se trouvent dans le paragraphe 2. La bonne réponse est le choix 2, « *Does thinking about yawning increase yawning over not*

thinking about yawning?» Dans une expérience décrite dans ce paragraphe, on a dit aux participants de penser aux bâillements en respirant différents types d'air (*« normal air, pure oxygen, or air with above-normal levels of carbon dioxide»*), mais cette expérience a mesuré si les différents types d'air avaient un effet sur la fréquence des bâillements – elle n'a pas mesuré si le seul fait de penser aux bâillements modifie la fréquence des bâillements, donc il n'y a pas de réponse à l'endroit du choix 2 dans ce paragraphe. On a la réponse du choix 1 dans la phrase 2 : les bâillements entraînent une légère hausse d'activité physiologique. On a la réponse du choix 3 dans les phrases 7 et 8 : la quantité de dioxyde de carbone et d'oxygène dans l'air qu'on respire n'a aucun effet sur la fréquence des bâillements. On a la réponse du choix 4 dans la phrase 9 : « *doubling* », le rythme respiratoire, n'a aucun effet sur les bâillements.

7. ❸ C'est une question de vocabulaire. Le mot testé est «*periodically*». Il est surligné dans le passage. La bonne réponse est le choix 3, «*regularly*». Le mot «*period*» signifie une durée définie dans le sens chronologique. Faire une activité de manière périodique («*periodically*») consiste à la faire à des intervalles définis ou réguliers. Les périodiques («*periodicals*») sont des magazines ou d'autres publications qui publient de nouveaux numéros à intervalles réguliers, par exemple, au début de chaque mois.

8. ❹ C'est une question d'information factuelle. Elle demande des informations particulières qui se trouvent dans paragraphe 3. La bonne réponse est le choix 4, « *It removes a potentially harmful fluid from the lungs* ». Les phrases 3 et 4 expliquent que les fœtus possèdent un liquide dans leurs poumons qui doit être sécrété (« *released* ») et que des déformations pulmonaires peuvent se produire si ce liquide n'est pas évacué. Une théorie du développement est que les fœtus bâillent et hoquètent pour évacuer de leurs poumons ce liquide nuisible. Le choix 1 est incorrect parce que la théorie du développement considère que les bâillements et les hoquets ont la même fonction : éliminer des liquides nuisibles aux poumons. Bien que la phrase 5 indique que l'élimination des poumons de ce liquide est censée réduire la pression dans les poumons, il n'y a pas de discussion sur les poumons qui exercent une pression sur d'autres organes, donc le choix 2 est faux. La phrase 4 parle de l'empêchement de l'évacuation d'un liquide des poumons d'un fœtus qui est source de « *blockages* » (blocages), mais il n'y a pas de discussion sur le liquide amniotique dans les poumons. La phrase 3 indique que le liquide provenant des poumons d'un fœtus se mélange au liquide amniotique de sa mère, mais que ce mélange se produit après que le fœtus a sécrété (« *released* ») son liquide pulmonaire, et non à l'intérieur des poumons du fœtus. Ainsi, le choix 3 est incorrect.

9. ❸ C'est une question de déduction. Elle demande des informations qui peuvent être extrapolées à partir du paragraphe 3. La bonne réponse est le choix 3, « *The theory is questionable because it does not explain why people continue to have a behavior after the behavior becomes useless and inconvenient* ». Dans la phrase 8,

l'auteur exprime des doutes sur la théorie du développement parce qu'elle évite d'identifier un but biologique pour bâiller à l'âge adulte. L'auteur développe l'idée que le bâillement doit avoir une fonction biologique chez l'adulte, car il « *is distracting, consumes energy, and takes time* » (phrase 9). L'implication de ces commentaires est que la théorie est discutable parce que les organismes ne dépensent pas d'effort, d'énergie et de temps dans des activités qui n'ont aucun but biologique. Le choix 3 résume cette idée. Le choix 1 est incorrect : la théorie du développement n'explique pas le bâillement selon une perspective darwinienne (la perspective darwinienne suppose que les comportements remplissent une fonction utile). L'auteur critique la théorie de ne pas avoir pris en compte ce fait. Le choix 2 est également incorrect. La théorie du développement n'est pas satisfaisante, mais pas parce qu'elle n'explique pas le développement des déformations pulmonaires chez les fœtus – en effet, la théorie explique ce phénomène en l'attribuant aux blocages qui empêchent les fœtus d'évacuer leur fluide pulmonaire. Le choix 4 est également incorrect. Le passage critique la théorie du développement pour ne pas avoir démontré la fonction biologique du bâillement chez l'adulte, et non pour avoir manqué à identifier toutes les étapes de l'évolution du bâillement.

10. ❹ C'est une question de vocabulaire. Le mot testé est « *empirical* ». Il est surligné dans le passage. La bonne réponse est le choix 4, « *based on observation* » Quelque chose est empirique quand il est basé sur l'expérience ou l'observation plutôt que sur la théorie.

11. ❶ C'est une question de déduction. Elle demande des informations qui peuvent se déduire du paragraphe 4. La bonne réponse est le choix 1, « *Yawning is associated with an expectation of increased physical activity* ». Cette réponse est confirmée par la phrase 4 : « *The data showed that yawning tended to occur about 15 minutes before a period of increased behavioral activity* ». Dans l'expérience qui a donné ce résultat, on a demandé aux participants d'enregistrer leurs bâillements, mais l'expérience n'indiquait pas que les gens baillaient plus souvent quand ils enregistraient leurs bâillements que quand ils ne le faisaient pas. Donc, le choix 2 est faux. Le choix 3 donne également une fausse idée de l'information dans le paragraphe. Selon la phrase 4, les gens bâillaient 15 minutes avant que leur niveau d'activité augmente, 15 minutes avant d'être fatigués « *tired or bored* ». Participer aux activités mentionnées dans la phrase 7 peut sembler physiquement ou mentalement stressant : combats militaires, spectacles musicaux, compétitions sportives... mais il n'y a aucune suggestion que ces activités provoquent le bâillement. Selon la phrase 6, on sait que les gens bâillent pendant qu'ils se préparent à participer à de telles activités, ce qui signifie qu'ils bâillent avant de commencer ces activités. Si le bâillement était provoqué par la participation à de telles activités, les gens bâilleraient pendant ou après, pas avant. Ainsi, le choix 4 est incorrect.

12. ❸ C'est une question à but rhétorique. On vous demande pourquoi l'auteur mentionne « *soldiers yawning before combat, musicians yawning before*

performing, and athletes yawning before competing». La réponse correcte est le choix 3 : «*To support the view that yawning helps prepare a person for mental or physical activity*». Les activités mentionnées sont des formes de preuves anecdotiques («*anecdotal evidence*») qui soutiennent l'idée que les gens bâillent quand ils se préparent «*for impending mental and physical activity*» (phrase 5). Le choix 1 est incorrect car il n'y a aucune indication dans le paragraphe que l'attente d'une activité physique puisse rendre les gens fatigués. Le choix 2 est également incorrect. Comme le paragraphe l'indique dans les phrases 4 et 8, l'opinion selon laquelle les gens baillent parce qu'ils sont fatigués est incorrecte. Ainsi, il est absurde de dire que cette perspective erronée est capable d'expliquer un phénomène. Comme cela a été évoqué dans la discussion du point 11, les activités mentionnées dans la phrase surlignée sont des formes de preuves anecdotiques, mais ces preuves sont compatibles, et non en conflit, avec l'expérience des participants. Les deux suggèrent que les gens baillent en préparation d'une activité physique accrue, donc le choix 4 est incorrect.

13. ❸ C'est une question à insertion de texte. Vous pouvez voir les quatre choix de réponses possibles dans le paragraphe 2.

Another flaw of the tiredness theory is that yawning does not raise alertness or physiological activity, as the theory would predict. When researchers measured the heart rate, muscle tension and skin conductance of people before, during and after yawning, they did detect some changes in skin conductance following yawning, indicating a slight increase in physiological activity. However, similar changes occurred when the subjects were asked simply to open their mouths or to breathe deeply. Yawning did nothing special to their state of physiological activity. Experiments have also cast serious doubt on the belief that yawning is triggered by a drop in blood oxygen or a rise in blood carbon dioxide. **(1)** Volunteers were told to think about yawning while they breathed either normal air, pure oxygen, or an air mixture with an above-normal level of carbon dioxide. **(2)** If the theory was correct, breathing air with extra carbon dioxide should have triggered yawning, while breathing pure oxygen should have suppressed yawning. **(3)** In fact, neither condi- tion made any difference to the frequency of yawning, which remained constant at about 24 yawns per hour. **(4)** Another experiment demonstrated that physical exercise, which was sufficiently vigorous to double the rate of breathing, had no effect on the frequency of yawning. Again, the implication is that yawning has little or nothing to do with oxygen.

La phrase «*This, however, was not the case*», doit être insérée à l'endroit du choix **(3)**. Le choix **(3)** est la meilleure réponse parce que la phrase indique que quelque chose ne s'était pas produit ou n'était pas vrai. La seule chose qui est mentionnée dans la zone de recherche qui ne s'est pas produite était une augmentation dans la fréquence des bâillements lorsque du dioxyde de carbone était inspiré, ainsi qu'un ralentissement du bâillement lorsque de l'oxygène pur était respiré. Par conséquent, seul le choix **(3)** est juste.

14. ❷ ❸ ❻ C'est une question récapitulative. La bonne solution se trouve ci-dessous. Les bonnes réponses sont les choix 2, 3 et 6. Les choix 1, 4 et 5 sont donc incorrects.

Directions: An introductory sentence for a brief summary of the passage is provided below. Complete the summary by selecting the THREE answer choices that express the most important ideas in the passage. Some sentences do not belong in the summary because they express ideas that are not presented in the passage or are minor ideas in the passage. **This question is worth 2 points.**

The tiredness theory of yawning does not seem to explain why yawning occurs.

- Evidence has shown that yawning is almost completely unrelated to the amount of oxygen in the blood and is unrelated to sleep behavior.
- Some have proposed that yawning plays a role in the development of the lungs before birth, but it seems unlikely that yawning serves no purpose in adults.
- There is some evidence that suggests that yawning prepares the body and mind for a change in activity level.

Answer Choices

1. Although earlier scientific studies strongly supported the tiredness theory, new evidence has cast doubt on these findings.
2. Evidence has shown that yawning is almost completely unrelated to the amount of oxygen in the blood and is unrelated to sleep behavior.
3. Some have proposed that yawning plays a role in the development of the lungs before birth, but it seems unlikely that yawning serves no purpose in adults.
4. Fluids in the lungs of the fetus prevent yawning from occurring, which disproves the development theory of yawning.
5. New studies, along with anecdotal evidence, have shown that the frequency of yawning increases during extended periods of inactivity.
6. There is some evidence that suggests that yawning prepares the body and mind for a change in activity level.

Bonnes réponses

Le choix 2, «*Evidence has shown that yawning is almost completely unrelated to the amount of oxygen in the blood and is unrelated to sleep behavior*», résume correctement les raisons présentées dans les paragraphes 1 et 2 qui rejettent la théorie de la fatigue. Ainsi, cela représente une des idées principales du passage qui doit être mentionnée dans le résumé de celui-ci.

Le choix 3, «*Some have proposed that yawning plays a role in the development of the lungs before birth, but it seems unlikely that yawning serves no purpose in adults*» résume correctement la discussion dans le paragraphe 3 de la théorie du développement du bâillement et pourquoi elle est probablement inexacte : elle n'explique pas pourquoi un comportement qui ne sert à rien et qui prend du temps et de l'énergie continue jusqu'à l'âge adulte.

Le choix 6, « *There is some evidence that suggests that yawning prepares the body and mind for a change in activity level* », résume correctement le dernier paragraphe, qui présente des preuves expérimentales et anecdotiques que le bâillement précède l'augmentation des niveaux d'activité.

Réponses incorrectes

Choix 1 : « *Although earlier scientific studies strongly supported the tiredness theory, new evidence has cast doubt on these findings* ». Dans les faits, ce choix est incorrect. On peut déduire des informations du paragraphe 1 que « *the few scientific investigations of yawning have failed to find any connection* » entre bâillements et fatigue, qu'il n'y a jamais eu d'études scientifiques soutenant la théorie de la fatigue. Le paragraphe 2 traite en détail des preuves contre la théorie de la fatigue. Cette preuve contre la théorie de la fatigue n'est pas contestée dans le passage. Pour ces raisons, le choix 1 est incorrect.

Choix 4 : « *Fluids in the lungs of the fetus prevent yawning from occurring, which disproves the development theory of yawning* ». Ce choix est également incorrect dans les faits. Le paragraphe 3 explique que les fœtus ont un liquide dans les poumons, mais selon la théorie du développement, un bâillement est effectué pour éliminer ce liquide qui nuit aux poumons, et non pour empêcher les bâillements à l'aide du liquide dans les poumons.

Choix 5 : « *New studies, along with anecdotal evidence, have shown that the frequency of yawning increases during extended periods of inactivity* ». Ce choix est également incorrect dans les faits. Le paragraphe 4 explique que le bâillement a été observé avant une augmentation de l'activité physique pour pouvoir s'y préparer. Il ne défend pas l'idée que la fréquence des bâillements augmente pendant de longues périodes d'inactivité.

Lightning

1. ❷ Cela est une question d'information factuelle négative. Elle demande des informations particulières qui se trouvent dans le paragraphe 1. La bonne réponse est le choix 2, « *an increase in negatively charged particles over positively charged particles* ». Il n'y a aucune indication dans ce paragraphe que des particules positives sont présentes lorsque la foudre se développe, faisant du choix 2 le seul choix non justifié par ce paragraphe, et donc la bonne réponse. Le choix 1 est justifié par la phrase 2, qui indique que la foudre se produit lorsque l'« *attractive tension* » devient importante entre « *a region of negatively charged particles and a region of positively charged particles* ». Le choix 3 est justifié par les informations dans la phrase 2, selon lesquelles la foudre se produit lorsque les

particules négatives et positives se rencontrent. Le choix 4 est justifié par dans la phrase 1, qui dit que la foudre est un «*flash of light produced by an electrical discharge*».

2. ❸ C'est une question de vocabulaire. Le mot testé est «*tremendous*». Il est surligné dans le passage. La bonne réponse est le choix 3, «*huge*». Une des significations de «*tremendous*» est «très grand», ce qui fait que le choix 3 est correct.

3. Il s'agit d'une question d'information factuelle. La question demande des informations précises qui se trouvent dans le paragraphe 2. La réponse correcte est le choix 1, «*Collisions with ice pellets*». Les phrases 4 à 7 expliquent comment les cristaux de glace obtiennent une charge positive: du grésil tombe au centre du nuage où ils entrent en collision avec des cristaux de glace, ce qui fait que les cristaux de glace se chargent positivement et que le grésil se charge négativement. Le choix 2 est incorrect car il n'y a aucune information dans le passage selon lesquelles des cristaux de glace chargés positivement et négativement entrent en collision à la base du nuage (ou ailleurs). Selon la phrase 8, le grésil chargé négativement – et non les cristaux de glace chargés négativement – est concentré au centre d'un nuage d'orage, ce qui fait que le choix 3 est erroné. Selon la dernière phrase du paragraphe, les températures à la base du nuage sont supérieures à –15 °C, mais ces températures ne sont pas liées au fait que les cristaux de glace se chargent positivement, un processus qui se produit au milieu du nuage. Donc le choix 4 est incorrect.

4. ❷ C'est une question de vocabulaire. Le mot testé est «*acquire*». Il est surligné dans le passage. La bonne réponse est le choix 2, «*obtain*». Acquérir quelque chose signifie arriver à avoir ou à posséder une chose, ce qui fait que «*obtain*» est le meilleur choix.

5. ❹ Cela est une question d'information factuelle. Elle demande des informations particulières qui se trouvent dans le paragraphe 2. La bonne réponse est le choix 4, «*Temperatures in the lower part of the cloud are warmer than –15°C*». La dernière phrase du paragraphe explique pourquoi du grésil chargé positivement se crée à la base d'un nuage d'orage. Dans cette partie du nuage, les températures sont plus chaudes que –15 °C («*warmer than –15°C*»), et qu'à de telles températures, «*collisions between ice crystals and ice pellets produce positively charged ice pellets*». Il n'y a aucune indication que le nombre de collisions entre les cristaux de glace et le grésil augmente dans la partie inférieure du nuage, ce qui fait que le choix 1 est incorrect. S'il est vrai que la région inférieure du nuage est plus petite que la région du milieu, cette différence de taille est simplement mentionnée comme un fait et non comme une raison pour laquelle le grésil est chargé positivement dans la région inférieure. Ainsi, le choix 2 est incorrect. Il n'y a pas de comparaison dans ce paragraphe entre le nombre de cristaux de glace et le nombre de grésil se trouvant dans la partie inférieure du nuage. Donc le choix 3 est également incorrect.

6. ❹ C'est une question d'information factuelle négative. Cette question demande des informations particulières qui se trouvent dans le paragraphe 2. Le bon choix est la réponse 4, « *the development of a positive charge at the base of the cloud* ». Il est vrai que la base d'un nuage d'orage possède une charge positive, mais ce fait n'explique pas pourquoi la partie au milieu du nuage reçoit une charge négative, donc le choix 4 n'est pas justifié, ce qui en fait la bonne réponse. Les phrases 6 à 9 parlent de diverses raisons pour lesquelles le centre du nuage devienne « *negatively charged* » (phrase 10). Le choix 1 est justifié par la phrase 7, qui indique qu'un changement de charge électrique dans le grésil et les cristaux de glace se produit quand ils entrent en collision au milieu du nuage. Le choix 2 est justifié par la phrase 9 qui dit que « *negatively charged ice pellets… concentrate in the center* » du nuage. Et la phrase 6 indique que les températures au milieu sont « *about –15°C or lower* ».

7. ❸ C'est une question de déduction. Elle demande des informations qui peuvent être déduites du paragraphe 2. Le choix correct est la réponse 3, « *the negatively charged ice pellets are too heavy to be carried by the updrafts that move ice crystals* ». Les informations présentées dans les phrases 8, 9 et 10 soutiennent ce choix. La huitième phrase indique que les cristaux de glace ont une charge positive, sont légers et balayés par les vents jusqu'à la partie supérieure du nuage. La phrase 9 dit que le grésil, qui est chargé négativement, est plus lourd que les cristaux de glace et reste donc au milieu des nuages. La phrase 10 résume l'importance de ces faits, notamment que le nuage de taille moyenne reçoit une charge négative, et que le nuage de taille supérieure se charge positivement. On peut déduire de ces informations que le grésil est trop lourd pour que le vent le balaie jusque dans les parties supérieures du nuage, ce qui fait que le choix 3 est correct. La phrase 4 indique que les parties supérieures du nuage sont froides. Cela, plus le fait que la base du nuage est plus chaude que le milieu, suggère que les cimes du nuage en forme la partie la plus froide ce qui fait que le choix 1 est incorrect. Dans les faits, le choix 2 est incorrect : le milieu du nuage est occupé principalement par des particules chargées négativement et non chargées positivement. La phrase 4 indique que le grésil se forme dans la partie supérieure du nuage, mais rien n'indique qu'il entre en collision dans cette partie-là, ce qui fait que le choix 4 est incorrect.

8. ❶ C'est une question à but rhétorique. Elle vous demande pourquoi l'auteur mentionne l'information selon laquelle « *Lightning that strikes the ground is the most likely to be destructive* ». Le choix 1 est la bonne réponse, « *this form of lightning has been investigated so much* ». Le mot « *so* » dans la phrase 3 indique qu'il existe un lien de cause à effet entre la destruction de la foudre au sol et la grande attention scientifique (« *scientific attention* ») dont elle a bénéficié, ce qui fait que le choix 1 est juste. Alors que dans les faits, il est vrai que la foudre au sol est moins fréquente que la foudre dans le ciel, mais ce n'est pas pourquoi l'auteur mentionne l'information que la foudre au sol est plus destructrice, ce qui fait que le choix 2 est incorrect. Bien qu'il puisse être important d'avoir

une compréhension scientifique de la foudre au sol, ce n'est pas un sujet que l'auteur développe dans le paragraphe, donc le choix 3 est également incorrect. La deuxième phrase indique que le sol sous un nuage d'orage peut devenir chargé positivement, mais ce n'est pas la raison pour laquelle l'auteur fait mention de l'information que la foudre au sol est la forme la plus destructrice de la foudre. Rappelez-vous, la tâche dans les questions à but rhétorique est d'identifier le rôle particulier joué par l'information dans la question. Les choix qui présentent des informations factuelles précises, mais qui n'identifient pas correctement le rôle spécifique joué par les informations demandées sont incorrects.

9. ❸ C'est une question de vocabulaire. Le mot testé est «*illuminates*». Il est surligné dans le passage. La bonne réponse est le choix 3, «*lights*». Ce mot signifie fournir ou éclairer avec de la lumière, ainsi «*illuminates*» et «*lights*» signifient la même chose.

10. ❶ C'est une question de vocabulaire. Le mot testé est «*initiated*». Il est surligné dans le passage. Le bon choix est la réponse 1, «*started*». «*Initiate*» signifie «*begin*», ce qui fait que «*started*» est le meilleur choix.

11. ❷ C'est une question d'information factuelle. Elle demande des informations particulières qui peuvent se trouver dans le paragraphe 5. La bonne réponse est le choix 2, «*It completes a channel that connects the storm cloud with the ground*». Les phrases 2 et 3 indiquent qu'un circuit complet («*complete channel*») se forme quand «*a stream of negatively charged particles from the cloud comes within 100 meters of the ground*», auquel cas le circuit rencontre «*a stream of positively charged particles*», ce qui fait que le choix 2 est exact. Le choix 1 est faux: la phrase 4 indique que les électrons du nuage «*follow the channel to the ground*». Le choix 3 est également faux: le flux de particules chargées au sol ne crée pas de flux d'électrons provenant du nuage. Selon le paragraphe, le nuage crée son propre flux d'électrons. La phrase 4 parle de la largeur du circuit parcouru par les particules chargées – il s'agit d'un chemin étroit –, mais il n'y a pas de justification pour l'idée que le flux de particules chargées au sol modifie le circuit en le rendant plus large.

12. ❸ Il s'agit d'une question de déduction. Elle demande des informations qui peuvent être extrapolées du paragraphe 5. La bonne réponse est le choix 3, «*A building is hit by a lightning strike because the building itself has first determined the path that the lightning then follows*», qui se base sur l'information dans les phrases 2 et 3 selon laquelle la foudre frappe le sol (ou, implicitement, un objet au sol, comme un bâtiment) lorsqu'un circuit complet se forme entre des particules chargées négativement provenant du nuage et un courant de particules positivement chargées provenant du sol. Cela signifie que tout bâtiment touché par la foudre est le résultat des particules chargées positivement qui montent vers le ciel et qui déterminent ainsi la trajectoire prise par la foudre. Le choix 1 est incorrect, car il n'y a aucune information suggérant que le circuit dans lequel les électrons se déplacent change de largeur. La phrase 5 indique que le flux

de particules positives nécessaire à la foudre provient souvent de « *tall, pointed buildings* », mais rien n'indique que les bâtiments de « *100 meters tall* » ne risquent pas d'être frappés par la foudre. La distance de 100 mètres est mentionnée dans le paragraphe comme la hauteur à laquelle les courants de particules chargées de manière opposée se rencontrent, et non pas pour mesurer la hauteur du bâtiment, ce qui fait que le choix 2 est incorrect. Le choix 4 est également incorrect. La rencontre de flux de particules chargées de manière opposée crée un circuit emprunté par les électrons qui se rendent au sol ; mais il n'y a aucune raison de penser que ce lieu de rencontre est le point où la foudre devient visible pour la première fois. La lumière visible provenant de la foudre est créée par les électrons qui se déplacent. Elle est donc visible dès que la séparation des charges s'effondre dans le nuage et commence à se déplacer le long du circuit.

13. ❸ Cela est une question d'insertion de texte. Vous pouvez voir les quatre réponses possibles aux paragraphes 5 et 6.

That is why the subsequent lightning that follows the completed channel often strikes a tall structure. **(1)**

Once a channel has been formed, it is usually used by several lightning discharges, each of them consisting of a stream of electrons from the cloud meeting a stream of positive particles along the established path. **(2)** Sometimes, however, a stream of electrons following an established channel is met by a positive stream making a new path up from the ground. **(3)** The result is a forked lightning that strikes the ground in two places. **(4)**

La phrase proposée, « *The descending stream of electrons divides at the point where the new positive-stream channel intersects the established path* », est la mieux placée lorsqu'elle est insérée à l'endroit du choix **(3)**.

Le choix **(3)** est correct car il poursuit la discussion entamée dans la phrase 2 du dernier paragraphe portant sur la foudre fourchue en expliquant comment se forme la seconde branche de cet éclair. Le seul endroit logique pour insérer cette extension du processus se trouve à l'endroit de la réponse **(3)**. Lorsqu'il est placé dans les endroits indiqués par les choix **(1)** ou **(2)**, il n'y a pas de référent pour l'expression « *the new positive-stream channel* », rendant ces choix incorrects. Le choix **(4)** peut sembler correct parce qu'il s'agit d'éclairs fourchus, mais il résume le résultat du processus décrit précédemment. Cela n'a aucun sens de revenir à la description du processus de formation de la foudre fourchue après avoir déjà résumé le résultat. La discussion du processus devrait être continue et non séparée par une déclaration sommaire.

14. ❷ ❸ ❻ Cela est une question récapitulative. Les bonnes réponses sont présentées correctement ci-dessous. Les bonnes réponses sont les choix 2, 3 et 6. Les choix 1, 4 et 5 sont donc incorrects.

Lightning takes place when a separation of positive and negative electrical particles that develop in a storm cloud suddenly collapses.

- A separation of oppositely charged particles in clouds develops from collisions of falling ice pellets with ice crystals, from updrafts, and from temperature variations.
- Lightning from cloud to ground follows a channel that forms when a stream of electrons moving down meets a stream of positive particles coming up from the ground.
- Once a channel has been formed, it is usually used by several successive electrical discharges that illuminate the channel as flashes of lightning.

Answer Choices

1. A storm cloud first develops a positively charged layer at the top, then a negatively charged middle layer, and finally, a positively charged layer at the bottom.
2. A separation of oppositely charged particles in clouds develops from collisions of falling ice pellets with ice crystals, from updrafts, and from temperature variations.
3. Lightning from cloud to ground follows a channel that forms when a stream of electrons moving down meets a stream of positive particles coming up from the ground.
4. Field studies, laboratory stimulations, and high-speed photography have all been used to investigate the way charge separations develop in clouds.
5. Lightning from a cloud to the ground is more likely to be destructive than is lightning that takes place within a cloud.
6. Once a channel has been formed, it is usually used by several successive electrical discharges that illuminate the channel as flashes of light.

Bonnes réponses

Le choix 2, « *A separation of oppositely charged particles in clouds develops from collisions of falling ice pellets with ice crystals, from updrafts, and from temperature variations* » résume les événements et conditions détaillés dans le paragraphe 2 qui mènent à une « *sandwich-like structure* » dans les nuages d'orage. La foudre se produit lorsque les couches séparées qui en résultent s'effondrent. Cette information est essentielle pour comprendre comment l'énergie électrique libérée dans la foudre est créée, il doit donc être mentionné dans tout bon résumé du passage.

Le choix 3, « *Lightning from cloud to ground follows a channel that forms when a stream of electrons moving down meets a stream of positive particles coming up from the ground* », explique comment il est possible que la foudre atteigne le sol. Puisque la foudre au sol est un élément important du passage, des informations sur la façon dont la foudre atteint le sol doivent être mentionnées dans tout bon résumé du passage.

Le choix 6, « *Once a channel has been formed, it is usually used by several successive electrical discharges that illuminate the channel as flashes of lightning* », qui vient du paragraphe 6, explique ce qui se passe lorsqu'un circuit se forme entre un nuage d'orage et le sol. Cela est la conséquence culminante des processus décrits plus haut dans le passage, donc il devrait aussi être mentionné dans tout bon résumé du passage.

Choix incorrects

Le choix 1, «*A storm cloud first develops a positively charged layer at the top, then a negatively charged middle layer, and finally, a positively charged layer at the bottom*», est incorrect dans le faits. La séparation des couches nuageuses se produit plus ou moins simultanément plutôt qu'une couche à la fois puisque les couches se forment à la suite des interactions des particules de nuage entre elles.

Le choix 4, «*Field studies, laboratory stimulations, and high-speed photography have all been used to investigate the way charge separations develop in clouds*», est également incorrect. Alors que le paragraphe 2 indique que des simulations en laboratoire et des études sur le terrain («*recent measurements made in the field*») ont été utilisées pour étudier la séparation des charges dans les nuages, rien n'indique que des photographies à grande vitesse soient utilisées à cette fin. Ce choix est également incorrect, car les méthodes utilisées par les scientifiques pour étudier la séparation des nuages ne sont pas l'objet principal du passage. L'accent est mis sur les processus impliqués dans la formation de la foudre, pas sur la façon dont la foudre est étudiée.

Le choix 5, «*Lightning from a cloud to the ground is more likely to be destructive than is lightning that takes place within a cloud*», est également incorrect. Ce choix peut sembler juste, mais la destructivité de la foudre n'est pas le sujet principal de la discussion dans ce passage. Pour cette raison, cette information ne s'assimile pas à un résumé du passage.

Compréhension orale

Corrigé et tableau d'autonotation

Instructions : vérifiez vos réponses par rapport au corrigé ci-dessous. Écrivez le chiffre 1 sur la ligne à droite de chaque question si vous avez choisi la bonne réponse. Pour les questions qui excèdent 1 point, suivez les instructions qui vous sont données. Additionnez vos points en bas du tableau.

QUESTION N°	BONNE RÉPONSE	VOS POINTS
1.	3	________
2.	1	________
3.	1	________

4.	4	________
5.	3	________
6.	3	________
7.	2	________
8.	1	________
9.	2	________
10.	2	________
11.	4	________
12.	1	________
13.	3	________
14.	4	________
15.	2	________

Pour la question 16, inscrivez 1 si vous avez choisi les deux bonnes réponses. Inscrivez 0 si vous avez donné une seule bonne réponse ou aucune.

16.	2,3	________
17.	4	________
18.	4	________
19.	3	________
20.	1	________
21.	1	________
22.	2	________
23.	2	________

Pour la question 24, inscrivez 2 si vous avez choisi les trois bonnes réponses. Inscrivez 1 si vous avez donné deux bonnes réponses. Inscrivez 0 si vous n'avez donné qu'une seule bonne réponse.

24.	1, 2, 4	________

Pour la question 25, inscrivez 1 si vous avez choisi les deux bonnes réponses. Inscrivez 0 si vous avez donné une seule bonne réponse ou aucune.

25.	1,3	________
26.	4	________
27.	2	________

28.	3	________
29.	4	________
30.	1	________
31.	3	________

Pour la question 32, inscrivez 1 si vous avez choisi les deux bonnes réponses. Inscrivez 0 si vous avez donné une seule bonne réponse ou aucune.

32.	1,3	________
33.	4	________
34.	2	________
TOTAL:		________

Vous trouverez sur la page suivante un tableau qui convertit les réponses de la partie compréhension orale en barème de notation pour la même partie du test *TOEFL iBT*©. Prenez le total des points de votre tableau de réponses et retrouvez ce nombre dans la colonne de gauche du tableau. La colonne de droite du tableau vous donne une fourchette de notation de la partie compréhension orale du test *TOEFL iBT*© pour chaque nombre de points obtenus.

Par exemple, si le nombre total de points de votre corrigé est 27, le tableau indique une fourchette de score de 20. C'est une fourchette de score qui vous est donnée et non pas une simple note.

Vous ne devrez utiliser votre estimation de score que comme une indication générale. Votre score réel au test *TOEFL iBT*© pourra être plus ou moins élevé que celui de votre version d'entraînement.

Listening

TOTAL DES POINTS	SCORE	TOTAL DES POINTS	SCORE
34	30	17	9
33	28	16	8
32	26	15	7
31	25	14	6
30	24	13	5
29	23	12	4
28	22	11	3
27	20	10	2

26	19	9	1
25	18	8	0
24	17	7	0
23	16	6	0
22	15	5	0
21	14	4	0
20	13	3	0
19	12	2	0
18	10	1	0

Scripts des supports de compréhension orale et explication des réponses

Questions 1–5

Piste 104. Script de l'épreuve de compréhension orale

Narrator

Listen to a conversation between a student and an administrator in the university employment office.

Male Student

Hi, I hope you can help me. I just transferred from Northeastern State University, near Chicago…

Administrator

Well, welcome to Central University. But Chicago's such a great city, why did you leave?

Male Student

Everyone asks that… it's my hometown, and it was sure convenient to go to a school nearby. But Northeastern is still fairly small, and it doesn't have the program I'm interested in… I want to major in international studies and the only program in the state is here.

Administrator

We do have a great program. How did you get interested in international studies?

Male Student

My family hosted a few foreign-exchange students while I was growing up… then I took part in an international summer program after I graduated from high school. I found I really like meeting people from all over, getting to know them…

Administrator

Oh, OK. And that led you to our program. Right now, though, I assume you're looking for a job.

Male Student

Yeah, a part-time job on campus… I thought I'd save money, being away from the big city… but it doesn't seem to be working that way. Anyway, I'm not having much luck.

Administrator

I'm not surprised. Most of our campus jobs are taken in the first week or two of the semester. What work experience have you had?

Male Student

Well, I worked in the university library last year. But I already checked at the library here… they said their remaining positions were for work-study students getting financial aid. I've never run into that before.

Administrator

Well, I guess each school has its own policies. We really don't have much right now. You might be better off waiting until next semester… if you really want something… How are your computer skills?

Male Student

About average, I'd say. I helped teach some of the basic computer classes Northeastern offers for new users, if that helps any.

Administrator

OK … Uh, the technology support department needs people to work at its helpdesk. It's basically a customer-service job… answering questions, helping people solve their computer problems… give you a chance to develop your people skills.

Male Student

Something every diplomat needs. But, is there some problem? I mean, why's the job still open?

Administrator

Well, they have extended hours… from 6 A.M. to 2 A.M. every day, so they need a large staff. But right now they only need people early mornings, late nights, and weekends. You'd probably end up with a bit of everything rather than a regular spot. On the bright side, you'd probably be able to get some studying done between calls. At least it'd be a start and then you can try for better hours next semester.

Male Student

Hmm, I see where the hours might be a problem. But… I guess I can't afford to be too picky if I want a job. Still, maybe we can work something out.

Explications des réponses

1. ❸ C'est une question d'intention. Après avoir évoqué ensemble les raisons du changement d'université de l'étudiant, la responsable du bureau d'emploi dit qu'elle suppose que l'étudiant est venu dans l'espoir de trouver un emploi. L'étudiant confirme qu'il recherche en effet un emploi à temps partiel ; donc la bonne réponse est le choix 3. Puisque l'étudiant indique qu'il a déjà découvert qu'il n'était pas éligible à un emploi à la bibliothèque, le choix 1 est incorrect. Il ne dit rien de son intérêt pour l'hébergement d'un étudiant étranger (choix 2) et il ne demande pas à la responsable du bureau de lui communiquer les horaires du laboratoire informatique (choix 4).

2. ❸ C'est une question d'analyse de détails. Au début de la conversation, l'étudiant explique qu'il a quitté la Northeastern State University pour la Central University car celle-ci propose un programme d'études internationales. Aussi, c'est le choix 1 qui est la bonne réponse. L'étudiant dit qu'il a participé à un programme d'été international, mais il ne mentionne pas sa participation à un programme d'échange de l'université (choix 2). Il précise également que le problème avec son université précédente, c'est qu'elle est trop petite pour proposer le programme qu'il recherche, donc le choix 3 est incorrect. Enfin, même si la Central University dispose d'un programme d'études internationales, il n'est pas indiqué qu'elle jouit d'une réputation internationale (choix 4).

3. ❶ C'est une question d'organisation. Lorsque l'étudiant évoque le fait que sa famille recevait des étudiants étrangers, il répond à une question de la responsable sur ce qui l'a poussé à s'intéresser aux études internationales, donc la bonne réponse est le choix 1. Il n'y a pas de lien entre cette expérience familiale et sa recherche d'un emploi (choix 2). L'étudiant n'évoque aucune intention d'intégrer un programme d'échange pendant son cursus à l'université (choix 3) et il ne précise pas qu'il a acquis des connaissances en informatique pendant un programme d'échange (choix 4).

4. ❹ Pour répondre à cette question de déduction, vous avez besoin d'identifier que les postes de jour et de soirée sont déjà pourvus au sein du service de dépannage informatique. Vous pouvez tirer cette conclusion car la responsable indique que ce service recherche des employés pour les horaires tôt le matin, tard le soir et pendant les week-ends. Elle indique également que le planning de l'étudiant sera composé d'un peu de ces différents horaires inhabituels. Les étudiants qui se portent candidats à des postes au service de dépannage informatique doivent accepter de travailler à des horaires irréguliers, donc la bonne réponse est le choix 4.

5. ❸ Dans cette question de réécoute, on vous demande de réecouter une affirmation de la responsable (Piste 105). On vous demande ensuite de réécouter encore une fois une expression particulière dans cette partie de l'assertion et d'identifier la raison pour laquelle la responsable utilise en particulier cette expression. Cette question vous demande de comprendre la fonction de ce qui est dit. Afin de répondre correctement à cette question (choix 3), il vous faut comprendre que la responsable essaie de prévenir l'étudiant que la plupart des étudiants ne voudraient pas du seul poste actuellement vacant. Le ton qu'elle emploie lorsqu'elle énonce cette phrase permet de comprendre son intention. Le choix 1 pourrait convenir si la responsable se contentait de conseiller à l'étudiant d'attendre le prochain semestre pour rechercher un emploi, mais l'ajout de la phrase de mise en garde rend le choix 1 incorrect. Les choix 2 et 4 pourraient sembler pertinents à première vue, mais votre compréhension de la totalité de la conversation vous indique que la responsable s'apprête à lui parler de l'emploi au laboratoire informatique et non pas d'un emploi hors du campus ou en alternance.

Questions 6-11

Piste 106. Script de l'épreuve de compréhension orale

Narrator

Listen to part of a lecture in an astronomy class.

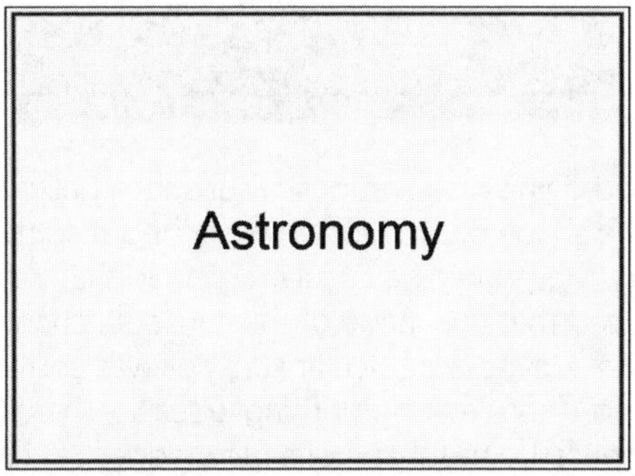

Professor

We're going to start a study of sunspots today, and I think you'll find it rather interesting. Now I'm going to assume that you know that sunspots, in the most basic terms, are dark spots on the Sun's surface. That'll do for now.

The ancient Chinese were the first to record observations of sunspots as early as the year 165. When later European astronomers wrote about sunspots, they didn't believe that the spots were actually on the Sun. That's because of their belief at the time that the "heavenly" bodies… the Sun, moon, stars and planets… were perfect… without any flaws or blemishes. So, the opinion was, the spots were actually something else… like shadows of planets crossing the Sun's face. And this was the thinking of European astronomers until the introduction of the telescope. Which brings us to our old friend, Galileo.

In the early 1600s, based on his observations of sunspots, Galileo proposed a new hypothesis. He pointed out that the shape of sunspots… well, the sunspots weren't circular. If they were shadows of the planets, they would be circular, right? So that was a problem for the prevailing view. And he also noticed that the shape of the sunspots changed as they seemed to move across the Sun's surface. Maybe a particular sunspot was sort of square, then later it would become more lopsided, then later something else. So there's another problem with the shadow hypothesis… because the shape of a planet doesn't change.

What Galileo proposed was that sunspots were indeed a feature of the Sun. But he didn't know what kind of feature. He proposed that they might be clouds in the atmosphere, the solar atmosphere. Especially because they seemed to change shape … and there was no predicting the changes. At least nothing Galileo could figure out. That random shape-changing would be consistent with the spots being clouds.

Over the next couple hundred years, a lot of hypotheses were tossed around … the spots were mountains, or holes in the solar atmosphere through which the dark surface of the Sun could be seen. Then in 1843 an astronomer named Heinrich Schwabe made an interesting claim.

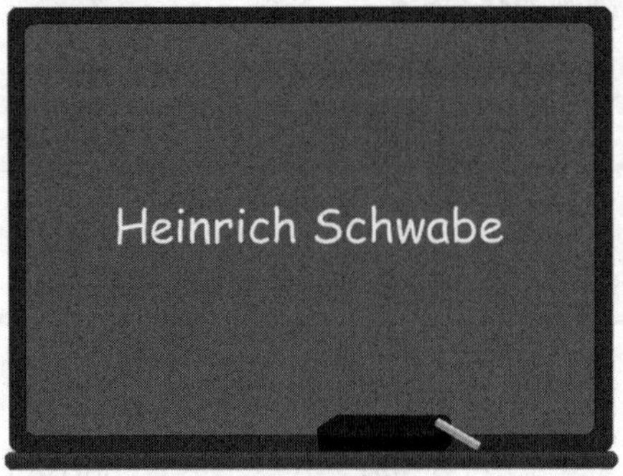

Schwabe had been watching the sun every day that it was visible for seventeen years… looking for evidence of a new planet. And he started keeping track of sunspots… mapping them so he wouldn't confuse them with any potential new planet. In the end there was no planet, but there was evidence that the number of sunspots increased and decreased in a pattern… a pattern that began repeating after ten years. And that was a huge breakthrough.

Another astronomer, named Wolf, kept track of the sun for an even longer period—forty years actually. So, Wolf did forty years of research and Schwabe did seventeen years of research. I think there's a lesson there. Anyway, Wolf went through old records from various observatories in Europe, and put together a history of sunspot observations going back about 100 years. From this information, he was able to confirm the existence of a pattern, a repeating cycle. But Wolf detected an elevenyear cycle, not a ten-year cycle.

Eleven year cycles? Does that sound familiar to anyone? No? Well, geomagnetic activity... the natural variations in the Earth's magnetic field... it fluctuates in eleven-year cycles. Um, well we'll cover this later in the semester... but for now... well, scientists in the late 19th century were aware of geomagnetic cycles, so when they heard that the sunspot cycle was also eleven years... well, they just had to find out what was going on.

Suddenly everyone was doing studies of the possible relationship between the Sun and the Earth—did the sunspots cause the geomagnetic fields, or did the geomagnetic fields cause the sunspots, or was there some other thing that caused both. And astronomers did eventually figure out what sunspots have to do with magnetic fields. Actually, they are magnetic fields. And the fact that sunspots are magnetic fields accounts for their dark appearance. That's because magnetic fields reduce the pressure exerted on the gases inside of them, making the spots cooler than the rest of the sun's surface. And since they're cooler, they're darker.

Explications des réponses

6. ❸ C'est une question d'information factuelle. Après avoir écouté le cours, vous savez qu'il porte sur les taches solaires, donc le choix 1 est incorrect. Le cours aborde au début les observations des taches solaires faites dans la Chine ancienne. Il se poursuit en abordant les conceptions européennes concernant les taches solaires, avant et après l'invention du téléscope, puis le cours passe à la découverte des cycles de taches solaires et se conclut sur la découverte des taches solaires en tant que cycles magnétiques. Ainsi, le cours concerne essentiellement la progression des connaissances scientifiques concernant les taches solaires, donc le choix 3 est la bonne réponse. La possibilité d'une relation entre les taches solaires et le cycle géomagnétique de la Terre est évoqué pendant le cours, mais ce n'est pas le sujet principal. L'impact des taches solaires sur le climat de la terre (choix 4) ne figure pas du tout dans le cours.

7. ❷ C'est une question d'analyse de détails. Au début du cours, le professeur évoque la croyance des astronomes européens en la perfection du Soleil, de la Lune et d'autres objets stellaires, interdisant la possibilité que le Soleil porte des taches sur sa surface. Le professeur poursuit en indiquant que cette croyance en un Soleil parfait a continué jusqu'à ce que Galilée puisse faire ses observations avec un téléscope. C'est pourquoi la réponse 2 est correcte. Il est fait référence aux astronomes chinois comme les premiers observateurs de taches solaires, mais le professeur n'indique pas que les croyances des astronomes européens étaient basées sur ces observations, donc le choix 1 est incorrect. Il ne précise pas que les

croyances étaient basées sur la forme ou la visibilité des taches solaires, donc les choix 3 et 4 sont incorrects.

8. ❶ C'est une question d'analyse de contenu qui vous demande de relier deux informations : (1) Les astronomes européens, qui croyaient en un Soleil parfait, suggéraient que les taches solaires étaient des ombres de planètes. (2) Galilée a remis en question cette vision car les taches solaires, à la différence des ombres, changeaient de forme. La bonne réponse est le choix 1. L'idée que les taches solaires étaient des nuages a été proposée par Galilée et non pas contestée par lui, donc le choix 2 est incorrect. La rotation du Soleil (choix 3) ne figure pas dans le cours. On connaissait les champs magnétiques à la fin du dix-neuvième siècle, pas à l'époque de Galilée, donc le choix 4 est incorrect.

9. ❷ C'est une question d'analyse de détails. La bonne réponse est le choix 2. D'après ce qui est dit dans le cours, Schwabe remarqua «*a pattern that began repeating after ten years*». Le professeur indique que la découverte de ce cycle de dix ans fut «*a huge breakthrough*», ce qui indique qu'elle fut très importante. Aucune des autres réponses ne fait référence à une observation effectuée par Schwabe.

10. ❷ C'est une question de compréhension d'attitude. Le professeur insiste sur les très nombreuses années consacrées par les astronomes Wolf et Schwabe à l'observation du Soleil et dit : «*I think there's a lesson here*». Le choix de la bonne réponse dépend ici de la compréhension de l'attitude que cette remarque exprime. L'expression «*I think there's a lesson here*» vise à exprimer du respect pour la constance des astronomes dans leurs observations. Donc le choix 2 est la meilleure réponse. Elle exprime correctement l'idée que les étudiants doivent reconnaître que le fait de se dévouer à une seule question scientifique est digne d'admiration. Il est exact que les recherches des astronomes étaient contradictoires (choix 1), puisque l'un des astronomes a découvert un cycle de onze ans et l'autre un cycle de dix ans, mais le professeur n'exprime pas de surprise au sujet de cette contradiction. Il n'exprime pas non plus de scepticisme à l'égard de la durée des recherches (choix 3), ou ne met en doute l'importance du crédit à apporter à ces recherches (choix 4).

11. ❹ C'est une question d'analyse de contenu. La bonne réponse est le choix 4. Vers le fin du cours, le professeur indique que, comme les scientifiques connaissaient déjà le cycle de dix ans du champ magnétique de la Terre, ils voulaient «*find out what was going on*» au sujet du cycle de onze ans des taches solaires. Le professeur poursuit en disant : «*suddenly everyone was doing studies of the possible relationship between the Sun and the Earth*». Le choix 3 est incorrect car le terme «*modern astronomy*» n'est pas défini dans le cours. Le choix 2 est incorrect car les taches solaires ont elles-mêmes des champs magnétiques ; le professeur ne dit pas qu'elles sont liées au champ mangnétique de la Terre. Le fait que les taches solaires aient un champ magnétique signifie qu'elles ne peuvent pas être des nuages, donc le choix 1 est également incorrect.

Questions 12-17

Piste 107. Script de l'épreuve de compréhension orale

Narrator

Listen to part of a lecture in an art history class.

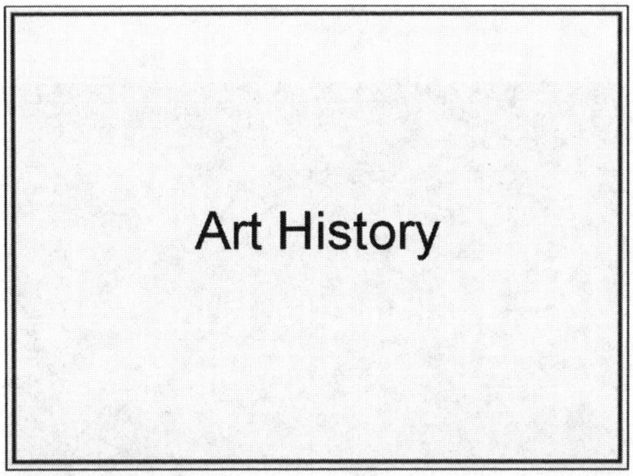

Professor

Today, we'll continue our examination of ancient Roman sculpture. We've already looked at **portrait** sculpture—which are busts created to commemorate people who had died—and we've looked at **relief** sculpture, or sculpting on walls. And today we look at yet another category of sculpture—copies. Roman sculptors ***often*** made copies of famous Greek sculptures.

Female Student

Why did they do that?

Professor

Well, no one knows for sure. You see, in the late fourth century B.C., the Romans began a campaign to expand the Roman Empire… and in 300 years they had conquered most of the Mediterranean area and parts of Europe. You know the saying, "To the victor belong the spoils?" Well, the Roman army returned to Rome with many works of Greek art. It's probably fair to say that the Romans were impressed by Greek art and culture—and they began making copies of the Greek statues. Now, the dominant view in traditional art history is that Roman artists lacked creativity and skill, especially compared to the Greek artists who came before them. Essentially, the traditional view—a view that's been prevalent for over 250 years—is that the Romans copied Greek sculptures because they couldn't create sculpture of their own.

But, finally, **some** contemporary art historians have challenged this view. One is Elaine Gazda.

Gazda says that there might be other reasons that Romans made copies. She wasn't convinced that it was because of a lack of creativity. Can anyone think of another possible reason?

Male Student

Well... maybe they just admired the sculptures, you know, they liked the way they looked.

Professor

Yes! That's one of Gazda's points. Another is that while nowadays reproduction is easy, it was not so easy in Roman times. Copying statues required a lot of skill, time, and effort. So, Gazda hypothesizes that copying didn't indicate a lack of artistic imagination– or skill—on the part of Roman artists, but rather, the Romans made copies because they admired Greek sculpture.

Classical Greek statues represented an idealization of the human body and were considered quite beautiful at the time.

Gazda also believes that it's been a mistake to dismiss the Roman copies as, well, copies for copies' sake, and not to consider the **Roman** function and meaning of the statues.

Female Student

What do you mean... the Roman function? Weren't they just for decoration?

Professor

Well, not necessarily. Under the emperor Augustus, at the height of the Roman Empire, portrait statues were sent throughout the empire... they were supposed to communicate specific ideas about the emperor and the imperial family, and to help inhabitants of the conquered areas become familiar with the Roman way of life. You know, Roman coins were also distributed throughout the empire. Anybody care to guess what was on them?

Male Student

The emperor's face?

Professor

That's right. The coins were easy to distribute, and they allowed people to see the emperor, or at least his likeness, and served as an additional reminder to let them know, well, who was in charge. And the images helped people become familiar with the emperor—**statues** of him in different roles were sent all over the empire. Now, actually **some** Roman sculptures were original, but others were exact copies of Greek statues. And some Roman sculptures were combinations of some sort; some combined more than one Greek statue, and others combined a Greek god or an athlete with a Roman's head. At the time of Julius Caesar, it wasn't uncommon to create statues that had the body of a god and the head of an emperor.

And the Romans were clever... what they did was, they made plaster casts from molds of the sculptures. Then, they shipped these plaster casts to workshops all over the empire, where they were replicated in marble or bronze. And on some statues the heads were removable—they could put an emperor's head on different bodies showing him doing different things. And then later, when the time came, they could even use the head of the **next** emperor on the same body!

Explications des réponses

12. ❶ C'est une question d'information factuelle. Le cours étudie la sculpture dans la Rome antique. Le professeur indique qu'il était habituel chez les sculpteurs romains de faire des copies de sculptures grecques. Il aborde une opinion concernant cette pratique qui prévalait chez la plupart des historiens dans le passé. Puis il présente une opinion différente proposée par une historienne d'art contemporaine. Le contraste entre ces idées indique que c'est le choix 1 qui est la bonne réponse. Les autres choix présentent des sujets qui sont abordés pendant le cours, mais n'en sont pas le sujet principal.

13. ❸ C'est une question d'analyse de détails. Plus tôt dans le cours, le professeur décrit comment les Romains ont connu l'art grec au cours de la conquête du Bassin méditérranéen. La vision traditionnelle des historiens d'art, citée par le professeur, consiste à dire que les Romains copiaient l'art grec, car ils n'étaient pas aussi créatifs que les Grecs, donc la bonne réponse est le choix 3. Les choix 1 et 2 ne figurent pas dans le cours. Le choix 4 est faux car il exprime la vision d'Elaine Gazda, l'historienne d'art contemporaine, et non la position des historiens d'art traditionnels.

14. ❹ C'est une question d'analyse de contenu. Le professeur présente différents arguments avancés par Mme Gazda. L'un d'entre eux est que copier des statues demande des compétences artistiques. Un autre argument pose que les Romains avaient besoin de diffuser des statues de l'empereur à travers tout l'empire afin de favoriser un sentiment d'adhésion chez les habitants. Ainsi, les statues avaient à la fois une fonction artistique et politique, ce qui valide le choix 4 comme bonne réponse.

15. ❷ Cette question porte sur la compréhension de l'organisation. Le professeur vient d'aborder le besoin des Romains de distribuer des portraits de l'empereur à travers l'empire. Il mentionne les pièces de monnaie, car elles portent l'effigie de l'empereur et sont faciles à diffuser, étant petites et légères. Donc, le choix 2 est la bonne réponse. La réponse 1 pourrait sembler convenir, mais ce n'est pas le cas, car le professeur n'a pas l'intention de montrer la similitude entre les portraits figurant sur les pièces de monnaie et ceux visibles sur les statues.

16. ❷❸ Dans cette question d'analyse de détails, on vous demande de choisir deux bonnes réponses. À la fin du cours, le professeur explique deux raisons pour lesquelles les Romains trouvaient utile de fabriquer des statues avec des têtes amovibles. Tout d'abord, chaque tête pouvait être mise sur plusieurs statues, donc la bonne réponse est le choix 2. Deuxièmement, la tête amovible pouvait être ultérieurement remplacée par une autre, ressemblant à un empereur différent, donc le choix 3 est la seconde bonne réponse. Ni le poids de la tête (choix 1) ni la qualité de la statue (choix 4) ne sont mentionnés par le professeur.

17. ❹ Dans cette question de réécoute, on vous demande d'écouter à nouveau une petite partie du cours pendant laquelle le professeur décrit une croyance majoritairement partagée par les historiens d'art concernant l'art romain (Piste 108). On vous demande ensuite d'écouter à nouveau la dernière phrase de cet extrait et d'en tirer une conclusion sur sa signification. Comme c'est souvent le cas dans les questions de réécoute, celle-ci vous demande de comprendre la fonction de ce qui est dit. Dans cette dernière phrase, le professeur indique que la croyance qu'il vient de décrire est contestée par la génération actuelle des historiens d'art. Le choix 4 est la seule réponse qui s'inscrit dans l'exposé général du professeur et vous pouvez deviner d'après la manière dont il accentue le mot «*finally*» qu'il est d'accord avec cette remise en cause de la croyance traditionnelle, donc le choix 4 est la bonne réponse.

Questions 18-22

Piste 109. Script de l'épreuve de compréhension orale

Narrator

Listen to a conversation between a student and his sociology professor.

Professor

Well, I'm glad you redid your outline. Um, I've made a few comments, but nothing you have to act on. It's in good enough shape for you to start writing your paper.

Male Student

Thanks. At first I was afraid all that prep work would be a waste of time.

Professor

Well, especially with a challenging topic like yours—factors leading to the emergence of sociology as an academic discipline. There's just so much history to consider, you could get lost without a solid outline. Uh, so, did you have a question?

Male Student

Yeah, it's about… You mentioned needing volunteers for a research study?

Professor

Yep. It's not my study, it's my colleague's in the marketing department. She needs people to watch various new TV programs that haven't been broadcast yet. Then indicate on a survey whether they liked it, why, if they'd watch another episode. . . . It'd be kinda fun, plus participants get a $50 gift certificate.

Male Student

Oh, well, I like the sound of that! But—so they're trying to predict if these shows are gonna succeed or fail, right? Based on students' opinions? Why would they care what we think?

Professor

Hey, don't sell yourself short—people your age are a very attractive market for advertisers who promote their products on television. The study's sponsored by a TV network. If enough students don't like a show, the network may actually reconsider putting it on the air.

Male Student

OK, well, how do I sign up?

Professor

You just add your name and phone number to this list and check a time slot. Although it looks like the only times left are next Monday morning and Thursday evening.

Male Student

Oh, well… I have marketing and economics Monday mornings, and Thursday.

Professor

Oh, you're taking a marketing class? Who's teaching it?

Male Student

It's, uh, Professor Larkin, intro to marketing. He hasn't mentioned the study, though.

Professor

Oh. Well… the marketing department's pretty big. I happen to be friends with the woman who's doing the TV study. OK, well, we don't want you missing class… how's Thursday?

Male Student

Oh, I work from five till nine that night.

Professor

Hmm. No flexibility with your schedule? Where do you work?

Male Student

At Fox's Diner. I'm a server.

Professor

Oh, I love Fox's. I eat there every week. Maybe you could switch shifts with someone.

Male Student

I'm still in training, and the only night my trainer works is Thursday.

Professor

Look, I know the owners there really well. Why don't you let me give them a call and explain the situation?

Male Student

OK. It'd be cool to be part of a real research study. And the gift certificate wouldn't hurt, either!

Explications des réponses

18. ❹ C'est une question d'information factuelle. La professeure et l'étudiant commencent par discuter brièvement du plan que l'étudiant a rédigé pour un

exercice, mais la conversation dévie quand la professeure dit : « *Uh, so, did you have a question?* » Le reste de la discussion traite essentiellement d'un projet de recherche auquel l'étudiant voudrait participer, donc la bonne réponse est le choix 4.

19. ❸ C'est une question de déduction. La professeure reconnaît que le sujet du devoir de l'étudiant est « *challenging* » et qu'il y a « *just so much history to consider* », mais elle ne dit pas à l'étudiant de réduire le champ de son devoir. Par conséquent l'option 1 peut être éliminée comme réponse. Il est clair que la professeure a un avis favorable sur le plan quand elle dit « *It's (the outline) in good enough shape for you to start writing your paper* ». Elle poursuit en disant que l'étudiant a besoin d'un plan solide pour un sujet aussi complexe, et cela implique qu'il a produit un plan suffisant pour lui permettre de traiter un sujet diffcile. Donc le choix 3 est la bonne réponse.

20. ❶ C'est une question d'analyse de détails. Après que l'étudiant s'est montré intéressé par le projet de recherche, la professeure explique brièvement ce qui est attendu des participants. L'étude est assez simple, il suffit aux participants de regarder plusieurs nouvelles émissions de télévision et de donner leur opinion sur la qualité de ces émissions. La professeure ne fait pas du tout référence à des facteurs sociologiques qui pourraient influencer l'opinion des participants sur les émissions, donc la réponse 4 peut être éliminée. Elle n'indique pas que les chaînes de télévision soient intéressées par l'avis des étudiants car ils représentent un marché important, donc la bonne réponse est le choix 1.

21. ❶ C'est une question de déduction. Après que l'étudiant a expliqué pourquoi il lui était difficile de modifier son horaire de travail chez Fox's Diner, la professeure dit : « *Look, I know the owners there really well. Why don't you let me give them a call and explain the situation?* » Il est clair de déduire que les propriétaires du restaurant voudront aider la professeure, donc la bonne réponse est le choix 1.

22. ❷ C'est une question de compréhension fonctionnelle. On vous demande de réécouter une partie de la conversation (Piste 110). L'étudiant précise que son professeur de marketing, le professeur Larkin, n'a pas du tout parlé du projet de recherche. La professeure répond que le département marketing est très vaste, donc la bonne réponse est le choix 2. L'option 4 pourrait convenir dans un autre contexte, mais pas dans cette conversation, car ils ne parlent que d'un seul travail de recherche. De la même manière, même si l'option 1 pourrait convenir dans un contexte différent, l'étudiant n'exprime pas le désir de trouver un professeur de marketing intéressé par la sociologie. En insistant sur la taille du département marketing, la professeure suggère que le professeur Larkin n'est probablement pas au courant de tous les projets de recherche dirigés par les professeurs du département.

Questions 23-28

Piste 111. Script de l'épreuve de compréhension orale

Narrator

Listen to part of a lecture in a European history class.

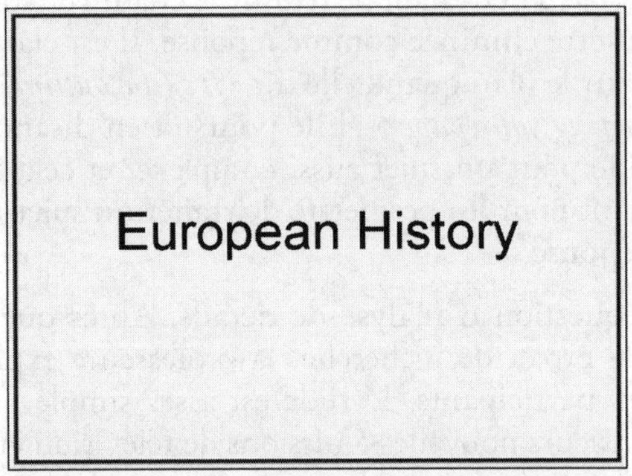

Professor

In order to really study the social history of the Middle Ages, you have to understand the role of spices. Now, this might sound a little surprising, even a little strange, but what seem like little things now were, back then, actually rather big things. So, first let's define what a spice is. Technically speaking, a spice is part of an aromatic plant that is not a leaf, or herb. Spices can come from tree bark, like, ah, cinnamon, plant roots like ginger, flower buds like cloves. And in the Middle Ages, Europeans were familiar with lots of different spices, the most important being pepper, cloves, ginger, cinnamon, mace, and nutmeg. These spices literally dominated the way Europeans lived for centuries—how they traded and, uh, even how they used their imaginations. So why this medieval fascination with spices? We can boil it down to three general ideas, briefly. One was cost and rarity, ah, two was exotic taste and fragrance, and third, mysterious origins and a kind of mythical status.

Now, for cost and rarity: Spices aren't native to Europe, and they had to be imported. Spices only grew in the East Indies, and of course transportation costs were astronomical. So spices were incredibly valuable, even from the very beginning. Here's an example, um, in 408 A.D., the Gothic general who'd captured Rome demanded payment. He wanted 5,000 pounds of gold, among other things, but he also wanted 3,000 pounds of pepper. Maybe that'll give you an idea of exactly where pepper stood at the time. By the Middle Ages, spices were regarded as so important and expensive, they were used in diplomacy—as gifts by heads of state and ambassadors.

Now, for the taste, the diet then was relatively bland compared to today's. There wasn't much variety. Uh, especially the aristocracy, who tended to eat a lot of meat, um, they were always looking for new ways to prepare it—new sauces, new tastes, and this is where spices came in. Now this is a good point to mention one of the biggest myths about spices: It's commonly said that medieval Europeans wanted spices to cover up the taste of spoiled meat, but this isn't really true. Anyone who had to worry about spoiled meat couldn't afford spices in the first place. If you could afford spices, you could definitely afford fresh meat. We also have evidence that various medieval markets employed a kind of police, to make sure that people didn't sell spoiled food. And if you were caught doing it, you were subject to various fines, humiliating public punishments. So, what actually was true was this: In order to have meat for the winter, people would preserve it in salt—not a spice. Spices, actually, aren't very effective as preservatives. And, uh, throughout winter they would eat salted meat, but the taste of the stuff could grow really boring and, and depressing after a while. So the cooks started looking for new ways to improve the taste, and spices were the answer.

Which brings us to mysterious origins and mythical status. Now the ancient Romans had a thriving spice trade, and they sent their ships to the east and back. But when Rome collapsed in the fifth century and the Middle Ages began, um, direct trade stopped, and, uh, so did that kind of hands-on knowledge of travel and geography. Spices now came by way of the trade routes, with lots of intermediaries between the producer and the consumer. So these spices took on an air of mystery. Their origins were shrouded in exotic travels; they had the allure of the unknown, of wild places. Myths grew up of fantasy lands, magical faraway places made entirely of food and spices. Add to that, spices themselves had always been considered special, or magical– not just for eating—and this was already true in the ancient world where legends about spices were abundant. Spices inspired the medieval imagination, they were used as medicines to ward off diseases, and mixed into perfumes, incense. They were used in religious rituals for thousands of years. They took on a life of their own, and they inspired the medieval imagination, spurred on the age of discovery in the fifteenth and sixteenth centuries. When famous explorers like Columbus and Da Gama and Magellan left Europe in their ships, they weren't looking for a new world; they were looking for spices. And we know what important historical repercussions some of those voyages had.

Explications des réponses

23. ❷ C'est une question d'intention. La professeure présente le sujet dans la première phrase quand elle dit : « *In order to really study the social history of the Middle Ages, you have to understand the role of spices.* » Pendant le reste du cours, la professeure décrit trois raisons principales pour lesquelles les épices étaient importantes dans la société médiévale. La bonne réponse est le choix 2.

24. ❶ ❷ ❹ C'est une question d'analyse de contenu. Elle vise à relier du contenu de différentes parties du cours. La professeure présente différents aspects des épices, par exemple le fait que les épices «*aren't native to Europe*». Le fait que les épices devaient être importées est présent tout au long du cours. La professeure met également en évidence le coût extrêmement élevé des épices, ce qui les rendait inaccessibles à beaucoup de gens. Lorsque la professeure décrit le caractère mystérieux que revêtaient les épices pour les Européens du Moyen Âge, elle souligne qu'elles étaient utilisées dans un but médicinal. Voici le tableau YES NO correctement rempli:

	YES	NO
1. They had to be imported.	☑	
2. They were unaffordable for many people.	☑	
3. They were used to preserve meat during the winter.		☑
4. They were believed to have medicinal properties.	☑	
5. Their sale in public markets was closely regulated.		☑

Les deux assertions cochées «Non» ne sont pas vraies concernant les épices dans l'Europe médiévale, pour les raisons suivantes:

La professeure indique que: «*In order to have meat for the winter, people would preserve it in salt – not a spice.*» Elle poursuit en disant que les épices ne sont pas efficaces en tant que conservateurs.

La professeure fait bien référence à des règlementations des marchés publics, mais celles-ci concernent la viande, pas les épices.

25. ❶ ❸ C'est une question d'analyse de détails. Lorsqu'elle présente le goût exotique des épices, la professeure dément l'idée selon laquelle les Européens du Moyen Âge utilisaient les épices pour masquer le goût de la viande avariée. Elle souligne que ceux qui pouvaient se payer des épices pouvaient aussi se payer de la viande fraîche. Elle décrit également comment «*medieval markets employed a kind of police, to make sure that people didn't sell spoiled food*». Les bonnes réponses sont les choix 1 et 3.

26. ❹ Cette question fait appel à la compréhension de l'organisation. La professeure parle de la chute de l'Empire romain et du fait que cela a interrompu la route commerciale entre Rome et les pays à l'est. Elle indique particulièrement que «*direct trade stopped*», donc l'option 1 peut être éliminée. Même si une route directe n'était plus disponible, les Romains pouvaient toujours acquérir des épices «*by way of trade routes, with lots of intermediaries between the producer and the consumer*». Pour cette raison, l'option 3 peut être éliminée. L'absence de route directe et de connaissance approfondie des «*travel and geography*» a amené les Romains à considérer les épices comme mystérieuses et exotiques. Donc la bonne réponse est le choix 4.

27. ❷ C'est une question d'analyse de détails. Vers la fin du cours, la professeure présente l'importance grandissante des épices en expliquant comment elles ont

été considérées comme spéciales ou magiques. Elle dit : « *When famous explorers like Columbus and Da Gama and Magellan left Europe in their ships, they weren't looking for a new world; they were looking for spices.* » Il est clair que les explorateurs européens n'étaient pas motivés par la découverte de nouvelles terres, mais par celle des épices, donc la bonne réponse est le choix 2.

28. ❸ C'est une question de compréhension fonctionnelle. On vous demande de réécouter une partie du cours (Piste 112). Afin d'insister sur la valeur des épices au Moyen Âge, la professeure donne l'exemple d'un général qui avait pris le contrôle de Rome. Ce général demanda un paiement sous forme d'or et de poivre.

Lorsqu'elle dit « *Maybe that'll give you an idea of exactly where pepper stood at the time* », la professeure illustre la valeur des épices, comme le poivre au Moyen Âge, donc la bonne réponse est le choix 3.

Questions 29-34

Piste 113. Script de l'épreuve de compréhension orale

Narrator

Listen to part of a lecture in a biology class.

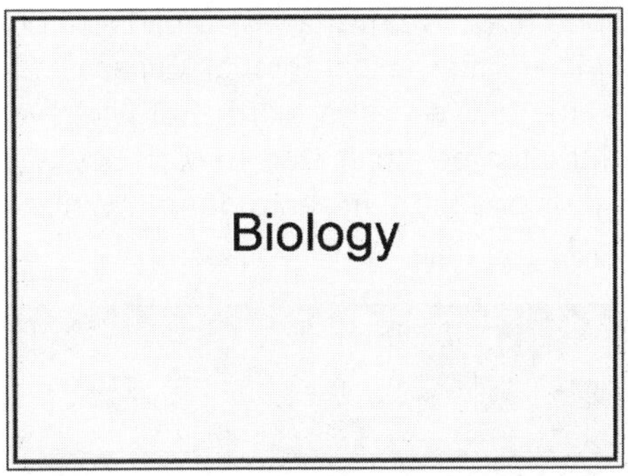

Professor

Well, it's finally looking like spring is arriving—the last of the winter snow will be melting away in a few days. So before we close today, I thought I'd mention, uh, a biological event that's part of the transition from winter to spring… something you can go outside and watch, if you have some patience. There's a small creature that lives in this area—you've probably seen it: it's the North American wood frog.

Now the wood frog's not that easy to spot, since it stays pretty close to the ground, under leaves and things, and it blends in really well with its background, as you can see. But they're worth the effort, because they do something very unusual– something you might not have even thought possible.

OK, North American wood frogs live over a very broad territory, or range—they're found all over the northeastern United States, and all through Canada and Alaska– even inside the Arctic Circle. No other frog is able to live that far north. But wherever they live, once the weather starts to turn cold, and the temperatures start to drop below freezing—as soon as the frog even touches an ice crystal or a bit of frozen ground… well, it begins to freeze. Yes, Jimmy? You look a bit taken aback.

Male Student

Wait. You mean, it's still alive, but it freezes? Solid?

Professor

Well, almost. Ice forms in all the spaces outside cells, but never within a cell. TOEFL

Male Student

But... then, how does its heart beat?

Professor

It doesn't.

Male Student

But—how can it do...

Professor

How can it do such a thing? Well, that first touch of ice apparently triggers a biological response inside the frog, that first of all starts drawing water away from the center of its body. So the middle part of the frog, its internal organs—its heart, lungs, liver– these start getting drier and drier, while the water that's being pulled away is forming a puddle around the organs, just underneath the skin. And then that puddle of water starts to freeze.

OK, up to now the frog's heart is still beating, right? Slower and slower, but... And in those last few hours before it freezes, it distributes glucose—a blood sugar—throughout its body, its circulatory system. Sort of acts like an antifreeze...

Male Student

A solution of antifreeze, like you put in your car in the winter?

Professor

Well, you tell me. In frogs, the extra glucose makes it harder for the water inside the cells to freeze, so the cells stay just slightly wet—enough so that they can survive the winter. Then after that, the heart stops beating altogether. So, is that the same?

Male Student

I don't really know, but uh... how long does it stay that way?

Professor

Well, it could be days or even months—all winter, in fact. But, um, see, the heart really doesn't need to do any pumping now, because the blood is frozen too.

Male Student

I just... I guess I just don't see how it isn't—y'know, clinically dead.

Professor

Well, that's the amazing thing. And how it revives is pretty amazing too. After months without a heartbeat, springtime comes around again, the Earth starts to warm up, and suddenly one day—ping! A pulse—followed by another one, then another, until– maybe ten, twelve hours later, the animal is fully recovered.

Male Student

And—does the, uh, thawing process have some kind of trigger as well?

Professor

Well, we're not sure, actually. The peculiar thing is, even though the sun is warming the frog up on the outside, its insides thaw out first—the heart and brain and everything. But somehow, it all just happens that way every spring.

Male Student

And after they thaw? Does it affect them? Like their life span?

Professor

Well, hmm… we really don't know a lot about how long a wood frog normally lives– probably just a few years. But there's no evidence that the freezing process affects its longevity. It does have some other impacts, though. In studies we've found that, when it comes to reproduction, freezing diminishes the mating performance of males: after they've been frozen, and thawed of course, they don't seem quite as vocal, they move slower—and they seem to have a harder time recognizing a potential mate. So if a male frog could manage not to go through this freezing cycle, he'd probably have more success at mating.

Explications des réponses

29. ❹ C'est une question d'intention. La professeure commence par révéler à ses étudiants un processus biologique inhabituel qui concerne les grenouilles des bois d'Amérique du Nord. La majorité du cours décrit cet événement inhabituel en expliquant en détail ses différentes étapes. Pendant le cours, la professeure n'aborde pas du tout les avantages biologiques que tire la grenouille des bois de cette congélation suivie d'une décongélation. Elle ne souligne en fait qu'une conséquence négative que certaines grenouilles subissent pendant ce processus, donc l'option 1 peut être éliminée. Des éléments d'information concernant le système circulatoire de la grenouille des bois sont évoqués, mais ils ne servent qu'à décrire le processus de congélation dans son ensemble. C'est pourquoi l'option 3 peut être éliminée. Le principal objectif de ce cours est de sensibiliser les étudiants à un processus biologique inhabituel qu'ils peuvent observer autour d'eux, donc la bonne réponse est le choix 4.

30. ❶ C'est une question qui vise à comprendre l'organisation. La professeure mentionne l'arrivée du printemps, car c'est le moment où les grenouilles des bois commencent à se décongeler. Elle dit que cet événement est «*something you can go outside and watch*», et que, même si il n'est pas facile de localiser les grenouilles, l'effort en vaut la peine, donc la bonne réponse est le choix 1.

31. ❸ C'est une question d'analyse de détails. La professeure indique que dès que la grenouille des bois touche la glace, il y a une réponse «*that first of all starts drawing water away from the center of its body*». Elle poursuit en précisant que le centre du corps de la grenouille contient ses organes internes et que ceux-ci «*start getting drier and drier*». Par conséquent, la bonne réponse est le choix 3.

32. ❶ ❸ C'est une question qui vise à relier des informations. Elle nécessite de relier des contenus de différentes parties du cours. En réponse à la question d'un étudiant sur l'existence d'un facteur de déclenchement du processus de décongélation, la professeure précise « *Well, we're not sure, actually. The peculiar thing is, even though the sun is warming the frog up on the outside, its insides thaw*

out first». La peau n'est pas mentionnée dans cette partie de l'explication du processus, mais on peut déduire que «*first*» veut dire avant le reste du corps de la grenouille. Donc les bonnes réponses sont les choix 1 et 3.

33. ❹ C'est une question d'analyse de détails. À la fin du cours, la professeure aborde les effets de la congélation sur les grenouilles. Elle indique que si le processus de congélation ne semble pas avoir d'effet sur l'espérance de vie des grenouilles, il apparaît qu'il a un impact négatif sur le succès de leur reproduction. Plus précisément, une fois qu'une grenouille a décongelé, elle a du mal à indentifier des partenaires potentiels. Par conséquent, la bonne réponse est le choix 4. L'option 1 peut être éliminée, car elle indique le contraire de ce que la professeure a expliqué sur l'effet de la congélation sur la reproduction.

34. ❷ C'est une question de compréhension fonctionnelle. On vous demande de réécouter une partie du cours (Piste 114). À la suite de l'explication de la professeure concernant le glucose, un sucre sanguin qui serait distribué dans tout le corps de la grenouille afin de ralentir le processus de congélation, l'étudiant utilise l'exemple familier de l'antigel de voiture, pour voir s'il a bien compris le concept. La professeure ne répond pas directement à sa question, mais elle poursuit son explication sur la propriété du glucose comme ralentisseur de congélation. Elle demande ensuite à l'étudiant de revoir sa question originelle, donc la bonne réponse est le choix 2.

Expression orale

Scripts des supports audio, points importants, et exemples de réponses avec commentaires des correcteurs

Pour connaître les critères de notation des réponses, utilisez les rubriques concernant l'épreuve d'expression orale libre et dirigée figurant pages 210-213. Les correcteurs qui écoutent vos réponses vont les analyser selon trois grandes catégories. Ces catégories sont l'élocution, l'utilisation de la langue et le développement du sujet. Elles ont toutes la même importance. Cette partie traite des points importants qui doivent être couverts dans la réponse à chaque question. Tous ces points dovent être présents afin d'obtenir la note maximale dans la catégorie «développement du sujet». Ces points importants vous donnent des indications sur le type d'information que les correcteurs s'attendent à entendre dans une réponse de bon niveau. Cette partie fait également référence à des exemples de réponses qui figurent dans le DVD d'accompagnement. Certaines réponses ont obtenu la meilleure note, d'autres pas. Les réponses sont accompagnées de commentaires d'explication des scores.

Question 1

Piste 115. Script de compréhension orale

Narrator

Imagine your life 10 years in the future. Talk about one way you think your life will be different in 10 ears than it is now. Use details to explain your answer.

Preparation Time: 15 Seconds

Response Time: 45 Seconds

Points importants

En répondant à cette question, vous devez vous attacher à décrire un élément susceptible, à votre avis, de modifier votre vie dans dix ans. Même s'il est acceptable d'en considérer plusieurs, il faut faire attention à ne pas lister les différents changements sans fournir d'explication ou de précision. Il vaut mieux se concentrer sur un seul aspect et le présenter en détail. Vous pouvez décrire un élément particulier de changement vous concernant (par exemple, votre métier), ou bien une autre possibilité serait d'expliquer comment un changement dans le monde pourrait vous affecter personnellement (par exemple, les moyens de transport internationaux étant plus rapides, cela vous permettrait de vivre à l'étranger ou de voyager beaucoup plus).

Exemples de réponses

Allez à la piste 121 du DVD pour écouter une très bonne réponse à la question 1.

☛ ***Commentaires du correcteur***

La candidate décrit clairement un élément qui rendra sa vie différente dans dix ans : plutôt que d'être une étudiante à la charge de ses parents, elle aura un emploi, sera autonome et elle-même responsable de sa famille. Elle compare sa vie actuelle avec celle qu'elle pense avoir dans le futur, et ses comparaisons et descriptions permettent d'expliquer en quoi sa vie sera différente. Cette réponse est facile à suivre et la prononciation ainsi que l'intonation de la candidate facilitent la compréhension. Même si la candidate fait quelques erreurs d'usage (« *I'll have to accord all the things adjustingly* » au lieu de « *I'll have to adjust all the things accordingly* ») et de grammaire (« *when I'll have the family I'll have to* » au lieu de « *when I have a family I'll have to* »), sa réponse est globalement claire et complète.

Allez à la piste 122 du DVD pour écouter une réponse moyenne à la question 1.

> ☛ ***Commentaires du correcteur***
>
> Dans cette réponse, le candidat décrit comment sera sa vie dans dix ans, mais il ne fournit pas un niveau suffisant de précision et d'explication. Il indique qu'il sera marié et aura des enfants, mais ensuite, au lieu de décrire à quoi cela ressemblerait et en quoi ce serait différent de sa vie actuelle, il fait des déclarations plutôt vagues et sans liens avec son idée : « *I will have all what I need, what I planned in my life* » et « *the most important… to be a person… with my own opinion* ». Afin de donner une réponse plus complète, le candidat aurait dû fournir plus de précisions sur sa future famille. En terme d'élocution, la prononciation de l'étudiant est relativement facile à comprendre, bien que de fréquentes pauses et des « euh » rendent la réponse quelque peu difficile à suivre. L'étudiant ne fait pas beaucoup d'erreurs de grammaire, bien que le volume du discours soit limité du fait d'un débit lent et de fréquentes pauses.

Question 2

Allez à la piste 116 du DVD pour écouter une très bonne réponse à la question 2.

> **Narrator**
>
> Do you agree or disagree with the following statement?
>
> It is important to learn about other cultures.
>
> Use details and examples to explain your opinion.
>
> **Preparation Time: 15 Seconds**
>
> **Response Time: 45 Seconds**

Points importants

Pour répondre à cette question, il vous faut d'abord indiquer si vous croyez qu'il est important de connaître d'autres cultures ou non. Vous pouvez choisir l'un ou l'autre des points de vue et vous ne serez pas jugé sur votre choix. Le contenu de votre réponse sera évalué sur votre capacité à expliquer complètement et clairement vos idées et à justifier votre opinion. Si vous êtes d'accord avec cette affirmation, vous pouvez choisir de décrire certains domaines dans lesquels c'est important (commerce international, voyages et tourisme etc..) puis donner des détails et des exemples pour préciser votre pensée. Si vous n'êtes pas d'accord, il vous faut donner au moins une raison suivie de précisions et d'exemples pour expliquer votre idée et justifier votre opinion.

Exemples de réponses

Allez à la piste 123 du DVD pour écouter une très bonne réponse à la question 2.

> ☛ ***Commentaires du correcteur***
>
> L'étudiante est globalement claire et facile à comprendre. Elle utilise des pauses à bon escient (pour séparer les phrases) et accentue les mots importants à l'intérieur des phrases, ce qui facilite la compréhension du message. (« *First of all, it uh gives you the opportunity to understand your culture better.* ») Malgré quelques fautes de grammaire mineures quelquefois, elle sait très bien construire des phrases et des expressions longues et précises. (« *Then it helps you to understand other people from other countries better [pause] because if you know the background of their behavior [pause] then it is easier to understand it and not judge it.* ») Sa réponse est complète et contient à la fois des raisons générales pour justifier son opinion (« *it helps you understand other people* ») et soutenir son idée avec des exemples et des précisions (lorsqu'elle explique que si vous comprenez mieux les autres, vous ne les jugerez pas et vous ne les blesserez pas).

Allez à la piste 124 du DVD pour écouter une réponse moyenne à la question 2.

> ☛ ***Commentaires du correcteur***
>
> L'étudiant est la plupart du temps clair et facile à comprendre. Cependant, le message est parfois difficile à suivre à cause de limites au niveau de la grammaire et du vocabulaire. Par exemple, il essaie d'exprimer une idée plutôt sophistiquée, mais le sens n'est pas clair à cause d'erreurs dans le choix des mots, leur forme et les accords en particulier. Par exemple, il dit : « *I'm gonna really expand my Verizon (?) of thoughts (?) and philosopher philosophical uh ideas because I'm gonna inter… interact with other back grounds(?) and that's really give me the chance to acquire good values from other nations.* » Une paraphrase plus simple et plus efficace pourrait être : « *Interacting with other cultures could help me to expand my horizons/open me up to new experiences and ideas.* »

Question 3

Piste 117. Script de compréhension orale

Narrator

City University's choir is changing its performance schedule next year. Read an article about it in the student newspaper. You will have 50 seconds to read the article. Begin reading now.

Reading Time: 50 Seconds

University Choir to Enter Off-Campus Singing Competitions

Currently, the university choir gives singing concerts only on campus. Next year, however, the choir will add competitive events at other locations to its schedule. The choir's new director feels that entering singing competitions will make the quality of the choir's performance even better than it is now. "Competitions will motivate students in the choir to pursue a higher standard of excellence in singing," he said. In addition, it is hoped that getting the choir off campus and out in the public will strengthen the reputation of the university's music program. This in turn will help the program grow.

Narrator

Now listen to two students discussing the article.

Female Student

Jim, you're in the choir, right?

Whaddaya think about what they're doing next year… this article?

Male Student

I really like it. Female Student Yeah?

Male Student

Yeah. The new director's right that it will motivate us.

Female Student

How's that?

Male Student

Well, some of the other schools are really good… so we'll really have to work hard to go up against them.

Female Student

Yeah…

Male Student

I mean, right now we don't rehearse more than once a week, but if we know we'd be competing with other schools, we'd probably rehearse more often and improve our singing a lot.

Female Student

That's true. The more you practice, the better you get. So, um . . . What about what the article said about how this will help the program?

Male Student

I hope it works! Right now, our program is pretty small, but we have some really talented people. And it would be great to attract even more people.

Female Student

So how will this plan help?

Male Student

Well, if we go to these off campus events and other people hear us and think we're really good, we might be able to get some new students interested in coming to this university… to be a part of our music program and perform in our choir concerts.

Female Student

You're right. I hadn't really thought about that.

Narrator

The man expresses his opinion about the change described in the article. Briefly summarize the change. Then state his opinion about the change and explain the reasons he gives for holding that opinion.

Preparation Time: 30 Seconds

Response Time: 60 Seconds

Points importants

Concernant ce sujet, il faut vous assurer de rendre compte des informations présentes aussi bien dans la partie lecture que dans la partie écoute. Vous pourriez commencer par expliquer brièvement le changement décrit dans l'article – le fait que la chorale de l'université participera dorénavant à des concours extérieurs avec d'autres universités –(plutôt que de chanter uniquement sur le campus comme c'est le cas actuellement). Vous pourriez ensuite expliquer que l'homme dans la partie écoute est d'accord avec ce changement. Tout d'abord, il va dans le sens du directeur qui pense que le fait de chanter pendant ces concours va motiver la chorale à s'améliorer, car elle devra pratiquer et répéter de manière plus intensive. Dans le même ordre d'idées, vous pourriez ensuite expliquer que les concours vont contribuer à développer le programme musical de l'université. L'homme indique que si les gens les entendent chanter pendant les concours, ils pourraient être incités à s'inscrire à l'université (et à rejoindre la chorale).

Exemples de réponses

Allez à la piste 125 du DVD pour écouter une réponse de haut niveau à la question 3.

> ☛ ***Commentaires du correcteur***
>
> C'est une réponse complète et claire. Bien que l'étudiant s'interrompe de temps en temps pour rassembler ses idées, son exposé est globalement assez fluide, et la réponse facile à suivre. Son vocablaire est précis et varié. Les mots de transition comme «*furthermore*» aident à suivre son propos. Quelques fautes de grammaire, comme «*the director thin*» ne posent pas de problème à celui qui écoute. L'étudiant détaille plus que nécessaire lorsqu'il résume la partie lecture; une réponse plus efficace aurait intégré ces informations dans la présentation des motivations du locuteur pour accepter le projet. Néanmoins, l'étudiant couvre toutes les informations essentielles dans sa réponse.

Allez à la piste 126 du DVD pour écouter une réponse moyenne à la question 3.

> ☛ ***Commentaire du correcteur***
>
> Bien que l'étudiant utilise un vocabulaire de haut niveau («*pretty happy with the change undertook*», «*level up their singing proficiency*»), sa réponse n'est pas toujours facile à suivre. Du fait d'erreurs de prononciation et d'un débit lent, celui qui écoute doit faire un effort pour comprendre son propos. Le contenu de sa réponse est également parfois peu clair. L'étudiant n'explique jamais complètement quel est le projet du directeur pour la chorale et n'évoque pas le dernier point, à savoir comment le fait de concourir hos du campus pourra inciter de nouveaux étudiants à venir à l'université. En améliorant la fluidité et le débit de son propos, cet étudiant pourrait communiquer plus efficacement les idées principales attendues dans une réponse de 60 secondes.

Question 4

Piste 118. Script de compréhension orale

> **Narrator**
>
> Read a passage about relict behaviors from a biology textbook. You will have 50 seconds to read the passage. Begin reading now.
>
> **Reading Time: 50 Seconds**

Relict Behavior

In general, animals act in ways that help them to survive within their specific habitats. However, sometimes an animal species may display a behavior that no longer serves a clear purpose. The original purpose for the behavior may have disappeared long ago, even thousands of years before. These behaviors, known as relict behaviors, were useful to the animal when the species' habitat was different; but now, because of changed conditions, the behavior no longer serves its original purpose. Left over from an earlier time, the behavior remains as a relict, or remnant, long after the environmental circumstance that influenced its evolution has vanished.

Narrator

Now listen to part of a lecture in a biology class.

Professor

OK, so a good example of this—found right here in North America—is something an animal called the American pronghorn does. **Pronghorns**, as you may know, are a kinda deer-like animal… they live out on the open, grassy plains … somewhat in the middle of North America…

And they are super fast. Pronghorns are, in fact, noted for being the **fastest** animal in the Western Hemisphere. Once a pronghorn starts running—zoom!–none of its present-day predators, like the… bobcat… or coyote, can even hope to catch up with it… it's off in a flash!

OK, so why then do pronghorns run so fast? That's the question.

Well, it turns out that quite a long time ago… I'm talking tens of thousands of years… things on the grassy plains used to be very different for the pronghorns. Because back then lions used to live on the plains… chasing and preying upon the pronghorns.

And **lions**, of course, are a very swift-moving mammal…much faster than the bobcat or coyote, or other predators that you find on the plains today…But, now, however, lions are all extinct in North America. They're no longer a predator of the pronghorn. Tens of thousands of years ago, though, the lions were there, chasing the pronghorns. So, back then, the pronghorn's speed was critical to its survival.

Narrator

Using the example of the pronghorn and lion, explain the concept of a relict behavior.

Preparation Time: 30 Seconds

Response Time: 60 Seconds

Points importants

Pour cette question, la piste audio vous demande d'utiliser des exemples extraits du cours pour expliquer le concept décrit dans la partie lecture. Il vous faudra résumer des informations importantes à partir d'un exemple présenté dans le cours et expliquer en quoi il illustre ce concept, celui-ci étant défini de manière générale dans la partie lecture. Le concept présenté ici est le comportement rémanent, et vous pouvez commencer votre réponse en décrivant brièvement ce que c'est : un comportement rémanent est ici le comportement d'un animal qui avait autrefois une utilité, mais qui l'a perdue depuis. Vous pourriez ensuite présenter l'exemple de l'antilope d'Amérique, en reliant cet exemple au concept général. L'antilope d'Amérique peut courir très vite et cette vitesse de course est un comportement rémanent, parce qu'aujourd'hui elle n'a plus besoin de courir aussi vite. Dans le passé, l'antilope d'Amérique avait besoin de courir très vite, car son prédateur était le lion – et les lions courent très vite. De nos jours, le lion s'est éteint sur le continent américain et l'antilope d'Amérique n'a plus besoin de courir aussi vite car ses prédateurs actuels, le lynx et le coyote, ne courent pas aussi vite qu'un lion. Votre réponse doit contenir des informations provenant à la fois de la partie lecture et de la partie cours pour que la personne qui écoute puisse comprendre en quoi la vitesse de l'antilope d'Amérique est un bon exemple d'un comportement rémanent.

Exemples de réponses

Allez à la piste 127 du DVD pour écouter
une réponse de haut niveau à la question 4.

☛ ***Commentaires du correcteur***

C'est une bonne réponse. Le propos est globalement clair, et le débit de la réponse est approprié, ne créant aucune difficulté pour la personne qui écoute. Une intonation et une accentuation des mots pertinentes contribuent à la compréhension du sens, comme lorsque l'étudiante met l'accent sur « *need* » dans la dernière phrase (« *pronghorns don't need to run that fast any more* »). Elle utilise avec efficacité les structures grammaticales (« *the reasons for having developed that behavior or quality has long disappeared* », « *the pronghorns had to flee from lions who were preying upon them* »), et le choix des termes est pertinent et précis. Elle développe également ses idées de manière efficace, en commençant par une définition claire du comportement rémanent et en proposant un résumé précis de l'exemple et de la manière dont il est relié au concept. La dernière phrase relie clairement les deux, même si cela aurait pu être plus explicite si elle avait utilisé une nouvelle fois le terme de comportement rémanent.

Allez à la piste 128 du DVD pour écouter
une réponse de niveau moyen à la question 4.

☛ ***Commentaires du correcteur***

Cette étudiante propose un contenu assez précis et essaie de relier le concept de comportement rémanent à l'exemple, mais sa réponse est dans l'ensemble incomplète et peu claire, essentiellement parce qu'elle a du mal à développer ses idées. Elle mentionne bien le comportement rémanent au début de sa réponse mais elle n'en propose pas une description claire, en disant seulement qu'il « *can be genetically inherit* ». Le reste de la réponse résume le cours, elle fournit bien les principaux éléments et fait preuve d'une certaine compréhension, mais la description n'est pas complètement claire et la personne qui écoute doit remplir les blancs que l'étudiante n'évoque pas ; par exemple, la vitesse de l'antilope d'Amérique, le point le plus important, n'est pas mentionnée avant la deuxième partie de la réponse, ce qui crée de la confusion. Des références peu claires créent encore plus de confusion, comme par exemple dans « *This proves that was inherited* ». La réponse aurait été plus solide si l'étudiante avait dit précisément que la vitesse de l'antilope d'Amérique est un comportement rémanent, au lieu de dire « *it is not survival for them, they just have it* ». Bien qu'il y ait quelques pauses maladroites, son propos est en général clair et le débit est satisfaisant dans la réponse. L'utilisation de la grammaire et du vocabulaire pose plus de problèmes. Il y a un certain manque de précision dans la réponse qui gêne parfois la communication et les idées ne se développent pas clairement. Dans l'ensemble, l'étudiante ne dispose pas d'une gamme suffisamment large de vocabulaire et de structure grammaticale pour exprimer clairement ses idées.

Question 5

Piste 119. Script de compréhension orale

Narrator

Listen to a conversation between two students

Female Student

Hey, Matt. You got your paper done for class today?

Male Student

No, I just realized it's sitting on my desk. I wrote it last night, but I forgot to bring it with me.

Female Student

Uh oh. So what're you gonna do?

Male Student

Well, I could drive home and get it. I live off campus, but if I hurry, I'd probably get home and bring the paper back before class was over. You know how strict she is about late submissions.

Female Student

Yeah, but you'd miss part of the class.

Male Student

I know...

Female Student

Maybe you could talk to the professor, explain what happened... and ask her if you could send it later by e-mail.

Male Student

I know. But I'd have to do it after class 'cause she always starts class right on time. There wouldn't be time to talk to her until after class.

Female Student

Well, why don't you do that and hope she doesn't consider the paper late?

Narrator

Briefly summarize the problem the speakers are discussing. Then state which solution you would recommend. Explain the reasons for your recommendation.

Preparation Time: 20 Seconds

Response Time: 60 Seconds

Points importants

Pour cette question, vous devriez commencer par résumer le problème évoqué dans la conversation : le garçon est censé remettre son devoir en cours aujourd'hui, mais il l'a oublié chez lui. La piste audio vous demande de préconiser l'une des deux solutions évoquées dans la discussion. Le garçon a deux solutions possibles : il peut rentrer chez lui avant le cours pour récupérer le devoir (bien que cela lui fasse manquer une partie du cours) ou bien il peut envoyer le devoir par e-mail à la professeure après le cours (en espérant qu'elle sera compréhensive). On ne vous demande pas de résumer les deux solutions. Vous pouvez le faire si vous le souhaitez, mais cela risque de ne pas vous laisser assez de temps pour prendre position et en justifier les raisons. Il est important pour vous de choisir une solution et d'expliquer pourquoi c'est la meilleure. Si vous préferez la première solution qui consiste à retourner chercher le devoir, par exemple, vous pouvez insister sur l'importance de rendre le devoir dans les délais. Puisque la professeure est très stricte sur les devoirs rendus en retard, il serait probablement préférable de manquer une partie du cours plutôt que de rendre le devoir en retard.

Exemples de réponses

Allez à la piste 129 du DVD pour écouter une réponse de haut niveau à la question 5.

> ☛ ***Commentaires du correcteur***
>
> Cette réponse est complète et facile à suivre. L'étudiant résume clairement le problème. Il mentionne bien les deux solutions, ce qui n'est pas nécessaire, mais il est capable de les résumer très rapidement ce qui lui permet d'avoir suffisamment de temps pour expliquer pourquoi il a choisi la seconde solution. Il fournit de solides arguments pour soutenir sa recommandation en se référant à sa propre expérience dans des situations similaires. Sa réponse est bien structurée et il utilise un langage clair comme « *He has two options* » et « *The other option is* », ce qui permet de suivre facilement sa réponse. Il fait quelques erreurs de grammaire, comme lorsqu'il dit « *classes* » au lieu de « *class* », mais ces erreurs ne nuisent pas à une bonne compréhension.

Allez à la piste 130 du DVD pour écouter une réponse de niveau moyen à faible à la question 5.

> ☛ ***Commentaires du correcteur***
>
> Cet étudiant ne parle pas clairement et avec fluidité, c'est pourquoi sa réponse est incomplète et ne rend pas compte des détails de manière élaborée, à la différence d'une réponse de haut niveau (par exemple, une description plus détaillée du problème et de la solution). Il semble bien comprendre le problème. Cependant, son résumé n'est pas assez précis ; il dit que le garçon a oublié son « *homework* » au lieu de son devoir. L'étudiant choisit la seconde solution (il doit parler à sa professeure), mais le langage qu'il utilise pour soutenir son avis est difficile à suivre (« *he has to say to his teacher, the fact, and uh, the first time he has to take care* »). Il fait de longues pauses au cours de son temps de parole, ce qui laisse supposer qu'il se débat pour trouver les mots corrects à utiliser. Sa prononciation n'est pas toujours claire, et il est difficile de suivre sa réponse. L'étudiant pourrait améliorer sa réponse s'il pouvait parler plus vite (avec moins de pauses) et utiliser une gamme plus large de structure grammaticale et de vocabulaire pour s'exprimer.

Question 6

Piste 120. Script de compréhension orale

Narrator

Listen to part of a lecture in a business class.

Professor

People who are likely to buy a company's product are called target customers. And these target customers influence a company's marketing strategy. In order to develop a marketing strategy, a company will look at certain characteristics of the target customers to decide when and where to advertise… so that they'll reach the target customers most effectively. I'd like to talk to you today about two characteristics of target customers that can influence marketing strategy, specifically age and geographic location of the target customers

Say a company makes toy cars. Who are its target customers? Kids, right? So, if the company wants to make sure its television advertising reaches its target customers, it'd want to advertise during times when kids are actually watching television, like during children's television shows. That way it can make sure that kids see the advertisements. And that way the company'd get people in that age group to go buy toy cars, or to ask their parents to buy 'em at least.

Now, another important characteristic to consider is geographic location… places where the company's target customers live. Think about a company that makes boats. Its target customers are people who own homes near oceans or lakes, places where they can use boats. After all, people who don't live near water don't have much use for boats. So, by placing advertisements on signs along the road or on television in cities and towns that are near oceans or lakes, the company'd be more likely to reach the target customers for its boats… and sell more of 'em as a result.

Narrator

Using points and examples from the lecture, explain how the characteristics of target customers influence marketing strategy for products.

Preparation Time: 20 Seconds

Response Time: 60 Seconds

Points importants

Pour cette question, on vous demande d'écouter un cours et de résumer les points clés qui expliquent le concept de cible client. Vous vous pencherez notamment sur les caractéristiques des cibles clients que le professeur aborde (l'âge et la localisation géographique) et la manière dont elles influencent la stratégie marketing des produits. Pour ce qui est de l'âge, vous pourriez résumer qu'une entreprise qui a pour cible client des enfants devrait passer des publicités aux horaires où les enfants regardent la télévision. En ce qui concerne la localisation géographique, vous pourriez résumer que si les cibles clients d'un constructeur de bateaux vivent au bord de l'eau, l'entreprise fera de la publicité dans les villes du littoral. Vous pourriez y inclure à la fois des informations générales tirées du cours (dans ce cas, le concept de cible client et les caractéristiques générales de l'âge et de la localisation) et des exemples particuliers de votre réponse.

Exemples de réponses

Allez à la piste 131 du DVD pour écouter une réponse de haut niveau à la question 6.

☛ ***Commentaires du correcteur***

Bien que la première phrase de l'étudiante soit légèrement confuse, la réponse dans son ensemble est claire et complète. L'étudiante couvre tous les points importants du cours et sa réponse est clairement structurée grâce à l'utilisation de termes de coordination («*for example*», «*so*», «*also*», «*in this way*»). La prononciation ainsi que l'élocution sont globalement satisfaisantes et représentent un point fort; les quelques légers problèmes (comme lorsqu'elle parle des enfants et de la télévision) n'affectent pas la compréhension générale, et ses pauses sont là surtout pour se souvenir des informations, et ne sont pas dues à un niveau de langue insuffisant. L'utilisation de la langue est également solide, et elle utilise des structures grammaticales variées et avec efficacité (par exemple, «*and this will be the proper time to advertise your toy cars, for example*»). Il y a parfois des imprécisions (comme «*how you reach it is*»), mais cela n'empêche pas de comprendre ce qu'elle veut dire. Dans l'ensemble, c'est un excellent résumé du cours.

Allez à la piste 132 du DVD pour écouter une réponse de niveau moyen à la question 6.

☛ ***Commentaires du correcteur***

Cette réponse fournit l'essentiel du contenu du cours, mais elle n'est pas aussi précise et complète qu'une réponse de bon niveau. Le débit de parole est satisfaisant, la prononciation est acceptable d'une manière générale et ne perturbe pas le sens global, mais il y a des pauses continuelles qui rendent la réponse difficile à suivre. La réponse débute doucement car l'étudiant utilise «*it*» au lieu de «*target customers*», ce qui serait plus clair. Il rencontre aussi des difficultés au niveau des explications générales; sa description n'est pas claire du fait d'une grammaire et d'un vocabulaire imprécis (par exemple, quand il dit «*so companies usually seek to put their promotions and advertisement as much as it might be exposed for the targeted customer*» au lieu de dire quelque chose comme «*so companies want to make sure target customers will see their advertisement*»). Il se débrouille mieux avec les exemples précis, bien qu'il dise «*they are aiming to buy for kids*», alors qu'il veut dire «*sell to kids*». D'une façon générale, la réponse devrait être plus développée et plus détaillée. Cet étudiant n'a pas démontré qu'il possédait suffisamment de ressources en langue pour donner une réponse complète et cohérente.

Expression écrite

Script des supports audio, notes sur les sujets et exemples de réponses avec les commentaires des correcteurs

Afin de savoir comment les réponses sont notées, utilisez les rubriques de notation concerant les épreuves écrites dirigées et libres que vous trouverez aux pages 201-202 et 210-211.

Expression écrite basée sur des documents écrits et oraux

Piste 121. Script audio

Narrator

Now listen to part of a lecture on the topic you just read about.

Professor

You've just read about three ways to save Torreya taxifolia. Unfortunately, none of these three options provides a satisfactory solution.

About the first solution, reestablishing Torreya in the same location. That's unlikely to be successful because of what's happening to the coolest, dampest areas within Torreya's microclimate. These areas are being strongly affected by changes in the climate of the larger region. This could be because global warming has contributed to an increase in overall temperatures in the region or because wetlands throughout Florida have been drained. Either way, many areas across the region are becoming drier. So it's unlikely that Torreya would have the conditions it needs to survive anywhere within its original Florida microclimate.

Now, about the second solution, relocating Torreya far from where it currently grows. Well, let's look at what happened when humans helped another tree, the black locust tree, move north to a new environment.

When they did this, the black locust tree spread so quickly that it killed off many plants and trees in the new environment—and some of these plants and trees were themselves already in danger of becoming extinct. So assisted migration can have unpredicted outcomes for the new environment.

Third, research centers are probably not a solution either. That's because the population of Torreya trees that can be kept in the centers will probably not be able to resist diseases. For a population of trees to survive a disease, it needs to be relatively large and it needs to be genetically diverse. Tree populations in the wild usually satisfy those criteria. But research centers would simply not have enough capacity to keep a large and diverse population of Torreya trees, so trees in such centers will not be capable of surviving diseases in the long term.

Narrator

Summarize the points made in the lecture, being sure to explain how they cast doubt on the specific solutions presented in the reading passage.

Notes sur le sujet

Vous devez comprendre les raisons présentées dans le cours qui expliquent pourquoi les différentes méthodes pour sauver l'arbre Torreya pourraient ne pas fonctionner. L'enseignant met en question chacune des solutions proposées dans le passage : planter des arbres Torreya dans les zones habituelles où il pousse, le planter dans de nouvelles zones, ou le conserver dans des centres de recherche.

Une réponse bien notée comprendra les points suivants abordés par le professeur et qui sont présents dans le passage à lire.

Eléments figurant dans le passage	Points en opposition avec le cours
Les arbres Torreya pourraient être plantés dans les zones habituelles où ils poussaient car ces zones ont un microclimat favorable frais et humide.	Malheureusement, le réchauffement climatique et les activités humaines ont rendu plus chauds et plus secs les endroits où l'arbre Torreya avait l'habitude de pousser.
Les arbres Torreya pourraient être introduits dans d'autres zones dont les conditions environnementales sont adaptées à la croissance de ces arbres.	Le fait d'introduire un arbre dans une nouvelle zone peut mettre en danger d'autres plantes qui y poussent déjà. Cela s'est déjà produit dans le passé lorsque le Robinier faux acacia a été implanté dans une nouvelle zone.
Si les arbres Torreya sont implantés dans des centres de recherche, ils peuvent être à la fois étudiés et protégés.	Dans la mesure où les centres de recherche sont de petite taille, la population d'arbres Torreya qui y poussent ne pourrait pas être assez large et diversifiée pour résister aux maladies.

Proposition : Les réponses avec des scores élevés traitent en général les trois aspects du tableau.

Exemples de réponses avec commentaires des correcteurs

Rédaction de haut niveau

Torreya taxifolia is an evergreen tree that was once common in Florida region. From 1950's it is in danger of becoming extinct and scientists are considering different ways to save it. Plans to reestablish Torreya in Florida has been ruled out by the professor in the lecture because global warming has resulted in a worse climate in that area for the tree to grow and flourish. Wetlands in Florida area have also dried up so these changes in the climate has caused the decreased growth of the tree and it is very hard to reestablish in the same area.

The second option could be very dangerous for the native species of that area. The professor explains by citing another example of black locust tree. When it was taken to a new environment, it grew to such an extent that it killed a large number of local plants and trees and hence they became endangered. So, it's not wise to grow one species by eliminating others. So it is at risk to experi The third solution is again not appropriate because for a population to be successfull it should be relatively large and genetically diverse so that it is able to resist diseases. Research centres cannot provide a large space for the population to be reestablished.

☛ ***Commentaires du correcteur***

Cette réponse obtient un score élevé car elle rend compte de façon satisfaisante de la plupart des informations les plus importantes du cours et du passage à lire. Le sujet – sauver une espèce d'arbre en danger d'extinction – est présenté dans le premier paragraphe et le candidat poursuit en abordant les faiblesses de chaque solution proposée. En se concentrant principalement sur les faiblesses évoquées par le professeur, il fait clairement référence aux solutions décrites dans le passage à lire. Cette réponse est plutôt bien structurée. La phrase incomplète que l'on trouve à la fin du troisième paragraphe n'enlève rien à la qualité de la réponse. Dans la mesure où nous considérons ces réponses comme des brouillons, des petits problèmes de ce type ne sont pas trop pénalisants. On trouve de petites erreurs («*plans… has been ruled out*») et certaines idées ne sont pas exprimées aussi bien qu'elles pourraient l'être (« *it's not wise to grow one species by eliminating others* » que l'on pourrait plutôt formuler de la sorte : « *it's not wise to grow one species at the expense of others* »), mais les règles d'évaluation autorisent quelques problèmes mineurs dans des réponses de haut niveau.

Rédaction de niveau moyen

Giving that Torreya started to die out in its naturel location, three solutions were be proposed, but none of them worked. The first solution is to reestablish the tree in Florida, its naturel home, because historicaly this kind of tree lives thanks to the microclimat of this state. But the plan fall because of the changing of the climat in this area. Benefits of the microclimat, which is specific climat of an area, do not exist yet. So Torreya loose its natural environnement. The second solution is to establish the tree in a completely different climat, meanning in the north. But as the professor explains, this solution fall in the past with the black locust tree. This historical exemple explains how it is difficult to change the ecosystem, because it is very dangerous to provoc a migration. Eventuelly, the last solution is to preserve Torreya in reserch centres. One more time this proposition is not good, because all experiences of capted population show that every preserve population lost its capacity to resist to deseas and external atacs. Then even if humans try to recreat a reel diversity, it is not possible, because the recreat area can not be enought to be large and diverse as the nature is.

☛ ***Commentaires du correcteur***

Cette réponse a obtenu un score moyen. Le candidat semble avoir compris la plupart des éléments du passage à lire et des arguments du professeur, mais des erreurs d'usage et de grammaire sont assez substantielles et très fréquentes dans toute la réponse (« *were be* »; « *fall* » pour « *fail* »; utilisation incorrecte des temps, « *capted* »). Ces erreurs contribuent à créer des propos vagues ainsi que des significations peu claires dans la manière de transmettre les idées et de créer les liens. Certaines informations importantes manquent également. Le candidat indique que le microclimat a changé (bien qu'il ne précise pas qu'il est devenu plus sec ou plus chaud). La phrase « *Benefits of the microclimate… do not exist yet* » n'est pas claire, probablement parce que le candidat a confondu « *yet* » et « *anymore* ». Même si le robinier faux acacia est cité comme un exemple historique, le candidat reste vague et peu clair sur la suite de l'argument: le professeur n'a pas dit que « *it is difficult to change the ecosystem* », et on hésite sur le sens de « *provoc a migration* ». Si le lecteur interprète correctement certaines expressions erronées (« *capted population* »), des parties importantes du troisième argument deviennent claires; cependant, ce n'est pas l'« *area* » qui ne serait pas assez vaste, mais la population d'arbres captifs.

Expression écrite basée sur les connaissances et l'expérience

Question

Do you agree or disagree with the following statement?

Students are more influenced by their teachers than by their friends.

Use specific reasons and examples to support your answer.

Be sure to use your own words. Do not use memorized examples.

Notes sur le sujet

Ce sujet vous pose la question de savoir si les étudiants sont plus influencés par leurs professeurs que par leurs amis. Si vous êtes d'accord avec cette position, vous devez présenter des exemples et des arguments. Par exemple, vous pouvez préciser que cette question de savoir qui influence le plus les étudiants dépend en grande partie de l'âge et des centres d'intérêt de l'étudiant : des étudiants plus mûrs et qui aiment apprendre sont plus enclins à suivre l'avis de leurs professeurs. Vous pouvez développer les façons dont les enseignants peuvent influencer leurs étudiants : par exemple, les professeurs peuvent servir de modèles ou ils peuvent inspirer et nourrir la créativité et la confiance en soi de leurs étudiants. Si vous n'êtes pas d'accord avec cette position, il vous faudra présenter dans votre réponse des exemples et des arguments expliquant pourquoi les amis ont une plus grande influence que les professeurs. Par exemple, vous pouvez mettre en évidence l'importance de la confiance par rapport à l'autorité. Vos amis ne vous jugent pas, mais les professeurs le font. De plus, les étudiants passent plus de temps avec leurs amis, partagent des activités en dehors de l'école, parlent le même langage et ont le même style de vie.

Exemples de réponses avec commentaires des correcteurs

Rédaction de haut niveau

In my opinion, students are more influenced by their friends rather than their teachers. Therefore, I disagree with the statement 'Students are more influenced by their teachers than by their friends'.

I do not disagree with the fact that students get influenced by their teachers, however, I believe that this 'influence' is mostly within the field of academics. In most cases, the only time that students communicate with the teacher is in the school building, in the classroom. Most of the discussions are about topics related to studies. However, with friends, students often tend to discuss a variety of topics, such as studies, friends, relationships and families. Therefore, students are generally influenced more broadly by their friends, while the only influence made by the teachers are mostly academical.

The amount of time spent with the teacher or friend, also effect on how much influence has been made to a person. As mentioned previously, the time that students communicate with the teachers is restricted to school hours. However, students spend or communicate with their friends not only in school but even outside the school campus and school hours. Especially with the emerging technology, and the development of mobile phones and the internet, students are now able to communicate with their friends at any time where ever they are. Since the amount of time spent communicating with their friends are much larger than the time spent with the teachers, there are more chance of the students being influenced by their friends rather than their teachers.

Also, it is normal that the students feel psychologically more attached to the people in their age group, especially with their friends. The teachers are usually from different generations from the students and this may cause the students to feel that there is a distance between how they think/feel and how the teachers think/ feel. Since the students are more emotionally and psychologically attached to their friends, they feel more comfortable to discuss their issues with them and accept their responses more openly and easily. This fact relates directly to how much they are influenced by their friends.

For these reasons, I believe that students are more influenced by their friends than by their teachers.

☛ ***Commentaires du correcteur***

Cette rédaction mérite un score élevé. Elle démontre un excellent développement du sujet et une très bonne structure. Le deuxième paragraphe, qui commence par «*I do not disagree*» est une jolie concession qui montre que dans un domaine, les enseignants peuvent influencer les étudiants, à savoir, «*academics*», mais le candidat poursuit en décrivant d'autres domaines dans lesquels les étudiants sont «*generally influenced more broadly by their friends*». Le paragraphe suivant explicite de manière pertinente le fait que les étudiants passent plus de temps à communiquer et donc à être influencés par leurs amis, et le dernier paragraphe explique pourquoi les étudiants sont psychologiquement plus proches et donc plus facilement influencés par leurs amis que par leurs professeurs.

Les constructions de phrases sont variées (illustrant à la fois la coordination et la subordination) et guident le lecteur de manière efficace à travers les propositions et les liens entre les arguments que le candidat avance. Les quelques erreurs dans la première phrase du paragraphe 3 (problèmes d'accord, de ponctuation, et de collocation) et quelques autres fautes ailleurs dans le texte sont considérées comme mineures dans le contexte d'une rédaction par ailleurs bien écrite; elles n'enlèvent pas sa qualité à cette rédaction bien écrite.

Rédaction de niveau moyen

When people are young, they like to do the same things as their friends, say the same things as their friends, wear the same things as their friends and much much more.

I think students are influenced by friends more than their teachers, I think this is because of their age, the time spent with each other, and the style of thinking.

Being the same age and going to the same school, the things that become popular are all the same. They would want to buy the same things and would feel that if they did not have the same things I would be left out! Its like being influenced physically than being naturally influenced.

The style of thinking becomes all alike between the students because they have beed living in the same places and going through the same learning curiculum. Also, there are lots of types of students for example. Students that like anime and comics, students that like to do bad things, students that like to play sports. All these students are influencing each other by small pieces.

The biggest reason that friends influence students than teachers, is because of the time spent with each other. The longer students and students be together the stronger the influence would become. I have a friend that I have been with for more than six years. I say the same things, do the same things, play the same things.

Compared to teachers the time spent with each other, age, style of thinking all has a stronger influence. The students would only meet a specific teacher once a day, or if the teacher was his or her homeroom teacher they would only meet him twice or three times a day.

I do not think I have been influenced by a teacher before. I am always spending my time with my friends at school. This is probably the reason why I think friends our more influensive than teachers.

☛ *Commentaires du correcteur*

Cette rédaction est évaluée à un niveau moyen. Les explications et les exemples qui la composent sont assez vagues et peu développés. Le lien entre certaines idées est peu clair. Dans le deuxième paragraphe, le candidat promet d'aborder l'infuence de l'âge, de la mentalité et du « time spent with each other », mais finalement tous ces arguments sont mélangés et les deux premiers en particulier sont peu développés. Dans le quatrième paragraphe, le lien entre l'idée selon laquelle beaucoup d'étudiants vivent au même endroit et le fait qu'il existe différents types d'étudiants n'est pas clairement établi. Dans l'ensemble, la grammaire est assez précise, mais on sent dans ce texte une gamme limitée de structures et de vocabulaire qui contribue à un manque de précision et semble empêcher un développement d'idées plus complexes. Par exemple, lorsque le candidat essaie de résumer les principaux points du paragraphe 3 avec la phrase « Its like being influenced physically than being naturally influenced », il est diffcile d'interpréter ce que le candidat veut exprimer. Ces limites affectent également la phrase précédente lorsque le candidat n'utilise pas une structure pronominale cohérente (« *If they did not have the same things I would be left out* »).

10 MANUEL DE RÉDACTION À L'INTENTION DES ÉTUDIANTS APPRENANT L'ANGLAIS

Utilisez le manuel de rédaction comme un guide pour vous aider à écrire de meilleures rédactions en anglais. Il comprend les sujets suivants :

- **grammaire :** explique les règles essentielles de grammaire et donne des exemples ;
- **usage :** explique les règles d'usage importantes et donne des exemples ;
- **syntaxe :** décrit les règles de base et donne des exemples ;
- **style :** traite les aspects essentiels d'un style efficace ;
- **organisation et développement :** apporte une aide au processus d'écriture et au développement de chaque partie d'une rédaction ;
- **conseil de rédaction :** traite des différents types de rédactions ;
- **révision, modification et relecture :** explique ce qu'il faut faire à chaque étape d'amélioration de votre rédaction ;
- **glossaire :** présente la définition des termes.

Grammaire

Cette partie donne des informations sur les erreurs grammaticales suivantes :

- erreurs de phrases ;
- erreurs de mots ;
- autres erreurs.

Erreurs de phrases

Les fragments de phrases

Un fragment de phrase est une phrase incomplète. Il n'exprime pas une pensée complète, bien qu'il commence par une majuscule et se termine par une marque de ponctuation. Il manque soit un sujet, soit un verbe, soit les deux à la fois.

Voici trois exemples de fragments de phrases :

- Fragment n° 1 : *Where there were mice and cockroaches.*
- Fragment n° 2 : *A movie that inspires deep emotions.*
- Fragment n° 3 : *Analyzing the characters' motives.*

Ces trois groupes de mots ne peuvent être considérés seuls comme des phrases complètes. Ils peuvent être corrigés de deux manières. En attachant un fragment de phrase à une phrase complète :

- Phrase corrigée 1 : Peter left the apartment *where there were mice and cockroaches.*
- Phrase corrigée 2 : I went to see "The Silver Star," *a movie that inspires deep emotions.*
- Phrase corrigée 3 : *Analyzing the characters' motives* is central to understanding a novel.

Ou alors en ajoutant un sujet, un verbe ou d'autres mots qui expriment une pensée complète :

- Phrase corrigée 1 : *This is where there were mice and cockroaches.*
- Phrase corrigée 2 : *A movie that inspires deep emotions* is rare.
- Phrase corrigée 3 : *Analyzing the characters' motives* is important.

Résumé : les fragments de phrases sont des phrases incomplètes. Parfois les lecteurs peuvent comprendre le sens d'un fragment de phrase en relisant les phrases antérieures ou postérieures. Néanmoins, transformer les fragments de phrases en phrases complètes améliorera les connexions entre les idées.

Les phrases accolées

Les phrases accolées sont plusieurs phrases jointes ensemble sans une conjonction ou une ponctuation correcte. Les phrases accolées peuvent rendre très confus le sens de la phrase. Voici un exemple : *My sister loves to dance she is very good at it.*

Il existe plusieurs manières de corriger des phrases accolées.

1. Diviser les phrases accolées en deux phrases distinctes.

- Phrase accolée : *My sister loves to dance she is very good at it.*
- Phrase corrigée : *My sister loves to dance. She is very good at it.*
- Phrase accolée : *Jim showed us his ticket someone gave it to him.*
- Phrase corrigée : *Jim showed us his ticket. Someone gave it to him.*

2. Relier les deux parties de la phrase accolée avec une virgule et une conjonction de coordination. Voici les conjonctions de coordination les plus communes : *and, but, for, nor, or, so, yet.*

- Phrase accolée : *My sister loves to dance she is very good at it.*

- Phrase corrigée : *My sister loves to dance, and she is very good at it.*
- Phrase accolée : *She agreed to chair the meeting she didn't come.*
- Phrase corrigée : *She agreed to chair the meeting, but she didn't come.*

3. Relier les deux parties de la phrase accolée avec une conjonction de subordination. Voici les conjonctions de subordination les plus communes : *after, although, as, because, before, if, since, unless, until, when, whereas, while.*

- Phrase accolée : *My sister loves to dance she is very good at it.*
- Phrase corrigée : *My sister loves to dance because she is very good at it.*
- Phrase accolée : *Maria and John like skiing Karen does not.*
- Phrase corrigée : *Although Maria and John like skiing, Karen does not.*

4. Relier les deux parties de la phrase accolée par un point-virgule.

- Phrase accolée : *Gordon laughed at Sandy's joke it was funny.*
- Phrase corrigée: *Gordon laughed at Sandy's joke; it was funny.*
- Phrase accolée: *I thought he was here I was wrong.*
- Phrase corrigée: *I thought he was here; I was wrong.*

Résumé : les phrases accolées sont deux phrases (ou plus) ayant été rassemblées sans une conjonction ou une ponctuation correcte. Vous pouvez aisément les corriger en utilisant la ponctuation (point, point-virgule) ou des conjonctions de coordination ou de subordination.

Erreurs de mots

Les formes nominales

Un nom est généralement défini comme une personne, un lieu ou une chose.

- Personne : *man, woman, waiter, John, book.*
- Lieu : *home, office, town, station, Hong Kong.*
- Chose : *table, car, apple, money, music, love, dog, monkey.*

Connaître quelques règles basiques vous aidera à utiliser les noms de manière efficace.

1. En anglais, certains noms sont dénombrables, c'est-à-dire que l'on peut les compter. Par exemple : *house*. On peut en compter plusieurs, il peut y en avoir un, deux, trois ou plus. Voici d'autres exemples de noms dénombrables :

dog, cat, animal, man, person, bottle, box, pound, coin, dollar, bowl, plate, fork, table, chair, suitcase, bag

Les noms dénombrables sont singuliers et deviennent pluriels quand leur nombre augmente.

- Singulier : *I have* a friend.
- Pluriel : *I have* two friends.

2. Généralement, pour former un nom pluriel on ajoute un *-s*, comme dans les exemples précédents (*friend, friends*). Pourtant, il y a plusieurs exceptions pour lesquelles on ne peut pas ajouter un *-s*.

- Quand un nom se termine en *-ch*, *-s*, *-sh*, *-ss*, ou *-x*, le pluriel se forme en ajoutant *-es* (benches, gases, dishes, dresses, taxes).
- Quand un nom se termine en *-y* et est précédé d'une consonne, le pluriel se forme en ajoutant *-ies* (parties, bodies, policies).
- Quand un nom se termine en *-y* et est précédé d'une voyelle, le pluriel se forme en ajoutant *-s* (trays, joys, keys).
- Quand un nom se termine en *-o*, la forme plurielle la plus commune se forme en ajoutant *-oes* (tomatoes, potatoes, heroes).
- Si le *-o* final est précédé d'une voyelle, le pluriel se forme en ajoutant *-os* (videos, studios).
- Quand un nom se termine en *-f*, le pluriel peut se former de deux manières :
  – soit en ajoutant *-s* (beliefs, puffs) ;
  – soit en changeant le *-f* en *-v* et en lui ajoutant *-es* (wife, wives ; leaf, leaves ; loaf, loaves).
- Quand un nom se termine en *-ex* or *-ix*, le pluriel se finit généralement par *-es* (appendixes, indexes).
- Dans certains cas, la forme plurielle d'un mot singulier reste inchangée (deer, sheep, fish, series).

3. Certains noms sont indénombrables. Ils représentent des choses qui ne peuvent pas être comptées. Par exemple, on ne peut pas compter du café. On peut compter des tasses de café, des kilos de café, mais pas du café en lui-même. Voici d'autres exemples de noms indénombrables :

music, art, love, happiness, advice, information, news, furniture, luggage, rice, sugar, butter, water, electricity, gas, money

Généralement, on considère les noms indénombrables comme singuliers.

- Incorrect : *These* furnitures *are beautiful.*
- Correct : *This* furniture *is beautiful.*

4. Certains noms indénombrables se réfèrent à des idées abstraites ou à des émotions. Ces idées abstraites peuvent faire référence à des qualités n'étant pas physiquement tangibles. Par exemple : *health, justice.*

Puisqu'on ne peut pas compter des noms à la valeur abstraite, ils sont toujours au singulier.

- Incorrect : Healths *are more important than* wealths.
- Correct : Health *is more important than* wealth.
- Incorrect : *Have* funs *at the reunion.*
- Correct : *Have* fun *at the reunion.*

5. Certains noms peuvent être dénombrables et indénombrables, par exemple : *paper, room, hair, noise, time.* Avec ces noms, la version singulière et la version plurielle revêtent en général des sens différents.

- Dénombrable : *The Christmas* lights *make the mall very pretty.*
- Indénombrable : *This room does not get enough* light.
- Dénombrable : *Othello is one of Shakespeare's most famous* works.
- Indénombrable : *I have a lot of* work *to do tonight.*

6. Les noms singuliers dénombrables sont généralement précédés d'un article ou d'un autre déterminant (*a, an, the, this, my, such*).

- Incorrect : *His mother is doctor.*
- Incorrect : *Boy standing over there is brother.*
- Incorrect : *We saw child in playground.*
- Correct : *His mother is* a *doctor.*
- Correct : The *boy standing over there is* my *brother.*
- Correct : *We saw* a *child in* the *playground.*

Résumé : les noms sont des mots importants au sein d'une phrase car ils forment les sujets ou les objets de cette phrase. Certains noms peuvent être dénombrables ou indénombrables. Connaître quelques règles élémentaires vous aidera à utiliser les noms de manière efficace.

Les formes verbales

Les verbes font partie du discours qui exprime l'action (*jump, show*) ou l'état (*are, was*). Voici quelques conseils qui vous permettront d'utiliser efficacement les verbes.

1. Les verbes d'aide (aussi appelés auxiliaires) précèdent le verbe principal. Tous les verbes suivants sont des auxiliaires :

be, am, is, are, was, were, being, been, has, have, had, do, does, did, can, will, shall, should, could, would, may, might, must

Voici quelques exemples de phrases contenant des auxiliaires :

- *Many people don't know what they* <u>*are*</u> *going to do after college.*
- *I* <u>*am*</u> *going to give you step-by-step instructions.*

2. Les verbes tels que *might, must, can, would* et *should* sont aussi appelés des modaux. Ils expriment une grande variété de sens (capacité ou aptitude, permission, possibilité, nécessité, etc.).

Les exemples suivants présentent l'une des utilisations des modaux :

- *Tom* <u>*might*</u> *have gone to the party if he had been invited.*
- *If I had a million dollars, I* <u>*would*</u> *buy a house for my parents.*

Cette utilisation des modaux est appelée conditionnelle. Il s'agit d'un événement relié à un autre ou d'un événement ne pouvant se produire que sous certaines conditions. Dans le premier exemple, Tom ne peut pas aller à la fête sans y avoir été invité. Dans le second exemple, je ne pourrais acheter une maison à mes parents que si je possédais un million de dollars.

3. La forme infinitive est formée par le mot *to* suivi de la forme simple du verbe.

- *He is too tired* <u>*to go*</u> *to the barbecue.*
- *The manager wants* <u>*to hire*</u> *a new secretary.*

L'infinitif peut également être utilisé comme sujet ou objet de la phrase.

- <u>*To invest*</u> *now seems risky.*
- *The teacher told him* <u>*to leave*</u>.

Dans le premier exemple, *to invest* est le sujet de la phrase, alors que, dans le second exemple, *to leave* en est l'objet.

L'infinitif peut être utilisé pour montrer une action se produisant en même temps, ou à la suite de l'action du verbe principal.

- *We like* <u>*to play*</u> *video games.*
- *My best friend wants* <u>*to shop*</u> *at that mall.*

Dans le premier exemple, *liking* se produit en même temps que *playing*. Dans le second exemple, *shopping* se produira après *wanting*.

4. Ne pas utiliser *of* après un auxiliaire. Dans certaines expressions, deux verbes ou plus sont utilisés *(should have happened, might be eaten, could have decided)*. Voici quelques exemples dans lesquels le mot *of* n'est pas utilisé correctement :

- Incorrect : *They would* <u>*of*</u> *stayed one more month if possible.*
- Incorrect : *In that time, he could* <u>*of*</u> *finished the project.*
- Correct : *They would* <u>*have*</u> *stayed one more month if possible.*
- Correct : *In that time, he could* <u>*have*</u> *finished the project.*

Of est une préposition, pas un verbe, et dans chacune de ces phrases, *of* peut être remplacé par l'auxiliaire *have*.

Résumé: les verbes sont très importants au sein de la phrase. Certaines règles à apprendre vous aideront à utiliser les verbes de manière efficace.

Les accords sujet-verbe

En anglais, le sujet et le verbe doivent toujours s'accorder en nombre. Voici quelques règles utiles sur les accords sujet-verbe :

1. Un sujet singulier induit un verbe singulier.

- *The* teacher was *happy with my answer.*
- *My* cell phone is *not working.*

Dans le premier exemple, le sujet singulier *teacher* correspond au verbe singulier *was* conjugué au prétérit. Dans le second exemple, le sujet singulier *cell phone* correspond au verbe singulier *is*.

2. Un sujet pluriel induit un verbe pluriel.

- *My* parents were *happy with my grades.*
- *Many* television stations have *reported that story.*

Dans le premier exemple, le sujet pluriel *parents* correspond au verbe pluriel *were* conjugué au prétérit, et dans le second exemple, le sujet pluriel *television stations* correspond au verbe pluriel *have*.

Un sujet pluriel ne peut JAMAIS être associé à un verbe singulier.

- Incorrect : *Many* students thinks *tomorrow is a holiday.*

Cette phrase peut être corrigée pour rendre le sujet et le verbe compatibles.

- Correct : *Many* students think *tomorrow is a holiday.*

De la même manière, un sujet singulier ne peut pas être associé à un verbe pluriel.

- Incorrect : *The* student think *tomorrow is a holiday.*

Cette phrase peut être corrigée pour rendre le sujet et le verbe compatibles.

- Correct : *The* student thinks *tomorrow is a holiday.*

3. Parfois, sujet et verbe peuvent être séparés par un mot ou une phrase. Lorsque cela se produit, les élèves oublient souvent d'accorder sujet et verbe en nombre.

- Incorrect : *Your* suggestions *about the show* was *excellent.*
- Incorrect : *The* use *of cell phones during concerts* are *not allowed.*
- Correct : *Your* suggestions *about the show* were *excellent.*
- Correct : *The* use *of cell phones during concerts* is *not allowed.*

Dans le premier exemple, comme le sujet de la phrase est *suggestions*, nom pluriel, le verbe pluriel *were* doit être utilisé. Dans le second exemple, le sujet singulier *use* doit être utilisé avec le verbe singulier *is*.

4. Un sujet composé doit être associé à un verbe pluriel.

Lorsque vous corrigez votre travail, identifiez de façon correcte le ou les sujets de votre phrase. Par exemple, les phrases suivantes contiennent plusieurs sujets :

- *The camcorder and the tripod were returned yesterday.*
- *Both Chantal and Rachel are nice names.*

Dans le premier exemple, le sujet complet est composé (*camcorder* and *tripod*), le verbe est donc obligatoirement au pluriel (*were*). Dans le second exemple, le sujet composé est *Chantal and Rachel* et doit correspondre au verbe pluriel *are*.

5. Un nom collectif doit être obligatoirement suivi d'un verbe lui correspondant. Les noms collectifs désignent un groupe (*committee, herd, board of directors*). En anglais américain, ces noms collectifs sont généralement singuliers.

- Correct : *The* committee is *made up of twelve people.*
- Correct : *The* jury has *not arrived at a verdict.*

Lorsque vous utilisez un nom collectif comme menant une action individuelle, vous devez employer un verbe singulier. Dans le premier exemple, le sujet (*committee*) est singulier, il doit donc être suivi d'un verbe singulier. Dans le second exemple, le sujet singulier (*jury*) est suivi du verbe singulier *has*.

Cependant, vous pourriez parfois vouloir insister sur le fait que les individus constituant le groupe agissent de façon séparée, chacun pour soi. Vous pourriez alors écrire :

- Maladroit : *The* committee were *divided in their opinions.*
- Maladroit : *The* jury have *been listening to the tapes for two days.*

Dans ces exemples, les individus constituant le groupe sont mis en avant, la forme verbale plurielle est alors privilégiée. Pourtant, bien que correctes, ces phrases sonnent mal. Il est alors préférable de remplacer le mot *committee* par *committee members* dans le premier exemple, et le mot *jury* par *jury members* dans le second.

Résumé : un verbe doit TOUJOURS s'accorder avec son sujet. Un sujet singulier est suivi d'un verbe singulier, et un sujet pluriel d'un verbe pluriel. Parfois, un mot ou une phrase sépare le sujet de son verbe, ce qui rend difficile l'identification du sujet.

Les pronoms

Un pronom est un mot qui prend la place d'un ou plusieurs noms. Ce sont des mots tels que *he, his, she, her, hers, it, they, their, them, these, that, this, those, who, whom, which, what* et *whose*.

Sans les pronoms, nous devrions répéter sans cesse beaucoup de noms. Nous devrions dire des choses comme :

- *Do you like the new manager? I don't like the new manager. The new manager is too unfriendly.*

Grâce aux pronoms, nous pouvons dire :

- *Do you like the new manager? I don't like him. He is too unfriendly.*

Connaître quelques règles vous aidera à utiliser les pronoms correctement et efficacement.

1. Les pronoms doivent s'accorder en genre avec les noms auxquels ils se réfèrent. Si un pronom correspond à une femme, un pronom féminin doit être utilisé (*she, her, hers*). Si un pronom correspond à un homme, un pronom masculin doit être utilisé (*he, his, him*).

Chaque pronom utilisé doit également correspondre en nombre au nom auquel il est associé. Si vous utilisez un pronom pour remplacer un nom singulier, vous utiliserez un pronom singulier ; si vous utilisez un pronom pour remplacer un nom pluriel, vous devrez utiliser un pronom pluriel.

- *Julia reminded us that she would not stay late.*
- *Bob bought two computers and had them delivered to his office.*

Dans le premier exemple, le pronom singulier *she* est utilisé en remplacement du nom singulier *Julia*, qui est une femme. Dans le second exemple, le pronom pluriel *them* est utilisé en remplacement du nom pluriel *computers*.

2. Certains pronoms indéfinis sont toujours singuliers. Les pronoms indéfinis tels que *each, one, every, everyone, everybody, anyone, anybody, anything, someone, somebody, either, neither, nothing, nobody, none* et *no one* sont toujours singuliers, ce qui implique que les pronoms pouvant les remplacer sont toujours singuliers, comme dans ces exemples :

- *Neither of the boys sent in his report.*
- *Everyone must buy her own ticket.*

Notez la construction de la seconde phrase, dans laquelle le rédacteur a décidé d'utiliser le pronom *her*. Certaines personnes préféreront le pronom *his or her* afin de souligner que chaque personne, quel que soit son genre, doit acheter son ticket. Certains enseignants considèrent *his or her* comme maladroit et autorisent donc *everyone* à être traité comme un pluriel (*Everyone must buy their own ticket*). D'autres enseignants considèrent la construction plurielle comme non acceptable dans une expression écrite correcte.

3. Certains pronoms indéfinis sont toujours pluriels. Ceci inclut *both* et *many*. Les autres pronoms qui se réfèrent à *them* sont également toujours pluriels.

- *Both of them are here tonight.*
- *Many of the managers have moved into their new offices.*

Dans le premier exemple, *both* est pluriel, donc le pronom pluriel *them* est utilisé. Dans le second exemple, le pronom pluriel *their* est utilisé car *many* est pluriel.

4. Certains pronoms indéfinis peuvent être singuliers ou pluriels. Des pronoms indéfinis comme *all, any, more, most, none* et *some* peuvent être singuliers ou pluriels, en fonction de leur sens dans un certain contexte.

- *Most of my time is spent reviewing for the test.*
- *Most of the students have turned in their reports.*

Dans le premier exemple, *most* se réfère à *time*, un nom singulier. Il doit donc correspondre au verbe singulier *is*. Dans le second exemple, *most* se réfère au nom pluriel *students*. C'est pourquoi le verbe pluriel *have* et le pronom pluriel *their* doivent être utilisés.

5. Une utilisation intempestive de pronoms peut être une source de confusion.

- Confus : *The President informed the Vice President that all of his supporters should be meeting with him.*

Quels supporters, ceux du président ou du vice-président ? Qui vont-ils rencontrer ? Cette phrase doit être corrigée pour pallier la confusion causée par l'utilisation de *him* et *his*. Cela peut être effectué en remplaçant les pronoms par les noms appropriés.

- Clair : *The President informed the Vice President that all of the President's supporters should be meeting with the President.*

Une utilisation excessive du pronom *it* fragilise l'écriture, surtout lorsqu'il est utilisé en début de phrase, comme dans cet exemple :

- Confus : *We were visiting the museum. I saw it. It was interesting and unusual. I was amazed by it.*

On peut améliorer le sens du pronom *it* en expliquant à quoi le premier *it* se réfère.

- Clair : *We were visiting the museum. I saw the space exhibit. It was interesting and unusual. I was amazed by it.*

Dans l'exemple suivant, comment pourriez-vous imaginer à quoi *it* correspond ?

- *Although the car hit the tree, it was not damaged.*

Est-ce que *it* se réfère à la voiture ou à l'arbre ? Vous pouvez rendre cette phrase claire en la réécrivant.

- The car was not damaged, although it hit the tree.

6. Quand des noms sont reliés par des conjonctions (*and, or* ou *nor*), n'oubliez pas de faire correspondre les pronoms qui s'y réfèrent en genre et en nombre, comme dans ces exemples :

- *If Bob and Rick want to go, they will need to take the bus because I don't have room in my car.*
- *Whether I buy a dishwasher or dryer, it will have to go in the kitchen.*

Dans le premier exemple, il y a un nom composé, car Bob et Rick sont reliés par la conjonction *and*. Ainsi, le pronom pluriel *they* doit être utilisé. Dans le second exemple, le nom est singulier (*dishwasher or dryer*). Le pronom singulier *it* doit donc être utilisé.

7. Vous devez savoir quand utiliser *who, whom, which* ou *that*. *Who* et *whom* se réfèrent aux personnes. *Which* se réfère aux choses, et *that* peut se référer à la fois aux personnes et aux choses.

- *The committee interviewed all the candidates who applied.*
- *Do you still have the magazine that I lent you last week?*
- Which *courses should I take in the fall?*

Dans le premier exemple, *who* correspond à un groupe de personnes (*candidates*). Dans le second exemple, *that* se réfère à une chose (*magazine*). Dans le troisième exemple, *which* se réfère à des choses (*courses*).

Résumé : un pronom est un mot utilisé pour remplacer un ou plusieurs noms. Les pronoms singuliers doivent se référer à des noms singuliers, et les pronoms pluriels à des noms pluriels. Certains pronoms indéfinis peuvent être soit singuliers soit pluriels, en fonction de leur sens dans la phrase.

Les pronoms possessifs

Les pronoms possessifs sont utilisés pour marquer la possession et la propriété. Voici quelques règles qui vous permettront d'utiliser les pronoms possessifs de façon efficace :

1. Lorsque vous utilisez des pronoms possessifs tels que : *his, hers, mine, theirs, yours* ou *ours*, assurez-vous que le pronom possessif est accordé en nombre avec le nom auquel il correspond.

- Incorrect : *I have my car, and my husband has theirs.*
- Incorrect : *This is the children's room. All those toys are hers.*
- Correct : *I have my car, and my husband has his.*
- Correct : *This is the children's room. All those toys are theirs.*

Dans la première phrase, le pronom singulier *his* doit être utilisé pour montrer que la voiture appartient au nom masculin singulier *husband*. Dans la seconde phrase, *theirs* doit être utilisé pour montrer que les jouets appartiennent au nom pluriel *children*.

2. Les pronoms possessifs ne prennent pas d'apostrophe. *His, hers, its, ours, yours, theirs* et *whose* sont des pronoms qui portent déjà la possession, ils ne doivent donc pas prendre d'apostrophe.

- Incorrect : *Each art room has it's own sink.*
- Incorrect : *His' office is on the third floor.*
- Correct : *Each art room has its own sink.*
- Correct : *His office is on the third floor.*

Dans la première phrase, un pronom possessif est nécessaire (*its*) et non *it's*, qui signifie « *it is* ». Dans la seconde phrase, le pronom possessif *his* doit être utilisé ; *his'* n'est jamais utilisé.

Les autres manières de montrer la possession

Mis à part les pronoms possessifs, il y a d'autres façons de montrer la possession, comme utiliser l'apostrophe suivie d'un *-s* (*-'s*).

- *My neighbor's house is bigger than mine.*
- *Henry's cat likes to play with our baby.*

Ci-après sont présentées quelques règles indiquant la possession :

1. Lorsqu'un nom se termine en *-s,* l'addition d'un *-'s* fait sonner le mot de manière étrange, on ajoute donc simplement une apostrophe, comme dans ces exemples :

- *I like James' company.*
- *This is Harris' wife, Anna.*

2. Faites attention à bien mettre l'apostrophe à la bonne place. Veillez à placer l'apostrophe avant le *-s* si le mot est singulier.

- *The teacher's desk is right in front.* (un seul professeur)
- *My sister's haircut cost $70.* (une seule sœur)

L'apostrophe se placera derrière le *-s* seulement si le mot est au pluriel.

- *We borrowed our parents' car.* (plus d'un parent)
- *I went to a party at my friends' house.* (plus d'un ami)

3. Lorsque deux personnes ou plus partagent la même possession, vous utiliserez l'apostrophe *-s* sur le dernier nom. Lorsque chaque personne a une possession différente, vous devez le préciser, comme dans ces exemples :

- *John and Jack's room is very messy.* (John et Jack partagent la même chambre.)
- *Ian's and George's dreams are very different, even though the two boys come from the same family.* (Ian et George ont des rêves différents.)

4. N'utilisez pas d'apostrophe si vous voulez rendre un nom pluriel. L'apostrophe marque la possession et non le pluriel d'un nom. Les phrases suivantes sont fausses : elles ne devraient pas avoir d'apostrophe.

- *The new student's look confused.*
- *There are too many car's on our street's.*

Résumé : les pronoms possessifs sont utilisés pour marquer la possession ou la propriété. Il existe certaines règles qui vous aideront à les utiliser efficacement.

Les prépositions

Une préposition est un mot placé avant le nom (ou la phrase nominale) afin de donner plus d'information sur la phrase. Les prépositions sont généralement utilisées pour montrer où quelque chose se trouve, ou à quel moment une chose se produit. Les exemples de prépositions incluent *in, among, between, across, at, with, beside, behind, in, into, from, during, before* et *after.*

Les prépositions sont utilisées pour montrer le lieu, le temps, l'action ou le mouvement.

- Le lieu :
  - *The main office is in New York.*
  - *I'm meeting my colleagues at the coffee shop.*
- Le temps :
  - *Let's try to get there by 3:30.*
  - *Please do not talk during the show.*
- L'action ou le mouvement :
  - *He jumped into the river.*
  - *We flew from Los Angeles to Toronto.*

Certains verbes et adjectifs sont suivis par certaines prépositions.

- *They always argue about money.*
- *I borrowed a book from the library.*

Voici quelques exemples de mots et de prépositions qui vont naturellement ensemble :

familiar with, afraid of, far from, close to, believe in, borrow from, lend to, absent from, nice to, argue with, made of, take off, turn on, happy with, sad about, famous for

Les phrases suivantes contiennent des utilisations incorrectes des prépositions :

- Incorrect : *I am afraid at losing my textbooks.*
- Incorrect : *The student argued at the teacher.*
- Correct : *I am afraid of losing my textbooks.*
- Correct : *The student argued with the teacher.*

La première phrase peut être corrigée en remplaçant *at* par *of.* Dans la seconde phrase, la préposition allant de pair avec *argued* est *with.*

Résumé : les prépositions sont utilisées pour montrer les relations entre un nom et d'autres parties de la phrase. Il existe quelques règles vous permettant d'utiliser correctement les prépositions.

Autres erreurs

Mot manquant ou erroné

En écrivant rapidement, on utilise souvent des mots erronés ou inappropriés. Lorsque vous commencez à éditer et à corriger votre texte, faites très attention aux erreurs de mots ou aux mots que vous auriez omis.

L'un des problèmes les plus fréquents est l'utilisation de *the* au lieu de *they*.

- Incorrect : The *went to the store each Monday.*

Le rédacteur voulait sans doute dire :

- Correct : They *went to the store each Monday.*

Une autre erreur courante est l'oubli du nom après *the*.

- Incorrect : The *go to the store each Monday.*
- Correct : The brothers *go to the store each Monday.*

Résumé : les erreurs ou les oublis de mots apparaissent souvent mais sont faciles à corriger. Relisez attentivement vos phrases.

Les fautes de frappe ou de typographie

Parfois, en écrivant les premiers jets d'une rédaction, il vous arrive d'oublier des mots ou de faire des erreurs de frappe. Celles-ci peuvent être des erreurs grammaticales, d'usage, des erreurs de ponctuation ou d'orthographe, ou encore des oublis de mots ou des erreurs de typographie. Relisez attentivement votre rédaction pour corriger ces erreurs.

Usage

Cette partie fournit des informations concernant les erreurs d'usage suivantes :

- erreurs d'articles ou de déterminants ;
- mots inappropriés ;
- mauvaise forme de mot ;
- comparaison incorrecte ;
- verbe ou forme de mot non standard.

Les erreurs d'articles ou de déterminants

Cette partie présente et explique les règles d'utilisation des articles et donne des exemples d'une bonne utilisation des articles quand on rédige en anglais.

Qu'est-ce que les articles ?

A, an et *the* sont appelés articles. Ce sont des mots qui se placent avant un nom ou son élément modificateur. (Un élément modificateur est un mot qui rend le nom plus clair ou plus spécifique. Ils informent sur la quantité ou la particularité.)

- *a* thinker
- *a* car
- *an* apple
- *an* old house
- *the* house
- *the* newspapers

Il y a deux types d'articles en anglais. *A* et *an* sont appelés articles indéfinis. *The* est appelé article défini.

Quand utiliser *a* ou *an*

A ou *an* sont utilisés avant un nom singulier ou quand le nom désigne un membre d'un groupe.

- James must write *an essay* for his writing class today.
- *A newspaper* is a good source of information on current events.

Si le nom ou l'élément modificateur qui suit l'article commence par un son consonne, l'article *a* doit être utilisé.

- *a* basketball
- *a* new automobile

Par ailleurs, si le nom ou l'élément modificateur qui suit l'article commence par un son voyelle – a, e, i, o, u –, l'article *an* doit être utilisé.

- *an* elephant
- *an* old truck

A et *an* sont utilisés devant un nom dénombrable. Par exemple :

- I received *a letter* from my sister.
- Sending *an email* is a fast way to communicate with classmates.

Parfois, un nom ou un élément modificateur commence par une lettre voyelle mais pas par un son voyelle. Par exemple, ici le mot comment par la voyelle *o* mais commence par le son consonne *w* comme dans *won* :

- This will be *a* one-time charge to your account.

Quand utiliser *the*

The est utilisé avant un nom singulier ou pluriel lorsque le nom est particulier ou spécifique. L'article *the* est utilisé lorsque l'on peut répondre à la question « *Which one?* » ou « *What?* ».

- *The art class* that I want to take is taught by a famous painter.
- *The students* in Mrs. Jones's class do not want to participate in *the debate*.

De plus, *the* est utilisé de façon suivante :

- pour désigner des choses que tout un chacun connaît (*the* sky, *the* stars) ;
- pour désigner des choses uniques (*the* White House) ;
- pour désigner le temps (*the* past, *the* present, *the* future).

Quand ne pas utiliser d'article

A/*an* ne sont pas utilisés devant un article indénombrable.

- I like to drink milk. (*Milk* ne peut être compté.)

Si une quantité d'un nom indénombrable est précisée, l'article *the* est utilisé.

- I like to drink *a glass of milk* before I go to bed.

La plupart du temps, les noms caractérisant des principes généraux abstraits (tels que *anger, beauty, love* ou *employment*) ne prennent pas les articles *a* ou *an*.

- *Love* is a difficult emotion to describe in words.
- *Money* alone cannot buy happiness.

L'article *the* n'est pas utilisé lorsqu'un nom pluriel est utilisé pour caractériser un concept général.

- *Computers* are helpful tools for student writers. (*Computers* se réfère au concept général d'ordinateur, et pas à des ordinateurs en particulier.)
- *The computers* in that classroom are used for writing class. (*The computers* caractérise un ensemble spécifique d'ordinateurs.)

Autres erreurs de déterminants

Les adjectifs *this, that, these* et *those* modifient les noms qui les suivent en les caractérisant de façon spécifique. Ces adjectifs doivent s'accorder en nombre avec les noms qu'ils modifient. *This* et *that* sont utilisés pour caractériser un nom singulier. *These* et *those* pour caractériser un nom pluriel.

- Incorrect : *I would buy* these house *for* those reason.
- Incorrect : This kinds *of technologies will affect people's behavior.*
- Correct : *I would buy* this house *for* that reason.
- Correct : These kinds *of technologies will affect people's behavior.*

Mots inappropriés

On trouve dans cette partie les explications pour éviter des erreurs liées à l'utilisation inappropriée de mots comme les homonymes et de mots avec une prononciation ou une orthographe similaires.

Homonymes

Certains mots sont connus pour être des homonymes. Ces mots ont le même son mais un sens, une orthographe ou un usage différents. Les homonymes peuvent être de deux types : des mots qui s'écrivent de la même façon et des mots qui se prononcent de la même façon. Les mots qui s'écrivent de la même façon mais ont un sens différent sont appelés homographes. Un exemple d'homographe est le mot *« bear »*, qui désigne à la fois l'animal et le verbe qui signifie *« to carry »*. Les mots qui se prononcent de la même façon mais ont un sens et une écriture différents sont appelés homophones. Les mots *« whole »* et *« hole »* sont homophones. *« Whole »* est l'adjectif signifiant *« complete »*, tandis que *« hole »* est un nom voulant dire *« an empty place »*. Sont présentés ci-dessous des exemples d'homonymes communs. Faites toujours attention à l'écriture de vos mots afin d'être sûr d'utiliser le mot approprié.

- **here** *adverbe signifiant* « in this place »
  - *We have been waiting* ***here*** *for an hour.*
- **hear** *verbe signifiant* « to listen »
  - *Do you* ***hear*** *the birds singing?*
- **hole** *nom* signifiant « an empty place »
  - *The children dug a big* ***hole*** *in their sandbox.*
- **whole** *adjectif* signifiant « with no part removed or left out; complete »
  - *Our* ***whole*** *project will involve cooperation from everyone.*
- **its** *pronom possessif* de *it*
  - *The kitten hurt* ***its*** *paw.*
- **it's** contraction de *it is*
  - ***It's*** *not fair to leave her behind.*
- **know** *verbe* signifiant « to feel certain, or to recognize »
  - *Do you* ***know*** *how to get to the subway?*
- **no** *adverbe* utilisé pour un refus
  - *The employee said* ***no*** *to the job offer.*
- **knew** *verbe* au prétérit du verbe *to know*
  - *The boy* ***knew*** *how to count to ten.*
- **new** *adjectif* signifiant « not old »
  - *At the start of the school year, the students bought* ***new*** *books.*

- **desert** *nom* signifiant « a dry and sandy place »
  — *It rarely rains in the **desert.***
- **desert** *verbe* signifiant « to abandon »
  — *The officer commanded the troops to not **desert** their posts.*
- **dessert** *nom* signifiant « the final course of a meal »
  — *After a big meal, I enjoy a simple **dessert** of vanilla ice cream.*
- **to** *préposition* signifiant « toward »
  — *The man pointed **to** the sky.*
- **two** *adjectif* ou *pronom* signifiant « the number 2 »
  — *Five is **two** more than three.*
- **too** *adverbe* signifiant « also »
  — *Tom and Eleanor wanted to go with them **too.***
- **they're** *contraction* de « they are »
  — ***They're** both coming to the party.*
- **their** *pronom possessif* signifiant « belonging to them »
  — *That is **their** blue house on the corner.*
- **there** *adverbe* signifiant « at that place »
  — *Did you see anyone you knew **there**?*
- **through** *adverbe* signifiant « completed, or finished »
  — *When she was **through** eating, she put her plate in the sink.*
- **threw** *prétérit* du verbe *throw*, signifiant « tossed »
  — *The boy **threw** the ball to his sister.*

Autres mots inappropriés

Mis à part les homonymes, d'autres mots peuvent être inappropriés en raison de leur ressemblance par l'écriture, la prononciation ou le sens. Voici quelques exemples de mots qui peuvent être confondus facilement : *accept/except, advice/advise, affect/effect,* ou encore *loose/lose.* Les correcteurs d'orthographe des logiciels ne prendront pas en compte des mots si vous commettez une erreur de sens. Lorsque vous corrigez votre travail, relisez-vous afin de vérifier que vous utilisez les mots de façon appropriée. Même les personnes de langue maternelle anglaise font souvent ce type d'erreurs en écrivant, surtout quand elles sont pressées. Vérifiez le sens de certains mots prêtant à confusion.

- **accept** *verbe* signifiant « to receive; to agree, or to take what is offered »
  — *I **accept** your kind invitation.*
- **except** *préposition* signifiant « other than, or leaving out; excluding »
  — *Everyone **except** Phil can attend the conference.*

- **advice** *nom* signifiant « an opinion given about what to do or how to behave »
  - *He has always given me valuable* ***advice*** *regarding my future plans.*
- **advise** *verbe* signifiant « to recommend or counsel »
  - *I* ***advise*** *you to stay in school and study hard.*
- **affect** *verbe* signifiant « to influence, or to produce an effect on »
  - *The weather can* ***affect*** *a person's mood.*
  - **effect** *nom* signifiant « result »
  - *When students study for tests, they see a positive* ***effect*** *on their test results.*
- **effect** *verbe* signifiant « to bring about »
  - *The governor can* ***effect*** *change in state education policies.*
- **loose** *adjectif* signifiant « detached, not rigidly fixed; not tight »
  - *She lost her bracelet because it was too* ***loose*** *on her wrist.*
- **lose** *verbe* signifiant « to be deprived, or to no longer have; to not win »
  - *If you don't pay attention to the signs, you might* ***lose*** *your way.*
- **quiet** *adjectif* signifiant « not loud or noisy »
  - *Please be* ***quiet*** *when other people are speaking.*
- **quit** *verbe* signifiant « to give up or abandon; to stop »
  - *The boys will* ***quit*** *their jobs the week before school starts.*
- **quite** *adverbe* signifiant « to some extent »
  - *Moving to a new city will be* ***quite*** *a change for my family.*
- **sense** *nom* signifiant « consciousness, awareness, or rationality; the faculty of perceiving by means of sense organs »
  - *My brother had the good* ***sense*** *to keep out of trouble.*
  - *The doctor explained that my* ***sense*** *of smell is not functioning well.*
  - **since** *adverbe* signifiant *« from a definite past time until now »; conjonction* signifiant *« later than »*
  - *Ginny has lived in the same house ever* ***since*** *she moved to town.*
  - *Karl has worked as an accountant* ***since*** *graduating from college.*
- **than** *conjonction* utilisée pour comparer deux éléments
  - *Her puppy is smaller* ***than*** *mine.*
- **then** *adverbe* signifiant « at that time, or next »
  - *First I will stop at the store, and* ***then*** *I will go home.*

La liste précédente est non exhaustive et ne présente que quelques exemples de mots souvent confondus en anglais. Si vous doutez de l'usage d'un mot, consultez un dictionnaire anglais.

Mauvaise forme de mot

Lorsque vous écrivez rapidement, vous utilisez parfois une forme du mot différente de celle attendue. Une des raisons pour lesquelles ces erreurs surviennent est qu'un mot peut être utilisé de façon différente dans une phrase en fonction de son objectif.

Lorsque vous vous relisez, faites attention à bien rechercher ce type d'erreurs. Vous pouvez également demander à une tierce personne de relire votre texte afin d'apporter un regard neuf et de vous aider à identifier ce type d'erreurs. Voici des exemples de mauvaises formes de mots qui peuvent se produire :

- Incorrect : *But certain types of businesses will continue to grow to an extend, he thinks.*

Extend est un verbe, mais le rédacteur voulait utiliser le nom *extent*.

- Correct : *But certain types of businesses will continue to grow to an extent, he thinks.*

Voici un autre exemple d'une mauvaise forme de mot dans une phrase :

- Incorrect : *I want to work with disable children.*

Ce rédacteur doit remplacer *disable* par *disabled*.

- Correct : *I want to work with disabled children.*

Apprendre les parties du discours peut vous enseigner la façon dont chacune d'entre elles fonctionne dans la phrase. Relire votre travail peut également vous aider à éviter ces erreurs.

Comparaison incorrecte

Une erreur de comparaison survient lorsque le mot *more* est utilisé dans une comparaison avec un mot finissant en *-er*, ou lorsque le mot *most* est utilisé dans une comparaison avec un mot finissant en *-est*.

- Incorrect : *The boy with the red hair is more taller than the girl with the black hair.*
- Incorrect : *James thinks that Mary is the most prettiest girl in school.*

Afin d'éviter ce type d'erreurs dans vos rédactions, vous devez revoir les règles suivantes :

- lorsque vous comparez une chose avec une autre, rajoutez la terminaison *-er* à la fin de mots courts (généralement d'une syllabe) :
  - Correct : *The boy with the red hair is taller than the girl with the black hair*
  - Correct : *Today it is hot, but yesterday it was even hotter*
- lorsque vous comparez trois choses ou plus, ajoutez la terminaison *-est* à la fin de mots courts (généralement d'une syllabe) :
  - Correct : *The girl in the back of the room is the tallest girl in her entire class.*
  - Correct : *Yesterday was the hottest day ever recorded by the National Weather Service.*

Dans la plupart des cas, avec des mots de deux syllabes ou plus, on n'ajoute pas la terminaison *-er* ou *-est* ; au lieu de cela on utilise le mot *more* avant le mot pour comparer deux choses, et on utilise le mot *most* pour comparer trois choses ou plus.

- Correct : *The judges must decide which of the two remaining singers is* more talented.
- Correct : *Of the three new students, John is the* most intelligent.

Dans le cas de comparaisons négatives, on utilise le mot *less* pour comparer deux choses et on utilise le mot *least* pour comparer trois choses ou plus.

- Correct : *The third-floor apartment is* less costly *than the first-floor apartment.*
- Correct : *Of the three colleges that I've visited, this one is the* least expensive.

Verbe ou forme de mot non standard

Les mots que vous utilisez dans les conversations courantes ont souvent une forme différente de celle des verbes utilisés dans l'anglais écrit standard. Bien que le lecteur puisse comprendre ces formes informelles – *gotta, gonna, wanna, kinda* –, vous ne devez pas les écrire dans une rédaction. Voici deux exemples de mots ne devant pas être utilisés dans une phrase écrite :

- Non standard : *I told her I* gotta *go to school now.*
- Correct : *I told her I* have got to *go to school now.*
- Non standard : *Do you* wanna *go to college?*
- Correct : *Do you* want to *go to college?*

Même si vous pouvez comprendre ce que le rédacteur veut dire, les mots *gotta* et *wanna* n'existent pas dans la forme standard de l'anglais écrit.

Orthographe et ponctuation

Cette partie fournit des informations sur les types d'erreurs suivantes :

- l'utilisation des majuscules ;
- les fautes d'orthographe ;
- les règles de ponctuation ;
- autres erreurs.

Écriture en majuscules

Voici quelques règles qui vous aideront à bien utiliser les majuscules :

1. Vous devez mettre une majuscule au premier mot de chaque phrase.

- *He is the most famous director in Hollywood right now. No doubt about it.*
- *Give it to me. It looks like mine.*

2. Vous devez mettre une majuscule à tous les noms propres ; par exemple les noms de personnes, de certains objets, titres ou lieux.

- *Francis Lloyd Mantel lives on Moore Street.*
- *The class is reading* Adventures of Huckleberry Finn.

Dans le premier exemple, « Francis Lloyd Mantel » est le nom d'un individu, il prend donc des majuscules. « Moore Street » est le nom d'un lieu, c'est donc également un nom propre. Le second exemple contient le titre d'un ouvrage, il prend donc des majuscules.

Tous les mots qui sont des noms propres doivent prendre des majuscules. Voici d'autres exemples :

- Noms d'institutions, de lieux et d'ères géographiques :
  - *She is a new faculty member at Stanford University.*
  - *Their main office is in New Delhi, India.*
- Noms d'événements historiques, dates, mois et vacances :
  - *Martin Luther King Day is a school holiday.*
  - *Classes don't meet until October.*
- Noms de langues et d'adjectifs propres :
  - *He speaks Spanish and Italian fluently.*
  - *They teach Korean dances at the academy.*

3. Le pronom de la première personne *I* est toujours en majuscule, même lorsqu'il est au milieu de la phrase.

- *It is I who sent you that letter.*
- *They told me that I should call for an appointment.*

4. Les mots tels que *father*, *mother*, *aunt* et *uncle* prennent une majuscule lorsqu'ils sont utilisés comme des noms propres ou lorsqu'ils désignent une personne en particulier.

- *Aunt Bessie and Uncle Jesse just bought a country house.*
- *Yes, Mom, I'm going after dinner.*

Pourtant, lorsque ces noms sont utilisés avec des pronoms possessifs, ce ne sont pas des noms propres, ils ne prennent donc pas de majuscule.

- *My father is not at home.*
- *Their mother is my aunt.*

Dans ces exemples, *father*, *mother* et *aunt* ne prennent pas de majuscule car ils sont utilisés avec les pronoms possessifs *my* et *their*.

Résumé : en anglais, la première lettre du premier mot de la phrase est toujours en majuscule. Vous devez également mettre une majuscule à tous les noms propres. Les noms propres incluent tous les prénoms et titres. Le pronom de la première personne « *I* » est également toujours en majuscule.

Orthographe

Les règles de l'orthographe en anglais sont complexes. Voici quelques règles qui pourraient vous aider.

1. Écrivez le *i* avant le *e* (fiery, friend, dried), sauf :

- après un *c* (receive) ;
- avec des syllabes qui sonnent comme un *a* anglais tel que *neighbor* (weigh, heir).

Prenez note des exemples suivants :

- *All applicants will receive a response within three weeks.*
- *The breakfast special is fried eggs and sausage.*

Rajouter des terminaisons aux mots

2. Si un mot se termine par un *-e* silencieux, enlevez le *-e* en ajoutant un suffixe qui commence par une voyelle (par exemple, le suffixe *-ing*). Cependant, n'enlevez pas le *-e* lorsque le suffixe commence par une consonne (par exemple, le suffixe *-ful*).

- *I like to skate. I enjoy skating.*
- *I could use a dictionary. A dictionary is very useful.*

Dans le premier exemple (*skate-skating*), le *-e* est supprimé car le suffixe *-ing* commence par la voyelle *i*. Dans le second exemple, le *-e* n'est pas supprimé car le suffixe *-ful* commence par la consonne *f*.

3. Lorsque le *-y* est la dernière lettre d'un mot et que la lettre qui le précède est une consonne, supprimez le *-y* et remplacez-le par un *-i* avant d'ajouter un suffixe.

- *The beaches in Thailand are extremely beautiful.*
- *They hurried to the gate because they were so late.*

Dans ces deux exemples, le *-y* est remplacé par un *-i* (*beauty-beautiful* ; *hurry-hurried*).

4. Pour former le pluriel d'un mot qui finit par un *-y* précédé d'une voyelle, ajoutez simplement un *-s*. Mais si la lettre avant le *-y* est une consonne, enlevez le *-y* et remplacez-le par un *-i* avant d'ajouter le suffixe.

- *FAO Schwartz is a famous toy store. It sells all kinds of toys.*
- *Ladies and gentlemen, please be seated.*

Dans le premier exemple, la lettre *o* (une voyelle) vient avant le *-y*. Vous n'avez donc qu'à ajouter un *-s* pour former le nom pluriel. Mais dans le second exemple, dans le mot *lady*, la lettre *d* (une consonne) précède le *-y*. Vous devez donc enlever le *-y* et le remplacer par un *-ies* pour former le pluriel du mot.

5. Lorsqu'un mot se termine par une consonne précédée par une voyelle, doublez la consonne finale avant d'ajouter un suffixe qui commence par une voyelle.

- *The children swim at the community pool. They love swimming.*
- *You should begin at the beginning. Start by writing the title.*

Dans le premier exemple, le mot *swim* se termine par la lettre *m*. Dans le second exemple, le mot *begin* se termine par la lettre *n*. Les lettres *m* et *n* sont des consonnes. Pour ajouter *-ing*, un suffixe commençant par une voyelle, vous devez doubler la consonne finale.

Rappel : lorsque la terminaison se termine par une voyelle et que le mot se finit par un *-e*, ne doublez pas la consonne. Il faut en fait enlever le *-e* et ajouter la terminaison.

- Incorrect : *The children go skatting in the winter.*
- Correct : *The children go skating in the winter.*

Les exemples suivants contiennent des fautes d'orthographe :

- Incorrect : *We visited the monkey house at the zoo. There were monkies from all over the world.*
- Incorrect : *My neice is a student in your class.*

Dans la première phrase, la forme plurielle du mot *monkey* est *monkeys*. Ceci s'explique par le fait que pour former le pluriel d'un mot finissant par un *-y* précédé d'une voyelle, vous devez simplement ajouter un *-s*. Dans la seconde phrase, *niece* est l'orthographe correcte. Rappelez-vous, « *i* avant un *e* sauf après un *c* » est une règle très utile !

- Correct : *We visited the monkey house at the zoo. There were monkeys from all over the world.*
- Correct : *My niece is a student in your class.*

Voici des règles utiles pour apprendre l'orthographe en anglais. Cependant, il existe aussi quelques exceptions qui n'entrent pas dans ces règles, il est donc utile d'apprendre quelques stratégies pour écrire correctement en anglais.

Par exemple, vous pouvez faire des erreurs en tapant trop vite. Il est facile de faire de telles erreurs sur un ordinateur :

- Incorrect : *A letter frrom her former neighbor came in the mail today.*
- Incorrect : *Becuase I lost my homework, I had to do it again.*

Ces deux phrases contiennent des typographies erronées, ou des fautes de frappe. Pour éviter ces erreurs, utilisez la fonction « correcteur d'orthographe » de votre ordinateur.

Cependant, certaines erreurs ne seront pas soulignées par le correcteur d'orthographe. Par exemple :

- Incorrect : *Would you know weather he is at work today?*
- Incorrect : *Are their any good Indian restaurants in this area?*

Dans ces exemples, bien que le mot souligné soit écrit correctement, son utilisation dans la phrase est incorrecte. Le correcteur d'orthographe n'est pas capable de trouver de telles erreurs, il faut donc vérifier ces erreurs de sens en vous relisant après avoir utilisé le correcteur.

Une autre stratégie est de garder une liste de mots qui sont souvent confondus et d'en mémoriser le plus possible. Vérifiez l'orthographe attentivement pour ces mots.

Vous pouvez également utiliser un dictionnaire en écrivant afin de vérifier l'orthographe des mots pour être sûr de les utiliser à bon escient.

Résumé: l'orthographe anglaise est complexe et semble souvent étrange. Certaines règles peuvent être mémorisées et apprises, et certaines stratégies peuvent vous aider à mieux écrire. Par exemple en utilisant un dictionnaire ou la fonction « correcteur d'orthographe » de votre ordinateur.

Ponctuation

La ponctuation se réfère aux marques de ponctuation. Certaines de ces marques de ponctuation, telles que l'apostrophe, sont utilisées avec des mots individuels. D'autres, comme les virgules, sont utilisées pour séparer les différentes parties d'une phrase ou les chiffres des nombres. D'autres encore, comme les points, les points d'interrogation ou les points d'exclamation sont utilisés pour séparer les phrases entres elles. Elles vous aident à rendre le sens de vos phrases plus clair.

L'apostrophe

L'apostrophe s'utilise pour écrire une contraction. Une contraction est la jonction de deux mots qui s'effectue en éliminant quelques lettres et en ajoutant une apostrophe. C'est une sorte de forme courte. Par exemple, *can't* est la contraction de *cannot*, *shouldn't* est la contraction de *should not* et *let's* est la contraction de *let us*. Il existe d'autres contractions telles que *won't*, *it's*, *wouldn't* et *couldn't*.

- *They won't be able to enter without their tickets.*
- *We could hear them, but we couldn't see them.*

Dans le premier exemple, *won't* est la contraction de *will not*, dans la seconde phrase, *couldn't* est la contraction de *could not*.

Parfois, certaines personnes écrivent les contractions sans apostrophe. C'est incorrect. Les phrases suivantes montrent une utilisation incorrecte d'une contraction :

- Incorrect : *Lets go to the park tomorrow.*
- Correct : *Let's go to the park tomorrow.*

Let's est la contraction de *let us*. Sans l'apostrophe, le mot signifie *« allows »*, comme dans cette phrase :

- Correct : *She <u>lets</u> us use the computer when she's not using it.*

Afin d'être utilisé correctement, l'apostrophe doit être à la bonne place. Voici ci-dessous des exemples de contractions dans lesquelles l'apostrophe n'est pas correctement placée :

- Incorrect : *We <u>could'nt</u> understand the lecture.*
- Incorrect : *Students <u>were'nt</u> in school in the summer.*
- Correct : *We <u>couldn't</u> understand the lecture.*
- Correct : *Students <u>weren't</u> in school in the summer.*

Notez que l'apostrophe doit remplacer la voyelle qui a été éliminée, le *« o »* de *« not »*.

Résumé : l'apostrophe est utilisée pour montrer une contraction ou la possession. Concernant les autres utilisations de l'apostrophe, veuillez vous référer à la partie « Pronoms possessifs ».

La virgule

La virgule est la forme de ponctuation la plus commune dans une phrase. Elle signale au lecteur de faire une pause. En fait, si vous lisez les exemples ci-dessous avec attention, vous verrez que vous faites naturellement une pause là où les virgules sont placées.

Apprendre des règles de base vous aidera à utiliser les virgules de façon efficace.

1. Utilisez une virgule et une conjonction (comme *and* ou *but*) afin de joindre deux propositions dans une même phrase.

- *The causes of the civil war were many, <u>and</u> the effects of the war were numerous.*
- *The experiment was incomplete, <u>but</u> the lessons learned were important.*

Dans les exemples ci-dessus, les deux propositions sont indépendantes (ou complètes) et liées par une conjonction, il faut donc utiliser une virgule entre elles.

2. Utilisez une virgule pour connecter des mots au début ou à la fin de votre phrase. On ajoute souvent des informations à une phrase en y attachant un ou plusieurs mots au début ou à la fin. Lorsque l'on fait cela, on peut utiliser une virgule pour aider le lecteur à trouver le message principal de la phrase.

- *Last night, my friend and I celebrated his 58th birthday.*
- *Many years ago, I studied French and German.*

Chacune de ces phrases commence par une expression qui indique le temps. Cette information est séparée de la phrase principale par une virgule.

3. Utilisez une virgule entre chaque élément d'une liste lorsque vous listez trois éléments ou plus au sein d'une phrase.

- *The flag was red, white, and blue.*
- *I bought milk, bread, cheese, and butter.*

Les virgules dans les exemples ci-dessus marquent clairement l'endroit où un élément de la liste finit et où le prochain commence.

4. Utilisez une virgule entre différents adjectifs. Si vous avez deux adjectifs ensemble placés avant le nom qu'ils décrivent, ils doivent être séparés par une virgule.

- *The cold, wintry wind chilled me to my bones.*
- *The complex, diverse cultures in the city add to its excitement.*

Dans les exemples ci-dessus, les adjectifs qui décrivent *wind* et *cultures* sont placés avant le nom et doivent être séparés par des virgules.

5. Utilisez des virgules afin de faire ressortir des informations supplémentaires au milieu de la phrase. Certaines informations, qui donnent souvent des détails concernant le sujet de la phrase, doivent être distinguées de la partie principale de la phrase (le verbe et l'objet). On place les virgules avant et après ces groupes de mots.

- *Ms. Johnson, the company president, will announce the winner.*
- *My brother, who loves to read, uses the library every day.*

Dans les exemples ci-dessus, si vous enlevez les parties entre virgules, vous avez tout de même une phrase complète.

6. Utilisez les virgules pour séparer les citations du reste de la phrase.

- *"Take a break," said the instructor.*
- *Nancy announces, "I'm getting married tomorrow."*

Dans chaque exemple, la citation est isolée du reste de la phrase par une virgule.

7. Utilisez les virgules pour mettre en avant le nom d'un État ou d'un pays lorsqu'il suit le nom d'une ville, d'un comté ou d'un équivalent (région, etc.).

- *The newspaper is based in Chicago, Illinois.*
- *Her flight to Beijing, China, took twelve hours.*

Dans les exemples ci-dessus, la virgule est utilisée pour mettre en avant le nom d'un État ou d'un pays dans lequel se trouve la ville impliquée dans la phrase.

8. En anglais écrit, utilisez les virgules pour séparer les nombres d'un groupe de quatre chiffres ou plus, ainsi qu'entre les mots désignant le jour, le mois et l'année de la date.

- *He won $1,000,000 in the lottery.*
- *The date is March 15, 2003.*

Dans le premier exemple, les virgules sont utilisées pour séparer les nombres (quatre chiffres ou plus). Dans le second exemple, elles sont utilisées dans la date.

Dans les phrases suivantes, les virgules manquent :

- Incorrect : *Conrad Redding the father of the bride cried at the wedding.*
- Incorrect : *In conclusion I believe that technology will be the main factor affecting life in the 21st century.*

Dans la première phrase, « *the father of the bride* » devrait être séparé du reste par une paire de virgules. Dans la seconde phrase, il devrait y avoir une virgule après « *In conclusion* ».

- Correct : *Conrad Redding, the father of the bride, cried at the wedding.*
- Correct : *In conclusion, I believe that technology will be the main factor affecting life in the 21st century.*

Résumé : les virgules sont utilisées pour séparer les différentes parties de la phrase afin de rendre son sens plus clair. Certaines règles peuvent vous aider à utiliser les virgules de façon plus efficace.

Le trait d'union

Le trait d'union est une marque de ponctuation utilisée pour joindre deux mots afin de créer un mot composé. L'utilisation la plus commune des traits d'union se fait dans les expressions adjectivales, les nombres écrits en toutes lettres et les préfixes.

1. Les traits d'union des adjectifs composés. Utilisez un trait d'union pour réunir deux mots ou plus qui sont considérés comme un seul adjectif, avant un nom. Par exemple :

- *His uncle is a* well-known *author.*

Cependant, lorsque des adjectifs composés viennent après un nom, on ne les relie pas par un trait d'union. Par exemple :

- *The author is* well known *for his mystery stories.*

2. Le trait d'union avec des noms composés. Les traits d'union sont utilisés dans les fractions et dans le nombre vingt-trois et les nombres supérieurs.

- *The cup is* three-quarters *full.*
- *Our teacher is* sixty-three *years old.*

Dans les exemples ci-dessus, les nombres composés sont reliés par un trait d'union.

3. Le trait d'union avec les préfixes. Un préfixe est une syllabe ou un mot ajouté au début d'un autre mot afin de changer son sens. Les préfixes *self-*, *ex-* et *great-* requièrent toujours un trait d'union lorsqu'ils sont ajoutés à des mots.

- *The instructions are* self-explanatory.
- *The children are with their* great-grandparents.

Cependant, concernant les préfixes tels que *dis-*, *pre-*, *re-* et *un-*, on n'utilise pas de trait d'union.

- *My aunt <u>dislikes</u> loud music.*
- *The answer to that question is <u>unknown</u>.*

Résumé : on utilise les traits d'union pour relier des mots composés, mais tous les mots composés ne sont pas reliés par des traits d'union. En fait, l'anglais américain tend à utiliser de plus en plus de traits d'union. Vérifiez toujours dans un dictionnaire récent que vous avez placé vos traits d'union correctement.

Ponctuation finale

Il y a plusieurs marques de ponctuation qui vous aident à finir vos phrases. Ceux-ci sont le point d'interrogation, le point final et le point d'exclamation.

Le point d'interrogation

Utilisez le point d'interrogation à la fin d'une question directe.

- *When did World War II begin<u>?</u>*
- *What were the key stages in the Romantic Art movement<u>?</u>*

Le point final

Le point final est utilisé à la fin d'une phrase qui n'est pas une question. Le point final est également utilisé à la fin d'une question indirecte.

- *I just completed the project<u>.</u>*
- *Cindy asked me who would be taking notes at the meeting<u>.</u>*

Le point d'exclamation

Utilisez un point d'exclamation après une phrase qui exprime une émotion forte ou pour accentuer l'importance de la phrase. Un point d'exclamation sert également à faire ressortir une phrase.

- Correct : *That was utter nonsense<u>!</u>*
- Correct : *What absolutely gorgeous flowers<u>!</u> Thank you<u>!</u>*

Les exemples suivants contiennent une utilisation incorrecte d'une ponctuation de fin de phrase :

- Incorrect : *Have you called Mrs. Han yet.*
- Incorrect : *Oh, that's an amazing story?*

Le premier exemple est une question qui nécessite l'utilisation d'une marque d'interrogation. Le second exemple aurait dû se finir soit par un point d'exclamation ou un point final, mais pas par un point d'interrogation.

- Correct : *Have you called Mrs. Han yet?*
- Correct : *Oh, that's an amazing story!*

Résumé : le point d'interrogation, le point final et le point d'interrogation sont utilisés pour finir les phrases. Utilisez le point d'interrogation pour finir les questions directes, le point final pour finir les autres phrases, et le point d'exclamation pour exprimer une émotion forte ou accentuer l'importance de la phrase. Attention à ne pas utiliser trop de points d'exclamation dans vos écrits car cela peut donner l'impression que vous criez.

Autres erreurs

Les mots composés

Un mot composé est un mot divisé en deux parties ou plus. Par exemple, le mot *everywhere* est composé de deux mots distincts : *every* et *where*. Mais comme les autres mots composés, *everywhere* a un sens nouveau qui diffère de celui des mots *every* et *where*. Bien que parfois les experts n'arrivent pas à se mettre d'accord pour savoir si un mot est composé ou non, dans la plupart des cas les règles sont claires. Dans les phrases suivantes, vous verrez où les élèves écrivent des erreurs en utilisant des mots composés :

- Incorrect : *I work to support my self and my family.*
- Incorrect : *You can learn from every thing happening today.*

Dans chacune de ces phrases, les mots composés ont été écrits de façon incorrecte, comme deux mots séparés. Les mots soulignés dans chaque phrase devraient être écrits comme un seul mot composé.

- Correct : *I work to support myself and my family.*
- Correct : *You can learn from everything happening today.*

Résumé: en anglais, les mots, en particulier les adjectifs et les noms, sont parfois combinés pour former des mots composés de différentes façons. Les mots composés ont un sens différent des deux mots qui les forment. Tous les mots ne peuvent pas être réunis de cette manière. Lorsque vous n'êtes pas sûr de savoir si un mot est composé, vérifiez dans un dictionnaire.

Les mots fusionnés

Parfois les rédacteurs fusionnent deux mots, ce qui crée un mot composé incorrect. Les phrases ci-dessous donnent des exemples de mots fusionnés :

- Incorrect : *Some people say that* <u>highschool</u> *is the best time of your life.*
- Incorrect : *I like to play soccer* <u>alot</u>.

Chacun des mots fusionnés devrait être écrit avec deux mots séparés :

- Correct : *Some people say that* <u>high school</u> *is the best time of your life.*
- Correct : *I like to play soccer* <u>a lot</u>.

Résumé: lorsque l'on fusionne des mots de façon incorrecte, on obtient des mots fusionnés. Si vous n'êtes pas sûr de pouvoir réunir deux mots, vérifiez dans un dictionnaire.

Les mots en double

Lorsque vous écrivez un brouillon de rédaction, vous pouvez faire des erreurs simplement parce que vous pensez plus vite que vous n'écrivez ou dactylographiez. Cela peut vous conduire à écrire deux fois le même mot. Parfois vous pouvez écrire deux mots à la suite qui, bien que différents, fonctionnent de la même manière. Il est commun pour les rédacteurs de dactylographier deux verbes, pronoms ou articles d'affilée dans leurs brouillons.

- Incorrect : *Sally's older sister* <u>can may</u> *help her pay for college.*
- Incorrect : *He was as silly as* <u>a the</u> *clown.*

Dans chaque phrase, un des mots <u>soulignés</u> doit être éliminé.

- Correct : *Sally's older sister* <u>can</u> *help her pay for college.* (signifiant que la sœur est capable d'aider Sally)
- Correct : *Sally's older sister* <u>may</u> *help her pay for college.* (signifiant que la sœur peut décider d'aider Sally)
- Correct : *He was as silly as* <u>a</u> *clown.* (signifiant qu'il agit généralement de façon clownesque)
- Correct : *He was as silly as* <u>the</u> *clown.* (signifiant qu'il agit comme un clown spécifique)

Résumé : vous « dupliquez » lorsque vous écrivez le même mot deux fois ou lorsque vous utilisez deux mots différents qui ont la même fonction. Un réel duplicata est facile à corriger car le correcteur d'orthographe de votre ordinateur identifie généralement ce type d'erreur. Mais dans le cas de deux mots différents ayant la même fonction, si vous ne savez lequel est le plus approprié, vérifiez dans un dictionnaire le mot qui collera vraiment au sens que vous voulez donner à votre phrase.

Style

Cette partie présente des informations pour résoudre les problèmes suivants au sein de vos rédactions :

- la répétition de mots ;
- les mots ou expressions inappropriés ;
- trop de phrases passives ;
- trop de phrases longues ;
- trop de phrases courtes ;
- les phrases commençant par des conjonctions de coordination.

La répétition de mots

Répéter quelques mots afin de mettre en avant les points clés est une bonne technique d'écriture. Pourtant, répéter les mots ou groupes de mots trop souvent donne à vos écrits un style immature. Cela peut également rendre votre rédaction ennuyeuse.

Afin d'écrire de façon plus efficace, essayez d'utiliser un vocabulaire riche. Voici quelques idées qui peuvent vous aider :

1. Utilisez des synonymes (des mots qui ont le même sens) pour remplacer des répétitions de mots. Par exemple, plutôt que de répéter un verbe commun comme *make*, utilisez plutôt des synonymes tels que :

create, produce, perform, do, execute, bring about, cause, form, manufacture, construct, build, put up, set up, put together, compose

Vous pouvez trouver des synonymes dans un thesaurus (dictionnaire analogique).

Dans le paragraphe suivant, le nom *student* est répété trop souvent :

- *Think about this situation. A student interviewed many students about what it is like to be an only child. If the teachers in charge of the school paper did not edit names of students from the paper or facts that would give that particular student away to other students, then serious problems could be caused for the students who gave their information.*

On peut améliorer l'écriture de ce paragraphe en utilisant une variété d'autres mots se référant au mot *student*. Par exemple :

- *Think about this situation. A reporter interviewed many students about what it is like to be an only child. If the teachers in charge of the school paper did not edit the individuals' names from the paper or facts that would give each person away to the readers, then serious problems could be caused for the students who gave their information.*

2. Utilisez des expressions comme *the former*, *the latter*, *the first one* et *the other* pour éviter de répéter les même noms. Dans le paragraphe suivant, les mêmes prénoms sont répétés plusieurs fois :

- *Of the two sisters, Grace is confident and at ease with everyone. Lily is shy and cautious. Grace always gets what she wants. Lily waits patiently for whatever comes her way. Grace never misses a chance to show off her many talents. Lily never says boo unless someone asks her a question.*

Ce paragraphe peut être amélioré en utilisant une variété d'expressions :

- *Of the two sisters, Grace is confident and at ease with everyone. Lily is shy and cautious. The former always gets what she wants. The latter waits patiently for whatever comes her way. Grace never misses a chance to show off her many talents. Her sister never says boo unless someone asks her a question.*

Résumé : lorsque vous relisez vos écrits, pensez comment vous pourriez remplacer les mots ou les expressions trop couramment utilisés. Vous pouvez utiliser un thesaurus pour enrichir le vocabulaire de vos écrits.

Les mots ou expressions inappropriés

Le langage trop informel, comme l'argot, n'est pas approprié aux écrits académiques. Il n'est pas toujours facile de définir si une expression est trop informelle ou non. Certaines expressions très utilisées dans l'anglais parlé peuvent vous laisser croire qu'il est possible de les utiliser également à l'écrit, mais ce n'est pas le cas.

- Trop informel : *No way would I ever vote.*
- Mieux : *There is no way I would vote.*
- Trop informel : *People just need to get it all together and participate in democracy.*
- Mieux : *People need to consider their beliefs and opinions and participate in democracy.*

Résumé : le langage écrit est généralement plus formel que le langage parlé. Essayez d'éviter les expressions trop informelles lorsque vous écrivez des rédactions académiques.

Trop de phrases passives

Une phrase est active lorsque le sujet est celui qui réalise l'action. La phrase est passive lorsque le sujet est le « receveur » de l'action.

- Phrase active : Two hundred million people *saw the movie.*
- Phrase passive : The movie *was seen by 200 million people.*

Dans les exemples ci-dessus, l'action est le fait de voir. Dans la phrase active, le sujet (*two hundred million people*) est celui qui fait l'action. Dans la phrase passive, le sujet (*the movie*) est celui qui reçoit l'action.

Dans la mesure où les phrases passives sont en général plus longues et plus difficiles à lire, en utiliser trop souvent peut ralentir le rythme de votre récit et le rendre ennuyeux. Beaucoup d'experts pensent que les phrases passives doivent représenter 5 % d'un écrit.

D'un autre côté, les phrases actives sont généralement plus claires, plus directes et semblent plus fortes. Cependant, cela ne veut pas dire que vous devez arrêter d'utiliser les phrases passives. L'utilisation de phrases passives de façon appropriée peut rendre votre récit plus efficace.

Voici quelques suggestions pour savoir quand utiliser les phrases passives :

1. Lorsque l'action est plus importante que celui qui l'entreprend :

- The theater was opened *last month.*
- New students are invited *to meet the dean in Room 226.*

Dans ces phrases, le théâtre qui s'est ouvert et les étudiants qui ont été invités sont plus importants que ceux qui ont réalisé l'action (les personnes ayant ouvert le théâtre ou invité les étudiants). En fait, ceux qui font l'action ne sont pas assez importants pour être mentionnés.

2. Lorsque le receveur de l'action est plus important que celui qui l'entreprend :

- Everyone *was given a key to the gym.*
- The letters *were faxed this morning.*

Dans la première phrase, on s'intéresse plus aux personnes qui ont reçu la clé qu'à celles qui l'ont donnée. Dans la seconde phrase, les lettres qui ont été faxées sont plus importantes que la personne qui les a faxées.

3. Lorsque le résultat de l'action est plus important que celui qui l'entreprend :

- Our advice was followed *by our clients.*
- The new computers were installed *by the systems staff.*

Dans la première phrase, le conseil qui est donné est plus important que ceux qui le donnent. Dans la seconde phrase, l'installation des ordinateurs est plus importante que le personnel qui les a installés.

4. Lorsque vous ne savez pas qui fait l'action, que cela importe peu, ou que vous ne voulez pas que votre lecteur le sache :

- Passive : *A mistake was made, and all the scholarship application files were lost.*

- Passive : *This report was written at the last minute.*

La forme active de ces phrases pourrait être :

- Active : *I made a mistake and lost all the scholarship application files.*
- Active : *I wrote this report at the last minute.*

Si vous étiez la personne qui a fait une erreur dans la première phrase, ou la personne qui a écrit le rapport dans la seconde, choisiriez-vous d'utiliser la forme passive ou active ?

5. Lorsque vous voulez paraître objectif.

Utiliser la forme passive est une pratique commune dans les écrits scientifiques ou techniques. Lorsque vous reportez les résultats d'expérimentations, ou que vous décrivez une étude, la forme passive vous aide à donner un ton objectif et impartial. Ces rapports sont remplis de phrases comme :

- The pigeons were observed over a period of three weeks.
- The subjects were divided into three groups.

L'utilisation de la forme passive dans des rapports de laboratoires aide également le lecteur à se focaliser sur l'étude elle-même, plutôt que sur ceux qui ont mené les recherches.

Résumé : lorsque vous relisez vos écrits, vérifiez que vous n'avez pas utilisé trop de phrases passives. Les phrases passives sont plus longues et plus difficiles à lire et à comprendre, donc n'utilisez-les que lorsqu'elles vous permettent de mettre en avant quelque chose d'important.

Trop de phrases longues

Les experts pensent qu'une phrase moyenne se situe entre 15 et 20 mots. Cette longueur permet au lecteur d'assimiler les idées plus facilement. Par exemple, la phrase suivante est rendue confuse de par sa longueur :

- *My favorite place to visit is my grandparents' house near the lake where we love to fish and swim, and we often take the boat out on the lake.*

Scinder cette phrase en deux (ou plus) peut vous aider à rendre votre écrit plus clair et plus intéressant.

- *My favorite place to visit is my grandparents' house near the lake. We love to fish and swim there, and we often take the boat out on the lake.*

Les bons rédacteurs mélangent souvent les longues phrases avec des phrases courtes pour rendre leur écrit plus efficace. Vous pouvez même essayer de placer une phrase courte (ou une phrase d'un seul mot) après plusieurs longues phrases pour souligner l'impact de ce que vous dites.

- *Benjamin Franklin, who was one of America's "founding fathers," helped write the Declaration of Independence. He also invented many things such as bifocals and the Franklin stove, and he discovered electricity. Think about that discovery. Where would we be without electricity?*

Dans l'exemple ci-dessus, le paragraphe commence avec de longues phrases et se termine avec des phrases courtes. Cette combinaison rend le paragraphe plus vivant et efficace. Comparez-le avec le paragraphe ci-dessous, qui n'est formé que de longues phrases :

- *Benjamin Franklin, who was one of America's "founding fathers," helped write the Declaration of Independence. He also invented many things such as bifocals and the Franklin stove, and he discovered electricity, which became very important to modern life.*

Alors, quel paragraphe préférez-vous ?

Résumé : c'est une bonne idée de mélanger les phrases longues avec des phrases courtes. Cette combinaison permet de rendre vos écrits plus vivants.

Trop de phrases courtes

Vous avez peut-être trop de phrases courtes dans vos écrits. Une bonne rédaction contient en général une variété de longueurs de phrases qui rendent votre écrit plus intéressant. Trop de phrases courtes rendent souvent votre rédaction saccadée. Vous devez réunir certaines de vos phrases courtes afin de rendre votre récit plus fluide. Voici un exemple de paragraphe avec trop de phrases courtes :

- *I knew my friends would throw me a party. It was for my birthday. There was something in the air. I felt it for a whole week before that. I was nervous. I was also very excited. I got home that night. My friends didn't disappoint me. I walked in my house. All my friends yelled, "Surprise!"*

Ce paragraphe peut être amélioré en réunissant certaines phrases grâce à des connecteurs :

- Because *it was my birthday, I knew my friends would throw me a party. There was something in the air* for a *whole week before that. I was nervous* but *excited* when *I got home that night. I wasn't disappointed.* When *I walked in my house, all my friends yelled, "Surprise!"*

Résumé : un bon écrit contient en général une certaine variété de phrases longues et courtes. Un mélange réussi de phrases de différentes longueurs rend votre récit plus intéressant. Des phrases courtes trop nombreuses donnent souvent à votre récit un ton saccadé.

Les phrases commençant par des conjonctions de coordination

Les conjonctions de coordination sont des mots tels que *and, but, as, or, yet, for* ou *nor.* Ils relient ou joignent des idées différentes au milieu d'une phrase. Par exemple :

- *I love pizza, so I eat it for breakfast.*
- *Mother drove to town to buy groceries, but she came home with a present for me.*

Les conjonctions de coordination peuvent également être utilisées pour commencer une phrase, comme dans ces exemples :

- *And I didn't like parties.*
- *So I did not do well on that test.*

Lorsque vous avez trop de phrases qui commencent par des conjonctions de coordination, votre récit devient saccadé. Afin de rendre votre récit plus fluide, n'utilisez les conjonctions de coordination que pour joindre des idées à l'intérieur d'une même phrase.

Dans le paragraphe ci-dessous, le rédacteur utilise trop de conjonctions de coordination au début de ses phrases :

- *Baseball is the great American sport. And, it is thought of as a summer pastime. So as soon as the weather turns warm, all the neighborhood kids find a field to toss a ball around. And soon they form teams and play each other. But all summer, they always find time to listen to pro games on the radio. And they watch them on TV.*

Le paragraphe peut être amélioré en retirant les conjonctions de coordination au début des phrases :

- *Baseball, the great American sport, is thought of as a summer pastime. As soon as the weather turns warm, the neighborhood kids find a field to toss a ball around. Soon, they form teams to play each other, but all summer, they always find time to listen to pro games on the radio and to watch them on TV.*

Résumé : les conjonctions de coordination sont très utiles pour réunir des idées au sein d'une même phrase. Pourtant, essayez d'éviter de les utiliser pour commencer vos phrases dans vos écrits académiques.

Organisation et développement

L'objectif de cette partie est de vous montrer comment organiser et développer vos idées lorsque vous faites une rédaction en anglais. Les questions suivantes seront abordées :

Introduction

- Qu'est-ce qu'une introduction ?
- Comment dois-je rédiger une introduction ?

Problématique

- Qu'est-ce qu'une problématique ?
- Comment puis-je m'assurer que le lecteur comprend ma problématique ?
- Est-ce que j'ai suffisamment d'idées principales pour développer ma problématique ?

Idées principales

- Mes idées principales commencent-elles par une phrase introductive ?
- Est-ce que j'ai assez bien développé chacune de mes idées principales ?
- Est-ce que j'ai organisé mes idées de manière ordonnée ?

Idées secondaires

- Quelles sont les différentes manières de développer des idées secondaires ?
- Est-ce que j'ai fait le nécessaire pour étayer et développer mes idées ?
- Est-ce que chacun de mes paragraphes soutient, développe et explique mon idée principale ?

Mots/phrases de transition

- Est-ce que j'emploie des mots ou des phrases de transition pour mener le lecteur d'une idée à l'idée suivante ?

Conclusion

- Qu'est-ce qu'une conclusion ?
- Comment rédiger une conclusion ?

Introduction

Qu'est-ce qu'une introduction ?

Le premier ou les deux premiers paragraphes de la rédaction constituent l'introduction. L'introduction sert à dire au lecteur en quoi consiste la rédaction ; elle met en contexte la problématique (l'idée principale).

Une bonne introduction :

- donne envie de lire la rédaction ;
- informe le lecteur de la problématique ;
- informe le lecteur de l'idée principale de la rédaction.

Comment dois-je rédiger l'introduction ?

Votre introduction peut être rédigée de diverses façons. Voici quelques idées pour écrire une bonne introduction :

- une mise en contexte du sujet ;
- une narration ;
- une citation ;
- des statistiques/des faits surprenants ;
- une phrase accrocheuse ;
- des interrogations qui mènent à la problématique.

Vous trouverez ci-après quelques exemples d'introductions. La problématique de la rédaction est en gras.

Mise en contexte

Since the beginning of time, there have been teachers. The "classroom" teacher has many important tasks to do. A teacher has to teach information while keeping things interesting. She also sometimes has to be a referee, a coach, and a secretary. At times, a teacher has to be a nurse or just a good listener. **This career demands a lot, but it's a career I most want to have.**

Narration

My fourth-grade teacher, Miss Vela, was not a big woman. She was about five feet tall and was no longer young. Even though she did not look very strong, she never had trouble controlling all her students. She could quiet us down with just a stare. We always wanted to make her happy because we knew how much Miss Vela cared about us. She expected us to do the best we could, and we all tried our hardest. **Miss Vela was the kind of teacher who made me know that I wanted to be a teacher.**

Citation

"Teaching is better than tossing a pebble into a pond of water and watching those ripples move out from the middle. With teaching, you never know where those ripples will end." I remember those words of my fourth-grade teacher. Miss Vela once told me that years after they left her class, her students would come back to tell how much she helped them. Miss Vela's students said that it was because of her that they learned to work hard and to feel proud of what they did. **I would like to teach because I would like to make that kind of difference.**

Statistiques/Faits surprenants

Three out of four people said that they thought it didn't matter how many students were taught in one class. However, our class researched this and found that the opposite is true. Studies completed at a university show that having small class sizes, especially in the primary grades, makes a big difference in how much students learn. **Before we decide how many students to assign to a primary school teacher, we need to think more carefully about how important smaller class size is.**

Phrase accrocheuse

Some teenagers today say that they think that wives should earn money and that husbands should help with child care and other household tasks. Recent studies indicate that 13 percent of teenage boys would prefer a wife to stay at home, while 96 percent of the teenage girls surveyed wanted to work outside of the home. **However, couples who marry today may have grown up in very traditional households and therefore may find it difficult to accept wives of equal, not to mention greater, job status.**

Interrogations qui mènent à la problématique

What exactly is "voice"? Is it a speaking voice or a singing voice? When people say that they have a voice in their head but no way to get it out, what does that mean? **"Voice" has less to do with throats and mouths than it has to do with being human, being alive.**

Problématique

Qu'est-ce qu'une problématique ?

La problématique présente l'idée principale – ou l'idée la plus importante – de la rédaction. Elle reprend l'idée de l'auteur sur un sujet et répond souvent à la question suivante : « Quelles idées intéressantes puis-je communiquer ? » Une réflexion sur la problématique peut vous aider à décider quelles informations doivent être présentées – ou pas – dans la rédaction.

Une bonne problématique :

- donne au lecteur une idée de ce que vous allez dire à propos de tel ou tel sujet ;
- sert à donner son avis sur un sujet et n'est pas qu'un simple exposé des faits ;
- présente des informations complètes ;
- sert à annoncer de manière claire votre avis sur un sujet.

Une bonne problématique donne au lecteur une idée de ce que vous allez dire sur tel ou tel sujet :

- Mauvaise problématique : Mahatma Gandhi was an interesting man.
- Bonne problématique : Mahatma Gandhi was a person of contradictions.
- Mauvaise problématique : Television is a total waste of time.
- Bonne problématique : Parents should carefully choose appropriate, educational television shows for their children to watch.

Une bonne problématique présente votre avis sur un sujet et n'est pas qu'un simple exposé des faits :

- Mauvaise problématique : London is the capital of England.
- Bonne problématique : For tourists interested in British history, London is an ideal travel destination.
- Mauvaise problématique : Many movies today are violent.
- Bonne problématique : The violence in movies today makes children less sensitive to other people's suffering.

Une bonne problématique présente des informations complètes :

- Mauvaise problématique : Should something be done about bad drivers?
- Bonne problématique : Bad drivers should have to take a driving course before being allowed to drive again.
- Mauvaise problématique : There is a problem with the information on the Internet.
- Bonne problématique : To make sure information found on the Internet is valid, Internet users must make sure the sources of the information are credible.

Une bonne problématique présente votre avis clairement :

- Mauvaise problématique : In my paper, I will write about whether schools should require uniforms.
- Bonne problématique : Public schools should not require uniforms.
- Mauvaise problématique : The subject of this essay is drug testing.
- Bonne problématique : Drug testing is needed for all professional athletes.

Comment puis-je m'assurer que le lecteur comprend ma problématique ?

Si vous utilisez un mot ambigu dans l'introduction ou dans la problématique, il faudra le définir et l'expliquer. Par exemple, si votre problématique est « Qu'est-ce qu'un héros ? », il faut d'abord expliquer ce que signifie le mot « héros » pour vous. Un héros est-il une personne qui risque sa vie pour sauver celle des autres ? Un héros est-il une personne que vous admirez pour une raison particulière ? Tout le monde a sa propre façon de comprendre le sens d'un mot. En donnant une définition du mot, vous aidez votre lecteur à mieux comprendre ce que vous voulez dire.

Est-ce que j'ai suffisamment d'idées principales pour développer ma problématique ?

Une idée principale est un sujet qui vous tient à cœur. Il s'agit d'une idée qui vous importe, une idée que vous voulez communiquer à votre lecteur. Certains auteurs pensent qu'il faut écrire sur trois idées principales. Mais le nombre d'idées principales à incorporer dans une rédaction est variable. Ce qu'il faut retenir, c'est que vos idées principales doivent étayer votre problématique de manière adéquate.

Si vous n'avez pas assez d'idées principales, vous devez peut-être repenser votre problématique. Voici cinq suggestions pour mieux repérer de nouvelles idées.

Posez-vous les questions suivantes :

- Qui ?
  - — Qui m'a encouragé à devenir professeur ?
- Quoi ?
  - — Quelle est la mission des professeurs ?
- Quand ?
  - — Quand est-ce que j'ai décidé de devenir professeur ?
- Où ?
  - — Où y a-t-il le plus grand besoin pour les professeurs ?
- Pourquoi ?
  - — Pourquoi devenir professeur ?
- Comment ? Combien ?
  - — Comment un professeur apprend-il à enseigner ?
  - — Comment ma perspective du métier d'enseignant a-t-elle évolué ?
  - — Comment les professeurs influencent-ils leurs élèves ?
  - — Combien de temps un professeur travaille-t-il en dehors des heures de cours ?
- Et alors ? Pourquoi pas ?
  - — Que se passe-t-il si les professeurs n'ont pas les supports qu'il leur faut pour enseigner ?
  - — Pourquoi faut-il suivre des cours en présentiel et pas simplement sur Internet ?

Partagez votre problématique avec votre entourage

Beaucoup de personnes sont très contentes de partager leurs connaissances. Prenez des notes intéressantes, car vous aurez peut-être besoin de les citer dans votre rédaction.

- D'autres étudiants de votre école ont des avis sur le sujet.

- Un professeur qui connaît la problématique ou le sujet pourrait vous donner son avis.
- Des experts peuvent vous fournir des informations précieuses.
- Faites de la recherche sur votre sujet sur Internet ou dans une bibliothèque.
- Essayez d'envoyer un courriel à des experts dans votre domaine.

Réfléchissez au type de rédaction que vous avez à écrire

Tenez compte des questions ci-dessous pour vous aider à savoir de quelles idées parler et de quelle manière les organiser.

- Expliquez-vous comment certains sujets se ressemblent (comparaison) et comment d'autres sont différents (contraste) ? Vous pouvez utiliser cette technique lorsque vous décrivez quelque chose (par exemple, comment enseigner aux élèves des écoles primaires par rapport à la façon d'enseigner aux élèves du secondaire) ou lorsque vous analysez des points de vue différents (par exemple, si les enfants doivent aller à l'école toute l'année).
- Mettez-vous vos idées en catégories ? Vous pourriez être en mesure de décrire quelque chose en général, puis être amené à décrire cette chose de façon plus détaillée. Par exemple, vous pouvez écrire sur ce qu'il faut pour être professeur, puis sur les qualités d'un professeur que vous avez eu.
- Donnez-vous des raisons pour illustrer comment un problème est survenu et quelles en sont les conséquences ? Par exemple, si vous écrivez sur la façon dont les attitudes des élèves sont influencées par leur environnement, vous voudrez peut-être en premier décrire la cause de cette attitude particulière. Ensuite, vous pourriez peut-être parler des effets de cette attitude.
- Essayez-vous de convaincre quelqu'un de penser comme vous, ou de faire quelque chose qui permettra l'amélioration d'une situation difficile ? Par exemple, si vous essayez de convaincre un ami de réfléchir à une question de la même façon que vous, vous pouvez commencer par dire quel est le sujet/la problématique et pourquoi vos idées sont les meilleures.

N'hésitez pas à recommencer à zéro pour voir quelles autres directions prendre

N'ayez pas peur de tout recommencer. Beaucoup d'écrivains obtiennent de meilleurs résultats lorsqu'ils écrivent sur le même sujet plus d'une fois.

Relisez votre ébauche

Regardez votre dernière ébauche et commencez là où le sujet est le plus intéressant ou à l'endroit où vous pensez avoir avancé la meilleure idée.

- Essayez de rédiger trois autres phrases pour expliquer votre meilleure phrase.
- Relisez les trois nouvelles phrases, puis choisissez la meilleure et écrivez trois phrases supplémentaires qui expliquent l'idée principale.

Idées principales

Mes idées principales commencent-elles par une phrase d'introduction ?

Chaque idée principale doit être abordée complètement. L'idée principale est la partie de la phrase qui fournit l'explication. Cette phrase est introductive, et son objectif est d'aider le lecteur à réfléchir à des questions autour du sujet.

Imaginons que vous venez de lire cette phrase d'introduction :

- Not passing a test in fourth grade in Miss Vela's class made me think about what a teacher is.

Quelles questions souhaitez-vous poser ?

Voulez-vous en savoir plus sur ce qui est arrivé à l'auteur en CM1 (*« fourth grade »*) ?

D'après vous, est-ce que vous en apprendrez plus sur ce que l'auteur pensait par la phrase *« what a teacher is »* ?

Utilisez votre phrase d'introduction pour préparer le lecteur à comprendre le sujet abordé dans votre rédaction

Vous pouvez relire vos phrases pour identifier les mots les plus pertinents. Ce sont ceux qui ont le plus d'impact dans votre phrase.

Par exemple, dans cette phrase d'introduction, quels sont les mots importants ?

- Teachers don't get paid for every hour that they work.

Diriez-vous que *« every hour that they work »* est ce qui a le plus d'importance ?

Voici le reste du paragraphe :

- Teachers sometimes do work even when they are not in the classroom. Sometimes my mother grades papers and projects all day on Sunday. Even though she does not get paid, she says that that is the only time she can grade all of her students' work. My neighbor spends three weeks of his summer vacation on a ship that does scientific experiments. He doesn't get paid for any of that work, but he says the things that he learns help him be a better teacher.

Utilisez les phrases d'introduction comme transition entre deux paragraphes ou deux idées principales

Voici un exemple de paragraphe qui commence par une phrase d'introduction :

- Teachers get many benefits in their careers. My neighbor has children and likes having the summer off when his children are home. Some teachers say their work is very enjoyable. At least that's what my mom says when she mixes up her magic bubble formula for science class. My mom also says that one of the benefits of teaching is that she is using her college education every day. She also gets paid to take refresher courses. But she works hard.

Voyez-vous comment la phrase d'introduction se rapporte à une autre idée ?

- In fact, teachers don't get paid for every hour that they work, but the teachers that I know say that they love their work.

À votre avis quel sera le sujet abordé dans ce paragraphe ?

Est-ce que j'ai assez bien développé chacune de mes idées principales ?

Dans une bonne rédaction, vous (en tant qu'auteur) devez avoir l'impression d'avoir abordé toutes les questions/préoccupations du lecteur. N'oubliez pas que votre lecteur a besoin de comprendre ce que vous écrivez, donc soyez rigoureux dans l'expression de vos idées.

Un paragraphe par idée principale

Chaque idée principale doit être précisément identifiée. Cependant, si une idée principale n'est pas très simple à aborder, il se peut que vous ayez besoin de la développer en plusieurs paragraphes en raison de sa complexité.

Est-ce que j'ai organisé mes idées de manière ordonnée ?

Vous pouvez organiser vos idées de différentes façons. Vous pouvez les organiser par ordre chronologique ou antichronologique. Voici deux idées principales qui seront développées en paragraphes :

Idée 1

I have wanted to be a teacher ever since I failed a test in Miss Vela's class in fourth grade.

Idée 2

Then in eighth grade I had an assignment to teach a science lesson to a class in my former primary school, and that experience showed me how good I felt when the students didn't want the class to be over.

Vous pouvez organiser vos idées par ordre d'importance, du plus important vers le moins important, ou vice versa.

ASTUCE

- Si vous avez des contraintes de temps pour votre rédaction, comme c'est le cas pour un test, vous devez commencer par les raisons les plus importantes.

Voici deux exemples d'idées principales présentées par deux auteurs différents :

Auteur 1

The most important reason to be a science teacher is to help the next generation learn about the Earth.

Auteur 2

Getting to do fun activities is the reason why I want to be a science teacher.

Idées secondaires

Comment développer vos idées secondaires

Les idées secondaires servent à convaincre votre lecteur que votre idée principale est de bonne qualité. Voici quelques astuces des écrivains professionnels :

- racontez une histoire qui clarifie l'idée principale ;
- donnez des exemples pour expliquer le sujet du paragraphe ;
- donnez des exemples qui étayent la problématique. Vous pouvez utiliser des faits, des arguments logiques, des avis d'experts… ;
- employez des détails qui sont très précis de manière à ce que le lecteur puisse comprendre comment cette idée est différente des autres ;
- dites ce que vous ressentez au niveau sensoriel (vue, ouïe, odorat, toucher) ou affectif ;
- essayez d'aborder l'idée de différents points de vue ;
- dites comment des événements, des gens ou des objets peuvent avoir une influence sur l'idée principale ;
- utilisez des métaphores et des analogies pour aider le lecteur à comprendre une idée en la comparant à d'autres choses.

Est-ce que j'ai fait le nécessaire pour étayer et développer mes idées ?

Pensez à votre lecteur comme à une personne curieuse. Imaginons que votre lecteur veuille savoir tout ce que vous pouvez dire à ce sujet.

Voici quelques questions précises que vous pouvez vous poser pour certains types de rédactions :

- **Si vous décrivez un problème, vous devez considérer les questions suivantes :**
  - De quel type de problème ou de question s'agit-il ?
  - Y a-t-il des preuves que ce problème existe ?
  - Le problème a-t-il des conséquences et pour qui ?
  - Quelle est l'histoire de ce problème ? Qui en est responsable ? Qui a contribué à son développement ? Où en sommes-nous face à ce problème maintenant ?
  - Pourquoi ce problème est-il important? Qu'est-ce qui rend ce problème plus ou moins important ?
- **Si vous étayez ou si vous essayez de convaincre votre lecteur de se ranger à votre avis, considérez les points suivants :**
  - Quels sont les faits ou les statistiques qui peuvent étayer votre avis ?
  - Quelles idées pouvez-vous avancer pour prouver vos théories ?
  - Quelle comparaison serait utile pour que le lecteur comprenne votre position ?
  - L'avis de quel expert rendrait votre avis plus valable ?
  - Pouvez-vous étayer votre idée à l'aide de quelques exemples ?

– Pouvez-vous décrire le point de vue de quelqu'un qui ne partage pas votre avis?

ASTUCE

- Les bons arguments sont souvent ceux qui avancent le bien-fondé du camp de l'adversaire. Vous pouvez utiliser des expressions telles que « *although that is a point well taken* », « *granted* », « *while it is true that* » ou « *I agree that* », afin d'avoir une perspective différente de la vôtre.

- **Si vous faites une analyse littéraire ou si vous rédigez une critique d'une histoire ou d'un film, pensez à ces questions:**
  – Pouvez-vous résumer l'histoire de sorte que votre lecteur sache ce qui s'y passe?
  – Pouvez-vous donner des détails sur le lieu ou sur l'époque où se déroule l'histoire pour que votre lecteur ait les informations nécessaires pour comprendre?
  – Que pouvez-vous dire sur les personnages principaux de sorte que le lecteur puisse comprendre ce qui les rend importants ou intéressants?
  – Pouvez-vous décrire le moment où le personnage principal doit prendre une décision importante face à une crise?
  – Pouvez-vous dire ce que les personnages disent les uns sur les autres?
  – Est-ce que l'histoire a une signification plus profonde que vous pouvez éclairer?
  – Pouvez-vous décrire le style du film, voire les angles de prise de vue de la caméra?
  – Y a-t-il des images ou des symboles intéressants?
- **Si vous décrivez ou définissez quelque chose, tenez compte des points suivants:**
  – Pouvez-vous dire à quoi ressemble la chose que vous décrivez et quelles en sont les parties constituantes?
  – Pouvez-vous parler de son fonctionnement ou de sa signification?
  – Pouvez-vous parler de la façon dont cette chose a évolué avec le temps?
- **Si vous devez dire comment faire quelque chose, tenez compte des points suivants:**
  – Avez-vous commencé par la première étape? Avez-vous procédé de manière logique?
  – Avez-vous défini des termes que votre lecteur ne connaît peut-être pas?
  – Avez-vous donné des exemples qui pourraient aider le lecteur à comprendre ce que vous voulez dire?
  – Avez-vous essayé d'expliquer vos consignes clairement? Avez-vous numéroté les étapes afin que le lecteur puisse connaître l'ordre dans lequel il faut procéder?

ASTUCE

- Il faut peut-être penser à une façon d'organiser vos idées pour que votre lecteur puisse mieux les comprendre. Par exemple, si vous décrivez une recette, les ingrédients sont énumérés en premier, d'habitude, puis les instructions sont rédigées en courts paragraphes et numérotées étape par étape.

Mes paragraphes étayent-ils/développent-ils l'idée principale/la phrase introductive ?

Un paragraphe est un groupe de phrases sur un sujet précis. Chaque paragraphe contient une nouvelle idée.

Certains paragraphes sont longs et d'autres courts. Certains paragraphes ne contiennent qu'une seule phrase, ce qui peut être un moyen intéressant de présenter des informations.

Certains paragraphes racontent une histoire intéressante, ce qui peut prendre plusieurs phrases.

Certains paragraphes répondent à la problématique, d'autres sont plutôt des transitions entre deux idées principales.

Voici quelques questions pour vous aider à évaluer vos paragraphes :

- **Avez-vous assez écrit pour compléter l'idée présentée dans chaque paragraphe ?**

> **ASTUCES**
> - Donnez un titre à chaque paragraphe pour voir si ces titres, pris à part, sont ordonnés logiquement. Si le lecteur vous posait une question précise sur votre rédaction, dans quel paragraphe trouverait-il la réponse ? Si certaines phrases dans ce paragraphe ne répondent pas à la question, vous devriez probablement les supprimer.
> - Raconter ses expériences personnelles est approprié dans certains types de rédactions, mais pas dans d'autres. Assurez-vous de comprendre le type d'information qu'on attend de vous dans vos rédactions.
> - Si vous citez une source, assurez-vous que la citation est exacte et recopiée correctement. Utilisez les guillemets correctement.

- **Avez-vous utilisé des mots qui doivent être expliqués ou définis ?** Si vous essayez d'utiliser des mots compliqués sans expliquer ce que cela veut dire, votre lecteur pourrait se sentir frustré. Essayez d'utiliser plus d'une phrase pour définir ou expliquer quelque chose. Trois phrases seraient un plus !
- **Avez-vous fourni des preuves ? Un exemple servirait-il à montrer ce que vous voulez dire ?** Utilisez un bon exemple pour montrer que ce que vous dites est vrai. Cela est important.
- **Pouvez-vous raconter une expérience personnelle ou utiliser une citation qui validerait ce que vous essayez de dire ?**

Mots/phrases de transition

Est-ce que j'emploie des mots et des phrases qui aident le lecteur à mieux comprendre le rapport entre les idées présentées dans la rédaction ?

Les mots et les phrases de transition servent à aider le lecteur à faire le lien entre ce qu'il a déjà lu et ce qu'il va lire. Ils donnent au lecteur une idée du rapport entre les idées présentées dans la rédaction. Ils servent également à illustrer le lien entre les phrases. Imaginez que votre paragraphe est un train et que les différentes phrases sont des voitures (et l'idée principale le moteur). Est-ce que toutes les parties s'articulent bien ensemble ?

Vous pouvez guider le lecteur au fur et à mesure qu'il lit un texte en utilisant des mots et des phrases de transition entre les paragraphes et les phrases.

- Des mots qui vous aident à mieux situer les événements dans le temps :
  - today, tomorrow, next week, yesterday, meanwhile, about, before, during, at, after, soon, immediately, afterward, later, finally, then, when, next, simultaneously, as a result.
- Des mots qui vous aident à parler des étapes d'une séquence :
  - first, second, third, finally, lastly, most important, of least importance.
- Des mots qui vous aident à mieux situer le lieu d'un événement :
  - above, over, below, beneath, behind, in front of, in back of, on top of, inside, outside, near, between, beside, among, around, against, throughout, off, onto, into, beyond.
- Des mots qui vous aident à faire des comparaisons et à décrire la similitude :
  - also, as, similarly, in the same way, likewise, like.
- Des mots qui vous aident à faire des oppositions et à décrire les différences :
  - in contrast, however, although, still, even though, on the other hand, but.
- Des mots qui vous aident à ajouter de nouvelles informations :
  - in addition, for instance, for example, moreover, next, likewise, besides, another, additionally, again, also, in fact.
- Des mots qui vous aident à apporter des précisions :
  - in other words, for instance, that is, just to reiterate, in summary.
- Des mots qui vous aident à renforcer un argument :
  - truly, in fact, for this reason, again, just to reiterate.
- Des mots qui vous aident à conclure et à résumer :
  - all in all, lastly, as a result, in summary, therefore, finally.

Conclusion

Qu'est-ce qu'une conclusion ?

Le paragraphe de conclusion est distinct des autres paragraphes. Il met fin à la rédaction.

- Il aborde l'importance de vos idées.
- Il reprend la problématique en d'autres termes.
- Il résume les idées principales.
- Il peut aussi contenir une anecdote, des statistiques ou des conseils.
- Il envisage différentes approches pour conclure.

Comment rédiger une conclusion ?

Vous pouvez envisager quelques-unes des approches suivantes pour écrire le paragraphe de conclusion :

- résumer les points principaux ;
- fournir une histoire résumant le propos ;
- inclure une citation provocatrice ou mémorable ;
- faire une prédiction ou une suggestion ;
- laisser au lecteur du grain à moudre.

Voici différentes manières de rédiger un paragraphe de conclusion :

- Good teaching requires flexibility, compassion, organization, knowledge, energy, and enthusiasm. A good teacher must decide when a student needs to be prodded and when that student needs mercy. Good teaching requires knowing when to listen and reflect and when to advise or correct. It requires a delicate balance of many skills, and often a different mix of approaches for different students and different situations. Is this profession demanding? Yes! Boring? Never! Exciting? Absolutely!
- When I become a teacher, I want fourth graders like Miss Vela's. We adored her and wanted to please her. But more important, I want to be a Miss Vela for my students. I want to challenge my students to become good citizens. When the river in our town flooded its banks and some classmates had to be evacuated, Miss Vela asked us to think about what we could do. We came up with three decisions. We packed lunches for our classmates, we shared our books and pencils in class, and we gave them clothing. Later when we studied civics, we realized that we were taking care of our classmates the way the local or federal government does in a disaster. Miss Vela was helping her fourth graders become more civic minded. I'm hoping to help my students think like that when I'm a teacher.

Conseils de rédaction

Cette partie vous donne des informations sur les différents types de rédactions qu'on peut vous demander d'écrire :

- rédactions pour convaincre ;
- rédactions pour informer ;
- rédactions comparatives ;
- rédactions descriptives ;
- rédactions narratives ;
- rédactions cause/effet ;
- rédactions problème/résolution de problème ;
- rédactions de description d'un processus (comment faire pour […] ?) ;
- rédactions dans le cadre d'une évaluation ;
- rédactions d'analyse littéraire ;
- rédactions professionnelles.

Rédactions pour convaincre

Lorsque vous écrivez un texte argumentatif, vous devez essayer de rallier le lecteur à votre point de vue. Vous devez donc fournir de bonnes raisons pour justifier votre avis, traiter de points de vue opposés, et peut-être proposer une solution.

Comment démarrer ?

- Faites une liste des arguments pour et contre votre avis (les avantages et les inconvénients).
- Décidez si vous avez besoin de plus d'informations (par exemple, des *statistiques* qui étayent votre argument, des *citations* des experts, des *exemples* qui rendent vos idées plus concrètes, des *expériences personnelles*, des *faits*).
- Pensez aux bons arguments avancés d'un point de vue opposé. Comment pourriez-vous répondre à cette personne ?

ASTUCE

- Pour ce genre de rédaction, vous pourriez garder votre meilleur argument pour la fin.

Résumé : lorsque vous écrivez un texte argumentatif, soyez clair et convaincant. Tout type de rédaction s'améliore avec la pratique. Essayez de vous entraîner à la rédaction et à la révision, et lisez autant de bons textes argumentatifs que possible.

Rédactions pour informer

Ce genre de rédaction présente des informations qui aident le lecteur à comprendre un sujet (par exemple, le réchauffement climatique, le jazz, la pollution). Les rédactions informatives peuvent être basées sur les recherches académiques (lecture, interviews, navigation sur Internet). Parfois, vous serez également amené à écrire sur une expérience personnelle ou sur une observation.

Comment démarrer ?

- Trouvez un thème précis (par exemple, ne traitez pas le recyclage en général, traitez le recyclage du papier).

- Choisissez plusieurs points importants à aborder (la façon dont le papier est recyclé, les utilisations du papier recyclé).
- Pensez aux détails à l'appui de chaque point. Ces détails peuvent être des faits, des observations, des descriptions et/ou des exemples (des essuie-tout, des cartes de vœux).

Rédactions comparatives

La rédaction d'un texte comparatif consiste à comparer et à opposer deux sujets. Une comparaison montre comment deux choses se ressemblent. Un contraste montre comment deux choses sont différentes.

Vous pouvez utiliser la comparaison et le contraste pour décrire, définir, analyser ou faire un argument dans presque tous les types de rédaction.

Comment démarrer ?

- Sélectionnez deux sujets qui présentent des similitudes ou des différences importantes.
- Décidez comment ces sujets sont semblables et différents.
- Pensez à la façon dont vous voulez présenter vos informations. Faites un plan et suivez-le lorsque vous rédigez votre texte.
  – Voulez-vous aborder un point sur un sujet, puis le même point sur le deuxième sujet ?
  – Voulez-vous décrire tous les points importants du premier sujet, et ensuite tous les points importants du second sujet ?
  – Voulez-vous parler de la façon dont vos deux sujets sont semblables, puis de la manière dont ils sont différents ?
- N'oubliez pas de signaler à votre lecteur lorsque vous passez d'un point de comparaison ou de contraste à un autre. Utilisez des transitions claires. Voici quelques mots de transition qui peuvent vous être utiles :
  – pour les similitudes : *similarly, likewise, furthermore, besides* ;
  – pour les différences : *in contrast, in comparison, on the other hand, although, however, nevertheless, on the other hand, whereas, yet.*

Rédactions descriptives

Dans un texte descriptif, vous trouverez des détails à propos des personnes, des lieux, des choses, des moments et des théories. Il y aura suffisamment de détails pour permettre au lecteur d'imaginer ce qui est décrit. Pour ce faire, vous pouvez utiliser un vocabulaire détaillé pour décrire des images qui font appel aux sens.

Comment démarrer ?

- Il faut que le lecteur voie, sente, entende, touche et goûte à ce que vous évoquez. Utilisez vos cinq sens dans la rédaction descriptive (par exemple : *the ancient driver nervously steered the old car down the red mud road, with me bouncing along on the backseat*).
- Soyez précis (contre-exemple : *this dessert is good,* exemple : *the fudge brownie is moist, chewy, and very tasty*).
- Montrez au lecteur où se trouvent des choses de votre point de vue (par exemple, *As I passed through the wooden gates, I heard a cough. A tiny woman came out from behind the trees*).
- Décidez si vous voulez donner votre avis personnel (subjectif) ou un point de vue neutre (objectif).

ASTUCE

- Ce qui pourrait sembler inhabituel ou contradictoire peut rendre votre sujet plus intéressant (par exemple, *Martin Luther King probably contributed more than anyone else to changes in civil rights, but he hardly earned any money for his speeches and work).*

Rédactions narratives

Ce genre de rédaction vous offre l'occasion de raconter une histoire sur vous-même, sur un incident, sur un souvenir ou sur une expérience. Les textes narratifs sont des récits qui comportent généralement une intrigue, un lieu (l'endroit où quelque chose s'est passé), des personnages, un point culminant et un dénouement. Les récits sont généralement écrits à la première personne. Cependant, en tant que conteur, vous pouvez choisir de « parler » à la place d'autres personnes pour rendre l'histoire plus intéressante.

Comment démarrer ?

- Si vous écrivez à propos d'un différend avec un ami :
  - pensez à l'origine du différend ;
  - pensez aux personnes qui y sont impliquées et pourquoi ;
  - pensez à la façon dont le différend est survenu, comment il a été résolu, ou si vous et votre ami avez recollé les morceaux.
- Souvenez-vous des détails précis qui rendent cet incident plus réel (par exemple, ce que votre ami vous a dit et le ton de sa voix).
- Essayez de répondre à la question suivante : « Pourquoi cet incident est-il important pour moi ? »

- Choisissez une approche pour démarrer, par exemple :
  – organisez votre histoire par scènes (comme dans les films) ;
  – résumez ce qui s'est passé et ne racontez que la scène la plus importante ;
  – commencez par la fin et dites pourquoi c'était un événement important.

Rédactions causes/effets

Les rédactions causes/effets concernent la raison pour laquelle certains événements surviennent (causes) et ce qui se passe par la suite (effets). Dans une rédaction causes/effets, il est très important que le ton employé soit mesuré et que votre présentation ait l'air factuelle et crédible.

Comment démarrer ?

- Pensez à l'événement ou au problème que vous voulez décrire.
- Faites un brainstorming d'idées.
- Présentez votre idée principale.
- Trouver des détails pertinents et appropriés pour étayer votre idée principale. Vous pouvez organiser ces détails de la façon suivante :
  – par ordre chronologique, l'ordre dans lequel les événements se sont produits ;
  – par ordre d'importance, du moins important vers le plus important, ou vice versa ;
  – par catégories, en découpant le sujet en plusieurs catégories.
- Utilisez des mots et phrases de transition appropriés, par exemple :
  because, thus, therefore, due to, one cause is, another is, since, for, first, second, consequently, as a result, resulted in, one result is, another is.

Rédactions problème/résolution de problème

Une rédaction problème/résolution de problème commence par l'identification d'un problème (ou des problèmes) et propose ensuite une ou plusieurs solutions. Elle porte généralement sur des thèmes qui sont importants pour le rédacteur et pour le lecteur (par exemple, la qualité de la nourriture à la cantine).

Comment démarrer ?

- Pensez à toutes les raisons pour lesquelles le problème existe.
  – Pourquoi est-ce arrivé ?
  – Comment cela a-t-il commencé ?
  – Pourquoi le problème existe-t-il toujours ?

- Faites une liste de solutions possibles au problème.
- Faites le bilan de vos solutions… lesquelles sont susceptibles de régler le problème ?
- Décrivez les avantages et les inconvénients d'une ou de plusieurs bonnes solutions, mais consacrez la plupart de votre texte à la meilleure solution.
- Expliquez pourquoi c'est la meilleure solution.

Rédactions de description d'un processus (comment faire pour [...] ?)

Ce type de rédaction explique comment faire quelque chose (par exemple, comment faire votre gâteau préféré) ou comment quelque chose se produit (par exemple, comment les films sont réalisés).

Comment démarrer ? (pour la réalisation d'un processus)

- Pensez aux matériaux et aux compétences nécessaires.
- Le processus se compose de combien d'étapes ? Mettez les étapes dans le bon ordre. Pourquoi chaque étape est-elle importante ?
- Quelles sont les difficultés à chaque étape ?
- Combien de temps dure le processus ?

ASTUCE

- Donnez tous les conseils et astuces nécessaires pour aider le lecteur à réaliser correctement chaque étape du processus !

Comment démarrer ? (pour la réalisation d'un événement, étape par étape)

- Donnez tout le contexte nécessaire à votre lecteur pour qu'il comprenne le processus.
- Dites ce qui se passe dans l'ordre.

ASTUCE

- N'oubliez pas d'expliquer des termes que le lecteur ne comprend peut-être pas !

Les rédactions de description d'un processus sont généralement organisées en fonction du temps : elles commencent par la première étape du processus et vont jusqu'à la dernière. Pour indiquer qu'une étape a été complétée et qu'une nouvelle va commencer, il faut utiliser des transitions. Voici quelques mots de transition utilisés dans ce genre de rédaction :

- first of all, first, second, third, next, soon after, after a few hours, afterward, initially, at the same time, in the meantime, before, before this, immediately before, in the meanwhile, currently, during, meanwhile, later, then, previously, at last, eventually, finally, last, last but not least, lastly.

Rédactions dans le cadre d'une évaluation

Ce type de rédaction peut être plus difficile parce que vous devez rédiger un texte de la meilleure qualité possible en peu de temps. Il y a quelques trucs, cependant.

Comment démarrer ?

- Prenez quelques instants pour comprendre la question et pour noter quelques idées qui vous viennent à l'esprit.
- Avant de commencer à rédiger, prenez quelques instants pour faire un plan. Comment allez-vous organiser vos idées principales et secondaires ? Certains étudiants trouvent que faire un plan est une stratégie utile.
- Pendant que vous rédigez, si d'autres idées vous viennent à l'esprit, utilisez-les si elles sont pertinentes.
- Gardez un œil sur le temps, mais ne paniquez pas.
- Relisez la rédaction du point de vue du lecteur ; réorganisez les parties et ajoutez des explications si nécessaire.
- Relisez-vous si vous avez le temps.

ASTUCE

- Comme pour tout type de rédaction, elle s'améliore avec la pratique. Vous pouvez vous entraîner à l'écriture et à la relecture de textes en travaillant dans les mêmes conditions que le test, et dans un temps imparti.

Rédactions d'analyse littéraire

Lorsque vous rédigez un texte littéraire, vous dites pourquoi telle ou telle œuvre (une histoire, un film, un poème ou une pièce de théâtre) est intéressante et ce qui la rend pertinente (par exemple, pourquoi elle vous fait rire, pourquoi vous êtes intéressé par les personnages).

Vous pouvez écrire sur les raisons pour lesquelles l'œuvre littéraire semble pertinente, vous pouvez analyser les personnages ou l'action, ou vous pouvez dire pourquoi l'œuvre est une réussite.

Il y a plusieurs façons de répondre à un sujet littéraire. Voici quelques questions pertinentes pour démarrer :

- Décrivez vos sentiments personnels à propos de la littérature. Êtes-vous plus intéressé par le cadre, la situation, les personnages ou l'atmosphère ? Voici quelques astuces qui vous aideront à démarrer.
- Quelle est la situation ou l'ambiance générale ?
- Quels indices l'auteur vous donne-t-il vis-à-vis de la véritable signification de cette histoire, de ce poème ou de ce film ? (Par exemple, les nombreuses histoires de Cendrillon dans la littérature du monde véhiculent toutes la même morale : la bonté est récompensée même si vous êtes pauvre.)
- Organisez vos idées et étayez-les avec des exemples tirés d'œuvres littéraires. Ne présumez pas que votre lecteur connaît l'histoire ou le film que vous décrivez !

Rédactions professionnelles

Les lettres, les mémos et les rapports sont courants en milieu professionnel. Pour ce genre de rédaction, vous devez présenter vos idées le plus rapidement et le plus clairement possible. Donc, essayez d'être bref et concis.

Comment démarrer ?

- Organisez vos idées. La plupart des lettres professionnelles doivent tenir sur une seule page.
- Demandez-vous s'il y a un format particulier que vous devez suivre.
- Décidez si vous voulez que le lecteur fasse quelque chose (rédaction pour convaincre), comprenne un problème (rédaction pour informer), ou propose une solution (rédaction problème/solution). (Reportez-vous aux sections correspondantes dans la rubrique « Conseils de rédaction ».)
- Écrivez clairement et avec courtoisie.
- Utilisez des citations pertinentes.
- Laissez au lecteur la possibilité de faire une prévision ou une suggestion.

Révisions, modifications et relecture

Le processus de rédaction

Le processus de rédaction comporte plusieurs étapes : la planification, l'ébauche, la rédaction, la révision, la modification et la relecture. Beaucoup d'écrivains et d'enseignants affirment que pour améliorer la qualité de vos rédactions, il y a trois étapes distinctes : la révision, la modification et la relecture. Regardez chaque colonne du tableau ci-après pour comprendre le déroulement de chaque étape.

Au fur et à mesure que vous écrivez, vous pouvez réviser et modifier votre rédaction plusieurs fois pour préciser et pour développer vos idées. Les parties de cet ouvrage portant sur le style, l'organisation, le développement et les « Conseils de rédaction » peuvent être très utiles lorsque vous révisez et modifiez votre texte. Quand vous aurez une version finale de votre texte, assurez-vous de le relire attentivement.

	Révision	Modification	Relecture
But	Revoir la cohérence du texte. Décidez si le contenu est adéquat. Ajoutez des idées.	Corrigez des erreurs de grammaire et d'usage. Modifiez des choix lexicaux, stylistiques et généralement votre façon d'expliquer vos idées, si nécessaire.	Corrigez les coquilles : erreurs d'orthographe, de ponctuation, de mise en pages.
Quand	Après avoir terminé la première ébauche, ne faites rien avant de réviser.	Commencez dès que vous avez une ébauche complète de votre texte.	Cela est la dernière étape avant de soumettre votre rédaction.
Quoi	Relisez tout le texte du début à la fin.	Au fur et à mesure que vous lisez chaque phrase, faites des modifications nécessaires avant de passer à la phrase suivante.	Relisez chaque élément du texte, mot à mot et ligne par ligne. Faites les modifications nécessaires.

	Révision	Modification	Relecture
Stratégies	Identifiez chaque partie du texte : l'introduction, la problématique, les idées principales et secondaires, la conclusion. Revoyez la façon dont les idées sont liées les unes aux autres, et l'ordre des paragraphes. N'ayez pas peur de faire des copiés-collés, de supprimer ou d'ajouter des choses. Demandez à quelqu'un de commenter votre texte.	Demandez à un enseignant, à un collègue ou à un ami de vous donner des idées et des conseils. Faites une liste du type d'erreurs de grammaire et d'usage que vous commettez et corrigez ces erreurs en premier. Si une phrase vous semble bien écrite, ne modifiez rien. Concentrez-vous seulement sur les parties qui ont des erreurs. Utilisez une grammaire pour vous aider à corriger les erreurs et à réécrire des phrases.	Imprimez votre texte et apportez toute modification à l'exemplaire papier. Lisez votre texte à haute voix devant un enseignant ou devant quelqu'un qui est plus fort que vous en anglais, et notez les erreurs. Demandez à un relecteur de lire votre texte à l'envers, phrase par phrase, en commençant par la fin pour terminer par le début. Utilisez un dictionnaire, une grammaire et un correcteur d'orthographe pour vous aider à mieux rédiger.

Étape 1 : organisation et développement

Réfléchissez à votre sujet et changer l'organisation et/ou le développement de votre texte, si nécessaire.

Étape 2 : style

Lisez chaque phrase pour vérifier l'intelligibilité de vos idées.

Étape 3 : grammaire, usage, syntaxe

Vérifiez chaque mot et chaque phrase. Éliminez les erreurs.

Étape 4 : relecture

Vérifiez l'orthographe pendant que vous relisez votre dernière ébauche.

Utilisation d'un ordinateur pour rédiger

Les ordinateurs rendent le processus de rédaction beaucoup plus facile que la rédaction manuscrite. Ils vous permettent de faire les choses suivantes :

- rédiger plus rapidement par rapport à la rédaction manuscrite ;
- enregistrer ou supprimer des passages de texte, ou des projets de rédaction ;
- déplacer les mots, les phrases et les paragraphes facilement ;

- essayer de nouvelles façons de vous exprimer ;
- repérer et corriger les erreurs.

Rappelez-vous toujours que l'ordinateur est un outil qui vous permet de réfléchir à la façon dont vous écrivez. Vous devez toujours prendre vos propres décisions sur la façon de rédiger et de modifier vos textes.

GLOSSAIRE

active voice (*voix active*) : les phrases en anglais peuvent être à la voix active ou passive. À la voix active, le sujet est celui qui agit sur le verbe. Par exemple, dans la phrase «*Sam kicked the ball*», le verbe est *kicked*, et le sujet *Sam*. Une phrase à la voix active met en avant le sujet du verbe.

adjective (*adjectif*) : les adjectifs donnent plus d'informations sur les noms. En anglais, ils se placent généralement avant les noms. Par exemple : *a red umbrella, a rainy day, a beautiful woman.*

adverb (*adverbe*) : les adverbes sont des mots comme *quickly, happily* ou *carefully.* Ils peuvent porter sur un adjectif (par exemple, *very big*), sur un autre adverbe (par exemple, *very quietly*) ou sur un verbe (par exemple, *walk slowly*).

antecedent (*antécédent*) : un substantif auquel se réfère le pronom est l'antécédent. Dans la phrase suivante, *John* est l'antécédent du pronom *he* : *John was late for school because he missed the bus.*

apostrophe (*apostrophe*) : le signe de ponctuation « ' » est la marque soit d'une omission de lettres dans un mot contracté (*cannot-can't*), soit du génitif (the *girl's* dress, the *animals'* cages).

article (*article*) : en anglais, les articles sont *a, an* et *the,* les petits mots qui se placent avant les noms. L'anglais a deux types d'articles. L'article défini (*the*) est utilisé pour désigner une ou plusieurs choses, animaux ou personnes en particulier (par exemple, *the house on the hill*). Les articles indéfinis (*a, an*) désignent une chose, un animal ou une personne de manière générale, non définie (par exemple, *a house, an elephant*).

clause (*proposition*) : une proposition est un groupe de mots qui contient un sujet et un verbe. Il existe deux types de propositions : les principales et les subordonnées. Une proposition principale exprime une idée complète et peut être considérée comme une phrase (par exemple, *She saw Jim*). Une proposition subordonnée fait partie d'une phrase et ne peut pas fonctionner en autonomie (*When she saw Jim* est une proposition subordonnée). Pour faire une phrase complète, vous devez ajouter une clause principale (par exemple, *When she saw Jim, she smiled*).

collective noun (*nom collectif*) : un nom collectif fait référence à un groupe de personnes ou d'animaux : *population, family, troop, committee.*

comma (*virgule*) : ce signe de ponctuation « , » s'utilise pour séparer les mots (*She bought apples, oranges, and grapes*) ou des parties de phrase (*He was here, but he left*).

compound subject (*sujet composé*) : il s'agit d'un sujet pluriel, un sujet qui se compose de plusieurs éléments : *Lions, tigers, and bears are kept in the zoo.*

compound verb (*verbe composé*) : ce type de verbe se compose de plusieurs éléments : *The baby started crying.*

compound words (*mots composés*) : il s'agit des mots qui sont composés de deux éléments constitutifs : *everywhere, boyfriend, himself, weekend.*

conclusion (*conclusion*) : c'est le dernier paragraphe d'une rédaction. Il met fin au texte. Dans une conclusion, vous pouvez reformuler la problématique ou résumer les idées principales du texte.

conjunction (*conjonction*) : une conjonction est un mot qui relie les mots, les expressions ou les phrases. Il qualifie également ce lien entre les mots ou les propositions. Il y a deux types de conjonctions : les conjonctions de coordination et les conjonctions de subordination. Les conjonctions de coordination *and, but, or, nor* et *for* ont pour objectif de relier les éléments équivalents dans une phrase, par exemple : *She bought a desk and a chair.* Les mots *desk* et *chair* sont tous les deux des noms. Les conjonctions de subordination comme *although, because, if, since* et *when* relient différentes parties d'une phrase qui ne sont pas équivalentes. Dans la phrase *Because he missed the train, he was late for work,* la proposition *Because he missed the train* est une subordonnée, et *he was late for work* une principale.

contraction (*contraction*) : les contractions sont des formes abrégées. Une contraction se forme lorsque deux mots deviennent un seul mot. L'un des deux mots est raccourci, et une apostrophe est ajoutée à la place de la lettre manquante : *cannot-can't ; does not-doesn't ; should not-shouldn't ; it is-it's.*

dependent clause (*proposition subordonnée*) : une proposition subordonnée est une partie de phrase qui ne peut pas fonctionner en autonomie. Par exemple, *When she saw Jim* est une proposition subordonnée. Pour que la phrase soit complète, il faut ajouter une proposition principale : *When she saw Jim, she smiled.*

exclamation point (*point d'exclamation*) : ce signe de ponctuation « ! » placé à la fin d'une phrase est un marqueur de surprise ou d'émotion.

fragment (*fragment de phrase*) : un fragment est un groupe de mots qui ne constituent pas une phrase complète, même s'il commence parfois par une lettre majuscule, se termine par un signe de ponctuation et contient souvent un sujet et un verbe.

helping verb (*verbe auxiliaire*) : ce type de verbe s'appelle aussi « verbe auxiliaire ». Les verbes auxiliaires servent à étayer les verbes principaux dans un groupe verbal : *<u>is</u> going ; <u>were</u> singing ; <u>can</u> talk ; <u>may</u> leave ; <u>must</u> tell ; will see.*

hyphen (*trait d'union*) : ce signe « - » est utilisé pour séparer les différentes parties d'un mot composé : *mother-in-law, self-motivated student.*

independent clause (*proposition principale*) : une proposition principale contient un sujet et un verbe, et exprime une idée complète. Elle peut être considérée comme une phrase à part entière (par exemple, *She saw him*). Elle peut se joindre à d'autres propositions principales pour en faire une phrase composée (*She saw him, so she called him over*). Elle peut également se joindre à une proposition subordonnée pour en faire une phrase complexe (*She saw him, even though it was dark*).

infinitive verb (*infinitif*) : un verbe infinitif se compose de la particule *to* + un verbe de base (par exemple, *to go, to swim, to wish*). Il peut fonctionner comme un substantif, un adjectif ou un adverbe. Par exemple : *To swim the English Channel is my friend's strongest dream.* Dans cette phrase, l'infinitif *to swim* est un substantif. C'est le sujet de la phrase.

intransitive verb (*verbe intransitif*) : ce type de verbe ne prend pas de complément d'objet pour compléter son sens. Par exemple : *John ran. Bob left. Jane slept.*

introduction (*introduction*) : une introduction est le premier paragraphe d'une rédaction. Les introductions efficaces ont deux objectifs principaux : capter l'intérêt du lecteur et informer le lecteur sur le sujet de la rédaction. C'est pour cette raison que la plupart des introductions contiennent une problématique qui affirme clairement le sujet et l'argument principal.

main idea (*idée principale*) : les idées principales sont les points importants abordés dans une rédaction. Elles affirment ce qui sera abordé dans chaque paragraphe (ou dans un ensemble de paragraphes pour les rédactions longues). Les idées principales servent à développer la problématique et sont à leur tour développées par des idées secondaires et d'autres détails.

modal verb (*auxiliaire modal*) : un auxiliaire modal modifie le sens d'un verbe. Les auxiliaires modaux servent à exprimer le mode du verbe, par exemple la permission (*may*), l'obligation (*must*), l'avenir (*will, shall*) ou la capacité (*can*).

noun phrase (*groupe nominal*) : ce type de phrase se compose de plusieurs mots qui s'articulent pour former le groupe nominal d'une phrase. Par exemple : *Talking to my mother made me feel better.* Dans cette phrase, *Talking to my mother* est un groupe nominal qui agit en tant que sujet.

paragraph (*paragraphe*) : une rédaction se compose de plus petites parties appelées « paragraphes ». Chaque paragraphe ne doit contenir qu'une idée principale ; vous y indiquez à votre lecteur quelle est l'idée principale dans la première phrase. Un bon paragraphe contient souvent plusieurs phrases qui étayent l'idée principale.

passive voice (*voix passive*) : les phrases en anglais peuvent être à la voix active ou passive. À la voix passive, le verbe *to be* s'utilise avec un participe passé dans le groupe verbal (par exemple, *John was kicked*). Une phrase à la voix passive met l'accent sur le complément d'objet, celui qui reçoit les résultats de l'action.

period (*point*) : en grammaire anglaise, ce signe de ponctuation « . » s'utilise pour signaler la fin d'une phrase déclarative. (Une phrase déclarative n'est ni une question ni une exclamation.) Il s'emploie également pour indiquer les abréviations (par exemple, *Mr., St., Ave.*).

phrase (*groupe*) : une phrase est un groupe de mots connexes avec une seule fonction grammaticale (par exemple, un groupe nominal, un groupe verbal). Le groupe nominal agit comme un substantif ou un objet dans cette phrase : *The girl in the corner is Mary.*

plural (*pluriel*) : le mot *plural* signifie « plus d'un ». En grammaire anglaise, les noms, les pronoms et les verbes ont des formes plurielles. Par exemple, *cars* est un nom pluriel, *they* est un pronom pluriel, et *climb* est un verbe au pluriel.

possessive pronoun (*pronom possessif*) : ce sont des pronoms qui renvoient à un objet possédé ou à un possesseur (par exemple, *my, our, his, her, their, whose*). Certains pronoms possessifs peuvent fonctionner comme des substantifs : *Is this yours? That book is mine.*

prefix (*préfixe*) : un préfixe est une partie de mot, par exemple *co-* dans le mot *costar*, s'attache au début d'un mot pour en former un nouveau. Un autre exemple, le préfixe *re-* peut être ajouté au mot *sell* pour créer le mot *resell*, ce qui signifie « revendre ».

preposition (*préposition*) : les prépositions sont des mots comme *in*, *of*, *by* et *from*. Elles désignent la relation entre les mots dans une phrase. Dans la phrase *The professor sat on the desk*, la préposition *on* indique l'emplacement du professeur par rapport au bureau.

pronoun (*pronom*) : un pronom peut remplacer un nom ou un autre pronom. Vous pouvez utiliser les pronoms comme *she*, *it*, *which* et *they* pour rendre votre rédaction moins répétitive.

question mark (*point d'interrogation*) : ce signe de ponctuation « ? » s'utilise à la fin d'une question directe. Par exemple : *Is David coming to the party?*

sentence combining (*fusion de phrases*) : parfois les écrivains fusionnent deux ou plusieurs phrases courtes pour en faire une plus longue. On fusionne les phrases pour éviter que trop de phrases courtes ne donnent une écriture saccadée. Dans le processus de révision, on peut améliorer le style du texte en fusionnant les phrases courtes.

singular (*singulier*) : *singular* signifie « singulier » ou « unique ». En grammaire anglaise, les noms, les pronoms et les verbes ont tous des formes au singulier. Par exemple, *car* est un nom singulier, *he* et *she* sont des pronoms singuliers, et *climbs* est un verbe au singulier conjugué au présent de l'indicatif.

subject (*sujet*) : le sujet indique de qui ou de quoi il est question dans une phrase. Par exemple, dans la phrase *Stephen ran into the parking lot*, *Stephen* est le sujet de la phrase.

supporting idea (*idée secondaire*) : les idées secondaires sont les détails qui développent l'idée principale d'un paragraphe. Elles peuvent être des définitions, des explications, des illustrations, des avis, des preuves ou des exemples. Elles viennent généralement après la phrase introductive et constituent le corps d'un paragraphe.

tense (*temps verbal*) : les temps indiquent le moment du déroulement d'une action. Parfois les temps sont formés en effectuant des changements d'orthographe sur le verbe, par exemple *He sings* (temps présent) et *He sang* (temps passé). Par ailleurs, les temps se forment en ajoutant des auxiliaires modaux, ou d'autres auxiliaires. Par exemple : *He will give me fifty dollars* (temps futur) ; *He has given me fifty dollars* (temps parfait).

thesis (*problématique*) : la problématique d'une rédaction annonce le sujet qui sera abordé dans le texte. Elle offre à votre lecteur un moyen succinct et rapide pour comprendre le but de votre texte. Une problématique se compose généralement de deux parties : le sujet principal + ce que vous allez dire sur le sujet. Les problématiques sont étayées par des idées principales.

topic sentence (*phrase introductive*) : la phrase introductive indique l'idée principale d'un paragraphe. Elle dit à votre lecteur quel est le sujet principal du paragraphe. Une façon simple pour vous assurer que votre lecteur comprend le sujet d'un paragraphe est de mettre votre phrase introductive au début du paragraphe (ceci en règle générale chez les rédacteurs moins expérimentés, même si ce n'est pas la seule façon de faire).

transition word or phrase (*mot de transition*) : les mots et les phrases de transition s'utilisent pour relier les idées et pour démontrer le rapport entre deux éléments. Par exemple, *First* peut être employé pour signaler le premier de plusieurs points abordés ; *Thus* peut être utilisé pour indiquer un résultat.

transitive verb (*verbe transitif*) : les verbes transitifs prennent un complément d'objet. Par exemple, dans la phrase *He mailed the letter*, *mailed* est un verbe transitif, et *letter* est l'objet.

verb (*verbe*) : un verbe est un mot d'« action » (par exemple, *climb*, *jump*, *run*, *eat*). Les verbes anglais expriment aussi le moment de l'action dans le temps. (Par exemple, les verbes au passé comme *climbed*, *jumped*, *ran* et *ate* montrent que l'action se déroule dans le passé.) On trouve également les verbes d'état – les « mots *to be* » – mentionnés plus haut.

verb phrase (*groupe verbal*) : un groupe verbal est une phrase (ou un groupe de mots) qui se compose d'un verbe principal (par exemple, *climb*, *jump*, *run*, *eat*) + un ou plusieurs verbes auxiliaires (par exemple, *may*, *can*, *has*, *is*, *are*). Voici deux exemples de groupes verbaux : *She may go* et *The students will receive certificates.*

ANNEXE : GRILLE D'ÉVALUATION DE COMPÉTENCES ET CONSEILS

Les scores que vous obtenez sur le test *TOEFL iBT*® indiquent votre niveau dans chacun des quatre domaines de compétence linguistique : la compréhension orale/écrite et l'expression orale/écrite. Cette annexe fournit des descriptions de ce que les candidats sont capables de faire en anglais, ainsi que des conseils d'amélioration pour progresser de niveau en niveau.

Seules les appréciations dans la rubrique « Vos compétences » apparaissent sur votre relevé de scores. Les rubriques « Conseils d'amélioration » (voir ci-après) ne sont que des exemples de conseils pouvant être donnés aux candidats par les correcteurs ETS. Pour avoir davantage de conseils, consultez le site Web du test TOEFL à **www.ets.org/toefl**.

Compréhension écrite

Niveau : SUPÉRIEUR (22-30)

Généralement, les candidats ayant obtenu un score de niveau SUPÉRIEUR peuvent comprendre des textes académiques en anglais. Ils ont de bonnes capacités de lecture, quelle que soit la difficulté des textes.

Vos compétences

Généralement, les candidats ayant obtenu un score de niveau supérieur :

- ont une très bonne maîtrise du vocabulaire académique et des structures grammaticales ;
- peuvent comprendre et analyser des informations, tirer de bonnes conclusions, et synthétiser les idées, même si le texte est conceptuellement dense et la langue est d'un registre soutenu ;
- savent reconnaître le type d'organisation dans un texte, ainsi que le rôle que jouent certaines informations dans leur contexte, même si le texte est conceptuellement dense ;

- savent identifier des concepts abstraits présentés dans un texte, même si le texte est conceptuellement dense et est écrit dans un langage soutenu.

Conseils pour améliorer vos compétences

- Lisez aussi souvent que possible. Il faut lire des textes académiques sur une variété de sujets et de genres différents, avec différents degrés de densité conceptuelle.
- Lisez la presse anglophone, comme le *New York Times* ou le *Science Times*, et consulter les sites Internet comme celui de National Public Radio [NPR] ou la BBC.
- Rédigez des résumés de textes, en vous assurant qu'ils intègrent le modèle d'organisation des originaux. Enrichissez en permanence votre vocabulaire.
- Entraînez-vous à résumer des textes en vous assurant de tenir compte de leur organisation et de leur vocabulaire.
- Entraînez-vous à employer les nouveaux mots que vous rencontrez dans votre lecture. Cela vous aidera à vous souvenir de leur sens et de leur usage.

Niveau : INTERMÉDIAIRE (15-21)

Généralement, les candidats ayant obtenu un score de niveau INTERMÉDIAIRE peuvent comprendre des textes académiques en anglais. Ils ont de bonnes capacités de lecture, bien que leur compréhension de certains textes soit limitée.

Vos compétences

Généralement, les candidats ayant obtenu un score de niveau intermédiaire :

- ont une bonne maîtrise du vocabulaire académique, mais ils ont encore quelques difficultés avec un vocabulaire de haut niveau ;
- ont une très bonne compréhension des structures grammaticales ;
- peuvent comprendre et analyser des détails, tirer des conclusions appropriées, et résumer des informations dans plusieurs types de texte, mais ils ont plus de difficulté quand le vocabulaire est de haut niveau et quand le texte est conceptuellement dense ;
- savent reconnaître l'organisation d'un texte et le rôle que jouent certaines informations dans leur contexte, mais ils ont des difficultés lorsque l'organisation des informations n'est pas explicite ou difficile à déduire du texte ;
- savent identifier des concepts abstraits présentés dans un texte, mais ils ont plus de difficultés lorsque le texte est conceptuellement dense.

Conseils pour améliorer vos compétences

- Lisez aussi souvent que possible. Entraînez-vous à reconnaître l'organisation et la structure générale employée dans les textes académiques. Lisez un passage entier du début à la fin.
- Notez le rapport entre les **idées principales** et les **idées secondaires**.
- Faites un plan du texte pour tester votre compréhension de sa structure.
- Rédigez un résumé du texte.
- Si le texte a pour but de faire une comparaison, assurez-vous que votre résumé le reflète. Si le texte affirme deux points de vue différents, assurez-vous que ceux-ci sont présents dans votre résumé. Continuez à élargir votre vocabulaire en vous servant de fiches ou de procédés mnémotechniques.
- Classez les mots dans diverses catégories selon le thème ou la signification. Puis révisez les mots par catégories.
- Étudiez les racines, les préfixes et les suffixes; étudiez les champs lexicaux.
- Utilisez toutes les ressources disponibles pour améliorer votre vocabulaire, par exemple, un bon dictionnaire de synonymes ou de collocations (les mots qui s'utilisent souvent ensemble).

Niveau : DÉBUTANT (0-14)

Généralement, les candidats ayant obtenu un score de niveau DÉBUTANT peuvent comprendre certaines informations dans les textes académiques en anglais. La compréhension de ces textes nécessite de bonnes capacités de lecture, mais à ce niveau-ci ces capacités sont limitées.

Vos compétences

Généralement, les candidats ayant obtenu un score de niveau débutant:

- ont une maîtrise basique du vocabulaire académique, mais leur compréhension des mots moins courants est moins bonne;
- ont peu de capacités à comprendre et à analyser des informations, ils ont des difficultés à reconnaître des paraphrases des informations tirées d'un texte. Ces candidats dépendent souvent des mots et des phrases isolés pour comprendre un texte, plutôt que de l'ensemble des éléments d'un texte;
- ont des difficultés à identifier l'objectif du rédacteur, sauf si celui-ci est explicitement indiqué, ou très facile à déduire du texte;
- savent parfois reconnaître les idées principales d'un texte lorsque les informations sont clairement présentées, faciles à retenir, ou illustrées par des exemples; mais ils ont du mal lorsque le texte est plus difficile.

Conseils pour améliorer vos compétences

- Lisez aussi souvent que possible. Élaborez un système pour élargir votre vocabulaire, par exemple, à l'aide de fiches ou de procédés mnémotechniques.
- Classez les mots dans diverses catégories selon le thème ou la signification. Puis, révisez ces mots régulièrement pour vous en souvenir.
- Élargissez votre vocabulaire en analysant des parties de mots ; étudiez les **racines**, les **préfixes**, les **suffixes** et les **champs lexicaux**, de manière générale. Entraînez-vous à reconnaître l'organisation des textes académiques, ainsi que leur structure globale. Lisez un passage entier du début à la fin.
- Essayez de reconnaître le rapport entre les phrases et tenez compte de la façon dont la fin d'une phrase se lie au début de la phrase suivante.
- Soyez capable d'identifier les **idées principales/secondaires** et prêtez une attention particulière au rapport entre elles.
- Faites un plan du texte pour tester votre compréhension de sa structure.
- Commencez par classer les paragraphes qui traitent le même concept.
- Écrivez une phrase qui résume les paragraphes qui traitent ce même concept.
- Rédigez un résumé du texte.

Compréhension orale

Niveau : SUPÉRIEUR (22-30)

Généralement, les candidats ayant obtenu un score de niveau SUPÉRIEUR peuvent comprendre les conversations et les cours en anglais ayant des niveaux de complexité différents. Ces candidats ont une bonne maîtrise de vocabulaire (ils peuvent comprendre des termes peu courants ou un registre familier/figuratif), et ils ont de bonnes capacités à comprendre des structures grammaticales complexes, des idées abstraites et des informations peu courantes, voire contradictoires.

Vos compétences

Généralement, les candidats ayant obtenu un score de niveau supérieur peuvent :

- comprendre les idées principales et les détails importants, qu'ils soient indiqués ou sous-entendus ;
- distinguer les idées les plus importantes des moins importantes ;
- comprendre la façon dont l'information s'utilise (par exemple, pour fournir des preuves justificatives afin de se faire rembourser, ou pour décrire les étapes d'un processus complexe) ;

• reconnaître la façon dont diverses informations s'articulent (par exemple, les causes et les conséquences d'un événement) ;

• comprendre les nombreuses façons d'interpréter ce que disent différents locuteurs ayant divers objectifs, par exemple, pour donner des informations, pour insister sur un point, pour donner son accord/exprimer son désaccord, ou pour sous-entendre une information ;

• résumer les informations, même si celles-ci ne sont pas présentées dans l'ordre. Ils peuvent en tirer de bonnes conclusions sur la base de ces informations.

Conseils pour améliorer vos compétences

Continuer à développer votre compréhension orale en vous entraînant tous les jours à écouter des extraits audio de plus en plus longs, complexes et difficiles.

- Écoutez différents types d'extraits audio portant sur une variété de sujets :
  - concentrez-vous sur les sujets qui ne vous sont pas familiers ;
  - assistez à des cours à l'université et à des débats publics ;
  - écoutez des émissions à la radio, à la télévision et sur Internet ;
  - écoutez des programmes ayant un contenu académique tels que NOVA, la BBC et NPR ;
  - écoutez des conversations, des appels téléphoniques et des enregistrements sur une messagerie/menu vocal ;
  - prenez des audio-guides lorsque que vous faites des visites, par exemple au musée.
- Écoutez activement :
  - prenez des notes au fur et à mesure que vous écoutez les idées principales et secondaires ;
  - essayez de deviner quelles informations seront présentées par la suite ;
  - résumez ;
  - notez de nouveaux mots et expressions.
- Pour les extraits les plus difficiles, écoutez à plusieurs reprises :
  - dans un premier temps, identifiez les idées principales et les détails les plus importants ;
  - ensuite, écoutez une nouvelle fois pour combler d'éventuelles lacunes dans votre compréhension afin de mieux comprendre et analyser les idées, l'organisation, le registre et l'attitude du locuteur.

Niveau : INTERMÉDIAIRE (14-21)

Généralement, les candidats ayant obtenu un score de niveau INTERMÉDIAIRE peuvent comprendre les conversations et les cours en anglais présentant des niveaux de complexité différents. Ces candidats ont une bonne maîtrise de vocabulaire (ils peuvent comprendre des termes peu courants ou un registre familier/figuratif), et de bonnes capacités à comprendre des structures grammaticales complexes et des idées abstraites. Cependant, les informations peu courantes et contradictoires peuvent présenter quelques difficultés.

Vos compétences

Généralement, les candidats ayant obtenu un score de niveau intermédiaire peuvent :

- comprendre les idées principales et les détails importants, surtout lorsque ceux-ci sont explicites et soulignés. Cependant, les candidats peuvent avoir des difficultés à comprendre les idées principales qui sont sous-entendues ou les détails importants qui ne sont pas réitérés ;
- comprendre la façon dont l'information s'utilise (par exemple, pour fournir des preuves justificatives afin de se faire rembourser, ou pour décrire les étapes d'un processus complexe) ;
- reconnaître la façon dont diverses informations s'articulent (par exemple, les causes et les conséquences d'un événement) ;
- comprendre, mais peut-être pas toujours, les nombreuses façons d'interpréter ce que disent différents locuteurs ayant divers objectifs, par exemple, pour donner des informations, pour insister sur un point, pour donner son accord/exprimer son désaccord, ou pour sous-entendre une information ;
- résumer les informations provenant des parties consécutives d'une conversation ou d'un cours, et en tirer des conclusions satisfaisantes. Toutefois, les candidats à ce niveau peuvent avoir des difficultés à synthétiser des informations provenant de différentes parties d'une conversation ou d'un cours.

Conseils pour améliorer vos compétences

Entraînez-vous tous les jours à écouter des extraits audio en anglais. Augmentez graduellement la difficulté pour arriver à comprendre des extraits de plus en plus longs, complexes et difficiles.

- Écoutez différents types d'extraits audio portant sur une variété de sujets :
  – commencez par des sujets familiers, puis passez à des sujets qui ne vous sont pas familiers ;
  – écoutez des extraits audio/vidéo sur une cassette, sur DVD ou enregistrés à la télé, à la radio et sur Internet ;
  – écoutez des programmes ayant un contenu académique tels que NOVA, la BBC et NPR ;
  – écoutez les conversations téléphoniques et d'autres enregistrements.
- Écoutez activement :

– prenez des notes au fur et à mesure que vous écoutez les idées principales et secondaires ;
– interrogez-vous sur les informations de base (Qui ? Quoi ? Quand ? Où ? Pourquoi ? Comment ?) ;
– essayez de deviner quelles informations seront présentées par la suite ;
– résumez ;
– notez de nouveaux mots et expressions.

- Pour les extraits les plus difficiles, écoutez à plusieurs reprises :
  – dans un premier temps, avec les sous-titres en anglais, s'ils sont disponibles ;
  – ensuite, sans sous-titres, identifiez les idées principales et les détails les plus importants ;
  – enfin, écoutez une nouvelle fois pour combler d'éventuelles lacunes dans votre compréhension afin de mieux comprendre et analyser les idées.

Niveau : DÉBUTANT (0-13)

Généralement, les candidats ayant obtenu un score de niveau DÉBUTANT peuvent comprendre l'idée principale et quelques détails importants des conversations. Toutefois, ces candidats peuvent avoir des difficultés à comprendre des cours et des conversations en anglais qui présentent des idées abstraites ou complexes. Ils peuvent avoir du mal à reconnaître le rapport entre les idées. Il se peut que les candidats à ce niveau ne comprennent pas certaines parties des cours et des conversations, surtout si celles-ci contiennent du vocabulaire difficile ou des structures grammaticales complexes.

Vos compétences

Généralement, les candidats ayant obtenu un score de niveau débutant peuvent :

- comprendre les idées principales quand elles sont énoncés explicitement ou réitérées plusieurs fois. Toutefois, les candidats peuvent avoir des difficultés à comprendre les idées principales surtout si elles ne sont pas explicites ;
- comprendre des détails importants quand ceux-ci sont énoncés explicitement ou marqués comme importants. Toutefois, les candidats peuvent avoir des difficultés à comprendre les informations si elles ne sont pas répétées ou clairement identifiées comme importantes, ou si elles sont communiquées par plusieurs locuteurs à travers de nombreux échanges ;
- comprendre la façon dont les locuteurs se servent du registre pour souligner un point ou pour exprimer leur accord ou désaccord, mais en général, seulement quand les informations sont liées à un thème central ou sont clairement indiquées comme importantes ;
- analyser les idées clés dans une conversation, et en particulier si les idées sont liées à un thème central ou se répètent.

Conseils pour améliorer vos compétences

Entraînez-vous tous les jours à écouter des extraits audio en anglais. Augmentez graduellement la difficulté pour arriver à comprendre des extraits de plus en plus longs, complexes et difficiles.

- Écoutez différents types d'extraits audio portant sur une variété de sujets :
  – écoutez des extraits audio portant sur des sujets familiers ;
  – écoutez des cours d'anglais ;
  – écoutez des programmes enregistrés sur vidéo/audiocassettes, DVD, ou à la télévision ;
  – écoutez de courts épisodes d'extraits audio/vidéo avec peu de contenu académique ;
  – écoutez des conversations.
- Écoutez activement :
  – prenez des notes au fur et à mesure que vous écoutez les idées principales et secondaires ;
  – interrogez-vous sur les informations de base (Qui ? Quoi ? Quand ? Où ? Pourquoi ? Comment ?) ;
  – essayez de deviner quelles informations seront présentées par la suite ;
  – résumez ;
  – notez de nouveaux mots et expressions.
- Écoutez plusieurs fois chaque enregistrement :
  – écoutez d'abord avec les sous-titres en anglais s'ils sont disponibles ;
  – puis, sans les sous-titres, écoutez les idées principales et les principaux détails ;
  – puis écoutez à nouveau pour compléter votre compréhension de base et pour comprendre les liens entre les idées.

Expression orale : exercices libres (*Familiar Topics*)

Niveau : SUPÉRIEUR (3,5-4,0)

Vos compétences

Vos réponses indiquent votre capacité à parler de vos expériences personnelles et de vos opinions en anglais. Dans l'ensemble, votre discours est clair et fluide. Votre vocabulaire et votre grammaire sont précis, avec seulement quelques insuffisances mineures. Vos idées sont généralement bien développées et exprimées de façon cohérente.

Conseils pour améliorer vos compétences

Parlez souvent avec des locuteurs natifs pour vous entraîner à l'oral. Cette interaction vous permettra d'améliorer votre capacité à vous exprimer oralement.

- Demandez à un locuteur natif de vous donner un retour sur vos erreurs de prononciation, le cas échéant.
- Rejoignez un forum de discussion (*vocal chat room*) sur Internet.

Niveau : INTERMÉDIAIRE (2,5-3,0)

Vos compétences

Vos réponses indiquent que vous êtes généralement capable de parler en anglais de vos expériences personnelles et de vos opinions d'une manière claire et cohérente la plupart du temps. Votre discours est plus ou moins fluide, avec quelques erreurs occasionnelles. Votre grammaire et votre vocabulaire sont un peu limités et présentent quelques erreurs. Par moments, ces erreurs vous empêchent d'exprimer pleinement vos idées, mais elles ne nuisent pas sérieusement à la communication dans son ensemble.

Conseils pour améliorer vos compétences

Réfléchissez à des sujets liés à la vie étudiante (le genre de cours que vous aimez suivre, le meilleur endroit pour faire vos révisions, ou si vous préférez vivre sur un campus ou pas).

- Notez deux raisons pour lesquelles vous avez fait tel choix, puis entraînez-vous à parler pendant une minute sur chaque sujet, en utilisant des mots ou des expressions de liaison pour vous permettre d'exposer vos idées clairement (« *the reason I prefer* », « *this is important to me because* »).
- Entraînez-vous à parler pendant un temps donné sur divers sujets, sans beaucoup de préparation. Faites une liste de thèmes (personnes que vous admirez, lieux que vous fréquentez, activités que vous aimez faire).
- Ensuite, pensez à un exemple précis pour chaque sujet (un parent, le marché, la lecture).
- Parlez de chacun de ces thèmes pendant 1 minute, en expliquant pourquoi vous appréciez tel parent ou telle activité.
- Répétez vos réponses à chaque question deux ou trois fois pour améliorer votre fluidité.

Niveau : FAUX DÉBUTANT (1,5-2,0)

Vos compétences

Vos réponses indiquent que vous vous exprimez difficilement en anglais sur des sujets simples et que vous avez du mal à donner votre avis. Vos interlocuteurs ont parfois du mal à vous comprendre en raison des erreurs notables de prononciation, de grammaire et de vocabulaire. Alors que vous êtes capable de répondre partiellement à ces questions, vous n'êtes pas en mesure de développer vos idées complètement, à cause de lacunes en vocabulaire et en grammaire.

Conseils pour améliorer vos compétences

Prenez environ 20 secondes pour réfléchir à ce que vous avez fait la veille. Au bout de 20 secondes, commencez à le raconter. Essayez de parler pendant 1 minute.

- Faites attention à l'utilisation des temps du passé.
- Essayez d'utiliser des mots et des expressions de liaison, par exemple, «*first*», «*then*» et «*while I was*».
- Prenez environ 20 secondes pour réfléchir à ce que vous allez faire demain. Essayez d'en parler pendant 1 minute. Au bout de 20 secondes, commencez à parler de ce que vous envisagez de faire.

Niveau : DÉBUTANT (0-1,0)

Vos compétences

Vos réponses sont incomplètes. Elles contiennent peu ou aucun contenu et vos locuteurs ont du mal à vous comprendre.

Conseils pour améliorer vos compétences

Entraînez-vous à parler sur une variété de sujets, sans beaucoup de préparation. Notez quelques questions que vous pouvez vous poser sur divers sujets (votre famille, vos loisirs, vos amis, votre école). Sélectionnez une question et répondez-y à haute voix. Pensez à une histoire que vous connaissez bien. Racontez cette histoire à plusieurs personnes individuellement. Essayez de raconter l'histoire de plus en plus rapidement à chaque fois.

Expression orale : exercices dirigés (*Campus Situations*)

Niveau : SUPÉRIEUR (3,5-4,0)

Vos compétences

Vos réponses indiquent que vous avez la capacité de parler en anglais sur des sujets comme la lecture et de tenir des conversations avec d'autres étudiants. Dans l'ensemble, vos réponses sont claires et cohérentes, avec seulement quelques insuffisances mineures de prononciation, de grammaire ou de vocabulaire.

Conseils pour améliorer vos compétences

Saisissez toutes les occasions pour améliorer votre anglais.

- Prenez des risques : engagez la conversation en anglais à chaque occasion qui se présente.
- Rejoignez un forum de discussion sur Internet.

Niveau : INTERMÉDIAIRE (2,5-3,0)

Vos compétences

Vos réponses indiquent que vous avez la capacité de parler en anglais sur des sujets comme la lecture, par exemple, et de tenir des conversations avec d'autres étudiants. Vous êtes en mesure de communiquer des informations pertinentes sur des conversations, des articles de presse et des actualités sur le campus. Toutefois certains détails vous échappent ou sont inexacts. Les erreurs de grammaire, de vocabulaire et de prononciation peuvent nuire à la compréhension chez votre interlocuteur. Cependant, de manière générale, il n'y a pas de problème de communication sérieux.

Conseils pour améliorer vos compétences

Entraînez-vous à vous exprimer sur des sujets quotidiens qui sont importants pour les étudiants. Cela servira à développer votre aisance et votre confiance.

- Trouvez un ami anglophone. Entraînez-vous à lui parler en anglais une fois par semaine.

- Si vous avez des difficultés à trouver un locuteur natif, trouvez un ami non natif qui veut pratiquer l'anglais et qui promet de ne parler qu'anglais.
- Lisez les articles du journal du campus sur Internet. Discutez des articles avec une connaissance ou un ami. Entraînez-vous à résumer les articles et à exprimer votre avis sur les articles.

Niveau : FAUX DÉBUTANT (1,5-2,0)

Vos compétences

Vos réponses indiquent que vous avez des difficultés à parler en anglais sur les conversations, les articles de presse, les publications universitaires, etc. Alors que vous pouvez parler de certains détails, les erreurs de grammaire et de vocabulaire vous empêchent d'exprimer pleinement vos idées. Vos interlocuteurs ont parfois du mal à vous comprendre à cause des problèmes de prononciation.

Conseils pour améliorer vos compétences

Faites-vous des amis qui désirent parler anglais avec vous. Le fait d'interagir avec d'autres vous permettra d'améliorer votre capacité à parler. Si vous ne trouvez pas de locuteur natif, trouvez un ami non natif qui veut pratiquer l'anglais et qui promet de ne parler qu'anglais.

Niveau : DÉBUTANT (0-1,0)

Vos compétences

Vos réponses sont incomplètes. Elles contiennent peu ou aucun contenu et vos locuteurs ont du mal à vous comprendre, le sens n'est pas clair.

Conseils pour améliorer vos compétences

Suivez un cours de conversation en anglais. Cela vous permettra de vous sentir plus à l'aise et d'améliorer votre prononciation.

Expression orale : exercices dirigés *(Academic course content)*

Niveau : SUPÉRIEUR (3,5-4,0)

Vos compétences

Vos réponses démontrent une capacité à communiquer couramment en anglais sur une variété de sujets académiques typiquement abordés en première année à l'université. Votre discours est généralement clair et fluide. Vous avez un vocabulaire étendu et des structures grammaticales précises pour expliquer des concepts et des idées que vous avez lus ou entendus. Vous êtes en mesure de parler des informations essentielles et des détails pertinents avec quelques inexactitudes mineures.

Conseils pour améliorer vos compétences

Enregistrez votre voix, puis écoutez-la et retranscrivez ce que vous avez dit.

- Lisez un article de presse court ou un extrait tiré d'un manuel universitaire. Enregistrez-vous pendant que vous faites le résumé de l'article ou du manuel.
- Retranscrivez l'enregistrement et passez la transcription en revue. Pensez à d'autres façons de dire la même chose.

Niveau : INTERMÉDIAIRE (2,5-3,0)

Vos compétences

Vos réponses indiquent que vous êtes capable de parler en anglais à propos de textes académiques et de notes de cours, avec seulement quelques problèmes de communication mineurs. Dans l'ensemble, votre discours est clair et facile à comprendre. Cependant, certaines erreurs de prononciation et d'intonation nuisent à la compréhension de votre interlocuteur. Votre utilisation de la grammaire et du vocabulaire est adéquate pour parler des sujets, mais certaines idées ne sont pas pleinement développées ou sont inexactes.

Conseils pour améliorer vos compétences

Entraînez-vous à parler pendant un temps limité sur divers sujets académiques.

- Lisez un article de presse court ou un extrait tiré d'un manuel universitaire. Écrivez les mots clés que vous avez repérés dans l'article.

- Écrivez deux ou trois questions au sujet de l'article qui incorporent ces mots clés.
- Entraînez-vous à répondre aux questions à haute voix. Essayez d'employer les mots dans votre réponse.
- Après vous être entraîné, prenez note de vos réponses aux questions.

Niveau : FAUX DÉBUTANT (1,5-2,0)

Vos compétences

D'après vos réponses, vous êtes capable de parler en anglais sur des idées simples provenant de votre lecture académique ou des polycopiés distribués en cours, mais, en général, vous fournissez peu de détails pertinents ou exacts. Vos interlocuteurs ont parfois du mal à comprendre vos réponses en raison d'erreurs de grammaire, de vocabulaire et de prononciation. Dans l'ensemble, vous êtes en mesure de répondre d'une manière générale aux questions, mais les informations dans vos réponses sont limitées et l'expression de vos idées est souvent vague et imprécise.

Conseils pour améliorer vos compétences

Entraînez-vous à parler des sujets d'actualité.

- Lisez des articles de presse, des éditoriaux et des informations sur les événements culturels en anglais. Partagez ces informations en anglais avec un ami.
- Assistez à un cours en auditeur libre et prenez des notes pendant le cours. Ensuite, utilisez vos notes pour dire à un ami ce que vous avez entendu en anglais.
- Développez votre vocabulaire universitaire. Notez les nouveaux mots importants que vous rencontrez lorsque vous lisez ou écoutez, puis entraînez-vous à les prononcer.
- Écoutez un bulletin météo et prenez des notes sur ce que vous avez entendu. Ensuite, dites à un ami en anglais quel temps il fera.

Niveau : DÉBUTANT (0-1,0)

Vos compétences

Vos réponses sont incomplètes. Elles contiennent peu ou aucun contenu et vos interlocuteurs ont du mal à vous comprendre, le sens n'est pas clair.

Conseils pour améliorer vos compétences

Élargissez votre vocabulaire et améliorez votre grammaire à l'oral.

- Révisez des règles de grammaire de base afin que ce que vous dites soit grammaticalement correct.
- Au fur et à mesure que vous apprenez de nouveaux mots et expressions, entraînez-vous à les prononcer clairement. Enregistrez votre voix lors de vos séances d'entraînement.

Expression écrite : exercices dirigés

Niveau : SUPÉRIEUR (4,0-5,0)

Vos compétences

Vous avez satisfait aux exigences de l'exercice en reliant les informations présentées dans le cours à celles trouvées dans le texte. Les faiblesses, s'il y en a, portent sur :

- des imprécisions mineures dans votre résumé concernant certains des points principaux ;
- une utilisation de structures grammaticales parfois imprécises ou inexactes.

Conseils pour améliorer vos compétences

Continuez à améliorer votre capacité à raconter et à communiquer des informations provenant de plus de deux sources différentes. Par exemple, entraînez-vous à analyser des textes en anglais.

- Lisez deux articles ou chapitres qui portent sur le même thème. Résumez les deux textes, puis expliquez les façons dont ils sont semblables, et les façons dont ils sont différents.
- Entraînez-vous à allier des exercices d'écoute aux exercices de lecture en faisant une recherche des lectures liées aux conversations et aux cours avec un enseignant ou un ami.

Niveau : INTERMÉDIAIRE (2,5-3,5)

Vos compétences

Vous avez satisfait aux exigences de l'exercice en reliant les informations présentées dans le cours à celles trouvées dans le texte. Mais il y a des points faibles dans votre réponse :

- certaines idées importantes peuvent être manquantes, imprécises ou inexactes ;
- il peut y avoir une ambiguïté concernant la façon dont le cours et le texte sont liés ;
- il y a des erreurs grammaticales (des structures inexactes) et de vocabulaire qui rendent la rédaction difficile à comprendre.

Conseils pour améliorer vos compétences

Entraînez-vous à identifier les idées principales.

- Enregistrez des actualités et des programmes en anglais à la radio, à la télévision ou sur Internet.
- Écoutez et prenez des notes. Arrêtez l'enregistrement toutes les 30 secondes pour écrire un court résumé de ce que vous avez entendu.
- Repassez l'enregistrement pour vérifier l'exactitude de votre résumé. Notez les endroits où vous n'êtes pas sûr d'avoir bien compris ce qui a été dit ou si vous n'êtes pas sûr de vous être bien exprimé.

Niveau : DÉBUTANT (1,0-2,0)

Vos compétences

Votre réponse a été jugée limitée en raison :

- des insuffisances de compréhension du cours ou du texte ;
- des erreurs de comparaison entre le cours et le texte ;
- de nombreuses erreurs grammaticales et/ou des expressions très peu claires et des structures de phrases inexactes.

Conseils pour améliorer vos compétences

- Lisez des textes et écoutez des informations sur des thèmes académiques en français. Prenez des notes sur ce que vous lisez ou entendez.
- Commencez par prendre des notes en français, puis prenez des notes en anglais.
- Résumez les points abordés en anglais en faisant des phrases complètes.
- Demandez à votre professeur de vous relire et de vous aider à corriger vos erreurs.
- Diminuez progressivement le temps qu'il faut pour lire les documents et pour en écrire les résumés.
- Entraînez-vous à utiliser un clavier QWERTY.

Expression écrite : exercices libres

Niveau : SUPÉRIEUR (4,0-5,0)

Vos compétences

Vous avez fait une rédaction bien organisée et développée. Les faiblesses, s'il y en a, portent sur :

- l'utilisation de structures grammaticales parfois inexactes, imprécises ou sans expression idiomatique ;
- un manque de développement ou d'analyse des idées.

Conseils pour améliorer vos compétences

- Continuez à améliorer votre capacité à exprimer vos opinions en étudiant la façon dont les auteurs publiés expriment les leurs.
- Lisez des articles et des rédactions écrits par des écrivains professionnels qui donnent leur opinion sur un sujet (par exemple, une question sociale, environnementale ou pédagogique).
- Identifiez les avis de l'auteur.
- Notez la façon dont l'auteur aborde les opinions contraires aux siennes, le cas échéant.

Niveau : INTERMÉDIAIRE (2,5-3,5)

Vos compétences

Vous avez exprimé vos idées en fournissant des raisons, des exemples et des détails, mais votre réponse contient des insuffisances :

- vous n'étayez pas assez certains des points abordés, qui doivent être développés ;
- vos idées peuvent être difficiles à suivre à cause de la façon dont vous avez organisé votre rédaction ou du manque de mots/expressions de liaison qui servent à connecter vos idées ;
- il y a des erreurs de grammaire ou de vocabulaire qui rendent votre rédaction vague ou inexacte. La rédaction est difficile à comprendre.

Conseils pour améliorer vos compétences

Répondez à un article ou à une rédaction par écrit en anglais ; adoptez le point de vue opposé.

- Faites un plan de votre réponse.
- Notez les méthodes que vous utilisez pour appuyer vos idées. Relisez ce que vous avez écrit.
- Assurez-vous que vos idées sont clairement liées à l'idée principale.
- Notez la méthode utilisée pour développer chacun de vos points.
- Assurez-vous d'avoir développé chacun de vos points en détail. Qu'auriez-vous pu ajouter pour soutenir votre point de vue ?

Niveau : DÉBUTANT (1,0-2,0)

Vos compétences

Vous avez essayé d'exprimer votre avis, mais votre réponse indique des lacunes notables :

- votre réponse ne contient pas assez de détails ;
- vos idées et vos analyses sont difficiles à comprendre, à cause de nombreuses erreurs grammaticales, des expressions très floues et des structures syntaxiques erronées ;
- votre réponse n'est pas vraiment liée à la question qui vous a été posée.

Conseils pour améliorer vos compétences

Étudiez l'organisation et la structure des paragraphes et des rédactions bien construites. Un bon paragraphe traite *une seule* idée principale. Cette idée est généralement indiquée dans la première phrase qui introduit l'idée principale. Lorsque vous rédigez, assurez-vous que chaque paragraphe porte sur la problématique du texte.

- Écrivez des paragraphes en anglais qui portent sur une idée principale et qui contiennent plusieurs phrases complètes qui expliquent ou appuient cette idée.
- Demandez à votre professeur de relire vos travaux.

conception
réalisation
mise en page
pca
44405 Rezé cedex

Dépôt légal : septembre 2018
IMPRIMÉ EN FRANCE

Achevé d'imprimer en août 2018
sur les presses de l'imprimerie *La Source d'Or*
63039 Clermont-Ferrand
Imprimeur n° 13723

IMPRIM'VERT
Votre imprimeur agit pour l'environnement

PEFC
10-31-3162

Dans le cadre de sa politique de développement durable,
La Source d'Or a été référencée IMPRIM'VERT® par son organisme consulaire de tutelle.
Cet ouvrage est imprimé - pour l'intérieur - sur papier offset standard 80 g,
provenant de la gestion durable des forêts.